Lea Braun
Transformationen von Herrschaft und Raum
in Heinrichs von Neustadt ›Apollonius von Tyrland‹

Quellen und Forschungen
zur Literatur- und Kulturgeschichte

Begründet als
Quellen und Forschungen
zur Sprach- und Kulturgeschichte
der germanischen Völker

von
Bernhard Ten Brink und
Wilhelm Scherer

Herausgegeben von
Ernst Osterkamp und
Christiane Witthöft

95 (329)

De Gruyter

Transformationen von Herrschaft und Raum in Heinrichs von Neustadt ›Apollonius von Tyrland‹

von

Lea Braun

De Gruyter

ISBN 978-3-11-125373-2
e-ISBN (PDF) 978-3-11-060151-0
e-ISBN (EPUB) 978-3-11-059899-5
ISSN 0946-9419

Library of Congress Control Number: 2018954379

Bibliografische Information der Deutschen Nationalbibliothek
Die Deutsche Nationalbibliothek verzeichnet diese Publikation in der Deutschen Nationalbibliografie; detaillierte bibliografische Daten sind im Internet über http://dnb.dnb.de abrufbar.

© 2023 Walter de Gruyter GmbH, Berlin/Boston

Dieser Band ist text- und seitenidentisch mit der 2018 erschienenen gebundenen Ausgabe.

Druck und Bindung: CPI books GmbH, Leck

www.degruyter.com

Für Anna Horstmann, die mich gelehrt hat,
dass es immer weiter geht.
Für Helmut Braun, meine Kerze im Fenster.
Für Julian Braun, meinen steten Weggefährten.
Und für Florian Möller, der nicht diese Arbeit,
wohl aber mich getragen hat.

Vorwort

Die vorliegende Arbeit wurde im Sommersemester 2017 von der sprach- und literaturwissenschaftlichen Fakultät der Humboldt-Universität zu Berlin als Dissertation angenommen und für den Druck geringfügig überarbeitet.

Dieses Buch hat einen langen Weg hinter sich und von der Unterstützung, Ermunterung und Hilfe Vieler profitiert. Ich danke insbesondere meinen Betreuern: Werner Röcke, der mich für die Mediävistik begeistert und dieses Projekt mit mir zusammen aus der Wiege gehoben, und Andreas Kraß, der ihm mit Scharfsicht und Vertrauen zu einem guten Abschluss verholfen hat. Andrea Polaschegg war mir während des Studiums und darüber hinaus ein Wegweiser dafür, wie Forschungsleidenschaft und Integrität in glücklicher Verbindung die Universität zu einem besseren Ort machen können.

Für die finanzielle Unterstützung und institutionelle Einbindung, die theoretischen und praktischen Austausch beförderte, danke ich dem Exzellenzcluster „Topoi", dessen Stipendiatin ich von 2008-2012 war, und dem SFB 644 „Transformationen der Antike", dem ich zunächst kooptiert und ab 2015 als wissenschaftliche Mitarbeiterin angehört habe.

Ich danke den Mitgliedern des Oberseminars von Werner Röcke, den Doktorandenkolloquien von Andrea Polaschegg und Andreas Kraß und den Mitgliedern des Integrierten Graduiertenkollegs des SFB 644 für den Raum, den sie meinem sich entwickelnden Projekt gewährt haben, und ihre klugen Anmerkungen. Marina Münkler und Tobias Bulang danke ich für ihre wertvollen konzeptionellen Anregungen. Julia Weitbrecht, Maximilian Benz, Astrid Lembke und Beschka Gloy danke ich für fruchtbare Diskussionen und ihren kritischen Blick. Ricarda Wagner sei gedankt für ihren leidenschaftlichen Verstand, der diese Arbeit in vielfältiger Weise bereichert hat, Iulia Emilia Dorobanțu für kluges Nachfragen und Fürsorge und Melanie Grebing für die Erinnerung, dass nicht nur die Wissenschaft in der Welt zählt. Auch Norah Bröcker und Maren Wachowski, die mich bei der Publikationsvorbereitung dieses Bandes kongenial unterstützt haben, danke ich herzlich.

Ganz besonderer Dank aber gebührt meiner Familie, die mich auf diesem langen Weg in jedweder Hinsicht unterstützt hat. In liebevoller Erinnerung danke ich zuletzt Michael Othmer.

Berlin, im Juli 2018　　　　　　　　　　　　　　　　　　　　　　　Lea Braun

Inhalt

EINLEITUNG..1

1. RAUMTHEORETISCHE GRUNDLAGEN......................................22
   1.1 Raum erzählen..26
      1.1.1 Raum erzeugen..26
      1.1.2 Raum codieren...31
      1.1.3 Raum bewegen...39
   1.2 Die Ordnung des Raumes..46
   1.3 Eigener Analyseansatz..60

2. DIE *HISTORIA APOLLONI REGIS TYRI*....................................63
   2.1 Überlieferung, historische Einordnung, Wahl der *recensio* und Edition..64
   2.2 Der antike Liebes- und Reiseroman – Gattung, Raum und Reise..73
   2.3 Analyse der Räume und Orte der *Historia*..........................90
      2.3.1 Das Meer...90
      2.3.2 Antiochia I..91
      2.3.3 Tyrus I..98
      2.3.4 Flucht und Suche nach Apollonius...............................101
      2.3.5 Tarsus I...102
      2.3.6 Seesturm...105
      2.3.7 Pentapolis I..107
      2.3.8 Scheintod auf See, Sarg, Ephesus................................115
      2.3.9 Tarsus II..118
      2.3.10 Mytilene I..123
      2.3.11 Tarsus III...129
      2.3.12 Mytilene II...131
      2.3.13 Ephesus II..142
      2.3.14 Tarsus IV...144
      2.3.15 Pentapolis II...146
   2.4 Typologie der Räume und Raumordnung der *Historia*........147

3. HEINRICHS VON NEUSTADT *APOLLONIUS VON TYRLAND*..............157
   3.1 Überlieferung, Edition und Entstehungskontext....................162
   3.2 Gattung, Raum und Reise...167
   3.3 Analyse der Räume und Orte des *Apollonius*.......................174
      3.3.1 Prolog - *tugent steyg* und Statue des Nebukadnezar............175
      3.3.2 Formen der Fortbewegung im *Apollonius* / Das Meer............178
      3.3.3 Vers 1-2905 – Rahmenerzählung 1..............................179
         3.3.3.1 Antiochia 179
         3.3.3.2 Tyrus I, Flucht und Suche nach Apollonius.............189
         3.3.3.3 Tarsis I..190
         3.3.3.4 Seesturm..197
         3.3.3.5 Pentapolis I..199
         3.3.3.6 Schiffsreise, Sarg und Ephesus I, Tarsis II...........203
      3.3.4 Vers 2906-14924 – Binnenerzählung............................208
         3.3.4.1 Warcilone I...209
         3.3.4.2 Galacides I...221
         3.3.4.3 Assiria...234
         3.3.4.4 Wunderinsel und Klebmeer, Galacides II................236
         3.3.4.5 Warcilone II, Armenia, Wulgarland und *wuste* Romania.....243
         3.3.4.6 *Wuste* Wabilonia.....................................250
         3.3.4.7 Das Goldene Tal.......................................258
         3.3.4.8 Montiplain..284
         3.3.4.9 Die Insel des Lachens, die Insel von Henoch und Elias...287
         3.3.4.10 Galacides III und Warcilone III.....................290
      3.3.5 Vers 14925-17469 – Rahmenerzählung II........................290
         3.3.5.1 Tarsis III..290
         3.3.5.2 Metelin (Mytilene) I..................................292
         3.3.5.3 Tarsis IV...294
         3.3.5.4 Metelin (Mytilene) II.................................295
         3.3.5.5 Tarsis V..297
         3.3.5.6 Ephesus II und Pentapolis II..........................298
      3.3.6 Vers 17470-20644 – Schluss...................................300
         3.3.6.1 Tyrland...301
         3.3.6.2 Antiochia...301
         3.3.6.3 Jerusalem und Rom.....................................312
   3.4 Typologie der Räume und Raumordnung des *Apollonius*...............316

4. ENTGRENZTE HERRSCHAFT..331
   4.1 Raum und Herrschaft..331
   4.2 Raum und Geschlecht..345
   4.3 Raum und Fremde..358
   4.4 Raum und Heil..366

4.5 Die Transformation der antikenRäume...376

5. LITERATURVERZEICHNIS..389

REGISTER...422

Einleitung

Dass in der mittelalterlichen Literatur enge Wechselbeziehungen zwischen Herrschaft, Raum und Figurendarstellung bestehen, ist auf den ersten Blick ersichtlich. Meist bleibt jedoch in der Untersuchung dieser Triade der Raum weitgehend außen vor, er wird vor allem als Hintergrund für die handelnden Figuren verstanden. Die folgende Studie stellt diesen Aspekt dagegen mit ihrer Detailanalyse der narrativen Raumentwürfe der *Historia Apollonii Regis Tyri*[1] und des mittelalterlichen *Apollonius von Tyrland*[2] in den Mittelpunkt. Ihr Ziel ist einerseits, eine neue Gesamtinterpretation des *Apollonius von Tyrland* vorzulegen. Andererseits versteht sie sich als kritische Erprobung räumlicher Analyseansätze für historische Texte.

Der *Apollonius* bietet sich insbesondere für eine solche Studie an da erstens, Fragen von Herrschaft und Herrscherfiguren im Zentrum seines Erzählinteresses stehen, er sich zweitens durch eine selbst für den späthöfischen Roman ungewöhnliche Fülle von Reisen und Räumen auszeichnet und drittens der Vergleich mit der spätantiken *Historia* eine relativ präzise Bestimmung der Transformationen möglich macht, denen Heinrich von Neustadt die Raumentwürfe seine Vorlage unterzieht.

Auch wenn die Geschichte über den König Apollonius nach dem Muster der antiken Liebes- und Reiseromane gestaltet ist, fügt sie sich in vielerlei Weise nur schwer in die von ihr aufgerufenen Erzählschemata und Gattungskonventionen. Zugleich gehört sie zu den beliebtesten und produktivsten Stoffen der Vormoderne. Sie wurde in der Historiographie und in der geistlichen Literatur rezipiert, sie stellte das Material für höfische Romane, Lyrik und Dramen und wurde bis in die Frühe Neuzeit in fast allen europäischen Volkssprachen ebenso wie im Lateinischen mit neuen

---

1 Historia Apollonii Regis Tyri. Prolegomena, Text Edition of the Two Principal Latin Recensions, Bibliography, Indices and Appendices. Hg. v. George A. A. Kortekaas: Groningen 1984; im Folgenden kurz: *Historia*; Zitate im Text markiert mit dem Kürzel HA.
2 Heinrich von Neustadt: „Apollonius von Tyrland" nach der Gothaer Handschrift. „Gottes Zukunft" und „Visio Philiberti" nach der Heidelberger Handschrift. Hg. v. Samuel Singer. Berlin 1906 (DTM 7); im Folgenden kurz: *Apollonius*; Zitate im Text markiert mit dem Kürzel A.

Akzenten wiedererzählt.³ Trotzdem bewerteten und bewerten professionelle Leser die frühen Bearbeitungen dieses Erfolgsstoffes überwiegend als mangelhaft und von geringer literarischer Komplexität. Ein solches Urteil findet sich am Beginn vieler Arbeiten zum *Apollonius von Tyrland* Heinrichs von Neustadt (und auch zu seiner Vorlage), meist formuliert mit einem Gestus kopfschüttelnder Verwunderung, der die Epigonalität des antiken Romans,⁴ die geringe literarische Qualität der mittelhochdeutschen Bearbeitung oder ähnliche Makel anmerkt und diesem Befund die enorme Popularität des Stoffes gegenüberstellt.⁵ Insbesondere die extensiven Erweiterungen des *Apollonius*, die den Stoff um eine Binnenerzählung und eine ausführliche Schlusspartie ergänzen, haben Irritationen hervorgerufen.⁶

Diese doppelte Reaktion auf den Apollonius-Stoff – einerseits die Anerkennung seiner historischen, in der breiten Überlieferung und den vielfältigen Bearbeitungen begründeten Bedeutung, die Verurteilung seiner Bearbeitungen aufgrund vermeintlicher literarischer Mängel andererseits – hat

---

3   Für eine Aufarbeitung der breiten volkssprachlichen Überlieferungstraditionen des Stoffes vgl. Elizabeth Archibald: Apollonius of Tyre. Medieval and Renaissance Themes and Variations. Including the Text of the *Historia Apollonii Regis Tyri* with an English Translation. Cambridge 1991; Tomas Tomasek: Über den Einfluß des Apolloniusromans auf die volkssprachliche Erzählliteratur des 12. und 13. Jahrhundert. In: Mediävistische Komparatistik. Festschrift für Franz Josef Worstbrock zum 60. Geburtstag. Hg. v. Wolfgang Harms und Jan-Dirk Müller. Stuttgart/Leipzig 1997. S. 221-239.

4   „The anonymous Latin *Story of Apollonius, King of Tyre (Historia Apollonii Regis Tyri)* is commonly regarded as a type of popular romance that lacks the rhetorical figures and learned allusions of sophisticated romances, favours simple structure and paratactive style, and features characters without individuality" (Stelios Panayotakis: Three Death Scenes in *Apollonius of Tyre*. In: The Ancient Novel and Beyond. Hg. v. dems. Leiden/Boston 2003. S. 143-157. S. 143); „the style of the surviving Latin version is naïve and already little different from that of a medieval Saint's Life. The plot is not well managed and teems with ineptitudes and contradictions, suggesting little overall control by the author; and some of its elements point to popular literature, in particular the presence of riddles as a long diversion in the middle of the story" (Graham Anderson: Ancient Fiction. The Novel in the Graeco-Roman World. London 1984. S. 169). „The story is only partly worked out in detail; it often rushes along rapidly and summarily" (Tomas Hägg: The Novel in Antiquity. London 1983. S. 152).

5   So auch Franz Peter Waiblinger, der in seiner deutsch-lateinischen Edition über die *Historia* vermerkt: „Ihr poetischer Rang ist gering, sie zählt nicht zum klassischen Erbe. Und doch ist diese Erzählung [...] jahrhundertelang gelesen, bearbeitet und in fast alle europäischen Sprachen übertragen worden" (Franz Peter Waiblinger: Historia Apollonii regis Tyri. Die Geschichte vom König Apollonius. Übers. und eingeleitet v. Franz Peter Waiblinger. München 1978. S. 6).

6   „Es scheint, als hätte Heinrich zwischen der Binnengeschichte, dem *Historia*-Rahmen und dem Jeroboamfeldzug möglichst wenig Kontinuität und Zusammenhang herstellen wollen (oder können?)" (Alfred Ebenbauer: Der ‚Apollonius von Tyrlant' des Heinrich von Neustadt und die bürgerliche Literatur im spätmittelalterlichen Wien. In: Die österreichische Literatur. Ihr Profil von den Anfängen im Mittelalter bis zum 18. Jh. [1070-1750]. Hg. v. Herbert Zeman unter Mitwirkung von Fritz Peter Knapp. Teil 1. Graz 1986. S. 311-347. S. 332). Burghart Wachinger zufolge sei in der Binnenerzählung „die Stoffklitterung nicht nur an der Ungeschicklichkeit zu spüren" (Burghart Wachinger: Heinrich von Neustadt, ‚Apollonius von Tyrland'. In: Positionen des Romans im späten Mittelalter. Hg. v. Walter Haug und Burghart Wachinger. Tübingen 1991. S. 97-115).

die Forschung zum *Apollonius von Tyrland* und zu seiner antiken Vorlage lange bestimmt.[7]

Die vorgelegte Arbeit will sich weder in die lange Debatte um die literarischen Qualitäten dieser Texte einreihen, noch ist es ihr Ziel, die langwellige Transformationskette der Apollonius-Bearbeitungen im Ganzen nachzuzeichnen. Vielmehr soll die anfangs gemachte Beobachtung über die scheinbare Unverhältnismäßigkeit von Popularität und Qualität umgekehrt Anlass zu der Frage sein, was diesen antiken Stoff so anschlussfähig macht für seine früheste mittelhochdeutsche Bearbeitung durch Heinrich von Neustadt. Welche Darstellungsprinzipien und -strukturen weist der spätantike Text auf? Welche Themen und Diskurse werden verarbeitet? Wie werden sie im *Apollonius* aufgenommen und transformiert? An welche Motive und Problemfelder in der *Historia* knüpft der *Apollonius* an? Durch welche neuen Erzählinteressen werden sie ergänzt? Wie korrespondieren schließlich Heinrichs Erweiterungen der Erzählung mit der Struktur und den Erzählinteressen seiner antiken Vorlage?

Beide Romane sind wesentlich organisiert über ihre Raumentwürfe sowie die Bewegung des Reisens durch dieselben, und dies nicht nur im Hinblick auf ihre Handlungsstruktur, sondern auch auf semantischer und diskursiver Ebene. Um einerseits diese räumliche Organisation und Codierung der Texte zu erfassen, andererseits komparatistisch nach den Wandlungen der spätantiken Raumentwürfe im mittelalterlichen Wiedererzählen zu fragen, bedient sich die folgende Untersuchung eines doppelten theoretischen Zugriffs. Der raumtheoretische Ansatz ermöglicht die präzise Analyse der Modi von narrativer Raumerzeugung in beiden Texten, ihrer semantischen Codierungen und Raumordnungen, während der transformationstheoretische Ansatz das Instrumentarium für den differenzierten Vergleich beider Texte stellt

Auf diese Weise bietet die vorliegende Untersuchung nicht nur neue analytische und interpretatorische Zugänge zu den beiden Texten und ermöglicht einen differenzierten Vergleich. Mit Hilfe des raumtheoretischen Ansatzes erweist sich auch die narrative Kohärenz des *Apollonius* als wesentlich über die Raumentwürfe des Romans und ihre Verknüpfungen gestaltetes Kompositionsprinzip. Die Analyse und Interpretation seiner Raumentwürfe und Raumordnungen ermöglicht eine Gesamtinterpretation dieses Textes, die dem scheinbar episodischen Aufbau dominante strukturelle und thematische Leitlinien nachweist. In dieser Einleitung wird zunächst in die Texte eingeführt. Anschließend werden die raumtheoretischen und transformationstheoretischen Ansätze der Arbeit knapp vorgestellt und eine

---

[7] Für Forschungsüberblicke zu beiden Texten vgl. Kap. 2. resp. Kap. 3.

Klärung des verwendeten Herrschaftsbegriffs geleistet. Am Ende der Einleitung wird die Vorgehensweise der Untersuchung vorgestellt.

Einführung in die Texte

Die spätantike *Historia Apollonii Regis Tyri* ist in ihrer lateinischen Fassung im 5./6. Jahrhundert n. Chr. entstanden.[8] Sie ist in diversen Redaktionen und Mischredaktionen erhalten, die im Wesentlichen der gleichen Fabel folgen: Die Erzählung beginnt mit Inzest und Vergewaltigung. König Antiochus, Herrscher der gleichnamigen Stadt, begehrt und vergewaltigt seine Tochter. Er sabotiert die offizielle Suche nach einem für sie geeigneten Ehemann durch ein scheinbar unlösbares Rätsel, an dem die Freier scheitern und deshalb hingerichtet werden. Erst der junge König von Tyrus, Apollonius, entdeckt die Antwort auf das Rätsel, nämlich besagten Inzest, und muss daraufhin fliehen. Nach kurzem Aufenthalt in der Stadt Tarsis erleidet er Schiffbruch und wird in Pentapolis an Land gespült. Dort gewinnt er die Gunst des Königs und heiratet dessen Tochter. Diese verliert er wiederum bei der Rückreise in das ihm zugefallene Antiochien, da sie nach der Geburt ihrer Tochter in einen Scheintod fällt und im Sarg über Bord geworfen wird. Aus Trauer um seine totgeglaubte Frau gibt er ihre neugeborene Tochter zu Freunden in Tarsis und treibt 14 Jahre lang in Ägypten Handel. Der Text spart diese 14 Jahre aus.

Die erwachsene Tochter Tarsia nun wird von ihrer neidischen Ziehmutter mit dem Tod bedroht. Bevor Tarsia getötet werden kann, gerät sie in die Hände von Piraten und wird in ein mytilenisches Bordell verkauft, wo sie ihre Jungfräulichkeit nur durch wiederholtes und eindrückliches Klagen bewahren kann. König Apollonius hört, als er nach Tarsis zurückkehrt, vom vermeintlichen Tod seiner Tochter und zieht sich trauernd in den Bauch seines Schiffes zurück. Ein Sturm trägt dieses Schiff nach Pentapolis und Tarsia wird beauftragt, Apollonius zu unterhalten. In einem Austausch von Rätseln erkennen sich die beiden wieder, Tarsia wird mit dem Fürsten von Pentapolis verheiratet und der Bordellbesitzer bestraft. Im Traum wird Apollonius von einem Engel besucht, der ihn nach Ephesus schickt, und dort wird er mit seiner totgeglaubten Frau wiedervereinigt. Die Familie richtet die untreuen Freunde in Tarsis und reist nach Antiochien, wo sie bis an ihr Ende glücklich lebt.

---

8   Für eine genauere Diskussion der Überlieferungsgeschichte und der Forschungsdebatte um eine nicht erhaltene griechische Urversion vgl. Kap 2.

Der *Apollonius von Tyrland* des Heinrich von Neustadt[9] ist um 1300 entstanden. Die genaue Datierung ist umstritten; Versuche, *termini post* und *ante quem* auf der Basis biographischer Informationen von Heinrich,[10] der Nennung von Mäzenen[11] und von im Text erwähnten historischen Person festzulegen, sind wiederholt unternommen worden, ohne letztgültig belegt zu werden. Heinrich ist Autor zweier weiterer Werke, der unikal überlieferten *Visio Philiberti*[12] und der in in vier Handschriften und fünf Fragmenten überlieferten[13] allegorisch-eschatologischen Schrift *Von Gottes Zukunft*, die eine Bearbeitung des *Anticlaudianus* des Alanus ab Insulis darstellt und die Heilsgeschichte vom Kommen Christi bis zum Jüngsten Gericht erzählt.[14] *Von Gottes Zukunft* stellt einen wichtigen Bezugstext vor allem für die Diskussion der Rolle und Darstellung der Heilsgeschichte im *Apollonius* dar.[15]

Der *Apollonius* (und damit höchstwahrscheinlich auch die anderen Schriften) wurde in *Wien in Österreich* (A V. 20593) verfasst, wie Heinrich selbst im Epilog betont. An dieser Stelle nennt er auch sich selbst als Autor und bietet biographische Informationen:

> Wer ditz puch gedichtet hatt?
> Das sag ich euch, das ist nit rat.
> Ain schone fraw in dar umb pat,
> Maister Hainrich von der Neun stat,

---

9   Eine ausführliche Inhaltsangabe findet sich u.a. bei Manfred Kern: Art.: „Apollonius". In: Lexikon der antiken Gestalten in den deutschen Texten des Mittelalters. Hg. v. Manfred Kern und Alfred Ebenbauer. Berlin/New York 2003. S. 100-102; sowie bei Wolfgang Achnitz: Einführung in das Werk und Beschreibung der Handschrift. In: Heinrich von Neustadt, *Apollonius von Tyrland*. Farbmikrofiche-Edition der Handschrift Chart. A 689 der Forschungs- und Landesbibliothek Gotha. München 1998.
10 Vgl. Peter Ochsenbein: Art.: „Heinrich von Neustadt". In: Die deutsche Literatur des Mittelalters. Verfasserlexikon. Bd. 3. Hg. v. Kurt Ruh et al. Berlin/New York 2004. Sp. 838-846; Heinrich erwähnt als seine Adresse ein Haus Am Graben in Wien, das 1312 ausgebaut wurde. Achnitz erwähnt einen Umzug aus diesem Haus 1314, was einen möglichen *terminus ante quem* ergeben würde (Wolfgang Achnitz: Babylon und Jerusalem. Sinnkonstituierung im „Reinfried von Braunschweig" und im „Apollonius von Tyrland" Heinrichs von Neustadt. Tübingen 2002. S. 230). Zu den bekannten biographischen Informationen über Heinrich vgl. ausführlich ebda., S. 229.
11 Besonders wichtig ist hier die Erwähnung Rudolf I. von Habsburg in Vers 18421 (vgl. ebda., S. 232; auch ebda., S. 404ff.).
12 Heidelberg, Universitätsbibl., cpg 401. Auf 73 Blättern ist die *Visio* zusammen mit *Von Gottes Zukunft* überliefert; der Codex stammt aus der Mitte des 14. Jahrhunderts. Vgl. Peter Ochsenbein: Art.: Visio Philiberti. In: Die deutsche Literatur des Mittelalters. Verfasserlexikon. Bd. 11. Hg. v. Kurt Ruh et al. Berlin/New York 2004. Sp. 633f.
13 Vgl. Peter Ochsenbein: Art. „Von Gottes Zukunft". In: Die deutsche Literatur des Mittelalters. Verfasserlexikon. Bd. 11. Hg. v. Kurt Ruh et al. Berlin/New York 2004. Sp. 633f.
14 Vgl. Achnitz: Babylon, S. 365ff.; Christoph Huber: Die Aufnahme und Verarbeitung des *Alanus ab Insulis* in mittelhochdeutschen Dichtungen. Untersuchungen zu Thomasin von Zerklaere, Gottfried von Strassburg, Frauenlob, Heinrich von Neustadt, Heinrich von St. Gallen, Heinrich von Mügeln und Johannes von Tepl. Zürich 1988 (Münchener Texte und Untersuchungen zur deutschen Literatur des Mittelalters, Bd. 89).
15 Vgl. insbes. Kap. 4.4 dieser Arbeit.

Ain artzt von den püchen.
Will in yemand suchen:
Er ist gesessen an dem Graben. (A V. 20600-20606)

Ungewöhnlich ist vor allem die Erwähnung seiner Adresse Am Graben, die Autor und Werk klar in einem städtischen Kontext situiert.[16] Die Selbstnennung zeugt von einem Selbstbewusstsein, dass sich einerseits auf seinen Arztberuf, andererseits auf seine Dichtkunst beruft. Als Schreibanlass nennt er die Bitte einer schönen Frau;[17] beschafft habe ihm seine lateinische Quelle der *salig pfarrere | Herr Niklas von Stadlaw* (A V. 20611f.).[18]

Heinrichs *Apollonius von Tyrland* ist nur ein Glied in einer langen Kette von Transformationen des *Historia*-Stoffes,[19] hebt sich aber in einigen zentralen Punkten deutlich von dieser Erzähltradition ab. Erstens handelt es sich um die früheste erhaltene deutschsprachigen Bearbeitung. Zweitens greift Heinrich von Neustadt als Vorlage nicht wie später Heinrich Steinhöwel[20] auf chronikalisch-historische Bearbeitungen wie Gottfrieds von Viterbo *Pantheon* zurück, die den Stoff auf seinen historischen und heilsgeschichtlichen Gehalt hin perspektiviert und in einen kompilatorischen Zusammenhang stellt, sondern verwendet eine Mischredaktion des antiken Romans.[21]

Drittens erweitert Heinrich von Neustadt die Erzählung in einem Ausmaß, das vor allem in der Art der Interpolation weit über übliche Formen der *dilatatio materiae* oder *amplificatio* von antiken Stoffen hinausgeht. Von den insgesamt 20644 Versen des *Apollonius von Tyrland* folgen nur die ersten 2905 Verse der Handlung der Vorlage. Die Verse 2906-14924 füllen die in der *Historia* leer gebliebenen vierzehn Jahre, die Apollonius in Ägypten verbringt, mit seinen Reisen[22] und Taten. Die Verse 14925-17469 greifen wiederum den Stoff der *Historia* auf, der dann in den abschließenden Versen 17470-20644 ergänzt wird. Nur knapp 5450 Verse, also etwas mehr als ein

---

16 Vgl. Kap. 3.1.
17 Vgl. zu einer Diskussion der möglichen Identität Achnitz: Babylon, S. 231ff.
18 Vgl. hierzu und zu den anderen erwähnten historischen Figuren ebda., S. 231ff.
19 Vgl. grundlegend zu den volkssprachlichen europäischen Bearbeitungen des Stoffes Archibald: Apollonius (1991), hier auch eine Diskussion des Bekanntheitsgrades des Stoffs; sowie Elizabeth Archibald: *Apollonius of Tyre* in the Middle Ages and the Renaissance. In: Latin Fiction. The Latin Novel in Context. Hg. v. Heinz Hofmann. London/New York 1999. S. 229-238; Elisabeth Lienert: Deutsche Antikenromane des Mittelalters. Berlin 2001, S. 1163ff.
20 Für Steinhöwels Bearbeitung, die durch die Drucklegung auch über das Mittelalter hinaus wirkmächtig geworden ist, vgl. Tina Terrahe: Heinrich Steinhöwels „Apollonius". Edition und Studien. Berlin/Boston 2013 (Frühe Neuzeit, Bd. 179).
21 Vgl. Kap. 2.1.
22 Das Wort *reisen* bezeichnet hier der mittelhochdeutschen Bedeutung folgend nicht nur das neuzeitliche Verständnis von Reisen, sondern schließt auch Kriegs- und Heereszüge mit ein; vgl. Trude Ehlert: Alexanders Kuriositäten-Kabinett, oder: Reisen als Aneignung von Welt in Ulrichs von Etzenbach „Alexander". In: Reisen und Reiseliteratur im Mittelalter und in der Frühen Neuzeit. Hg. v. Xenja von Ertzdorff und Dieter Neukirch. Amsterdam/Atlanta 1992. S. 313-328.

Viertel der Erzählung, folgen also dem antiken Stoff, während die deutlich längeren Passagen sich in Erzähltradition und Motiven stärker am höfischen Roman orientieren. Der Text unternimmt bei der Erzeugung dieser Erzählwelt Rückgriffe auf sehr unterschiedliche Erzähltraditionen und Diskurse, die dem Erzählinteresse des *Apollonius* gemäß transformiert werden.

In den „leeren Jahren" der *Historia* erobert bzw. befreit der König von Tyrus im *Apollonius* in rascher Folge eine Fülle von Reichen. Er wird zunächst nach Warcilone gerufen, das er von der Belagerung der Völker Gog und Magog erlöst. Anschließend befreit er das Königreich Galacides von zwei *monstra*, die seine Bewohner gefangen halten, und heiratet dessen Königin. Er besiegt den König von Assyria im Turnier und übernimmt die Herrschaft über sein Reich, verbringt ein Jahr isoliert auf einer Insel und gerät beim Kampf gegen König Nemrott in armenische Gefangenschaft. In dessen Auftrag betritt er das von Gott verfluchte Babylon, befreit sich, führt schließlich einen erfolgreichen Belagerungskrieg und reist in das Wunderreich des Goldenen Tals, wo er die Tochter des Königs ehelicht und Herrscher wird. Er rettet die Königin von Montiplain vor einem unerwünschten Werber, entdeckt bei seinen Reisen das irdische Paradies und die von Gott entrückten Propheten Henoch und Elias. Apollonius besiegt Zentauren, *monstra* und entthront Tyrannen, knüpft Allianzen, heiratet insgesamt dreimal und zeugt so berühmte Nachkommen wie Ptolemäus und Yppocras.

Heinrich schließt seinen Apollonius-Roman nicht mit der glücklichen Wiedervereinigung einer Familie, sondern führt die Handlung über diesen Punkt hinaus mit einem Turnier in Antiochia, an dem Herrscher und Ritter aus aller Welt teilnehmen (Apollonius gründet mit ihnen die Tafelrunde) und das in einen triumphalen Feldzug gegen König Jeroboam von Jerusalem mündet. Seine Herrschaft wird dorthin verlagert, ins Zentrum der Welt. Er und seine Gefolgsleute treten zum Christentum über. Schließlich wird Apollonius Kaiser in Rom.

Die Bezüge der Stoffvorlage und der Zudichtungen zueinander sind in der Forschung begrifflich sehr unterschiedlich gefasst worden,[23] oft implizit oder explizit verbunden mit Urteilen über die literarische Qualität des *Apollonius*. Ich werde im Folgenden von einer begrifflichen Unterteilung in Rahmen- und Binnenerzählung ausgehen, da der Erzähler selbst den Wechsel vom Stoff der antiken Vorlage in die Erzählung der ‚leeren' vierzehn Jahre gleich zweimal markiert: Die Seereise nach Antiochia, die zum Scheintod

---

[23] Almut Schneider spricht von einem „Einschub" in Bezug auf den Mittelteil (Almut Schneider: Chiffren des Selbst. Narrative Spiegelungen der Identitätsproblematik in Johanns von Würzburg „Wilhelm von Österreich" und in Heinrichs von Neustadt „Apollonius von Tyrland". Göttingen 2004 [Palaestra Bd. 321], S. 27); Achnitz von einer „Verlängerung" des Schlusses (Achnitz: Babylon, S. 261f.); vgl. auch ebda., S. 240.

seiner Frau und in Folge zu seinen langen Reisen führt, nimmt der Erzähler zum Anlass, das Vorherige klar vom Folgenden abzusetzen: *Was untzher ist gelesen, | Das ist ain vor red gewesen* (A V. 2303f.). Damit wird nicht nur eine deutliche Zäsur gesetzt, auch die Gewichtung der Teile vor und nach dieser Zäsur wird deutlich; eine bloße *vor red* steht der eigentlichen Haupterzählung gegenüber. Diese wird bei Apollonius' Abreise aus Tarsis wie noch einmal mit einem Exkurs eingeleitet:

> Urlaub nam er so tzehand,
> und wolt faren gen Egipten land:
> Das ich sag, das ist war:
> Da was er inne manig jar.
> Weß er da pegunde
> Und pflege zu aller stunde,
> Das ist ze sagenn mein gedanck:
> Wie er manigen fursten twanck;
> Padye purg und landt,
> Der gewan er vil zu seiner handt;
> Wie er pracht grosses her
> Mit sturm dick auff das mer.
> Der getrew und der zarte
> Hieß Appolonius mit dem parte.
> Es ist doch nicht so peliben,
> Es sey alhie ettwas da von geschriben. (A V. 2904-2919)

Der erzählerische Wiederansatz mit Prolepse macht deutlich, dass hier etwas Neues beginnt. Wie genau sich Rahmen- und Binnenteil zueinander verhalten, soll im Anschluss an die Detailanalyse der Räume und Orte in Kapitel 4 diskutiert werden. Die Verse 17470-20644, die in der Forschung wiederholt als „Verlängerung" beschrieben wurden, werden im Folgenden neutral als Schlussteil bezeichnet. Daraus ergibt sich folgende Grobgliederung des *Apollonius*:

1-2905	Rahmenerzählung I (Stoff der *Historia*)
2906-14924	Binnenerzählung
14925-17469	Rahmenerzählung II (Stoff der *Historia*)
17470-20644	Schluss

Die Abfolge der Räume und Reisen in beiden Texten lässt sich vergleichend in folgendem Strukturschema zusammenfassen:

Historia Apollonii Regis Tyri	*Apollonius von Tyrland*
Antiochia	
Tyrus	
Tarsus	
Pentapolis	
Ephesus	
	Warcilone
	Galacides
	Assiria
	Wunderinsel und Klebmeer
	Galacides II, Warcilone II
	Armenia, Wulgarlant, *wuste* Romania
Vierzehn Jahre	*Wuste* Wabilonia
in Ägypten	Das Goldene Tal
	Montiplain
	Die Insel des Lachens (Paradies)
	Die Insel von Henoch und Elias
	Galacides III, Warcilone III
Tarsus	
Mytilene	
Ephesus	
Tarsus	
Pentapolis	
	Tyrland
	Antiochia
	Rom
	Jerusalem

Schon aus dieser knappen Handlungszusammenfassung wird deutlich, wie stark beide Apollonius-Erzählungen von ihrem Reisesujet bestimmt werden. Die *Historia* orientiert sich in dieser Hinsicht deutlich an den Traditionen des antiken Liebes- und Reiseromans und beschränkt ihre Handlung auf den mediterranen Raum der hellenistischen *oikumene*. In der Erzählung der Kontingenzen und Gefahren der Reise bedient sich die Erzählung beim gattungsüblichen Fundus (z.B. Trennung der Liebenden, Scheintod, Piraten). In der Hinzuerzählung der vierzehn Reisejahre, die der antike Text ausspart, entgrenzt Heinrich von Neustadt hingegen den mediterranen Handlungsraum zugunsten einer Abfolge von zunächst scheinbar heterogenen Einzelräumen und –orten, die sich im Handlungsverlauf zu einer neuen *oikumene*, einem abschließend zum Christentum konvertierenden Weltreich formieren.

Raumtheorie

Auch wenn beide Texte Gattungen zugeordnet werden, für die Bewegungen im Raum (der erzählten Welt) von essentieller Bedeutung sind, und auch wenn die Vielfalt der entworfenen Räume und Orte des *Apollonius* immer wieder konstatiert wurde, mangelt es doch nach wie vor an einer detaillierten Analyse der Raumentwürfe beider Texte. Eine solche Analyse und davon ausgehende Interpretation ist aber unumgänglich, um die Kompositionsprinzipien und Erzählinteressen des mittelalterlichen Textes präzise herauszuarbeiten, und steht folglich im Mittelpunkt der Kapitel 2 und 3. Da in Kapitel 1 der dieser Arbeit zugrunde liegende raumtheoretische Ansatz und sein Nutzen für eine Analyse der *Historia* und des *Apollonius* ausführlich dargestellt wird, sollen an dieser Stelle nur einige grundsätzliche Bemerkungen hierzu folgen.[24]

In der germanistischen Mediävistik finden sich eine Reihe von älteren Arbeiten, die die Spezifika mittelhochdeutscher literarischer Raumentwürfe zu fassen suchen.[25] Zu diesen Ansätzen hat sich im letzten Jahrzehnt eine Fülle weiterer Publikationen gesellt, die neue Themenfelder und Theorieansätze erschließen, diese kritisch erproben und modifizieren und mithilfe der Raumtheorie neue Fragen zu Einzeltexten oder Textgruppen gestellt und beantwortet haben. Eine ganze Reihe von Studien beschäftigt sich mit Raumentwürfen und räumlichen Strukturen in spezifischen Gattungen, Textkorpora oder Traditionslinien.[26] Diese Ansätze sind deshalb besonders

---

[24] Zur Einführung in die Thematik vgl. Jörg Dünne und Stephan Günzel (Hg.): Raumtheorie. Grundlagentexte aus Philosophie und Kulturwissenschaften. Frankfurt am Main 2006; Jörg Dünne und Andreas Mahler (Hg.): Handbuch Literatur und Raum. Berlin 2015; Stephan Günzel (Hg.): Topologie. Zur Raumbeschreibung in den Kultur- und Medienwissenschaften. Bielefeld 2007; Günzel, Stephan (Hg.): Raum. Ein interdisziplinäres Handbuch. Unter Mitarbeit von Franziska Kümmerling. Stuttgart/Weimar 2011; Günzel, Stephan (Hg.): Raumwissenschaften. Frankfurt am Main 2009. Vgl. auch den ausführlichen Forschungsbericht bei Katrin Dennerlein: Narratologie des Raumes. Berlin/New York 2009 (Narratologica, Bd. 22). S. 13ff., sowie die Übersichtstabelle im Anhang ihrer Arbeit.

[25] Hervorzuheben sind hier insbesondere Hartmut Beck: Raum und Bewegung. Untersuchungen zu Richtungskonstruktion und vorgestellter Bewegung in der Sprache Wolframs von Eschenbach. Erlangen/Jena 1994 (Erlanger Studien, Bd. 103); Andrea Glaser: Der Held und sein Raum. Die Konstruktion der erzählten Welt im mittelhochdeutschen Artusroman des 12. und 13. Jahrhunderts. Frankfurt am Main 2004 sowie Ralf Simon: Einführung in die strukturalistische Poetik des mittelalterlichen Romans. Analysen zu deutschen Romanen der *matière de Bretagne*. Würzburg 1990, der für seine Überlegungen zum Raum auf Lotman zurückgreift.

[26] Uta Störmer-Caysa: Grundstrukturen bietet wohl den umfassendsten Ansatz einer solchen Untersuchung, in ihrem Falle für den höfischen Roman. Vgl. auch Julia Weitbrechts Arbeit zu den Zusammenhängen von Reise und Heiligung (Julia Weitbrecht: Aus der Welt. Reise und Heiligung in Legenden und Jenseitsreisen der Spätantike und des Mittelalters. Heidelberg 2011) und Maximilian Benz' Studie zu Jenseitsräumen (Maximilian Benz: Gesicht und Schrift. Die Erzählung von Jenseitsreisen in Antike und Mittelalter. Berlin/Boston 2013 [Quellen und Forschungen zur Kultur- und Literaturgeschichte, Bd. 78]); nach wie vor grundlegend ist Karlheinz Stierle: Petrarcas Landschaften. Zur Geschichte ästhetischer Landschaftserfahrung. Krefeld 1979.

interessant, weil sie nach Raumschemata fragen, die über Einzeltexte hinausgehen und so ggf. gattungsspezifische Strukturen und Entwürfe in den Blick nehmen. Die Frage, inwieweit sich über solche Spezifika Texte auch im Umkehrschluss bestimmten Gattungen zuordnen lassen können, wird ebenfalls in den folgenden Kapiteln diskutiert.

Ein weiterer Schwerpunkt ist die Untersuchung spezifischer Funktionalisierungen und Klassifikationen von Räumen.[27] Gibt es bestimmte Raumtypen, die bestimmten Handlungsschemata, Motiven oder Sphären zugeordnet sind? Wie stellen sich dann die Zuordnungen zwischen unterschiedlichen Räumen, zwischen Räumen und Figuren oder innerhalb von Hierarchien dar?[28] Drei für den *Apollonius* besonders interessante Schwerpunkte liegen in der Untersuchung von Formen der Öffentlichkeit und Privatheit im Mittelalter[29] und von Räumen des Sakralen und ihrem Verhältnis

---

27   Vgl. Sonja Glauch, Susanne Köbele und Uta Störmer-Caysa (Hg.): Projektion, Reflexion, Ferne. Räumliche Vorstellungen und Denkfiguren im Mittelalter. Berlin/Boston 2011; Maximilian Benz und Katrin Dennerlein (Hg.): Literarische Räume der Herkunft. Fallstudien zu einer historischen Narratologie. Berlin/Boston 2016 (Narratologia, Bd. 51); Jan Strümpel: *Der walt ist aller würme vol.* Zur Funktionalität der Darstellung von Natur- und Landschaftselementen in *Partonopier und Meliur* von Konrad von Würzburg. In: Wirkendes Wort 42 (1992). S. 377-388; Markus Stock: Das Zelt als Zeichen und Handlungsraum in der hochhöfischen deutschen Epik. Mit einer Studie zu Isenharts Zelt in Wolframs „Parzival". In: Innenräume in der Literatur des deutschen Mittelalter. XIX. Anglo-German Colloquium Oxford 2005. Hg.v. Burkhard Hasebrink et al. Tübingen 2008. S. 65-85; Marion Oswald: Aussatz und Erwählung. Beobachtungen zu Konstitution und Kodierung sozialer Räume in mittelalterlichen Aussatzgeschichten. In: Innenräume in der Literatur des deutschen Mittelalter. XIX. Anglo-German Colloquium Oxford 2005. Hg. v. Burkhard Hasebrink et al. Tübingen 2008. S. 23-44 sowie die anderen Beiträge in diesem Band.

28   Viele dieser Ansätze arbeiten mit Foucaults Konzepten der Utopie und Heterotopie; vgl. Michel Foucault: Von anderen Räumen. In: Ders.: Schriften in vier Bänden. Dits et Écrits. Band IV. Hg. v. Daniel Defert und Francois Ewald. Frankfurt am Main 2005. S. 931-942; Michel Foucault: Die Heterotopien. Der utopische Körper. Zwei Radiovorträge. Frankfurt am Main 2005.

29   Vgl. Stephan Albrecht (Hg.): Stadtgestalt und Öffentlichkeit. Die Entstehung politischer Räume in der Stadt der Vormoderne. Köln/Weimar/Wien 2010; Gudrun Gleba: Repräsentation, Kommunikation und öffentlicher Raum. Innerstädtische Herrschaftsbildung und Selbstdarstellung im Hoch- und Spätmittelalter. In: Bremisches Jahrbuch 77 (1998). S. 125-152; Gerhard Jaritz (Hg.): Die Strasse. Zur Funktion und Perzeption öffentlichen Raums im späten Mittelalter. Internationales *Round Table* Gespräch Krems an der Donau, 2. und 3. Oktober 2000. Wien 2001; Caroline Emmelius et al. (Hg.): Offen und Verborgen. Vorstellungen und Praktiken des Öffentlichen und Privaten in Mittelalter und Früher Neuzeit. Göttingen 2004; Gert Melville und Peter von Moos (Hg.): Das Öffentliche und Private in der Vormoderne. Köln 1998; Peter von Moos: „Öffentlich" und „privat" im Mittelalter. Zu einem Problem der historischen Begriffsbildung. Heidelberg 2004; Susanne Rau und Gerd Schwerhof (Hg.): Zwischen Gotteshaus und Taverne. Öffentliche Räume in Spätmittelalter und Früher Neuzeit. Köln 2004.

zu profanen Räumen.[30] Auch Grenzen,[31] die häufig zu Grenzräumen erweitert werden,[32] aber auch Schwellen,[33] Kontaktzonen und Zwischenräumen[34] hat die germanistische Mediävistik[35] in den letzten Jahren differenzierte Untersuchungen gewidmet.[36]

---

30 Vgl. Alessandro Scafi: Mapping Paradise. A History of Heaven on Earth. London 2006; Mireille Schnyder: „Daz ander paradîse". Künstliche Paradiese in der Literatur des Mittelalters. In: Paradies. Topografien der Sehnsucht. Hg. v. Claudia Benthien und Manuela Gerlof. Köln/Weimar/Wien 2010. S. 63-75; Bruno Reudenbach: Heilsräume. Die künstlerische Vergegenwärtigung des Jenseits im Mittelalter. In: Raum und Raumvorstellungen im Mittelalter. Hg. v. Jan A. Aertsen und Andreas Speer. Berlin/New York 1998. S. 628-640.

31 Vgl. Hans Medick: Grenzziehungen und die Herstellung des politisch-sozialen Raumes. Zur Begriffsgeschichte und politischen Sozialgeschichte der Grenzen in der Frühen Neuzeit. In: Literatur der Grenze – Theorie der Grenze. Hg. v. Richard Faber und Barbara Naumann. Würzburg 1995. S. 211-224, vgl. auch die anderen Beiträge dieses Bandes; Peter Strohschneider und Herfried Vögel: Flußübergänge. Zur Konzeption des Straßburger Alexander. In: Zeitschrift für deutsches Altertum und deutsche Literatur 118 (1989). S. 85-108; Claudia Benthien (Hg.): Über Grenzen. Limitation und Transgression in Literatur und Ästhetik. Stuttgart 1999.

32 Vgl. hierzu Monika Fludernik und Hans-Joachim Gehrke (Hg.): Grenzgänger zwischen Kulturen. Würzburg 1999; Stephan Günzel: Raumteilungen. Logik und Phänomen der Grenze. In: Grenzen der Antike. Die Produktivität von Grenzen in Transformationsprozessen. Hg. v. Anna Heinze, Sebastian Möckel und Werner Röcke. Berlin 2014 (Transformationen der Antike, Bd. 28). S. 15-26; Gert Melville: Herrschertum und Residenzen in Grenzräumen mittelalterlicher Wirklichkeit. In: Fürstliche Residenzen im spätmittelalterlichen Europa. Hg. v. Hans Patze und Werner Paravicini. Sigmaringen 1991. S. 9-73.

33 Vittoria Borsò: Grenzen, Schwellen und andere Orte – „…la géographie doit bien être au coeur de ce dont je m'occupe." In: Kulturelle Topographien. Hg. v. Vittoria Borsò und Reinhold Görling. Stuttgart/Weimar 2004. S. 13-42; Nicholas Saul et al. (Hg.): Zwischen Innenraum und Außenraum. Das Motiv des Fensters in der Literatur des deutschen Mittelalters. In: Innenräume in der Literatur des deutschen Mittelalters. XIX. Anglo-German Colloquium Oxford 2005. Hg. v. Burkhard Hasebrink et al. Tübingen 2008. S. 45-66.

34 Claudia Brinker-von der Heyde: Zwischenräume. Zur Konstruktion und Funktion des handlungslosen Raums. In: Virtuelle Räume. Raumwahrnehmung und Raumvorstellung im Mittelalter. Akten des 10. Symposiums des Mediävistenverbandes, Krems, 24.-26. März 2003. Hg. v. Elisabeth Vavra. Berlin 2005. S. 203-214; Dirk Hohnsträter: Im Zwischenraum. Ein Lob des Grenzgängers. In: Über Grenzen. Limitation und Transgression in Literatur und Ästhetik. Hg. v. Claudia Benthien et al. Stuttgart 1999. S. 231-244.

35 Grenzen kristallisieren sich auch in den Geschichtswissenschaften als zentraler Gegenstand raumtheoretischer Überlegungen heraus, vgl. Nils Bock, Georg Jostkleigrewe und Bastian Walter (Hg.): Faktum und Konstrukt. Politische Grenzziehungen im Mittelalter. Verdichtung – Symbolisierung – Reflexion. Münster 2011; Andreas Rüther: Flüsse als Grenzen und Bindeglieder. Zur Wiederentdeckung des Raumes in der Geschichtswissenschaft. In: Jahrbuch für Regionalgeschichte 25 (2007). S. 29-44; Andreas Rutz: Grenzen im Raum – Grenzen in der Geschichte. Probleme und Perspektiven. In: Zeitschrift für deutsche Philologie 129 (2012). S. 7-32.

36 Dies auch unter teilweise sehr interessanten Anknüpfungen an die *postcolonial studies*. Vgl. die Arbeiten von Mary Louise Pratt (Imperial Eyes. Travel Writing and Transculturation. London 1992; dies.: Arts of the Contact Zone. In: Profession 91 (1991). S. 33-40) und Homi Bhabha (ders.: The Location of Culture. London 1994; Christof Hamann: Räume der Hybridität. Postkoloniale Konzepte in Theorie und Literatur. Hildesheim 2002).

Die Rhetorikgeschichte[37] – insbesondere die Toposforschung in der Nachfolge von Curtius[38] – untersucht *loci* und *topoi* in ihrer Funktionalisierung für Einzeltexte, aber auch historische Perioden und Gattungen.[39] Ein weites und in den letzten Jahrzehnten vielfach bearbeitetes Feld stellt die Untersuchung von ‚virtuellen' Räumen dar.[40] Virtuelle Räume können durch Musik erzeugt,[41] als Gärten entworfen[42] oder als cerebral konzipiert sein.[43] Sie können synästhetisch und kinästhetisch auftreten,[44] im Sinne von Text-Bild-Beziehungen[45] eine Ekphrasis[46] entfalten oder sich durch

---

37 Vgl. Lambertus Okken: Das goldene Haus und die goldene Laube. Wie die Poesie ihren Herren das Paradies einrichtete. Amsterdam 1987.
38 Vgl. Ernst Robert Curtius: Rhetorische Naturschilderung im Mittelalter. In: Romanische Forschungen 56 (1942). S. 219-256; ders.: Europäische Literatur und lateinisches Mittelalter. Tübingen/Basel 1993; vgl. auch M. L. Baeumer (Hg.): Toposforschung. Darmstadt 1973.
39 Vgl. u.a. Wolfgang Harms: *Homo viator in bivio*. Studien zur Bildlichkeit des Weges. München 1970; Dorothea Klein: Amoene Orte. Zum produktiven Umgang mit einem Topos in mittelhochdeutscher Dichtung. In: Projektion – Reflexion – Ferne. Räumliche Vorstellungen und Denkfiguren im Mittelalter. Hg. v. Sonja Glauch, Susanne Köbele und Uta Störmer-Caysa. Berlin/New York 2011. S. 61-84; Hildegard Elisabeth Keller: Wüste. Kleiner Rundgang durch einen Topos der Askese. In: Askese und Identität in Spätantike, Mittelalter und Früher Neuzeit. Hg. v. Werner Röcke und Julia Weitbrecht. Berlin/New York 2010 (Transformationen der Antike, Bd. 14). S. 191-206.
40 Vgl. Elisabeth Vavra (Hg.): Virtuelle Räume. Raumwahrnehmung und Raumvorstellung im Mittelalter. Akten des 10. Symposiums des Mediävistenverbandes, Krems, 24.-26. März 2003. Berlin 2005.
41 Vgl. Silvan Wagner: Erzählen im Raum. Die Erzeugung virtueller Räume im Erzählakt höfischer Epik. Berlin/Boston 2015.
42 Ulrich Ernst: Virtuelle Gärten in der mittelalterlichen Literatur. Anschauungsmodelle und symbolische Projektionen. In: Imaginäre Räume. Sektion B des internationalen Kongresses „Virtuelle Räume. Raumwahrnehmung und Raumvorstellung im Mittelalter". Krems an der Donau, 24. bis 26. März 2003. Wien 2007 (Veröffentlichungen des Instituts für Realienkunde des Mittelalters und der frühen Neuzeit). S. 155-190.
43 Antje Wittstock: *Von eim kemergin – minem studorio*. Zur Darstellung von ‚Denkräumen' in humanistischer Literatur. In: Imaginäre Räume. Sektion B des internationalen Kongresses „Virtuelle Räume. Raumwahrnehmung und Raumvorstellung im Mittelalter". Krems an der Donau, 24. bis 26. März 2003. Wien 2007 (Veröffentlichungen des Instituts für Realienkunde des Mittelalters und der frühen Neuzeit). S. 133-154; Hans Jürgen Scheuer: Cerebrale Räume – Internalisierte Topographie in Literatur und Kartographie des 12./13. Jahrhunderts. In: Topographien der Literatur. Deutsche Literatur im transnationalen Kontext. Hg. v. Hartmut Böhme. Stuttgart/Weimar 2005. S. 12-36.
44 Vgl. Horst Wenzel und Christina Lechtermann: Repräsentation und Kinästhetik. Teilhabe am Text oder die Verlebendigung der Worte. In: Paragrana 10 (2001). S. 191-213.
45 Vgl. Ulrich Schmitz und Horst Wenzel (Hg.): Wissen und neue Medien. Bilder und Zeichen von 800 bis 2000. Berlin 2003; Horst Wenzel: Sagen und Zeigen. Zum Zusammenhang von Textdeixis und Bilddeixis. In: Mythos – Sage – Erzählung. Gedenkschrift für Alfred Ebenbauer. Hg. v. Johannes Keller. Göttingen 2009. S. 537-546; ders.: Schrift und Bild. Zur Repräsentation der audiovisuellen Wahrnehmung im Mittelalter. In: Ders.: Höfische Repräsentation. Symbolische Kommunikation und Literatur im Mittelalter. Darmstadt 2005. S. 9-21.
46 Vgl. Walter Haug: Gebet und Hieroglyphe. Zur Bild- und Architekturbeschreibung in der mittelalterlichen Dichtung. In: Zeitschrift für deutsches Altertum und deutsche Literatur 196 (1977). S. 163-183; Haiko Wandhoff: Ekphrasis. Kunstbeschreibungen und virtuelle Räume in der Literatur des Mittelalters. Berlin/New York 2003 (Trends in Medieval Philology, Bd. 3); ders.: Von

Blickwendungen[47] und Deixis[48] formieren. Besondere Aufmerksamkeit hat in Folge des *topographical turns*[49] auch das Verhältnis von Kartographie und Text auf sich gezogen.[50] Vor allem die an *mappae mundi* und den an Verbindungen von Geographie und theologischen sowie hermeneutischen Diskursen anschließenden räumlichen Praktiken bilden dabei ein fruchtbares Forschungsfeld.[51]

Von hohem Interesse für diese Arbeit sind darüber hinaus Ansätze, die die Verknüpfung räumlicher Entwürfe mit systematischen Fragestellungen

---

der antiken Gedächtniskunst zum mittelalterlichen Seelentempel. Literarische Expeditionen durch die Bauwerke des Geistes. In: Sprache und Literatur 94 (2004). S. 9-28; Hans Jürgen Scheuer und Björn Reich: Die Realität der inneren Bilder. Candacias Palast und das Bildprogramm auf Burg Runkelstein als Modelle mittelalterlicher Imagination. In: Innenräume in der Literatur des deutschen Mittelalter. XIX. Anglo-German Colloquium Oxford 2005. Hg. v. Burkhard Hasebrink et al. Tübingen 2008. S. 101-124.

47 Vgl. Horst Wenzel: Wilde Blicke. Zur unhöfischen Wahrnehmung von Körpern und Schriften. In: L'Homme. Zeitschrift für Feministische Geschichtswissenschaft 8 (1997). S. 257-271; Carsten Morsch: Blickwendungen. Virtuelle Räume und Wahrnehmungserfahrungen in höfischen Erzählungen um 1200. Berlin 2011 (Philologische Studien und Quellen, H. 230); Christina Lechtermann: Nebenwirkungen. Blick-Bewegungen vor der Perspektive. In: Wissen und neue Medien. Bilder und Zeichen von 800 bis 2000. Hg. v. Ulrich Schmitz und Horst Wenzel. Berlin 2003. S. 93-111.

48 Vgl. Carsten Morsch: Rahmen zeigen. Metaleptische Figuren und anschauliches Fingieren mittelalterlichen Erzählens. In: Deixis und Evidenz. Hg. v. Horst Wenzel und Ludwig Jäger. Freiburg im Breisgau/Berlin/Wien 2008 (Rombach Wissenschaften – Reihe Scenae, Bd. 8). S. 85-118 sowie die anderen Beiträge des Bandes.

49 Zum *topographical turn* vgl. u.a. Sigrid Weigel: Zum „topographical turn". Kartogaphie, Topographie und Raumkonzepte in den Kulturwissenschaften. In: KulturPoetik 2.2 (2002). S. 151-165; Stephan Günzel: *Spatial Turn – Topographical Turn – Topological Turn.* Über die Unterschiede zwischen Raumparadigmen. In: *Spatial Turn.* Das Raumparadigma in den Kultur- und Sozialwissenschaften. Hg. v. Jörg Döring und Tristan Thielmann. Bielefeld 2008. S. 219-237. Zum *spatial turn* vgl. Doris Bachmann-Medick: *Cultural Turns.* Neuorientierungen in den Kulturwissenschaften. Hamburg 2006; Jörg Döring: *Spatial Turn.* Das Raumparadigma in den Kultur- und Sozialwissenschaften. Bielefeld 2008; Kathrin Winkler, Kim Seifert und Heinrich Detering: Die Literaturwissenschaft im *Spatial Turn.* Versuch einer Positionsbestimmung. In: Journal of Literary Theory 6.1 (2012). S. 253-269; Dennerlein: Narratologie S. 5f. und S. 11f.

50 Besonders hervorzuheben sind hier die Arbeiten von Hartmut Kugler, u.a. ders.: Der Alexanderroman und die literarische Universalgeographie. In: Internationalität nationaler Literaturen. Beiträge zum ersten Symposion des Göttinger Sonderforschungsbereichs 529. Hg. v. Udo Schöning. Göttingen 2000. S. 102-120; ders.: *Imago Mundi.* Kartographische Skizze und literarische Beschreibung. In: Mediävistische Komparatistik. Festschrift für Franz Josef Worstbrock zum 60. Geburtstag. Hg. v. Wolfgang Harms und Jan-Dirk Müller. Stuttgart/Leipzig 1997. S. 77-93; ders.: Zur literarischen Geographie des fernen Ostens. In: *Ja muz ich sunder riuwe sin.* Festschrift für Karl Stackmann. Hg. v. Wolfgang Dinkelacker, Ludger Grenzmann und Werner Höver. Göttingen 1990. S. 107-147. Vgl. auch Monika Unzeitig: Mauer und Pforte. Wege ins Paradies in mittelalterlicher Literatur und Kartographie. In: Literaturwissenschaftliches Jahrbuch 52 (2011). S. 9-29; Dieter Neukirch: Das Bild der Welt auf Karten des Mittelalters und der frühen Neuzeit. In: Reisen und Reiseliteratur im Mittelalter und in der Frühen Neuzeit. Hg. v. Xenja von Ertzdorff und Dieter Neukirch. Amsterdam/Atlanta 1992. S. 191-225; Jürg Glauser und Christian Kiening: Text – Bild – Karte. Kartographien der Vormoderne. Freiburg im Breisgau/Berlin /Wien 2007.

51 Vgl. Daria Pezzoli-Olgiati: Cartografia religiosa – Religiöse Kartographie. Bern 2000.

wie *gender theory*,[52] Herrschaft und Macht,[53] Fremde als Exotik oder *othering*[54] genauer in den Blick nehmen. Diese Ansätze bieten eine wichtige theoretische Basis für Kapitel 4 und werden dort kritisch diskutiert.

Dieses vielfältige Angebot an Handbüchern, Sammelbänden, Einführungswerken, interdisziplinären Untersuchungen und Einzelstudien macht es nicht nur möglich, sondern auch in hohem Maße notwendig, gezielt nach den Desideraten einer raumtheoretischen Analyse von mittelalterlichen und antiken Texten zu fragen. Wie können die in vormodernen Texten entworfenen Raumkonzeptionen analytisch erfasst und ihre Komposition kritisch diskutiert werden? Welche theoretischen Ansätze eignen sich dazu, die narrativen Operationen eines antiken bzw. eines höfischen Romans differenziert in den Blick zu nehmen? Wie und unter welchen Umständen können Ansätze der neueren Raumtheorie für die Analyse und Interpretation vormoderner fiktionaler Texte fruchtbar gemacht werden? Wie sind die Wechselbeziehungen zwischen Raumentwürfen in narrativen Texten sowie Raumstrukturen und Raumpraktiken in den soziokulturellen Produktionskontexten dieser Erzählungen zu fassen? Und wie lassen sich schließlich die Raumkonzeptionen narrativer Texte vergleichen, wie also sich die Transformation von Raumentwürfen im Wiedererzählen vormoderner Stoffe diskutieren, wie sie in Heinrichs von Neustadt Bearbeitung der antiken *Historia* zu beobachten ist?

---

52 Vgl. Nicole Zeddies: Getrennte Räume – gemeinsames Leben? Von der räumlichen Trennung zwischen Klerikern und Frauen in der Spätantike und im frühen Mittelalter. In: Geschlechter-Räume. Konstruktionen von „gender" in Geschichte, Literatur und Alltag. Hg. v. Margarete Hubrath. Köln et al. 2001. S. 9-22 sowie die anderen Beiträge in diesem Band; Alexandra Sterling-Hellebrand: Topographies of Gender in Middle High German Arthurian Romance. New York/London 2001.

53 Ralf Schlechtweg-Jahn: Hybride Machtgrenzen in deutschsprachigen Alexanderromanen. In: Herrschaft, Ideologie und Geschichtskonzeption in Alexanderdichtungen des Mittelalters. Hg. v. Ulrich Mölk et al. Göttingen 2002. S. 267-290.

54 Vgl. insbesondere die Arbeiten von Werner Röcke, u.a. Die Wahrheit der Wunder. Abenteuer der Erfahrung und des Erzählens im „Brandan"- und „Apollonius"-Roman. In: Wege in die Neuzeit. Hg. v. Thomas Cramer. München 1988. S. 252-269; ders.: Schreckensorte und Wunschwelt. Bilder von fremden Welten in der Erzählliteratur des Spätmittelalters. In: Der Deutschunterricht 44 (1992). S. 32-48; ders.: Erdrandbewohner und Wunderzeichen. Deutungsmuster von Alterität in der Literatur des Mittelalters. In: Der fremdgewordene Text. Hg. v. Silvia Bovenschen. New York/Berlin 1997. S. 265-284; ders.: Die narrative Aneignung des Fremden. Zur Literarisierung exotischer Welten im Roman des späten Mittelalters. In: Furcht und Faszination. Facetten der Fremdheit. Hg. v. Herfried Münkler und Bernd Ladwig. Berlin 1997. S. 347-378. Vgl. Monika Schausten: Suche nach Identität. Das ‚Eigene' und das ‚Andere' in Romanen des Spätmittelalters und der Frühen Neuzeit. Köln/Weimar/Wien 2006 (Kölner Germanistische Studien, Bd. 7); Horst Wenzel: Antizipation unbekannter Räume. Phantastische Explorationen vor dem Zeitalter der Messung. In: Auslassungen: Leerstellen als Movens der Kulturwissenschaft. Hg. v. Natascha Adamowsky. Würzburg 2004. S. 123-133; Franziska Wenzel: *hof, burc* und *stat*. Identitätskonstruktionen und literarische Stadtentwürfe als Repräsentationen des Anderen. In: Repräsentation der mittelalterlichen Stadt. Hg. v. Jörg Oberste. Regensburg 2008. S. 25-43.

Die in Kapitel 1 entwickelten raumtheoretischen Grundlegungen verstehen sich folglich nicht als ein weiterer Diskussionsbeitrag zum Phänomen des *spatial turns* oder als umfassender Forschungsüberblick.[55] Sie zielen vielmehr darauf, anhand der oben genannten Leitfragen besonders relevante Forschungsansätze auf ihren Erkenntniswert für die Zielsetzung dieses Projektes zu befragen sowie ein Analyse- und Interpretationsinstrumentarium zu entwickeln, das die Kompositionsprinzipien und narrativen Funktionalisierungen dieser Raumentwürfe fasst[56] und auf ihre textexternen Kontexte hin öffnet.

Mit der Analyse der räumlichen Codierung von auch nicht-räumlichen Elementen im *Apollonius*, die, so will ich in der vorliegenden Arbeit zeigen, Raumentwürfe und Raumordnungen zum zentralen organisatorischen Prinzip des Romans werden lässt, soll auch ein neuer Interpretationsansatz zum sogenannten „episodischen Erzählen" angeboten werden. Dass insbesondere der Mittelteil des *Apollonius* episodischen oder reihenhaften Charakter hat, ist Konsens der Forschung.[57] Dieser Konsens, zusammen mit der Beobachtung einer mangelnden oder nicht vorhandenen Entwicklung des Protagonisten und dem Fehlen von Krisen- oder Umschlagmomenten, wie sie z.B. im arthurischen Roman zu finden sind, dient oft der Begründung des oben referierten Urteils über die mangelnde literarische Komplexität des Textes. Begreift man dagegen die Raumentwürfe des *Apollonius* als Organisations- und Kompositionsprinzip der Erzählung, dann ergibt sich über die Aggregation und Formung der Räume, über das räumliche Herrschaftshandeln des Apollonius und das sich nach und nach herausbildende Ideal einer christlichen Universalherrschaft eine Teleologie des Textes, die unabhängig von Handlungsbogen oder Figurenentwicklung die auf den ersten Blick disparaten Episoden zusammenbindet. Die einzelnen Erzählungen über die durchreisten Räume und Orte des Textes bilden aus dieser Perspektive keine unzusammenhängende Abfolge diskontinuierlicher Episoden, die im Sinne einer Bachtinschen Abenteuerzeit[58] leer bleiben und keine makrostrukturellen Effekte zeitigen, sondern sie werden er-reist und damit performativ dem homogenen Herrschaftsraum hinzugefügt, der sich als Erzählziel des Romans erweist. Dieses Ordnen und Formen des Raumes entfaltet eine Dynamik der gegenseitigen Affizierung von Räumen und Figuren, der Aktualisierung, Unterlaufung oder Restitution räumlicher

---

[55] Für einen solchen Forschungsüberblick insbes. für die Germanistik vgl. Dennerlein: Narratologie; Günzel: Topologie.
[56] Das Konzept des Textraumes sowie graphematische oder kodikologische Fragen nach der Materialität des Textes sollen von dieser Untersuchung ebenso ausgeschlossen bleiben wie metaphorisierende Verwendungen des Raumbegriffs, die in ihren bildlichen Versprachlichungen meist unklar bleiben und ein sehr unspezifisches Konzept von Raum entwickeln.
[57] Vgl. Kap. 3.
[58] Michail M. Bachtin: Chronotopos. Frankfurt am Main 2008.; vgl. Kap 1 und 2 dieser Arbeit.

Ordnungen. Diese Dynamik kann heuristisch im Konzept des Bewegungsraumes gefasst werden.

Transformationstheorie

Die komparatistische Untersuchung zweier Texte, deren Entstehungszeitpunkte mindestens 700 Jahre auseinanderliegen und die in sehr unterschiedlichen Produktionskontexten verfasst wurden, verlangt eine theoretische Reflektion dieses Vergleichens. Zwar stehen die *Historia* und der *Apollonius* in einem Vorlage-Bearbeitungs-Verhältnis zueinander; dieses Verhältnis muss aber mehr als ein anverwandelndes Wiedererzählen denn ein Übersetzen begriffen werden.[59] Um diese Phänomene präzise zu erfassen und zu beschreiben, greift die vorliegende Untersuchung auf die im Rahmen des Sonderforschungsbereichs 644 „Transformationen der Antike" entwickelte Transformationstheorie zurück.[60] Diese bietet einerseits ein heuristisches Instrumentarium zur Analyse von transformatorischen Phänomenen in Form einer offenen Typologie, andererseits entwickelt sie mit dem Begriff der Allelopoiese ein Konzept, dass die Wechselwirkungen zwischen Transformiertem und Transformierendem in den Fokus nimmt.

In ihrer Übersichtsdarstellung der Transformationstheorie definieren die MitarbeiterInnen des Sonderforschungsbereichs Transformationen als „komplexe Wandlungsprozesse [...], die sich zwischen einem Referenz- und einem Aufnahmebereich vollziehen".[61] Ein Agent wählt aus dem Referenzbereich einen Aspekt und modifiziert „im Akt der Aneignung nicht nur die Aufnahmekultur", sondern konstruiert zugleich auch die Referenzkultur.[62] Die diachronen oder synchronen transformatorischen Prozesse

> führen mithin zu ‚Neuem' im doppelten Sinn, nämlich zu voneinander abhängigen Neufigurationen sowohl innerhalb der Referenz- wie innerhalb der Aufnahmekultur. Dieses Verhältnis der Wechselwirkung wird im Folgenden mit dem Begriff Allelopoiese, abgeleitet aus griech. *allelon* (gegenseitig) und *poiesis* (Herstellung, Erzeugung), bezeichnet.[63]

---

59 Vgl. Franz Josef Worstbrock: Wiedererzählen und Übersetzen. In: Mittelalter und Frühe Neuzeit. Übergänge, Umbrüche und Neuansätze. Hg. v. Walter Haug. Tübingen 1999 (Fortuna Vitrea, Bd. 16). S. 128-142. Bis dato existiert nur eine umfassende komparatistische Untersuchung beider Texte, die einer psychoanalytischen Fragestellung folgt und vor allem größere Teile der Binnenhandlung nicht berücksichtigt (vgl. Ulrike Junk: Transformationen der Textstruktur. *Historia Apollonii* und *Apollonius von Tyrland*. Trier 2003 (LIR, Bd. 31).
60 Vgl. Hartmut Böhme et al. (Hg.): Transformation. Ein Konzept zur Erforschung kulturellen Wandels. München 2011; darin insbes. ders.: Einladung zur Transformation. Was ist Transformation? S. 7-34; Lutz Bergemann et al.: Transformation. Ein Konzept zur Erforschung kulturellen Wandels. S. 39-56.
61 Bergemann et al.: Transformation, S. 39.
62 Ebda.
63 Ebda.

Als zentralen Vorteil dieses Konzepts der Allelopoiese formulieren die Autoren die „Abkehr von linearen Konzepten unidirektionaler Wirkung".[64] Wie das Aufnahmeobjekt steht auch das Referenzobjekt nicht fest und wird durch den Akt der Aneignung verändert; dieser Akt erweist sich damit grundsätzlich als ein konstruktiver, selbst wenn sein Ergebnis die Destruktion des Referenzobjektes ist.

Welche Formen diese konstruktive Aneignung annehmen kann, entwickeln die Verfasser in einem offenen Katalog von „Transformationstypen",[65] der von Appropriation über Hybridisierung bis zu Negation und kreativer Zerstörung reicht. Grundsätzlich werden die „Modi der Inklusion, Exklusion und Rekombination kultureller Inhalte" unterschieden;[66] wie genau eine Transformation terminologisch gefasst werden kann, ist aber ebenso abhängig von ihrem historischen Kontext wie von der Perspektive des Beobachters, der das Handeln des Agenten der Transformation und diese Aneignung auf eine bestimmte Weise fokussiert.

Dieses Modell produktiver Anverwandlung durch Transformation hat sich durch vielfältige Untersuchungen auch im Bereich der germanistischen Mediävistik als außerordentlich fruchtbar erwiesen.[67] Die vorliegende Arbeit untersucht einen Transformationsprozess, bei dem die *Historia* als Objekt der Referenzkultur durch Heinrich von Neustadt als Agent der Transformation seiner Aufnahmekultur schöpferisch anverwandelt wird. Zwischenstufen dieses Prozesses, die die Transformation der *Historia* in verschiedenen Mischfassungen beinhalten, werden aus der Untersuchung ausgeschlossen, ohne dass ihre Existenz ausgeblendet wird.[68] Der Fokus wird auf der Transformation der antiken Räume, d.h. der narrativen Raumentwürfe und Raumordnungen der *Historia* und ihrer Transformation im *Apollonius* liegen. Insofern sie die Kompatibilität eines transformationstheoretischen Ansatzes mit einem raumtheoretischen erprobt, versteht sich diese Studie auch als Beitrag zur Weiterentwicklung der Transformationstheorie.

---

64 Ebda., S. 40.
65 Ebda., S. 47ff.
66 Ebda., S. 47.
67 Vgl. die Beiträge in dem Band Böhme et al.: Transformation, insbes. Julia Weitbrecht: Verwandlung zur Konversion. Die Lektüre des *Goldenen Esels* als Autobiographie einer Umkehr in Spätantike, Mittelalter und Früher Neuzeit. S. 79-104; Sebastian Möckel: Zwischen Muster und Anverwandlung. Übersetzungen des antiken Liebesromans in der Frühen Neuzeit. In: Übersetzung und Transformation. Hg. v. Hartmut Böhme, Christoph Rapp und Wolfgang Rösler. Berlin/New York 2007 (Transformationen der Antike, Bd. 1). S. 137-155 sowie Werner Röcke: Identität und kulturelle Selbstdeutung. Transformationen des antiken Liebesromans in Mittelalter und Früher Neuzeit. In: Mythos – Sage – Erzählung. Gedenkschrift für Alfred Ebenbauer. Hg. v. Johannes Keller und Florian Kragl. Göttingen 2009. S. 403-418.
68 Vgl. hierzu den Abschnitt „Mehrschichtige, komplexe Transformationsprozesse, verfasst von Maximilian Benz, in Bergemann et al.: Transformation, S. 54ff.

Herrschaft

Die semantische Aufladung von Räumen und Orten, die sich in den Texten ausprägenden Raumordnungen und die räumliche Codierung von ursprünglich nichträumlichen Konzepten bedingen enge Verknüpfungen der Raumstrukturen beider Texte mit bestimmten thematischen Feldern. Ganz besonders ist hier die Beschäftigung mit Fragen von rechter und unrechter Herrschaft zu nennen, die den gesamten Text, v. a. aber die Binnenerzählung, dominiert.

In immer neuen Versuchsanordnungen führen beide Texte vor, wie rechte Herrschaft ausgeübt wird und wie sehr unrechtes Herrschaftshandeln die Stabilität eines Reiches unterwandert und den Anspruch auf Herrschaft schließlich negiert. Herrschaft manifestiert sich in beiden Texten in besonderem Maße als räumliches Handeln. Erstens drückt sich dies durch privilegiertes Verfügen über den Raum aus, zweitens durch räumliche Praktiken, die als Herrschaftshandeln gekennzeichnet sind, und drittens (im *Apollonius*) in der aneignenden Homogenisierung dieses Raumes im Sinne der feudalhöfischen Raumordnung und damit Einpassung der erzählten Räume und Orte in einen umfassenden Herrschaftsraum, zu dem die Erzählwelt im Laufe der Handlung umgeformt wird.

Diese Formen der Herrschaft und des Herrschaftshandelns in den Romanen sollen durch genaue Textlektüren herausgearbeitet und in einem nächsten Schritt miteinander verglichen werden. Für eine heuristische Definition von Herrschaft und Herrschaftshandeln wird auf Max Webers Theorie von Herrschaft zurückgegriffen.[69] Herrschaft stellt für Max Weber einen Sonderfall der Macht dar. Er definiert sie als „die Chance, für einen Befehl bestimmten Inhalts bei angebbaren Personen Gehorsam zu finden",[70] also als Wahrscheinlichkeit von erfolgreichem Befehlshandeln. Sie zeichnet sich dadurch aus,

> daß ein bekundeter Wille (‚Befehl') des oder der ‚Herrschenden' das Handeln anderer (des oder der ‚Beherrschten') beeinflussen will und tatsächlich in der Art beeinflußt, daß dies Handeln, in einem sozial relevanten Grade, so abläuft, als ob die Beherrschten den Inhalt des Befehls, um seiner selbst willen, zur Maxime ihres Handelns gemacht hätten (‚Gehorsam').[71]

Diese auf das Handeln und damit den Prozesscharakter von Herrschaft ausgerichtete Definition eignet sich hervorragend, um die oben beschriebenen Formen von Herrschaft differenziert herauszuarbeiten.

---

69 Vgl. für das Folgende Stefan Breuer: ‚Herrschaft' in der Soziologie Max Webers. Wiesbaden 2011.
70 Max Weber: Wirtschaft und Gesellschaft. Studienausgabe. Hg. v. Johannes Winckelmann. 5. Auflage, Tübingen 1976.
71 Max Weber: Wirtschaft und Gesellschaft. Herrschaft. Hg. v. Edith Hanke und Thomas Kroll. Tübingen 2005. S. 135.

Weber unterscheidet zwischen legitimer und illegitimer Herrschaft. Legitim ist eine Herrschaft, wenn sie auf einem Legitimitätseinverständnis der Befehlenden und, das ist besonders hervorzuheben, der Gehorchenden beruht.[72] Weber zufolge ist Herrschaft als „wichtigste Grundlage fast allen Verbandshandelns"[73] anzusehen und insofern nahezu ubiquitär. Dies liegt auch daran, dass „sie gerade in ihren stärksten Erscheinungsformen, der ‚legitimen Herrschaft', in hohem Maße wandlungsfähig ist".[74] Weber entwickelt in diesem Kontext eine Typologie verschiedener Herrschaftsformen, die jedoch nicht als historische Abfolge erscheinen, „sondern miteinander in der mannigfachsten Art kombiniert auftreten".[75]

Die legale Herrschaft rekurriert auf ein System „gesetzter (paktierter oder oktroyierter) *rationaler* Regeln, welche als allgemein verbindliche Normen Fügsamkeit finden, wenn der nach der Regel dazu ‚Berufene' sie beansprucht". Diese Herrschaftsform ist primär modernen Gesellschaften zuzuordnen. Traditionale Herrschaft sieht die Grundlage der persönlichen Autorität eines Herrschenden „in der Heiligkeit der *Tradition*, also des Gewohnten, immer so Gewesenen". Charismatische Herrschaft dagegen bedeutet die „Hingabe an das Außerordentliche: im Glauben an *Charisma*, das heißt an aktuelle Offenbarung oder Gnadengabe einer Person, an Heilande, Propheten und Heldentum jeglicher Art."[76] Dieser Typ der charismatischen Herrschaft beruht also nicht auf traditionellen Autoritätsverhältnissen, sondern auf der „Autorität konkreter Persönlichkeiten".[77] Breuer bezeichnet charismatische Herrschaft als einen „Ausnahmezustand im soziologischen, psychologischen und nicht zuletzt auch historischen Sinn".[78]

Diese Beschreibungskategorien ermöglichen es, die historisch verschiedene Ausprägungen von Herrschaft in der *Historia* und im *Apollonius* in ihren konkreten Formen zu beschreiben und zu vergleichen. Max Webers tendenziell handlungsorientierte Perspektive auf Herrschaft ist außerdem besonders geeignet, räumliches Herrschaftshandeln in seiner potentiellen Dynamik herauszuarbeiten.

---

72 Vgl. Breuer: Herrschaft, S. 9f.
73 Max Weber: Gesammelte Aufsätze zur Wissenschaftslehre. Bd. 1. Hg. v. Johannes Winckelmann. Tübingen 1972. S. 470.
74 Breuer: Herrschaft, S. 3.
75 Weber: Herrschaft, S. 513.
76 Weber: Herrschaft, S. 148f.
77 Weber: Herrschaft, S. 149.
78 Breuer: Herrschaft, S. 25.

Vorgehensweise

Im ersten Kapitel der Arbeit werden zunächst die Desiderata einer Analyse narrativer Raumentwürfe in vormodernen Texten in Form eines Fragenkatalogs entwickelt. Auf dieser Basis erfolgt die Diskussion einiger zentraler theoretischer Ansätze, heuristisch getrennt nach den Kategorien der sprachlichen Raumerzeugung (1.1.1), der semantischen Codierung von Räumen (1.1.2) und zuletzt der Dynamisierung von Raum als Bewegungsraum (1.1.3). In Kapitel 1.2 wird die Frage diskutiert, wie das Verhältnis von textexternen und textinternen Raumentwürfen zu fassen ist und ob bzw. wie gesellschaftliche und soziale textexterne Räume Einfluss auf die narrativen Raumentwürfe nehmen. In diesem Zusammenhang werden auch einige gesellschaftstheoretische Ansätze vorgestellt. In Kapitel 1.4 wird der eigene Ansatz für die Analyse und Interpretation der Raumentwürfe knapp vorgestellt.

In Kapitel 2 und 3 werden zunächst Überlieferung, Gattungseinordnung und zentrale Forschungspositionen zur *Historia* respektive zum *Apollonus* diskutiert (2.1-2.2 und 3.1-3.2). Es folgen Detailanalysen der Räume und Orte beider Texte (2.3 und 3.3). Diese Ergebnisse werden in Form einer Typologie aufgearbeitet (2.4 und 3.4). Das vierte Kapitel diskutiert diese Analyseergebnisse abschließend in Bezug auf die systematischen Kategorien Herrschaft, Geschlecht, Heil und Fremde in beiden Texten und fasst noch einmal die Transformationsphänomene antiker Räume im *Apollonius* zusammen.

1. Raumtheoretische Grundlagen

Ziel dieses Kapitels ist die Erarbeitung eines Instrumentariums für die Analyse narrativ erzeugter Räume und Orte. Zunächst sollen die eigene Terminologie und die Anforderungen an ein raumanalytisches Instrumentarium dargestellt und reflektiert werden. Hiervon ausgehend sollen einige zentrale Forschungsansätze der Erzähltheorie und Gesellschaftstheorie vorgestellt und auf mögliche Antworten befragt werden (1.1 und 1.2), bevor abschließend der rekursiv aus Textbeobachtungen und der Auseinandersetzung mit raumtheoretischer Forschung entwickelte Untersuchungsansatz dieser Arbeit vorgestellt werden soll (1.3).

Die vorliegende Arbeit arbeitet mit einem relationalen Raumverständnis[1] und unterscheidet in dieser Hinsicht nicht zwischen sprachlich erzeugten und geographisch existenten Räumen.[2] Was in anderen Disziplinen Gegenstand kontroverser Forschungsdiskussionen ist, scheint im Hinblick auf sprachlich vermittelte Räume zunächst offensichtlich: Raum wird im Text immer sprachlich erzeugt und durch die Beschreibung und Zuordnung von geographischen Phänomenen, Bauwerken, Gegenständen, Figuren sowie deren Beziehungen untereinander im Sinne eines sich je neu bildenden Relationsgefüges konstituiert. Besondere Bedeutung kommt den Handlungen im und Bewegungen durch den Raum zu, die diese Bezugnahmen vervielfältigen oder modifizieren und so den Raum dynamisieren. Die folgenden kurzen Definitionen der zentralen in dieser Arbeit verwendeten Raumterminologie verstehen sich als Ausgangspunkt, von dem her die Differenz der einzelnen Theorien und ihrer Terminologie in der Forschungsdiskussion deutlicher erkennbar werden soll.

Als RAUM wird ein konkret erzähltes Ensemble von Figuren, Dingen und ihren Relationen bezeichnet, das sich als ein Relationsgefüge mit einer

---

[1] Vgl. Martina Löw: Raumsoziologie. Frankfurt am Main 2001. S. 24ff.; dies korrespondiert in der Kunstwissenschaft mit der von Panofsky getroffenen Unterscheidung zwischen Aggregatraum und Systemraum, vgl. Erwin Panofsky: Die Perspektive als „Symbolische Form". In: Ders.: Deutschsprachige Aufsätze. Hg. v. Karen Michels und Martin Warnke. Berlin 1998. S. 664-757, S. 709.

[2] Dies lässt sich durch soziologische Theorieansätze stützen, vgl. Kap. 1.2.

gemeinsamen Ordnung topographisch konstitutiert.³ Der Begriff der RAUMORDNUNG bezeichnet das Set von Regeln und Strukturen eines spezifischen Raumes; es bestimmt grundlegende Charakteristika eines Raumes, wie den Grad seiner Zugänglichkeit, Formen der möglichen Relationierung zwischen Dingen und Figuren und des räumlichen Handelns sowie mögliche Funktionen des Raumes. Die Zusammenhänge dieser textinternen räumlichen Ordnungen mit textexternen soziokulturellen Raumordnungen sowie mit Textgattungen werden im Folgenden zu diskutieren sein. Räume können nebeneinander liegen oder sich überlagern. Ein Raum kann aus mehreren Teilräumen bestehen, deren Ensembles sich im Einzelnen unterscheiden, die aber beide der Ordnung des übergeordneten Gesamtraumes folgen.

Bei einem ORT handelt es sich um ein konkret auserzähltes, fest umgrenztes und in seiner Lage, Erstreckung und geographischen Beschaffenheit relativ stabiles Ensemble von Figuren und Dingen, das meist durch ein Toponym oder Ortssubstantive bezeichnet wird und somit konkret lokalisierbar ist. Ein Ort kann von mehreren Räumen „bespielt" werden, die von den jeweils aktiven Ensembles von Relationen und Ordnungen abhängig sind.⁴ So kann der Ort Jerusalem im Hochmittelalter gleichzeitig für Pilger als Memorialraum für das biblische Heilsgeschehen, für die politischen Interessen der Kreuzzüge als Raum kriegerischer Auseinandersetzung und für die Stadtbevölkerung als Raum alltäglichen Lebens dienen.

GRENZEN trennen Räume von Räumen und Orte von Orten. Sie können im konkreten Raum der erzählten Welt als natürliche Grenzen auftreten oder künstlich erzeugt sein. Sie können verschiedene Ausdehnungen haben, die von einer Trennlinie über Schwellen und Grenzzonen bis hin zu Zwischenräumen reichen. Diese stellen ihrerseits Räume mit einer spezifischen Ordnung dar und nehmen die Funktion von Grenzen für andere Räume ein. Im Falle der mittelalterlichen Literatur sind Wälder, Meere, Wildnis oder Wüsten typische Zwischen- oder Grenzräume. Der

---

3 Vgl. zur kritischen Diskussion eines zu abstrakt gefassten Raumkonzepts Dennerlein: Narratologie. S. 5f.

4 „Der Ort wäre also begrenzt, oft materiell greifbar und lokalisierbar im Raum, der sich wiederum mit seiner Hilfe (ständig neu) konstituiert. Konkrete Orte können dann aber wiederum überlagert werden von unterschiedlichen Räumen, die sich konstituieren im unterschiedlichen Gebrauch des Orts, in seiner kulturellen Kodierung, seiner individuellen Bedeutung – die mit seiner Geschichte zu tun haben kann –, seiner vorübergehenden Funktion oder auch nur Wahrnehmung. Dieser Raum wäre dann das, was man mit Orten macht [...]. Jeder *Ort* kann somit nacheinander und vielleicht sogar gleichzeitig eine Vielzahl von *Räumen* werden [...]." (Gertrud Lehnert: Einleitung. In: Raum und Gefühl. Der *Spatial Turn* und die neue Emotionsforschung. Hg. v. ders.. Bielefeld 2011 (Metabasis, Bd. 5). S. 9-25, S. 12) Lehnert entwickelt diese Definition des Ortes im Rückgriff auf Michel de Certeaus *Kunst des Handelns* (Berlin 1988).

topographischen Grenzziehung kann eine raumsemantische, d.h. klassifikatorische Grenze entsprechen.

Mit dem Begriff des BEWEGUNGSRAUMS[5] fasse ich die in erzählten Räumen auftretende Dynamisierung durch Bewegung, räumliches Handeln und Veränderungen der einen Raum konstituierenden Relationen. Die Erzeugung und Veränderung räumlicher Strukturen wird in den hier untersuchten Texten immer wieder im Vollzug vorgeführt.

Schon aus diesen ersten terminologischen Vorbemerkungen wird deutlich, dass es auf die scheinbar offensichtliche Frage nach dem Erzählraum eines Textes keine einfachen Antworten gibt. Die narrative Erzeugung des „konkreten Raums der erzählten Welt"[6] erfolgt auf unterschiedlichen Ebenen. Es bestehen in jedem Text komplexe Verschränkungen und Wechselwirkungen zwischen diesen Ebenen, gerade deswegen ist ihre analytische Trennung erforderlich. Heuristisch kann unterschieden werden zwischen (1) der sprachlichen Erzeugung von Raum, (2) der semantischen Codierung von Räumen und Orten, (3) der räumlichen Struktur einer Erzählung, (4) dem Raum-Zeit-Gefüge, (5) der Dynamisierung des Erzählraumes zum Bewegungsraum sowie (6) dem Verhältnis von narrativem Raum und textexternen Kontexten. Mit diesen unterschiedlichen Ebenen gehen eine ganze Reihe von Analysefragen einher, die im Folgenden als Leitlinien der Forschungsdiskussion dienen sollen:

1. Die Ebene der sprachlichen Erzeugung von Raum: Welches sprachliche Material wird in welchen syntagmatischen Verknüpfungen bei der narrativen Erzeugung von Raum verwendet? Welche semantischen Felder werden gebildet? Wird Raum explizit oder implizit, deiktisch oder standortneutral, als Relationsgefüge oder als stabiler Container erzählt? Werden *topoi* oder *loci* eingesetzt und wie werden sie funktionalisiert? Kommt es zu Repetitionen und differierenden Figurenperspektiven auf den Raum?

2. Die Ebene der semantischen Codierung von Raum: Wie werden in Texten ursprünglich nicht-räumliche Konzepte wie axiologische und moralische Positionen mit den räumlichen Entwürfen verknüpft? Welche Konzepte und Relationen werden räumlich codiert, und wie werden semantische Felder auf diese Weise räumlich organisiert? Welche Konsequenzen haben solche Codierungen für die Darstellung und Funktion der erzählten Räume, für die Korrelation der Erzählepisoden, die Makrostruktur des Textes und seine Teleologie?

---

5   Dieses Konzept ist u.a. aus der gemeinsamen theoretischen Arbeit der Untergruppe E-I des Exzellenzclusters *Topoi* hervorgegangen. Vgl. Maximilian Benz und Carmen Marcks-Jacobs: Plenary Agenda Report for Research Group E-I. Ancient Spaces as Spaces of Movement in the Postclassical Era. Factography, Imagination, Construction. In: E-Topoi. Journal for Ancient Studies, Special Volume 1 (2011). Für eine genauere Diskussion des Konzepts vgl. Kap. 1.1.3.
6   So betitelt Dennerlein ihr drittes Kapitel (vgl. Dennerlein: Narratologie).

3. Im Hinblick auf die Struktur der Erzählung ist zu fragen, ob und wie der Text durch räumliche Strukturen organisiert wird und in welchen funktionalen Beziehungen Orte und Räume zu einander stehen. Korrelieren sie, werden sie parallel oder kontrastiv entworfen? Lassen sich Kontiguitäten oder Akkumulationen von Räumen ausmachen? Ist es möglich, dass ein Ort von verschiedenen Räumen „bespielt" wird? Und wie manifestiert sich eine solche Konkurrenz der Räume an einem Ort sprachlich?

4. Bezüglich des Zeit-Raum-Gefüges des Textes ist zu untersuchen, auf welchen Zeitebenen von einem Raum oder Ort erzählt wird. Raum kann auch als Zeit-Raum erzählt werden, zum Beispiel bei der Beschreibung von Entfernungen. Zudem ist zu fragen, ob bestimme Räume mit bestimmten Zeiten oder Zeitmodellen (z.B. überzeitlich-paradiesischen oder eschatologischen) verknüpft werden.

5. Darüber hinaus ist die Frage nach der Statik oder Dynamik der vorliegenden Raumentwürfe zu stellen. Die Kategorie des Raumes wird vielfach mit Stabilität, die Kategorie der Zeit dagegen mit Veränderung und Bewegung assoziiert. Texte erzeugen jedoch nicht lediglich statische Räume, sie machen sie auch ‚er-fahrbar', entwerfen sie also im Vollzug. Wie spielen in Raumentwürfen die Vogelperspektive des Erzählers und die sukzessive Er-Fahrung durch die Figuren zusammen? Inwiefern affizieren und manipulieren die Figuren durch ihr räumliches Handeln die entworfenen Räume und Orte? Inwiefern werden die Figuren umgekehrt durch die von ihnen durchreisten Räume affiziert?

6. Eine weiteres Untersuchungsfeld, das sich heuristisch als Text-Welt-Beziehungen umreißen lässt, betrifft das Verhältnis zwischen gesellschaftlich erzeugtem Raum und damit verbundenem Weltwissen und dem erzählten Raum des fiktionalen Textes. Textuelle Raumentwürfe sind stets historisch spezifisch und nur aus ihrem soziokulturellen Kontext heraus verständlich. Wie lassen sich diese soziokulturellen Substrate fassen? Auf welche Diskurse wird zurückgegriffen, und wie werden sie transformiert? Welche kulturellen und gesellschaftlichen räumlichen Ordnungen sind in den Text eingeschrieben, wie werden sie funktionalisiert, bearbeitet oder bestätigt?

Die folgende Diskussion erzähl- und gesellschaftstheoretischer Ansätze soll zum einen dazu dienen, die oben formulierten Fragen zu präzisieren und ein Instrumentarium für ihre Beantwortung zu entwickeln. Zum anderen werden die theoretischen Reflektionen der erarbeiteten Untersuchungsebenen in den diskutierten Forschungsansätzen nachgezeichnet und eventuelle Probleme bei ihrer analytischen Differenzierung erörtert.

1.1 Raum erzählen

Aus der beschriebenen Fülle raumtheoretischer Forschungsansätze sollen hier nur einige Ansätze und Studien vorgestellt werden, die für die Untersuchung der narrativen Erzeugung von Raum in vormodernen Erzähltexten besonders fruchtbringend sind.[1] Es handelt sich zum Einen um den kanonisch gewordenen Ansatz von Jurij Lotman, der zu den einflussreichsten Theoretikern des Raumes in fiktionalen Texten zählt. Zweitens werden mit Katrin Dennerleins *Narratologie des Raumes* und Uta Störmer-Caysas Studie zu *Raum und Zeit im höfischen Roman*[2] zwei neuere Versuche der systematisierenden Analyse narrativer Raumerzeugung diskutiert. In 1.2 werden dann Bachtins Konzept des Chronotopos und einige gesellschaftstheoretische Ansätze von u.a. Martina Löw und Henri Lefebvre im Mittelpunkt stehen.

1.1.1 Raum erzeugen

Die sprachliche Erzeugung von Raum in literarischen Texten ist seit jeher eine Kategorie der Erzähltheorie, ohne dass diese stets als eigener Gegenstandsbereich konturiert und expliziert wird. Schon bevor das Interesse an Raum in den letzten Jahren als Gegenstand der Literatur- und Kulturwissenschaften wieder Konjunktur gewann, wiesen viele Einführungen in die Erzähltheorie und literaturtheoretischen Handbücher Darstellungen zum „Raum" auf,[3] oftmals jedoch ohne einen systematischen Anspruch zu entwickeln.[4] Unterscheiden lässt sich grundsätzlich einerseits zwischen Ansätzen, welche die sprachliche Erzeugung von Raum gattungs- und epochenunabhängig narratologisch zu fassen versuchen, ihr Interesse also auf ahistorische narrative Erzeugungsstrategien von Raum richten, und andererseits historisch spezifischen Studien, die sich um Analyseansätze für Gattungen, Textgruppen oder Epochen und deren jeweilige soziokulturellen Produktionsbedingungen bemühen.

Der wohl umfassendste neuere theoretische Ansatz ohne historische Perspektive stellt die 2009 publizierte *Narratologie des Raumes* von Katrin

---

1   Hier soll also kein umfassender Forschungsbericht geleistet werden; vgl. für einen solchen die Fußnote 24 in der Einleitung sowie speziell für die Literaturwissenschaft den umfänglichen Forschungsbericht bei Dennerlein: Narratologie.
2   Vgl. Störmer-Caysa: Grundstrukturen.
3   Vgl. Matias Martinez und Michael Scheffel: Einführung in die Erzähltheorie. München 2003, die in ihrem Kapitel zur „Erzählten Welt" auf Lotman zurückgreifen und dessen Thesen knapp skizzieren.
4   Vgl. Dennerlein: Narratologie, S. 3/Fußnote 11.

Dennerlein dar. Im Folgenden sollen die wichtigsten Ergebnisse ihrer systematischen Erfassung und detaillierten Diskussion der narrativen Erzeugung und Darstellungstechniken von Raum zusammengefasst und diskutiert werden.[5] Dennerlein arbeitet mit fiktionalen Erzähltexten[6] aus vier Jahrhunderten, ohne jedoch die Historizität dieser Texte weiter zu berücksichtigen. Sie beschäftigt sich ausschließlich mit dem „konkreten Raum der erzählten Welt".[7] Dennerleins Konzept von Raum „basiert auf einer Vorstellung von Raum als Container mit einer Unterscheidung von innen und außen, dessen Innerem Menschen und Gegenstände zugeordnet werden können".[8]

Dies impliziert ein statisches Raumkonzept. Verstärkt wird dies dadurch, dass Dennerlein „Fragen der Funktion von Raum für andere Elemente des Erzählens wie z.B. die Figuren oder die Handlung zwar an der einen oder anderen Stelle erwähnt",[9] sie jedoch nicht als zentral für die narrative Erzeugung von Raum setzt. Vielmehr wird Raum hier „im Sinne einer Verortungskategorie für Figuren und Handlungen verstanden".[10] Dennerlein untersucht also „räumliche Begebenheiten", nicht räumliche Relationen.[11]

Dennerlein differenziert zwischen expliziten, d.h. lexikalischen, und impliziten Referenzen auf Raum.[12] In der Diskussion der expliziten Referenzen unterscheidet sie im Rückgriff auf Heinz Vaters raumlinguistische Arbeiten[13] zwischen statischen und dynamischen raumreferentiellen Ausdrücken, also auf Positionen resp. Bewegungen von Objekten

---

5   Diese Techniken werden dann in den Analysen der Räume und Orte der *Historia* respektive des *Apollonius* in Kap. 2 und 3 appliziert und so geprüft.
6   Dennerlein weist fiktionalen Texten eine „doppelt[e] Kommunikationssituation und [...] Nicht-Referentialisierbarkeit auf die Wirklichkeit" zu (ebda., S. 12). Diese Nicht-Referentialisierbarkeit macht es ihr möglich, Raumerzeugung als ahistorisch zu diskutieren.
7   Ebda., S. 48. Konkret fasst sie hier „im Sinne von ‚sinnlich, anschaulich gegeben', wobei die Anschaulichkeit im narrativen Text als Komponente eines semantischen Konzepts vorliegt, auf das referiert wird" (ebda.).
8   Ebda., S. 9. Dieses Konzept bezeichnet Dennerlein als „Alltagsvorstellung" (ebda., S. 60) und leitet sie aus evolutionspsychologischen Grundlagen ab (ebda., S. 59f.). Ontologische und modale Merkmale von Räumen im Alltag sind dabei „gemäß den jeweils geltenden Regeln einer erzählten Welt gestaltet und können gegebenenfalls stark von der Alltagsvorstellung abweichen" (ebda., S. 67). Da ich in meiner Untersuchung von einem relationalen Raumverständnis ausgehe, das meines Erachtens die narrative Erzeugung von Raum sehr viel besser reflektiert, werde ich diesen Punkt im Folgenden nicht detaillierter ausführen.
9   Ebda., S. 11.
10 Ebda., S. 45.
11 Ebda., S. 102. Dieser Befund wird im Verlauf ihrer Arbeit durch einige Überlegungen zu Relationierungen, Raummodellen und räumlichen Strukturen korrigiert (ebda., insbes. ab S. 172ff.), wobei Dennerlein explizit am Konzept des Container-Raumes und implizit an der Statik des narrativ erzeugten Raumes festhält.
12 Ebda., S. 73ff.
13 Vgl. Heinz Vater: Einführung in die Raum-Linguistik. Hürth-Efferen 1991.

referenzierende Ausdrücke. „Beide Sachverhalte werden durch Präpositionalphrasen, Verben und Deiktika ausgedrückt".[14] Mit dem zusätzlichen Aspekt der Dimensionierung zielt Dennerlein im Anschluss an Vater auf Objektklassen und räumliche Eigenschaften von Dingen, die mit Substantiven und Adjektiven bezeichnet werden. Dennerlein ergänzt in dieser Liste außerdem „Toponymika, Eigennamen, Gattungsbezeichnungen, Deiktika und weitere Konkreta".[15] Sie unterscheidet zwischen *deiktischen* Referenzsystemen, die nur dann verständlich sind, „wenn man die Position, die Identität und die zeitliche Situierung des Sprechers",[16] also seinen Standort kennt, und *absoluten* Referenzsystemen, die standortunabhängig funktionieren. Als Beispiele nennt sie intrinsische, topologische, georeferentielle und metrische Systeme.[17] Kopplungen beider Referenzsysteme sind dabei möglich.

Implizite Raumreferenzen können u.a. die Form metonymischer Bezugnahmen annehmen. Für das Verstehen[18] dieser impliziten räumlichen Begebenheiten sind Inferenzprozesse, also Schlussfolgerungen, erforderlich. Raum entsteht „aus dem Zusammenspiel von textuellen Informationen und Schlussprozessen"[19] eines Lesers. Dennerlein differenziert zwischen zwei Arten der Unvollständigkeit, die im Falle von impliziten Raumreferenzen möglich sind: Unbestimmtheitsstellen, in deren Fall „Informationen nicht erwähnt werden, die logisch ergänzt werden können",[20] z.B. durch Rollenidentitäten, Handlungen und Ereignisse, die typisch für bestimmte Orte sind,[21] und echten Leerstellen.[22]

Dennerlein unterscheidet situationsbezogenes Erzählen von Raum, d.h. das Erzählen von Raum als Ereignisregion im Rahmen eines Ereignisses,[23] von anderen „Thematisierungsweisen" räumlicher Begebenheiten, wie

---

14 Dennerlein: Narratologie, S. 75.
15 Ebda., S. 77.
16 Ebda., S. 78.
17 Ebda., S. 78f. Dennerlein betont, dass es sich bei diesen Unterscheidungen um die Ebene von Konzepten, nicht aber um dem Sprachmaterial inhärente Differenzen handelt.
18 Dennerlein fasst Verstehen hier explizit als Inferenz, nicht als Decodierung (ebda., S. 97).
19 Ebda., S. 83.
20 Ebda., S. 94. Dieser Logikbegriff wird nicht weiter erläutert.
21 Ebda., S. 95. Dennerlein geht nicht weiter auf ihr Verständnis des „Typischen" ein, an ihrem Beispiel eines „Schlossgehilfen" wird jedoch deutlich, dass auch an dieser Stelle eine historische Differenzierung für das richtige Verstehen (auch im Sinne ihres Verstehensbegriffs) notwendig ist. So kann davon ausgegangen werden, und ein Rezipient wird dies auch, dass ein Schlossgehilfe im Kontext eines höfischen Feudalsystems wie dem vormodernen andere „typische" Aufgaben zu erfüllen haben wird als der Schlossgehilfe eines touristisch genutzten Schlosses im 21. Jahrhundert.
22 Ebda., S. 94f.
23 Eine Ereignisregion ist ein Schauplatz der erzählten Geschichte auf einer Erzählebene, „wenn die Origo in ihr verortet wird und wenn sie nach den Regeln der erzählten Welt zur faktischen Umgebung eines Ereignisses wird" (ebda., S. 131f.); vgl. für den Ereignisbegriff und die Funktionalisierungen des Handlungsbegriffs Kap. 1.1.3 dieser Arbeit.

dem „Beschreiben, Reflektieren, Argumentieren und Kommentieren".[24] Aus dieser Gruppe der Thematisierungsweisen diskutiert Dennerlein nur die Raumbeschreibung genauer, die sie als ereignislose „Mitteilung von stabilen Eigenschaften der räumlichen Gegebenheiten"[25] definiert. Sie kontrastiert also situative und nicht-situative Thematisierungsweisen von Raum.

Zentral für Dennerleins Überlegungen ist die Kategorie der erzählten Raumwahrnehmung, mit der die Beschreibung von Raum häufig verbunden sei.[26] Als Indizien dafür, dass Raumwahrnehmung erzählt werde, nennt Dennerlein Subjektivität, Standortabhängigkeit und Aktualität.[27] Wahrgenommenes „kann selbst eine Ereignisregion sein".[28] Sie differenziert zwischen Fällen einer statischen und einer mobilen Wahrnehmungsinstanz,[29] wobei sie im letzteren Fall das in den Kognitionswissenschaften etablierten Modell der ‚Wanderung' (*route*) präferiert.[30]

Der Diskussion von erzählter Raumwahrnehmung schließt Dennerlein die Frage nach der Abfolge von erzählten Raumdetails an. Dies betrifft das Problem, auf welche Weise die Simultanität eines Raumeindrucks in die

---

24 Ebda., S. 132.
25 Ebda., S. 134. Beschreibungen werden also hier nicht definiert über ihre Funktion der Vergabe von Informationen zu Gegebenheiten der räumlichen Welt – diese können in situativem wie auch nicht-situativem Text vergeben werden (ebda., S. 140).
26 Ebda., S. 143.
27 Ebda., S. 146.
28 Ebda.
29 Ebda., S. 153ff.
30 Ebda., S. 154f. Eine solche Opposition der Raumwahrnehmung als Karte vs. Wegstrecke entwickelt auch Michel de Certeau (Kunst des Handelns. Berlin 1988. S. 215ff.). Er trennt zwischen dem technokratischen Blick auf die Stadt und dem Gehen durch die Stadt als zwei Modi von Raumaneignung, und steht damit Henri Lefebvres Unterteilung von Stadt als Konzept und Stadt als gelebtem Fakt nahe. Zum Zusammenhang von Karten und räumlichem Denken auch in der mittelalterlichen Literatur vgl. u.a. Hartmut Kugler: Zur kognitiven Kartierung mittelalterlicher Epik. Jean Bodels „drei Materien" und die „Matière de la Germanie". In: Topographien der Literatur. Deutsche Literatur im transnationalen Kontext. Hg. v. Hartmut Böhme. Stuttgart/Weimar 2005. S. 244-263; Karl Schlögel: Kartenlesen, Raumdenken. Von einer Erneuerung der Geschichtsschreibung. In: Merkur. Deutsche Zeitschrift für europäisches Denken 636 (2002). S. 308-318; ders.: Kartenlesen, Augenarbeit. Über die Fälligkeit des *spatial turn* in den Geschichts- und Kulturwissenschaften. In: Was sind Kulturwissenschaften? 13 Antworten. Hg. v. Heinz Dieter Kittsteiner. München 2004. S. 261-283; speziell für die Vormoderne vgl. u.a. Glauser/Kiening: Text; Jörg Dünne: Die Karte als imaginierter Ursprung. Zur frühneuzeitlichen Konkurrenz von textueller und kartographischer Raumkonstitution in den America-Reisen Theodor de Brys. In: Topographien der Literatur. Deutsche Literatur im transnationalen Kontext. Hg. v. Hartmut Böhme. Stuttgart/Weimar 2005. S. 73-99; Scheuer: Cerebrale. Für Versuche, Literatur kartographisch abzubilden, vgl. Barbara Piatti: Die Geographie der Literatur. Schauplätze, Handlungsräume, Raumphantasien. Göttingen 2008 sowie Franco Moretti: Atlas des europäischen Romans. Wo die Literatur spielte. Köln 1999.

Linearität und Sukzession eines Textes übertragen werden kann. Dennerlein greift hier u.a. auf Wenz' Prinzip der „perzeptuellen Auffälligkeit" zurück:[31]

> Für dynamische Beschreibungen definiert sie [Wenz, LB] die Orientierung am Nacheinander eines zurückgelegten Weges als ikonisch. Bei statischen Raumbeschreibungen unterscheidet sie zwischen Beschreibungen aus egozentrischer und intrinsischer Perspektive. Für die Beschreibung aus egozentrischer Perspektive führt sie Prinzipien der perzeptuellen Auffälligkeit und subjektiven Nähe wie *nah-fern, Vordergrund-Hintergrund, Figur-Grund, Zentrum-Peripherie, oben-unten, hell-dunkel* oder *dynamisch-statisch* als Konventionen für die Reihenfolge an, wobei immer der erste Wert die Norm darstellt. Für die intrinsische Beschreibung aus der Perspektive eines Objekts, das eine eigene Origo ausbildet, gilt nach ihrer Darstellung das ‚Prinzip der topographischen Kontinguität', demzufolge ein räumliches Nebeneinander auch durch sprachliche Kontiguität wiedergegeben werden muss.[32]

In Bezug auf die ebenfalls von Wenz diskutierten semiotischen Relationierungen, wie axiologische Codes und Codes der sozialen Rolle (positiv Bewertetes wird vor Negativem, sozial höher Stehende vor sozial niedriger Stehenden und außergewöhnliche Handlungen vor normalen genannt), weist Dennerlein zurecht daraufhin, dass diese um kultur- und literaturgeschichtliche Informationen ergänzt werden müssen, um verständlich zu sein. Sie gehen also über einen nicht historischen Ansatz wie den Dennerleins hinaus. Dennerlein behandelt Relationierungen innerhalb des von ihr als Container konzipierten Raumes primär im Hinblick auf die physischen Eigenschaften des Raumes[33] und schlägt dementsprechend ein grundsätzlicheres Konzept physischer Merkmale und relationaler Strukturen von Raum in Texten vor, das sich, ausgehend vom Container-Raummodell, an den Körperasymmetrien und Körperachsen des Menschen orientiert.[34] Hier entwickelt sie drei Achsen, die vertikale „vom Kopf zu den Füßen", die mit den Konzepten ‚oben' und ‚unten' verbunden" ist. Die erste horizontale Achse verlaufe durch Rücken und Brust. Die entsprechenden Konzepte seien ‚vorne' und ‚hinten'. Die zweite Horizontale ergibt sich aus der durch die Schultern des Menschen verlaufende Achse. Wie sich allerdings komplexe Konzepte wie z.B. die theologische Opposition von Himmel und Hölle aus den anthropomorphen Bedingungen der menschlichen Existenz allein ableiten, lässt Dennerlein offen. So sinnvoll sich also eine

---

31 Vgl. Karin Wenz: Raum, Raumsprache, Sprachräume. Zur Textsemiotik der Raumbeschreibung. Tübingen 1997.
32 Dennerlein: Narratologie, S. 156 (sie bezieht sich auf Wenz: Raum). Wenz arbeitet vor einem semiotischen Theoriehintergrund. Es ist anzumerken, dass Dennerlein trotz des Rückgriffs auf diese Relationierungen am Container-Prinzip festhält.
33 Vgl. ebda., S. 172ff.
34 Ebda., S. 175f. Sie begründet die Wahl und Zuordnung dieser Achsen mit den Spezifika der menschlichen Gestalt, wie der paarigen Position der Augen vorne und der seitlichen Position der Ohren (ebda., S. 176), die die menschliche Erschließung von Raum bedingen.

Strukturanalyse des narrativ erzeugten Raumes im Hinblick auf seine Relationierungen erweist, so ungeeignet ist hierfür ein Untersuchungsansatz, der die Ebene semantischer Codierungen ausschließt. Möglichkeiten der Erfassung und Analyse derartiger Codierungen sollen deshalb Gegenstand von Kapitel 1.1.2 dieser Arbeit sein.[35]

Auch dem „Makroraum"[36] wendet sich Dennerlein am Ende ihrer Untersuchung zu. Im Rückgriff auf strukturalistische und narratologische Forschungsarbeiten, unter anderem auf Lotmans Konzept der Raumsemantik, entwickelt sie ein Set von Strukturelementen, die sich im konkreten Raum identifizieren lassen und seiner Organisation dienen. Was die einzelnen räumlichen Gegebenheiten betrifft, so lässt sich aus den verschiedenen Vorschlägen ein gemeinsamer Kern erarbeiten, der aus Wegen, Bereichen, Grenzen und Landmarken besteht.[37] Auf die Effekte dieser Strukturierung des narrativ erzeugten Raumes und die Funktionalisierungsmöglichkeiten dieser Merkmale geht sie nicht genauer ein.

Dennerleins Ansatz bietet eine systematische Orientierung und terminologisch kohärente Erfassung der narrativen Raumerzeugung. Er verdeutlicht aber auch, dass ein Rück- und Einbezug textexterner Kategorien und Phänomene unabdingbar ist, um die Räume einer erzählten Welt und ihre semantischen Codierungen zu verstehen.[38]

1.1.2 Raum codieren

Die räumliche Codierung von nicht genuin räumlichen Konzepten ist Teil sprachlicher Alltagspraxis, z.B. in der Rede von ‚Zeiträumen', von denen ‚da oben', vom ‚gesellschaftlichen Absturz' oder von ‚mentalen Baustellen'. Umso wichtiger ist es, in der Analyse und Interpretation von narrativ erzeugtem Raum präzise zwischen verschiedenen Ebenen der räumlichen Codierung von nicht-räumlichen Sachverhalten zu unterscheiden.[39] So ist ein

---

35　Problematisch an solchen Relationierungsklassifikationen in der Forschung ist, dass sie oftmals aus den Relationen des narrativ erzeugten Raumes extrapoliert, d.h. als „dahinterliegende" abstraktere Kategorien angenommen werden. Es ist also im Einzelfall genau zu prüfen, ob der Text Oppositionen wie Kultur/Natur selbst ausbildet, oder ob diese als hermeneutische Kategorien vom Interpreten an den Text herangetragen werden.
36　Ebda., S. 189.
37　Ebda., S. 191.
38　Dennerlein selbst hat zusammen mit Maximilian Benz ihren Ansatz im Sinne einer historischen Narratologie in der Einleitung zu ihrem Tagungsband *Literarische Räume der Herkunft* modifiziert (Fallstudien zu einer historischen Narratologie. Berlin/Boston 2016 [Narratologia, Bd. 51]. Darin: Dies.: Zur Einführung. S. 1-17).
39　Eine weitere Differenz besteht zu Konzepten der Räumlichkeit des Textes und medialer Räumlichkeit (vgl. Hermann Doetsch: Intervall. Überlegungen zu einer Theorie von Räumlichkeit und Medialität. In: Von Pilgerwegen, Schriftspuren und Blickpunkten. Raumpraktiken in

‚Gefühlsraum' als metaphorische Begriffsbildung für eine Emotionalität zu verstehen, die sich nicht konkret räumlich ausprägt, und damit nicht Gegenstand dieser Untersuchung ist. Dies schließt jedoch nicht aus, dass Konzepte des Seelenraumes, des ‚Wohnens im Herzen' und andere Metaphern nicht auch in ihrem literalen Gehalt ernstzunehmen wären – dies gilt insbesondere für mittelalterliche Texte.[40] Damit wären sie nicht nur als Metapher zu verstehen, sondern hinsichtlich ihres materiellen Substrats als konkret erzählter Raum, und sei es das Herz des Sängers, in welchem die Minnedame wohnt.[41] In solchen Fällen codiert der konkrete Raum zusätzlich auch nichträumliche Konzepte.[42]

Die Tradition der semantischen Aufladung von Räumen und der Raummetaphorik reicht bis in die Antike zurück.[43] Die Rhetorik, insbesondere die *ars memorativa*, bietet Praktiken, durch die bestimmte Räume oder Objekte als Merkpunkte mit Themen bzw. Konzepten verknüpft werden.[44] Beim mentalen Durchwandern eines imaginären Ortes wie seinem „Gedächtnispalast" kann der Redner diese Verknüpfungen decodieren und so seine Rede Schritt für Schritt erinnern.[45] Solche räumlichen Codierungen

---

medienhistorischer Perspektive. Hg. v. Jörg Dünne, Herrmann Doetsch und Roger Lüdeke. Würzburg 2004. S. 23-56; Jan Engelke: Die Räumlichkeit von Texten und die Textualität von Räumen. In: Einschnitte. Identität in der Moderne. Hg. v. Oliver Kohns und Martin Roussel. Würzburg 2007. S. 117-135), die in dieser Arbeit nur eine untergeordnete Rolle spielen sollen. Auch hier ist es aber wichtig, zwischen der Materialität eines Textes und seiner räumlichen Ausdehnung einerseits, metaphorischen Konzepten wie dem ‚Textraum' andererseits zu unterscheiden. Fragen und Probleme, die mit der Digitalisierung von Text einhergehen (die von der Virtualität als Modalität von Texten zu trennen ist), sollen aufgrund der historischen Perspektive dieser Untersuchung ebenfalls nicht berücksichtigt werden.

40 Vgl. Friedrich Ohly: *Cor amantis non angustum*. Vom Wohnen im Herzen. In: Schriften zur mittelalterlichen Bedeutungsforschung. Hg. v. dems. Darmstadt 1983 [zuerst 1970]. S. 128-155; Hildegard Elisabeth Keller: *inluogen*. Blicke in symbolische Räume an Beispielen aus der mystischen Literatur des 13. und 14. Jahrhunderts. In: Symbolik von Ort und Raum. Hg. v. Paul Michel. Bern et al. 1997 (Schriften zur Symbolforschung, Bd. 11). S. 353-376.

41 Vgl. Ohly: *Cor*; Sebastian Neumeister: Das Bild der Geliebten im Herzen. In: Literarische Wegzeichen. Vom Minnesang zur Generation X. Hg. v. Roger Friedlein. Heidelberg 2004 [Zuerst 1988]. S. 11-42.

42 Gegen Dennerleins Gleichsetzung einer semantischen Codierung nicht-räumlicher Relationen mit metaphorischem Raumgebrauch (vgl. Dennerlein: Narratologie, S. 44). Inwieweit sich solche semantischen Codierungen an spezifischen „Raumzeitkonstellationen" (Störmer-Caysa: Grundstrukturen, S. 3) „institutionelle Raummodelle" (Dennerlein: Narratologie, S. 180) oder an einer „Struktur des Topos" (Lotman: Struktur, S. 329) etc. orientieren, soll in Kapitel 1.2 genauer diskutiert werden.

43 Vgl. Störmer-Caysa: Grundstrukturen, S. 48ff.

44 Vgl. die Zusammenstellung bei Leonid Arbusow: *Colores rhetorici*. Eine Auswahl rhetorischer Figuren und Gemeinplätze als Hilfsmittel für akademische Übungen an mittelalterlichen Texten. Göttingen 1963.

45 Vgl. Rhetorica ad Herennium. Hg. v. Theodor Nüßlein. München 1994; Marcus Tullius Cicero: De oratore – Über den Redner, lat./dt.. Hg. v. Theodor Nüßlein. Düsseldorf 2007 (Sammlung Tusculum). Vgl. hierzu insbesondere Frances Yates: The Art of Memory. Chicago 1966; Mary

von narrativen oder argumentativen Zusammenhängen haben auch die Raumentwürfe künstlerischer Texte geprägt.⁴⁶ Als virtuell entworfene Räume können sie einen Deutungsbedarf markieren oder zusätzliche Deutungsebenen einspielen, die beispielsweise in Forme einer Ekphrasis⁴⁷ die Rahmenerzählung anreichern.

Das Mittelalter kennt komplexe hermeneutische Verfahren zur Codierung und Decodierung von Räumen und Orten.⁴⁸ Der vierfache Schriftsinn, Allegorien,⁴⁹ Personifikationen⁵⁰ und biblische Typologien stellen interpretatorische Praktiken bereit, die von den Künsten aufgegriffen und

---

Carruthers: The Book of Memory. A Study of Memory in Medieval Culture. Cambridge 1990; dies.: The Craft of Thought. Meditation, Rhetoric, and the Making of Images 400-1200. Cambridge 1998; Anselm Haverkamp und Renate Lachmann (Hg.): Gedächtniskunst. Raum – Bild – Schrift. Studien zur Mnemotechnik. Frankfurt am Main 1991; Hanne Bewernick: The Storyteller's Memory Palace. A Method of Interpretation Based on the Function of Memory Systems in Literature. Frankfurt am Main 2010 (European University Studies, Series XIV, Bd. 458); Jörg Jochen Berns und Wolfgang Neuber (Hg.): Seelenmaschinen. Gattungstraditionen, Funktionen und Leistungsgrenzen der Mnemotechniken vom späten Mittelalter bis zum Beginn der Moderne. Wien 2000 (Frühneuzeitstudien, Bd. 5).

46   Frances Yates: Architecture and the Art of Memory. In: Architectural Association Quarterly 12. 4 (1980). S. 4-13; Mary Carruthers: The Poet as Master Builder. Composition and Locational Memory in the Middle Ages. In: New Literary History 23 (1993). S. 881-904; Ulrich Ernst: *Memoria* und *ars memorativ*a in der Tradition der Enzyklopädie. Von Plinius zur *Encyclopédie française*. In: Seelenmaschinen. Gattungstradition, Funktion und Leistungsgrenzen der Mnemotechnik vom späten Mittelalter bis zum Beginn der Moderne. Hg. v. Jörg Jochen Berns und Wolfgang Neuber. Wien 2000. S. 109-168.

47   Vgl. Wandhoff: Ekphrasis.

48   Vgl. die Arbeiten von Ernst Friedrich Ohly, u.a. Schriften zur mittelalterlichen Bedeutungsforschung. Darmstadt 1983; Ausgewählte und neue Schriften zur Literaturgeschichte und zur Bedeutungsforschung. Hg. v. Dietmar Peil und Uwe Ruberg. Stuttgart et al. 1995. Ein besonders fruchtbares Beispiel ist die Darstellung, Deutung und Funktionalisierung von Jerusalem, vgl. Kap. 3.3.6.3 dieser Arbeit. Vgl. für das theologische Konzept der „inneren Burg" u.a. Robert Bossard: Die „Innere Burg" der Theresa von Avila. In: Symbolik von Ort und Raum. Hg. v. Paul Michel. Bern et al. 1997 (Schriften zur Symbolforschung, Bd. 11). S. 93-106.

49   Vgl. Hans Robert Jauß: Entstehung und Strukturwandel der allegorischen Dichtung. In: Grundriß der romanischen Literaturen des Mittelalters 6,1. Heidelberg 1968. S. 146-244; ders.: Allegorese, Remythisierung und neuer Mythos. Bemerkungen zur christlichen Gefangenschaft der Mythologie im Mittelalter. In: Terror und Spiel. Hg. v. Manfred Fuhrmann. München 1971 (Poetik und Hermeneutik, Bd. 4). S. 187-209; Jill Mann: Allegorical Buildings in Mediaeval Literature. In: Medium Aevum 63 (1994). S. 191-210.

50   Vgl. Christian Kiening: Personifikation. Begegnungen mit dem Fremd-Vertrauten in mittelalterlicher Literatur. In: Personenbeziehungen in der mittelalterlichen Literatur. Hg. v. Helmut Brall, Barbara Haupt und Urban Küsters. Düsseldorf 1994. S. 347-387.

modifiziert werden. Auch Körpermetaphern,[51] die z.B. Erinnerungen[52] physisch konkretisieren, gehören in den Bereich dieser Darstellungstechniken. Meditative Praktiken der Vergegenwärtigung[53] erzeugen mentale Raum-Modelle und prozessieren durch deren Visualisierung nicht-räumliche Konzepte.

Diese Vielzahl historischer Praktiken und Diskurse macht einerseits deutlich, dass die semantische Codierung von Räumen fester Bestandteil des dichterischen Instrumentariums zur Bedeutungsanreicherung von Texten war. Andererseits bietet sie Ansätze, solche Codierungen zu identifizieren und zu deuten. In der Analyse der *Historia* und des *Apollonius* in Kap. 2 respektive 3 wird also zu fragen sein, inwiefern solche hermeneutischen Methoden und Techniken in die Raumentwürfe der Texte eingeflossen sind.

Dergestalte historische Codierungen von narrativen Raumentwürfen gehen von den Relationierungen aus, die die konkrete Räume der erzählten Welt konstituieren, also beispielsweise den Vektoren, die dem Oben oder Unten des entworfenen Raumes korrespondieren. Eine semantische Grenze findet stets eine räumliche Ausprägung. Zugleich werden konkreten Räume semantisiert, also mit Bedeutungen aufgeladen, die den konkreten räumlichen Relationen an sich nicht eignen. Die wohl wirkmächtigste theoretische Fassung solcher semantischen Codierungen findet sich in Lotmans Arbeiten.[54]

---

51 Horst Wenzel: Partizipation und Mimesis. Die Lesbarkeit der Körper am Hof und in der höfischen Literatur. In: Materialität der Kommunikation. Hg. v. Hans Ulrich Gumbrecht und Karl Ludwig Pfeiffer. Frankfurt am Main 1988. S. 178-202; Klaus Schreiner und Norbert Schnitzler (Hg.): Gepeinigt, begehrt, vergessen. Symbolik und Sozialbezug des Körpers im späten Mittelalter und in der frühen Neuzeit. München 1992; Karina Kellermann: Entblößungen. Die poetologische Funktion des Körpers in den Tugendproben der Artusepik. In: Das Mittelalter 8 (2003). S. 102-117; Keller: *inluogen*.

52 Vgl. die Beiträge des Bandes Übung und Affekt. Formen des Körpergedächtnisses. Hg. v. Bettina Bannasch und Günter Butzer. Berlin 2007, insbes. Arnd Beise: „Körpergedächtnis" als kulturwissenschaftliche Kategorie. S. 9-25; vgl. ebenfalls Horst Wenzel: Gespräche – Boten – Briefe. Körpergedächtnis und Schriftgedächtnis im Mittelalter. Hg. v. dems. et al. Berlin 1997. S. 86-105.

53 Vgl. Maurizio Campanelli: Ritual and Space in the Mirror of Texts: the Case of Late Medieval and Humanist Rome. In: Ritual and Space in the Middle Ages. Proceedings of the 2009 Harlaxton Symposium. Hg. v. Frances Andrews. Shaun Tyas/Donington 2011. S. 308-338.

54 Für eine allgemeine Einführung vgl. u.a. Aleksei Semenenko: The Texture of Culture. An Introduction to Yuri Lotman's Semiotic Theory. New York 2012 (Semiotics and Popular Culture); Edna Andrews: Conversations with Lotman. Cultural Semiotics in Language, Literature, and Cognition. Toronto/Buffalo/London 2003. Eine Fülle der älteren und neueren Arbeiten zu semantischen Codierungen von Raum in Erzählungen bezieht sich auf Lotman. Van Baak beispielsweise versucht im Anschluss an Lotman eine „stärker systematisierte Zusammenstellung von Dimensionseigenschaften, räumlichen Relationen und deren Semantisierungen (Jan J. van Baak: The Place of Space in Narration. A Semiotic Approach to the Problem of Literary Space. Amsterdam 1983. S. 50-55); vgl. auch Dennerlein: Narratologie, S. 173. Vgl. für die Mediävistik insbesondere Simon: Einführung und die kritische Diskussion bei Störmer-Caysa: Grundstrukturen, S. 39f.; vgl. auch

Lotmans Forschung bewegt sich zwischen Strukturalismus und Semiotik und ist nur vor diesem doppelten theoretischen Hintergrund adäquat zu verstehen.[55] Im Fall seiner raumtheoretischen Überlegungen ist zu differenzieren zwischen den Untersuchungen zu Raum in literarischen Texten[56] und dem von ihm entwickelten Konzept der Semiosphäre,[57] das „die Gesamtheit aller Zeichenbenutzer, Texte und Kodes einer Kultur"[58] räumlich fasst, also ein semiotisches, räumlich organisiertes Kulturmodell bietet.

Auch in seiner literaturwissenschaftlich ausgerichteten strukturalistischen Arbeit versteht Lotman Raum als Zeichen und räumliche Relationen als eine Sprache, mit der nicht-räumliche Konzepte und Sachverhalte ausgedrückt werden können:

> Der dem Menschen eigene besondere Charakter der visuellen Wahrnehmung der Welt hat zur Folge, daß für Menschen in der Mehrzahl der Fälle die Denotate verbaler Zeichen irgendwelche räumlichen, sichtbaren Objekte sind, und das führt zu einer spezifischen Rezeption verbalisierter Modelle. Auch diesen Modellen ist das iconische Prinzip, die Anschaulichkeit, durchweg eigentümlich.[59]

In künstlerischen Texten kann folglich das räumliche Modell der Welt „zum organisierenden Element" werden, „um das herum sich auch die nicht-räumlichen Charakteristiken ordnen".[60] Dies geschieht, indem „die interne Syntagmatik der Elemente innerhalb des Textes [...] zur Sprache der räumlichen Modellierung"[61] wird.

Der von Lotman beschriebene Prozess der semantischen Aufladung räumlicher Strukturen kann heuristisch in drei Ebenen unterteilt werden,

---

Markus Stock: Kombinationssinn. Narrative Strukturexperimente im „Straßburger Alexander", im „Herzog Ernst B" und im „König Rother". Tübingen 2002 (Münchener Texte und Untersuchungen zur deutschen Literatur des Mittelalters, Bd. 123).

55 Vgl. Michael C. Frank: Die Literaturwissenschaften und der *spatial turn*. Ansätze bei Jurij Lotman und Michail Bachtin. In: Raum und Bewegung in der Literatur. Die Literaturwissenschaften und der Spatial Turn. Hg. v. Wolfgang Hallet und Birgit Neumann. Bielefeld 2009. S. 53-80, S. 65, siehe auch Fußnote 15 seines Aufsatzes.

56 Die Struktur literarischer Texte (1970) und Das Problem des künstlerischen Raums in Gogols Prosa (1968).

57 Vgl. zu Lotmans Semiosphären-Modell u.a. Andrews: Conversations; Jurij M. Lotman: Über die Semiosphäre. In: Zeitschrift für Semiotik 12.4 (1990). S. 287-305; Michael C. Frank: Sphären, Grenzen und Kontaktzonen. Jurij Lotmans räumliche Kultursemiotik am Beispiel von Rudyard Kiplings *Plain Tales from the Hills*. In: Explosion und Peripherie. Jurij Lotmans Semiotik der kulturellen Dynamik revisited. Hg. v. Susi K. Frank et al. Bielefeld 2012. S. 217-246; Andreas Mahler: Semiosphäre und kognitive Matrix. Anthropologische Thesen. In: Von Pilgerwegen, Schriftspuren und Blickpunkten. Raumpraktiken in medienhistorischer Perspektive. Hg. v. Jörg Dünne, Herrmann Doetsch und Roger Lüdeke. Würzburg 2004. S. 57-69. Amy Mandelker: Semiotizing the Sphere. Organicist Theory in Lotman, Bakhtin, and Vernadsky. In: Publications of the Modern Language Association 109.3 (1994). S. 385-396.

58 Lotman: Semiosphäre, S. 290.

59 Jurij M. Lotman: Die Struktur literarischer Texte. München 1993. S. 312.

60 Ebda., S. 316.

61 Ebda., S. 312.

die sich überlagern können und in seinen Analysen nicht klar getrennt werden. Zu unterscheiden wäre 1. eine topologische Ebene (oben/unten), die sich über „rein" räumliche Lagebeziehungen und Binäroppositionen bildet, 2. eine semantische Ebene, welche die Topologie mit nicht-räumlichen Konzepten auflädt (gut/böse), und 3. eine topographische Ebene, die diese Konzepte auf spezifische Räume und Orten projiziert (Himmel/Hölle). Räumliche Strukturen formen sich Lotman zufolge zunächst anhand von Begriffspaaren, die meist binäre Oppositionen darstellen: Er nennt hier oben/unten, hoch/niedrig, rechts/links, nah/fern, abgegrenzt/nicht abgegrenzt, diskret/ununterbrochen,[62] und im Folgenden als besonders bedeutsam das Begriffspaar offen/geschlossen.[63] In exemplarischen Analysen von Lyrik und Prosatexten zeigt Lotman, wie durch solche Relationierungen, die sich oft als Achsen oder Vektoren darstellen (vertikal/horizontal), komplexe räumliche Modelle entstehen, die den Text und seine Semantik über „Oppositionsvarianten" organisieren. Diese Relationen sind mit nichträumlichen Bedeutungen aufgeladen und strukturieren über diese semantische Codierung das Nichträumliche räumlich. Durch die in räumlicher wie semantischer Hinsicht oppositionellen Strukturen können disjunkte Teilräume entstehen, die den Gesamtraum des Textes strukturieren und seine Sujets konstituieren. Dieser für Lotmans Überlegungen zentrale Aspekt der Grenze und ihrer möglichen Übertretung soll im folgenden Kapitel genauer diskutiert werden.

Zentral für die Frage von semantischen Codierungen narrativer Raumentwürfe ist der jeweilige kulturhistorische Kontext eines Textes oder einer Gattung. Ein historischer Ansatz verlangt die Reflektion dieser jeweils spezifischen soziokulturellen Entstehungskontexte, da es neben literarischen Konventionen und Traditionen gerade Phänomene des kulturellen und gesellschaftlichen Wandels sind, welche die Differenz in narrativen Raumerzeugungen zwischen Gattungen und Epochen bedingen.[64] Mit Uta Störmer-Caysas Monographie zu *Raum und Zeit als Grundstrukturen mittelalterlicher Erzählungen* liegt ein auf den höfischen Roman bezogener Ansatz vor, der die mittelhochdeutsche Literatur in ihren spezifischen Raumentwürfen zu fassen und theoretisch zu fundieren sucht. Störmer-Caysa untersucht erzählte Räume als Ausprägungen historisch spezifischer Raumzeitkonstellationen. Sie arbeitet eine Reihe von für den mittelhochdeutschen Roman spezifischen semantischen Codierungen heraus und geht dabei wie Dennerlein

---

62 Ebda., S. 313.
63 Ebda., S. 316ff.
64 Aufgrund des mediävistischen Schwerpunkts dieser Arbeit werden sich die folgenden Überlegungen auf mittelalterliche (mittelhochdeutsche) Literatur konzentrieren. Relevante Arbeiten für die historische Spezifik der Raumentwürfe des antiken Liebes- und Reiseromans werden in Kap. 2 diskutiert.

und Lotman von einer anthropomorphen Dimensionierung aus; die menschlichen Körper- und Umwelterfahrungen

> lassen in verschiedenen Kulturen eine Metaphorik der Erhöhung und Erniedrigung entstehen, in der Höhe ein Gleichnis für das Gute und Erstrebenswerte ist, Falsches und Niedriges ein Gleichnis für Abzulehnendes und Schlechtes.[65]

Solche Bilder „gedeuteter Raumorientierung und -bewegung"[66] einer geistlichen Richtungsmetaphorik bieten Anknüpfungspunkte für Dichter, sind jedoch keinesfalls als verbindliche Konstanten des Erzählens zu verstehen.[67] Semantisierung im Sinne einer biblischen räumlichen Metaphorik[68] kann als privilegiertes Deutungsangebot angenommen werden, da es den Rezipienten vertraut ist und von ihnen leicht decodiert werden kann. Andere Semantisierungen sind aber durchaus möglich und, wie Störmer-Caysa zeigt, in den Texten gebräuchlich.[69]

Störmer-Caysa verwendet für solche semantischen Codierungen auch den Begriff „Symbolik"[70] und differenziert im Anschluss an mittelalterliche hermeneutische Verfahren verschiedene Ebenen am Beispiel oben/unten:[71] Unter dem „Litteralsinn" versteht sie strategische Vorteile (oben ist sicherer) oder „natürliche Vorteile und Nachteile" (Wasser findet man leichter unten als oben). Bei einer „Symbolik mit geistlichem Bezug" ist ‚oben' als Weg zu Gott immer „das Überlegene und Gottähnliche"; bei weltlichem Bezug weisen ‚oben' und ‚unten' die Bedeutung von Hierarchisierungen auf. Dies wird in vielen Gesellschaften mit Konzepten von Moral oder Tugend verknüpft, und so entsteht „ein übertragener Sinn von Oben- oder Größersein, der moralisch, aber nicht geistlich gemeint ist". Solche komplexeren Möglichkeiten einer Codierung von oben und unten haben nach Störmer-Caysa zur Folge, dass die „Symbolik von oben und unten [...] freier [ist] für eine spezifische Semantisierung innerhalb der fiktionalen Welt". Ergänzt und weitergehend aufgeladen werden können solche Relationierungen dann durch Blickrichtungen und Perspektiven der Figuren,[72] die neue Vektoren

---

65 Störmer-Caysa: Grundstrukturen, S. 53.
66 Ebda.
67 Ebda., S. 54. Störmer-Caysa zufolge lässt sich aber gerade in mittelhochdeutschen Texten eine Tendenz zur Vereinheitlichung der Wege zugunsten einer geistlichen Richtungsmetaphorik wie rechts/links und damit richtig/falsch ausmachen (vgl. ebda., S. 57.)
68 Ebda., S. 55.
69 Ebda., S. 55ff.; vgl. hierzu auch Elisabeth Schmid: Lechts und rinks... Kulturelle Semantik von Naturtatsachen im höfischen Roman. In: Projektion, Reflexion, Ferne. Räumliche Vorstellungen und Denkfiguren im Mittelalter. Hg. v. Sonja Glauch, Susanne Köbele und Uta Störmer-Caysa. Berlin/Boston 2011. S. 121-136.
70 Ebda., S. 58.
71 Vgl. für das Folgende ebda., S. 58ff.
72 Ebda., S. 61.

in den Raum einziehen, ihn aber auch um zusätzliche Codierungen und Deutungsperspektiven erweitern können.

Für die Bewegung durch den Raum spielt im höfischen Roman der *topos* des Weges eine besondere Rolle.[73] Oftmals bleiben Beschreibungen des Raumes, durch den sich Reisende bewegen, sehr vage; die Richtungsangabe steht dann metonymisch für den nicht narrativ entfalteten Raum, und diese Richtung ist nach Störmer-Caysa keine „objektiv räumliche Angabe", sondern Ausdruck der subjektiven Reise der Figur: „Der Weg wird ganz in das bewegte Subjekt verlegt".[74] Detaillierte Wegschilderungen haben immer etwas „zu bedeuten", sind also semantisch aufgeladen, und zwar nicht in einem allgemeinen Sinne von *loci* oder *topoi*, sondern in für die erzählte Welt spezifischer Weise.[75] Mit Dennerlein könnte man diese Beobachtung so reformulieren, dass der Grad der Inferenzen, die der Rezipient zur Ergänzung der Geschichte leisten muss, mit dem Ausmaß der textspezifischen semantischen Codierungen korreliert. Je weniger Unbestimmtheitsstellen der erzählte Raum aufweist, desto weniger folgt er den soziokulturellen Deutungskonventionen seiner Produktionszeit.

Lotman wie Störmer-Caysa bieten hilfreiche Ansätze, um die semantische Codierung von Räumen zu fassen und zu analysieren. Lotman hebt die Strukturierung durch Binäroppositionen und sich daraus ergebende Teilräume hervor, die von u.U. klassifikatorischen Grenzen getrennt werden. Störmer-Caysa differenziert in spezifisch germanistisch-mediävistischen Überlegungen verschiedene Typen der räumlichen Metaphorisierung (weltlich, weltlich-moralisch, geistlich), und diskutiert die enge Verknüpfung räumlicher Metaphorik und Arrangements an die Figuren. Während Lotman die Figur als Teil und Funktion der räumlichen Strukturen fasst, beobachtet Störmer-Caysa umgekehrt die Organisation des Raumes um die Figur herum. Beide Theorien betonen, dass diese Präferenz räumlicher Strukturen aus den menschlichen Wahrnehmungsbedingungen entsteht und sich in Folge zu spezifischen kulturellen Codierungen formt. Beide betonen aber auch, dass diese räumlichen Codierungen in Texten je neu gefüllt und dem jeweiligen Erzählinteresse angepasst werden können, also flexibel sind.

---

73 Vgl. hierzu auch Bachtin: Chronotopos, der den Weg als wichtigen Chronotopos fasst, seine räumlichen Spezifika jedoch nicht genauer beschreibt. Vgl. auch Harms: Homo.
74 Störmer-Caysa: Grundstrukturen, S. 66. Zu der Beweglichkeit und Veränderlichkeit des Weges laut Störmer-Caysa vgl. Kap. 1.1.3 dieser Arbeit.
75 Ebda., S. 67.

1.1.3 Raum bewegen

Betrachtet man Raum als statische Kategorie, erscheint er lediglich als der Erzählung vorgängige Größe, gleichsam als Szenerie aufgespannt oder als unveränderlicher Hintergrund und Behälter für bewegliche Figuren und Dinge. Betrachtet man ihn hingegen als dynamische Kategorie, so präsentiert er sich als veränderlicher Bewegungsraum, der mit den sich im Erzählprozess wandelnden Relationierungen korrespondiert. Den Raum als dynamische Kategorie zu verstehen, bedeutet, die Verschränkungen von Raum und Zeit im Text in den Blick zu nehmen.[76] Dass sich das Verhältnis von Zeit und Raum im Falle der Literatur anders gestaltet als in der empirischen Raumwahrnehmung oder in den bildenden Künsten, gilt spätestens seit Lessings Essay zum Laokoon als Gemeinplatz.[77] Um einen dreidimensionalen Raum in die Linearität sprachlicher Zeichen zu übertragen, muss der simultane Raumeindruck transponiert werden in die Sukzession der sprachlichen Vermittlung. Damit werden Fragen nach der Ab- und Reihenfolge des Erzählens relevant, nach der Vermittelbarkeit von Raumwahrnehmungen, aber auch nach den spezifischen Möglichkeiten der narrativen Entfaltung von Raum. Denn narrativ erzeugter Raum, wenn man ihn als relational, als Summe der im Text erzählten Relationierungen von Dingen und Figuren denkt, ist potenziell in einem weit höheren Maße dynamisch und veränderlich, als es der Raum eines Landschaftsgemäldes je sein könnte. Mit der Veränderung der Position von Dingen oder Lebewesen und ihren Relationierungen, mit der Schaffung neuer Relationierungen und räumlichem Handeln durch Figuren sind narrative Prozesse möglich, die auch den erzählten Raum selbst verändern. Im Sinne eines Er-Fahrens, Er-Lebens, Er-Handelns wird der Raum der erzählten Welt zum Bewegungsraum. Um diese Wechselwirkungen beobachten zu können, ist es notwendig, die Relationierung von erzähltem Raum, erzählten Figuren und erzählter Handlung zu untersuchen. Erst mit einer solchen triadischen Perspektive wird ein Raum als Bewegungsraum analysierbar. Inwieweit ein theoretischer Ansatz die Dynamisierung eines Raumes zum Bewegungsraum erfasst, hängt also zum einen vom jeweiligen Handlungs- und Ereignisbegriff, zum anderen von den Interdependenzen zwischen Figur und Raum ab.

---

76 Für Ansätze, das Verhältnis von Raum und Bewegung theoretisch und analytisch zu fassen, vgl. auch die Beiträge in Wolfgang Hallet und Birgit Neumann (Hg.): Raum und Bewegung in der Literatur. Die Literaturwissenschaften und der *Spatial Turn*. Bielefeld 2009; Hartmut Böhme: Einleitung. Raum – Bewegung – Topographie. In: Topographien der Literatur. Deutsche Literatur im transnationalen Kontext. Hg. v. Hartmut Böhme. Stuttgart/Weimar 2005. S. IX-XXIII.

77 Gotthold Ephraim Lessing: Laokoon oder Über die Grenzen der Malerei und Poesie [1766]. In: Werke, Bd. 6. Hg. v. Herbert G. Göpfert. München 1974. S. 7-187.

In seinem strukturanalytischen Modell von narrativem Raum fasst Lotman das Ereignis wie folgt: „*Ein Ereignis im Text ist die Versetzung einer Figur über die Grenze eines semantischen Feldes*".[78] Die Bewegung im Raum selbst stellt also das Sujet eines Textes dar.

> Hier wird nun zum wichtigsten topologischen Merkmal des Raumes die *Grenze*. Sie teilt den Raum in zwei disjunkte Teilräume. Ihre wichtigste Eigenschaft ist ihre Unüberschreitbarkeit. Die Art, wie ein Text durch eine solche Grenze aufgeteilt wird, ist eines seiner wesentlichsten Charakteristika.[79]

Lotman betont, dass eine dergestalt klassifikatorische Grenze „unüberwindlich" sein muss, dass sie semantisch und topologisch ist, und dass „die innere Struktur" der beiden Teilräume verschieden ist.[80] Den Teilräumen sind Figuren zugeordnet, die ihren Raum nicht verlassen können, also unbeweglich sind. Für sie sind diese Grenzen unüberwindlich, während bewegliche Figuren Grenzen überschreiten können. Ob eine Grenze also klassifikatorisch ist oder nicht, hängt nicht von einem statisch gedachten Raum, sondern von der Wechselwirkung von räumlichen Strukturen, Figuren und Sujets ab.

> [V]erschiedene Helden können nicht nur zu verschiedene Räumen gehören, sondern auch mit verschiedenen, bisweilen unvereinbaren Typen der Raumaufteilung gekoppelt sein. Dann erweist sich ein und dieselbe Welt des Textes als für die jeweiligen Helden in verschiedener Weise aufgeteilt. Es entsteht sozusagen eine Polyphonie der Räume, ein Spiel mit den verschiedenen Arten ihrer Aufteilung.[81]

Das hier entwickelte Modell des Raumes, seiner Teilräume und Grenzen versteht sich also nicht als normativ, sondern ist auf die jeweils spezifische Raumstruktur eines Textes oder einer Textgruppe zu beziehen.

Lotman weist der Grenze eine zentrale Bedeutung für die Strukturierung und Unterteilung des Raumes zu.[82] In seinen frühen Arbeiten definiert Lotman die Grenze noch als klare, scharfe Unterteilung im Sinne einer Linie (topographisch ausgeprägt beispielsweise als Fluss oder Waldrand).[83] Im Rahmen seines Semiosphäre-Modells korrigiert er dieses Konzept zugunsten eines stärker graduellen Modells.[84] Die Grenze des semiotischen Raumes ist in diesem Modell „ein äußerst wichtiger funktionaler und struktureller Ort, der das Wesen der Semiosphäre bestimmt" und an dem

---

78 Lotman: Struktur, S. 332; Hervorhebung im Original. Vgl. auch Frank: Sphären, S. 222.
79 Ebda., S. 327.
80 Ebda.
81 Ebda., S. 328f.
82 Vgl. Frank: Sphären, S. 222.
83 Lotman: Struktur, S. 327.
84 Vgl. Frank: Sphären, S. 219f.

Kulturkontakte und -austausch möglich sind.[85] Grenzen dienen hier als Puffermechanismus[86] zwischen zwei semantischen Sphären.[87]

Lotmans Modell einer topologisch-semantischen Grenze, die mit einer topographischen Ausformung im Text korrespondiert, hat sich als besonders fruchtbar für die mediävistische Forschung erwiesen, vor allem im Sinne eines strukturellen Orts, an den bestimmte Typen von Handlungen oder Phasen der Erzählung verlagert werden.[88] Grenzen stellen auch abgesehen von ihrer je nach Figur unterschiedlichen ‚Trennstärke' keineswegs immer stabile Gebilde dar.[89] Ob etwas als Grenze fungiert und ob und wie diese Grenzfunktion im Text als wirksam dargestellt wird, kann stark variieren, wird also im Einzelfall zu untersuchen sein.

Lotman betont, dass die

> Bewegung des Sujets, das *Ereignis* [...] die Überwindung jener Verbotsgrenze [ist], die von der sujetlosen Struktur festgelegt ist. [...] Deshalb kann das Sujet immer auf die Hauptepisode zusammengezogen werden – die Überschreitung der grundlegenden topologischen Grenze in der Raumstruktur. Da aber aufgrund der Hierarchie der binären Oppositionen ein gestaffeltes System semantischer Grenzen geschaffen wird [...], ergeben sich dabei Möglichkeiten gesonderter Grenzüberschreitungen, die sich zu einer Hierarchie der Sujetbewegung entfalten. Das sujetlose System ist also primär und kann in einem selbständigen Text zum Ausdruck kommen.[90]

Lotman unterscheidet also die beiden Textgrundtypen sujethaft und sujetlos (für letztere nennt Lotman das Beispiel des Telefonbuchs). Sujetlose Texte „bestätigen eine bestimmte Welt und deren Organisation",[91] während das Ereignis immer ein revolutionäres Element darstellt, „das sich der geltenden Klassifizierung widersetzt".[92] Mit der Bewegung über die (verbotene) Grenze kommt also Ereignishaftigkeit in den Text; zugleich wird mit

---

85 Lotman: Semiosphäre, S. 291.
86 Ebda., S. 292.
87 Für den Versuch einer Applikation des Semiosphäre-Modells auf Literatur vgl. Frank: Sphären. Es ist allerdings höchst problematisch, Lotmans Semiosphären-Modell auf literarische Texte zu übertragen. Denn einerseits handelt es sich um ein Kulturmodell, innerhalb dessen Literatur als ein Zeichentyp neben anderen steht, die Semiosphäre aber andererseits als abstraktes Konzept, und damit nur im metaphorischen Sinne räumlich gedacht wird (Lotman: Semiosphäre, S. 290; vgl. auch ders.: Universe of the Mind. A Semiotic Theory of Culture. London/New York 1990). Ein weiteres Problem ist die biologistische Fassung des Modells – Lotman spricht von der Grenze auch als „Membran", und die Semiosphäre ist als in unklarer Weise lebendig zu denken.
88 Vgl. Brinker-von der Heyde: Zwischenräume; Mirelle Schnyder: Räume der Kontingenz. In: Kein Zufall. Konzeptionen von Kontingenz in der mittelalterlichen Literatur. Hg. v. Cornelia Herberichs und Susanne Reichlin. Göttingen 2010. S. 174-185; Jackson: Innenraum.
89 Dies entspricht den Befunden der Geschichtswissenschaft, die für das Mittelalter Territorialgrenzen als deutlich beweglicher und von Aktualisierungen abhängiger als in der Moderne fassen (vgl. Bock et al.: Faktum).
90 Ebda., S. 338f; Hervorhebung im Original.
91 Ebda., S. 336.
92 Ebda., S. 334.

dieser Bewegung durch den Raum das im Text enthaltene räumliche Strukturmodell des textexternen Weltbildes kritisch in Frage gestellt. An dieser Stelle beantwortet Lotman zwei Fragen, die für dieses Kapitel relevant sind: Wie können Raum und Bewegung zusammengedacht werden, und worin besteht die Eigenleistung von Literatur in der Darstellung räumlicher (textexterner) Ordnungen und Strukturen?

Dabei kann die Handlung zwei Verlaufsformen annehmen: Die Grenzüberschreitung – oder die Kette von Überschreitungen, die als Einzelsujets ein größeres Sujet bilden – kann bestehen bleiben; der revolutionäre Akt wird nicht widerrufen. Oder die Grenzüberschreitung kann rückgängig gemacht werden: Auf das revolutionäre Ereignis folgt eine restitutive Bewegung, die den Text in die Sujetlosigkeit zurückführt.

Lotmans Ereignismodell steht nicht nur in engem Zusammenhang mit der räumlichen Struktur des Textes. Voraussetzung für das Sujet ist ebenfalls eine Figur, womit Lotman eine Triade von Raum, Bewegung und Figur entwickelt, die in einem komplexen Wechselverhältnis stehen. Lotman unterscheidet zwischen verschiedenen Funktionen von Figuren: der klassifikatorischen, passiven und unbeweglichen Figur einerseits und dem aktiven und beweglichen Handlungsträger andererseits.[93] Die Funktion des beweglichen Handlungsträgers ist also ebenso unabdingbare Voraussetzung für ein Ereignis wie das Vorhandensein klassifikatorischer Grenzen im Raum. Dies gilt auch für eventuelle Helfer und Gefährten des Handlungsträgers, die Lotman als das „Ergebnis einer Aufspaltung der Funktion der Grenzüberschreitung"[94] klassifiziert. Wenn „der Held seinem Wesen nach mit seiner Umwelt übereinstimmt oder nicht mit der Fähigkeit ausgestattet ist, sich von ihr abzuheben, so ist eine Entwicklung des Sujets unmöglich".[95]

In Bezug auf den beweglichen Handlungsträger stellt sich die Grenze als zu überwindendes Hindernis dar. „Deshalb werden alle Arten von Hindernissen im Text in der Regel an dieser Grenze konzentriert sein und strukturell stets einen Teil von ihr bilden."[96] Es ist zu betonen, dass einerseits der Handlungsträger nicht zwangsläufig anthropomorphe Züge annehmen muss, andererseits Grenzen anthropomorphisiert oder als Lebewesen ausgeprägt werden können. Diese Beobachtung Lotmans ist für den *Apollonius* und seine erstaunliche *monstra*-Dichte von wesentlicher Bedeutung. Hier ist zu fragen, ob Lotmans zwei Möglichkeiten der Fortführung des revolutionären Ereignisses (der Handlungsträger kehrt nicht in seinen Ursprungsraum zurück) oder der Restitution (der Handlungsträger kehrt

---

93 Ebda., S. 340. Der Begriff des „Handlungsträgers" wird im Folgenden aufgrund seiner Neutralität und funktionalen Orientierung dem Begriff des „Helden" vorgezogen.
94 Ebda., S. 342.
95 Ebda.
96 Ebda.

zurück) nicht noch eine dritte Möglichkeit hinzuzufügen wäre, nämlich die Beseitigung der klassifikatorischen Grenze durch das Entfernen dieser Hindernisse und die Zusammenfügung der semantischen Teilräume zu einem homogenen Raum.

Auch Störmer-Caysa konstatiert, dass „ein epischer Raum an und aus der Beschreibung von Handlung entwickelt [wird], er trägt folglich ihre Züge".[97] Sie diskutiert neben den oben erwähnten semantischen Codierungen und der Technik des räumlichen Arrangements von Charakteristika, die zu Attributen der Figur werden können,[98] auch verschiedene Beispiele der Differenzierung eines erzählten Raumes durch Teilräume oder der Strukturierung durch Räume und Orte, die für die Handlung und die Figuren spezifisch funktionalisiert werden. So bildet nach Störmer-Caysa in der Gattung des Artusromans Artus „einen personalen Fixpunkt"; die Gattung kontrastiert „das mobile und das ortsfeste Prinzip", indem sie „dem beweglichen Zentrum Artus ortsfeste Merkpunkte in der fiktionalen Welt" entgegensetzt. Solche Fixpunkte, die wiederholt aufgerufen, erinnert oder von den Figuren gesucht und wiedergefunden werden und mit spezifischer Bedeutung aufgeladen sind, macht sie als grundsätzliches Gestaltungsprinzip des höfischen Romans aus.[99] Sie entsprechen wenn möglich auch „der Bedeutungsstruktur des Werkes"[100] und stellen einen Fall von stabilen räumlichen Arrangements dar, die „einen Anschein von Objektivität der räumlichen Gestaltung dieser fiktionalen Welt"[101] verbürgen.

Als gegenläufige Tendenz zu derartigen stabilen Raumstrukturen macht sie einen Handlungsraum aus, der „in der fiktionalen Welt die Handlungssequenz nicht [überdauert], für die er gedacht war, sondern er entsteht und erlischt mit ihr".[102] Sie sieht dieses Prinzip im mittelalterlichen Erzählen weit konsequenter und rigoroser umgesetzt als im modernen Roman:

> Die Landschaft ist verschiebbar, sowohl in der Ebene als auch in ihrer horizontalen Plastizität. Die Wege werden [...] nicht als Raumkoordinaten, sondern Funktionen des bewegten Subjekts aufgefaßt. Für Raum und Landschaft folgt daraus, daß Raumkontinuität nur temporär entsteht, im Moment der erzählten Bewegung.[103]

Störmer-Caysa leitet diese Phänomene aus jener besonderen Raumorientierung her, die Itinerare in Antike und Mittelalter boten.[104]

---

97 Störmer-Caysa: Grundstrukturen, S. 70.
98 Ebda., S. 48.
99 Ebda., S. 75.
100 Ebda., S. 50f.
101 Ebda., S. 76.
102 Ebda., S. 76.
103 Ebda.
104 Ein Itinerar gibt Raumorientierung durch „verbale Beschreibung", die folglich nicht von „einem objektiv vorhandenen, in Koordinaten beschreibbaren Raum ausging, sondern sozusagen vom Raum-für-mich", also immer deiktisch, nicht georeferentiell funktioniert, und damit „eine

Daraus ergibt sich für Störmer-Caysa eine Reihe von Konsequenzen für die narrative Raumerzeugung im höfischen Roman, die die besondere Beweglichkeit des Raumes einerseits, seine geringe Kontinuität und Stabilität andererseits betreffen. Der höfische Roman weist eine Raumregie auf, die Landschaft und Architektur nicht als

> vorgängig oder unveränderlich [beschreibt], so daß sich die Figur in einem Bezugssystem, das die Objektivität der fiktionalen Welt verbürgen würde, bewegte. Vielmehr taucht sie erst auf, wenn eine Figur sie sieht oder begeht.[105]

Störmer-Caysa behandelt prominent das Verhältnis des „Helden" und seines „Weges". Dieser Weg existiert „gleichsam nicht an sich, sondern nur als Weg eines bestimmten Helden, den er trägt." Die Subjektivität des Weges wird andererseits „als objektive Eigenschaft der fiktionalen Welt gezeichnet".[106] Der Weg des Helden „formt Geographie, und lokale Angaben werden auf ihn hin gebogen".[107] Dieser Weg ist allerdings nicht beliebig, sondern klar bestimmt von der Teleologie der Erzählung: „Ob ein Held auf dem Weg ist, den die Geschichte – unter teleologischem Aspekt – für ihn bereithält, bestimmt, ob und wie er ihn findet".[108]

In dieser „Subjektivität des Weges" sieht Störmer-Caysa die Erklärung für eine Reihe von textuellen Effekten, die sie mit den Begriffen der „räumlichen Knospung", der „biegsamen Landschaften" und der „Sproßräume" fasst.[109] Gemäß der jeweiligen „raumschaffenden Potenzen" einer Figur dehnt oder faltet sich der Raum gemäß dem Handlungsimpuls der Figur, es „schnellen Raumelemente bei Bedarf plötzlich aus dem Text".[110] All diese Effekte sind nach Störmer-Caysa nur möglich, weil der höfische Raum – von einigen Raumarrangements abgesehen – lediglich temporäre Raumkontinuität erzeugt.[111] Eine solche Kontinuität sieht sie nur im Falle von Wiederverwendungen (wie bei den oben diskutierten Merkpunkten) oder bei Mikrostrukturen, also besonders nahen Raumrelationen und räumlichen

---

archaische, aber radikale Subjektivität der Raumerfahrung, eine Bindung des räumlichen Weltabbildes an die Wahrnehmung des gehenden oder reitenden Menschen [codiert]". (Vgl. ebda., S. 64). Vgl. zu Itineraren Dietrich Denecke: Strassen, Reiserouten und Routenbücher (Itinerare) im späten Mittelalter und in der frühen Neuzeit. In: Reisen und Reiseliteratur im Mittelalter und in der Frühen Neuzeit. Hg. v. Xenja von Ertzdorff und Dieter Neukirch. Amsterdam/Atlanta 1992. S. 227-253; Fritz Peter Knapp: Gawein in Jerusalem. Pseudohistoriographische Itinerare mittelalterlicher Romanhelden. In: Raumerfahrung – Raumerfindung. Erzählte Welten des Mittelalters zwischen Orient und Okzident. Hg. v. Laetitia Rimpau und Peter Ihring. Berlin 2005. S. 109-117.
105 Störmer-Caysa: Strukturen, S. 65.
106 Ebda., S. 64ff.
107 Ebda., S. 69.
108 Ebda., S. 67.
109 Ebda., S. 70ff.
110 Ebda., S. 71.
111 Ebda., S. 76.

Arrangements gegeben.[112] Solche Arrangements, wie Iwein und der Löwe oder Parzival und seine rote Rüstung, werden, nachdem sie sich einmal gebildet haben, im Verlauf der Erzählung nicht wieder aufgelöst.[113] Es wird genauer zu untersuchen sein, ob die *Historia* und der *Apollonius* Stabilisierungsstrategien entwickeln, die über die von Störmer-Caysa erarbeiteten hinausgehen.

Störmer-Caysa beschreibt eine konsequente Dynamisierung des Raumes im Prozess der Erzählung und fasst so die Wechselwirkung zwischen den Instanzen der Figur, der Handlung und des Erzählers, die das Konzept des Bewegungsraumes ausmachen. Einerseits bewegt sich die Figur durch den Raum und handelt in ihm, andererseits konstituiert sich erst durch diese Bewegungen und Handlungen der Raum der erzählten Welt. Da er diesen Figuren und der Handlung nicht vorgängig ist, bewegt er sich mit ihnen.

Die Darstellungstechniken der narrativen Erzeugung eines Bewegungsraumes sind für Störmer-Caysa von sekundärem Interesse. Sie fokussiert vor allem, was Dennerlein als Unbestimmtheits- oder Leerstellen fassen würde – Räume und Orte werden nur dann auserzählt, wenn die Details über die Beschreibung des konkreten Raumes hinaus bedeutungshaltig sind; die erzählten Raumelemente bleiben nicht stabil, sondern werden situativ ergänzt. Störmer-Caysa arbeitet die sprachliche Erzeugung von Effekten wie dem ‚Herausschnellen' von Raumelementen[114] nicht im Einzelnen heraus. In der Analyse der Räume des *Apollonius* wird an konkreten Fällen zu prüfen sein, ob solche Effekte dort beobachtbar und in ihrer sprachlichen Gemachtheit analytisch zu erfassen sind.

Bedenklich an Störmer-Caysas Ansatz scheint mir, dass sie die Ebene der erzählerischen Vermittlung von Rauminformationen weitestgehend ausblendet. Informationen über den erzählten Raum werden entweder von intradiegetischen Figuren oder einem intra- oder extradiegetischen Erzähler in unterschiedlichen Modi des Erzählens vermittelt.[115] Ob Raumelemente expliziter Teil einer Raumbeschreibung sind, sagt nicht zwangsläufig etwas über ihr Vorhandensein im erzählten Raum aus. Sie können als selbstverständlich vorausgesetzt oder implizit in der Beschreibung enthalten sein. Ihre Erwähnung oder Auslassung kann auch mit der Abfolge des Erzählens oder spezifischen Erzählinteressen zu tun haben. Ein Reden von der ‚Subjektivität' oder ‚Objektivität' eines räumlichen Elements oder einer räumlichen Gegebenheit verfehlt einerseits die komplexen Vermittlungsstrategien

---

112 Ebda., S. 72.
113 Ebda., S. 75.
114 Ebda., S. 71.
115 Vgl. Dennerleins Überlegungen zur Ebenendifferenzierung in narrativer Kommunikation (Dennerlein: Narratologie, S. 87).

eines Textes und zieht andererseits implizit wieder die Vorstellung eines dem Erzählprozess vorgängigen Containerraumes ein.[116]

Das enge Wechselverhältnis von Figur und Raum entwirft Störmer-Caysa im Wesentlichen unidirektional – der Raum formt sich gemäß der „raumschaffenden Potenzen"[117] einer Figur. Ob diese Formung gelingt und die Figur ihren Weg findet, macht Störmer-Caysa wiederum von der Teleologie des Textes abhängig, also davon, welcher Weg der Figur im Rahmen der Erzählung bestimmt ist.[118] Es ist zu prüfen ob das Konzept des Bewegungsraumes darüber hinaus auch bidirektional zu fassen ist, also inwieweit nicht nur die Figur den Raum, sondern auch umgekehrt der Raum die Figur formt.

Den dargestellten Ansätzen von Lotman und, mit Einschränkungen, Störmer-Caysa ist gemein, dass sie die Analyse des narrativ erzeugten Raumes in Verschränkung mit der Gesellschaft oder Kultur betrachten, die diesen Raum produziert hat und seine Charakteristika auf noch unklare Weise formt. Im folgenden Kapitel soll dieses Verhältnis von Text, Raum und Welt im Zentrum stehen. Neben Bachtins „Chronotopos"-Konzept sollen Ansätze, insbesondere der Raumsoziologie, vorgestellt werden, die die Wechselwirkungen von erzähltem Raum und textexternem Raum präziser fassen.

1.2 Die Ordnung des Raumes

Der Raum einer Erzählung ist dieser nicht vorgängig. Er entsteht im narrativen Prozess durch die sprachliche Erzeugung von räumlichen Strukturen, d.h. durch die Relationierung eines Ensembles von Dingen und Figuren in der Narration. Dass ein solcher Raumentwurf zunächst den Regeln der erzählten Welt folgt, ist Allgemeinplatz der Literaturwissenschaft.[119] Werden Aspekte des Raumes zwar nicht narrativ ausgeführt, aber doch impliziert, greift die Existenzpräsupposition, d.h. die Annahme, dass für „eine fiktionale Welt [...] diese Existenz dann so lange als gesichert [gilt], so lange nichts Gegenteiliges behauptet wird".[120] Die Regeln dieses Raumes lassen sich fassen als Matrix des Möglichen, und, präziser auf das Räumliche bezogen, als Möglichkeiten der Perzeption und Funktionalisierung von Raum und Handeln im Raum. Diese Regelhaftigkeit kann von den Regeln dessen,

---

116 So interpretiere ich Störmer-Caysas Konzept von einer Grundplatte der fiktionalen Welt, das sie nicht weiter erläutert (vgl. Störmer-Caysa: Grundstrukturen, S. 69).
117 Ebda., S. 71.
118 Vgl. ebda., S. 67; S. 96ff.
119 Dennerlein: Narratologie, S. 67.
120 Ebda., S. 93.

was in der Forschung als „Welt", „aktuale Welt",[121] „Alltagsvorstellungen",[122] „Weltentwurf",[123] „Weltbild,"[124] „reale[r] historische[r] Raum"[125] etc. bezeichnet wird, deutlich abweichen, wenn beispielsweise andere physikalische Bedingungen gelten oder Magie und Wunder gemäß den Regeln der erzählten Welt möglich sind. Solche Differenzen werden vielen Ansätzen der Erzählforschung zufolge narrativ ausgeführt und markiert; wo dies nicht geschieht, gilt es als Aufgabe der Rezipientinnen und Rezipienten, die entsprechenden Unbestimmtheitsstellen durch Schlüsse auf das eigene Wissen zu ergänzen und zu füllen.[126]

Möchte man einer solchen Erklärung vielleicht intuitiv zustimmen, so birgt sie doch eine ganze Reihe von Problemen, die sich auf den Kern des diffizilen Verhältnisses von Text und „Welt", von Text und Kontext zurückführen lassen.[127] Auf welche außertextuellen Bezugspunkte greifen Raumentwürfe in literarischen Texten für solche Inferenzen zurück? Wie wird entsprechendes Raumwissen in die Texte transponiert, und wie werden diese Referenzräume gemäß des Erzählinteresses eines literarischen Textes transformiert? Wie können sie schließlich in der Analyse decodiert werden? Mit Bachtins Chronotopos-Konzept soll ein möglicher Ansatz, dieses Text-Welt-Verhältnis zu denken, kritisch diskutiert werden. Raumsoziologiosche Untersuchungen zu dieser Frage sollen anschließend als evtl. ergänzende Perspektiven vorgestellt werden.

Michail Bachtin verwendet in seinem 1937-38 entstandenen, aber erst 1973 fertig gestellten und 1975 posthum publizierten Aufsatz zu den *Formen der Zeit und des Chronotopos im Roman*[128] den Begriff des Chronotopos, um die Raum-Zeit-Verhältnisse in Texten zu beschreiben. Bachtins Untersuchungsinteressen sind weit gefächert[129] und unterschiedlichen Feldern zuzuordnen. Von westlichen Wissenschaftlern ist er lange vor allem als

---

121 Ebda., S. 87.
122 Ebda., S. 57; S. 59ff.
123 Störmer-Caysa: Grundstrukturen, S. 3.
124 Lotman: Struktur, S. 339.
125 Bachtin: Chronotopos, S. 7.
126 Vgl. Dennerlein: Narratologie, S. 92ff.
127 Die umfassenden Fragen, die dieses breit diskutierte Verhältnis aufwirft, sollen und können an dieser Stelle nicht beantwortet werden; diese Arbeit beschränkt sich auf das allein schon weite Feld der narrativen Raumerzeugung. Zur Frage des Verhältnisses von Wissen und Literatur vgl.: Ralf Klausnitzer: Literatur und Wissen. Zugänge – Modelle – Analysen. Berlin/New York 2008.
128 Bachtin: Chronotopos.
129 Für eine Einführung in sein Schaffen vgl. Sylvia Sasse: Michail Bachtin zur Einführung. Hamburg 2010; Susan Vice: Introducing Bakhtin. Manchester/New York 1997; Ken Hirschkop und David Shepherd (Hg.): Bakhtin and Cultural Theory. Revised and expanded 2nd edition. Manchester/New York 2001; G. S. Morson and C. Emerson: Mikahil Bakhtin: Creation of a Prosaics. Stanford 1990; Lisa Steinby und Tintti Klapuri (Hg.): Bakhtin and his Others. (Inter)subjectivity, Chronotope, Dialogism. London/New York/Delhi 2013.

Literaturwissenschaftler rezipiert worden,[130] während die russische Rezeption sich auf den Philosophen Bachtin konzentriert hat. Seinem „Werk liegt keine einheitliche Methode zugrunde";[131] ethische und ästhetische Überlegungen stehen in einem engen Verhältnis, das man als dialogisch charakterisieren könnte.[132] Sylvia Sasse hebt hervor, dass Bachtin sich selbst nicht als Literaturwissenschaftler sah, „und mit Blick auf seine Werke dient ihm die Literatur wohl auch eher als Redegenre".[133] Sie bezeichnet deshalb Bachtins Untersuchungen zum Chronotopos als „literaturphilosophisch".[134]

Bachtin verwendet den Begriff „Chronotopos", um „[d]en grundlegenden wechselseitigen Zusammenhang der in der Literatur künstlerisch erfaßten Zeit-und-Raum-Beziehungen"[135] zu beschreiben. Diese vielzitierte Textstelle beschreibt auf den ersten Blick eine Verschmelzung zweier gleich bedeutsamer Kategorien. Fokussiert man aber die Kategorien einzeln, dann wird deutlich, dass der Raum als passive Größe charakterisiert wird, gewissermaßen als stiller Partner der Zeit. Raum macht Zeit sichtbar und gewinnt so Intensität, Sinn und Dimensionierung. Er wird also durch die Zeit angereichert und auf diese Weise in Sujet und Handlung „hineingezogen". Dies impliziert, dass der Raum über seine Verknüpfung mit der Zeit hinaus keinen Anteil an Sujet und Handlung hat; dass er vielmehr einer Füllung durch die Zeit bedarf, um sinnhaltig zu werden. Semantische Codierungen unabhängig von der Kategorie Zeit scheinen hier ebenso wenig vorgesehen wie eine Dynamisierung des Raumes.[136] Dementsprechend bezeichnet Bachtin die Zeit auch als „ausschlaggebend[e] Komponente im Chronotopos"[137] und fasst Raum hier überwiegend als „Hintergrund" der Handlung.[138]

Raum und Zeit verschmelzen zu Konstellationen, die bestimmten Genres und/oder Epochen spezifisch sind und diese dominieren.

> Der Chronotopos bestimmt die künstlerische Einheit des literarischen Werkes in dessen Verhältnis zur realen Wirklichkeit. Daher schließt der Chronotopos im Werk immer ein Wertmoment in sich ein, das aus dem Ganzen des künstlerischen Chronotopos nur in einer abstrakten Analyse herausgelöst werden kann. In der Kunst und Literatur sind alle Zeit- und Raumbestimmungen untrennbar miteinander verbunden und stets emotional-wertmäßig gefärbt.[139]

---

130 Sasse: Bachtin, S. 10ff. Bachtins Arbeiten waren von großem Einfluss für die Poststrukturalisten, insbesondere im Hinblick auf Konzepte von Intertextualität und Dialogizität.
131 Ebda., S. 18.
132 Vgl. ebda., S. 18f.; Steinby: Bakthin.
133 Ebda., S. 18.
134 Ebda., S. 143.
135 Bachtin: Chronotopos, S. 7.
136 Bachtins allgemeine Bemerkungen zum Chronotopos sind sehr knapp und im Einzelnen uneindeutig (vgl. ebda., S. 7ff.).
137 Bachtin: Chronotopos, S. 9.
138 Ebda., S. 11.
139 Ebda., S. 180.

In seinen Schlussbemerkungen entwickelt Bachtin eine Typologie von zentralen Chronotopoi des Romans seit der Antike, die im Laufe der Literaturgeschichte vielfältigen Transformationen unterzogen werden. Er diskutiert u.a. den Chronotopos der Begegnung, des Weges, des Schlosses, des Empfangssalons, des Provinzstädtchens, der Schwelle und der Krise bzw. des Wendepunktes.[140] Die für die Gattung des Liebes- und Abenteuerromans und damit die *Historia* besonders relevanten Chronotopoi der Abenteuerzeit, des Krisistyps und der biografischen Zeit werden in Kapitel 2 genauer diskutiert.

Die Chronotopoi sind bestimmend für unterschiedliche Genres und Phasen der Romanentwicklung. Sie sind das Ergebnis der prozessualen Aneignung von „Realität" durch Literatur. Es handelt sich beim Chronotopos um eine „Form-Inhalt-Kategorie",[141] die sich aus dem Prozess der „Aneignung des realen historischen Chronotopos in der Literatur"[142] ergibt.[143]

Wie genau diese ‚Aneignung' zu verstehen ist, wird besonders deutlich in seinen Kapiteln über den „Chronotopos bei Rabelais",[144] und die „folkloristischen Grundlagen"[145] dieses Chronotopos'. Ziel und Hintergrund des Rabelaisschen Chronotopos fasst Bachtin wie folgt:

> Rabelais' Aufgabe bestand darin, die (mit der Auflösung der mittelalterlichen Weltsicht) auseinanderfallende Welt auf einer neuen materiellen Grundlage zusammenzufügen. Die mittelalterliche Ganzheitlichkeit und Geschlossenheit der Welt (wie sie sich noch in dem synthetischen Werk Dantes kundtut) war zerstört. Zerstört war auch die Geschichtskonzeption des Mittelalters [...]. Es galt, eine neue Form der Zeit und ein neues Verhältnis der Zeit zum Raum, zum neuen irdischen Raum, zu finden [...]. Gebraucht wurde ein neuer Chronotopos, der es gestattete, das reale Leben (die Geschichte) mit der realen Erde zu verbinden. Es galt, der Eschatologie eine produktive, schöpferische Zeit gegenüberzustellen, eine Zeit, die am Bauen und Wachsen, nicht aber am Zerstören gemessen wird.[146]

Die Grundlagen eines solchen Chronotopos zeichnen sich laut Bachtin in „den Bildern und Motiven der Folklore"[147] dieser Epoche ab. Deren Hauptformen führt er „auf das Stadium der ackerbaubetreibenden Vorklassengesellschaft zurück",[148] denn nur auf Basis der „kollektiven Landarbeit" konnte erstmals „ein starkes und differenziertes Gefühl für die Zeit entstehen".[149] Dieses Zeitempfinden ist zyklisch[150] und orientiert sich an „den

---

140 Ebda., S. 180ff.; Vgl.: Sasse: Bachtin, S. 145.
141 Ebda., S.7.
142 Ebda., S. 8.
143 Sasse: Bachtin, S. 144.
144 Bachtin: Chronotopos, S. 95ff.
145 Ebda., S. 139ff.
146 Ebda., S. 139.
147 Ebda.
148 Ebda.
149 Ebda., S. 139f.
150 Dieser zyklische Charakter bedingt auch ihre Tendenz zur Wiederholbarkeit (vgl. ebda., S. 143).

Jahreszeiten und den Perioden des Tages". Bachtin charakterisiert die daraus entstehende „Zeit" als kollektiv, von produktivem Wachstum geprägt und als Arbeitszeit, d.h. ohne eine Trennung von Alltagsleben, Konsum und Produktionsprozess. Sie ist „in höchstem Maße auf die Zukunft ausgerichte[t]", zugleich aber „nicht vom Boden und von der Natur losgelöst" und durch und durch äußerlich und einheitlich.[151]

Von aller ideologischen Verklärung der Vergangenheit einmal abgesehen, scheint es schwierig, ein solches Zeitverständnis aus historischen Diskursfeldern herauszuarbeiten. Dieses Problem ist Bachtin durchaus bewusst. Er weist daraufhin, dass diese Folklorezeit „vor dem Hintergrund unseres eigenen Zeitbewußtseins charakterisiert" wurde, und will sie nicht als „ein Faktum des *Bewußtseins* des urzeitlichen Menschen" verstanden wissen, sondern „sie anhand objektiven Materials als die Zeit [erschließen], die in entsprechende Motive der Vorzeit zutage tritt".[152] Konkrete Beispiele dieses objektiven Materials gibt er jedoch nicht.

De facto führen solch allgemeine Aussagen fast unweigerlich zu stereotypen Verallgemeinerung über das ‚Mittelalter an sich'. Bachtins Ansatz lässt offen, wie genau und wo solche textexternen Chronotopoi zu fassen sind und wie sie dann in einen Text transponiert werden. Damit verbunden ist die Frage, welche Bezugsgröße man wählen soll, wenn man sich mit solchen ‚Kontexten' oder ‚Weltbildern' auseinandersetzt. Uta Störmer-Caysa wählt unter anderem die „Denker" des entsprechenden Zeitraumes als Bezugsgröße, geht aber nicht von einem einfachen Entsprechungsverhältnis aus:

> Wie die fiktionalen Welten der Erzähler aufgebaut sind, hat in einem kompliziert vermittelten, aber durch die einheitliche historische Lebenswelt verbürgten Sinne damit zu tun, was zeitgenössische Denker interessiert. Dichtung enthält einen Weltentwurf wie die Schriften der Theoretiker; allerdings sind die beiden Entwürfe gleichsam in einer je anderen Sprache verfaßt und aus einer je eigenen kulturellen Subtradition gespeist.[153]

Die „Grundüberzeugungen" einer Epoche über Zeit und Raum seien „in theoretischen Erörterungen klar artikuliert, während sie in Erzähltexten nur den Vorstellungshintergrund bilden", andererseits sei das „Bewußtsein des Theoretikers darüber, welche Problemlagen den Menschen an Raum und Zeit interessieren könnten", zwangsläufig auf Erzählungen angewiesen.[154] Störmer-Caysa geht in ihren Überlegungen zu Zeit und Raum im Roman allerdings über diese enge Wechselwirkung von Theoretikern und Erzählungen hinaus, wenn sie beispielsweise Englands territoriale Entwicklung

---

151 Ebda., S. 140ff.
152 Ebda., S. 143f.
153 Störmer-Caysa: Grundstrukturen, S. 2.
154 Ebda., S. 5.

als Grund für den Raumaufbau des arthurischen Romans nimmt, hier spezifisch des *Erec*:

> In diesem Roman gibt es kein Wasser, alle Orte der ritterlichen Oikumene sind auf dem Pferd zu erreichen, also in der Weise, die für einen Ritter die klassische Fortbewegung ist. Diese Fortbewegung spannt die Kontinuität der Landschaft auf. Eine Landkarte unter die Bewegungen des Helden zu legen macht nicht viel Sinn, denn die geographischen Namen sind ins Unwirkliche entrückt, in die Nachbarschaft von Avalon. Einzig daß der Bischof von Canterbury auftaucht, scheint ein Rückgriff auf geschichtliche Orte.[155]

Während es sich für Störmer-Caysa bei dem Auftritt des Bischofs von Canterbury um „politische Geographie"[156] handelt, funktionieren andere geographische Angaben keinesfalls im Sinne direkter Entsprechung, sondern als „Nachbarschaft des Wissens, die sich als Nachbarschaft im Raum darstellt". Sie sind „keine geographischen Abbilder [...], sondern Handlungsabbilder mit zeitenthobenen Wissensinseln".[157] Wenn Störmer-Caysa darüber hinaus die besondere Verknüpfung von Figur und Weg aus der itinerarischen Raumwahrnehmung herleitet,[158] dann nimmt sie eine räumliche Praxis bzw. eine Form der Repräsentation von Raum als formgebend für den Raum der Erzählung an. Ihre anfängliche klare Bezugsgröße der Denker einer Epoche wird also um verschiedene Ebenen des historischen Wissens über und Handelns im Raum erweitert. Die Art der Verknüpfung dieser Ebenen expliziert sie nicht.

Aus der Diskussion dieser erzähltheoretischen Versuche, das Verhältnis von Raum, Text und Kontext zu fassen, ergeben sich einige Grundannahmen, jedoch wenige Lösungsansätze. Lotman, Bachtin und Störmer-Caysa gehen davon aus, dass der Raum eines literarischen Textes und der Raum seines soziokulturellen Produktionskontextes funktional miteinander verknüpft sind. Bachtin und Lotman fassen diese Verknüpfung so, dass der Raum des Textes den Raum der ‚Welt' modelliere; Störmer-Caysa geht vorsichtiger von parallelen Problemhorizonten aus. Hieraus ergeben sich drei zentrale Fragestellungen:

1. Wie fasst man die textexternen Bezugsgrößen, auf die ein Text referiert bzw. aus der Raumwissen zum Verständnis des textinternen Raumentwurfs inferiert werden muss?

2. Wie lässt sich die Aneignung dieser textexternen Größen im Text untersuchen?

---

155 Ebda., S. 47. Das Fehlen von „Wasser" führt Störmer-Caysa direkt auf die territorialen Bedingungen Englands im späten 12. Jahrhundert zurück (ebda., S. 43f.)
156 Störmer-Caysa stellt hier einen direkten Bezug zur *causa* Becket her (ebda., S. 47).
157 Ebda., S. 43. In einer Umkehr dieses Konzepts zeitenthobener Wissensinseln zeigt Störmer-Caysa am Tristanstoff, dass die Geographie eines Romans auch mehrere Zeitstufen in sich tragen kann, die dann einzeln rekonstruiert werden müssen (vgl. ebda., S. 46).
158 Vgl. Kap. 1.1.3 dieser Arbeit.

3. Was geschieht mit diesen räumlichen Referenzpunkten im narrativen Prozess der Raumerzeugung und –dynamisierung? Was ist also das Alleinstellungsmerkmal literarischer Raumentwürfe gegenüber soziokulturellen Raummodellen?

Diese Fragen können im Detail nur in der spezifischen Analyse von Einzeltexten und Traditionslinien beantwortet werden. Zugleich sind aber insbesondere für die vergleichende Analyse der Raumentwürfe zweier aus unterschiedlichen Jahrhunderten und Kulturen stammenden Texte eine theoretische Fassung dieses Wechselverhältnisses und ein Instrumentarium zu seiner Untersuchung unabdingbar. Einen möglichen Ansatz stellt der Rückgriff auf zeitgenössische Diskurse dar. Will man über den Abgleich konkreter Rauminformationen (wie der Beschreibung eines historischen Ortes beispielsweise) hinaus die soziokulturellen Bezugsgrößen unserer Texte erfassen, kann dies – wenn überhaupt – nur in rekursiver Betrachtung von Text und Kontext gelingen. Hier ist zu fragen, welche Strukturen, Elemente und Ordnungen des Raumes, welche Typen von räumlichem Handeln oder räumlichen Praktiken in Text wie Kontext zu fassen sind.

Ansätze für eine solche rekursive Analyse kann eventuell die Raumsoziologie bieten.[159] Das konstruktivistische Raumverständnis der meisten rezenten gesellschaftstheoretischen Arbeiten zum Raum geht von einem sozial erzeugten Raum aus, der als „relationale (An)Ordnung sozialer Güter und Menschen" zu fassen ist,[160] und steht damit dem relationalen Raumverständnis vieler literaturtheoretischer Ansätze nahe. Raum konstituiert sich diesem Zweig der Raumsoziologie zufolge als Summe seiner physischen und sozialen Relationierungen, die durch Wechselwirkungen zwischen räumlichem Handeln und räumlichen Strukturen entstehen.[161] Es wird „gerade die aktive Entstehung des Raums durch soziale Praxis, Handlungen oder Kommunikationen betont".[162] Wie dieses Verhältnis theoretisch und terminologisch gefasst wird, differiert je nach Ansatz. Martina Löw bietet

---

[159] Für eine allgemein Einführung in die Raumsoziologie und einen Überblick über die Geschichte sozialwissenschaftlich orientierter Raumtheorien vgl. Löw: Raumsoziologie; sowie Markus Schroer: Räume, Orte, Grenzen. Auf dem Weg zu einer Soziologie des Raums. Frankfurt am Main 2006; ders.: Soziologie. In: Raumwissenschaften. Hg. v. Stephan Günzel. Frankfurt am Main 2009. S. 354-369; Fabian Kessl et al. (Hg.): Handbuch Sozialraum. Wiesbaden 2005.

[160] Vgl. Löw: Raumsoziologie, S. 158, für relationistische Raumkonzepte in der Soziologie auch ebda., S. 24ff.

[161] Vgl. ebda., S. 152ff. Vgl. auch Pierre Bourdieu: Physischer, sozialer und angeeigneter physischer Raum. In: Stadt-Räume. Die Zukunft des Städtischen. Hg. v. Martin Wentz. Frankfurt am Main 1991. S. 25-34; Pierre Bourdieu: Sozialer Raum und „Klassen". Zwei Vorlesungen. Frankfurt am Main 1985.

[162] Markus Schroer: Raum oder: Das Ordnen der Dinge. In: Poststrukturalistische Sozialwissenschaften. Hg. v. Stefan Moebius und Andreas Reckwitz. Frankfurt 2008. S. 141-157.

in Anschluss an Anthony Giddens[163] und Norbert Elias[164] die Konzepte des Spacings und der Synthese an, um das rekursive Verhältnis von Struktur und Handeln zu fassen:

> Erstens konstituiert sich Raum durch das Plazieren von sozialen Gütern und Menschen bzw. das Positionieren primär symbolischer Markierungen, um Ensembles von Gütern und Menschen als solche kenntlich zu machen (zum Beispiel Orteingangs- und -ausgangsschilder).[165]

Diesen Vorgang der Platzierung, des Errichtens, Erbauens oder Positionierens bezeichnet Löw als „Spacing" und fasst damit „sowohl den Moment der Plazierung als auch die Bewegung zur nächsten Plazierung".[166] Gleichzeitig bedürfe es „zur Konstitution von Raum aber auch einer *Syntheseleistung*, das heißt, über Wahrnehmungs-, Vorstellungs- oder Erinnerungsprozesse werden Güter und Menschen zu Räumen zusammengefasst".[167]

Löw diskutiert hier für den sozialen Raum etwas, das den Darstellungstechniken der narrativen Erzeugung von Raum sehr nahe kommt und in Form der Syntheseleistung sogar narrative Strukturen aufweist. Synthese kann allerdings auch als Abstraktionsleistung, z.B. durch Städteplanung oder Computersimulationen, geleistet werden. Synthese ermöglicht, „daß Ensembles sozialer Güter oder Menschen wie ein Element" wahrgenommen oder abstrahiert werden. So können Räume oder Orte wiederum als Bausteine in die Konstruktion von Raum einbezogen werden.[168] Diese Verknüpfungen und Platzierungen, d.h. die Konstitution von Raum, erfolgt in Form von Handlungen, denen jedoch andere Platzierungen und Synthesen als Struktur vorgängig sind.[169]

Für die Raumsoziologie, die Humangeographie, die *urban studies* und zahlreiche andere Forschungsbereiche ist vor allem Henri Lefebvres raumtheoretischer Ansatz wirkmächtig geworden, der Struktur und Handlung rekursiv denkt.[170] Lefebvres Arbeiten zum Raum sind für die vorliegende

---

163 Vgl. Anthony Giddens: Die Konstitution der Gesellschaft. Grundzüge einer Theorie der Strukturierung. Frankfurt 1988.
164 Vgl. Löw. Raumsoziologie, S. 159.
165 Ebda., S. 158.
166 Ebda,. S. 159.
167 Ebda.
168 Ebda.
169 Vgl. hierzu und zu den verschiedenen Typen von Handlung ebda., S. 160ff.
170 Zur Rezeptionsgeschichte Lefebvres in den Geisteswissenschaften vgl. Christian Schmid: Stadt, Raum und Gesellschaft. Henri Lefebvre und die Theorie der Produktion des Raumes. München 2005 (Sozialgeographische Bibliothek, Bd. 1), S. 12ff. Die Forschungsliteratur zu Lefebvre ist vielfältig. Zur Einführung vgl. u.a. Neil Brenner: Henri Lefebvre in Contexts: An Introduction. In: Antipode 33.5 (2001). S. 763-768; Stuart Elden: Understanding Lefebvre. Theory and the Possible. London/New York 2004; Fernand Mathias Guelf: Die urbane Revolution. Henri Lefebvres Philosophie der globalen Verstädterung. Bielefeld 2010; Andrew Light und Jonathan M. Smith (Hg.): Philosophy and Geography II: The Production of Public Space. Lanham et al. 1998; Andy Merrifield: Henri Lefebvre. A Critical Introduction. New York/London 2006; Schmid: Stadt; Lukasz

Untersuchung von Interesse, weil sie zum einen die Wechselwirkungen von Struktur und Handeln in eine dynamische Triade fassen, und weil er sein Augenmerk zum anderen insbesondere auf die Frage richtet, wie sich Macht- und Herrschaftsstrukturen im Raum ausprägen und in der gesellschaftlichen Produktion des Raumes stets neu verhandelt werden.[171] In der *Production de l'Espace*[172] arbeitet Lefebvre an einer *théorie unitaire*, einer „allgemeine[n] Theorie zum Verhältnis von Raum und Gesellschaft",[173] zielt also nicht nur auf eine Analyse der vorhandenen räumlichen Gesellschaftsstrukturen. Vielmehr will er herausarbeiten, wie Raum in einer ständigen rekursiven Verschränkung von räumlichen Konzepten und Praktiken produziert, also stets neu hervorgebracht wird. Mit den Kontexten von Lefebvres Denken geht zunächst ein grundlegendes Interesse an den Macht-, Produktions- und Besitzverhältnissen einher, die sich im sozialen Raum ausdrücken und ihn zugleich mitproduzieren.[174] Zweitens fasst Lefebvre soziale Prozesse der Raumkonstitution immer auch aus der Perspektive alltäglicher Praktiken und Lebenswelten, und drittens spielt die Betonung des Moments, seiner Wirkmächtigkeit und damit der Dynamik von Handlungsräumen eine große Rolle.[175]

Stanek: Henry Lefebvre on Space. Architecture, Urban Research, and the Production of Theory. Minneapolis/London 2011.

171 Die Applikabilität von Lefebvres Ansätzen für geisteswissenschaftliche Untersuchungsfelder ist bereits in mehreren Studien und Sammelbänden erprobt worden, vgl. Jon L. Berquist und Claudia V. Camp (Hg.): Constructions of Space I. Theory, Geography, and Narrative. New York/London 2007 (Library of Hebrew Bible/Old Testament Studies 481) für die Theologie; für die Entwicklungstheorie vgl. Alexander Hamedinger: Raum, Struktur und Handlung als Kategorien der Entwicklungstheorie. Eine Auseinandersetzung mit Giddens, Foucault und Lefebvre. Frankfurt/New York 1998 (Campus Forschung, Bd. 772). Dennoch bleibt eine Übertragung seines Denkens auf andere Diskurse und Epochen problematisch und birgt die Gefahr, die Komplexität seines theoretischen und politischen Gedankengebäudes unzulässig zu verkürzen (vgl. Schmid: Stadt). Dies insbesondere, weil Lefebvres Aufmerksamkeit vor allem der urbanen Situation des späteren 20. Jahrhunderts gilt, die stark von den Entstehungskontexten der *Historia* und des *Apollonius* abweicht.

172 Die folgende Diskussion stützt sich neben dem französischen Original (Henri Lefebvre: La production de l'Espace. Paris 2000, in Folge kurz: Lefebvre: Production) auch auf die englische Erstübersetzung von Donald Nicholson-Smith (Henri Lefebvre: The Production of Space. Malden, MA/Oxford 2009, in Folge kurz: Lefebvre: Production, engl.). Wo möglich sind die Zitate und die Terminologie der Übersetzung Dünnes entnommen (vgl. Henri Lefebvre: Die Produktion des Raums. In: Raumtheorie. Grundlagentexte aus Philosophie und Kulturwissenschaften. Hg. v. Jörg Dünne und Stephan Günzel. Frankfurt am Main 2006. S. 330-342, in Folge kurz: Lefebvre: Produktion).

173 Schmid: Stadt, S. 191.

174 Lefebvres Raum„theorie", die er in dem 1974 erstmals erschienenen Band *La Production de l'espace*, aber auch in einer Reihe von Artikeln explizitet und die seine folgenden Arbeiten stark informieren (vgl. für einen Überblick Schmid: Stadt; Lefebvre: Produktion, S. 341f.), kann als Nexus von Lefebvres sehr weitgefassten Forschungsinteressen beschrieben werden.

175 Lefebvres Beschäftigung mit der gesellschaftlichen Produktion des Raumes entwickelt sich aus der Auseinandersetzung mit dem Phänomen des Urbanen und der Urbanisierung, sein Ziel ist also,

1.2 Die Ordnung des Raumes

In seinem Einleitungskapitel zu *La Production de l'espace* fasst Lefebvre die eigenen Ergebnisse und damit die Konturen der prospektierten theoretischen (und praktisch-politischen) Arbeit knapp zusammen. Als wichtige Implikationen seines Ansatzes nennt er zunächst, dass der „(physische) Naturraum [...] unwiderruflich auf Distanz" rückt und nur noch als Rohstoff (*matière première*) für die Produktion des sozialen Raumes dient. Er begreift also „den Raum weder als (materielles) Objekt noch als reine Idee [...], sondern als gesellschaftlichen Produktionsprozess",[176] der „gesellschaftliche Wirklichkeit"[177] schafft. Des Weiteren produziere jede Gesellschaft, bedingt durch ihre je unterschiedlichen Produktionsweisen und Produktionsverhältnisse, ihren eigenen Raum. Er beschreibt zur Erläuterung exemplarisch den Raum der antiken Polis:

> Die antike Polis lässt sich nicht als eine Ansammlung von Menschen und Dingen *im Raum* verstehen; sie lässt sich ebenso wenig von einer bestimmten Anzahl von Texten und Reden *über den Raum* her begreifen [...]. Die Polis hatte ihre Raumpraxis; sie hat ihren eigenen Raum geschaffen, d.h. ihn *angeeignet*. Daher rührt die neue Aufgabe, diesen Raum so zu untersuchen, dass er als solcher erscheint, in seiner Genese und seiner Form, mit seiner spezifischen Zeit bzw. seinen Zeiten, mit seinen Zentren und seinem Nebeneinander vieler Zentren [...].[178]

Der so gefasste soziale Raum enthält sowohl die biologischen und sozialen Reproduktionsverhältnisse als auch die Produktionsverhältnisse im Marxschen Sinne. Zugleich enthält er jedoch auch „bestimmte Repräsentationen dieser doppelten bzw. dreifachen Interferenz der sozialen (Produktions- und Reproduktions-)Verhältnisse",[179] also symbolische Repräsentationen, die Koexistenz und Zusammenhalt des sozialen Raumes garantieren, z.B. „in den Gebäuden, den Denkmälern und den Kunstwerken".[180]

Aus diesen Vorüberlegungen entwickelt Lefebvre ein triadisches Modell der sozialen Raumproduktion, das dialektisch funktioniert und im Kern seiner Theorie steht. Er unterscheidet zwischen 1. der räumlichen Praxis *(pratique spatiale)* und damit verbunden dem wahrgenommenen Raum *(espace perçu)*, 2. den Repräsentationen des Raumes[181] *(représentation de l'espace)* und damit verbunden dem (gedanklich) konzipierten Raum *(espace conçu)* und 3. den Räumen der Repräsentation *(espaces de représentation)* und dem damit

---

„die Stadt als Raum zu fassen" (Schmid: Stadt, S. 191). Diese spezifisch urbane Stoßrichtung seines Denkens soll in der folgenden kurzen Skizze seines zentralen Ansatzes außen vor gelassen werden.
176 Schmid: Stadt, S. 192.
177 Ebda., S. 203.
178 Lefebvre: Produktion, S. 331.
179 Ebda., S. 332.
180 Ebda., S. 333.
181 Dünne verwendet in der Übersetzung den Begriff „Raumrepräsentationen", vgl. Lefebvre: Produktion, S. 333.

verbundenen gelebten oder erlebten Raum (*espace vécu*).[182] Sie sollen im Folgenden kurz skizziert und dann im Hinblick auf den Ansatz dieser Untersuchung diskutiert werden.

> Die *räumliche Praxis* einer Gesellschaft sondert ihren Raum ab; in einer dialektischen Interaktion setzt sie ihn und setzt ihn gleichzeitig voraus: Sie produziert ihn langsam, aber sicher, indem sie ihn beherrscht und ihn sich aneignet. In der Analyse lässt sich eine räumliche Praxis entdecken, indem man ihren Raum entziffert.[183]

Es handelt sich bei diesem *l'espace perçu* also um den wahrgenommenen Raum der praktisch-sinnlichen Welt, „in den sich Handlungen von kollektiven Akteuren in Form von dauerhaften Objekten und Wirklichkeiten einschreiben".[184] Er kann als „materialler Aspekt der sozialen Praxis verstanden werden.[185] Die logische Kohärenz dieses Raumes verlangt von den Mitgliedern einer Gesellschaft räumliche Kompetenzen und Performanzen,[186] die für die adäquate Benutzung dieses Raumes notwendig sind und seine Strukturen zugleich aktualisieren. In diesem praktisch-sinnlichen Raum werden durch die Art des Raumhandelns spezifische Räume von einander unterschieden; diese bleiben jedoch im funktionalen Gesamtzusammenhang des gesellschaftlichen Raumes verbunden. Die Merkmale dieses Raumes sind vom menschlichen Körper und von der Besetzung des Raumes durch „einen konkreten, spezifischen Körper" bestimmt.[187] Dieser Körper produziert durch seine Positionierung und seine Handlungen den Raum und ist zugleich Teil von ihm. „Umgekehrt sind die Gesetze des Raumes, der Erkennbarkeit im Raum, diejenigen des lebenden Körpers und seiner Verausgabung von Energie".[188]

Die Praxis der gesellschaftlichen Produktion von Raum lässt sich empirisch beobachten, d.h. der Raum der Gesellschaft lässt sich entziffern, indem räumliche Elemente wie Architektur oder Infrastrukturen analysiert werden.[189] Jede gesellschaftliche Beziehung produziert Lefebvre zufolge ihren eigenen sozialen Raum; diese Räume „schieben sich ineinander, sie setzen sich zusammen, sie überlagern sich und manchmal prallen sie auch aufeinander".[190] Der *l'espace perçu* erscheint demnach als stets neu

---

182 „Das Verständnis dieser doppelten dialektischen Triade ist mit erheblichen Schwierigkeiten verbunden. Einerseits gab Lefebvre widersprüchliche Anwendungsbeispiele seiner Theorie, was Unklarheiten und Missverständnisse entstehen lässt [...]. Andererseits interferiert seine Theorie mit anderen dreidimensionalen Konzepten des Raumes" (Schmid: Stadt, S. 192).
183 Lefebvre: Produktion, S. 335; vgl. auch Merrifield: Lefebvre, S. 110ff.; Schmid: Stadt, S. 201ff.
184 Schmid: Stadt, S. 211.
185 Edba.
186 In dieser Begrifflichkeit bezieht sich Lefebvre auf Noam Chomsky, vgl. Schmid: Stadt, S. 211.
187 Ebda., S. 212.
188 Ebda., S. 213.
189 Ebda., S. 214.
190 Lefebvre: Production, S. 106, übers. v. Schmid: Stadt, S. 216.

hervorgebrachter Raum, der durch räumliche Strukturen stabilisiert und von verschiedenen sozialen Räumen zugleich bespielt wird.

Die Repräsentationen des Raumes, also der konzipierte Raum oder *l'espace conçu* dagegen, entsteht auf der Ebene jener Diskurse, die die Beziehungen zwischen den Objekten und Menschen festlegen und die Machtverhältnisse einer Gesellschaft so im Raum festschreiben. Diese Räume sind „von einem stets relativen und sich verändernden *Wissen* (einer Mischung aus Erkenntnis und Ideologie) durchdrungen".[191] Wissenschaftler und dem System affine Künstler produzieren diesen Raum ebenso wie Raumplaner und eine Gruppe, die Lefebvre als „Technokraten" bezeichnet. Sie lassen sich „mit einer reduzierenden Praxis verbinden, wodurch die Reduktion in die Praxis absteigen und ihr, entsprechend den Umständen, eine Ordnung auferlegen kann".[192]

Dies geschieht beispielsweise im Städtebau, in Plänen oder Grundrissen, die durch die Konzipierung der Orte spezifische Formen des räumlichen Handelns privilegieren und damit normativ in den Raum das einschreiben, was in dieser Studie als Raumordnung bezeichnet werden soll. Der wahrgenommene und der konzipierte Raum existieren also nicht „unabhängig voneinander. Alle soziale Realität wie die menschliche Erfahrung und Erkenntnis ist von einer dialektischen Bewegung zwischen Gelebtem und Konzipiertem geprägt".[193]

Dieser konzipierte Raum, den Lefebvre auch als Repräsentation der Räume beschreibt, darf nicht voreilig von dem getrennt werden, was er als Räume der Repräsentation *(espaces de représentation)* und dem damit verbundenen gelebten oder erlebten Raum *(espace vécu)* bezeichnet. Sie gehören dem sozialen Feld „der Projekte und Projektionen, der Symbole und Utopien, des *imaginaire* – und, wie anzufügen wäre, auch des *désir*" an.[194] Der gelebte Raum

> ist der beherrschte, also erfahrene und erlittene Raum, den die Imagination abzuwandeln und sich anzueignen sucht. Er überlagert den gesamten physischen Raum, indem er dessen Objekte symbolisch verwendet. Unter gewissen Vorbehalten könnte man sagen, dass die Räume der Repräsentation auf mehr oder weniger kohärente Systeme nichtverbaler Symbole und Zeichen hinstreben.[195]

Die Räume der Repräsentation sind also „vom Symbolismus durchdrungen und haben ihren Ursprung in der Geschichte eines Volkes, sowie jedes Individuums, das zu diesem Volk gehört.[196] Sie besitzen ein affektives

---

191 Lefebvre: Produktion, S. 339, Hervorhebung im Original.
192 Ebda., S. 218
193 Ebda., S. 220.
194 Ebda., S. 205.
195 Lefebvre: Production, S. 49, übers. von Schmid: Stadt, S. 222.
196 Lefebvre: Produktion, S. 339.

Zentrum, das mit den Individuen verknüpft ist. Lefebvre nennt als Beispiele das Ich, das Bett, das Haus etc.[197] Insofern auch Räume und Orte der Vergangenheit enthalten sind, impliziert dieser Raum „unmittelbar die Zeit".[198]

Wie ist nun das Zusammenspiel dieser drei Räume zu denken? Lefebvre erläutert es am Beispiel des menschlichen Körpers.[199] Dessen Einsatz auf kulturell spezifische Weise bildet die räumliche Praxis, in Form des Gebrauchs der Hände, der Gliedmaßen oder der Sinnesorgane. Eine auf schwere körperliche Arbeit angewiesene Gesellschaft wird ein anderes Körperbild und andere körperliche Praktiken entwickeln als eine Gesellschaft im Informationszeitalter oder eine auf kriegerische Auseinandersetzung ausgerichtete Gesellschaft. Repräsentationen des Körperraumes „kommen nun von erworbenen wissenschaftlichen Kenntnissen her, die mit Ideologien vermischt verbreitet werden".[200] Dazu gehören Anatomie, Physiologie, Krankheiten und der Bezug des menschlichen Körpers und der Natur. Das Herz wird in diesem Raum als lebenserhaltendes Organ perspektiviert. Der gelebte Raum oder Raum der Repräsentation fasst den Körper als Raum komplexer Symboliken – das Herz steht hier für die Liebe oder das Leben.

Repräsentationen des Raumes und Räume der Repräsentation können in einem kontrastiven oder oppositionellen Verhältnis stehen, sie können aber auch unter günstigen Umständen zusammen mit dem Wahrgenommenen eine kohärente Einheit bilden, mit einer gemeinsamen Sprache, einem Konsens und einem Code. Dies sieht Lefebvre für „die Stadt in der westlichen Welt von der italienischen Renaissance bis zum 19. Jahrhundert" gegeben:

> Die Raumrepräsentation [der Raum der Repräsentation, LB] dominierte und ordnete sich den ursprünglich religiösen, auf symbolische Figuren wie den Himmel und die Hölle, den Teufel und die Engel reduzierten Repräsentationsraum [den Repräsentationen des Raumes, LB] unter.[201]

Das Verhältnis und Zusammenspiel der drei Teile dieses dialektischen Modells kann also nur in jeweils spezifischen historisch-kulturellen Konstellationen ermittelt werden.

In diesen Räumen der Repräsentation eignen sich die im Raum Handelnden den durch die Repräsentationen des Raumes konzipierten und durch die räumliche Praxis produzierten Raum an, indem sie ihn mit einem Netz von Symbolen überziehen. Dies entspricht in der Terminologie dieser Arbeit der semantischen Codierung von Raum, die auf den räumlichen

---

197 Ebda.
198 Ebda., S. 340. So kann er auf verschiedene Weise charakterisiert werden: „als gerichtet, situiert, relational, weil er wesentlich qualitativ, im Fluss und dynamisch ist" (ebda.).
199 Ebda., S. 337.
200 Ebda., S. 339.
201 Ebda.

Elementen und ihren Inbezugsetzungen aufsattelt und sie mit ursprünglich nichträumlichen Bedeutungen auflädt.

Es ist zu betonen, dass die Literatur verschiedene Funktionen und Orte innerhalb der Triade einnehmen kann, ebenso die Wissenschaften. Lefebvres Ansatz greift also auf mehreren Ebenen. Auf der Ebene der Gesellschaft (und damit dem Entstehungskontext der Texte) wird die gesellschaftliche Produktion von Raum seinem triadischen Modell entsprechend analysierbar. Auf der Ebene der Text-Welt-Beziehungen ermöglicht dieser Ansatz, die Rolle und Funktion einer Erzählung innerhalb der sozio-historischen Raumordnung des sozialen Raumes ihres Entstehungskontextes zu reflektieren. Es kann darüber hinaus nach der Abbildung dieser Strukturen und Praktiken des Raumes innerhalb von Texten gefragt werden. Wie drücken sich Machtverhältnisse im Raum aus, und wie werden sie bestätigt, aktualisiert oder unterlaufen? Welche Regeln des Zugangs zu Raum und welche räumliche Praktiken werden dargestellt? Wie sind die daraus zu „entziffernden" Raumordnungen beschreibbar, und welche Konsequenzen haben sie rekursiv für den narrativen Raumentwurf der Texte? Auch die oben beschriebene Dynamisierung des narrativen Raumes zu einem Bewegungsraum könnte mit Lefebvres triadischem Konzept erklärt werden, denn wenn die stets ablaufende gesellschaftliche Produktion von Raum durch Raumhandeln in den Texten inszeniert wird, muss der sich daraus ergebende Raumentwurf zwangsläufig ein Bewegungen und kontinuierliche Prozesse der Stabilisierung und Destabilisierung mit einschließender sein.

Lefebvres Modell kann auch dazu dienen, die eigene theoretische Arbeit zu reflektieren, die Lefebvre explizit in den räumlichen Produktionsprozess einschließt:

> Die Theorie *reproduziert* in einer Verkettung von Begriffen in einem sehr starken Sinn den Hervorbringungsprozess, nämlich von innen heraus und nicht nur von außen (d.h. beschreibend) – als Globalität, indem sie ständig vom Vergangenen zum Aktuellen übergeht und umgekehrt.[202]

Denn der Raum ist einerseits historisch durch die von der Vergangenheit hinterlassenen Spuren, „ihre Inschrift, die Schrift der Zeit". Zugleich ist dieser Raum aber immer noch „als ein aktuelles Ganzes gegeben".[203]

Eine historische Arbeit im Sinne Lefebvres

> würde also die Entstehung der Räume selbst beinhalten, aber vor allem die ihrer Verbindungen, Verzerrungen, Verschiebungen, Interferenzen und ihrer Bezüge zur räumlichen Praxis der Gesellschaften (oder Produktionsweisen). Man kann davon ausgehen, dass die Raumrepräsentationen [Räume der Repräsentation, LB] eine praktische Bedeutung haben, dass sie sich in räumliche *Texturen* einfügen, die von wirksamen Kenntnissen und Ideologien geprägt

---

202 Ebda., S. 334.
203 Ebda.

sind, und sie dabei verändern. Die Raumrepräsentationen hätten somit eine beträchtliche Bedeutung und einen spezifischen Einfluss auf die Produktion des Raums.[204]

Selbst diese seine Komplexität erheblich reduzierende Darstellung von Lefebvres Ansatz macht deutlich, dass die hier diskutierte gesellschaftliche Konstruktion von Raum auch überaus hilfreich ist, um die komplexen Raumentwürfe eines literarischen Textes zu fassen. In der *Historia* wie im *Apollonius* finden sich vielfältige Verschränkungen von Raumentwürfen und räumlichen Praktiken, von sich überlagernden und konkurrierenden semantischen Codierungen des Raumes sowie von in den Raum eingeschriebenen Strukturen und Aktualisierungen oder Unterlaufungen derselben. In beiden Texten werden normative Werturteile über richtiges und falsches Raumhandeln durch Figuren oder Erzähler vermittelt bzw. narrativ entfaltet. Ihnen liegen normative Erwartungen an Raumentwürfe und Raumhandeln zugrunde, die das Ergebnis textexterner gesellschaftlicher Produktion von Raum sind. Mit dem Konzept einer produktiven Verschränkung von räumlicher Praxis, Repräsentationen des Raumes und Räumen der Repräsentation lassen sich also die Wechselwirkungen dieser normativen Einprägungen in den Raum und der narrativen Dynamisierung der daraus entstehenden Raumentwürfe beschreiben.

Da die von Lefebvre entwickelte Triade erstens eine Vielzahl von ideologischen Implikationen mit sich bringt, die den Fokus dieser Arbeit unweigerlich verschieben würden, und zweitens in den behandelten literarischen Texten nicht im Einzelnen zu identifizieren sind, wird im Folgenden auf Lefebvres Terminologie weitgehend verzichtet. Der Begriff der Raumordnung, den ich stattdessen für das Set von Regeln verwende, welches diese Verschränkungen von Struktur und Praktiken organisiert, geht hinter das triadische Modell Lefebvres zurück, fokussiert die narrativen Raumentwürfe aber dennoch stärker im Hinblick auf die rekursive Beziehung von textexterner gesellschaftlicher Raumproduktion und textinternem Raumentwurf, als dies beispielsweise durch die Begriffe ‚Spacing' und ‚Synthese' geleistet werden könnte.

1.3 Eigener Analyseansatz

Die obige Diskussion verschiedener theoretischer Ansätze hat ein Fülle von Möglichkeiten ergeben, wie die narrrativen Raumentwürfe eines Textes sowie die Ausprägungen der gesellschaftlichen Produktion von Raum im Text erfasst und differenziert herausgearbeitet werden können. Sie sollen im Folgenden nicht noch einmal aufgeführt werden; vielmehr dient dieses

---

204 Lefebvre: Produktion, S. 340.

1.3 Eigener Analyseansatz 61

Unterkapitel dazu, das aus dieser Diskussion resultierende Vorgehen in den folgenden Analysen darzustellen.

Im Hinblick auf die evtl. Referenzquellen der Raumentwürfe beider Erzählungen, insbesondere aber der Binnenerzählung des *Apollonius* werden diesbezügliche Informationen und Erkenntnisse der Forschung in der folgenden Untersuchung selbstverständlich herangezogen oder ermittelt. Es wird aber kritisch zu prüfen sein, inwieweit die Identifikation eines narrativen Ortes mit textexternen Topographien sinnvoll ist, d.h. für die Analyse des Textes einen Erkenntnisgewinn bringt, oder ob es sich bei der Einspielung textexterner geographischer Bezugspunkte um jenes Phänomen handelt, das Störmer-Caysa als „eine Geographie der bekannten Orte [...] mit einer Nachbarschaft des Wissens, die sich als Nachbarschaft im Raum darstellt",[205] bezeichnet.

Da eine solche Beurteilung immer nur Ergebnis eines detaillierten Analyseprozesses sein kann, werden im Folgenden die im Text verwendeten Schreibarten der Toponyme verwendet und die narrativ erzeugten Räume primär im Hinblick auf ihre narrative Erzeugung und Funktion innerhalb der Romane untersucht. Für das Land Warcilone beispielsweise, das in der Forschung durchgängig mit Barcelona identifiziert wird, wird das im Text verwendete Toponym beibehalten und das Reich zunächst im Hinblick auf die Spezifika des narrativen Raumentwurfs untersucht. Ob Warcilone mit dem Barcelona aus Heinrichs Zeit, d.h. mit dem an dieses Toponym gebundenen geographischen, politischen und soziokulturellen Weltwissen, zu identifizieren ist, kann, wenn überhaupt, nur in Bezug auf Einzelaspekte beantwortet werden und erscheint weit weniger relevant als eine genaue Analyse des textinternen Raumentwurfs und seiner narrativen Funktionen.

Um die komplexen Raumentwürfe beider Texte möglichst umfassend herauszuarbeiten und zu diskutieren, wird ihre Analyse und Interpretation in Kapitel 2 und 3 dreischrittig erfolgen. Erstens werden die Handlungsorte und -räume der Texte separat analysiert. Die Analyse zum *Apollonius* orientiert sich da, wo Heinrich die Räume seiner Vorlage aufgreift, komparatistisch an der *Historia*, um die Transformationen der antiken Räume zu erfassen. Die Analyse folgt dem Textverlauf und wird dementsprechend wiederholt auftretende Räume und Orte u.U. auch mehrfach behandeln. Ziel dieses ersten Schrittes ist es, die narrative Erzeugung der Räume und Orte möglichst präzise zu erfassen und, insofern dies möglich ist, zwischen den von Erzähler und intradiegetischen Figuren vergebenen Rauminformationen und der semantischen Codierung dieser Räume zu differenzieren. Raum wird hier strikt relational verstanden, d.h. als Ensemble der Dinge und Figuren, die ihn erzeugen. Hierzu gehören topographische und

---

205 Störmer-Caysa: Grundstrukturen, S. 43.

architektonische Elemente ebenso wie Körperräume und räumliche Handlungen. Bezüglich der letzten Kategorie liegt ein Schwerpunkt der Analyse auch auf den Formen des räumlichen Handelns, die Beziehungen zwischen Figuren und Dingen herstellen und so den Raum der Erzählung formen. Mit diesem Aspekt kommt auch die Kategorie des Bewegungsraumes ins Spiel.

Zweitens sollen aus diesen Einzelanalysen Typologien der Räume und Orte der jeweiligen Texte entwickelt werden. Zu diesem Zweck sollen die Analyseergebnisse auf folgende Aspekte hin diskutiert werden:

1. Welche Typen von Räumen gibt es, und wie lassen sich diese Typen charakterisieren?
2. Mit welchen Funktionen, Codierungen und räumlichen Relationierungen sind sie verknüpft respektive aufgeladen?
3. Wie sind ihre Grenzen gestaltet? Sind diese räumlich ausgeprägt oder nur im Vollzug vorhanden? Handelt es sich um klassifikatorische Grenzen, die semantische Felder trennen, und wie ist dies im Text markiert?
4. Wie sind die Räume und Orte der Erzählungen, bzw. die verschiedenen Raumtypen einander zugeordnet? Lassen sich relativ stabile Verknüpfungen oder Beziehungen zwischen ihnen feststellen?
5. Wie verhalten sich schließlich innerhalb eines Raumes oder Ortes jene Dinge und Figuren zueinander, die den Raum konstituieren?

Damit korrespondierend: Als wie beweglich werden dieser Raum und die ihn mitkonstituierenden Figuren dargestellt? Wie wird Raumhandeln inszeniert und welche Rolle spielt es für die Räume bzw. Typen von Räumen?

Auf der Basis dieser strukturalistischen Erfassung der Analyseergebnisse werden die Raumordnung(en) der Texte herausgearbeitet. Es wird geprüft, inwieweit die verschiedenen Räume und Orte bzw. Raumtypen der gleichen Raumordnung angehören oder unterschiedlichen Raumordnungen zuzuordnen sind. Damit hängt zusammen, ob bestimmte Figurengruppen im Hinblick auf Beweglichkeit und räumliches Handeln privilegiert werden, aber auch, wie die Relationierungen von Dingen und Figuren innerhalb eines Raumes und die Bezüge von Räumen und Orten innerhalb einer Raumordnung geregelt sind.

Drittens sollen diese Analyseergebnisse als Grundlage genommen werden, um in Kapitel 4 die Raumentwürfe beider Texte anhand einiger systematischer Fragestellungen zu interpretieren. Es handelt sich hierbei um die Kategorien Herrschaft, Geschlecht, und, insbesondere für den *Apollonius* relevant, Fremde und Heil. Abschließend wird die Transformation der antiken Räume in der mittelalterlichen Bearbeitung im Hinblick auf die zentrale Kategorie der Herrschaft im Mittelpunkt stehen.

2. Die *Historia Apollonii Regis Tyri*

Das Interesse der Forschung an der lange marginalisierten *Historia Apollonii Regis Tyris*[1] ist in den letzten Jahrzehnten stark angestiegen. Der Text ist mehrfach ediert[2] und im Abstand weniger Jahre Gegenstand zweier ausführlicher Kommentare geworden. Diese hervorragende Aufarbeitung[3] ermöglicht es, in diesem Kapitel gezielt auf die Frage der Raumkonzeption der *Historia* einzugehen. Im Folgenden soll daher zunächst kurz mit einer Einführung in die Überlieferung des Textes und einer Diskussion der Editionswahl und der relevanten Leitlinien der Forschung begonnen werden, bevor unter 2.2 die Raumentwürfe der Gattung des antiken Liebes- und Reiseromans im Mittelpunkt stehen werden. Im Rückgriff auf die rezente Forschung zur Funktion von Raum und Reise im antiken Roman und mithilfe einer kritischen Diskussion der gattungstheoretischen Überlegungen Bachtins sollen die wesentlichen Aspekte und Spezifika dieser Raumentwürfe herausgearbeitet werden, um so eine Untersuchungsbasis für die Besonderheiten der *Historia* zu entwickeln. Auf die Detailanalyse der Räume der *Historia* unter 2.3 folgt in 2.4 die Erstellung einer Typologie dieser Räume und ihrer Raumordnung und die Interpretation anhand einiger zentraler systematischer Fragen in Kapitel 4.

---

1 Für eine Inhaltszusammenfassung der *Historia* vgl. die Einleitung dieser Arbeit. Für eine Diskussion möglicher Gliederungen vgl. Stelios Panayotakis: The Story of Apollonius, King of Tyre. A Commentary. Berlin et al. 2012. S. 2f. Für eine detailliertere Inhaltsangabe vgl. George A. A. Kortekaas: The Story of Apollonius King of Tyre. A Study of Its Greek Origin and an Edition of the Two Oldest Latin Recensions. Leiden/Boston 2004. S. 4ff.; sowie Kortekaas: Historia, S. 3ff.
2 Vgl. Panayotakis: Story, S. 612f. für eine Auflistung aller Editionen. Für die Wahl der Edition für diese Arbeit vgl. Kap. 2.1.
3 Für eine Bibliographie der rezenten Forschung vgl. Panayotakis: Story. Für eine Bibliographie der früheren Forschung zur Historia vgl. Kortekaas: Historia.

2.1 Überlieferung, historische Einordnung, Wahl der *recensio* und Edition

Die *Historia* ist in 106 lateinischen Handschriften und etlichen Fragmenten[4] erhalten, eine Zahl, die Kortekaas als „exceedingly large for a non-religious text"[5] bewertet. Dazu gesellen sich unterschiedlich stark von dieser Vorlage abweichende lateinische Bearbeitungen, teilweise eigenständig, teilweise eingefügt in größere Erzählzusammenhänge, Chroniken oder andere Textsorten, sowie volkssprachige Bearbeitungen in großer Zahl.[6]

Die frühesten erhaltenen Textzeugen sind zeitnah zu einander entstanden.[7] Kortekaas ordnet die Redaktion A (im Folgenden RA)[8] ein als „the work of a Christian from the end of the fifth or the beginning of the sixth century".[9] Ein Entstehungsort lässt sich nicht eindeutig bestimmen; Kortekaas schlägt als wahrscheinlichsten Ursprung Rom oder „Central Italy"[10] vor. Redaktion B (im Folgenden RB) setzt Kortekaas fast gleichzeitig, aber eindeutig nach RA entstanden an und favorisiert auch für diese Handschrift Italien, wahrscheinlich Rom als Produktionsort.[11] Garbugino setzt für die extanten Redaktionen einen *terminus ante quem* am Ende des 6. Jahrhunderts[12] und einen *terminus post quem* mit den in Kapitel 42-43 eingarbeiteten Rätseln der *Aenigmata Symposi* (4./5. Jh. n. Chr.).[13] RA und RB der *Historia* laufen

---

4   Vgl. Kortekaas: Historia, S. 14ff.; vgl. zum Folgenden ebenfalls Junk: Transformationen.
5   Kortekaas: Historia, S. 7.
6   Für einen Überblick vgl. ebda.; George A. A. Kortekaas: The Latin Adaptions of the „Historia Apollonii Regis Tyri" in the Middle Ages and the Renaissance. In: Groningen Colloquia on the Novel 3 (1990). S. 103-122; Archibald: Apollonius (1991) und ihre ausführliche Bibliographie; Archibald: Apollonius (1999).
7   Für eine Diskussion möglicher Vorlagen und Urtexte s.u.
8   Wichtigste Handschriftenträger der RA sind die Handschrift Laurentianus plut. LXVI 40 (Biblioteca Medicea Laurenziana), Firenze, 62r-184r (Sigle A); Parisinus lat. 4955 (Bibliothèque Nationale), 9r-15r (Sigle P); sowie Vaticanus lat. 1984 emendatus, 167r-184r. Für eine detaillierte Diskussion der Handschriften von RA und RB vgl. Kortekaas: Historia; für RC vgl. Historia Apollonii regis Tyri. Hg. v. Gareth Schmeling. Leipzig 1988, der außerdem einen Siglenindex bietet.
9   Kortekaas: Historia, S. 106; vgl. auch für das Folgende Kortekaas: Story, S. 17ff.
10 Kortekaas: Historia, S. 114f.
11 Vgl. ebda., S. 116ff.
12 *Terminus ante quem* nach Garbugino: „1. the anonymous treatise on grammar of the end of the sixth century: *De dubiis nominibus* and 2. the death of Venantius Fortunatus (died 568 AD), who mentions Apollonius in his poem 4.8.5" (Giovanni Garbugino: *Historia Apollonii Regis Tyri*. In: A Companion to the Ancient Novel. Hg. v. Edmund P. Cueva und Shannon N. Byrne. Chichester et al. 2014. S. 133-145, S. 138).
13 Garbugino: Historia, S. 138.

weitgehend parallel zueinander,[14] weichen jedoch in einigen Aspekten voneinander ab.[15]

Zur Beziehung zwischen RA und RB gibt es in der Forschung zwei gegenläufige Thesen. Kortekaas geht, Riese[16] folgend, von einer Abhängigkeit RBs von RA aus, während Klebs[17] und andere[18] die beiden *recensiones* als unabhängig voneinander entstanden sehen.[19] Neben diesen frühesten erhaltenen *recensiones* ist die *Historia* in einer Fülle von Mischrezensionen überliefert und im ganzen mittelalterlichen Europa verbreitet.[20] Unter diesen Mischtexten ist RC besonders breit transmittiert. Die Handschriften dieser Gruppe bieten eine gleichmäßige Mischung von RA und RB.[21]

Trotz dieser hervorragenden Aufarbeitung sind zentrale Aspekte ihrer Entstehungsgeschichte und Transmission in der Forschung weiterhin umstritten. Stein des Anstoßes ist vor allem die nach wie vor nicht endgültig geklärte Frage eines möglichen griechischen Urtextes der *Historia*,[22] der zeitlich deutlich vor den erhaltenen lateinischen Fassungen entstanden wäre. Klebs argumentiert für eine lateinische Urfassung, die auf das 3. Jh. n. Chr. zurückgehe.[23] Kortekaas und andere Befürworter eines griechischen

---

14 „The earliest extant versions of *Apollonius*, also known as recensions A and B, share prosimetric form and mixed style, as is showed by the coexistence of epic and Biblical phrases, archaisms and vulgarisms, poetical expressions and colloquialisms, grecisms and Late Latin constructions" (Panayotakis: Death, S. 143). Für einen detaillierten Vergleich siehe Markus Janka: Die Fassungen RA und RB der *Historia Apollonii* im Vergleich. In: Rheinisches Museum für Philologie 140 (1997). S. 168-187.

15 Für eine detaillierte Diskussion vgl. Kortekaas: Historia; Kortekaas: Story, S. 25ff.; Janka: Fassungen; Mará Carmen Puche López: El „cursus" en la „Historia Apollonii regis Tyri". In: Latomus 63.3 (2004). S. 693-710; vgl. auch Panayotakis: Death. Vgl. auch Niklas Holzberg: Die ‚Historia Apollonii regis Tyri' und die ‚Odyssee'. Hinweise auf einen möglichen Schulautor. In: Anregung 35 (1989). S. 363-375; sowie Junk: Transformationen, S. 12ff.; Panayotakis: Death, S. 143ff.

16 Vgl. Historia Apollonii regis Tyri. Hg. v. Alexander Riese. Stuttgart 1973 (Reprint der Ausgabe 1893); vgl. auch ders.: Zur Historia Apollonii regis Tyri. In: Rheinisches Museum für Philologie 27 (1872). S. 624-633.

17 Vgl. Elimar Klebs: Die Erzählung von Apollonius aus Tyrus. Eine geschichtliche Untersuchung über ihre lateinische Urform und ihre späteren Bearbeitungen. Berlin 1899.

18 Zuletzt Giovanni Garbugino: La storia di Apollonio re di Tiro. Introduzione, testo critico, traduzione e note a cura. Alessandria 2010.

19 Vgl. die Diskussion bei Garbugino: Historia, S. 137.

20 Für eine detaillierte Auflistung der *recensiones* und Handschriftenbeschreibungen vgl. Kortekaas: Historia, S. 15ff.

21 Vgl. Schmeling: Historia, der C neben A und B ediert (das Stemma S. XXXI); vgl. hierzu auch Albrecht Bockhoff und Samuel Singer: Heinrichs von Neustadt „Apollonius von Tyrlant" und seine Quellen. Ein Beitrag zur mittelhochdeutschen und byzantinischen Literaturgeschichte. Tübingen 1911.

22 Vgl. für diese Frage umfassend Kortekaas: Story; George A. A. Kortekaas: Commentary on the *Historia Apollonii regis Tyri*. Leiden et al. 2007; zusammenfassend Junk: Transformationen.

23 Klebs: Erzählung, S. 187ff. Klebs datiert hier mithilfe von den in den Redaktionen überlieferten Währungsangaben sowie den Inschriften. Vgl. auch Junk: Transformationen, S. 13f. sowie Ruprecht Ziegler: Münzen Kilikiens als Zeugnis kaiserlicher Getreidespenden. In: Jahrbuch für

Originals datieren ein solches ebenfalls ins 3. Jahrhundert.[24] Klebs wie Kortekaas nehmen epitomisierte Zwischenstufen in der Überlieferung an (bei Klebs eine lateinische Version R, bei Kortekaas eine griechische R[Gr]), die für sie die Vorlage für die erhaltenen Textzeugen RA und RB bilden. Für die vorliegende Untersuchung sind solche Versuche einer „Rückdatierung" der *Historia* ins 3. Jahrhundert n. Chr. vor allem von Interesse, weil sie einerseits implizite (unter Umständen auch sehr explizite) Wertungen und Klassifikationen der erhaltenen Textzeugen vornehmen und andererseits relevant sind für die gattungshistorische Einordnung der *Historia*.

Die These eines (griechischen) Originals aus dem 3. Jh. n. Chr. nähert die Entstehungszeit der *Historia* stark an die spätere Phase des griechischen Liebes- und Abenteuerromans an. Die Gattung des griechischen Romans, so *communis opinio* der Forschung, lässt sich einteilen in eine frühe Phase (zwischen dem 2. Jh. v. Chr. und dem 2. Jh. n. Chr.) und eine zweite spätere Phase (vom Ende des 2. Jhs. n. Chr. bis ins 3. oder 4. Jh. n. Chr. datiert), die damit in „das kulturelle Klima der Sophistik [falle und] somit eine völlig andere strukturelle und rhetorische Komplexität [besitze]".[25] Eine Verortung innerhalb dieses Entstehungskontext dient also der potenziellen Nobilitierung des vermeintlichen griechischen Originals und rückt dieses näher an die klassischen Vertreter des antiken griechischen Romans heran.[26] Die starken Abweichungen der lateinischen *Historia* von den Traditionen und Erzählschemata der klassischen Gattung werden in dieser Forschungslinie durch die epitomisierende Bearbeitung des griechischen Originals erklärt, die starke Kürzungen und Vereinfachungen der Erzählung mit sich bringe, sowie durch die Übertragung ins Lateinische und damit den Verlust einer angenommenen sprachlichen und literarischen Komplexität des Originals.[27]

Numismatik und Geldgeschichte 27 (1977). S. 29-67, der anhand numismatischer Zeugnisse nachweist, dass Getreidelieferungen durch Caracalla und Severus Alexander an Tarsos als gesichert angesehen werden können und diese mit einer Datierung der *Historia* in Verbindung bringt. Kritisch gegen Klebs positioniert sich Garbugino: Historia, S. 137f; vgl. zum Versuch historischer Kontextualisierung der Textereignisse auch Ruprecht Ziegler: Die „Historia Apollonii Regis Tyri" und der Kaiserkult in Tarsos. In: Chiron 14 (1984). S. 219-234.

24 Kortekaas schlägt als Entstehungsort das syrische Tarsus vor (Kortekaas: Story, S. 83ff.). Vgl. die Darstellung der Diskussion in George A. A. Kortekaas: Enigmas in and around the *Historia Apollonii regis Tyri*. Mnemosyne 51 (1998). S. 176-191.

25 Massimo Fusillo: Art.: „Roman". Übers. von Theodor Heinze. In: Der Neue Pauly. Enzyklopädie der Antike. Bd. 10. Hg. v. Hubert Cancik und Helmut Schneider. Stuttgart/Weimar 2001. Sp. 1108-1122; hier Sp. 1109, Abkürzungen aufgelöst. Zur Gattung des antiken Romans vgl. Kap. 2.2.

26 Vgl. kritisch hierzu Tomas Hägg: Eros und Tyche. Der Roman in der antiken Welt. Mainz 1987 (Kulturgeschichte der antiken Welt, Bd. 36) sowie Junk: Transformationen.

27 So vermerkt Kortekaas in seinem Kommentar: „The anorganic construction of *HA* in its present form and the lack of motivation cannot be blamed on HA(Gr) [the assumed Greek original, LB] but are due to the epitome character given to the story by R(Gr) [the Greek epitome version, LB]. He is responsible for completely disrupting the contrast between King Antiochus and Apollonius [...]." (Kortekaas: Commentary, S. 1, Hervorhebungen des Originals beseitigt, LB).

Für die überlieferten *recensiones* der *Historia* bedeutet dies nun wiederum, dass sie reduktiv als Schwundstufen eines vermeintlich qualitativ höherwertigen Originals aufgefasst werden. Phänomene wie Kürze oder geringer Detailreichtum werden nicht als Elemente gezielter literarischer Gestaltung betrachtet, sondern als Ergebnisse einer auf raffende Zusammenfassung zielenden Epitomisierung.[28] Panayotakis steht einer solchen Deutung kritisch gegenüber und bietet in seinem Kommentar gezielt Interpretationsalternativen, die eine Identifikation der *Historia* als Epitome überzeugend widerlegen.[29]

Auch andere deutlich von den Konventionen des griechischen Liebes- und Reiseromans abweichende Aspekte der *Historia*, wie das kontrovers diskutierte Ausmaß der Christianisierung von RA und RB,[30] der geringe Detailreichtum der Erzählung und die Abweichung von üblichen Figurenkonstellationen und Erzählstrukturen könnten durch eine deutlich spätere Bearbeitung eines ursprünglich aus dem 3. Jh. stammenden Romans erklärt werden. Umgekehrt sind viele Versuche unternommen worden, auf der Basis von Vokabular und sprachlichen Phänomenen der *Historia* Rückschlüsse auf ein (längeres) griechisches Original zu ziehen.[31] Eine solche Interpretation der Unterschiede zwischen den überlieferten Versionen der *Historia* und den Gattungskonventionen des antiken Romans erklärt aber weder, warum diese Bearbeitungen vorgenommen wurden, noch, warum sie in den folgenden Jahrhunderten derart breit überliefert und wirkmächtig werden, was für andere *epitomai* antiker griechischer Romane in nicht ansatzweise

---

28 Vgl. zu Epitomen von griechischen Romanen generell Tim Whitmarsh: Epitomes of Greek Novels. In: Condensing Texts – Condensed Texts. Hg. v. Marietta Horster und Christiane Reitz. Stuttgart 2010. S. 307-320; Markus Mülke: Die Epitome – das bessere Original? In: Condensing Texts – Condensed Texts. Hg. v. Marietta Horster und Christiane Reitz. Stuttgart 2010. S. 69-90. Zur *Historia* spezifisch vgl. Reinard Merkelbach: Der Überlieferungstyp „Epitome aucta" und die Historia Apollonii. In: Zeitschrift für Papyrologie und Epigraphik 108 (1995). S. 7-14.
29 Vgl. Panayotakis: Story, S. 4.
30 Vgl. hierzu kritisch ebda., S. 7f.; sowie Garbugino: Historia, S. 138; Panayotakis: Death; Stelios Panayotakis: The Logic of Inconsistency. Apollonius of Tyre and the Thirty-Days' Period of Grace. In: Authors, Authority and Interpreters in the Ancient Novel. Essays in Honor of Gareth. L. Schmeling. Hg. v. Shannon Byrne et al. Groningen 2006. S. 211-226. Für das Verhältnis von antikem Roman und christlicher Literatur vgl. Ronald Hock, Bradley J. Chance und Judith Perkins (Hg.): Ancient Fiction and Early Christian Narrative. Atlanta 1998 (Society of Biblical Literature Symposium Series, Bd. 6); spezifisch für das Verhältnis der *Historia* zu frühchristlichen Texten vgl. William Robins: Romance and Renunciation at the Turn of the Fifth Century. In: Journal of Early Christian Studies 8 (2000). S. 53-57.
31 Vgl. Kortekaas: Story; George A. A. Kortekaas: *Historia Apollonii Regis Tyri*: eine Kurznotiz. In: In: Zeitschrift für Papyrologie und Epigraphik 122 (1998). S. 60. Kritisch hierzu: Stelios Panayotakis: A Fisherman's Cloak and the Literary Texture of the Story of Apollonius, King of Tyre. In: Il Romanzo Latino. Modelli e tradizione letteraria. Atti della VII Giornata ghiserliana di Filologia classica (Pacia, 11-12 ottobre 2007) Hg. v. Fabio Gasti. Pavia 2009. S. 125-138.

vergleichbarem Maße der Fall ist.³² Ob die überlieferten *recensiones* der *Historia* nun auf ein früheres Original zurückgehen oder nicht, sie folgen offensichtlich eigenen – und in der Rezeption sehr populär werdenden – Erzählinteressen und Kompositionsprinzipien.

Ohne diese komplexe Diskussion weiter zu verfolgen, lässt sich zusammenfassend feststellen, dass die vorhandenen Textzeugen zwar eine differenzierte Argumentation für oder gegen einen ‚Urtext' erlauben, eine endgültige Klärung dieser Frage jedoch ohne die Auffindung weiterer Zeugen nicht möglich scheint und im Folgenden nicht weiter berücksichtigt werden soll.³³ Sinnvoller stellt sich ein Vergleich der extanten Redaktionen mit den Erzählschemata und Konventionen der Gattung des antiken Liebes- und Reiseromans dar, womit sich das Problem eventueller Zwischenstufen allerdings nicht letztgültig lösen lässt. Ob vom Vorhandensein einer (griechischen) Vorlage auszugehen ist oder nicht, die *Historia* bewegt sich im Traditionsschatten dieser Gattung.³⁴ Im Hinblick auf die Raumstrukturen des Textes ist also zu untersuchen, auf welche Weise und zwecks welcher Erzählziele diese Traditionen transformiert werden. Die kurze Diskussion der Raumentwürfe des Liebes- und Reiseromans in Kap. 2.2 soll hierfür als Folie dienen.

Neben der normativen Blickrichtung von den Kerntexten der Gattung her, die die extanten Versionen der *Historia* häufig auf die oben beschriebene Weise reduziert, vertreten viele Forscher eine deskriptivere Perspektive, die Phänomene wie die hohe Varianz innerhalb der Redaktionen, vermeintliche Inhomogenitäten oder gattungsuntypische Erzähltechniken nicht als Beleg für eine Schwundstufe, sondern als essentielle Eigenschaften des Textes versteht. Panayotakis zufolge teilt die *Historia* „anonymous authorship, textual fluidity, and an episodic narrative structure" mit einer ganzen Reihe von Texten der „Greek popular literature".³⁵ Swain nennt in dieser Reihe „works such as *Alexander Romance, History of Apollonius King of Tyre,* and the Aesop story" und charakterisiert sie durch „complex variant recensions in their manuscript traditions. In other words, they are stories formed of shifting combinations of oral, folk-tale elements".³⁶

---

32 Vgl. beispielsweise *Die Wunder jenseits von Thule* des Antonius Diogenes, ca 100 n. Chr.
33 Vgl. auch Niklas Holzberg: Der antike Roman. Eine Einführung. 3. überarbeitete Auflage, Darmstadt 2006.
34 Vgl. zur genaueren Diskussion des Verhältnisses der *Historia* zur Gattung Kap. 2.2.
35 Stelios Panayotakis Fixity and Fluidity in Apollonius of Tyre. In: Seeing Tongues, Hearing Scripts. Orality and Representation in the Ancient Novel. Hg. v. Victoria Rimell. Groningen 2007. S. 299-320, S. 299.
36 Swain bewertet diese Charakteristika als Ausschlusskriterien aus der Gattung des Romans, da ihr Einschluss die Gattung „uselessly vague" machen würde (Vgl. Simon Swain: A Century and More of the Greek Novel. In: Oxford Readings in the Greek Novel. Hg. v. dems. Oxford 1999. S. 3-35, S. 6f.).

Die *Historia* zeichnet sich also in mehrfacher Hinsicht durch einen Zwischenstatus aus – zwischen oraler und schriftlicher Tradition,[37] zwischen paganer und christlicher Religion, zwischen dem Roman und anderen Gattungen.[38] Holzberg u.a. ordnen diese Texte deswegen den *fringe novels* zu.[39] Diese Metapher nimmt mit ihrer Bildlichkeit von Peripherie und Zentrum freilich implizite Wertungen vor. Morales hinterfragt sie zu Recht kritisch und schlägt stattdessen vor, diese Texte als hybrid zu charakterisieren.[40]

Panayotakis hat in seinen Studien wiederholt die Kreativität des zugrundeliegenden Produktionsprozesses betont, die dem kulturellen Kontext der Spätantike geschuldet sei, und macht im Text Phänomene der *amalgamation*[41] und der Polyphonie aus:[42]

> My analysis views this late Latin narrative as a crossroad, in which the notions of pagan and Christian, Greek and Latin, popular and sophisticated, diverse though they are, interact with each other in a fashion that reflects the polyphony of the late antique world.[43]

Dieser Zwischenstatus wirkt sich auch auf die Bedingungen der Transmission dieser Textgruppe aus. Panayotakis zufolge unterscheidet sich ein Text wie die *Historia* von den dem Kern der Gattung zugehörigen Romanen namentlich bekannter Autoren auch dadurch, dass die Kopisten „take the liberty to modify it, often altering the wording and expanding upon or

---

37 Vgl. Mariá Carmen Puche Lopez: Historia de Apolonio rey de Tiro. Madrid 1997; Consuelo Ruiz-Montero: La estructura de la Historia Apollonii regis Tyri. In: Cuadernos de filología clásica 18 (1983-84). S. 291-334; für eine Diskussion der in der *Historia* verwendeten Motive und ihrer Geschichte vgl. Philip H. Goepp: The Narrative Material of ‚Apollonius of Tyre'. In: A Journal of English Literary History 5.2 (1938). S. 150-172.
38 Wie die Historiographie oder die neue Komödie. Für eine genauere Diskussion vgl. Panayotakis: Fixity; Panayotakis: Logic; Müller bezeichnet die *Historia* „als eine Erzählung zwischen Roman und Märchen" (vgl. Carl Werner Müller: Der Romanheld als Rätsellöser in der *Historia Apollonii Regis Tyri*. In: Würzburger Jahrbücher für die Altertumswissenschaft 17 (1991). S. 267-279, hier S. 267.).
39 Holzberg: Roman, S. 23ff..
40 Vgl. Helen Morales: Challenging Some Orthodoxies. The Politics of Genre and the Ancient Greek Novel. In: Fiction on the Fringe. Novelistic Writing in the Post-Classical Age. Hg. v. Grammatiki A. Karla. Leiden/Boston 2009. S. 1-12. Dass dieser Begriff von Morales als Aufwertung der Gattung verstanden wird, zeigt seinen massiven Bedeutungswandel in den Literaturwissenschaften der letzten Jahrzehnte. 1984 hatte sich Anderson noch entschieden gegen eine seiner Meinung nach pejorative Beschreibung der Gattung als hybrid verwehrt, die er so zusammenfasste: „It [the novel, LB] is just similar enough to the familiar genres of classical Greek literature to be regarded as a hybrid, some sort of subliterary mutant pieced together from the spare parts of respectable literature in response to popular taste, with no inner life-force of its own" (Anderson: Ancient, S. 1).
41 Stelios Panayotakis: The Divided Cloak in the *Historia Apollonii Regis Tyri*. Further Thoughts. In: Echoing Narratives: Studies of Intertextuality in Greek and Roman Prose Fiction. Hg. v. Konstantin Doulamis. Groningen 2011. S. 185-204.
42 „The Latin *Apollonius of Tyre* is a polyphonic narrative, which cannot be fully appreciated in terms of rigid classifications or traditional dichomoties" (Panayotakis: Death, S.157).
43 Panayotakis: Logic, S. 223.

shortening the content."[44] Das Verhältnis des Kopisten zum „original creator" sei in diesem Fall eines

> of author to author; the original text functions as a basis for further retellings. Each version of the story seems to be a fresh, original performance of the work, and the copyist approaches the autonomy and individuality that we generally associate with a performer.[45]

Der Stoff dient dieser These zufolge als Basis für variierende Wiedererzählungen; jede dieser Wiedererzählungen wertet Panayotakis als Aufführung. Thomas plädiert dafür, solche Phänomene der Fluidität nicht als Problem, sondern als „meaningful in itself"[46] zu bewerten: „The most valuable feature of the tradition is not any final form, but the very malleability and multiformity of the tradition".[47] Sie geht noch über Panayotakis hinaus, wenn sie schlussfolgert, fluide Werke dieser Art existierten „in multiple recensions that cannot be reduced to a typical stemmatic relationship; in other words, no original text can be reconstructed."[48]

Diese Positionen greifen auf David Konstans Konzept des „open text" zurück, das er 1998 in einem Artikel u.a. anhand der Alexanderromane und der *Historia* entwickelt, und das er als Produktionskategorie fasst.[49] Charakteristika dieser Art der Produktion sind für ihn neben den oben genannten „a central figure or protagonist whose career is described from youth to death",[50] wobei bestimmte feste Eigenschaften thematisch als Leitmotive der Erzählung fungieren können,[51] sowie der „episodic character" dieser Erzählungen. Diese beiden Charakteristika bedingen sich in der Komposition des Textes gegenseitig:

Offene Texte zeichnen sich überdies durch die Versammlung und Verknüpfung disparater Elemente und Formen (wie Briefe oder Rätsel)[52] und durch eine „segmentary composition" aus, bei der einzelne Episoden ohne

---

44 Panayotakis: Fixtiy, S. 298f.; vgl. auch M. Sanz Morales: The Copyist as Novelist. Multiple Versions in the Ancient Greek Novel. In: Variants. The Journal of the European Society for Textual Scholarship 5 (2006). S. 129-148.
45 Panayotakis: Fixity, S. 300. Problematisch scheint mir hier das implizite moderne (und normative!) Verständnis von Autor und Werkherrschaft, das nicht weiter reflektiert ist (vgl. Werkpolitik. Zur Literaturgeschichte kritischer Kommunikation vom 17. bis ins 20. Jahrhundert mit Studien zu Klopstock, Tieck, Goethe und George. Berlin/New York 2007).
46 Christine M. Thomas: Stories Without Texts and Without Authors: The Problem of Fluidity in Ancient Novelistic Texts and Early Christian Literature. In: Ancient Fiction and Early Christian Narrative. Hg. v. Ronald Hock, Bradley J. Chance und Judith Perkins. Atlanta 1998 (Society of Biblical Literature Symposium Series, Bd. 6). S. 273-291, S. 281.
47 Ebda., S. 290.
48 Ebda., S. 281.
49 David Konstan: The Alexander Romance: The Cunning of the Open Text. In: Lexis 16 (1998). S. 123-138.
50 Ebda., S. 124.
51 Für die Alexanderromane macht Konstan hier *wit* und *cunning* als solche Eigenschaften der Alexanderfigur aus (vgl. ebda.).
52 Ebda., S. 126.

Verlust wegfallen oder ersetzt werden können. Auch der ambige Status dieser Texte zwischen den Gattungsgrenzen erklärt sich Konstan zufolge durch ihre Offenheit. Sie sind „subject to pull in two directions: on the one hand toward a mere collection of anecdotes without a natural terminus, and on the other hand toward the integrity and closure characteristic of the novel and of drama".[53]

So befriedigend diese These die hohe Transmissionsvarianz und den flexiblen Umgang mit Formen, Themen und Motiven in der *Historia* zu erklären scheint, birgt sie doch eine Reihe von Problemen. Im Hinblick auf den amalgamierenden bzw. hybriden Charakter der Erzählung ist anzumerken, dass der antike Liebes- und Reiseroman generell in der Forschung als tendenziell hybride Gattung angesehen wird, die sehr unterschiedliche Quellen und Gattungstraditionen in sich vereint und refunktionalisiert.[54]

Bei der Betrachtung von Konstans inhaltlichen Kriterien fällt zudem auf, dass sie nur sehr eingeschränkt auf die *Historia* zutreffen. In der *Historia* finden wir nämlich nicht nur einen Protagonisten, sondern wenigstes zwei (Apollonius und Tarsia), mit den Töchtern von Antiochus und Archistrates als zusätzlichen wenigstens zeitweiligen Handlungsträgern. Der episodische Charakter kann aufgrund des dichten Motiv- und Themengeflechts der verschiedenen Handlungsstränge zumindest in Frage gestellt werden; hier wird die Detailananalyse in 2.3 genauere Ergebnisse bringen. Noch problematischer ist die Annahme eines segmentären Charakters der einzelnen Episoden – es existieren enge Kausalbeziehungen zwischen den einzelnen Stationen der Figuren; das Weglassen einer dieser Episoden hätte massive und höchstwahrscheinlich sinnverstellende Effekte für die *Historia*.

So betont auch Panayotakis, dass die „essential parts of the text" in allen Versionen stabil und fixiert seien,[55] wobei er nicht genauer erklärt, worin diese essentiellen Elemente des Textes bestehen. In Bezug auf das Thema der vorliegenden Untersuchung ist deshalb zu fragen, welche Rolle die narrativen Raumentwürfe der *Historia* im Zusammenhang mit dieser Fluidität und Offenheit spielen. Sind die Räume der Erzählung ebenso starken Variationen unterworfen wie andere Elemente der erzählten Welt? Oder gelten sie als essentielle Elemente, die von Variation zu Variation transportiert werden, stellen also quasi das räumliche Skelett der fluiden Erzählung? Hier bleibt festzuhalten, dass die hohe Variation der verschiedenen *recensiones* je nach theoretischer Perspektive als Problem oder als Qualität der *Historia* bewertet werden kann. Gerade aufgrund des offenen Charakters dieses

---

[53] Ebda., S.136.
[54] Vgl. zur Hybridität der Gattung auch Tim Whitmarsh: Hellenism, Nationalism, Hybridity. The Invention of the Novel. In: African Athena. New Agendas. Hg. v. Daniel Orrells, Gurmidner K. Bhambra und Tessa Roynon. Oxford 2011. S. 210-224; Holzberg: Roman.
[55] Panayotakis: Fixity, S. 300.

Textes ist ein eindeutiges Original weder feststellbar noch kann eine solche Reduktion auf einen vermeintlichen Ursprungstext den kreativen Prozessen des Wiedererzählens zwischen Oralität und Schriftlichkeit gerecht werden.

Angesichts der hieraus folgenden Gleichstellung der verschiedenen Textversionen scheint es auf den ersten Blick sinnvoll zu sein, sich für die Auswahl der zugrundegelegten *recensio* und Edition an den möglichen Vorlagen des *Apollonius von Tyrland* zu orientieren, mit dem die *Historia* verglichen werden soll. Denn Heinrich von Neustadt[56] greift nicht auf zu seiner Zeit populäre lateinische Bearbeitungen, wie die *Gesta Apollonii* aus dem 10. Jahrhundert[57] oder die Version Gottfrieds von Viterbo im *Pantheon* zurück, sondern verwendet eine der vielen überlieferten Mischfassungen der *Historia*:

> Heinrichs Vorlage, sofern es sich nur um eine einzige handelt, steht innerhalb der von Klebs angesetzten Redaktionen von Mischtexten der Redaktion Rα sowie den Handschriften der sogenannten ‚Welser-Gruppe' (We) am nächsten, die überwiegend auf die Redaktion RA zurückgehen.[58]

Bockhoff und Singer vermuten außerdem einen Einfluss der Redaktion C2.[59] Da also weder ein konkreter Textzeuge als Heinrichs Vorlage ausgemacht werden, noch seine Textvorlage eindeutig einer der Redaktionsgruppen zugeordnet werden kann, wird sich die folgende Untersuchung der *Historia* auf die älteste *recensio* RA beziehen, an der sich Rα und die Welser-Gruppe stark orientieren und die die längere, detailreichere und zuverlässigere Version der Erzählung bietet.[60] Im Falle von für die narrative Raumerzeugung relevanten Varianzen werden auch signifikante Abweichungen in RB und RC mit einbezogen.

Kortekaas' kritische Edition der Redaktionen A und B von 1984[61] bietet somit die beste Textgrundlage für die folgende Analyse, mit ergänzenden Rückgriffen auf Schmelings Edition von RC.[62] Kortekaas hat zwar 2004 eine weitere kritische Edition vorgelegt,[63] diese konzentriert sich aber stark auf die Frage eines von Kortekaas angenommenen griechischen Originals

---

56 Vgl. für das Folgende Klebs: Apollonius; Bockhoff/Singer: Heinrichs; Achnitz: Babylon.
57 Vgl. Kortekaas: Historia, S. 5.
58 Achnitz: Babylon, S. 259f.
59 Vgl. Bockhoff/Singer: Heinrichs, S. 6-8.
60 Sofern nicht anders markiert, stammen Zitate aus der *Historia* also aus RA in der Edition Kortekaas: Historia. Übersetzungen entnehme ich, wo nicht anders gekennzeichnet, der Ausgabe von Waiblinger (Waiblinger: Historia).
61 Kortekaas: Historia.
62 Schmeling: Historia.
63 Kortekaas: Story.

und seines Verhältnisses zu RA und RB, versteht sich also als thematisch spezifische Ergänzung zu der Edition von 1984.[64]

Ein direktes Bezugsverhältnis des *Apollonius* zur gewählten Redaktion der *Historia* ist also nicht anzunehmen. Wie dieses Verhältnis zu perspektivieren ist und welche Rolle dabei die Raumentwürfe der Erzählung spielen, wird in Kapitel 4 genauer untersucht werden. Die folgenden Überlegungen konzentrieren sich auf RA, wobei für die narrative Raumerzeugung relevante Abweichungen von RB und RC in Einzelfällen diskutiert werden sollen.

2.2 Der antike Liebes- und Reiseroman – Gattung, Raum und Reise

Der Versuch, die extanten Versionen der *Historia* in die Gattung des antiken Liebes- und Reiseromans einzuordnen, bzw. das Bezugsverhältnis der *Historia* zu dieser Gattung zu bestimmen, bringt eine Reihe von Schwierigkeiten mit sich. Es ist zwar Allgemeinplatz der Forschung, dass ein solcher Bezug existiere. Wie er aber genau zu fassen sei, differiert stark von Ansatz zu Ansatz.

Eine solche Einordnung ist schon allein deshalb nicht unproblematisch, weil es sich bei der Gattung des antiken Romans keinesfalls um ein klar abgegrenztes Textkorpus handelt.[65] Der Gattungsbegriff des antiken Romans[66] wird in der Antike nicht poetologisch reflektiert und ist in seinen genauen Abgrenzungen umstritten.[67] Nach intensiven Bemühungen, die Ursprünge dieser relativ jungen Gattung zu identifizieren, hat sich der Forschungskonsens durchgesetzt, dass der antike Roman als ‚offene Form' zu verstehen sei, „welche alle literarischen Gattungen der Antike aufnahm und durch Übertragung ins Alltägliche, Private und Sentimentale

---

64 Wie Kortekaas selbst anmerkt: „For any further investigations concerning the *HA* [*Historia Apollonii*, LB], however, the *editio maior* (1984) will be indispensible" (Kortekaas: Story, S. 98).

65 Zum Konzept der Gattung und der Adäquatheit der Bezeichnung Roman für diesen Textkorpus vgl. grundsätzlich: Marília P. Futre Pinheiro: The Genre of the Novel: A Theoretical Approach. In: A Companion to the Ancient Novel. Hg. v. Edmund P. Cueva und Shannon N. Byrne. Chichester et al. 2014. S. 201-216; Heinrich Kuch: Gattungstheoretische Überlegungen zum antiken Roman. In: Philologus 129 (1985). S. 3-19.

66 Im letzten Jahrzehnt sind gerade im angloamerikanischen Raum eine Vielzahl von Einführungen in den antiken Roman erschienen. Verwiesen sei hier nur exemplarisch auf Holzberg: Roman; Tim Whitmarsh (Hg.): The Cambridge Companion to the Greek and Roman Novel. Cambridge 2008; Edmund P. Cueva und Shannon N. Byrne (Hg.): A Companion to the Ancient Novel. Chichester et al. 2014.

67 Vgl. R. Bracht Branham: A Truer Story of the Novel? In: Bakhtin and the Classics. Hg. v. dems. Evanston, IL 2002. S. 161-186; vgl. Holzberg: Roman.

transformierte".[68] Zu beobachten ist der doppelte Befund einer breiten Aufnahme von Prätexten, Diskursen und erzählerischen Konventionen einerseits und einer Transformation und Homogenisierung dieser Diskurse hin auf neue thematische Schwerpunktsetzungen andererseits.

Dem Roman steht „das gesamte Feld der Literatur als Reservoir zur anverwandelnden Aneignung zur Verfügung".[69] Motivgeschichtliche und intertextuelle Untersuchungen können diese ‚Reservoirs' von Fall zu Fall präzise erarbeiten, für eine Gattungsdiskussion ist jedoch die Frage nach dem Wie dieser „anverwandelnden Aneignung" von größerer Relevanz als die nach dem Woher. So mag ein Roman auf historiographische, paradoxographische oder literarische Quellen zurückgreifen, um die gefahrenvollen Abenteuer seiner Protagonisten zu inszenieren. Diese heterogenen Quellen werden dann jedoch in einem Akt der „Anverwandlung" oder Transformation homogenisiert und damit den Erzählstrategien des antiken Romans folgend refunktionalisiert.[70]

Abhängig davon, wie eng oder weit die Gattung gefasst wird, wird in der Forschung eine stark variierende Zahl von Texten als dem antiken Roman zugehörig gesehen:[71] „The spectrum of what is commonly labeled ‚Greek novel' [...] is vast, blurred, and not at all homogeneous".[72] Entscheidend ist zunächst die Frage, an welchen Aspekten sich eine Definition der Gattung orientiert – formale Charakteristika, Handlungsschemata, thematische Schwerpunkte oder die Sprachwahl?[73] Je nach Aspektwahl wird die *Historia* sehr unterschiedlichen Gruppen zugeordnet. Massimo Fusillo rechnet die *Historia* zum lateinischen Roman,[74] nimmt also eine Einteilung

---

68 Fusillo: Art. „Roman". Abkürzungen aufgelöst von LB.
69 Ebda, S. 393f.
70 Für die *Historia* hat das u.a. Panayotakis anhand dreier Todesszenen der *Historia* gezeigt: „The evidence presented above suggests that the author of *Apollonius of Tyre* is highly aware of the Late Latin literary tradition, and that he communicates with both Biblical and other, non Christian, literary texts in a way that shows freedom from any preconception about opposition and contrast of those traditions" (Panayotakis: Death, S. 153).
71 Unberücksichtigt bleiben sollen an dieser Stelle die durch neue Funde und Identifizierung von Fragmenten unvermeidlichen Fluktuationen des Korpus, vgl. James Tatum: Introduction. The Search for the Ancient Novel. In: The Search for the Ancient Novel. Hg. v. dems. Baltimore/London 1994. S. 1-19, S. 2). Die Problematik ist außerdem nicht neu: Schon Iamblichus nennt zu Beginn der *Babyloniaca* als Texte, in deren Tradition er sich bewegt, lediglich Achilles Tatius und Heliodorus und lässt Chariton, Xenophon von Ephesus und Longus aus (vgl. Pinheiro: Genre, S. 204).
72 Ebda.
73 Vgl. grundsätzlich und kritisch zur Gattungsdifferenzierung des antiken Romans Kuch: Gattungstheoretische; ders. (Hg.): Der antike Roman. Untersuchungen zur literarischen Kommunikation und Gattungsgeschichte. Berlin 1989 sowie Daniel L. Selden: Genre of Genre. In: The Search for the Ancient Novel. Hg. v. James Tatum. Baltimore/London 1994. S. 39-64; Morales: Challenging.
74 Er fasst den „griechischen Roman" als eine Gruppe von nur fünf Texten und einigen Fragmenten (Fusillo: Roman).

primär nach sprachlich-kultureller Herkunft vor. Niklas Holzberg[75] dagegen zählt die *Historia* aufgrund ihres „kuriose[n] Nebeneinander[s] von Paganem und Christlichem",[76] der Zusammensetzung des Romans aus

> in sich geschlossenen Episoden, die nicht mit der von einer Romanhandlung zu erwartenden Stringenz verknüpft sind und gelegentlich sogar in einem gewissen Widerspruch zueinander stehen[77]

und dem Fehlen erotischer Szenen[78] zu den „fringe novels".[79] Um also die Gattungszugehörigkeit von Texten zu bestimmen, die wie die *Historia* als ‚hybrid' eingestuft und in der Peripherie der Gattung eingeordnet werden, muss ihre Nähe zu und Transformation von Traditionen je einzeln analysiert werden.[80] Für die *Historia* sind solche Versuche, oft als Teil größerer thematischer Studien zum antiken Roman, unter anderem im Hinblick auf die Konstellation von Liebespaaren und die Erotik des Textes[81] oder die Rolle von Identität unternommen worden.[82] Seit Bachtins Chronotopos-Aufsatz sind auch die Kategorien Raum und Zeit wiederholt Basis für die Diskussion solcher Gattungsfragen gewesen.[83] Gibt es für die Gattung des antiken Romans spezifische Formen der narrativen Raumerzeugung, der Raumcodierungen und Raumordnungen, und lassen sie Aufschlüsse über die Einordnung der *Historia* zu?

---

75 Holzberg bietet in seiner Einführung zum antiken Roman ein deutlich größeres Textkorpus, das er in den Roman einerseits und „weitere romanhafte Prosaerzählungen der Antike", die „fringe novels" unterteilt (Holzberg: Roman S. 22).
76 Ebda., S. 37.
77 Ebda.
78 Ebda., S. 38.
79 Die Überlegung, dass ein verlorenes griechisches Original näher am Roman *propre* anzusiedeln sei, lehnt er als spekulativ ab (Holzberg: Roman, S. 38). Interessanterweise verwendet auch Erkki Sironen den „fringe"-Begriff in seinem Artikel zu den „Inscriptions in Greco-Roman Novels", zählt die *Historia* aber zu den „popular novels" (290), die *Satyrica* bspw. dagegen zum ‚fringe' (vgl. Erkki Sironen: The Role of Inscriptions in Greco-Roman Novels. In: The Ancient Novel and Beyond. Hg. v. Stelios Panayotakis. Leiden/Boston 2003. S. 289-300).
80 Im Anschluss an Pinheiro: Genre, S. 206f. und B. E. Perry: The Ancient Romances: A Literary-Historical Account of their Origins. Berkeley/Los Angeles 1967.
81 David Konstan: Sexual Symmetry: Love in the Ancient Novel and Related Genres. Princeton 1994.
82 Tim Whitmarsh: Narrative and Identity in the Ancient Greek Novel. Cambridge 2011. Das Ergebnis solcher Verhältnisbestimmungen ist erstens davon abhängig, wie homogen das Vergleichskorpus bewertet wird und ob zweitens Differenzen oder Ähnlichkeiten betont werden. Drittens ist wesentlich, ob das Verhältnis der *Historia* zum Roman *propre* als kontinuierlich oder als diskontinuierlich gedacht wird, also ob die beobachteten Abweichungen als Weiterentwicklung oder Bruch perspektiviert werden (vgl. z.B. Sophie Lalanne: Education as Construction of Gender Roles in the Greek Novel. In: A Companion to the Ancient Novel. Hg. v. Edmund P. Cueva und Shannon N. Byrne. Chichester et al. 2014. S. 473-489, S. 487).
83 Vgl. die Beiträge in dem Sammelband Michael Paschalis und Stavros Frangoulidis (Hg.): Space in the Ancient Novel. Groningen 2002 (Ancient Narratives, Suppl. 1) sowie die intensive Beschäftigung mit Bachtins theoretischen Ansätzen (vgl. Kap. 1.2 und 2.2 dieser Arbeit).

Bei kaum einer Gattung ist die hohe Bedeutung der narrativen Raumerzeugung[84] so evident wie im Fall des antiken Liebes- und Reiseromans,[85] der die Bewegung durch den Raum, das Reisen, schon im Namen trägt. Der Teilbegriff des „Liebesromans" benennt hier den thematischen Schwerpunkt der Gattung. Der Begriff der Reise stellt zusätzlich einen zentralen Strukturmechanismus der Erzählungen in den Mittelpunkt der Gattungsbezeichnung. Während Liebe und Erotik im antiken Roman aber seit Beginn der intensiveren Auseinandersetzung mit diesen Texten einen wesentlichen Forschungsschwerpunkt darstellten,[86] kam die theoretische Auseinandersetzung mit den Raumkonzepten des antiken Romans nur langsam in Gang. Zwar sind in den letzten Jahren eine Reihe von Studien und Sammelbänden zu diesem Thema erschienen;[87] in vielen Einführungen und Handbüchern zum antiken Roman fehlt ein eigenes Kapitel über „Raum" aber nach wie vor. Bezüglich der soziohistorischen Produktionsbedingungen gilt es grundsätzlich zu bedenken, dass die das Korpus des antiken Romans bildenden Texte „in geographically and culturally diverse locales over a period of several centuries" verfasst wurden und gattungsübergreifende Aussagen somit immer problematisch sind.[88]

Nichtsdestotrotz fehlen das Durchreisen von Räumen und die damit verbundenen Ereignisse und Gefahren in keiner Auflistung typischer Handlungselemente oder Beschreibungen der Erzählschemata des antiken Romans. Holzberg beispielsweise betont in seiner Einführung, dass die

---

84 Vgl. Manfred Landfester: Reise und Roman in der Antike. Über die Bedeutung des Reisens für die Entstehung und Verbreitung des antiken Romans. In: Reisen und Reiseliteratur im Mittelalter und in der Frühen Neuzeit. Hg. v. Xenja von Ertzdorff und Dieter Neukirch. Amsterdam/Atlanta 1992. S. 29-41.
85 Für eine kritische Reflektion der Verwendung des Roman-Begriffs für diese Textsorte und eine Übersicht über die Forschungsdiskussion hierzu vgl. Pinheiro: Genre.
86 Vgl. den Forschungsbericht in Konstan: Symmetry; Simon Goldhill: Foucault's Virginity. Ancient Erotic Fiction and the History of Sexuality. Cambridge 1995; Marília P. Futre Pinheiro, Marilin B. Skinner und Froma I. Zeitlin (Hg.): Narrating Desire. Eros, Sex, and Gender in the Ancient Novel. Berlin/Boston 2012 (Trends in Classics – Supplementary Volumes, Bd. 14).
87 Paschalis: Space; Bernard Pouderon (Hg.): Lieux, décor et paysages de l'ancien roman des origines à Byzance. Actes du 2e Colloque de Tours, 24-26 octobre 2002. Lyon 2005; Irene J. F. de Jong (Hg.): Space in Ancient Greek Literature. Studies in Ancient Greek Narrative. Leiden/Boston 2012 (Mnemosyne Supplements, Bd. 339); Rudolf Güngerich Die Küstenbeschreibung in der griechischen Literatur. Orbis Antiquus 4. Münster 1950; Françoise Létoublon: Les Lieux communs du roman, Stéréotypes grecs d'aventure et d'amour. Leiden/New York/Köln 1993; James S. Romm: The Edges of the Earth in Ancient Thought. Geography, Exploration, and Fiction. Princeton 1992; Alex Purves: Space and Time in Ancient Greek Narrative. Cambridge/New York 2010.
88 Vgl. Ellen D. Finkelpearl: Gender in the Ancient Novel. In: A Companion to the Ancient Novel. Hg. v. Edmund P. Cueva und Shannon N. Byrne. Chichester et al. 2014. S. 456-472, S. 456. Dieser Kritikpunkt gilt natürlich auch für alle anderen in diesem Kapitel vorgestellten gattungstheoretischen Überlegungen.

2.2 Der antike Liebes- und Reiseroman – Gattung, Raum und Reise 77

unterschiedlichen Werke der Gattung in Motivwahl und Darstellung „immer wieder einem geradezu stereotypen Schema folgen":[89]

> auf einer Reise in ferne Länder teils zusammen, teils getrennt eine Serie von meist leidvollen Abenteuern zu bestehen [...]. Bevorzugte Schauplätze dieser Abenteuer sind die Länder Kleinasiens und des nahen Ostens, in denen das Liebespaar sowohl mit Griechen als auch mit exotischen Orientalen zusammentrifft. Wenn das Paar auf dem Meer reist, gerät es in der Regel in einen Sturm, der einen Schiffbruch verursacht. Am Ende der Leidenskette stehen Wiedervereinigung und Heimkehr zu einem von nun an uneingeschränkt glücklichen Leben.[90]

Für die dargestellten Erzählwelten des idealisierenden wie komisch-realistischen Romans gelte, dass „durch die Welt, in der sich die Akteure bewegen, die [Welt, LB] der Lebenswirklichkeit des Lesers abgebildet"[91] wird.

In dieser Auflistung von Motiven und Darstellungsmitteln sind eine Reihe sehr unterschiedlicher Aspekte der narrativen Raumerzeugung benannt. Neben dem Verhältnis von Text und Kontext (Abbildung der Lebenswirklichkeit der Leser) dienen die erzählten Räume Holzberg zufolge als Schauplätze der Abenteuer, sie können Exotismusdiskurse bedienen (Kleinasien und der nahe Orient), in bestimmten Handlungsräumen spezifische Gefahren bergen (Sturm und Schiffbruch), die Darstellungstraditionen anderer Gattungen aufnehmen (mythographische Exkurse, Geschichtsschreibung), als Ziel der abschließenden Heimkehr die Teleologie des Textes steuern und sogar zur Charakterisierung des Gesamttextes beitragen (Betitelung der Romane). Wie genau die erzählten Räume diese Fülle von Funktionen bedienen, lässt Holzberg jedoch offen.

Generell gilt, dass die Forschung zum antiken Roman den Raum zwar als Schauplatz der Handlung berücksichtigt, ihn jedoch selten als eigentlichen Gegenstand perspektiviert.[92] Der konkrete Raum der erzählten Welt wird in diesen Positionen zwar als festes Element der Texte anerkannt, zugleich aber als „backcloth" oder Lieferant von unterhaltenden Details abgewertet. Der Schwerpunkt liegt auf den Reisen der Protagonisten, diese werden jedoch auf die Figurenentwicklung, nicht auf den durchreisten Raum hin untersucht. Orte und Räume bilden das Setting, vor dessen

---

89 Holzberg: Roman, S. 20.
90 Ebda., S. 21; zum erwähnten Exotismusdiskurs vgl. Landfester: Reise.
91 Holzberg: Roman, S. 23.
92 Vgl. u.a. Bernhard Zimmermann: Die Symphonie der Texte. Zur Intertextualität im griechischen Liebesroman. In: Der antike Roman und seine mittelalterliche Rezeption. Hg. v. Michelangelo Picone und Bernhard Zimmermann. Basel/Boston/Berlin 1997. S. 3-15, hier S. 4; Ewen L. Bowie: The Greek Novel. In: Oxford Readings in the Greek Novel. Hg. v. Simon Swain. Oxford 1999. S. 39-59, S. 41; Thomas Hägg: The Ideal Greek Novel from a Biographical Perspective. In: Fiction on the Fringe. Novelistic Writing in the Post-Classical Age. Hg. v. Grammatiki A. Karla. Leiden/Boston 2009. S. 81-94, hier S. 91; Vgl. David Konstan: The Invention of Fiction. In: Ancient Fiction and Early Christian Narrative. Hg. v. Ronald Hock, Bradley J. Chance und Judith Perkins. Atlanta 1998 (Society of Biblical Literature Symposium Series, Bd. 6). S. 3-17, hier S. 13f.

Hintergrund sich die Handlung vollzieht. Der erzählte Raum scheint statisch und in seiner Funktion auf Staffage beschränkt.

Diese reduktionistische Position wurde in den letzten Jahren deutlich ausdifferenziert. Drei thematische Untersuchungsschwerpunkte dominieren die wissenschaftliche Auseinandersetzung mit Räumen im antiken Roman. Erstens – und dies ist die älteste Forschungstradition der genannten drei – steht die Erforschung der Quellen des Raumwissens im Mittelpunkt, oft auch im Hinblick auf mögliche Ursprünge dieser Gattung. So merkt Christine Thomas beispielsweise bezüglich der Romane von Achilleus Tatius, Xenophon und Longos an, dass ihr „dramatic setting" einem klassischen oder nachklassischen griechischen Osten gemäß gestaltet sei. Die früheren Romane dagegen zeigten „a more tangible relationship to political history".[93] Dies demonstriere ihre Nähe zur Geschichtsschreibung.[94] Auch Versuche, den antiken Roman in die Nachfolge bestimmter Motiv- und Erzähltraditionen, wie die für die *Historia* besonders wichtigen *nostos*-Erzählungen, einzuordnen, lassen sich diesem Forschungsfeld zuordnen.[95]

Die Raumentwürfe des antiken Romans spielen zweitens eine Rolle in der Auseinandersetzung mit den soziokulturellen Produktionsbedingungen[96] der Gattung. Als ihr wesentlicher Entwicklungskontext ist vielfach die Zweite Sophistik ausgemacht worden.[97] Die Romane, so die These vieler

---

[93] Thomas: Stories, S. 275f.
[94] Ebda., S. 276. Vgl. auch Tim Whitmarsh: Ancient History Through Ancient Literature. In: A Companion to Ancient History. Hg. v. Andrew Erskine. Chichester et al. 2009. S. 77-86; Landfester: Reise.
[95] Vgl. Marigo Alexopoulou: Nostos and the Impossibility of „a Return to the Same": from Homer to Seferis. In: New Voices in classical Reception Studies 1.1 (2006). S. 1-9; Bonifazi, Anna: Inquiring into Nostos and its Cognates. In: American Journal of Philology 130.4 (2009). S. 481-510; Whitmarsh: Narrative, S. 14ff. Spezifisch für die *Historia* vgl. Holzberg: Historia.
[96] Für umfassendere Untersuchungen zur Raumwahrnehmung und -darstellung der griechischen und römischen Antike vgl. u.a. Colin Adams and Jim Roy (Hg.): Travel, Geography and Culture in Ancient Greece, Egypt and the Near East. Oxford 2007; Colin Adams und Ray Laurence (Hg.): Travel and Geography in the Roman Empire. London/New York 2001; Keimpe A. Algra: Concepts of Space in Greek Thought. Leiden 1995; Berquist: Constructions I; Lionel Casson: Ships and Seafaring in Ancient Times. London 1994; Katherine Clarke: Between Geography and History. Hellenistic Constructions of the Roman World. Oxford 1999; Klaus Geus: Die Vermessung der Oikumene. Berlin 2012; Oswyn Murray: The Greek City from Homer to Alexander. Oxford 1990; Graziano Ranocchia: Space in Hellenistic Philosophy. Critical Studies in Ancient Physics. Berlin 2014; Michael Rathmann (Hg.): Wahrnehmung und Erfassung geographischer Räume in der Antike. Mainz 2007; Richard Talbert und Kai Brodersen (Hg.): Space in the Roman World. Its Perception and Presentation. Münster 2004.
[97] Vgl. Ewen L. Bowie: Greeks and their Past in the Second Sophistic. In: Past and Present 46 (1970). S. 1-41; Graham Anderson: The Second Sophistic. A Cultural Phenomenon in the Roman Empire. London 1993; Thomas Schmitz: Bildung und Macht. Zur sozialen und politischen Funktion der zweiten Sophistik in der griechischen Welt der Kaiserzeit. München 1997; Simon Goldhill: Introduction. Setting an agenda. „Everything is Greece to the wise". In: Being Greek under Rome. Cultural Identity, the Second Sophistic and the Development of Empire. Hg. v. dems. Cambridge

Forscher, spiegeln die politischen und kulturellen Verhältnisse einer im römischen Imperium lebenden griechischen Elite wider, also einer Bevölkerungsgruppe, die sich der griechischen Kulturtradition zuordnete, politisch aber Rom angehörte.[98] Whitmarsh fasst in seiner Studie zu „Greek Literature and the Roman Empire" dieses prekäre Verhältnis so zusammen:

> [L]iterary writing was in this period inherently bound up with the process of negotiation of an identity discrete from Rome. Literary writing was the central (albeit not the only) means of affirming Greekness. [... A]uthors do not write because they are Greek; they are Greek because they write.[99]

Griechische Identität bestimmt sich in diesem Kontext nicht primär über den Herkunfts- oder Wohnort, sie ist eine Frage der Kultur und des Weltbildes, der *paideia*.[100]

Aus diesem soziokulturellen Kontext heraus werden erstens die Orientierung auf eine stilisierte und idealisierte Vergangenheit als Besonderheit der Raumentwürfe des antiken Romans begründet.[101] Diese ‚historische Kulisse' bleibt weitestgehend vage, sie suggeriert als „Handlungszeit ungefähr die Periode der autonomen Polis, also das ausgehende 6. bis 4. Jahrhundert [v. Chr., LB]".[102] Das römische Imperium bleibt, obwohl es in der soziopolitischen Entstehungssituation der Texte allgegenwärtig ist, in den Erzählwelten der Romane unerwähnt.[103] Diese Rückprojektion in eine Vergangenheit vor der römischen Besatzung stellt, je nach Forscherperspektive, einen eskapistischen Rückzug in die idealisierte Vergangenheit,[104] eine

---

2001. S. 1-25; Simon Swain: Hellenism and Empire. Language, Classicism, and Power in the Greek world AD 50-250. Oxford 1996. Durch Papyrusfunde wurde belegt, dass die Gattungsentstehung schon in eine zeitliche Phase vor der Zweiten Sophistik fällt. Vgl. Graham Giangrande: On the Origins of the Greek Romance: the Birth of a Literary Form. In: Beiträge zum griechischen Liebesroman. Hg. v. Hans Gärtner. Hildesheim et al. 1984 [zuerst 1962]. S. 125-153. Kritisch gegen die verallgemeinernde Verwendung der Zweiten Sophistik wendet sich u.a. Whitmarsh, vgl. ders.: The Second Sophistic. Oxford 2005; ders.: Beyond the Second Sophistic. Adventures in Greek Postclassicism. Berkeley/Los Angeles/London 2013.

98 „Practically all the Greek texts that survive from this period were written by Roman citizens, men whose identity was (I argue) radically fissured" (Tim Whitmarsh: Ancient Greek Literature. Cambridge 2004, S. 2).
99 Whitmarsh: Greek Literature, S. 2; vgl. hierzu auch Goldhill: Introduction, insbes. S. 13.
100 Goldhill: Introduction.
101 Whitmarsh sieht sie am Deutlichsten in Heliodors „antiquarischem" Zugriff gegeben (vgl. Tim Whitmarsh: Greek Literature, S. 24).
102 Isolde Stark: Strukturen des griechischen Abenteuer- und Liebesromans. In: Der antike Roman. Untersuchungen zur literarischen Kommunikation und Gattungsgeschichte. Hg. v. Heinrich Kuch. Berlin 1989. S. 82-106, S. 87.
103 Vgl. Thomas: Stories; Anton Bierl: Räume im Anderen und der griechische Liebesroman des Xenophon von Ephesos. Träume? In: Mensch und Raum von der Antike bis zur Gegenwart. Hg. v. Antonio Loprieno. München/Leipzig 2006. S. 71-103, S. 75f.
104 Pinheiro zieht Verbindungslinien zur sehr viel späteren Gattung der Utopie (vgl. Marília P. Futre Pinheiro: Utopia and Utopias. A Study on a Literary Genre in Antiquity. In: Authors, Authority

„kulturell[e] Selbstbehauptungsstrategie"[105] oder die Verhandlung der sich wandelnden griechischen Identität in einem als different markierten Experimentierfeld dar.[106] Zugleich bedeutet sie aber auch die Aufwertung der Romane, indem ihnen „die Dignität des Überzeitlichen und Paradigmatischen"[107] gesichert wird. Die Bedeutung dieser „historische[n] Kulisse" wird allerdings von vielen Forschern als genauso gering eingeschätzt wie die der entworfenen Räume.[108]

Viele der Romane zeichnen sich durch eine Entgrenzung und Generalisierung des Lebensmodells der lokalen griechischen Polis zugunsten einer „Universalität der Oikumene" aus, denn[109]

> in the Greek novels, the heroes are bound to the four points of the compass, following the lines of the *oikoumenē*, the civilized world according to the Greeks of the classical period: Magna Graecia in the west, Byzantium and Cappadocia in the north, Babylonia in the east, and Aethiopia in the south. These lands are the *eschatiai* of the heroes' adventures, these inhospitable edges that mark the end of well-known territories.[110]

Wenn nicht länger griechisches Territorium, sondern griechische Kultur der Faktor ist, der Fremdes und Vertrautes definiert, dann können die Grenzen der Erzählwelt ungleich weiter ausgedehnt werden.

Das dritte Forschungsfeld, das sich intensiver mit den Formen narrativer Raumerzeugung auseinandersetzt, betrifft die gattungstheoretischen oder gattungshistorischen Untersuchungen, die sich mit einzeltextübergreifenden Charakteristika, Handlungsschemata usw. beschäftigen und sich häufig an Michail Bachtins Chronotopos-Konzept orientieren.[111] Die

---

and Interpreters in the Ancient Novel. Essays in Honor of Gareth. L. Schmeling. Hg. v. Shannon Byrne et al. Groningen 2006. S. 147-171).
105 Bierl: Räume, S. 75.
106 Vgl. Tim Whitmarsh (Hg.): Local Knowledge and Microidentities in the Imperial Greek World. Cambridge 2010. Whitmarsh hat in seinen Arbeiten wiederholt eine eskapistische Perspektive auf den antiken Roman kritisiert: „What is needed is a reading of the novel not as a (passive) *sypmtom* but as the (self-conscious, subjective) *articulation* of a specific historical position, in dialogue with the past" (ders.: Dialogues in Love: Bakthin and His Critics on the Greek Novel. In: The Bakhtin Circle and Ancient Narrative. Hg. v. R. Bracht Branham. Groningen 2005 [Ancient Narrative, Suppl. 3]. S. 107-129).
107 Carl Werner Müller: Legende – Novelle – Roman. Dreizehn Kapitel zur erzählenden Prosaliteratur der Antike. Göttingen 2006, S. 395. Interessanterweise beschreibt Müller diese Anreicherung des Romans durch historische Elemente als „im Bereich der Staffage und des erzähltechnischen Requisits" (ebda.) verbleibend, also parallel zu den oben geschilderten reduktionistischen Einschätzungen der Raumgestaltung.
108 Stark betont, die „suggerierte historische Zeit" habe kaum Einfluss auf die epische Zeit und die Handlung, „d.h., der Historie kommt nicht das Merkmal des literarischen Stoffes zu" (Stark: Strukturen, S. 87).
109 Müller: Legende S. 397.
110 Lalanne: Education, S. 480.
111 Vgl. für das folgende. Bachtin: Chronotopos; Michail Bachtin: Zeit und Raum im Roman. In: Kunst und Literatur 22 (1974). S. 1161-1191. Vgl. zu einer grundlegenden Diskussion des Konzepts „Chronotopos" Kapitel 1.2.

Eignung dieses theoretischen Ansatzes, die Spezifika der Gattung Liebes- und Reiseroman zu fassen, ist in etlichen Aufsätzen und Sammelbänden der letzten Jahre kritisch diskutiert worden.[112]

Für den antiken Roman macht Bachtin drei verschiedene Chronotopoi aus, die sich auf den griechischen respektive den lateinischen Roman beziehen: den Chronotopos der Abenteuerzeit, der sich im abenteuerlichen Prüfungsroman ausprägt, den Krisistyp, den er an Apuleius' und Petronius' Romanen herausarbeitet, und drittens den Typ der biographischen Zeit, den Bachtin in der antiken Biographie und Autobiographie verwirklicht sieht.[113] Von diesen drei Chronotopoi setzt sich Bachtin am intensivsten mit dem der Abenteuerzeit auseinander. Er zeichnet seine Entwicklung und Weiterverwendung auch über die Antike hinaus nach, bis zum „Ritterroman"[114] des Mittelalters und dem Schelmenroman der Renaissance.

Als Abenteuerzeit bezeichnet Bachtin jene Erzählzeit, die zwischen dem Aufbruch der ProtagonistInnen aus der ihnen bekannten Welt und ihrer Wiedervereinigung und Heimkehr liegt. Diese „Grenzpunkte der Sujetentwicklung"[115] haben für sich genommen biographische Bedeutung. „Doch der Roman baut nicht auf ihnen auf, sondern auf dem, was *zwischen* ihnen liegt (sich vollzieht)",[116] und was doch eigentlich gar nicht existieren sollte, einer „leere[n] Zeit"[117] außerhalb der biographischen Zeit, die weder körperliche noch biographische Spuren hinterlässt. Die Merkmale ihres Verlaufs verschwinden mit dem Wiedereintritt in die biographische Zeit der ProtagonistInnen. Ihr Sinn und Ziel ist die Erprobung der „*Unwandelbarkeit und Selbstidentität des Helden*", vor allem im Hinblick auf Keuschheit und Treue, aber auch andere Tugenden wie Tapferkeit und Edelmut.[118] Bestimmt ist diese Abenteuerzeit von der Zeit des Zufalls, „welche die spezifische *Zeit der Einmischung irrationaler Kräfte in das menschliche Leben*"[119] ist. Der

---

112 Vgl. insbesondere Nele Bemong et al. (Hg.): Bakhtin's Theory of the Literary Chronotope. Reflections, Applications, Perspectives. Gent 2010; R. Bracht Branham (Hg.): The Bakhtin Circle and Ancient Narrative. Groningen 2005 (Ancient Narrative, Suppl. 3); R. Bracht Branham: Bakhtin and the Classics. Evanston, IL 2002. Für die Einordnung in Bachtins Oeuvre und die Kontexte seiner Theorie vgl. David Shepherd (Hg.): The Contexts of Bakhtin. Philosophy, Authorship, Aesthetics. Amsterdam 1998, insbes. den Beitrag von Bernhard F. Scholz: Bakhtin's Concept of „Chronotope". The Kantian Connection. S. 141-172; Ken Hirschkop/Shepherd: Bakhtin; Sasse: Bachtin; Steinby: Bakhtin; Vice: Introducing; Michael Wegner: Die Zeit im Raum. Zur Chronotopostheorie Michail Bachtins. In: Weimarer Beiträge 35.8 (1989). S. 1357-1367; Frank: Literaturwissenschaften.
113 Dieser dritte Typ ist für diese Untersuchung nicht relevant und wird im Folgenden nicht weiter diskutiert.
114 Bachtin: Chronotopos, S. 79ff.
115 Ebda., S. 12.
116 Ebda.
117 Ebda., S. 14.
118 Ebda., S. 30; Hervorhebung im Original.
119 Ebda., S. 18; Hervorhebung im Original.

Mensch ist in dieser Zeit passiv, gelenkt von äußeren Kräften. Die Abenteuerzeit ist spannungsgeladen, der genaue Moment des Geschehens ist von „schicksalhafter Bedeutung",[120] was sich vor allem im Chronotopos der Begegnung ausdrückt, der die Abenteuerzeit wesentlich prägt.

Bezüglich der narrativen Raumerzeugung bedarf die Abenteuerzeit „einer *abstrakten* räumlichen Extensität",[121] wobei der Zusammenhang zwischen Raum und Zeit nicht organisch, sondern rein technisch ist, da das Abenteuer zur Entfaltung viel Raum benötigt. Gleichzeitigkeit und Ungleichzeitigkeit werden verbunden mit Ferne und Nähe, und die Voraussetzung für Begegnungen ist das Durchqueren von Raum. Alle Handlungen der „Helden" laufen deshalb auf „eine *erzwungene Bewegung im Raum* (Flucht, Verfolgung, Suche) hinaus, d.h. darauf, daß der *Platz* im Raum *gewechselt wird*".[122]

Gleichzeitig betont Bachtin, dass die Abenteuer nicht im Zusammenhang mit historischen, geographischen oder soziokulturellen Spezifika der jeweiligen Räume und Orte stehen; so notwendig die Bewegung Teil dieses Chronotopos ist, so austauschbar sind die Orte und Räume, durch die die ProtagonistInnen sich bewegen.[123] Markiert wird die Rückkehr von der Abenteuerzeit in die biographische durch die Heimkehr und den (Wieder-)Eintritt in eine rhetorisch-juristische Öffentlichkeit.[124] Hiermit wird die in der Abenteuerzeit situierte Erprobung durch die für die biographische Zeit relevante Öffentlichkeit rezipiert und bewertet. In ihren Tugenden bestätigt können die ProtagonistInnen in die Ehe eintreten.

Der Krisistyp dagegen, den Bachtin bei Apuleius und Petronius verwirklicht sieht, zeichnet sich durch „die Verknüpfung der Abenteuerzeit mit der Zeit des alltäglichen Lebens" aus.[125] Dieser Chronotopos verschmilzt den Lebensweg, also die biographische Zeit, „mit dem realen *Weg des*

---

[120] Ebda., S. 17.
[121] Ebda., S. 23.
[122] Ebda., S. 30; Hervorhebung im Original.
[123] „Gerade deshalb sind für ihn [den Roman] ausgedehnte Räume, Festland und Meer sowie verschiedene Länder unabdingbar. Die Welt dieser Romane ist groß und vielgestaltig. Doch auch die Größe und Vielfalt sind völlig abstrakt" (ebda., S. 23).
[124] Vgl. Bachtin: Chronotopos, S. 34. Ich verwende in diesem Kapitel die Begriffe des Öffentlichen bzw. der Öffentlichkeit und des Privaten bzw. Nichtöffentlichen heuristisch und ohne damit über die *Historia* hinausgehende Aussagen über die Existenz solcher Konzepte in der Antike und Spätantike machen zu wollen. Mit privatem resp. nichtöffentlichem Raum sind im Folgenden häusliche Räume bzw. als exklusiv gekennzeichnete Kommunikationssituationen zwischen wenigen Figuren gemeint. Als öffentlich bezeichne ich Räume und Situationen, die entweder im Text entsprechend markiert sind, an funktional auf Öffentlichkeit ausgerichteten Orten (*forum*) stattfinden oder Kommunikationssituationen, an denen größere Gruppen von Figuren teilnehmen. Für eine kritische Diskussion dieser Begrifflichkeiten in den Altertumswissenschaften vgl. Monika Trümper: Gender and Space, „Public" and „Private". In: A Companion to Women in the Ancient World. Hg. v. Sharon L. James und Sheila Dillon. Malden, MA/Oxford 2012. S. 288-303.
[125] Bachtin: Chronotopos., S. 36.

Wanderns und Umherirrens".[126] Es werden nur einige entscheidende Momente (Krisen) des Lebens dargestellt, die jedoch das ganze Leben bestimmen:

> Wir haben es hier nicht mit der spurenlosen Zeit des griechischen Romans zu tun. Im Gegenteil, diese Zeit hinterläßt im Menschen selbst und in dessen ganzem Leben eine tiefe, unauslöschliche Spur.[127]

Der Krisistyp kann also als Gegenteil der Abenteuerzeit verstanden werden; wo in der Abenteuerzeit der biographische Rahmen das eigentlich relevante Element ist, welches im Abenteuer nur erprobt und bestätigt wird, dominiert die dargestellte Wanderung des Krisistyps den Rest des biographischen Lebens, das nicht auserzählt wird. Der Zufall wird hier, wenn überhaupt, nur eingeschränkt wirksam, und die Anfangsinitiative liegt bei den ProtagonistInnen.[128] Nach Bachtin vollzieht sich die Metapher des Lebensweges, dessen Merkmale „Vorzeichen des Schicksals"[129] sind. Ein weiterer Unterschied zur Abenteuerzeit ist laut Bachtin dadurch gegeben, dass die im Krisistyp geschilderten Leben gesondert und privat sind und sich nicht in der Öffentlichkeit vollziehen,[130] denn „[e]in solches privates Leben läßt naturgemäß keinen Platz für einen Betrachter".[131]

Diese einzeltextübergreifenden, gattungstheoretischen Überlegungen haben die Auseinandersetzung mit dem antiken Roman stark geprägt, sind jedoch gerade wegen ihrer generalisierenden Tendenz auch problematisch[132] und bedürfen der Differenzierung anhand des konkreten Falls. Jennifer Ballengee fasst die Kritik an Bachtins Ansatz zusammen[133] und stellt fest, der Abenteuerzeit-Chronotopos „does leave relatively unexplored the bulk of the events that constitute the narrative",[134] markiere aber gleichzeitig eine problematische Lücke zwischen den narrativen Rahmen von Beginn und Ende und damit ebenfalls „the gap between outer expression […] and the inner experience".[135] Sie nimmt die Spannung zwischen den während der Abenteuerzeit physisch unveränderten Körpern und den erotischen Aspekten der Romane in den Blick und hinterfragt so Bachtins Perspektivierung dieser Zeit als ‚leer'. Anton Bierl korrigiert Bachtins Konzept auf ähnliche

---

126 Ebda., S. 37, Hervorhebung im Original.
127 Ebda., S. 42.
128 Ebda.
129 Ebda., S. 46.
130 Vgl. Branham: Truer Story.
131 Bachtin: Chronotopos, S. 49.
132 Vgl. für einen Überblick die Beiträge in Bemong: Bakhtin. Spezifisch für den antiken Roman vgl. Branham: Bakhtin Circle, insbes. R. Bracht Branham: The Poetics of Genre: Bakhtin, Menippus, Petronius. S. 3-31 sowie J. R. Ballengee: Below the Belt: Looking into the Matter of Adventure Time. S. 130-163. Whitmarsh: Dialogues setzt sich darüber hinaus kritisch mit Bachtins Konzept der Dialogizität und seiner Applikabilität für den antiken Roman auseinander.
133 Vgl. Ballengee: Belt.
134 Ebda., S. 130.
135 Ebda., S. 131.

Weise, wenn er formuliert, dass die Sehnsucht der Liebenden und das daraus resultierende „Gefühl der Lücke sich im Raum ent-äußert, d.h. externalisiert".[136] Der Raum fungiere hier als „Projektionsfläche" von Liebe und Narration. Wichtige Routen durch den Raum würden mit „angedeutetem Sinn aufgeladen".[137]

R. Bracht Branham stimmt Bachtins Skizze der Romangenese grundsätzlich zu. Gegen Bachtins Verständnis des Zufalls in beiden Chronotopoi betont er aber, dass „blind chance is magically transformed into providence to produce the wished-for ending"[138] und unterstreicht damit den providenziellen Charakter auch der Abenteuerzeit, der teleologisch auf die *anagnorisis* und die Rückkehr in die biographische Zeit ausgerichtet sei.

David Konstan kritisiert das Konzept der Abenteuerzeit in umfassenderer Weise.[139] Die individuellen Reisen sind ihm zufolge Ausdruck einer Herausbildung von Treue und Kontrolle der erotischen Impulse.[140] Er weist auf die sehr unterschiedliche Funktionalisierung von Raum in den verschiedenen Romanen hin[141] und lehnt Bachtins Annahme ab, der Raum der Reise sei abstrakt und die Orte austauschbar: „Space, then, is not just a matter of distance travelled, but also of the creation of separate spheres of action for the hero and heroine".[142]

Als Alternative zu Bachtin entwickelt er das Konzept eines „continuous action space",[143] der je einzeln den unterschiedlichen Figuren zugeordnet ist und eine „Spur" hinterlässt. Die verschiedenen *action spaces* der Figuren können sich treffen und überlagern.[144] Dieser Ansatz ist insofern interessant, als er zur Binnendifferenzierung der von Bachtin als homogen entworfenen Abenteuerzeit genutzt werden könnte. Vor allem verlagert Konstan aber die räumliche Untersuchungsperspektive von der Erzählerebene der Romane auf die Figurenebene, um Differenzen in der Raumwahrnehmung und -gestaltung der unterschiedlichen Figuren kenntlich zu machen. Konstan bietet damit auch einen Hinweis darauf, wie die in Kapitel 1 dargestellte Möglichkeit eines erzählten Ortes, den mehrere Räume bespielen, in Texten untersucht werden kann. Wenn verschiedene *action spaces* sich kreuzen und

---

136 Bierl: Räume, S. 75.
137 Ebda. Zum Zusammenhang von Raum und Geschlecht vgl. auch Kap. 4.2 dieser Arbeit.
138 Branham: Truer Story, S. 174.
139 Vgl. auch Konstan: Symmetry.
140 Vgl. ebda.; Ballenger: Belt, S. 136f.
141 Vgl. hierzu auch John Morgan: Travel in the Greek Novels. Function and Interpretation. In: Travel, Geography and Culture in Ancient Greece, Egypt and the Near East. Hg. v. Colin Adams und Jim Roy. Oxford 2007. S. 139-160.
142 David Konstan: Narrative Spaces. In: Space in the Ancient Novel. Hg. v. Michael Paschalis und Stavros Frangoulidis. Groningen 2002 (Ancient Narrative, Suppl. 1). S. 1-11, S. 1.
143 Ebda., S. 2.
144 Ebda.

überlappen (und damit verschiedene Figurenperspektiven auf einen Ort zusammentreffen), dann ist nach den evtl. differierenden Funktionen von und Perspektiven auf diesen Ort zu fragen.

Was Konstan mit seinem Vorschlag jedoch aufgibt, ist eben jene generalisierende Perspektive auf einzeltextübergreifende Korpora, die ja Bachtins Untersuchungsziel darstellt. Statt eines gattungstheoretischen Ansatzes entwickelt er ein letztlich strukturalistisches Instrumentarium zur Untersuchung der Raumentwürfe von Einzeltexten und weicht damit von Bachtins eigentlicher Stoßrichtung ab.

Unter anderem Sophie Lalanne hat vorgeschlagen, Arnold van Genneps Modell von Übergangsriten auf den antiken Roman, genauer auf die von Bachtin als Abenteuerzeit bezeichnete Phase des Romans anzuwenden.[145] Mit dem Krisistyp des lateinischen Romans scheint Lalannes Ansatz nicht vereinbar; sie geht exklusiv auf die griechischen Romane ein. Van Gennep zufolge wird in vielen Kulturen der Wechsel von einem Lebensalter in das andere durch einen rituellen Übergang markiert, der auch räumlich gestaltet ist.[146] Zwischen dem alten und dem neuen Status liegt die liminale Phase:

> Der Initiand muß sich einem Trennungsritus unterwerfen, der ihn seinem Alltagsraum enthebt und ihn in einen Ausnahmeraum führt, wo er, getrennt von seiner bisherigen sozialen Umgebung, seinen alten Status und seine Identität verliert.[147]

Der Wiedereintritt in den Alltagsraum ist dann verbunden mit einem Statuswechsel und der Übernahme neuer Pflichten und Rechte. Lalanne interpretiert die Zeit des Wanderns und Reisens im antiken Roman als genau diese liminale Phase. Die Schifffahrten zu Beginn des Austritts aus dem Raum der Alltagswelt fasst sie interessanterweise separat, als präliminale „interspace"-Phase vor der eigentlichen Liminalität.[148]

Dieser anthropologische Ansatz teilt mit Bachtins Chronotopos der Abenteuerzeit, dass die Reisen der Liebenden als der Alltagswelt entrückte Phase der Erprobung und Bestätigung perspektiviert werden.[149] Der Unterschied ist jedoch, dass eine liminale Phase nicht als ‚leer' verstanden werden darf, sondern als bewusst und in spezifischer Weise von der Normalität abweichend, um einen Statuswechsel zu ermöglichen und zu markieren. Sie

---

145 Arnold van Gennep: Übergangsriten (Les rites de passage). Übers. v. Klaus Schomburg und Sylvia M. Schomburg-Scherff, mit einem Nachwort v. dems. Frankfurt am Main/New York 1986.
146 Vgl. auch Victor Turner: Das Ritual. Struktur und Anti-Struktur. Frankfurt/New York 1989.
147 Armin Schulz: Erzähltheorie in mediävistischer Perspektive. Hg. v. Manuel Braun, Alexandra Dunkel und Jan-Dirk Müller. Berlin/Boston 2012, S. 267.
148 Lalanne: Education, S. 478f.
149 Auch Bachtins Chronotopos-Theorie ist wiederholt als anthropologisch klassifiziert worden (vgl. Ballengee: Belt, S. 132), was meines Erachtens jedoch die literaturphilosophische und gattungstheoretische Stoßrichtung des Ansatzes verkennt.

ist also notwendige Vorbedingung für und damit Teil von Veränderung, und so ein wesentliches Umschlagmoment der Figurenidentität.

Whitmarsh schließt sich dieser Perspektive an[150] und widerlegt Bachtins These, dass „the novels represent public institutions only to mark their subsumption into the private sphere".[151] Bachtins Lesart vereinfache auf unzulässige Weise „the dialogue between private and public identities".[152] Damit spielt Whitmarsh Bachtins Dialogizitätskonzept gegen sein Konzept der Abenteuerzeit aus und entwickelt den antiken Roman als Schauplatz der Spannung zwischen „the conflicting demands of (normative) duty and (subversive) desire",[153] die ein wiederkehrendes Thema der antiken Literatur sei. Diese Perspektive auf den antiken Roman als – oft problematischem – Dialog zwischen „private and public identities" entwickelt Whitmarsh in seiner Studie zu *Narrative and Identity in the Ancient Greek Novel* weiter und verbindet sie auf differenzierte Weise mit dem oben angeschnittenen Untersuchungsfeld der soziokulturellen Produktionsbedingungen.[154]

> [T]he romance is, most fundamentally, a tale of desire fulfilled [...]. Sexual compatibilisation is, as we have seen, synchronised with (different varieties of) home-coming, an inscrutable serendipity that implies a powerful link between sexuality, the community, and the cultural-ethical values enacted by the protagonists.[155]

Whitmarsh verknüpft also die oben genannten zentralen Aspekte der Liebe bzw. des Begehrens und der Reise miteinander. Begehren fasst er mit Lacan als „in the realm of the symbolic, where language and socialisation displace biological drives into specific cultural forms".[156] Erzählungen von Begehren seien damit immer auch sozial normativ und mit Konzepten von Identität verknüpft. Sie schreiben einerseits die Dominanz bestimmter sozialer Normen wie der Monogamie und Ehe (*marriage plot*) fest, andererseits stellen sie aber auch „*the processes* whereby that dominance is achieved"[157] aus. Die Reisen der Protagonisten sind aus dieser Perspektive Teil einer durch Unordnung, schnelle Ortswechsel und Dynamik bestimmten Erzählung, die Whitmarsh im Kontrast zur teleologischen Konzentration auf die Heimkehr als

---

150 „'Adventure time' [...] is a liminal phase, prior to integration into the political community" (Whitmarsh: Dialogues, S. 119); vgl. auch Tim Whitmarsh: The Writes of Passage. Cultural Initiation in Heliodorus. In: Constructing Identities in Late Antiquity. Hg. v. R. Miles. London 1999. S. 16-40.
151 Whitmarsh: Dialogues, S. 119.
152 Ebda.
153 Ebda., S. 124.
154 Die „romance structure is both expressive and supple. It embodies a particular way of expressing the relationship between self and society, one that could be identified over a long period as characteristically Greek, while also accommodating the radical changes that Greek identity underwent over four centuries" (Whitmarsh: Narrative, S. 139).
155 Ebda.
156 Ebda.
157 Ebda., S. 141; Hervorhebung im Original.

„deviant reading"[158] bezeichnet. Diese beiden möglichen Lesarten treten Whitmarsh zufolge im Roman in ein dialogisches Verhältnis.

Die liminale Phase der Reisen charakterisiert Whitmarsh als

> the space of possibility, rapid movement, fluidity of status, anxiety – of *narrativity*, the set of events, thoughts, emotions and possibilities that both enable narration and define the material proper to the genre.[159]

Sie ist geprägt durch Tausch- und merkantile Metaphern, die die Flexibilität von Status und Identität ausdrücken.[160] Dieses liminale Heraustreten aus den Grenzen der eigenen Welt und der festen Identität ist nach Whitmarsh in den Romanen verbunden mit der Darstellung von Hilflosigkeit und Verzweiflung, die einerseits auf Figurenebene durch die Frustration des Begehrens begründet sei, die Whitmarsh zugleich aber auch auf einer Metaebene mit der „hermeneutic and auctorial incapacitation, an inability to see how the plot might be progressed,"[161] verbindet. Damit dient die liminale Phase der Reisen und Abenteuer auch einer Reflektion des Erzählens selbst und hat immer auch „metanarrative qualities".[162] Mit der Heimkehr und dem Austritt aus der liminalen Phase enden die Verirrungen sowohl des Wanderns als auch des Plots.

Die dargestellten Ansätze, die Raumentwürfe des antiken Romans zu beschreiben und in ihren narrativen Funktionen zu fassen, beziehen sich durchgängig auf die „Kerntexte" der Gattung. Inwieweit können sie fruchtbar gemacht werden für ein besseres Verständnis des Raumentwurfs und der Gattungszugehörigkeit der *Historia*? Bachtin beschreibt wie oben entwickelt für den griechischen Roman den Chronotopos der Abenteuerzeit, für den lateinischen arbeitet der den Krisistyp heraus. Wie der kurze Überblick über mögliche Einordnungen der *Historia* in verschiedene Subgattungen des antiken Romans gezeigt hat, steht sie dem griechischen Typ des idealisierenden Romans durch verschiedene thematische und motivische Traditionslinien, dem lateinischen Roman durch die Sprachgemeinschaft nahe. Welche Aufschlüsse für die Gattungszugehörigkeit ermöglicht nun eine chronotopische Perspektive?

Die *Historia* lässt sich nur sehr eingeschränkt einem der beiden Typen zuordnen. Dem Chronotopos der Abenteuerzeit entspricht sie wegen der hohen Bedeutung von scheinbar zufälligen Begegnungen, in denen sich final die Wirkmacht des Schicksals (Seestürme) oder das direkte Eingreifen göttlicher Figuren (der Engelstraum) offenbaren. Die Einheit von öffentlichem und nichtöffentlichem Handeln und Denken wird wiederholt als

---

158 Ebda., S. 169.
159 Ebda., S. 214.
160 Ebda., S. 219.
161 Ebda., S. 224f.
162 Ebda., S. 225f.

konstitutiv für ein tugendhaftes Leben hervorgehoben, und die abschließenden öffentlichen, Gerichtsprozessen nachempfundenen Versammlungen in Mytilene und Tarsus entsprechen der Bachtin zufolge für diesen Chronotopos konstitutiven „öffentlich-rhetorisch[en] Aufhellung"[163] der Abenteuerzeit beim Wiedereintritt in die biographische Zeit. Auch für die Austauschbarkeit und Abstraktion der entworfenen Räume ließe sich aufgrund der geringen narrativen Ausgestaltung und der Nicht-Einbeziehung der soziokulturellen Spezifika der Handlungsorte argumentieren.

Problematisch wird ein solcher Interpretationsversuch der Reisen im Sinne einer Abenteuerzeit allerdings bereits bei der Frage, wo und wann die Figuren aus der biographischen Zeit aus- und in die Abenteuerzeit eintreten. Für Apollonius lassen sich zwei potenzielle Liebesbeziehungen ausmachen – die nicht realisierte mit der Tochter des Königs Antiochus und die in eine Ehe mündende mit der Tochter des Königs Archistrates. Zwischen Apollonius und Antiochus' Tochter wird keine Begegnung, sicherlich aber keine Liebe erwähnt, während die Liebe zwischen Apollonius und Archistrates' Tochter erst mit der Eheschließung einsetzt. Getrennt werden sie außerdem erst nach dem Vollzug der Ehe und der Geburt ihrer gemeinsamen Tochter. Zugleich trennt sich Apollonius auch von Tarsia, und die *anagnorisis* mit seiner Tochter wird sehr viel detaillierter ausgestaltet als die mit seiner Frau. Die Trennungsphase zwischen Apollonius, seiner Ehefrau und Tarsia kann jedoch nicht als Abenteuerzeit definiert werden, auch wenn sie im wörtlichsten Sinne leer bleibt, denn sie ist erzählerisch ausgespart und nimmt keinerlei Erzählzeit ein. Gleichzeitig wird in der Erzählung durch das Heranwachsen der Tochter und den Bart- und Haarwuchs des Apollonius deutlich, dass für beide biographische Zeit vergeht, die sie körperlich sichtbar affiziert.

Wie sieht es mit Tarsia aus? Sie ist seit der Geburt von ihrem Vater getrennt, ihre Zeit der Abenteuer und Gefährdung beginnt jedoch erst mit der Entführung durch die Piraten, denn bis dahin wird die biographische Zeit des Heranwachsens geschildert. Sie mündet zwar in die Wiedervereinigung mit dem Vater und hat den Charakter einer Erprobungsphase, ist aber auch insofern nicht leer, als sie in dieser Phase ihren zukünftigen Ehemann, Athenagoras, erst kennenlernt und er zu ihr während ihrer Zeit in Mytilene in Liebe verfällt. Bachtins Abenteuerzeit-Chronotopos erweist sich somit als ungeeignet, um die Raum-Zeit-Konstellation der *Historia* zu charakterisieren.

Mit dem Krisistyp teilt die *Historia* dagegen die ausschnitthafte Darstellung der bedeutsamsten Momente des Lebens der Protagonisten. Die geringen räumlichen Details und die oft als „märchenhaft" bezeichnete

---

163 Bachtin: Chronotopos, S. 34.

Motivik der Erzählung macht es aber problematisch, hier von einer „Zeit des alltäglichen Lebens"[164] zu sprechen. Zudem spielen Konzepte von Öffentlichkeit und ihr schwieriges Verhältnis zum „privaten Leben" eine zentrale Rolle in der *Historia*, und die abschließenden, juridischen Prozessen nachempfundenen Szenen auf den Marktplätzen von Mytilene und Tarsus sind unvereinbar mit Bachtins Verständnis des Krisistyps als einem rein auf den privaten Menschen orientierten Chronotopos. Dies nicht zuletzt, weil Bachtin den Wegfall des Chronotopos „Marktplatz" aus dem Alltagsleben der hellenistischen Zeit als Verlust des Zusammenhangs der Öffentlichkeit wertet.[165] Dieser Chronotopos ist in der spätantiken *Historia* erhalten und wird in seinen bedeutsamen Funktionen für das öffentliche Leben und das Leben der ProtagonistInnen wiederholt inszeniert.

Eine klare Zuordnung der *Historia* zu einem der beiden Chronotopoi ist also nicht möglich. Eine solche Zuordnung würde zudem die textuellen Auseinandersetzungen mit Themen wie Herrschaft und Geschlecht außer Acht lassen, die die *Historia* eng mit der Darstellung des Lebenswegs ihrer Protagonisten verknüpft. Bachtins Chronotopos-Konzept schärft dergestalt den Blick auf die Transformationen, denen die Raumentwürfe der griechischen Romane in der *Historia* unterzogen werden. Unterschiedliche Raumentwürfe und Erzähltraditionen werden in diesem hybriden Text amalgamiert, um das neue Erzählinteresse der *Historia*, das auf die Verschränkung von Herrschaft und Liebe ausgerichtet ist, im räumlichen Erzählschema des antiken Romans auszudrücken.

Auch die diskutierte Verwendung ritualtheoretischer Ansätze erweist sich als hilfreich für ein genaueres Verständnis dieser Transformationen. Mehrfach wird im Text die Reise über das Meer als liminale Phase inszeniert, die Identitäten und sozialen Status destabilisiert und zugleich Wendepunkte des Plots markiert. Eine liminale Funktion erhält jedoch nur dieser Zwischenraum des Meeres; Erprobungsphasen wie Apollonius' Aufenthalt in Pentapolis und Tarsias Verteidigung ihrer Jungfräulichkeit in Mytilene sind prägend für das weitere Leben der ProtagonistInnen, da sie genau in diesen Phasen ihre zukünftigen Ehepartner finden und wesentliche Aspekte ihrer Identität bestätigen und stärken. Um die Verknüpfungen von Raum, Reise und Herrschaft und die vielen Szenen städtischer Öffentlichkeit einordnen zu können, erweist sich zudem Whitmarshs These, der antike Roman inszeniere einen Dialog zwischen Privatem und Öffentlichkeit, als hilfreich. Die anschließende Analyse der Räume und Orte der *Historia* soll eine differenziertere Perspektive auf diese Verknüpfung ermöglichen.

---

164 Ebda., S. 36.
165 Ebda., S. 61.

2.3 Analyse der Räume und Orte der *Historia*

In diesem Kapitel soll zunächst eine sich am Textverlauf orientierende chronologische Analyse[166] geleistet werden, d.h. die Handlungsorte und -räume des Romans werden in der Reihenfolge ihres Auftretens im Textverlauf behandelt. Wenn Räume und Orte mehrfach und an unterschiedlichen Stellen im Text ausführlich beschrieben werden bzw. als Schauplätze oder Handlungsräume auftreten, erfolgen separate Analysen, die anschließend kollationiert werden. Die Analyse konzentriert sich vor allem auf die narrative Erzeugung von Raum. Sofern sie nicht für diese Frage von besonderer Relevanz sind, bleiben Aspekte wie die intertextuellen Verweise, das Wortmaterial und die Syntax der *Historia* etc. außen vor. Für diese Fragen sei verwiesen auf die Kommentare von Panayotakis[167] und Kortekaas.[168]

Aus dem Vergleich dieser Ergebnisse wird im nächsten Schritt eine Gesamttypologie der Räume und Orte der *Historia* erarbeitet und ihre Raumordnung diskutiert werden (2.4.), bevor in Kapitel 4 vergleichend mit dem *Apollonius* eine Interpretation dieser Analyseergebnisse anhand systematischer Fragestellungen erfolgt.

2.3.1 Das Meer

Schiffe dienen als zentrales Fortbewegungsmittel in der *Historia*.[169] Alle Handlungsorte grenzen direkt ans Meer (*pelagus*). Platons Bild der griechischen Städte am Mittelmeer, die wie Frösche um einen Teich sitzen,[170] trifft auch auf den Raum der *Historia* zu.

Die Seereisen zwischen den Handlungsorten sind meistens nicht in ihrem Verlauf ausgeführt oder werden nur im Hinblick auf die Reisedauer beschrieben. Seereisen markieren Ortswechsel, mit denen zugleich der Eintritt in ein neues Herrschaftsgebiet und damit eine Verunsicherung des rechtlichen Status einhergeht. So erleidet Apollonius auf der Fahrt von Tarsus nach Pentapolis Schiffbruch und erreicht die Stadt als mittelloser Mann. Seine schwangere Frau betritt für die Reise von Pentapolis nach Antiochia ein Schiff, gebiert dort die gemeinsame Tochter, verfällt in einen Scheintod und wird in einem Sarg über Bord geworfen. Auch Tarsia betritt,

---

166 Wo nicht anders markiert, entstammen Textzitate der RA aus der Kortekaas-Edition 1984; RB und RC werden u.U. gesondert erwähnt.
167 Panayotakis: Story.
168 Kortekaas: Commentary.
169 Vgl. Panayotakis: Story, S. 90.
170 Platon: *Phaedo* 109b.

als sie von Piraten gefangen und nach Mytilene verschleppt wird, das Schiff als privilegierte Bürgerin von Tarsus und verlässt es als Sklavin. Wesentliche Passagen der Mytilene-Episode finden darüber hinaus auf Apollonius' Schiff statt, das jedoch zu diesem Zeitpunkt vor Anker liegt. Seereisen fungieren also wiederholt als Punkt der Destabilisierung von Status und Identität, selbst wenn ihr Verlauf wie im Falle Tarsias nicht narrativ entfaltet wird. Sie bringen scheinbar kontingente Brüche in den Lebenswegen der Protagonisten hervor, die sich von der Finalität des Textes her gelesen jedoch als Eingriffe des Schicksals offenbaren.

Wenn eine Seereise nicht lediglich der Überwindung von Distanz und damit der Verbindung zweier Handlungsorte dient, sondern narrativ ausgeführt wird, wie dies bei Apollonius' Schiffbruch und dem Scheintod seiner Frau der Fall ist, werden diese Szenen im Folgenden ebenfalls entsprechend ihrer Position im Textverlauf einer genaueren Analyse unterzogen.

2.3.2 Antiochia

Die Historia beginnt nicht im Herkunftsort ihrer Protagonisten, sondern setzt ein in Antiochien: *In ciuitate Anthiochia rex uit quidam nomine Anthiocus, a quo ipsa ciuitatis nomen accepit Anthiocia* (HA 1). Auffällig ist die enge Verknüpfung von Stadt und König, die sich in einem zirkulären Verhältnis gegenseitig bestimmen: Antiochus lebt in der Stadt, die ihren Namen von ihm erhalten hat. Stadt und König leiten ihre Herkunft voneinander her. Antiochia wird nicht geographisch kontextualisiert oder mit einer Vergangenheit ausgestattet, die über ihren aktuellen König hinausgeht.[171] Es wird also nicht explizit an die lange Geschichte und politisch-wirtschaftliche Bedeutung des syrischen Antiochiens[172] angeknüpft, sondern die Relevanz dieser Stadt wird auf die Person des Königs enggeführt. Nach dieser toponymischen Situierung Antiochiens erfolgt keine weitere Beschreibung der Stadt, sei es in topographischer oder baulicher Hinsicht. Stattdessen führt der Erzähler

---

171 Für Vorschläge, welche historischen Figuren Vorbild für diesen König sein könnten, vgl. Panayotakis: Story, S. 47. Svoboda zufolge charakterisiert der Name Antiochus, der typisch für die Seleukiden-Dynastie ist, den König als Tyrannen (vgl. Karel Svoboda: Über die Geschichte des Apollonius von Tyrus. In: Charisteria Francisco Novotný octogenario oblata. Hg. v. Ferdinand Stiebitz und Radislav Hošek. Prag 1962. S. 213-224, hier S. 214); vgl. auch Kortekaas: Commentary, S. 4f.

172 „Scholars agree that both names [Antiochia und Antiochus, LB] point to the Hellenistic dynasty of the Seleucids, and that the city in question would be Antioch on the river Orontes, the capital of the Roman province of Syria, and one of the most important cities of the eastern Roman empire" (Panayotakis: Story, S. 47). Antiochia is mentioned only once in the tradition of the Greek novel, namely in Xenophon's *Ephesiaka*, 2.9.1 (vgl. Kortekaas: Commentary, S. 5); vgl. auch Glenn Warren Bowersock: Late Antiquity. A Guide to the Postclassical World. Cambridge, MA/London 1999, S. 303f.

die Tochter des Antiochus ein, deren Idealität statuiert, aber nicht im Einzelnen ausgeführt wird.[173] Diese Tochter bleibt namenlos und gekennzeichnet vor allem durch ihre Bezogenheit auf Antiochus' Relationengefüge; sie ist ihm funktionell zugeordnet.

Als sie heiratsfähiges Alter erreicht (*ad <n>ubilem peruenisset ętatem*, HA 1) wird Antiochus' Tochter nicht nur zu einer begehrten Braut für eine unspezifizierte Gruppe von Freiern (*multi*, HA 1), sondern auch Objekt der sexuellen Lust ihres Vaters.[174] Diese Lust, die als *iniquus* gekennzeichnet wird,[175] beschreibt der Erzähler in einer Körpermetapher als Wunde in der Brust Antiochus', gegen die er vergeblich ankämpft:

> Sed cum sui pectoris uulnus ferre non posset, quadam die prima luce uiuilans inrumpit cubiculum filię sue. Fumulos longe excedere iussit, quasi cum filia secretum conloquium habiturus, et stimulante furore lividinis diu repugnante filię sue nodum uirginitatis eripuit. Perfectoque scelere euasit cubiculum. Puella uero stans dum miratur scelestis patris impietatem, fluentem sanguinem cępit celare. sed guttę sanguinis in pauimento ceciderunt. (HA 1)

Die Vergewaltigungsszene[176] enthält nur ein Minimum an räumlichen Details. Das *cubiculum* der Tochter wird nicht narrativ ausgestaltet. Der Fokus liegt stattdessen auf den Figuren und ihren Handlungen. Antiochus' Eintritt in die Kammer seiner Tochter wird als Einbruch oder Eindringen dargestellt (*inrumpit*). Diese Formulierung nimmt einerseits die folgende gewalttätige Handlung vorweg, andererseits betont sie die Unrechtmäßigkeit seines Vorgehens: Antiochus erzwingt sich den Zugang zum *cubiculum*. Als die *nutrix* der Tochter nach der Vergewaltigung das *cubiculum* betritt, wird dies im Kontrast mit der Vokabel *introire* beschrieben (HA 2). Dieser Eintritt ist als rechtmäßig und nur durch seinen Zeitpunkt unerwartet gekennzeichnet.

Antiochus entfernt zunächst die Diener aus dem Raum. Die Kammer des Mädchens ist offensichtlich kein Ort, zu dem ausschließlich sie Zugang hat. Die dem räumlichen Ensemble des *cubiculum* angehörigen Figuren sind

---

173 *[H]is habuit unam filiam, uirginem speciosissimam, in qua nihil rerum natura exerrauerat, nisi quod mortale statuerat* (HA 1).

174 Für das Motiv des Vater-Tochter-Inzests in griechischer und römischer Literatur vgl. Helmut Berneder: Väter und Töchter in der Historia Apollonii Regis Tyri. In: Frauen und Geschlechter. Bilder – Rollen – Realitäten in den Texten antiker Autoren zwischen Antike und Mittelalter. Hg. v. Robert Rollinger und Christoph Ulf, unter Mitarbeit von Kordula Schnegg. Wien/Köln/Weimar 2006. S. 211-225; Elizabeth Archibald: The Flight from Incest. Two Late Classical Precursors of the Constance Theme. In: Chaucer Review 20.4 (1986). S. 259-272; vgl. zum Motiv der Vergewaltigung Susan Deacy und Karen F. Pierce (Hg.): Rape in Antiquity. London 1997; Carol Dougherty: Sowing the Seeds of Violence: Rape, Women, and the Land. In: Parchments of Gender. Deciphering the Body in Antiquity. Hg. v. Maria Wyke. London 1998. S. 267-284.

175 Panayotakis merkt an, dass Antiochus auch in 48.12 als *rex iniquus* bezeichnet wird: „*Iniquus* with reference to affairs of adultery and incest is elsewhere found only in Christian Latin" (Panayotakis: Story, S. 57). Auch für die Wendung *flamma concupiscantiae* (HA 1.9) verweist Panayotakis auf christliche Kontexte in den Werken Tertullians und Augustins (ebda., S. 57).

176 Zu den juristischen und historischen Aspekten von Vergewaltigung in der Antike sowie zur Darstellung in der Literatur der Antike vgl. Deacy: Rape; Dougherty: Sowing.

ihr aber funktional zugeordnet (*famulos, nutrix*), d.h. der Ort ist strukturell auf sie ausgerichtet. Antiochus täuscht vor, er wolle mit seiner Tochter ein heimliches Gespräch unter vier Augen führen (*quasi cum filia secretum conloquium habiturus*).[177] Anstatt des sozial nicht akzeptablen sexuellen Zugriffs auf die Tochter wird also ein legitimer Grund für die Heimlichkeit vorgeschoben. Es wird eine Diskrepanz zwischen dem auf die Öffentlichkeit gerichteten scheinbaren Verhalten und dem in Heimlichkeit praktizierten tatsächlichen Verhalten vorgeführt.[178]

Die Vergewaltigung selbst wird nicht als Handlung entfaltet, sondern in eine Metapher gefasst: Antiochus raubt seiner Tochter den „Knoten ihrer Jungfräulichkeit" bzw. entreißt ihn.[179] Zwei Aspekte dieses Bildes seien hier hervorgehoben: Zum einen wird das nicht-räumliche Konzept der Jungfräulichkeit räumlich imaginiert. Zum anderen impliziert ein Knoten die Handlung des Lösens oder Entwirrens. Ihn zu entreißen ist ein gewaltsamer Akt, der auch das Material des Knotens zerstört und damit unbenutzbar macht.

Antiochus verlässt seine Tochter im Anschluss an die Vergewaltigung. Ihr Impuls ist es zunächst, die Tat zu verheimlichen, doch das herabfließende Blut verrät sie.[180] Auf den zerrissenen Knoten folgt das Bild des fließenden Blutes, das den Boden des *cubiculi* befleckt und die Tat so offenbar macht. Die eintretende Amme *uidit puellam fleuili uultu, asperso pauimento sanguine, roseo rubore perfusa* (HA 2.2f.). Die Schamesröte des Mädchens und das Blut auf dem Boden bilden eine oben/unten-Korrespondenz,[181] die die Prinzessin mit dem *cubiculum* und der darin verübten Vergewaltigung verbindet – Ort und Mädchen tragen sichtbar die Zeichen der Tat.[182] Der Nexus aus Täter, Opfer und Ort der Tat wird im folgenden Text mehrfach

---

177 Dieser Ausdruck ist formulaisch und häufig in der lateinischen Literatur (vgl. Kortekaas: Commentary, S. 17).
178 Panayotakis merkt an, dass der Vorwand einer solchen heimlichen Unterredung „a frequent excuse for perpetrating acts of murder" in der antiken Literatur sei, was die implizite Verurteilung durch den Erzähler noch verstärkt (Panayotakis: Story, S. 63).
179 [E]*t stimulante furore lividinis diu repugnante filię suę nodum uirginatis eripuit*. „The phrase nodus uirginitatis is unparalleled"; seine genaue Bedeutung wurde in der Forschung breit diskutiert und vielfach mit dem Lösen des Gürtels einer Jungfrau in der Hochzeitsnacht assoziiert (vgl. ebda., S. 64); für eine Interpretation des Begriffs *nodus* in der *Historia* als Metapher für die Erzählung selbst vgl. Andrew Laird: Metaphor and the Riddle of Representation in the Historia Apollonii Regis Tyri. In: Metaphor and the Ancient Novel. Hg. v. Stephen Harrison und Michael Pachalis. Groningen 2005 (Ancient Narrative, Suppl. 4). S. 225-244, S. 232; Stelios Panayotakis: The Knot and the Hymen. A Reconsideration of *Nodus Virginitatis* (*His. Apoll.* 1). In: Mnemosyne LIII (2001). S. 599-605; zur Möglichkeit einer Übersetzung aus dem Griechischen vgl. Kortekaas: Commentary, S. 18.
180 *Puella uero stans dum miratur scelesti patris impietatem, fluentem sanguinem cepit celare: sed guttę sanguinis in pauimento ceciderunt* (HA 1.18ff.).
181 Vgl. Panayotakis: Story S. 69.
182 Zugleich erhebt dieses Bild die Prinzessin in den Status einer Märtyrerin, wie Panayotakis anhand der Traditionen gezeigt hat, auf die es zurückgeht (Panayotakis: Death, S. 156).

durch die Figuren und den Erzähler in der Nominalphrase des *impius thorus* gefasst.[183] Das Lager oder Bett ist Ort der Vergewaltigung, kann aber auch die Bedeutung von Ehe und Liebe annehmen, also räumliche Metapher für Sexualität oder eine sexuelle Beziehung sein.[184] Weiter angereichert wird dieses semantische Feld durch die Erklärungen der Königstochter ihrer Amme gegenüber: *modo hoc in cubiculo duo nubilia perierunt nomina* (HA 2.4f.). Die Tat des Antiochus wird als Entehrung nicht nur des Körpers und der Keuschheit der Tochter[185] gewertet, sondern auch als Zerstörung der Namen beider. *Nobilis* kann in diesem Kontext sowohl auf ihre adelige Herkunft referieren als auch auf ihren Ruf. Das in der Heimlichkeit der Kammer begangene Verbrechen affiziert auch das öffentliche Bild des Königs.

Die Interaktion von Prinzessin und *nutrix* ist geprägt von Vokabeln der Wahrnehmung, insbesondere der Sichtbarkeit,[186] die im Kontrast stehen zu den Täuschungsversuchen des Königs und der Prinzessin. Die Amme sieht die Effekte der Tat; sie hört die schrittweise Erklärung der Prinzessin und dient so einerseits als Zeugin.[187] Andererseits verstärkt diese auf Wahrnehmung ausgerichtete Beschreibung den Eindruck der Szene beim Rezipienten. Die unvergleichlich schöne Prinzessin in ihrem *cubiculum*, mit Schamesröte im Gesicht und Blut auf dem Boden ist als Merkbild gestaltet. Es entspricht den Anweisungen rhetorischer Lehrbücher, die durch visuelle Besonderheiten Memorialeffekte zu erzeugen suchen. Die *Rhetorica ad Herennium* beispielsweise empfiehlt, *imagines* zu gestalten, die bemerkenswert sind und deshalb besonders lange im Gedächtnis bleiben. Als Gestaltungskriterien werden die Belebtheit der Bilder, also Handlungstableaus, herausragende Schönheit oder Abscheulichkeit und Entstellung z.B. durch Blut oder rote Farbe genannt.[188] Das Bild der blutenden Prinzessin ist also auf Sichtbarkeit und langfristige Erinnerbarkeit hin gestaltet. Im Dialog[189] mit

---

183 Nutrix: *Quis tanta fretus* || *audacia uirginis regine maculauit thorum?* (HA 2.8f.); Erzähler: *Et ut semper impio thoro f[e]rueretur* (HA 3.3); vgl. Berneder: Väter, S. 216f.

184 Das Bett wird in der griechischen Literatur häufig mit Frauenfiguren assoziiert, da ihre Ausbildung und Tugenden auf Sexualität und Fortpflanzung ausgerichtet waren: „Young women are prepared for the 'bed,' an actual metaphor of sexual relations and motherhood, whatever heroic qualities may be granted to them in the Greek novels" (Lalanne: Education, S. 477).

185 Puella ait: „*Ante legitimam mearum nuptiarum diem seuo scelere uiolatam uides* (HA 2.6f.).

186 *Ut uidit puellam* (HA 2.2); *Nutrix ut hęc audiuit atque uidisset* (HA 2.7f.); *Nutrix ut uidit* (H 2.14).

187 Vgl. Panayotakis: Story, S. 67.

188 *Imagines igitur nos in eo genere constituere oportebit quod genus in memoria diutissime potest haberi. Id accidet si quam maxime notatas similitudies constituemus; si non mutas nec uagas, sed aliquid agentes imagines ponemus; si egregiam pulchritudinem aut unicam turpitudinem eis adtribuemus; si aliquas exornabimus, ut si coronis aut ueste purpurea, quo nobis notatior sit similitudo; aut si quam rem deformabimus, ut si cruentam aut caeno oblitam aut rubrica delibutam inducamus, quo magis insignita sit forma* (Rhetorica ad Herennium III.37).

189 Grundsätzlich (und kritisch) zu den Dialogen in der *Historia*: Graham Anderson: The Management of Dialogue in Ancient Fiction. In: A Companion to the Ancient Novel. Hg. v. Edmund P. Cueva und Shannon N. Byrne. Chichester et al. 2014. S. 217-230; vgl. zu diesem Dialog Laird: Metaphor.

der Amme leistet die Prinzessin eine zusätzliche schrittweise Deutung dieses Bildes: Es exemplifiziert das Verhalten Antiochus', das im Text als Verbrechen bezeichnet wird. Antiochus wird zur Personifikation der *impietas* (*Impietas fecit scelus*, HA 2.9f.).[190]

Mit dem Adjektivattribut *impius*, Variationen von *scelus*[191] und später auch *crudelis*[192] wird Antiochus von den Figuren und dem Erzähler wiederholt als verbrecherisch und tyrannisch bewertet und moralisch verurteilt. Diese Verurteilung bezieht sich auch auf seine Versuche, das falsche Verhalten zu verbergen. Antiochus erzeugt eine Diskrepanz zwischen öffentlichem Handeln und heimlichem Verhalten: *Qui cum simulata mente ostendebat se ciuibus suis pium genitorem, intra domesticos uero parietes maritu<m> se filię gloriabatur* (HA 3.1ff.).

Diese diskrepante Gleichzeitigkeit von rechtmäßigem (*pius*) und verbrecherischem (*impietas*) Verhalten wird verschiedenen Räumen zugewiesen: Nach außen, d.h. seinen Bürgern bzw. Untertanen gegenüber, präsentiert sich Antiochus positiv, wobei dieses Verhalten als bewusst gestellt und damit künstlich charakterisiert wird (*simulata, ostendebat*) – *intra domesticos* dagegen, also in der inneren, häuslichen Sphäre, rühmt er sich seines tatsächlichen Verhaltens.

Diese Gleichzeitigkeit von oppositionellem Verhalten drückt sich ebenfalls in dem Rätsel[193] aus, das Antiochus den Freiern seiner Tochter stellt, und dessen Lösung sein eigener Inzest mit der Tochter ist.[194] Finden die Freier die richtige Antwort, so erhalten sie seine Tochter zur Frau. Können sie es jedoch nicht deuten, so werden sie geköpft (*decollabitur*, HA 3.7). Dieses Rätsel stellt Antiochus' Verbrechen aus und verschleiert es zugleich. Indem Antiochus die Aufdeckung des Inzests, der zugleich Grund für seine Ablehnung aller Freier ist, zur Bedingung einer erfolgreichen Werbung macht, erzeugt er eine paradoxe Interdependenz von verborgener (wahrer) Intention und öffentlichem (vorgetäuschtem) Handlungsinteresse.

---

190 Vgl. Panayotakis: Story, S. 73; Laird deutet *impietas* in diesem Kontext als die „negation of family and religious norms" (Laird: Metaphor, S. 227).
191 Vgl. Panayotakis: Story, S. 65.
192 *Rex crudelissimus Antiochus* (HA 12.10).
193 *Scelere uehor, maternam carnem uescor, quęro fratrem meum męę matris uirum, uxoris męę filium: non inuenio.* (HA 4.10ff.).
194 Danny Praet versucht eine Deutung des Rätsels auf der Basis des Osiris-Horus Mythos, die im Einzelnen jedoch problematisch ist (Danny Praet: Horus and Osiris as Hermeneutical Keys to the King's Riddle in the „Historia Apollonii Regis Tyri". In: Studies in Latin Literature and Roman History 14. Hg v. Carl Deroux. Brüssel 2008. S. 505-517). Vgl. zu den Rätseln in der *Historia* allgemein: Panayotakis: Story S. 94ff.; Étienne Wolff: Le rôle de l'énigme dans l'„Historia Apollonii regis Tyri". In: RPh 73.2 (1999). S. 279-288; ders.: Dialogues et discours dans l'„Historia Apollonii Regis Tyri". In: Discours et Débats dans l'ancien Roman. Actes du Colloque de Tours, 21-23 octobre 2004. Hg. v. Bernard Pouderon und Jocelyne Peigney. Lyon 2006. S. 153-159 sowie Müller: Romanheld, der auch genauer auf die Sammlung des Symphosius als Quelle der Rätsel eingeht;.

Antiochus' Verbrechen wird dadurch noch verschärft, dass auch die Freier, die die richtige Lösung finden, getötet werden (HA 3.7ff.). Dies ist schon durch die Themenwahl des Rätsels garantiert, da Antiochus nicht riskieren kann, dass sein wahres Verhalten öffentlich wird. Die abgeschlagenen Köpfe der Freier werden oberhalb des Tores aufgehängt und bilden damit ein weiteres visuell eindrückliches Merkbild:[195]

> Et si quis forte prudenti*a* litterarum questioni<*s*> solutionem inuenisset, quasi nihil dixisset, decollabatur et caput eius super portę fastigium supendebatur. (HA 3.7ff.).

Antiochus dienen die abgeschlagenen Köpfe am Torgiebel dazu, die Konsequenzen einer gescheiterten Rätsellösung vor Augen zu führen. Da die Getöteten aber tatsächlich das Rätsel lösen konnten, demonstrieren ihre Köpfe noch einmal die Diskrepanz zwischen öffentlichem und häuslichem Verhalten des Königs. Der Nebensatz *quasi nihil dixisset* ruft den Versuch des Königs auf, die Diener vor der Vergewaltigung seiner Tochter zu täuschen (*quasi cum filia secretum conloquium habiturus*, HA 1.15f.).

Auch Apollonius, der als Freier der Prinzessin in die Geschichte eintritt, löst das Rätsel korrekt, woraufhin Antiochus ihm offiziell Bedenkzeit anbietet,[196] ihn heimlich aber vom Diener Taliarchus, den er als seinen *secretorum meorum fidelissime minister* (HA 6.3)[197] bezeichnet, verfolgen lässt. Als Apollonius entkommen kann, setzt Antiochus in einem öffentlichem *edictum* ein Kopfgeld auf Apollonius aus (HA 7).

Antiochia tritt als Handlungsort lediglich zu Beginn der *Historia* in Erscheinung. Erwähnung findet die Stadt im Textverlauf nur noch im Hinblick auf ihre Herrschaftsverhältnisse. Denn Antiochus und seine Tochter werden durch einen Blitzschlag getötet und die Herrschaft geht auf unklare Weise an Apollonius. Dies wird Apollonius nach seiner Heirat mit der Tochter des Königs von Pentapolis berichtet (HA 24.13ff.). Am Ende des Textes berichtet der Erzähler zudem, dass Apollonius und seine Frau bis zum Ende ihres Lebens über Antiochia, Tyrus und Cyrene herrschen (*Regnauit et tenuit regnum Antiochie et Tyri[i] et Cyrenensium*, HA 51.35f.).

---

[195] Dies wird deutlich, als Antiochus Apollonius zu Beginn ihrer Begegnung fragt, ob er die Konsequenzen eines Scheiterns kenne, und Apollonius antwortet: ‚*Noui et ad porte fastigium uidi*' (HA 4.9), womit er die öffentlich zur Schau gestellten Köpfe meint.

[196] Panayotakis begründet dieses für Antiochus untypische Verhalten damit, dass Apollonius das Rätsel nicht aus Glück (*forte prudentia*, HA 3.8), sondern aus Weisheit löst (Panayotakis: Story, S. 84), und somit eine höhere Eignung zum Herrscher zeigt als die vorangegangenen Freier. Zur Diskussion dieser viel diskutierten Passage vgl. Panayotakis: Logic, S. 216ff.

[197] Diese Bezeichnung ist nach Panayotakis doppeldeutig und kann entweder „a personal servant" oder „an agent" bedeuten. *Secreta* bezieht sich dementsprechend entweder auf „private life" oder auf Geheimnisse (Panayotakis: Story, S. 110f.). In dieser Doppeldeutigkeit wird die Verknüpfung von Häuslichkeit und Heimlichkeit, die in Antiochus' Fall bereits mehrfach herausgearbeitet wurde, noch einmal zusammengebunden.

Zusammenfassend lässt sich über die narrative Raumerzeugung in der Antiochia-Episode sagen, dass die Orte minimal narrativ ausgestaltet sind. Rauminformationen vergibt nur der Erzähler, sie sind durchgängig unabhängig vom Standort der Figurenperspektive gehalten. Abgesehen von dem situierenden Toponym Antiochia werden nur der Bereich oberhalb des Tores, an dem die Köpfe der Freier ausgestellt werden, und das *cubiculum* der Königstochter konkret ausgestaltet, und dies ebenfalls mit einem Minimum an Details. Die Gespräche und Handlungen des Antiochus werden, wo sie nicht im *cubiculum* der Tochter stattfinden, nicht explizit situiert. Damit erfolgt ein Großteil der narrativen Raumerzeugung implizit.

Relevanter als geographische und architektonische Gegebenheiten sind für den Erzähler Ensembles von Personen, die im Falle des *cubiculum* funktional an einen Ort gebunden sind, sich tendenziell aber zu räumlichen Gefügen formen, die entweder als vage öffentlich oder als unter vier Augen charakterisiert werden. Hierfür wird der Kontrast *se ciuibus – intra domesticos* etabliert. Den erwähnten Bürgern bzw. Untertanen wird funktional jedoch kein Ort zugewiesen; sie treten nicht als handelnde Figuren auf. Vielmehr wird abgesehen von dem Gespräch zwischen Königstochter und *nutrix* nur Antiochus in einer Reihe von Einzelgesprächen dargestellt. Öffentliches Handeln, Beschlüsse und Edikte werden vom Erzähler referiert, die Infrastruktur dieses Herrschaftshandelns ist entweder nicht relevant oder muss vom Rezipierenden ergänzt werden.

Von diesen Figurenrelationierungen abgesehen werden räumliche Entwürfe in knappe Bilder gefasst (die auf Memorialeffekte zielen und deren semantische Codierung bedeutsamer ist als ihr eventuelles Vorhandensein im konkreten Raum der erzählten Welt. So wird das Bett der Königstochter im *cubiculum* nicht erwähnt, dient im Anschluss aber als Metonymie für die gesamte inzestuöse Beziehung. Durch diese knappen Bilder und minimal ausgestalteten Orte wird ein Repertoire von textinternen *loci* etabliert, das in der weiteren Erzählung zu einer dichten Verweisstruktur ausgearbeitet wird.

2.3.3 Tyrus

Die Stadt Tyrus wird erstmalig erwähnt als Herkunftsort[198] des Apollonius und bleibt ihm im Textverlauf als Vaterland und Heimat zugeordnet.[199] Wie Antiochia wird Tyrus nur einmal (HA 6-7) zum Handlungsort und wird am Ende des Textes als Teil des Herrschaftsbereichs von Apollonius und seiner Ehefrau (HA 51.35f., vgl. oben).

In der Tyrus-Passage werden zwei unterschiedliche, aber funktional aufeinander bezogene Reisen erzählt. Nachdem Apollonius Bedenkzeit für die Lösung von Antiochus' Rätsel erhalten hat, reist er per Schiff nach Tyrus, um seine Antwort anhand seiner Bücher zu überprüfen. Er bestätigt seine ursprüngliche Antwort und erkennt die Gefahr, die von Antiochus ausgeht. Daraufhin lässt Apollonius sein Schiff heimlich beladen und flüchtet. Währenddessen beauftragt Antiochus seinen unfreien Diener Taliarchus, Apollonius zu folgen und ihn ermorden zu lassen.[200] Taliarchus reist nach Tyrus und findet die Stadt in Trauer um Apollonius' Verschwinden vor.

Apollonius' Ankunft in Tyrus ist in RA sehr knapp gehalten:

> Peruenit innocens tandem Apollonius prior ad patriam suam et introiuit. <Et aperto scrinium codicum suorum inquirit omnes questones actorum omniumque pene philosophorum disputationes omniumque etiam Chaldeorum.> (HA 6.10-13)

Eine Beschreibung der Stadt und des Hauses von Apollonius bleibt ausgespart.[201] Bei dem erwähnten *scrinium codicum* handelt es sich um einen

---

[198] *Quidam adulisens locuples ualde, genere Tyrius, nomine Apollonius* (HA 4.2f.). Panayotakis hebt hervor, die Stadt Tyrus sei „intrinsically related to the hero's skill in solving riddles" (Panayotakis: Story, S. 89; vgl. S. 89f. für Beispiele tyrischer Rätsellöser).

[199] *[A]d patriam suam Tyrum*, HA 5.8; *ueneris Tyrum, in patriam eius* (HA 6.6); *Tyrius Apollonius* (HA 6.4). RC bezeichnet Apollonius bereits bei seiner ersten Erwähnung als *adulescens Tyrius, princeps patriae suae locuples valde, nomine Apollonius* (RC 4) und macht damit seinen Status explizit.

[200] Die Erzählabfolge variiert hier in den unterschiedlichen Handschriften der *redactio A*. A hat zunächst die Reise des Apollonius nach Tyrus (HA 5.8-14), dann Antiochus' Auftrag an Taliarchus (HA 6.1-9), dann Apollonius Flucht und Taliarchus' Ankunft in Tyrus. P dagegen verschiebt die Reise des Apollonius nach hinten (6.11-7) und verknüpft damit die beiden Reisen noch enger. Kortekaas bietet beide Varianten, bevorzugt aber P: „A hic exhibet, quae P paulo infra 6, RA 11-18 meliore loco habet" (Kortekaas: Historia, S. 284, kritischer Apparat). Panayotakis' Kommentar (Panayotakis: Story, S. 17) und Waiblingers Edition (Waiblinger: Historia, S. 20) folgen ebenfalls P. Ich schließe mich dieser Entscheidung an.

[201] Felix Mundt hat in Bezug auf die oft generischen Raumentwürfe des griechischen Liebesromans argumentiert, dass diese unspezifischen Räume eine Antwort auf das Problem mangelnden Leserwissens über diese Räume seien. Für die *Historia* würde ich jedoch, angesichts ähnlich unspezifischer Gestaltungen der anderen Handlungsorte, von einer Korrelation zwischen narrativer und räumlicher Ausgestaltung ausgehen (vgl. Felix Mundt: Jüngling trifft Mädchen – Leser trifft Welt. Herkunftsräume im griechischen Liebesroman. In: Literarische Räume der Herkunft. Fallstudien zu einer historischen Narratologie. Hg. v. Maximilian Benz und Katrin Dennerlein. Berlin/Boston 2016 [Narratologia, Bd. 51]. S. 41-66).

tragbaren Behälter mit Deckel, meist aus Holz, der für die Aufbewahrung und den Transport von u.a. Schriftrollen genutzt wurde.[202] Die knappe Beschreibung ist, wie die gesamte Rückreise auf Tyrus, auf diese Bücher und ihre Benutzung ausgerichtet.[203]

RB bietet dagegen eine ausführlichere Ankunftsszene: Apollonius wird *cum magna laude a ciuibus suis, sicut solent principes, qui bene merentur* empfangen. (HA, RB 6.10ff.). Er begibt sich in *domum suam cum laude et uocibus letitiae* (HA, RB 6.12) und geht in ein *cubiculum*, in welchem sich der Bücherschrank befindet. In RB wird Apollonius also von seiner Ankunft an als beliebt und hoch geehrt dargestellt, es wird eine Öffentlichkeit hergestellt und die architektonischen Raumverhältnisse sind differenzierter beschrieben. Dies korrespondiert stärker mit der Reaktion der Stadt auf seine Abreise.

Auf seiner Flucht nimmt Apollonius nur *pauci comitantes fidelissimi* und eine Reihe von Transportschiffen mit sich, die er mit Getreide belädt.[204] Er stattet sich mit Gold, Silber und reicher Kleidung aus, besteigt sein Schiff heimlich (*occultę*) und sticht in tiefster Nacht heimlich in See (*hora noctis silentissima tertia tradidit se alto pelago*) (HA 6.18-22.). Die Häufung von Ausdrücken des Versteckens und der Stille evoziert Heimlichkeit und Vereinzelung und kontrastiert in RB scharf mit der Öffentlichkeit seiner Ankunft. Gesteigert wird die Wirkung dieser Szene durch den Gebrauch von ungewöhnlichen Superlativen (*fidelissmis, silentissima*).[205] Die Formulierung *alto pelago*, also auf hohe See, setzt diese Reise von den bereits durchgeführten Schiffsreisen ab und bereitet auf den folgenden Sturm und Schiffbruch vor. *Altum pelagus* „is mentioned when characters enter a new and sometimes perilous journey".[206] Die Formulierung findet sich meistens in lyrischen Texten[207] und weist deshalb vielleicht bereits auf den formalen Wechsel von Prosa zu Lyrik hin, der die Beschreibung des Seesturms begleitet.[208]

Die Bürger von Tyrus reagieren emotional auf Apollonius' überraschendes Verschwinden, das sie erst am nächsten Tag entdecken:

---

202 Vgl. Panayotakis: Story, S. 116.
203 Panayotakis weist darauf hin, dass das Vorhandensein einer solchen Privatbibliothek in römischer Zeit üblich in reichen Haushalten war und häufig mehr symbolischen Charakter hatte als auf Nutzen ausgerichtet war. Apollonius' Benutzung der Bibliothek „underlines the hero's intellectual superiority and indicates the practical rather than theoretical aspect of culture in the text" (ebda., S. 115). Apollonius' Fähigkeit, das Rätsel korrekt zu lösen, und seine Bücherkenntnis belegen seine Weisheit und damit seine Befähigung zur Herrschaft: „Kings and powerful men exchange riddles […], since royal power and wisdom are intrinsically linked in ancient thought" (ebda., S. 81).
204 Zur Bedeutung vom Getreidehandel für die Antike vgl. Lionel Casson: Ancient Trade and Society. Detroit 1984.
205 Vgl. Panayotakis: Story, S. 121f.
206 Ebda., S. 122.
207 Vgl. ebda.
208 Vgl. Kap. 2.3.6.

Fit tremor [ingens], sonat planctus ingens per totam ciuitatem. Tantus namque amor ciuium suorum erga eum erat, ut per multa tempora tonsores priuarentur a publico, spectacula tollerentur, ualnę clauderentur. (HA 7.2-5)

Angst und Trauer sind allumfassend. Die Bürger der Stadt werden in ihrem Verhalten als Kollektiv beschrieben *(totam ciuitatem)* und das öffentliche Leben, hier exemplifiziert durch Friseure bzw. Barbiere, die Schauspiele und Bäder, erlischt.[209] Mit diesen drei Orten werden zudem Trauerrituale aufgerufen, die im Falle der Barbiere und der öffentlichen Bäder auch den Körper direkt affizieren. Die einzelnen Bürger scheren sich nicht mehr die Haare und den Bart, sie baden nicht mehr öffentlich und treffen sich nicht mehr zu den *spectacula*. Der öffentliche Raum wird affiziert. Dies wird noch einmal aus Taliarchus' Perspektive bestätigt: Als der Diener des Antiochus auf der Suche nach Apollonius Tyrus betritt, *uidit omnia clausa* (HA 7.8).[210] Der öffentliche Raum ist geschlossen und seiner Funktion entkleidet. Die ganze Stadt ist in Trauer.[211]

Fit tremor kann im Sinne eines Kollektivsingulars aller Bürger gelesen werden,[212] die vor Angst oder Trauer zittern und beben. Der Satz kann sich aber auch auf Tyrus als Summe aller räumlichen Ensembles beziehen: Apollonius' Flucht bringt die Stadt selbst zum Beben, die Stabilität des öffentlichen Raumes wird erschüttert.[213] Wie ein einzelner Organismus teilen alle Elemente des öffentlichen Raumes Gefühle, Wissen und Handlungen, und dieser Organismus ist ganz auf Apollonius ausgerichtet. In seiner unerklärten Abwesenheit kommt das Leben zum Erliegen.

Zusammenfassend kann festgestellt werden, dass auch in der Tyrus-Episode räumliche Details nur im Hinblick auf ihre Handlungsfunktion beschrieben werden. Die Stadt wird, bis auf Taliarchus' knappe Beobachtungen, aus der Erzählerperspektive geschildert. Anders als in Antiochien wird aber auch das öffentliche Leben der Stadt beschrieben, öffentliche Orte wie Bäder und Aufführungsorte für *spectacula* werden erwähnt oder impliziert. Stadt und Bürger werden als Einheit gefasst. Im Kontrast dazu wird eine Diskrepanz zwischen der öffentlichen Trauer und Apollonius' heimlicher Flucht ausgestellt, die jedoch nicht Apollonius, sondern Antiochus' Handeln angelastet wird. Der Erzähler betont wiederholt, dass die Bürger von Tyrus freiwillig, aufgrund ihrer Trauer handeln. Auch wenn die Stadt somit

---

209 In RB werden außerdem noch die Tempel und Tavernen erwähnt (RB 7.5f.). In RC ist die Passage dagegen deutlich knapper gehalten (RC 7).
210 „Similar phraseology in the context of national/public mourning is used in Tac.*ann.* 2.82.3 […] and in Iust. 19.2.8;24.5.8" (Panayotakis: Story, S. 127).
211 *Quod ciuitas ist in luctu moratur?* (HA 7.9f.); *hanc ciuitatem in luctum esse*; vgl. auch Panayotakis: Story, S. 125ff.
212 Waiblinger übersetzt „Ängstliche Unruhe entsteht" (Waiblinger: Historia, S. 23).
213 Panayotakis betont, der Ausdruck sei „also used of earthquakes" (Panayotakis: Story, S. 124).

funktional auf Apollonius bezogen bleibt, wird sie als Raum mit öffentlicher Infrastruktur und eigenständig handelnden Bürgern entworfen.

Durch die parallelen Reisen von Taliarchus und Apollonius werden zwei Handlungen am gleichen Ort geschildert; sie sind knapp zeitlich versetzt und werden durch die sehr unterschiedlichen Intentionen der Reisenden kontrastiert. Apollonius' Tyrus wird als ihn liebende Gesamtheit aller Bürger beschrieben, während Taliarchus auf einen einzelnen Knaben trifft, der ihn beschimpft und als Außenstehenden markiert (*O hominem inprobum! [...] Quis est enim, qui nesciat,* HA 7.10f.). Heimliches und Öffentliches sowie Einheit und Vereinzelung werden kontrastiert.

2.3.4 Flucht und Suche nach Apollonius

Der Raum der erzählten Welt jenseits von Städten und See wird nur einmal erwähnt, als Antiochus ein Kopfgeld auf Apollonius aussetzt (HA 7). Während Antiochus eine Flotte von Schiffen aussendet, die das Meer nach Apollonius absuchen, jagen Freunde wie Feinde ihn an Land:

> Hoc ędicto proposito non tantum eius inimici, sed etiam et amici cupiditate ducebantur, et ad indagandum properabant. Quęritur Apollonium per terras, per montes, per siluas, per uniuersas indagines, et non inueniebatur. (HA 7.22-26).

Durch die Parallelisierung von *terras* und *montes* wird ein umfassender Raum aufgespannt, die Relationen oben/unten werden eingezogen. Das viergliedrige Asyndeton mit Anapher hat steigernde Wirkung und schreitet gleichzeitig kleiner werdende räumliche Einheiten ab, vom Land bis zum Schlupfwinkel. *Ad indagandum*[214] und *indagines* spielen zusätzlich das semantische Feld der Jagd ein, womit Apollonius' prekärer Status als Flüchtender hervorgehoben wird. Die Wiederholung von *per* suggeriert Bewegung und verstärkt so den Eindruck von Dynamik.

Dies ist ein als nicht-urban gekennzeichneter Erzählraum, der im Kontrast zu den anderen Handlungsorten nicht konkretisiert oder mit Toponymen charakterisiert wird. Zugleich ist es ein Raum, der durch das Fehlen eines spezifischen Raumelementes gekennzeichnet ist, das zugleich zentral gesetzt wird: Von allen diesen Orten ist Apollonius abwesend. Such- und Fluchtbewegungen werden kontrastiert, denn während Apollonius' Flucht erfolgreich ist, bleibt die Suche seiner Gegner ergebnislos.

---

214 „a metaphor from hunting [...] that is applied to humans tracking other humans" (ebda., S. 135).

2.3.5 Tarsus I

Apollonius flieht nach Tarsus. Gründe für diese Ortswahl werden im Text nicht genannt, die kilikische Stadt ist aber bekannt sowohl in paganen Kontexten wegen ihrer ausgeprägten hellenistischen Kultur, als auch in christlichen Kreisen als Geburtsort des Apostels Paulus.[215] Apollonius geht zunächst an der Küste vor der Stadt spazieren (*deambulans iuxta litus*, HA 85)[216] und trifft dort auf Hellenicus, einen Bürger von Tarsus (*ciue suo*, HA 8.5f.), der ihn vor Antiochus' Edikt warnt. Hellenicus begrüßt Apollonius als *rex*, kritisiert ihn jedoch nach ausbleibender Reaktion für sein hochmütiges Verhalten (HA 8.10f.). Auf Hellenicus' Warnung reagiert Apollonius dankbar. Er will ihn mit Gold belohnen, aber Hellenicus lehnt ab, denn *[a]pud bonos enim homines amicitiam pręmio non compara[n]tur* (HA 8.30f.).

Am gleichen Ort begegnet Apollonius kurz darauf dem Bürger Stranguillio. Er grüßt ihn herzlich als *mi karissime*.[217] Apollonius äußert die Absicht, *in ciuitate uestra uolo latere* (HA 9.9), doch Stranguilio rät ihm aufgrund der Armut der Stadt davon ab (HA 9.10f.). Diese Armut wird auf eine Hungersnot zurückgeführt, die das Leben der Bürger bedrohe. Geographisch und zeitlich wird in dieser Szene vor dem Betreten der Stadt ein Spektrum bürgerlichen Verhaltens aufgespannt, das zum einen in die ökonomische Lage in Tarsus einführt, zum anderen eine Reflektionsebene über die Hierarchisierung von Personenverhältnissen öffnet: Hellenicus wird von Apollonius wie ein *pauper* behandelt und fordert daraufhin Respekt ein. Er lehnt es ab, in ein auf monetärer Zuwendung basierendes *patronage*-Verhältnis mit Apollonius zu treten und spricht stattdessen von Freundschaft zwischen ihnen, die unabhängig von Armut sei. Stranguillio dagegen, der als ebenbürtig begrüßt wird, bezeichnet ihn als Herr und nennt die Armut der Stadt als Grund, warum Apollonius von ihnen nicht empfangen werden könne. Wo Hellenicus also eine auf *amicitia* beruhende Gleichwertigkeit beider Gesprächspartner etabliert und seine Warnung und Hilfe nicht an Bedingungen knüpft, zieht Stranguillio ein Hierarchiegefüge ein, in dem er sich unter Apollonius verortet.[218]

---

215 Vgl. Panayotakis: Story, S. 138. Interessanterweise wurde Tarsus wahrscheinlich von dem Seleukidenherrscher Anitochos IV Epiphanes (215-164 v. Chr.) in Antiochia-on-the-Kydnos umbenannt, vgl. ebda.
216 Es wird im Text nicht deutlich, ob es sich um das Flussufer des Flusses Cydnus oder um das Meeresufer handelt (vgl. ebda.). Küstenstriche sind aber mehrfach im Text Handlungsorte für Begegnungen mit Unbekannten anderer Schicht (vgl. Pentapolis, Mytilene), weshalb ich diese Übersetzung bevorzuge.
217 Diese Begrüßung suggeriert lange Bekanntschaft. Sie „denotes politeness but need not suggest strong affection" (ebda., S. 152).
218 Vgl. ebda., S. 140ff.

Apollonius reagiert auf die Nachrichten von der Hungersnot, indem er Tarsus hunderttausend Scheffel Getreide im Austausch für Sicherheit bietet.[219] Stranguillio stimmt diesen Bedingungen dankbar zu, und Apollonius betritt die Stadt:

> Cumque hęc dixisset, perrexerunt in ciuitatem. Es ascendens Apollonius tribunal in foro cunctis ciuibus et maioribus eiusdem ciuitatis dixit: ‚Ciues Tharsis, quios annone penuria turbat et opprimit, ego Tyrius Apollonius releuabo.(HA 10.1-4)

Hier wird mit dem *forum* zum ersten Mal im Text der vielleicht wichtigste öffentliche Ort griechischer und römischer Städte genannt. Es fehlt eine Detailbeschreibung der baulichen Gegebenheiten bis auf die Erwähnung der Bühne.[220] Die Bewohner von Tarsus werden differenziert in *cuncti ciues*, also die Gesamtheit der Bürger, und die Ältesten der Stadt (*maiores ciuitatis*). Diese zwei Gruppen werden abgesehen von dieser Erwähnung jedoch im Folgenden als Kollektiv gefasst. Die Ältesten nehmen keinen Platz auf der Bühne ein, sondern teilen den undifferenzierten Raum des Marktplatzes mit den einfachen Bürgern. Die politische Elite von Tarsus wird damit als nicht ihrer Funktion gemäß handelnd dargestellt. Das *tribunal* ist leer, und die Stadt erscheint führerlos in dieser schwierigen Situation.

Indem Apollonius das *tribunal* besteigt, eine Bewegung, die als Erklimmen, Hinaufsteigen oder sich Erheben beschrieben wird (*ascendens*), nimmt er diese Funktionsstelle ein und tritt „like a Roman official"[221] als hierarchisch überlegener Redner und Patron auf. „The raised platform [...] is a potent symbol of secular power in later Empire".[222] Bühnen dieser Art werden im Text mehrfach erwähnt (HA 46.5 und 50.2) und bedeuten immer eine Erhöhung in die Richter- oder Fürstenposition. Jede der im Text beschriebenen Bühnen wird von Apollonius bestiegen.

In seiner Rede stellt Apollonius den Tausch von Getreide gegen Schutz nicht als Handel dar, sondern als Hilfeleistung seinerseits (*releuabo*), auf die die Bürger mit dankbarer Gegenhilfe reagieren (HA 10.5). Diese Umwertung der Interaktion von einer ökonomischen auf die Ebene gegenseitiger Hilfe und *patronage* wird noch dadurch verstärkt, dass Apollonius den Tarsern sein Getreide zunächst günstig verkauft, die Kaufsumme dann aber der Stadt spendet (HA 10).[223] Für Apollonius' Unterstützung, die als *tantis*

---
219 Vgl. ebda., S. 157.
220 Ein *tribunal* verbindet deutliche Assoziationen mit Gerichtsprozessen (vgl. die Szenen in Mytilene und Tarsus am Ende der *Historia*, Kap. 2.3.12 und 2.3.14 (vgl. Panayotakis: Divided 186ff.).
221 Panayotakis: Story, S. 160.
222 Ebda.
223 Er tut dies, um nicht als Kaufmann zu gelten. Panayotakis betont, dass dieses Verhalten im Kontext der hellenistischen Gesellschaft nicht verständlich sei, sondern nur in Bezug auf die späte Republik oder das Kaiserreich Sinn mache „with special reference to senatorial or upper class members, for whom nobility and trade were considered – in theory, at least – mutually incompatible" (ebda., S. 166).

beneficiis cumulati beschrieben wird, errichten ihm die Bürger von Tarsus ein Standbild *ex aere*:

> Et eam conlocauerunt in uica[224] in foro stante<m>, in dextra manu fruges tenentem, sinistro pede modium calcantem, et in uasę hęc scripserunt: TARSIA CIVITAS APOLLONIO TYR<I>O DONUM DEDIT EO QUOD STERELITATEM SUAM ET FAMEM SED AVERIT. (HA 10.16-20)

Bronzene Statuen gehören zu den größten Ehren, mit denen hellenistische Städte Wohltäter, seien sie Könige, Bürger oder Fremde, auszeichnen konnten.[225] Die *biga*, ein Zweigespann, diente als typisches Ehrengespann der römischen Kultur seit Augustus und „is mainly related to munificence by the local aristocracy, rather than the emperor or his circle".[226] Diese Statue fungiert als räumliche Explikation der Beziehung zwischen Apollonius und den Bürgern von Tarsus. Bildprogramm – Getreidehalme[227] und Scheffel – und Inschrift wirken komplementär. Das Denkmal schreibt die Taten des Apollonius fest und erinnert die Bürger von Tarsus an die Dankbarkeit, die sie ihrem Wohltäter schulden. In dieser Funktion als Merkbild ist die Statue auch im weiteren Textverlauf bedeutsam.

Obwohl Apollonius sich erfolgreich die Dankbarkeit der Bürger von Tarsus sichert und somit eigentlich ein Versteck vor Antiochus gefunden haben sollte, bricht er kurz darauf ins kyrenäische Pentapolis auf, *ut ibi latere posset* (HA 11.3f.). Der Grund für diese Entscheidung bleibt uneindeutig, es wird nur erwähnt, dass sie aufgrund des Rates von Stranguillio und seiner Frau Dionysias und aufgrund des Schicksals fällt. Auch der Zeitpunkt der Abreise bleibt seltsam uneindeutig: *Interpositis mensibus siue diebus*. Diese Formulierung wiederholt sich in 24.1 und drückt an beiden Stellen „the lapse of an unspecified period of time"[228] aus.

Zusammenfassend zeigt sich auch in der ersten Tarsus-Episode eine geringe narrative Ausgestaltung der geographischen und architektonischen Raumdetails zugunsten einer Konzentration auf die Relationierung zwischen Apollonius und den Bürgern von Tarsus. Mit der an der Küste bzw. am Ufer angesiedelten Szene wird eine räumliche Sphäre zwischen dem

---

224 *In biga*, vgl. Kortekaas: Historia, S. 296; Panayotakis: Story, S. 168.
225 Vgl. ebda., S. 168; vgl. auch Riet van Bremen: The Limits of Participation: Women and Civic Life in the Greek East in the Hellenistic and Roman Periods. Gieben 1996.
226 Panayotakis: Story, S. 168.
227 Panayotakis weist daraufhin, dass die Beschreibung der Statue „bears a striking resemblance to the account of the statue of the personified Libya/Africa [...] preserved in the interpolated version of Julius Honorius' *Cosmography*". Afrika war für die Römer der wichtigste Kornlieferant. Es wäre zu fragen, ob diese Parallele sich auch auf Apollonius' spätere und ohne weitere Details versehene Reise nach Ägypten erstreckt, das als Kornkammer des Kaiserreichs galt. Auch diese Reise ist mit Handel assoziiert, ohne dass dieser Handel im Anschluss eine Rolle spielen würde. Vgl. für mögliche andere Erkärungen der Ikonographie dieser Statue ebda., S. 169ff.
228 Ebda., S. 173.

Meer und der Stadt eingezogen, die Ankunft in Tarsus ereignet sich also in mehreren Schritten und Apollonius betritt die Stadt im Besitz relevanter Informationen. Räumliche Informationen werden durchgängig vom Erzähler vermittelt. Für Tarsus steht metonymisch das *forum* mit der versammelten Bürgerschaft. Dieser Ort wird als Raum öffentlicher Interaktion inszeniert, in den aber zugleich deutliche oben/unten-Relationen eingezogen sind, die Hierarchien markieren (*tribunal*, räumliche Opposition von Apollonius, der erhöht sitzt, und den Bürgern der Stadt). Die Interaktion zwischen Apollonius und den Bürgern der Stadt, und damit auch die Rolle als Wohltäter oder *patronus*, die Apollonius in diesem Zusammenhang einnimmt, wird im räumlichen Merkbild der Statue festgehalten, das durch seine Positionierung zugleich den öffentlichen Raum des Forums dauerhaft verändert.

2.3.6 Seesturm

Apollonius besteigt sein Schiff und segelt nach Pentapolis. In kürzester Zeit wandelt sich das Wetter. Der Beginn des nun folgenden schweren Sturmes geht in der Erzählung einher mit einem Wechsel von Prosa zu Hexametern.[229] Für diesen Wechsel der Form existieren eine Reihe von Erklärungsangeboten. Panayotakis weist darauf hin, dass „[t]he notion that elements of nature (e.g. the sea or the winds) have an unreliable faith is primarily expressed in poetry".[230] Die Hexameter verknüpfen diese Passage darüber hinaus mit epischen Traditionen der Seefahrt, z.B. der *Odyssee* und Vergils *Aeneis*.[231] Ähnliche Ansätze, eine Prosaerzählung an Wendepunkten des Plots durch den Einsatz von Versen zu intensivieren, finden sich auch in anderen griechischen und lateinischen Romanen.[232] Die Passage ist „poorly transmitted",[233] etliche Stellen sind verderbt und eine Analyse somit nur unter Vorbehalten möglich.

Auffällig ist an der Schilderung des Sturmes, dass die Situation bzw. Gefühlslage der Figuren nicht direkt erwähnt, sondern implizit in der Natur- und Wetterbeschreibung transportiert wird. Der Sturm löst zunächst alle Sicherheiten auf (*Certa non certis cecidere*, HA 11.8). Das Bild verdichtet in einer *figura etymologica* und der Alliteration die Plötzlichkeit und Dringlichkeit der Situation. Im Kontrast zu dem auf menschliche Wahrnehmung und Handlung ausgerichteten Raum der restlichen Erzählung wird während des

---

229 Diese Passage entfällt in RC fast gänzlich; es findet auch kein Wechsel in Verse statt.
230 Ebda., S. 175.
231 Vgl. Lalanne: Education.
232 Vgl. Panayotakis: Story, S. 175f.
233 Vgl. ebda.

Sturmes nun ein Handlungsraum der Götter und Naturgewalten entworfen: Das aufkommende Gewitter *inluminat orbem* (HA 11.9), es richtet sich also nicht nach dem deiktischen Standort oder den Wahrnehmungsmöglichkeiten der Schiffsbesatzung, sondern orientiert sich am Erdkreis selbst, einer göttlichen oder umfassenden Wahrnehmungsposition, die die Welt als ganze betrachten kann. Die Winde[234] treten als handelnden Entitäten ebenso auf wie namentlich genannte Meer- und Windgötter.[235] Die Koordinaten des Raumes werden zwischen den Sternen bzw. dem Himmel oben und dem Meer unten, sowie den Himmelsrichtungen der Winde über den menschlichen Handlungsraum hinaus ausgedehnt.

Gleichzeitig werden diese Raumrelationierungen aber in der Wut des Sturmes aufgelöst:

> Omnia miscentur. Pulsat mare sidera, celum.
> In sese glomera[n]tur hiems pariterque mora*n*tur
> Nubila, grando, niues, Zephiri, freta, fulgida,[236] nimbi.

Alles vermischt sich mit allem, und das Meer reicht bis an die Sterne. Der extrem ausgedehnte Raumentwurf wird also gleichzeitig zusammengefaltet, die Relationierungen lösen sich auf. Mehrfach wird die mangelnde Sichtbarkeit betont, die Orientierung unmöglich macht.[237] Zur Desorientierung trägt überdies noch die extreme Lautstärke von brüllender See (*mugit mare conturbat<um>*, HA 11.21) und Tritons schrecklichem Horn (*Triton terribilis cornu cantabat in undis*, HA 11.24) bei.

Der hier entworfene Handlungsraum ist klar als göttlicher charakterisiert und weicht deutlich von den anderen Handlungsräumen der *Historia* ab. Menschen sind hier irrelevant und bleiben dementsprechend unerwähnt. Die Auflösung fester Raumkoordinaten und die extreme Gewalt des Sturmes zeichnen das sturmgepeitschte Meer als einen Raum absoluter Kontingenz.

Dieser Auflösung der Raumkoordinaten und -relationierungen korrespondiert die Auflösung des Schiffes, die jedoch erzählerisch ausgespart und nur in ihren Konsequenzen dargestellt wird.[238] Mit dem Wechsel zurück zur Prosa werden die menschlichen Figuren wieder Fokalisatoren der Erzählung. Diese haben derweil offensichtlich Schiffbruch erlitten und können sich nur an einzelne Schiffsplanken (*tabulae*) klammern. In dieser Passage wird Vereinzelung betont (*unusquisque, Apollonius uero unius*). Wie das Schiff,

---

[234] Borreas und Euro (HA 11.14), Zephiri (HA 11.19), Africus (HA 11.20)
[235] Eulos, i.e. Aeolus (HA 11.10), Neptunnus (HA 11.23) und Triton (HA 11.25).
[236] Lies *fulgora*, vgl. Kortekaas: Historia S. 298.
[237] *Nothus [lies noctus]* †*clipeo*† *caligine ratis* (HA 11.11); *et freta disturbata sibi* †*inuoluit harena*† (HA 11.15).
[238] *Tunc unusquisque sibi rapuit tabulas, morsque nuntiatur. In illa uero caligine tempestatis omnes perierunt. Apollonius uero unius tabule beneficio in Pentapolitarum est litore pulsus* (Historia 12.1-4).

so bricht auch die Schiffsgemeinschaft auseinander, und nur Apollonius kann sich nackt an die Küste von Pentapolis retten.

Zusammengefasst kann der in dieser Passage entworfene Raum als stark vom Rest des Erzählraumes abweichend charakterisiert werden. Mit der Weitung des Raumes, der Auflösung von Relationierungen und Reduktion von Orientierungsmöglichkeiten wird die Kontingenz und Beschränktheit der menschlichen Raumwahrnehmung kenntlich gemacht. Gleichzeitig markiert diese Passage einen extremen Wendepunkt in der Erzählung, denn Apollonius verliert im Sturm seine gesamte weltliche Habe und sein Gefolge. Es wäre zu diskutieren, inwieweit die Wahl der Vokabel *tabula* auch die Schreibtafel und damit die Erzählung selbst aufruft und Apollonius' materiellen Verlust mit der Metapher der *tabula rasa* verknüpft.

2.3.7 Pentapolis I

An der Küste von Pentapolis angekommen,[239] klagt Apollonius zunächst Neptun als Verursacher seines Schicksals an und drückt seine Hilflosigkeit aus. Die folgende Erzählhandlung wird gezeichnet als schrittweise Bewegung von außen nach innen, also von der Küste vor Pentapolis über das *gymnasium* bis in den Palast des Königs Archistrates, wo Apollonius zunächst als Gast eines Festmahls geladen wird, dann dort Wohnung und Arbeit erhält und schließlich die Tochter des Königs ehelicht.

Zunächst begegnet der nackte und mittellose Apollonius einem alten, durch seinen schmutzigen Mantel als arm gekennzeichneten *piscator* (HA12.12). Dieses Treffen korrespondiert der Begegnung mit dem tarsischen Bürger Hellenicus, Apollonius' Verhalten kontrastiert jedoch mit dieser Episode. Denn wo er Hellenicus zu dessen Ärger zunächst nicht beachtet hatte (HA 8), wirft er sich nun dem armen Fischer zu Füßen und bittet um Gnade (HA 12.14f.).[240] Er etabliert damit ein räumlich expliziertes Hierarchiegefüge, das sowohl seinen neuen, besitzlosen Status betont, als auch seine *humilitas* demonstriert.

Der Fischer hört Apollonius' Geschichte und *uidit primam speciem iuuenis* (HA 12.20), hebt ihn auf und führt ihn an der Hand[241] in sein *domus*, wo er ihm Obdach bietet, seinen Mantel mit ihm teilt,[242] und ihm rät, in der Stadt

---

239 „Cyrene may be seen as an archetypal location for shipwrecks in literature", bemerkt Panayotakis und gibt Beispiele (Panayotakis: Story, S. 186).
240 Vgl. ebda., S. 190.
241 Diese symbolische Geste tritt im Folgenden wiederholt auf, dann meist als Zeichen der Nähe zwischen König Archistrates und Apollonius; vgl. HA 19.1, 21.5, 22.1
242 Vgl. zur Tradition und Verwendung dieses Motivs Panayotakis: Fisherman's; Panayotakis: Divided.

nach weiterer Hilfe zu suchen (HA 12.20-32). Die durch den Fußfall angezeigte Unterwerfung des Apollonius wird durch das Handeln des Fischers in eine gemeinschaftliche Interaktion auf gleicher Ebene umgewandelt. Der Fischer teilt seinen Besitz mit ihm,[243] ein Verhalten, das Apollonius' Großzügigkeit in Tarsus spiegelt, aufgrund der geringeren Mittel des Fischers aber noch steigert. Es wird betont, dass dieses Verhalten primär durch *misericordia* begründet ist.[244] Zugleich ist dem Fischer Apollonius' soziale Überlegenheit aber von Beginn an deutlich. Er nimmt zu Recht an, dass dessen Armut nicht lange anhalten wird (HA 12.28ff.) und bittet Apollonius, in diesem Falle wohlwollend an ihn zu denken. Diese Sicherheit zieht der Fischer aus Apollonius' Erzählung, zugleich aber aus dem Anblick seines Körpers, der gemäß den griechischen Bildungsidealen die Qualitäten des Apollonius ausdrückt.[245] Von einer *tabula rasa* im strengeren Sinne kann also keine Rede sein, denn Apollonius verfügt nach wie vor über seinen ausgebildeten Körper und, wie er im Kontakt mit König Archistrates zeigen wird, seine *paideia*,[246] die ihn als Mitglied der griechischen Elite kennzeichnet.

Die Stadt Pentapolis wird in ihren räumlichen Gegebenheiten detaillierter geschildert als andere Handlungsorte. Apollonius betritt Pentapolis zunächst durch das Stadttor (*portam ciuitatis*, HA 13.2) und begegnet einem jungen männlichen Sklaven (*puer*),[247] der zu Spielen ins *gymnasium* einlädt: „*Audite <ciues, audite> peregrini, ingenui et serui, gynasium patet!*' (HA 13.6f.). Dieser Ruf setzt Personen (Männer!) mit sehr unterschiedlichem sozialen und rechtlichen Status gleich und betont damit die universale Zugänglichkeit des *gymnasiums*. Da Teilnehmer der Veranstaltungen dort nackt sind, werden ökonomische Unterschiede nivelliert, es zählen nur die Schönheit des Körpers, Bildung und sportliche Leistungen.[248]

Das *gymnasium* ist der wohl einzige öffentliche Ort in einer griechischen Stadt, der einen direkten Kontakt zwischen König und mittellosem Fremden möglich macht. Apollonius fällt dem König durch seine Fähigkeiten

---

243 Zur Trope der Gastfreundlichkeit eines Armen vgl. Panayotakis: Story, S. 195ff.
244 HA 12.20; *ut plenis misericordie sue satisfaceret* (HA 12.22f.), *qui tibi misereatur* (HA 12.26); vgl. Panayotakis: Story, S. 192f.
245 Vgl. Lalanne: Education, insbes. für die Rolle der körperlichen Ausbildung im *gymnasium* S. 475ff.; vgl. auch Meriel Jones: Playing the Man. Performing Masculinities in the Ancient Greek Novel. Oxford 2012 (Oxford Studies in Classical Literature and Gender Theory).
246 Vgl. Lalanne: Education; Barbara Borg: *Paideia*. The world of the Second Sophistic. Berlin 2004; Jones: Playing.
247 Vgl. Panayotakis: Story, S. 202.
248 „The gymnasium, or public sports ground […], is a characteristic feature of Greek cities. In the course of the Hellenistic period the purpose of the gymnasium in Greece was educational as well as physical and intellectual; consequently, the gymnasium occupied a central place in Greek society and became an emblem of Greek cultural endeavour abroad […]. However, in the Roman world the functions of the gymnasium were increasingly incorporated into Roman style bath complexes" (ebda, S. 204f.).

auf und wächst im Folgenden schrittweise in seiner Gunst. Dies wird im Text durch eine sich steigernde körperliche Nähe ausgedrückt – zunächst sind die beiden durch einen geworfenen Ball verbunden. Die starke *re*-Alliteration in der Passage „suggests repetition and reciprocity".[249] Apollonius zeichnet sich durch Körperkontrolle und die Kontrolle von Gegenständen in Bewegung aus, seine Fähigkeiten erscheinen den Beobachtern als *miraculum magnum* (HA 13.21).[250]

In einem nächsten Schritt nähert sich Apollonius dem König (*constanter apropinquauit ad regem*, HA 13.22) und nimmt dann Körperkontakt auf, indem er ihn salbt und badet (HA 13.22), und dies so kunstvoll, dass er den König wieder *de sene iuuenem redderet* (HA 13.23f.). Dies nähert den König und Apollonius einander auch metaphorisch an, den Apollonius wird im Text immer wieder als *iuvenis* beschrieben.

Der König lässt nun mehr über Apollonius herausfinden (HA 14) und lädt den Schiffbrüchigen an seine Tafel im Palast (*ad cenam uenias*, HA 14.11). Damit ist der Schritt von einem öffentlichen, frei zugänglichen Raum zu einem Ort getan, der zwar repräsentativen Funktionen wie öffentlichen Festen dient, aber nur von einer Elite betreten werden kann. Apollonius muss eingeladen werden, und er benötigt, um an diesem repräsentativen Ort angemessen aufzutreten, eine entsprechende materielle Ausstattung.

Im Text wird der schrittweise Aufstieg des Apollonius von einem mittellosen Schiffbrüchigen zu einem Gast des Königs, dem Privatlehrer der Königstochter und schließlich ihrem Ehemann als eine Abfolge von Beobachtungen und Urteilen über Apollonius inszeniert, ohne dass die Innenperspektive der Figur wiedergegeben würde. Begleitet von Ausdrücken, die Sehen, Sichtbarkeit und Beobachtung denotieren, wird Apollonius' Verhalten von diversen Figuren betrachtet, beschrieben und bewertet. Es zeichnet sowohl König Archistrates als auch seine Tochter aus, dass sie Apollonius' Verhalten durchgängig entschlüsseln können und eine positive Interpretation wählen.[251]

Apollonius setzt sich, in geschenkter Kleidung, an die Tafel des Königs. Das *triclinium* des Königs ist Gegenstand einer der wenigen genaueren Beschreibungen im Textverlauf (*set respiciens aurum, argentum, mensam et ministeria*), die Pracht und Reichtum des Palastes betont und damit erneut einen

---

249 Vgl. ebda., S. 208.
250 „*miraculum* is used twice in our text, and in both passages refers to the performative talents of Apollonius and the adorned beauty of his daughter, respectively, as seen by an assembly" (ebda., S. 211; vgl. HA 31.2).
251 Vgl. HA14.23ff.; 15.12ff. Panayotakis argumentiert, dass während der ersten Begegnung von Apollonius und Prinzessin „a form of riddling exchange takes place", geprägt durch Anspielungen, literarische Zitate und Wortspiele (vgl. Panayotakis: Fixity, S. 310). Dies nimmt das Thema des Rätseltausches auf und stellt eine Symmetrie zwischen Vater, Mutter und Tochter her, die sich alle durch die Fähigkeit des Rätellösens auszeichnen.

Kontrast herstellt zu Apollonius' mittellosem Zustand.[252] Ihm wird der Ehrenplatz direkt gegenüber von Archistrates zugewiesen (HA 15.5ff.),[253] was die beiden Figuren einander weiter annähert und ihre Ebenbürtigkeit suggeriert. Auch die Königstochter behandelt ihn privilegiert und wird von seinem Schicksal gerührt. Sie heißt ihn als Teil der Gemeinschaft willkommen und verspricht ihm reiche Geschenke (HA 16.8).

Korrespondierend zu der Szene im *gymnasium*, die der Präsentation von Apollonius' Körperbeherrschung und Schönheit diente, werden auch während des Festmahls Apollonius' besondere Fähigkeiten ausgestellt. Auf das Saitenspiel und den Gesang der Königstochter reagiert er als einziger nicht entzückt, sondern kommentiert stattdessen ihre Unerfahrenheit. Als Beweis bietet er dem König eine *impromptu*-Aufführung von Lautenspiel, Gesang, Komödien- und Tragödienschauspiel (HA 16).[254] Auch in dieser Passage gibt der Erzähler ausführlich die Eindrücke und (hyperbolischen) Urteile der Gäste über Apollonius wieder; eine Innensicht oder Schilderung seiner Intention fehlt wiederum. Apollonius zeigt seine Fähigkeiten im Bereich der Körperbeherrschung, der Musik und des Schauspiels. Dies sind Kompetenzbereiche, die mit räumlicher Bewegung, visuellen und auditiven Reizen und Selbstrepräsentation verknüpft sind. Zugleich wird hier aber auch Apollonius' Fähigkeit zur *simulatio* deutlich, die in der legitimen Kunst des Schauspiels kanalisiert wird. Apollonius nutzt seine körperlichen Fähigkeiten, um Aufsehen und Wohlgefallen zu erregen und die Tischgesellschaft zu unterhalten, nicht wie Antiochus zur Täuschung seiner Untertanen.

Diese repräsentative Strategie ist überaus erfolgreich. Nicht nur beschenkt ihn die Köngistochter reich, sie verliebt sich auch in ihn, lädt ihn ein, im Palast zu wohnen und bittet ihren Vater schließlich, ihn als ihren Lehrer anzustellen (HA 17-18).

In der Beschreibung der leidenschaftlichen Liebe der Königstochter und ihrer Bemühungen, Apollonius zunächst als Lehrer und dann als Ehemann zu gewinnen, werden thematische und räumliche Elemente aus der Antiochia-Episode aufgerufen, allerdings mit umgekehrten Geschlechterrollen.[255] In Pentapolis ist es die Königstochter, die wie Antiochus unter einer Wunde in ihrer Brust (*in pectore uulnus* HA 18.2)[256] leidet und den Flammen der Liebe nicht entgehen kann und deshalb frühmorgens in die Kammer ihres Vaters eindringt (*Vigilans primo mane irrumpit cubiculum patris*, HA 18.4), um ihn zu überreden. Auf ihrem Lager (*thoro*, HA 18.17) leidet sie unter den Qualen der Liebeskrankheit. Die hier dargestellte Liebe ist aber

---

252 Vgl. Panayotakis: Story, S. 221.
253 Vgl. ebda., S. 220.
254 Vgl. zu dieser Passage ebda., S. 238ff.
255 „The initial love and rape episode will be verbally reproduced and subverted here" (ebda., S. 249).
256 Für eine Diskussion der vergilischen Anspielungen in dieser Passage vgl. ebda., S. 256ff.

weder illegitim noch inzestuös, das Verhältnis von Vater und Tochter wird als liebevoll gezeichnet, und der König kommt ihren Wünschen durchgängig nach. Anders als bei Antiochus, der sich von seiner Tochter nimmt, was er will, und sie zu passivem Leiden verurteilt, wird die Königstochter als aktiv und selbständig handelnd gezeigt. Die beiden männlichen Figuren verhalten sich dagegen passiv, und Apollonius' Gefühle und Intentionen bleiben wie in den vorangegangenen Szenen unerwähnt.

Auch der Kontrast von öffentlichem und nichtöffentlichem Handeln wird in der Pentapolis-Episode wieder aufgerufen, aber völlig anders umgesetzt. Während die Königstochter von der Liebeskrankheit geplagt in ihrem *cubiculum* liegt, *[r]ex autem post paucos dies tenens Apollonium manu forum petit et cum eo deambulauit* (HA 19.1f.). Der König begibt sich damit an einen öffentlichen Ort, wo ihm die Bürger seiner Stadt frei begegnen können. Anders als bei seinem Besuch im *gymnasium* wird hier abgesehen von Apollonius auch kein Gefolge oder eine anwesende Dienerschaft erwähnt, die den König abschirmen würde. Das Hand-in-Hand-Gehen der Figuren drückt Gemeinschaft und emotionale Nähe aus.

Auf dem *forum* begegnen sie *[i]uuenes scolastici III nobilissimi* (HA 19.2), die alle drei schon seit langem die Tochter des Königs zur Frau begehren und zunächst als Einheit auftreten (*Unus ex ipsis ait*, HA 19.6). Im Kontrast zu Antiochus nimmt Archistrates dieses Begehren aufgeschlossen auf; er will diese Wahl jedoch nicht selber treffen, sondern bittet die drei Jünglinge, ihre Namen und die Höhe der Mitgift aufzuschreiben,

> et dirrigo ipsos codicellos filie mee, et illa sibi eligat, quem voluerit habere maritum.' Illi tres itaque iuuenes scripxerunt nomina sua et dotis quantitatem. Rex accepti codicellos anuloque suo signauit datque Apolllonio dicens: ‚Tolle, magister, preter tui contumeliam hos codicellos et perfer discipule tue: hic enim locus te desiderat.' (HA 19.13-19)

Archistrates tritt nicht als autoritärer Herrscher auf, der den Ehemann seiner Tochter ohne Rücksprache wählt. Vielmehr ermöglicht er es ihr selbst, diese Entscheidung unter Kenntnis der relevanten Fakten zu treffen, während sie abgeschirmt im nichtöffentlichen Raum ihres *cubiculum* verbleibt. Mit diesem Verhalten wird er nicht nur mit Antiochus, sondern mit der Großzahl der im antiken Liebes- und Reiseroman auftretenden Vaterfiguren kontrastiert.[257]

Apollonius, zu dem die Königstochter in quälender Liebe verfallen ist, wird nun als Bote dieser Heiratsanträge gewählt. Mit dieser Uneindeutigkeit seiner Rollen wird in der folgenden Passage wiederholt gespielt. Zwar bezeichnet ihn Archistrates als *magister* und die Königstochter als seine *discipula*, ruft also die zwischen ihnen bestehende Lehrer-Schülerin-Beziehung auf, zugleich sendet er ihn aber in das *cubiculum* seiner kranken Tochter, die

---

257 Vgl. Lalanne: Education.

im Bett liegt. Auch die Formulierung *hic enim locus te desiderat* ist mehrdeutig: Das *desiderat* ruft das Begehren der Königstochter auf, während unklar bleibt, was Archistrates hier mit *locus* meint: Die Botenfunktion, das *forum*, das *cubiculum* der Tochter, oder die *codicelli*, auf denen die Namen der Freier seiner Tochter niedergeschrieben sind. Im Hinblick auf die Parallelen zur Antiochus-Passage könnte auch der (rhetorische) *locus* des sexuell übergriffigen Mannes gemeint sein.[258]

Diese Uneindeutigkeit dient meines Erachtens dazu, ein Spektrum möglicher Handlungsweisen für Apollonius zu eröffnen – er kann, wie Antiochus, die Hilflosigkeit der Tochter und den nichtöffentlichen Raum des *cubiculums* ausnutzen, er kann sich als Freier positionieren oder sich auf die Rolle des *magister* zurückziehen. Apollonius wählt letzteres Verhalten, ohne dass der Erzähler dieses Verhalten weiter kommentiert. Sein Eintritt in das *cubiculum* der Königstochter wird mit der Vokabel *introire* (HA 20.2) implizit als rechtmäßig charakterisiert. Zusammen mit dem *irrumpere* in HA 18.4, das den Eintritt der Tochter in das Zimmer ihres Vaters beschreibt, wird hier die Opposition von Antiochus und *nutrix* aus der Antiochia-Episode wieder aufgerufen und Apollonius an die Stelle der positiven, weiblichen Figur gesetzt. Sein Eintritt wird der Tochter gegenüber durch das Siegel ihres Vaters als legitim gekennzeichnet (*Puelle patris agnouit signaculum*, HA 20.2f.).

Im folgenden Dialog zwischen Königstochter und Apollonius bemüht sich das Mädchen wiederholt, das erotische Potenzial[259] der Situation zu aktivieren und Apollonius in die Rolle eines Liebhabers zu drängen. Apollonius aber erstickt diese Versuche im Kern:

> Que <*ad a*>mores suos sic ait [puella]: 'Quid est, magister, quod sic singularis cubiculum introisti?' Cui Apollonius respondit: 'Domina, *es* nondum mulier et male habes! Sed potius accipe codicillos patris tui et lege trium nomina petitorum.' (HA 20.3-7)

Die Königstochter schreibt einen Brief, siegelt ihn, und lässt ihn von Apollonius zu ihrem Vater auf den Marktplatz bringen. Dieser Brief enthält jedoch keinen Namen, sondern eine Beschreibung: *illum uolo coniugem naufragio patrimonio deceptum* (HA 20.18). Auch wenn daraufhin eine kurze komische Diskussion zwischen den Freiern folgt, so weist doch die Beschreibung für Rezipierende wie letztlich Figuren eindeutig auf Apollonius hin.

Es ist interessant, dass Apollonius hier nicht durch Herkunft, Fähigkeiten oder Namen charakterisiert wird, sondern dass der krisenhafte Moment des Schiffbruchs zum entscheidenden Identitätskriterium wird. Zum einen verrätselt diese Umschreibung seine Identität, so dass diese im Folgenden erst ermittelt werden muss. Die Szene wird damit in eine Reihe mit anderen Rätseln und schrittweise vorgeführten Erkenntnisprozessen gestellt, die mit

---

258 Vgl. Panayotakis: Story, S. 271f.
259 Vgl. Berneder: Väter S. 218f.

der Unterhaltung zwischen Antiochius' Tochter und ihrer *nutrix* beginnt und in dem Rätselspiel von Apollonius und Tarsia[260] ihren Höhepunkt findet. Zum anderen wird der krisenhafte Moment umgewertet zu einem Alleinstellungsmerkmal, das Apollonius vor den Freiern auszeichnet. So bemerkt im Streit der Freier einer über den anderen: *cum s[o]cio te coetaneum meum et mecum licteris eruditum et portam civuitatis numquam existi: ubi ergo naufragium fecisti?* (HA 21.6f.).

Bestimmend für die Charakterisierung des Schiffsbruchs ist damit nicht mehr der Verlust von Gefolge, Status und ökonomischer Sicherheit. Vielmehr ist das Ereignis ein Beweis für Apollonius' höhere Lebenserfahrung, denn anders als die Freier hat er seine Stadt verlassen, ist gereist und hat eine Krise erfolgreich überstanden.

Der König ist zunächst unfähig, das ‚Rätsel' seiner Tochter zu lösen. Er übergibt den Brief deshalb an Apollonius. Der decodiert den Inhalt korrekt und errötet in Reaktion (*erubuit*, HA 21.13).[261] Durch die Übersetzung in dieses Körperzeichen versteht nun auch Archistrates den Wunsch seiner Tochter; er kehrt mit Apollonius in den Palast zurück,[262] um mit seiner Tochter zu sprechen, die ihm noch einmal ihre Wünsche bestätigt:

> Et tenens manum iam genero, non hospiti, ingreditur domum regiam. Ipso autem Apollonio relicto rex solus intrat ad filiam suam dicens: ‚Dulcis nata, quem tibi elegisti coniugem?' Puella uero prostrauit se ad pedes patris sui et ait […]. Et cum rex filie non posset fere lacrimas, erexit eam […]. (HA 22.1-9)

Das Gespräch zwischen Archistrates und seiner Tochter ist ganz darauf ausgerichtet, ihre Wünsche zu ermitteln; den von ihr räumlich durch Fußfall markierten Hierarchieunterschied hebt der König auf (*erexit eam*). Archistrates bittet nun Apollonius, seine Tochter zur Frau zu nehmen (HA 22), Apollonius stimmt zu, und die Hochzeit wird am darauffolgenden Tag bekannt gegeben: *uocantur amici, inuocantur uicinarum urbium potestates, uiri magni atque nobiles* (HA 23.1ff.).

Die festliche Hochzeit vereint Liebende, Stadt und Gäste im kollektiven Gefühl der Freude. Panayotakis hebt die gehäufte Verwendung der Formel *in unum* in dieser Textpassage hervor, die die Gemeinschaftlichkeit der Feier betont.[263] Auch durch andere Wortwiederholungen, wie die von *gaudere* (HA 23.10-15), werden die Einheit des Raumes und die Intensität der gemeinsamen Emotion hevorgehoben. Erst im Anschluss an dieses Fest offenbart

---

260 Vgl. Kap. 2.3.12.
261 Vgl. Panayotakis: Story, S. 283f.
262 Wieder halten sie einander an den Händen, was noch einmal ihre Nähe und Zuneigung demonstriert (vgl. ebda., S. 286). In dieser Passage wird auch der schrittweise Statuswechsel des Apollonius sehr deutlich: Auf dem Weg in den Palast ist er nicht mehr (nur) Gast.
263 Vgl. ebda., S. 294; „marriages in the ancient novels are both community-wide celebrations and metaphors for social structure and identity" (ebda., S. 296).

der Erzähler, dass Apollonius die Liebe der Königstochter erwidere. Er wartet also, bis diese Beziehung durch Heirat legitimiert ist, bevor er Apollonius' Innenperspektive wiedergibt. Ihre Beziehung wird durch gegenseitige *caritas* und Achtung charakterisiert (HA 23.16ff.), steht also auch in dieser Hinsicht im Kontrast zu der von sexueller Begierde, Gewalt und Missachtung dominierten Beziehungen zwischen Antiochus und seiner Tochter.

Die folgenden sechs Monate werden gerafft, bis Apollonius eines Morgens mit seiner schwangeren Frau an der Küste spazieren geht (HA 24). Dort fällt ihm eine *nauis speciosissima* (HA 24.4) auf, die sich als tyrisches Schiff herausstellt. Der *gubernator* bringt die Nachricht, dass Antiochus und seine Tochter aus Strafe für den Inzest durch Gott vernichtet wurden (*die fulmine percussus est*, HA 24.15),[264] und dass die Herrschaft über Antiochia an Apollonius gefallen ist: *Opes autem et regnum eius seruantur regi Apollonio* (HA 24.15f.). Diese Entscheidung wird nicht weiter begründet. Apollonius und seine Frau schiffen sich mit großem Gefolge und der Amme Lycoris ein, damit Apollonius das versprochene *regnum* übernehmen kann.

Die Pentapolis-Episode zeichnet sich den vorherigen Episoden gegenüber durch eine größere Bandbreite an geschilderten Orten und ein umfangreicheres Personal aus. Rauminformationen werden weiterhin nahezu ausschließlich vom Erzähler vergeben und beschränken sich weitestgehend auf die Funktionen der geschilderten Orte (*gymnasium, cubiculum, forum* etc.). Verbunden sind diese Orte durch die Bewegung des Apollonius von außen nach innen und schließlich wieder nach außen. Die Abfolge der Orte ist symmetrisch gestaltet: Küste (Begegnung mit dem Fischer) – Stadt (Spiele im *gymnasium*) – Festmahl im Palast – *forum / cubiculum / forum / cubiculum* – Verkündung der Eheschließung im Palast – Hochzeitsfeier in der ganzen Stadt – Spaziergang vor der Küste (Begegnung mit dem *gubernator*).

Spiegelachse dieser Symmetrie ist die schnelle Abfolge von *forum* und *cubiculum*, also dem öffentlichsten Ort der Stadt und dem privatesten Bereich der Königstochter, die durch die Figuren und das Medium des Briefes verknüpft werden. Die verschiedenen Orte werden dabei nicht dynamisiert oder verändert, sondern dienen als Fixpunkte, zwischen denen sich die Figuren bewegen. Diese Bewegungen des Apollonius werden insofern semantisch aufgeladen, als sie den Wandel seines sozialen Status' markieren und in der Reihung verschiedener Rollen (Fremder, Gast, Lehrer, Ehemann) mit einer Annäherung an den König und seine Tochter sowie einer Zunahme an Macht und ökonomischem Wohlstand korrespondieren.

---

264 Panayotakis zufolge charakterisiert diese Beschreibung den Tod des Antiochus als „divine justice" (vgl. ebda., S. 305).

Auffällig sind weiterhin die Parallelisierung und gleichzeitige Kontrastbildung zur Antiochia-Episode, die durch eine auch räumlich dichte Verweisstruktur erzeugt werden. Das durchgängig richtige Verhalten von Archistrates, seiner Tochter und Apollonius fungiert dabei als Korrektiv zu den Geschehnissen in Antiochia. In diesem Kontext ist auch zu betonen, dass in Pentapolis keine Differenz zwischen öffentlichem und nicht-öffentlichem Verhalten eingezogen wird. Die öffentliche Wahrnehmung spielt auch in Bezug auf Apollonius in dieser Episode eine besonders große Rolle, muss er doch seinen mangelnden ökonomischen Status durch körperliche Fähigkeiten und Qualitäten demonstrieren. Er wird im Verlauf der Episode wiederholt Gegenstand der Interpretationen anderer Figuren, die seine Körperzeichen richtig oder falsch deuten.

2.3.8 Scheintod auf See, Sarg, Ephesus

Apollonius, seine Frau und ihr Gefolge brechen per Schiff nach Antiochia auf. Auf hoher See gebiert die Frau unerwartet und fällt in einen Scheintod (HA 25). Apollonius' Trauer drückt sich in einem Katalog traditioneller Trauergesten (Zerreißen der Kleidung, Haare raufen, Weinen, Klagen) aus.[265] Der Steuermann verlangt jedoch aus Sicherheitsgründen, die Leiche über Bord zu werfen, *set nauis mortuum sufferre non potest* (HA 25.23f.).[266] Daraufhin lässt Apollonius von den Zimmermännern einen Sarg für seine Frau herstellen:

> Errant ex seruis eius fabri, quibus conuocatis secari et conpaginari tabulas, r*i*mas et foramina pi[s]cari precepit et facere loculum amplissimum et carta plumbea obturari iubet e*um* inter iun<*i*> - turas tabularum. Quo perfecto locul*o* regalibus ornamentis ornate puellam, in loculo composuit et XX sextertia auri ad caput eius posuit. (HA 25.28-33)

Kein anderes Objekt in der *Historia* wird so ausführlich beschrieben wie dieser Sarg. Die ungewöhnliche und wiederholte Verwendung des Wortes *loculus*[267] macht deutlich, dass dieser Sarg als Ort verstanden werden soll, evtl. auch als Ersatz eines Grabmals. Die Kombination des diminutiven *loculus* mit dem Superlativ *amplissimus* und die detaillierte Beschreibung der Ausstattung des Sarges machen deutlich, dass die Bedeutung dieses Gegenstandes sich nicht an seiner Größe misst. Die Bauweise des Sarges aus

---

[265] Grundsätzlich zur Funktion der Klage vgl. John Birchall: The Lament as a Rhetorical Feature in the Greek Novel. In: Groningen Colloquia on the Ancient Novel, Bd. 7. Hg. v. Heinz Hofmann und M. Zimmermann. Groningen 1996. S. 1-17; zu den Trauerriten vgl. Panayotakis: Story, S. 317f.

[266] Vgl. zu den zugrundeliegenden Traditionen ebda., S. 321f.

[267] Vgl. ebda., S. 323, der den Begriff u.a. in der Bedeutung eines „special place for burial" bei Plinius und anderen sowie als „cash-box" bezeugt.

Planken, die mit Pech abgedichtet werden, erinnert an ein Schiff; der königliche Schmuck (*regalibus ornamentis*) macht ihn zu einem Repräsentationsgegenstand. Diese prächtige Ausstattung kontrastiert einerseits mit den Absichten des Steuermanns, der die Leiche über Bord werfen wollte, was eine Geringschätzung der Verstorbenen impliziert. Apollonius drückt seine Liebe und den Wert seiner verstorbenen Frau durch das neue Gefäß aus, mit dem er sie umgibt. Zugleich erhält der Sarg im Folgenden eine Zeichenfunktion, denn als er drei Tage später bei Ephesus an Land gespült wird,[268] findet ihn ein Arzt[269] und schließt durch seine Ausstattung auf die hohe Geburt der vermeintlichen Toten und auf die große Trauer der Hinterbliebenen, die er fälschlicherweise als die Eltern der Königstochter identifiziert (HA 26.8f.).[270]

Die folgende schrittweise Wiederbelebung der Köngistochter (HA 26-27) findet in der *uilla* (HA 26.5) des *medici* und im *cubiculum* seines Schülers (27.4) statt, also in einer Abfolge intimer werdender Räume. Zunächst öffnet der Arzt den Sarg und betrachtet die junge Frau. Er liest den Brief, den er unter dem Gold findet[271] und bereitet gemäß den darin gefundenen Anweisungen einen Scheiterhaufen vor. Sein *discipulus* soll die Tote salben, entkleidet sie dazu und betastet ihren Körper. Dabei bemerkt er, dass sie nur scheintot ist. Sofort lässt er Fackeln an den vier Ecken des Sarges aufstellen, erzeugt also einen virtuellen Raum aus Licht und Wärme, der ihr Blut wieder verflüssigt. Er lässt sie daraufhin in sein Zimmer schaffen:

> Adhibitis secum uiribus tulit puellam *in* cubiculo suo et posuit super lectulum, uelum diuisit, calefecit oleum, madefecit lanam et efffudit super pectus puelle. Sanguis uero ille, qui intus a perfrictione coagulatus fuerat, acepto te[m]pore liquefactus est cepitque spiritus preclusus per medullas descendere. Venis itaque patefactis aperuit pulla oculos et recipiens spiritum [...]. (HA27.4-10)

Auch wenn die Situierung im *cubiculum* des *discipulus* Intimität suggeriert und der Autor „remarkably strong and suggestive language in the description of the treatment of the princess by the young physiscian" nutzt, die „connotations of violence" trägt,[272] fällt die Wahl des Begriffs *lectulum* für Bett auf, der mit der sonst benutzten Vokabel *torum* kontrastiert und die Assoziation der Leichenverbrennung mit sich trägt.[273] Hierdurch wird das *cubiculum* des

---

268 Vgl. für die Tradition des „floating chest motif" ebda., S. 329.
269 Ephesus wird traditionell mit Medizin assoziiert, war es doch Geburtsort der berühmten Ärzte Rufus und Soranus, vgl. ebda., S. 329.
270 In diesem Fehlschluss wird noch einmal die Verknüpfung zwischen Antiochus und seiner Tochter auf der einen Seite, Apollonius, Archistrates und der Königstochter auf der anderen Seite aufgerufen.
271 Dieser Brief wird bei der Sarglegung der Königstochter in RA nicht erwähnt (vgl. ebda., S. 332f.), wohl aber in RC (RC 25).
272 Ebda., S. 340.
273 „The *lectus funebris*, a high couch on which the corpse lays, is also burned on the pyre" (ebda.).

jungen Arztes von den zuvor beschriebenen Kammern der beiden Frauen unterschieden. Die Wiederbelebung wird inszeniert als eine Auflösung von Barrieren und Verflüssigung des koagulierten Blutes. Sie beginnt mit einem leichten Nachlassen der Starre in der Herzgegend (*a precordiis pectoris torporis quietem*, HA 26.30f.) und endet mit der wieder gewonnenen Sprachfähigkeit. Die ersten Worte der Königstochter gelten der Sicherung ihrer Unberührtheit und ihrem königlichen Stand.[274] Die Königstochter besteht weiter unter Tränen darauf, nicht berührt zu werden, (*Et rogauit cum lacrimis, ne ab aliquo contingeretur*, HA 28.23f.), auch wenn keinerlei tatsächliche Übergriffe auf sie erfolgen, sondern sie vielmehr vom *medicus* adoptiert wird (HA 27.22f.).[275] Die Situation wird erzählerisch also ambivalent zwischen Erotik und Heilkunst, Tod und Leben, Gefahr und Schutz inszeniert. Dies verschärft das Bewusstsein für die gefährdete Situation der Königstochter, die schutzlos, ohne Mann und Vater, einer Gruppe fremder Männer und damit potenziell sexueller Gewalt ausgesetzt wird. Ihre Unterbringung im Dianatempel von Ephesus beendet diese Ambivalenz durch die Sicherheit, die ihr die neue Rolle als Priesterin bietet (HA 27.25f.).

Die Königstochter wird in dieser Passage als passiv und ausschließlich auf Schutz vor (sexuellen) Übergriffen konzentriert dargestellt. Sie bewegt sich nicht eigenständig durch den Raum der erzählten Welt, sondern wird von den männlichen Figuren bewegt. Außerdem unternimmt sie keinerlei Anstrengungen, ihren Vater oder Ehemann über ihre fortgesetzte Existenz zu informieren.

Mit dem erwähnten Tempel wird der Dianakult von Ephesus, ein wesentliches Charakteristikum der Stadt, aufgerufen.[276] Es finden sich im Folgenden jedoch keine Beschreibungen der Tempelanlagen oder der Handlungen der Königstochter innerhalb dieses Tempels. Stattdessen verbleibt sie an einem als sicher markierten Ort, bei dem jedes Potenzial für Erotik oder Gefahr ausgeschlossen ist, bis Apollonius und Tarsia sie vierzehn Jahre später wiederfinden.[277] Dass es sich hier wiederum um einen Wendepunkt des Plots handelt, wird durch die schwierigen Wetterverhältnisse hervorgehoben, während derer die Königstochter gebiert. Zusammenfassend ist an dieser Episode vor allem der ungewöhnliche Detailreichtum

---

[274] '*Deprecor itque, medice, ne[c] me contingas aliter, quam oportet contingere: uxor enim regis sum et regis filia.*' (HA 27.11.ff). Das Verb *contingere* „is rare for a physician's touch […]. The suggestive phrase functions as the climax of a series of double-entendres in the description of the comatose princess" (ebda., S. 350).

[275] Vgl. zu diesem seltenen Beispiel der Adoption einer Frau ebda., S. 353.

[276] Vgl. zur Rolle des Dianatempes Kap. 2.3.8 und 2.3.13; vgl. auch Christine M. Thomas: At Home in the City of Artemis. Religion in Ephesos in the Literary Imagination of the Roman Period. In: Ephesos, Metropolis of Asia. An Interdisciplinary Approach to Its Archeology, Religion, and Culture. Valley Forge, PA 1995. S. 81-117.

[277] Vgl. Panayotakis: Story, S.354ff.

hervorzuheben, der sowohl die Beschreibung des Sarges als auch die Wiederbelebung der Königstochter markiert. Als *loculus* steht der Sarg stellvertretend für die *puella*, ihren Rang und ihre hohe Abkunft; er garantiert gleichzeitig ihre Sicherheit vor den Gefahren des Meeres. In einem zweiten Schritt sichert der Dianatempel als neues Behältnis die Unverletzlichkeit und Unberührbarkeit ihres Körpers. Im Unterschied zu den oben beschriebenen Gattungskonventionen wird die Königstochter nicht zum Opfer von Irrungen und Gefahren. Vielmehr tritt sie für die folgenden Jahre aus der Erzählhandlung aus, während der Erzählfokus zu ihrer Tochter Tarsia wechselt.

2.3.9 Tarsus II

Apollonius reist nach dem vermeintlichen Tod der Ehefrau mit seiner Tochter nach Tarsus und vertraut sie Stranguillio und seiner Frau Dionysias als Ziehkind an (HA 28). Er selbst schwört, sich Bart, Haare und Nägel nicht zu schneiden, bis er seine Tochter verheiratet hat (HA 28.16ff.). Er lehnt die Rückkehr nach Antiochia oder nach Pentapolis ab (Tyrus wird hier nicht erwähnt) und verkündet stattdessen, als Kaufmann tätig werden zu wollen (HA 28.7-10). Apollonius benennt seine Tochter Tarsia nach der Stadt Tarsus, besteigt sein Schiff *altumque pellagus petens ignotas et longinquas Egipti regiones deuenit* (HA 28.20f.). Wie seine Frau tritt er vierzehn Jahre lang aus der Erzählhandlung aus. Seine Zeit in Ägypten wird im Text nicht narrativ entfaltet; abgesehen von dem Toponym ‚Ägypten' bleibt auch der Raum, in dem er sich während dieser Zeit aufhält, leer. Panayotakis betont, dass Ägypten als „exotic land falls within the geography of the ancient novels".[278] Warum Apollonius, der sich doch im vorherigen Handlungsverlauf mehrfach von Händlertätigkeiten abgrenzt, an dieser Stelle eine Zukunft als *mercaturus* plant, wird im Text nicht explizit gemacht. Ein Deutungsangebot soll in Kapitel 4 versucht werden.

Nach Apollonius Abreise wird gerafft erzählt, wie Tarsia zu einer jungen Frau heranwächst. Besonderer Wert wird in dieser Passage auf ihre ausgezeichnete Ausbildung gelegt (*puella Tharsia facta quinquennis traditur studiis artium liberalibus*, HA 29.1f.). Unterricht und Schulbesuche werden mehrfach erwähnt.[279] Tarsias Bennenung kehrt die Verknüpfung von Stadt und Figur um, die bereits bei Antiochus begegnet, womit die enge Verbundenheit ausgedrückt wird, die sie und ihren Vater mit der Stadt Tarsus verknüpfen. Von dieser besonderen Verbindung erfährt Tarsia jedoch erst, als sie

---

[278] Ebda., S. 365.
[279] Vgl. zu Tarsias Ausbildung Panayotakis: Story, S. 367ff. sowie Lalanne: Education.

vierzehn ist und ihre Amme schwer erkrankt. In ihren letzten Momenten klärt Lycoris Tarsia über ihre wahre Herkunft und die Geschichte ihrer Eltern auf. Sie rät ihr:

> Nunc ergo post mortem meam, si quando tibi hospites tui, quos tu parentes apellas, forte aliquam iniuriam fecerint, ascende in forum et inuenies statuam patris tui Apollonii: apprehende[ns] statuam et proclama[ns]: ‚Ipsius sum filia, cuius est hec statua!' Ciues uero memores beneficiorum patris tui Apollonii liberabunt te necesse est. (HA 29.26-31)[280]

Lycoris' Anweisung bezieht sich auf die Statue, welche die tarsischen Bürger für Apollonius errichtet hatten, spezifischer auf deren Memorialfunktion, die sie als nach wie vor gegeben annimmt (*Ciues uero memores beneficiorum patris tui*).[281] Tarsia soll diese Statue im Falle einer Notsituation berühren und sich als Tochter des Apollonius zu erkennen geben (‚*Ipsius sum filia, cuius est hec statua*').[282] Damit wird ein räumliches Ensemble erzeugt, das Tarsia über die Berührung zum einen mit ihrem Vater, zum anderen mit dessen Wohltaten verknüpft und so die Dankbarkeit und Schutzverpflichtung, die eigentlich Apollonius zustände, auf seine Tochter überträgt. Dieses imaginierte räumliche Ensemble ist parallel zu *asylia*-Praktiken in der Zeit des römischen Kaiserreichs gestaltet, bei denen das Berühren einer Statue des Kaisers Immunität (*asylia*) verlieh.[283] Die Statue wird hier zum räumlichen Ersatz für den körperlich nicht anwesenden Vater, der seine Schutzfunktion nicht übernehmen kann; zugleich wird Apollonius durch den Vergleich mit dem römischen Kaiser aufgewertet.

Lycoris stirbt während ihres Gesprächs mit Tarsia. Das Mädchen erweist sich auch in ihrer Ausführung der Trauerriten als vorbildlich;[284] zugleich kreiert sie aber auch einen neuen Memorialort:

> Puella uero corpus nutricis sue sepulture mandauit, lugens eam anno. [...] nisi primo monumentum intraret [et] ferens ampullam *uini et* coronas. Et ibi manes parentum suorum inuocabat. (HA 30.5-10)

Lycoris' Grabmal dient einerseits der Erinnerung an sie und ihrer Ehrung. Andererseits ruft Tarsia hier die Seelen ihrer wahren Eltern an,[285] denn wie

---

280 In diesen Anweisungen kommt implizit Lycoris' Misstrauen gegen Stranguillio und Dionysias zum Ausdruck, dass die Amme jedoch nicht explizit formuliert.
281 „Memorials produce and preserve community memories by sacralising a corner of public space" (Donald Lateiner: Gendered Places in Two Later Ancient Novels [*Aithiopika, Historia Apollonii*]. In: Narrating Desire. Eros, Sex, and Gender in the Ancient Novel. Hg. v. Marília P. Futre Pinheiro, Marilin B. Skinner und Froma I. Zeitlin. Berlin/Boston 2012 [Trends in Classics – Supplementary Volumes, Bd. 14]. S. 49-76, S. 70).
282 Diese verbale Identifikation fehlt als Anweisung in RB und RC.
283 Vgl. Panayotakis: Story, S. 376.
284 Vgl. ebda., S. 379f.
285 Panayotakis argumentiert, dass hier nur der Geist ihrer vermeintlich toten Mutter gemeint sein könne, da Apollonius ja noch lebe (vgl. ebda., S. 382).

sie nur über den Umweg der Statue mit Apollonius' Taten verbunden ist, ist sie nur durch die Erzählung der Amme mit ihren Eltern verbunden.

Von der Statue und dem Grabmal abgesehen ist Tarsias Handlungsraum in klare Sphären unterteilt: Sie lebt im Hause von Stranguillio und Dionysias und besucht die Schule (*et petiit scolam suam*, HA 30.7f.). Unterbrochen wird dieses geregelte Leben, als sich Dionysias an einem Feiertag mit Tarsia und ihrer leiblichen Tochter in die Öffentlichkeit begibt (*transiebat per publicum*, HA 31.2f.):

> Videntes omnes ciues speciem Tharsie ornatam, omnibus ciuibus et honoratis miraculum apparebat atque omnes dicebant: ‚Felix pater, cuius filia est Tharsia; illa uero, que adheret lateri eius, multum turpis est atque dedecus. (HA 31.3-6)

Wieder wird hier öffentlicher Raum als Raum der Sichtbarkeit inszeniert, in welchem die Stadtbevölkerung als Einheit agiert (*omnes ciues, omnibus ciuibus et honoratis*), und der kritische Reflektion ermöglicht. In diesem Fall wird ein Kontrast zwischen den beiden Mädchen festgestellt und kollektiv bestätigt, der rückwirkt auf ihre Väter (*Felix pater, cuius filia est Tharsia*) und damit Apollonius und seine Tochter über Stranguillio und seine Familie stellt. Dieser Kontrast bezieht sich nicht nur auf die Schönheit der Mädchen, sondern auch auf ihre Ausstattung (*ornatam*), die dank Apollonius' großzügiger Vorsorge Tarsia hervorstechen lässt.[286] Dionysias kann dieses öffentliche Urteil nicht ertragen. Sobald sie alleine zuhause ist (*Et sedens sola cepit* HA 31.8), fasst sie den Entschluss, Tarsia töten zu lassen.

Dionysias' Plan ist parallel zu Antiochius' Mordabsichten auf Apollonius gestaltet. Antiochus hatte seinen Diener Taliarchus beauftragt, Apollonius *aut ferro aut uenenum*[287] (HA 6.7) zu töten und ihm dafür die Freiheit versprochen. Dionysias will Tarsia ebenfalls mit Schwert oder Gift aus dem Weg schaffen (*nisi ferro aut ueneno tollam illam de medio*, HA 31.13f.) und gibt ihrem *uillicus* Theophilus den Auftrag. Im Gegenzug soll auch er seine Freiheit erhalten. Antiochus weist Taliarchus an, Apollonius in seine Heimatstadt zu folgen und den Mord dort zu vollführen. Dionysias schickt Theophilus zum Grab der Amme, wo er Tarsia erwarten soll. Im Unterschied zu Taliarchus protestiert Theophilus gegen den Auftrag, wird also positiver als Taliarchus gezeichnet (HA 31).

Der Mord wird zunächst durch Tarsias Flehen und Gebet hinausgezögert (HA 32). Plötzlich erscheint eine Gruppe von Piraten (*subito aduenerunt pirates*, HA 32.1f.),[288] die mit komischem Effekt den Gutsverwalter wegen seiner Tötungsabsicht als Barbaren beschimpfen, denn *[h]ec enim nostra preda*

---

286 Vgl. ebda., S. 384.
287 Lies: *ueneno*, vgl. Kortekaas: Historia, S. 286.
288 Vgl. Panayotakis: Story, S. 399.

est et non tua uictima (HA 32.3).[289] Dass der Mordversuch sogar von Piraten verurteilt wird, „expresses severe disapproval of Theophilus' intended action".[290] Theophilus flieht und versteckt sich hinter dem Grabmal. Die Piraten aber *applicantes ad litus tulerunt uirginem et collantes altum petierunt pellagus* (HA 32.6f.). Die Raumregie dieser Szene ist nicht ganz eindeutig. Tarsia hält sich innerhalb der Grabkammer auf (*et ingressa monumentum posuit coronas supra*, HA 31.32f.), als Theophilus sie von hinten an den Haaren packt und zu Boden wirft (HA31.33f.). Dennoch werden die beiden offensichtlich von den vorbeisegelnden Piraten gesehen. Theophilus kann fliehen, Tarsia jedoch nicht.

Bedeutsam scheint, dass die Konstellation von Grabkammer und vorbeifahrenden Piraten zunächst einen nichtöffentlichen, als sicher gekennzeichneten Raum schafft, in den der Gutsverwalter eindringt um das schutzlose Mädchen zu töten. Dieser Raum wird plötzlich für die Piraten einsehbar und zugänglich. Die Kombination von intendierter Ermordung und durchgeführter Entführung zwecks sexueller Sklaverei ist ein weiteres Echo der Anfangsszene mit der Prinzessin von Antiochia, die den erzwungenen sexuellen Kontakt mit dem eindringenden Vater metaphorisch als Tod bezeichnet und anschließend Selbstmord begehen will (HA 2).

Theophilus erzählt Dionysias nichts von den Piraten, sondern behauptet, den Mord ausgeführt zu haben. Seine Herrin schenkt ihm dennoch nicht die Freiheit – eine Potenzierung des Verrats – sondern schickt ihn zurück an die Arbeit und plant, wie sie ihr Verbrechen verbergen kann. Dionysias und Stranguillio, der die Tat seiner Frau verurteilt, sich aber nicht gegen sie durchsetzen kann (HA 32),[291] täuschen nun vor, Tarsia sei an natürlichen Ursachen verstorben (*eam subito dolore stomachi fuisse defunctam*, HA 32.30f.) und inszenieren sich selbst als trauernde Eltern, die der Ziehtochter ein prächtiges Grabmal errichten (HA 32.58ff.).[292] Zum einen wird an dieser Stelle erneut eine scharfe Differenz zwischen nichtöffentlichem und öffentlichem Verhalten eingezogen: Zuhause und alleine (*Et sedens sola cepit* HA 31.8) fasst Dionysias den Entschluss zu ihrer Tat, informiert dann Stranguillio und plant, den Mord den Bürgern von Tarsus gegenüber zu verheimlichen:

---

289 Zum Motiv der Piraten in der griechischen und lateinischen Literatur vgl. Fritz Wehrli: Einheit und Vorgeschichte der griechisch-römischen Romanliteratur. In: Beiträge zum griechischen Liebesroman. Hg. v. Hans Gärtner. Hildesheim et al. 1984 [zuerst 1968]. S. 161-182, hier S. 167ff.; Brian C. McGing: Bandits, Real and Imgained in Greco-Roman Egypt. In: Bulletin of the American Papyrological Society 35 (1998). S. 159-183.
290 Panayotakis: Story, S. 400.
291 Panayotakis betont, dass Dionysias „adopts a dominant behaviour that is articulated by a series of verbs in the imperative or jussive subjunctive: *indue...dicamus...faciamus...dicamus*" (ebda., S. 406.
292 Diese Passage fehlt in RB, vgl. Kortekaas: Historia, S. 139ff.

> Tunc Dionisia apud semet ipsam consilio <*habito*> pro scelere quod excogitauerat, quomodo posit facinus illud celare, ingressa ad maritum suum Stranquilionem sic ait: '[...] Nunc uero propter cuium cuirositatem ad presens indue uestes lugubres, sicut ego facio, et falsis lacrimis dicamus eam subito dolore stomachi fuisse defunctam. (HA 31.17-31)

Dionysias ist sich der verbrecherischen Natur ihrer Tat (*scelere*) voll bewusst; ihre Täuschungsabsicht der Öffentlichkeit gegenüber wird als intentional markiert und wiederholt als falsch verurteilt. Gefasst wird dies ins Bild der *falsis lacrimis*.[293]

Dionysias und Stranguillio dissimulieren Körperzeichen, errichten ein falsches Grab und führen Trauerriten für ein Mädchen durch, dessen Tod Dionysias in Auftrag gegeben hat. Ihr Verhalten nähert sie in zweierlei Hinsicht dem des verbrecherischen Königs Antiochus an: Zum einen pervertieren sie das Eltern-Tochter-Verhältnis, das mit einer Schutzfunktion einhergehen sollte; zum anderen täuschen sie die Öffentlichkeit und erzeugen so zwei disparate Räume: den der verheimlichten Wahrheit in der Sicherheit ihres Hauses, und den öffentlichen, in dem sie die Bürger von Tarsus belügen und das eigentlich richtige Verhalten nur simulieren.

Das Grabmal der Tarsia wird im Text an dieser Stelle nicht detailliert beschrieben, es wird aber betont, dass es von dem Geld der Bürgerschaft errichtet wird, nicht lediglich von Dionysias und Stranguillio. Die Inschrift des Grabmals weist aus, dass es primär durch Apollonius' Wohltaten motiviert ist: DII MANES CIVES THARSI THARSIE VIRGINI BENEFICIIS TYRII APOLLONII <EX ERE COLATO FECERUNT> (HA 32.62-65). Auch durch die Erwähnung des Baustoffes (*ex aere*) wird das Grabmal auf diese Weise mit der Statue auf dem Marktplatz in Verbindung gebracht. Die drei erwähnten Denkmäler der Stadt Tarsus, die Statue des Apollonius, das Grabmal der Lycoris und das Grabmal der Tarsia, werden über die Schnittstelle des abwesenden Apollonius verknüpft. Zugleich bindet die Variation *Tharsi Tharsie* das vermeintlich tote Mädchen enger an die Stadt an.

Insgesamt erfährt in dieser Episode der Raum der Stadt Tarsus eine deutliche Ausdifferenzierung, ohne dass die erwähnten Orte jedoch detaillierter beschrieben würden. Die tarsischen Handlungsorte lassen sich unterteilen in Orte der Öffentlichkeit (der Marktplatz, die Straße), das als nichtöffentlich gezeichnete Haus von Dionysias und Stranguillio, sowie die drei erwähnten Denk- und Grabmäler. Öffentlichkeit und die nichtöffentliche Sphäre werden wie in der Antiochia-Episode kontrastiert und genutzt, um das heuchlerische Verhalten insbesondere Dionysias' zu markieren und zu verurteilen. Dieses Verhalten wird parallel zu dem von König Antiochus inszeniert. Die Denk- und Grabmäler werden erstens mit Einzelpersonen

---

[293] Vgl. auch *falsasque infundit lacrimas* (HA 32.54).

identifiziert und dadurch emotional aufgeladen; gleichzeitig dienen sie als Memorialorte und werden mit nicht-räumlichen semantischen Konzepten aufgeladen. Zwischen den Denk- und Grabmälern wird durch die Beziehung von Tarsia und Apollonius eine enge Verbindung geknüpft, die gleichzeitig dazu dient, den abwesenden Apollonius aufzurufen und präsent zu halten.

Zugleich wird in dieser Episode, wie im Falle des *cubiculum* der Tochter von Antiochus, ein vormals als sicher angenommener Raum ganz plötzlich zum Raum der Gefährdung. Die Doppelung des Angriffs durch Theophilus und die Piraten steigert diesen Eindruck plötzlicher Schutzlosigkeit noch. Dass ein den Toten geweihter Ort, an dem Tarsia regelmäßig religiöse Riten vollzieht, zum Handlungsort mehrfacher Übergriffe wird, verstärkt noch den gewaltsamen und schockierenden Eindruck dieser Szene. Der Mordversuch im Grabmal wird nicht explizit wie Antiochus' Taten als *impius* bezeichnet, dennoch wird hier die Unterbrechung einer religiösen Zeremonie und die anschließende Entweihung des Ortes durch Gewalt beschrieben.

2.3.10 Mytilene I

Tarsia wird von den Piraten nach Mytilene[294] verbracht und zusammen mit anderen Sklaven auf dem Marktplatz zum Verkauf angeboten (HA 33.2f.). Zum ersten Mal in der *Historia* erfüllt das *forum* die Funktion eines Orts des öfentlichen Handels. In der Mytilene-Episode stehen ökonomische Phänomene wiederholt im Mittelpunkt, oft in Form sich steigernder Reihen von Geldsummen, die den Besitzer wechseln.[295] Auch die Auktion, auf der Tarsia verkauft wird, ist so gestaltet. Sie findet zwar in der Öffentlichkeit des Marktplatzes statt, wird jedoch nicht in ihren räumlichen Gegebenheiten beschrieben, sondern ganz auf den Wettstreit der beiden Bietenden reduziert. Es handelt sich um einen Kuppler, der von Beginn an als *vir*

---

294 „Mytilene, the chief city on the island of Lesbos, is known elsewhere in the ancient novels as the setting for Longus' pastoral tale" (Panayotakis: Story, S. 418). Mytilene ist besonders für sein reiches kulturelles Erbe bekannt; dass Tarsia ausgerechnet hier für ihre Bildung und Fähigkeiten gerühmt wird, betont noch einmal ihre Qualitäten in diesem Bereich (vgl. Hugh Mason: The ‚Aura of Lesbos' and the Opening of Daphnis and Chloe. In: Authors, Authority and Interpreters in the Ancient Novel: Essays in Honor of Gareth L. Schmeling. Hg. v. Shannon Byrne et al. Groningen 2006. S. 186-195).
295 Panayotakis bemerkt anhand der Bordell-Passagen, Gewalt sei in diesen Szenen „only peripheral, and gives way to an emphasis on rhetorical performance and commercial exchange. The female body in this novel is primarily a means of financial exploitation" (Stelios Panayotakis: The Temple and the Brothel: Mothers and Daughters in *Apollonius of Tyre*. In: Space in the Ancient Novel. Hg. v. Michael Paschalis und Stavros Frangoulidis. Groningen 2002 [Ancient Narratives, Suppl. 1]. S. 99-116, S. 111). Vgl. zu dieser Szene auch Lorraine Helms: The Saint in the Brothel: Or, Eloquence Rewarded. In: Shakespeare Quarterly 41 (1990). S. 319-332.

infaustissimus (HA 33.3) verurteilt wird, und Athenagoras, *princeps eiusdem ciuitatis*, der Tarsia wegen ihrer Vornehmheit, Weisheit und Schönheit begehrt und für sich selbst kaufen will (HA 33.6f.). Die Bietsummen steigern sich von zehn auf hundert Goldstücke; der Kuppler zeigt sich entschlossen, seinen Konkurrenten zu überbieten. Durch die steigende Wiederholung von Geldbeträgen wird die Spannung der Szene erhöht.[296] Athenagoras gibt daraufhin nach und beschließt, einfach nach ihrem Verkauf ans Bordell der erste Kunde von Tarsia zu werden[297] und so sein Geld zu sparen (HA 33.12-15).[298]

Die folgende Handlung findet vorwiegend im *prostibulum*[299] des Kupplers statt. Geschildert wird zunächst sein Empfangsraum, in den er Tarsia bringen lässt:

> Addicitur uirgo lenoni, a quo introducitur in saluta<to>rio, ubi habebat Pr<i>apum [in salutoria] aureum, gemmis et auro reconditum. Et ait ad eam [Tarsia, LB]: ‚Adora numen presentissimum meum.' Puella ait: 'Numquid Lam<p>sa<ce>nus est?' (HA 33.16-19)

Der zentral positionierte und kostbar geschmückte Priapus ist das einzige geschilderte Raumdetail. Er steht für die Funktion des Gebäudes, und die Aufforderung des Kupplers an Tarsia, diesen Gott anzubeten, ist die implizite Aufforderung, sich in ihr Schicksal als Prostituierte zu ergeben. Tarsia nun versteht den Priapus nicht im Hinblick auf den Beruf des Kupplers, also funktional, sondern auf seine vermeintliche Herkunft aus Lampsakus, wo Figuren dieser Art große Verehrung genossen.[300] Dies kann als Hinweis darauf gelesen werden, dass die jungfräuliche Tarsia zu naiv ist, um das Geschäft des Kupplers zu verstehen. Bezieht man jedoch ihr folgendes Verhalten mit ein, so kann dieses Nichtverstehen auch als Strategie begriffen werden: Tarsia entgeht der Prostitution, indem sie immer wieder ihre Lebensgeschichte erzählt, also erfolgreich ihre biographische Vergangenheit gegen ihren Jetztzustand ausspielt und damit die Freier so rührt, dass diese sie unberührt lassen. Sie stellt sich selbst nicht als Prostituierte, also

---

296 Vgl. Panayotakis: Story, S. 421.
297 Dieser prospektierte Kauf von Tarsias Jungfräulichkeit beschreibt Athenagoras für sich als *eripiam nodum uirginitatis eius uili pretio* (HA 33.14f.), also mit dem selben Bild, das auch für die gewaltsame Entjungferung der Prinzessin von Antiochia durch ihren Vater verwendet wird.
298 Zur Prostitution im römischen Reich vgl. insbesondere die umfangreichen Arbeiten von Thomas A. J. McGinn (Prostitution, Sexuality and the Law in Ancient Rome. Oxford 1998; The Economy of Prostitution in the Roman world. A Study of Social History and the Brothel. Ann Arbor 2014; Zoning Shame in the Roman City. In: Prostitutes and Courtesans in the Ancient World. Hg. v. Christopher A. Faraone und Laura K. McClure. Wisconsin 2006. S. 161-176) sowie die anderen Beiträge in Christopher Faraone A. und Laura K. McClure (Hg.): Prostitutes and Courtesans in the Ancient World. Wisconsin 2006.
299 *Prostibulum* ist ein seltenes Nomen, „which in archaic Latin refers to a low class prostitue". Im spätantiken Latein gewinnt es die Zusatzbedeutung „Bordell", fungiert also als Metonymie (vgl. Panayotakis: Story, S. 422).
300 Vgl. ebda., S. 424ff.; Der Priapus-Kult ist auch in Lesbos weit verbreitet (vgl. ebda., S. 418).

Dienerin des Priapus, dar, sondern als Tochter des Apollonius von Tyrus, in Tarsus aufgewachsen, und ihre Konzentration auf Herkunft statt auf aktuelle Lebenssituation drückt sich bereits in dieser Frage aus. Der Kuppler klärt sie über ihre wahre Lage auf, und Tarsia reagiert heftig:

> Puella uero, ut hec audiuit, toto corpore contremuit et prosternens se pedibus eius dixit: ‚Miserere mei, domine, succurre uirginitati mee! Et rogo te, ne uelis hoc corpusculum [tu] sub tam turpi ti*tu*lo *pro*stituere.' (HA 33.21-24)

Die Situation erfasst sie körperlich und ruft damit sowohl den Schock von Antiochus' Tochter als auch das Beben der Stadt Tyrus nach dem Verschwinden von Apollonius auf.[301] Tarsia unterwirft sich dem Kuppler in der räumlichen Geste des Fußfalls, der ihn hierarchisch über sie stellt. Diese Geste, die schon vom nackten und schutzlosen Apollonius am Strand von Pentapolis ausgeführt wurde, ist auch hier verbunden mit einem Flehen um Rettung, in diesem Fall um die Erhaltung ihrer Jungfräulichkeit. Tarsia wird diese Geste im folgenden Handlungsverlauf wiederholt vollziehen (vgl. HA 43.3, 35.12). Ihre Worte machen zugleich deutlich, dass es sich bei dieser Inversion der sozialen Rollen um eine Perversion handelt, denn sie fleht ihn an, ihren Körper nicht mit der schändlichen Tätigkeit der Prostitution in Verbindung zu bringen, und streicht damit ihre für dieses Gewerbe zu hohe soziale Position heraus. Die Formulierung *ne uelis hoc corpusculum [tu] sub tam turpi titulo prostituere*[302] kann aber auch räumlich verstanden werden: Ihr Körper soll nicht unter dieser schändlichen Inschrift oder Tafel prostituiert werden.[303] Diese Interpretation deutet auf das räumliche Arrangement des Bordells voraus, da außen an Tarsias Kammer eine Tafel mit ihren Preisen angebracht wird (HA 33.26ff.). Die Kammer Tarsias wird im Text als *cella* (HA 33.27), nicht als *cubiculum* bezeichnet, also als kleiner Raum charakterisiert, der häufig als Unterkunft von Sklaven diente. Dieses räumliche Arrangement ist typisch für die Prostitution im römischen Reich[304] und taucht so auch in literarischen Darstellungen von Bordellen auf.[305]

Der Handlungsort Bordell wird immer wieder in Bezug gesetzt zum öffentlichen Stadtraum. Teils ist dieses Verhältnis kontrastiv gestaltet, teilweise werden, wie im Falle der öffentlich in die Prostitution verkauften Sklavinnen, Öffentlichkeit und Bordell komplementär gestaltet. So findet auch der Einzug Tarsias in das Bordell im Rahmen einer öffentlichen Prozession statt: *Tertia die antecedente turba cum s*ym*pho*ni*acis ducitur ad lupanar* (HA

---

301 Vgl. Kap. 2.3.3.
302 So in den Handschriften Vac und α und RB; Handschrift P hat stattdessen *sub tam turpi prostibulo cosntituere* und stärkt damit noch den räumlichen Aspekt des Bordells, das sich nicht als Wohnung ihres Leibes eigne.
303 *Pro-stituere* ist ja selbst ein ursprünglich räumlich zu verstehender Begriff.
304 Vgl. McGinn: Economy, S. 39f.
305 Vgl. Panayotakis: Story, S. 428.

34.1f.). Die Gruppe, die Tarsias Weg begleitet, wird in ihrem sozialen Status nicht genauer beschrieben; anders als bei den bisherigen Beschreibungen von sich öffentlich versammelnden Gruppen wird auch keine Vollständigkeit der Bürgerschaft suggeriert. Dennoch ist deutlich, dass bordellgebundene Prostitution an sich nicht sozial verurteilt wird.[306] Verwerflich an Tarsias Fall ist nicht die Zwangsprostitution an sich, sondern ihr hoher Stand, der sie vor diesem Schicksal schützen sollte.

Athenagoras' Verhalten wird mit dem beschriebenen öffentlichen Zug kontrastiert: *Sed Athenagora princes affuit prior et uelato ingreditur ad lupanar* (HA 34.2f.). Er kommt dem Zug zuvor und betritt das Bordell mit verhülltem Kopf, was als Versuch gelesen werden kann, seine Identität zu verheimlichen, denn „[a] visit to the brothel creates a scandal for persons of rank".[307] Fand die Handlung der *Historia* zuvor entweder im öffentlichen Raum statt oder an Orten, zu denen nur Personen höheren Ranges Zugang hatten, so findet sich hier der umgekehrte Fall. Die Scham Tarsias und Athenagoras' Versuch der Diskretion markieren, dass dieser Ort nicht zu dem für sie vorgesehenen Handlungsraum gehört. Den Eingang zum Bordell könnte man also im Sinne Lotmans als klassifikatorische Grenze bezeichnen, die den Raum der *Historia* in zwei Räume unterschiedlicher Stände (hoch und niedrig) unterteilt. Dementsprechend wären Tarsias Versetzung über diese Grenze und Athenagoras' freiwilliges Übertreten derselben revolutionäre Ereignisse im Text, die Restitution Tarsias und ihre anschließende Heirat mit Athenagoras eine Restitution des Ausgangszustandes.

Athenagoras trifft in ihrer *cella* auf Tarsia, die ihm zu Füßen fällt, ihm ihre Geschichte erzählt und ihn anfleht, seine unangemessene Lust zu zügeln (*Contine impudicam libidinem*, HA 34.7). Athenagoras reagiert erschüttert und mit *pietas*. Er macht den von Tarsia durch ihren Fußfall räumlich explizierten Hierarchieunterschied zwischen ihnen rückgängig und hebt sie auf seine Ebene. Zudem schenkt er ihr vierzig Goldstücke, eine Summe, die den Preis ihrer Jungfernschaft übersteigt (HA 34.3f.). Tarsias eigentlicher sozialer Status wird anerkannt und ihre Sexualität gelöst von der ökonomischen Logik von Ware und Kaufpreis. Statt bei ihrer Entjungferung wie ursprünglich geplant ein Schnäppchen zu machen, zeigt Athenagoras sich großzügig und seiner Position als *princeps* angemessen. Die Vokabel *pietas* kontrastiert sein Verhalten mit dem des Antiochus, der im Text wiederholt mit den Begriffen *impietas* und *impius* bezeichnet wird.[308]

Der Ablauf dieser Episode wiederholt sich im Folgenden mehrfach. Männer betreten Tarsias *cella*, um Geschlechtsverkehr mit ihr zu haben,

---

[306] Dies entspricht den historischen Befunden; vgl. McGinn: Prostitution; McGinn: Shame; vgl. auch die ähnlich gestaltete Szene in Xenophons *Ephesiaka* (5.7).
[307] Panayotakis: Story, S. 430.
[308] Vgl. Kap. 2.3.2.

werden von ihrer Unterwerfungsgeste und ihrer Geschichte zu Tränen gerührt und schenken ihr Geld, ohne eine sexuelle Gegenleistung zu verlangen (HA 34-35).[309] Beim Verlassen der *cella* trifft Athenagoras einen Kollegen, dem er jedoch nichts von den Vorgängen erzählt. Athenagoras beobachtet nun den Ablauf der Szene heimlich und kommentiert sie sogar, während er vor der Tür steht: *Athenagora uero de foris stans dicebat: ‚Quantum plus dabis, plus plorabis!'* (HA 34.27f.). Tarsia verwandelt durch ihre Erzählung Kapitalströme in Tränenströme.

Aus den einzeln eintretenden Männern formt sich durch ihr von *pietas* bestimmtes Verhalten eine Gruppe, die, anstatt Tarsia als Zwangsprostituierte zu behandeln, ihre Jungfräulichkeit mit monetären Mitteln erkauft. Die Vereinzelung und Schutzlosigkeit, mit der Tarsias *cella* im Bordell eigentlich verbunden ist, wird so umgedeutet zu einer positiven Öffentlichkeit, die ihren Stand bestätigt und ihr durch Geld Schutz bietet.

Seinen Höhepunkt findet dieser Handlungsstrang, als der Kuppler herausfindet, dass Tarsia noch Jungfrau ist, und seinem *uillicum puellarum* (HA 35.14) den Auftrag gibt: ‚*Duc eam ad te et tu eripe nodum uirginitatis eius*' (HA 25.16f.).[310] Tarsia wird von dem Aufseher *in suum cubiculum* (HA 35.18) gebracht und soll dort vergewaltigt werden. Stattdessen führt Tarsia ihr Skript noch einmal erfolgreich durch, wirft sich ihm zu Füßen, klagt und erzählt ihre Geschichte. Der *uillicus* empfindet *misericordia* und erklärt sich bereit, ihr zu helfen. Tarsia weiht ihn in ihren Plan ein:

> ‚Habeo auxilium studiorum liberalium, perfectę erudite sum< similiter et <*ly*>re pulsu[m] modulanter[311] †inlidor†. Iuebe crastina in frequenti loco poni scamn[i]a, et facundia sermonis mei spectaculum prębeo; deinde plectro modulabor et hac arte ampliabo pecunia<*s*> cottidie'. Quod cum fecisset uilicus, tanta populi adclamatio tantusque amor ciuitas circa eam excreuuit, ut et uiri et feminęe cottidie ei multa conferrent. (HA 36.1-8)[312]

Tarsia plant, mit ihren Fähigkeiten und ihrer Bildung statt mit ihrem Körper Geld zu verdienen. Sie schafft eine öffentliche Aufführungssituation (*spectaculum*), die im Kontrast steht zu den Einzelbegegnungen in der *cella* des Bordells. Das Volk, das ihren *spectacula* beiwohnt, besteht aus Männern und Frauen und steht, anders als die Gruppe, die ihren Zug ins Bordell begleitet hatte, metonymisch für die Stadt Mytilene (*tantusque amor ciuitas*). Tarsia bietet der Öffentlichkeit eine gelungene Selbstinszenierung, die die Aufmerksamkeit von ihrem sexualisierten Körper weg und hin zu ihrer durch Beredsamkeit und musikalischem Talent ausgedrückten Körperfähigkeiten,

---

309 Zur Geld-Tränen-Metaphorik der *Historia* vgl. Junk: Transformationen, S. 50.
310 Vgl. für das Bild vom Knoten der Jungfräulichkeit Fußnote 179.
311 Lies: *modulata*, vgl. Kortekaas: Historia, S. 360.
312 Die Darstellung dieser öffentlichen Situation ist in RB und RC ausführlicher gestaltet (vgl. Kortekaas: Historia, S. 361; Schmeling: Historia, S. 115).

ihrer *paideia*, verlagert.[313] Damit gleicht ihre Strategie der des schiffbrüchigen Apollonius in Pentapolis, der die Liebe der Königstochter durch seine Bildung und Fähigkeiten gewann.[314] Anders als ihre Mutter zieht sich Tarsia nicht in die Isolation zurück, sondern sucht die Öffentlichkeit, die sie auf ihre Seite bringen kann. Sie fleht zwar um männlichen Schutz, dies ist jedoch nur der erste Schritt zu einer unabhängigen, durch ihre Kompetenzen gesicherten Existenz.

Athenagoras nun nimmt Tarsia integre uirginitatis et generositatis ita eam custodieba[n]t [h]ac si unicam suam filiam, ita ut uilico multa donaret et commendaret eam (HA 36.8-11). Tarsia wird in Bezug auf ihn umgewertet von einem Objekt sexuellen Begehrens zu einem Mädchen in Tochterrolle. Mit dieser Konstellation wird noch einmal die Beziehung zwischen Antiochus und seiner Tochter aufgerufen; Athenagoras jedoch verzichtet zunächst auf den durch diesen Vergleich negativ bewerteten sexuellen Akt mit Tarsia und schützt sie stattdessen vor Übergriffen. Darüber hinaus korrigiert er auch die Beziehung zwischen uillicus und Tarsia – der Aufseher fungiert nicht länger als bedrohlicher Wärter, sondern dient nun ebenfalls zu ihrem Schutz.

In der Mytilene-Episode finden sich neben dem viel besuchten Platz (*frequenti loco*) nur das *forum* und die verschiedenen Zimmer des Bordells als Handlungsräume. Große Bedeutung haben stattdessen die verschiedenen Gruppenbildungen und unterschiedlichen Facetten von Öffentlichkeit, die hier nach und nach durchgespielt und mit der Isolation und Schutzlosigkeit der *cella* kontrastiert werden. In den wiederholten Supplikationsgesten und anschließenden Erhöhungen Tarsias werden Hierarchien expliziert und in ihrer Dynamik vorgeführt. Gleichzeitig dient auch die unterschiedliche Beweglichkeit der Figuren dem Ausdruck ihres sozialen Status: Tarsia kann sich zunächst nicht frei bewegen, sondern wird vom Piratenschiff zum Marktplatz und vom Marktplatz in die verschiedenen Zimmer des Bordells geführt. Ihre männlichen ‚Kunden' dagegen können sich flexibel innerhalb des Bordells bewegen und ihre *cella* nach Wunsch betreten. Nachdem Tarsia sich mit dem *uillicus* geeinigt hat, ist es jedoch sie, die aus dem Bordell in die Öffentlichkeit tritt und sich dort frei zeigt und bewegt. Damit wird ihre wachsende Selbständigkeit und ihre Lösung aus der ökonomischen Abhängigkeit vom Kuppler demonstriert, auch wenn sie ihm weiterhin gehört und der Gefahr der Prostitution nicht dauerhaft entkommt.

---

313 Vgl. hierzu und zu der folgenden Schiffsbauch-Szene: Elizabeth Archibald: „Deep clerks she dumbs": The Learned heroine in „Apollonius of Tyre" and „Pericles". In: Comparative Drama 22.4 (1988-89). S. 289-303; Junk: Transformationen; Berneder: Väter; allgemein zur Bildung der Protagonistinnen des antiken Romans vgl. Renate Johne: Women in the Ancient Novel. In: The Novel in the Ancient World. Hg. v. Gareth Schmeling. Leiden/New York/Köln 1996. S. 151-208.
314 Vgl. Panayotakis: Story, S. 447.

2.3.11 Tarsus III

Nachdem vierzehn Jahre vergangen sind, kehrt Apollonius *ad ciuitatem Tharsiam ad domum Stranguillionis et Diunisię* zurück (HA 37.2f.), um seine Tochter zu treffen.[315] Stranguillio und seine Frau reagieren zunächst ängstlich, täuschen dann jedoch erneut Trauer vor (HA 37.8ff.). Dieses Verhalten ist eine exakte Wiederholung ihrer Täuschung kurz nach dem Trauerfall (HA31.17-31); die Formelhaftigkeit der Wendung verstärkt noch den Eindruck von heuchlerischer Veräußerlichung der Trauer. Apollonius dagegen reagiert auf die Nachricht vom Tod seiner Tochter heftig.

Sein ganzer Körper ist von der Trauer affiziert (*tremebundus toto corpore [hac] palluit diuque mestus constitit*, HA 37.22ff.); er ist noch nicht einmal in der Lage, wie beim Tod seiner Frau die erwarteten Trauergesten durchzuführen (vgl. HA 25). Zunächst bittet er Stranguillio und Dionysias um die *ornamenta* und *uestis*, die seine Tochter zurückgelassen haben muss. Dann lässt er sich das Grabmal Tarsias zeigen und liest die Inschrift.[316]

> Perlecto titulo stupenti mente constitit. Et dum miratur se lacrimas non posse fundere, maledixit oculos suos dicens: ‚O crudeles oculi, titulum natę meę cernitis, et lacrimas fundere non potestis! O me miserum! Puto, filia mea uiuit.' (HA 38.14ff.)

Zur Beschreibung seines Zustandes verwendet der Erzähler noch einmal das Verb *constitit* (von *constare*). Apollonius befindet sich in einem Zustand der gelähmten Verzweiflung. Er verflucht seine Augen, weil er nicht weinen kann, was in der historiographischen Tradition als Zeichen besonderer Trauer gilt.[317] Hier wird ein Kontrast aufgebaut zwischen dem tatsächlich betroffenen Apollonius, dessen Trauer so tief ist, dass ihm sein Körper den Dienst versagt und nicht einmal mehr Tränen produziert, und den heuchlerischen Zieheltern, die im Text wiederholt falsche Tränen weinen und alle Trauerriten perfekt vollziehen.

Zugleich wird das Motiv der tränenlosen Augen, die Apollonius für ihre Treulosigkeit verflucht, im Text „ironically subverted",[318] denn die

---

[315] Die Ankunftssequenz enthält mehr Details in RB und RC (vgl. Kortekaas: Historia, S. 363; Schmeling: Historia, S. 116.
[316] Bezüglich dieser Gedenkschrift sind die Varianten *Historia* besonders inkonsistent. RA, RB und RC bieten unterschiedliche Versioen. In RA weichen zudem die beiden Wiedergaben der selben Inschrift voneinander ab – die zweite, die Apollonius liest, ist deutlich länger als die bei der Setzung des Grabmals wiedergegebene (vgl. HA 31.4). Auch Panayotakis weist auf diese Diskrepanz hin. Er betont, dass „in both cases the inscription is sepulchral and emphasizes the viewer's perspective". Die erste Inschrift fokussiert ihm zufolge die Dankbarkeit der Bürger, während die zweite Variante den familiären Bund zwischen Vater und Tochter betone. Panayotakis bezeichnet dies als „'free' use of the written medium", das „appropriately adopts a self-reflexive perspective and emphasizes the performative aspects of the text".(Panayotakis: Fixitiy, S. 314f.).
[317] Vgl. Panayotakis: Story, S. 462.
[318] Ebda.

Rezipienten wissen ja, dass Tarsia nicht wirklich tot ist. So erhält Apollonius' Klage *Puto, filia mea uiuit*, die auf Figurenebene seine Fassungslosigkeit ausdrücken soll, auf der Makroebene des Textes prophetische Bedeutung. Für die herausgearbeiteten Funktionsebenen von Statuen und Grabmälern in der *Historia* bedeutet dies, dass das Grabmal zwar als Memorialort für die Beziehung von Tarsus und Apollonius fungiert, wie es die Inschrift bestätigt, dass es aber keine Memorialfunktion für Tarsia übernehmen kann, denn die weilt ja noch unter den Lebenden.

Apollonius kehrt nun zu seinem Schiff zurück. Anders als bei seinem letzten Aufenthalt in Tarsus spricht er nicht zu den Bürgern. Er will nach Tyrus reisen und weist seine Schiffsbesatzung an, ihn *in subsannio nauis* zu werfen, wo er auf den Wellen sein Leben aushauchen wolle, da er *in terries non licuit lumen uidere* (HA 39,17ff.). Das hybride Substantiv *subsannium*[319] ist wahrscheinlich aus dem lateinsichen *sub* und dem griechischen σανίς (Deck) zusammengesetzt und so kaum belegt.[320] Es beschreibt den Raum unter Deck, der im Folgenden als ‚Schiffsbauch' umschrieben werden soll, und der sich durch Dunkelheit auszeichnet und in der Handlung räumlich nicht weiter ausdifferenziert wird. Mit seiner Anweisung erteilt Apollonius seinem bisherigen Leben eine Absage – er zieht sich in das Dunkel des Schiffsbauches zurück, da er „auf Erden das Licht des Tages nicht mehr sehen darf".[321] Tarsia wird hier und im weiteren Textverlauf wiederholt von Apollonius mit Licht und seinem Lebenswillen gleichgesetzt. Diese heftige Trauer um eine Tochter ist „remarkable by ancient standards",[322] es wird in den folgenden Szenen aber wiederholt verdeutlicht, dass er zusätzlich nach wie vor auch um seine Frau trauert.

Räumlich wird hier eine Opposition von oben/unten bzw. an Deck/unter Deck eingezogen, die semantisch mit den Relationierungen Licht/Finsternis, Freude/Trauer, Gemeinschaft/Isolation und Leben/Tod aufgeladen wird. Diese Oppositionen durchziehen die folgende Mytilene-Episode bis zur *anagnorisis* von Vater und Tochter.

Zusammenfassend greift die Szene der Rückkehr von Apollonius nach Tarsus bereits die in vorangegangenen Episoden entworfene Räume auf. Sie arbeitet im Falle von Stranguillio und Dionysias erneut mit der Opposition öffentlich/nichtöffentlich, die semantisch als falsch/ehrlich codiert wird. Die im Grabmal der Tarsia ausgedrückte ehrliche Trauer der Bürger

---

319 RB hat stattdesen *in sentinam nauis* (RB 38.17), RC *in sentina navis* (RC 38).
320 Vgl. Panayotakis: Story, S. 464.
321 Waiblinger: Historia, S. 87.
322 Panayotakis: Story, S. 463. Panayotakis verweist mit Pickford auf „a similarity between our passage and the treatise attributed to Plutarch, *Consolation to Apollonius*, in which the author disapprovingly refers to excessive mourning amon the Egyptians, the Syrians, and the Lydians" (ebda., S. 464). Zugleich kann diese heftige Trauer auch auf die griechischen Romane Bezug nehmen, in denen sich mehrfach trauernde Helden in den Bauch eines Schiffes zurückziehen (ebda.).

wird mit den veräußerlichen Trauergesten der Zieheltern, aber auch mit Tarsias vorbildlichem Verhalten nach dem Tod ihrer Amme kontrastiert. Apollonius' Trauer fügt diesem Feld noch einen weiteren Aspekt hinzu, denn sie ist so stark, dass sein Körper gelähmt jede Reaktion verweigert. Dies verurteilt die dissimulierende Körperkontrolle von Stranguillio und Dionysias in noch höherem Maße.

2.3.12 Mytilene II

Apollonius hat vor, nach Tyrus zu reisen, doch *subito mutata est pelagi fides* (HA 39.2), und die Winde wehen sie nach Mytilene. Wieder wird ein Wendepunkt in der Handlung durch gefährliches Wetter markiert; anders als bei der Reise nach Pentapolis, wo Apollonius zwar schiffbrüchig, nackt und alleine, aber dennoch am geplanten Zielort ankommt, wird sein Schiff nun vom Kurs abgebracht und er landet unerwartet vor der Stadt, in der seine Tochter sich aufhält. Das *subito* verknüpft den plötzlichen Sturm zudem mit dem Auftritt der Piraten, die Tarsia entführen.[323]

In Mytilene werden gerade die Neptunalien gefeiert, eines der beliebtesten und auch weit über die Christianisierung des römischen Reiches hinaus zelebrierten Feste, das am 23. Juli stattfand, also eine genaue Datierung der Handlung ermöglicht.[324] Die Feierlichkeiten erhöhen noch den Kontrast zwischen der semantisch codierten Opposition oben/unten, wie Apollonius selbst bemerkt: ‚*Ergo omnes diem festum celebrant preter me!*' (HA 39.6). Das Schiff legt an der Küste an. Apollonius beschenkt seine Diener großzügig und erlaubt ihnen zu feiern, weist sie aber unter Androhung körperlicher Gewalt an, ihn in seiner Isolation zu belassen:

> Et uocans dispensatorem suum ait ad eum: ‚Dona X aureos pueris, et eant et emant quod uolunt, et celebrent diem. Me autem ueto a quoquam uestrum appellari; quod si aliquis uestrum fecerit, crura ei frangi iubeo.' (HA 39.8-12)

Die Männer legen sich zum Festmahl an Deck. Da geht Athenagoras an der Küste spazieren (*Athenagora [...] deambulans in litore*, HA 39.13-15), um die Festlichkeiten auf den Schiffen zu betrachten und bewundert das besonders prächtige Schiff des Apollonius. Dieser Spaziergang ist parallel zu Apollonius' Spaziergang vor Tarsus (HA 8.3) und der Szene vor Pentapolis (HA 24.2) gestaltet; auch hier kommt es zu unerwarteten Begegnungen zwischen Personen unterschiedlichen Standes, nur ist zunächst Athenagoras statt Apollonius in der Rolle des sozial Überlegenen. Er wird von der

---

323 Vgl. ebda., S. 466.
324 Vgl. ebda., S. 467.

Mannschaft des Schiffes eingeladen und gesellt sich zu ihnen,[325] schenkt ihnen aber zehn Goldstücke, *ne me gratis inuitaueritis* (HA 39.22). Diese Schenkgeste wiederholt in der Summe genau die Großzügigkeit des Apollonius – auch hier werden Athenagoras und Apollonius einander in der Darstellung angenähert.[326]

Der Raumentwurf der folgenden Episode ist durch eine oppositionelle Struktur gekennzeichnet. Die Handlung ist an Bord des Schiffes von Apollonius situiert. Dieses ist *melior et ornatior* (HA 39.16f.) als die umliegenden Schiffe, der Ort wird also als exzeptionell beschrieben. Das Schiff selbst vereint zwei disparate Räume: Das Deck, auf dem die Schiffmannschaft die Neptunalien feiert, und den Schiffsbauch, *subsannium navis*. Das Deck ist im Raum des Schiffes oben situiert, die Figuren der Schiffsbesatzung, dann auch Athenagoras und später Tarsia sind ihm zugeordnet. Dieser Raum ist durch festliche Stimmung, reiche Bewirtung und eine relativ hierarchielose Gemeinschaftlichkeit gekennzeichnet, in die auch Athenagoras ohne große Umstände aufgenommen wird (HA 39.18-21).[327]

Die gehäuften Verweise auf Apollonius, der als Besitzer des Schiffes und Herr der Besatzung erwähnt wird, sowie die verwunderten Nachfragen von Athenagoras nach eben diesem abwesenden *dominus* (HA 39.25ff.) drücken aus, dass dieser Gemeinschaft ihr Herr und damit eine wichtige Position im Hierarchiegefüge fehlt. Der Schiffsbauch dagegen ist im Unten situiert. Nur Apollonius hält sich dort auf; der Zutritt ist der Schiffsbesatzung verboten. Die räumliche Anordnung der Figuren widerspricht hier der oben/unten-Hierarchie von Herr und Dienern, auch dadurch wird der Rückzug des Apollonius als problematisch markiert. Der Schiffsbauch wird von der Schiffsbesatzung als isolierter Ort charakterisiert und kontrastiert mit der festlichen Gemeinschaft oben. Er ist von Trauer und Dunkelheit bestimmt: ‚*Nauis huius dominus in luctu moratur et iacet intus in subsannio nuis in tenebris; flet uxorem et filiam*' (HA39.28f.).

Das Personal der Szene lässt sich in zwei Gruppen unterteilen. Die Männer der Schiffsbesatzung und die Diener sind als unbewegliche Figuren gekennzeichnet. Sie können die Grenze zwischen oben und unten aufgrund von Apollonius' Drohungen nicht übertreten. Auch Apollonius wird in dieser Szene zunächst als unbewegliche Figur charakterisiert; es wird aber deutlich, dass diese Unbeweglichkeit seinem Willen entspricht, oder vielmehr

---

[325] In RA und RC muss Athenagoras dazu zum Schiff hinaufsteigen (*nauem ascendit*, HA 39.20, RC 39), in RB dagegen wird die Küste als Ort seines Spazierganges nicht erwähnt, und um das Schiff besteigen zu können, muss Athenagoras hinabsteigen, was den Hierarchieunterschied zwischen ihm und der Schiffsbesatzung noch augenfälliger macht (‚*[…] Magnifice, si digneris, descende ad nos.*' *Athenagora descendit* [RB 39.20f.]).

[326] Vgl. Panayotakis: Story S. 472.

[327] „The social asymmetry between the superior guest and the inferior hosts […] underlines the transgressive character of the invitation" (ebda., S. 471).

seinem Widerwillen, ins Leben zurückzukehren. Es handelt sich bei ihm also um eine situativ unbewegliche Figur mit dem Potenzial zur Bewegung. Athenagoras und Tarsia dagegen sind beweglich und wechseln zwischen beiden Räumen mit dem Ziel, Apollonius zur Rückkehr in den Raum des ‚Oben' und damit ins Leben zu bewegen.

Zunächst wagt Athenagoras den Abstieg in den Schiffsbauch (HA 40), nachdem die Schiffsbesatzung ihm zwar den Namen ihres Herrn genannt, sich aber geweigert hat, ihm eine Nachricht zu überbringen:

> Et demonstrantibus pueris peruenit ad eum. Quem cum uidisset squalida barba, capite horrido et sordido in tenebris iacantem, submissa uoce salutauit eum: ‚Aue, Apolloni.' Apollonius uero putabat se a quoquam de *suis* contemptum esse; turbido uultu respiciens, ut uidit ignotum sibi hominem honestum et decoratum, texit furore<m> silentio. (HA 40.2-7)

Die Häufung von Begriffen wie *squalida*, *horrido* und *sordido* und das zornige Schweigen Apollonius' charakterisieren diesen Raum als negativ, abstoßend und kommunikationsfeindlich. Panayotakis argumentiert, dass „Apollonius' hideous appearance suggests not only mourning, but also a ghostly, otherworld condition",[328] womit der Schiffsbauch für einen symbolischen Tod stehen würde. Dennoch bittet Athenagoras Apollonius, mit ihm an Deck zu kommen, und fasst in dieser Bitte die beiden Räume in der Opposition Licht/Finsternis (*procede de tenebris ad lucem*, HA 40.16).[329] Apollonius jedoch bekräftigt, dass er allein zurückbleiben und eigentlich nicht mehr leben will (*ut non solum epulari, set nec uiuere desiderarem* HA 40.21f.).

Athenagoras zieht sich zurück, lässt aber nach Tarsia schicken und beauftragt sie, statt seiner Apollonius aus dem Dunkel des Schiffsbauchs herauszulocken (HA 40.31-36). Athenagoras begrüßt Tarsia als *domina* und setzt sie damit im Status dem *dominus* Apollonius gleich. Er will sie zwar für diesen Auftrag bezahlen, bezeichnet ihn aber auch als *pietatis causa* und verlässt damit die rein ökonomische Ebene. Athenagoras betont, er habe Tarsia wegen ihrer *ars studiorum* für die Aufgabe ausgewählt; bei der Nennung von Apollonius' Namen hatte er sich aber erinnert, dass dies auch der Name von Tarsias Vater sei (HA 40.1f.). Der Erzähler lässt offen, ob Athenagoras die Zusammenhänge bereits durchschaut hat und deshalb die Begegnung zwischen Vater und Tochter orchestriert, oder ob es sich um eine Häufung von Zufällen handelt.

Die folgende Begegnung zwischen Tarsia und Apollonius ist die längste Szene der *Historia* (HA 40-45). Ihr Schwerpunkt liegt auf dem Dialog zwischen Vater und Tochter, die sich durch das Stellen und Lösen von Rätseln annähern und trotzdem erst am Ende erkennen. Die räumlichen

---

328 Er vergleicht die Darstellung mit der Erscheinung des Toten Hektors in Vergils *Aeneis*, 2.277 (ebda., S. 478).
329 Vgl. auch ‚*non potui domino uestro persuaere, ut ad lucem uenire procederet'* (HA 40.23f.).

Gegebenheiten der Szene strukturieren diesen Dialog, einerseits, weil die Stationen der Annäherung und Entfernung auch über Bewegungen im Raum expliziert werden, andererseits, weil der dieser Szene zugrundeliegende Impetus, nämlich die Rückführung des Apollonius an Deck und ins Licht, Tarsias Handeln von Beginn an bestimmt, während Apollonius bemüht ist, seine Isolation im Dunkeln unter Deck wieder herzustellen. Der Dialog zwischen den beiden fungiert also als (metaphorisches) Tauziehen zwischen den zuvor aufgemachten oppositionellen Räumen oben/unten und ihren semantischen Codierungen von Licht, Gemeinschaft und Leben an Deck, Dunkelheit, Einsamkeit und Trauer im Schiffsbauch.

Zunächst steigt Tarsia hinunter *in subsannio nauis* (HA 40.39), begrüßt Apollonius und trägt ein Lied[330] über ihre aktuelle Lebenssituation vor, in dem sie sich mit einer Rose vergleicht, die die sie umgebenden Dornen nicht kennt (*sicut rosa in spinis nescit compungi mucrone*, HA 41.3). Dieses Bild hebt durch das räumliche Arrangement von Rose und Dornen hervor, dass Tarsia sich paradoxerweise zwar in einer schändlichen Situation befindet, diese aber keinen Effekt auf sie (die Rose) hat, ja dass die umgebenden Dornen die Rose eher noch schöner erscheinen lassen. Bereits in diesem Lied formuliert sie die Sehnsucht nach ihrem unbekannten Vater und klagt, *pater si nosset, ubi essem* (HA 41.7). Tarsias Worten gelingt, was Athenagoras vergeblich versuchte: Apollonius *leuauit caput [...] et uidit puellam* (HA 41.14). Er setzt sich zu ihr und spricht freundlich mit ihr. Damit sie ihn alleine lässt, gibt er ihr zweihundert Goldstücke. Tarsia soll sich verhalten, als ob sie ihren Auftrag erfüllt hätte und Apollonius im Dunkeln zurücklassen (*et ac si in lucem produxeris me, gaude*, HA 41.21). Als Tarsia jedoch an Deck steigt, überbietet Athenagoras Apollonius' Gabe (HA 41.28-31).

Erneut werden, wie schon in der Bordell-Szene, ein ökonomischer, ein emotionaler und ein ethischer Diskurs miteinander verwoben. Wenn Athenagoras Tarsia mehr Geld bietet, damit sie behauptet, kein Geld zu wollen, dann wird die Problematik dieser diskursiven Verflechtung auf den Punkt gebracht. Tarsia dagegen nutzt diesen Sachverhalt, indem sie wie zuvor das eine System gegen das andere ausspielt. Sie bittet Apollonius, ihr für das geschenkte Geld zu erlauben, ihn mit Rätseln zu unterhalten. Sollte er dies ablehnen, werde sie ihm sein Geld zurückgeben. Apollonius, der auf keinen Fall geldgierig wirken will (*At ille ne uideretur pecuniam recipere*, HA 41.36) und der sich zu der *prudens puella* (HA 41.37) hingezogen fühlt, stimmt zu.

Tarsia stellt nun eine Reihe von Rätseln, die Apollonius mit Leichtigkeit beantwortet. Hierdurch erringt er Tarsias Bewunderung (HA 42.9ff.). Sie

---

330 Vgl. zu dieser Passage Cecilia Braidotti: Il canto di Tarsia. In: Schol(i)a 7.3 (2005). S. 81-99. Die Verse ähneln daktylischen Hexametern, sind aber unregelmäßig (vgl. Panayotakis: Story, S. 489).

ist begeistert (*inflammata prudentia quaestionum*, HA 42.29) von Apollonius' Fähigkeiten. Apollonius wiederum ist erstaunt über ihre Klugheit (HA 42.25f.). Die Rätsel dienen so als Medium einer Annäherung, indem beide Figuren als in Bildung und Fähigkeiten gleichwertig gezeigt werden und gegenseitige Sympathie für einander entwickeln.[331] Über diesen kommunikativen Aspekt hinaus haben die Rätsel aber noch eine andere Funktion: Sie thematisieren Apollonius' Situation[332] und greifen implizit den Appell auf, den Schiffsbauch zu verlassen und nach oben zu steigen. Dieser Appell ist in der Abfolge von räumlichen Bildern und Bewegungen verschlüsselt, die die Rätsel nacheinander entwickeln.

Die ersten Gegenstände von Tarsias Rätseln sind die Welle, die Tarsia als *domus in terris* (HA 42.2) bezeichnet, und der Fisch, der in diesem Hause unsichtbar lebt. Das zweite Rätsel fragt nach der Flöte aus Schilfrohr, das stets am Ufer nahe dem Wasser wächst (*canna est, ripe semper uicina, quia iuxta aquas sedes collocatas habet*, HA 42.15f.).[333] Gegenstand des dritten Rätsels ist das Schiff, das viele Wege läuft, aber keine Spuren hinterlässt (*Curro uias multas, uestigia nulla relinquo*, HA 42.22). Viertens fragt Tarsia nach einem Gebäude, das von Feuer durchlaufen wird und doch den Gast nicht verbrennt (HA 42.30ff.). Apollonius antwortet:

> Ego si istum luctum possem deponere, innocens intrarem per istum ignem. Intrarem enim balneum, ubi hinc inde flamme per tu[r]bulos surgunt [...]. (HA 42.33-35)

Er bringt damit zum ersten Mal den Gegenstand eines Rätsels mit seiner eigenen Situation in Verbindung. Tarsias fünftes Rätsel fragt nach dem Anker,[334] und Apollonius antwortet, indem er auf den sie umgebenden Raum Bezug nimmt: *Que te sedentem in hac naue continet, achora est* (HA 42.41f.).

Das sechste Rätsel behandelt den Schwamm, in dessen Inneren sich Wasser verbirgt, das nie von selbst herausfließt (HA 42.49), das siebte den Ball, dessen Haar innen gelegen und deshalb unsichtbar ist (HA 43.3). Letzteren bringt Apollonius mit seinen Erlebnissen in Pentapolis in Verbindung. Zum Achten fragt Tarsia nach einem Spiegel, der *[n]ulla certa <figura>* (HA 43.12) besitzt.

---

331 Nach Panayotakis dienen die Rätsel der Etablierung einer exklusiven Form der Kommunikation zwischen den beiden Figuren (vgl. Panayotakis: Fixity).

332 „All the riddles Tarsia goes on to present are found in Symphosius, but their sequence is cleverly arranged by the narrator to provide a set of image to mirror Apollonius' condition in a kind of *mise en abyme*" (Laird: Metaphor, S. 231).

333 Dieses Rätsel fehlt in RB und RC (vgl. Kortekaas: Historia, S. 381; Schmeling: Historia, S. 123).

334 Das Anker-Rätsel fehlt in RB (vgl. Kortekaas: Historia, S. 385); in RC sind die Reihenfolge des fünften und sechsten Rätsels vertauscht (vgl. Schmeling: Historia, S. 124).

Gegenstand des neunten Rätsels sind die Räder, *quę ex arte currunt quasi certantes; et, cum sint sibi propre, nulla nullam potest contingere* (HA 43.19f.).[335] Das zehnte und letzte Rätsel fragt nach der Treppe:

Nos sumus ad cęlum quę scandi*mus* alta petentes,
concordi fabrica quas unus ‖ conserit ordo.
Quicumque alta petunt, per nos comitantur ad auras. (HA 43.22ff.)

Dann bricht Apollonius das Gespräch ab; es kommt zu einer körperlichen Eskalation.

Rätsel eins bis drei charakterisieren das räumliche Umfeld des Ortes, an dem Tarsia und Apollonius sich aufhalten. Das Schiff befindet sich zwischen Welle und Ufer, da es an der Küste vor Anker liegt. Die Beschreibung der Welle als *domus in terris* (HA 42.2) bindet das Meer aber gleichzeitig an das Land zurück, perspektiviert es also vom Ufer her. Das Bad nimmt, bekräftigt durch Apollonius' Verweise auf seine Trauer, die in seinem ungepflegten Äußeren zum Ausdruck kommt, genaueren Bezug auf seinen körperlichen Zustand. Zugleich führt es einen neuen Raum ein, der auf dem Schiff nicht existiert. Um ein Bad besuchen zu können, müsste Apollonius an Land gehen. Die wiederholte Erwähnung von Feuer und Flammen im Bad-Rätsel bringt ein dem Wasser oppositionelles Element ins Spiel.

Das vierte Rätsel thematisiert den Anker und greift damit einerseits auf die ersten drei Rätsel mit ihrer Schiff- und Meeresthematik zurück. Gleichzeitig wird mit dem Anker ein Gegenstand eingeführt, der das Schiff stillstellt, also Beweglichkeit verhindert (HA 42.41f.). Der Anker wird als Grund genannt, warum das Schiff, in dem Tarsia sitzt, an seinem Platz gehalten wird. Der Grund für Tarsias Aufenthalt ist jedoch Apollonius, der sich weigert, die Bewegung an Deck zu vollziehen. Der Anker reflektiert also die Immobilität der Apolloniusfigur.

Die nächsten beiden Rätsel fragen nach einem Schwamm und einem Ball. Der Schwamm verweist metonymisch auf das Bad zurück, während der Ball Apollonius an die Begegnung mit Archistrates im *gymnasium* von Pentapolis erinnert. Dort hatte Apollonius dem König Archistrates beim Baden assistiert (die einzige in der *Historia* erzählte Badeszene); der Schwamm könnte also auch auf diese Episode verweisen. Schwamm und Ball sind in der Beschreibung Tarsias aber vor allem gemein, dass sie etwas in sich haben, das von außen nicht sichtbar ist, im Falle des Schwammes das Wasser, beim Ball die nach innen gedrehten Haare. Auch Apollonius ist in sich gekehrt, er hat sich in das Innere seines Schiffes verkrochen und verweigert die Kommunikation mit anderen Menschen. Darüber hinaus müssen Schwamm und Ball von jemandem bewegt werden, damit sie ihre Funktion erfüllen können – der Schwamm muss gepresst, der Ball geworfen

---

335 Dieses Rätsel fehlt in RB (vgl. Kortekaas: Historia, S. 387).

werden. Dies könnte auf Tarsias Bemühungen, Apollonius aus dem Schiffsbauch herauszulocken, hinweisen.

Das Spiegelrätsel führt die kosmetische Bildebene von Bad und Schwamm fort, entwickelt sie aber weiter, denn der Spiegel hat keine feste Form. Damit entspricht er dem Schwamm, der seine Form durch Pressen verändert. Der Spiegel kommentiert aber noch einen weiteren Aspekt von Apollonius' Situation, denn [f]ulgor inest intus radianti luce choruscus, qui nihil ostendit, nisi <si> quid uiderit ante (HA 43.10f.).

Mit dem Licht und der Sichtbarkeit wird ein zentrales Metaphernfeld dieser Episode aufgerufen. Tarsia weist darauf hin, dass der Spiegel nur wiedergibt, was er vorher gesehen hat, und deshalb in seiner Gestalt veränderlich ist. Apollonius hatte seinen Rückzug in die Tiefe des Schiffes damit begründet, dass er in den Wellen sterben wolle, da er auf der Erde das Licht, womit seine Tochter gemeint ist, nicht mehr wiedersehen werde *(cupio enim in undis efflare spiritum, quem in terries non licuit lumen uidere.* HA 38.19f.). Der Erzähler spielt hier mit dem Wissensgefälle zwischen Rezipienten und Figuren, denn Tarsias Worte erinnern daran, dass Apollonius das Licht seiner Tochter ja schon einmal gesehen hat, also selber wiedergeben kann. Gleichzeitig ist diese Aussage aber auch ironisch zu verstehen, denn während Apollonius dieses Rätsel löst, sitzt ihm seine Tochter, also sein Licht, ja direkt gegenüber, wie das Licht dem Spiegel gegenüber sein muss, um gespiegelt werden zu können. Apollonius verfügt in der Tiefe seines Schiffsbauchs auf der bildlichen Ebene über alles Licht, das er sich nur erwünschen könnte, ist also längst von der Dunkelheit ins Licht gewechselt. Dies können aber weder er noch seine Tochter erkennen, bevor sie einander nicht identifiziert haben.

Die beiden letzten Rätsel greifen noch einmal die implizite Aufforderung zur Bewegung auf: Räder und Treppe sind Mittel der Fortbewegung, mit deren Hilfe Menschen vorankommen und aufsteigen. Apollonius soll sich von unten nach oben, aus dem Schiffsbauch an Deck bewegen, wie es die Treppe tut. An diesem Punkt bricht Apollonius das Gespräch ab und bietet Tarsia weiteres Gold, damit sie ihn allein lässt. Tarsia aber will Apollonius nicht zurücklassen. Sie

> refundens aureos in sinum et adprehendens lugubrem uestem eius et ad lucem conabatur trahere. At ille impellens eam conruere fecit. Quę cum cecidisset, de naribus eius sanguis cępit egredi, et sedens puella cępit flere [...] (HA 44.5-8)

Weinend und am Boden liegend erzählt Tarsia ihre Geschichte noch einmal (vgl. Beginn der Szene), jetzt aber mit genug Detailreichtum, dass Apollonius sie als seine Tochter identifizieren kann. Darauf stürzt Apollonius voller Freude zu ihr, nimmt sie freudevoll in die Arme und erkennt sie als seine Tochter an.

Diese Szene wird in der Forschung meist als Echo oder Wiederaufruf der Vergewaltigungsszene zwischen Antiochus und seiner Tochter gelesen.[336] Verbunden sind beide Passagen durch das Blut der Töchter auf dem Boden, durch die isolierte Zweiersituation und die (bei Antiochus und seiner Tochter erzählerisch ausgesparte, hier explizite) Gewalt. In der *inkognito*-Begegnung zwischen Apollonius und Tarsia, so die These, schwinge latent Erotik und die Möglichkeit sexueller Gewalt mit;[337] ein den initialen Inzest wiederholender sexueller Übergriff sei hier nur knapp vermieden. Mit dieser leichten Abwandlung einer sonst nahezu wiedererzählten Szene werde Apollonius noch einmal mit Antiochus kontrastiert; seine Tugendhaftigkeit werde auf die Probe gestellt und bestätigt.

Bei der Analyse des vorliegenden räumlichen Arrangements ergeben sich jedoch eine ganze Reihe signifikanter Unterschiede. Zunächst ist es das Mädchen Tarsia, das (wie ihre Mutter in Pentapolis) in den isolierten Raum des Apollonius eindringt und mit ihm in Kommunikation tritt, während Apollonius den Kontakt mehrfach zu unterbinden sucht. Nach seiner endgültigen Weigerung, ihr Gespräch fortzuführen, ist es wiederum Tarsia, die eine körperliche Berührung initiiert: Sie fasst ihn an seiner Kleidung (*adprehendens lugubrem uestem eius*), um ihn ans Licht zu ziehen. Panayotakis merkt an, diese Geste sei „usually intended to draw a person's attention [...], but here the use of *adprehendere* has connotations of force and violence".[338] Diese Gewalt, die zur anschließenden Eskalation führt, geht von Tarsia aus. Wollte man die Geste als Versuch der Verführung interpretieren, würde diese sexuelle Begegnung ebenfalls vom Mädchen, nicht von Apollonius begonnen.

Auf ihre Berührung hin stößt Apollonius sie zurück, so dass sie zu Boden fällt (*ille impellens eam conruere fecit*) und zu bluten beginnt. Auch wenn Tarsias blutende Nase symbolisch „for unconsummated incest between Apollonius and Tarsia"[339] stehen könnte, seine Handlung ist räumlich darauf ausgerichtet, die von Tarsia unterlaufene Distanz wieder aufzubauen. Körperlichen Kontakt zu ihr sucht Apollonius erst, nachdem die *anagnorisis* stattgefunden hat. Seine Bewegung zu ihr hin wird mit der Vokabel *ruens* beschrieben, die direktional oppositionell zu *conruere* steht und damit die durch Gewalt aufgebaute Distanz in der Umarmung negiert.[340] Eine sexuelle

---

336 Vgl. Panayotakis: Story, S. 528f.; Müller: Romanheld; Garbugino: Historia, S. 140f.; ausführlich Junk: Transformationen.
337 „Although Tarsia's intentions are clearly stated [...], her gesture is perhaps interpreted as an attempt of seduction [...]. The risk of father-daughter incest might be raised in the reader's mind" (Panayotakis: Story, S. 527).
338 Ebda., S. 527.
339 Vgl. ebda., S. 528f.
340 Die Beschreibung greift Traditionen der Familien-Wiedererkennungsszenen der antiken Literatur auf, vgl. ebda., S. 535.

Begegnung ist hier also wenn nur implizit über die Parallelen zur Anfangsszene zwischen Antiochus und seiner Tochter aufgerufen; die von Apollonius ausgehende Gewalt zielt explizit nicht auf Körperkontakt, sondern im Gegenteil auf körperliche Distanz. Zudem wird ein Rollentausch durchgeführt, bei dem das Mädchen als aktive Figur, der Mann dagegen als seinen eigenen Raum verteidigend dargestellt wird.

Apollonius' Freude über die Wiedervereinigung mit Tarsia drückt sich zunächst in besagter Umarmung und Tränen aus. Er bezeichnet sie als *spes mea unica, tu es lumen oculorum meorum †conscius* (HA 45.3f.) und ruft damit noch einmal die Opposition von Licht und Finsternis auf, die daraufhin aufgelöst wird.

In RA findet nun ein abrupter Themenwechsel statt: Apollonius äußert seine Wut über das Schicksal seiner Tochter in Mytilene und Athenagoras beruft eine Versammlung aller Bürger und Adligen auf den Marktplatz ein. Es ist unklar, ob dieser Bruch Textverlust geschuldet ist.[341] RB bietet jedenfalls eine deutlich ausgedehnte *anagnorisis*, in der Apollonius zunächst mit lauter Stimme eine Öffentlichkeit herbeiruft: ‚*Currite famuli, currite amici et ancianti patri finem ymponite.' Qui audientes clamorem cucurrerunt omnes [serui]. Currit et Athenagora, ciuitatis illius princeps* (HA, RB 45.2ff.).

Apollonius gibt damit seine selbstgewählte Isolation auf, und Athenagoras nutzt prompt die Gelegenheit, um die Hand Tarsias anzuhalten, die durch Apollonius' Anerkennung nun endgültig auf seinem Standesniveau angekommen ist. Apollonius stimmt zu.

In RA und RB beruft Athenagoras, Fürst der Stadt, nun eine Versammlung aller Bürger ein: A*dubi auditum est ab Athenagora principe, in publico, in foro, in curia clamare cępit et dicere: ‚Currite, ciues et nobiles, ne pereat ista ciuitas'*. Er wiederholt damit die Drohung des Apollonius gegen Mytilene, auch wenn in beiden Fällen noch unklar bleibt, wie Apollonius die Stadt vernichten könnte. Die Reihung von publicum, forum und curia ruft eine Abfolge von Räumen auf, die schrittweise standesexklusiver werden und zugleich die umfassende Natur dieser Versammlung betonen. Auch die Abfolge der sozialen Stände wird in aufsteigender Reihe benannt (ciues, nobiles). Überdies werden mit der Erwähnung der curia die politischen und räumlichen Verhältnisse Roms eingespielt.[342] Der Imperativ currite, in RB mehrfach iteriert, erzeugt einen Kontrast der schnellen Bewegungen und großen Versammlung mit der vorherigen statischen Szene im Schiffsbauch.

Die auf Athenagoras' Aufruf folgende Versammlung wird als *[c]oncursus magnus* (HA 46.1) beschrieben, in dem *nullus omnino domi remaneret, neque uir neque femina* (HA 46.2f.), und der stark emotionalisiert ist (*tanta commotio fuit*

---

341 Ebda., S. 539.
342 Vgl. ebda., S. 539.

populi, HA 46.1f.). Wie bei vorhergehenden öffentlichen Szenen wird die Gesamtheit der Bürger und ihre Einheit betont (*[o]mnibus autem conuenientibus*, HA 46.3). Zunächst spricht Athenagoras zu den *[c]iues Mutilene ciuitatis* und stellt ihnen die Drohkulisse einer Flotte von Schiffen vor Augen, die Apollonius nach Tarsis gerufen habe, *cum multis armatis - euersurus*[343] *istam prouiniciam causa lenoni<s> infaustissimi* (HA 46.5f.). Diese Flotte wird weder vorher noch nachher im Text erwähnt und kann als eine Finte Athenagoras' verstanden werden. Die Bürger reagieren auf diese Nachricht, indem sie den Kuppler gefangen nehmen und zum *forum* führen (HA 46.10). Dort wird ein *tribunal ingens* errichtet,

> et induentes Apollonium regalem ueste<*m*> deposito omni squalore luctuoso, quod habuit, atque detonso capite diadema[te] inponu*n*t <*ei et*> cum filia sua Tharsia tribunal ascendit. Et tenens eam in amplexu coram omni populo <*lacrimas impediebatur loqui ...*>. (HA 46.11-15)

Apollonius wird nun auch körperlich aus seinem Trauerzustand gelöst. Damit erfüllt er zugleich seinen Schwur, Haare und Bart erst zu scheren, wenn er einen Ehemann für seine Tochter gefunden hat. Durch die körperliche Verwandlung, die reiche vestimentäre Ausstattung[344] und das Diadem wird sein königlicher Stand körperlich sichtbar gemacht und von der Öffentlichkeit bestätigt. Die räumliche Erhöhung von Tarsia und Apollonius auf dem *tribunal* und ihre Umarmung bestätigen auch Tarsias Stand und machen ihn öffentlich. Auch wenn zunächst Athenagoras als *princeps* der Stadt rhetorisch die Führung der Situation übernimmt und mit der Bevölkerung interagiert, verdeutlichen Tarsias und Apollonius' Situierung auf dem *tribunal*, dass diese öffentliche Inszenierung funktional auf sie ausgerichtet ist.

Die Menge der Bürger kann von Athenagoras nur mühsam zum Schweigen gebracht werden; er deutet ihre Reaktion als *repentina pietas*, kommentiert sie positiv, fasst noch einmal die Situtation zusammen und fordert die Versammlung auf, Tarsia zu befreien (*eius procurate uindictam*, HA 46.21). Der Urteilsspruch des Volkes[345] ergeht wie mit einer Stimme (*[a]d uero omnes una uoce clamauerunt dicentes*, HA 46.21) – es ist dies neben der folgenden Versammlungsszene in Tarsus die einzige Szene der *Historia*, in der sich die Bürger einer der Städte verbal zu politischen Ereignissen äußern und nicht nur durch ihre zusammengefassten emotionalen Reaktionen ihr Wille kenntlich gemacht wird. Das Urteil wird sofort umgesetzt, der Kuppler verbrannt. Der *uillicus* und die Prostituierten werden Tarsia überlassen, die ihnen Geld und die Freiheit schenkt (HA 46.23-30). Abschließend

---

343 Lies: *euersurum*, Kortekaas: Historia, S. 394.
344 Panayotakis zufolge ist die beschriebene Ausstattung „appropriate for a Hellenistic king [...], but may also refer to Roman emperor's triumphal costume" (Panayotakis: Story, S. 544).
345 Panayotakis betont, die verschiedenen Elemente der Szene würden kombiniert „to create the impression of a public trial, although there is no indication of a formal procedure" (Panayotakis: Death, S. 146).

adressiert auch Apollonius das Volk (*populo alloquitur*, HA 47.1f.): Er lobt Treue und Mitgefühl der Bürger, dankt ihnen und schenkt der Stadt *ad restauranda omnia menia*[346] *auri talenta C* (HA 47.8).

Die erwähnten *moenia* werden in der Forschung durchgehend mit Stadtmauern übersetzt. Solche Instandsetzungsarbeiten wurden in Provinzstädten vom Kaiser finanziert, da sie in direktem Zusammenhang mit Sicherheit und Verteidigung des Kaiserreiches standen.[347] Dass Apollonius diese Funktion für Mytilene übernimmt, bestätigt noch einmal seinen hohen Status; zugleich wird damit aber auch seine Befähigung zur Herrschaft bekräftigt, da er sein Geld gezielt zur Stärkung und Sicherung der städtischen Grenzen einsetzt und so die Rolle eines Wohltäters und Beschützers einnimmt.

Diese Rolle wird von den Bürgern der Stadt durch eine weitere Statue räumlich expliziert und verstetigt:

> At uero ciues accipientes aurum fuderunt ei statuam <…> stantem et calcantem <*caput lenonis*>, fifliam suam in dextro brachio tenentem, et in ea scripxerunt: TYRIO APPOLLONIO †RESTITUENDORUM DIERUM IN FORO† ET TARSIE PUDI<CI>SSIME UIRGINITATEM SERUANTI ET CASUM UILISSIMUM INCURRENTI UNIUERSUS POPULUS OB NIMIUM AMOREM ETERNUM DECUS MEMORIE DEDIT. (HA 47.10-17)

Auch diese Statue ist als Memorialbild gestaltet; die Inschrift verbindet die Wohltaten des Apollonius – Instandsetzung der Mauer – mit den lobenswerten Taten Tarsias – Bewahrung ihrer Unschuld – und verknüpft so in einem Bild die in Tarsus noch getrennt situierten Erinnerungsorte an Tarsia und Apollonius. Die im Standbild ausgedrückte räumliche Nähe bestätigt die innige Beziehung von Vater und Tochter und hält sie zugleich für die Öffentlichkeit fest. Athenagoras und Tarsia heiraten kurze Zeit später. Gemeinsam mit Apollonius und einem großen Gefolge stechen sie in See, um *per Tharsum proficiscens redire ad patriam suam* (HA 48.2).

Zusammenfassend kann diese Episode in zwei Abschnitte unterteilt werden. Der erste Abschnitt findet im Bauch des Schiffes vor Mytilene statt und ist geprägt durch eine starke oben/unten-Opposition, mit der nichträumliche Konzepte verknüpft werden. Diese Opposition dient der Strukturierung der Passage, bestimmt über die semantische Codierung der beiden Räume die Bedeutungshaltigkeit der Handlung, zielt auf die Dynamisierung der Figuren und ist darüber hinaus explizites Thema in den Rätseln und ihren Auslegungen. Das räumliche Bildprogramm der Rätsel erhält darüber hinaus eine appellative Funktion, die auf Apollonius' Wiedereingliederung in die Gemeinschaft des oberen Raumes angelegt ist. Durch die *anagnorisis* zwischen Apollonius und seiner Tochter wird die Opposition oben/unten

---

346 Lies: *moenia*, vgl. Panayotakis: Story, S. 554.
347 Vgl. ebda.

aufgehoben und Apollonius kehrt in den Raum des Lichtes und Lebens zurück.

Der zweite Abschnitt wird dominiert durch eine Versammlung aller Bürger auf dem *forum*, die die doppelte Funktion eines Prozesses gegen den Kuppler einerseits, einer öffentlichen Bestätigung der familiären Beziehung zwischen Apollonius und Tarsia und ihres hohen Status andererseits hat. In dieser Sequenz tritt zunächst Athenagoras in direkte Interaktion mit dem Volk; Tarsia und Apollonius folgen. Eine weitere Statue mit Memorialfunktion wird errichtet. Durch den Wiederaufbau der Stadtmauern bestätigt Apollonius überdies seinen königlichen Stand und seine herrschaftliche Eignung.

2.3.13 Ephesus II

Apollonius ist also eigentlich auf dem Heimweg via Tarsus, als ihm im Traum eine engelähnliche Gestalt erscheint (*Uidit in sompnis quendam angelico habitu*, HA 48.3) und ihn anweist, nach Ephesus zu fahren und dort mit seiner Tochter in den Tempel der Diana zu gehen *et omnes casus tuos, quos a iuuenili etate es passus, expone per ordinem* (HA 48.5f.). Dieser Traum entwickelt keine räumliche Struktur, sondern ist ganz auf die Gestalt und ihre Anweisungen konzentriert.[348] Auch die anschließende Fahrt nach Ephesus und die Ankunft dort werden sehr knapp referiert.[349]

Mit der Erwähnung des Dianatempels springt die Fokalisierung der Erzählperspektive von Apollonius zu seiner Frau, die inzwischen die Position der Hohepriesterin der Diana einnimmt, da sie so außergewöhnlich schön und keusch ist, u*t nulla tam grata esset Dyane nisi ipsa* (HA 48.13f.). Apollonius' Frau hat also wie ihr Mann in Pentapolis und ihre Tochter in Mytilene durch ihre Tugenden einen hohen Status gewonnen. Diese Tugenden sind jedoch anders als bei Apollonius und Tarsia nicht auf Bildung und eigenständiges Handeln ausgerichtet, sondern entsprechen einer passiveren und traditionelleren Frauenrolle.[350] Als sie von der Ankunft eines Königs, seiner Tochter und deren Ehemann unterrichtet wird,

> induit se regium habitum, ornauit caput gemmis et in ueste purpurea uenit, stipata cateruis fam*ul*arum. Templum ingreditur. Quam uidens Apollonius cum filia sua et genero corruerunt

---

[348] Zur Diskussion der Frage, ob es sich um einen christlichen Engel oder eine Botenfigur der Diana handelt, vgl. ebda.

[349] Panayotakis merkt eine ähnliche zeitliche Kompression der Passage von Apollonius' Geschenk an die Stadt Mytilene aus an (vgl. ebda., S. 555).

[350] Vgl. Brigitte Egger: Zu den Frauenrollen im griechischen Roman. Die Frau als Heldin und Leserin. In: Groningen Colloquia on the Novel I. Hg. v. Heinz Hofmann. Groningen 1988. S. 33-66.

ante pedes eius. Tantus enim splendor pulcritu<di>ni<s> eius emanabat, ut ipsam esse putarent deam Dyanam. (HA 48.19-24)

Die Kleidung[351] und Ausstattung der namenlosen Königstochter werden explizit und implizit als königlich charakterisiert. Bei den sie begleitenden *famulae* handelt es sich nach Panayotakis wohl um Priesterinnen,[352] die funktional die Rolle eines Gefolges für die Hohepriesterin einnehmen. Die Wiederbegegnung der Königstochter mit Apollonius gestaltet sich zunächst als Apotheose, denn der Glanz ihrer Schönheit ist so überwältigend, dass er und Tarsia ihr zu Füßen fallen, da sie sie für die Göttin Diana halten.[353] Die Anwesenheit der Göttin ist hier gedoppelt, denn das geöffnete Heiligtum, vor dem sich diese Szene abspielt, enthält eine Statue der Diana. Diese ist zum einen die genaue Opposition der ersten im Text erwähnten Götterstatue – dem Priapus im Bordell des Kupplers. Zum anderen exemplifiziert und verstärkt die Diana-Statue jene Tugenden, die kurz zuvor an der Königstochter als exzeptionell herausgehoben wurden.

Erst als Appolonius wie vom Engel befohlen seine *casus* erzählt, also von seinen Reisen berichtet und damit die Handlung der bisherigen Erzählung zusammenfasst,[354] erkennt seine Ehefrau ihn. Sie stößt einen lauten Schrei aus, identifiziert sich als seine *coniunx* (HA 49.2) und fällt ihm in die Arme:

‚Tu es Tyrius Apollonius meus, tu es magister qui docta[m] manu[m] me[am] docuisti, tu es qui <me> a patre meo Arcestrate accepisti, tu es quem admaui non libidinis causa, set sapientie ducem! Ubi est filia mea?' (HA 49.4-7)

Das anaphorische Tetrakolon mit zunehmender Länge der Satzteile wiederholt Apollonius' Identifikation von Tarsia im Schiffsbauch[355] und bindet beide *anagnorisis*-Szenen zusammen. Gleichzeitig fasst es verschiedene Abschnitte ihrer Beziehung zusammen und betont, dass diese nicht auf fleischlicher Begierde (*non libidinis causa*), sondern auf der Liebe zu Apollonius'

---

351 „The purple garment is a well-known status symbol in the ancient world [...] and occurs also in the priesthood of the Ephesian Artemis" (Panayotakis: Story, S. 566f.).
352 Vgl. ebda., S. 567.
353 Diese Schönheitsbeschreibung entspricht den Traditionen des Liebes- und Reiseromans, vgl. Panayotakis: Story, S. 568. Vgl. zu ähnlichen Stellen in der antiken Literatur Laird: Metaphor, S. 235. Laird nennt u.a. den Vergleich der Dido mit Diana, Vergil: *Aeneid 1.494-99*. Panayotakis weist darauf hin, dass diese Darstellung „shares significant features with the literary portrayal of the Virgin Mary" (Panayotakis: Temple, S. 112 und 112ff.).
354 Längere direkte Rede, in der die Figuren ihr eigenes Leben darstellen oder reflektieren, nimmt wiederholt im Text diese zusätzliche Funktion an. Damit wird die Kohäsion der Erzählung erhöht, das Phänomen kann aber auch als Hinweis auf die oralen Wurzeln der Erzählung gewertet werden. Diese Figurenreden dienen der Rechtfertigung und Selbstdarstellung einer anderen Figur oder einer Gruppe von Figuren gegenüber und wirken damit in kleinerem Rahmen äquivalent zu den großen Versammlungen in Mytilene und Tarsus, in denen Apollonius und Tarsia ihren *casus* nun in einem rhetorisch-juristischen Rahmen präsentieren. Vgl. Laird: Metaphor.
355 *Tue es filia mea Tharsia, tu es spes mea unica, tu es lumen oculorum meorum* (HA 45.2ff).

Weisheit beruht. Damit wird sie noch einmal kontrastiert mit dem anfänglichen Begehren Antiochus', das ein Echo in der Liebeskrankheit der Prinzessin gefunden hatte. Auch Tarsia und ihre Mutter werden nun vereint.

Ganz Ephesus wird von diesen Neuigkeiten affiziert:

> Sonat in tota Ephesus Tirium Apollonium recognouisse suam coniugem, quam ipsi sacerdotem habebant. Et facta est letitia omni ciuitati maxima, coronantur platee, organa disponuntur, fit a ciiuibus conuiuium, letantur omnes pariter. (HA 49.8-12)

Anstelle der öffentlichen Versammlung, die den Abschluss der Mytilene-Episode und der kommenden Szene in Tarsus bestimmen, wird hier die Freude der Stadt hervorgehoben, die sich in festlichem Schmuck, Musik und Festmählern ausdrückt, und in der noch einmal die Gesamtheit einer Stadt (*in tota Ephesus*) als kollektiver Organismus dargestellt wird. Apollonius' Frau setzt eine Priesterin an ihre Stelle, nimmt Abschied von den wehklagenden Ephesern und reist mit der Gruppe um Apollonius nach Tarsus.

Die sehr knapp gefasste Ephesus-Szene erfüllt zusammenfassend zwei wichtige Funktionen im Handlungsverlauf. Zum einen dient sie der Gestaltung des zweiten Teils der *anagnorisis*. Zum anderen wird hier die lange abwesende Ehefrau des Apollonius' wieder eingeführt. Wie bei Apollonius bleiben die vierzehn Jahre ihres Lebens, während derer Tarsia aufgewachsen ist, unerzählt. Anders als bei Apollonius ist diese Zeit aber nicht gänzlich leer, denn ihr hoher Status im Tempel und die Reaktionen der Bürger von Ephesus auf ihr Glück und ihren Abschied sagt Wesentliches über ihr Leben während dieser vierzehn Jahre aus. Der ephesische Stadtraum und die Tempelhierarchie haben also unter anderem attributiven Charakter für die Königstochter; zugleich hinterlässt ihr Handeln sichtbare, öffentliche Spuren im Raum der Stadt.

2.3.14 Tarsus IV

Die letzte Tarsus-Episode ist ganz auf die öffentliche Verurteilung und Bestrafung von Stranguillio und Dionysias sowie eine Bestätigung der positiven Beziehung zwischen der Stadt und Apollonius ausgerichtet. Sie ist in vielerlei Hinsicht parallel zur abschließenden Versammlungsszene in Mytilene gestaltet, unterscheidet sich jedoch wesentlich durch Apollonius' Verhalten. Wo in Mytilene Athenagoras auf der öffentlichen Versammlung die Situation zunächst geschildert und einen Volkskonsens eingeholt hatte, agiert Apollonius nun direkt[356] und als Herrscher mit Befehlsgewalt: *Apollonius statim iubet comprehendere Straguilionem et Diunisiam, et sedens pro tribunali in*

---

356 Vgl. Panayotakis: Story, S. 583.

foro adduci sibi illos p<re>cepit (HA 50.3ff.)[357] Apollonius' Befehl wird unhinterfragt befolgt; er nimmt selbstverständlich den Richtersessel im *forum* ein. Auch die Beschreibung des Zusammenströmens der Bevölkerung entfällt. Apollonius beginnt nun einen Dialog *coram omnibus* mit den Bürgern von Tarsus. Er fragt sie, ob er sich in irgendeiner Form undankbar gezeigt habe. In

> una uoce clamauerunt dicentes: ‚Te regem, te patrem patrie et diximus et in perpetuum dicimus; <pro> te morii optauimus et optamus, cuius ope famis periculum uel mortem transcendimus. Hoc e[s]t statua tua a nobis posita *in biga* testatur.' (HA 50.8-11)

Apollonius ruft mit seiner Frage nach möglicher Undankbarkeit zunächst nur seine Wohltaten für die Stadt und die damit verbundene Position als *patronus* auf. Seine räumliche Position, erhöht auf der Richterbühne im *forum*, suggeriert jedoch wie bei seinem ersten Aufenthalt in Tarsus einen politischen Anspruch auf die in Tarsus scheinbar nicht besetzte Position des *princeps*. Die Tarser antworten, indem sie Apollonius als König und *pater patrie* bezeichnen und ihm absolute Treue schwören. Die verwendete Anapher „is a familiar formal characteristic of acclamations",[358] lässt aber offen, ob Apollonius lediglich hyperbolisch als Wohltäter geehrt wird, oder ob diese Deklaration ihn zum Herrscher von Tarsus macht.[359] Tarsus wird in der abschließenden *summa* der Erzählung jedenfalls nicht zum Herrschergebiet des Apollonius hinzugerechnet. Interessant ist, dass die Bürger der Stadt erneut auf die Statue verweisen, die sich ebenfalls sichtbar auf dem *forum* befindet und ihre Memorialfunktion demnach weiterhin erfüllt. Sie dient hier als Beleg für sowohl die Wohltaten des Apollonius als auch die Treue der Tarser.

Apollonius führt den Dialog mit den Bürgern der Stadt weiter, indem er noch einmal die vergangene Situation von Tarsia, Stranguillio und Dionysias rekapituliert und den beiden Gefangenen ebenfalls Gelegenheit zur Rede gibt. Erst, als sie ihre Lügen wiederholt haben, lässt Apollonius seine Tochter holen: ‚*Ecce, adest filia mea Tharsia!*' (HA 50.20). Tarsia übernimmt nun das Verhör des Aufsehers Theophilus, der den Mordauftrag gesteht.

> Tunc omnes ciues sub testificatione confessione facta et addita uera ratione confusi rapientes Stranguillionem et Diunisiam tulerunt extra ciuitatem et lapidibus eos occiderunt et ad bestias terre et uolucres celi in campo iactauerunt, ut etiam corpora eorum terre sepulture negarentur. (HA 50.26-31)

Die Verurteilung von Stranguillio und Dionysias ist hier noch expliziter als in Mytilene in juristische Terminologie gefasst (*testificatione confessione facta*) und extrem gerafft. Ihre Exekution ist in räumlicher Hinsicht sehr

---

357 „*pro tribunali sedere* is the usual expression for Roman magistrates or emperors who perform judicial or legislative functions" (ebda.).
358 Ebda., S. 585.
359 Vgl. auch die Formel zu Beginn von Stranguillios Aussage: *Per regni tui clementiam* (HA 50.13f.).

interessant und weicht stark von der Hinrichtung des Kupplers durch Verbrennen ab, denn sie wird begleitet von einem umfassenden Ausschluss aus dem städtischem Raum der Gemeinschaft. Stranguillio und Dionysias werden aus der Stadt geführt (*extra ciuitatem*) und zu Tode gesteinigt. Dies ist eine übliche Strafe für den Mord an Menschen von königlichem Blut, zugleich aber auch „an act of vengeance by the community against a public enemy".[360] Panayotakis begründet die Situierung der Exekution außerhalb der Stadtmauern mit einer „fear of pollution".[361] Die Überantwortung der Körper an die *bestias terrae et uolucres caeli* verstärkt noch den Ausschlusscharakter dieser Strafe. Die Verbrecher erhalten kein menschliches Begräbnis, sondern werden den Raubtieren überlassen und damit auch nach ihrem Tod von den kulturellen Praktiken ihrer Gemeinschaft ausgeschlossen.

Wieder tritt Tarsia als Wohltäterin auf, indem sie Theophilus vor dem Tod schützt, ihn befreit und belohnt. Auch Apollonius wiederholt sein großzügiges Verhalten und steigert es sogar noch:

> Itaque Apollonius pro hac re letitiam populo addens, munera restituens, restaurat uniuersas termas, emia publica, murorum turres. Restituens mora[n]/ur ibi cum suis omnibus diebus XV (HA 51.1-4)

Die als universal gekennzeichnete Erneuerung und Restauration übersteigert seine vorherigen Wohltaten und stellt gleichzeitig die Integrität des Stadtraumes wieder her. Liest man sie als direkte Reaktion darauf, dass Stranguillio und Dionysias von den Bürgern aus der städtischen Gemeinschaft ausgeschlossen werden, so kann diese Wiederherstellung auch als Restitution städtischer Ehre und Unversertheit verstanden werden. Nach dem Ausschluss der Feinde werden die Mauern erneuert und mit Türmen versehen, um die Stadt vor zukünftigen Feinden besser zu schützen.

2.3.15 Pentapolis II

Nach fünfzehn Tagen beendet Apollonius die Arbeiten an Tarsus und reist mit seiner Familie weiter nach Pentapolis. Diese abschließende Passage erzählt die Wiederbegegnung mit Archistrates, das gemeinsame letzte Jahr, die Erbfolgeregelung und Archistrates' Tod in extremer Raffung. „Als das alles vorüber war",[362] geht Apollonius noch einmal *iuxta mare* (HA 51.13) spazieren, trifft auf den alten Fischer, der ihn in Pentapolis willkommen geheißen hatte, und lässt ihn in den Palast bringen. Dort ehrt er ihn öffentlich, beschenkt ihn reich und ernennt ihn zum *comes* auf Lebenszeit (HA

---
360 Panayotakis: Story, S. 592.
361 Ebda. Er weist zugleich auf sprachliche Darstellungsparallelen in biblischen und martyrologischen Texten hin (ebda.).
362 Waiblinger: Historia, S. 119.

51.14-26). Genauso reich beschenkt er den tarsischen Bürger Hellenicus, der ihn in Pentapolis aufsucht (HA 51.27-32). Die Erzählung schließt mit einer extrem gerafften Darstellung des weiteren Lebens ihrer ProtagonistInnen – Apollonius und seine Frau zeugen einen Sohn, der die Herrschaft über Pentapolis erhält, und leben 74 Jahre als Herrscher von Antiochia und Tyrus, bevor sie *in pace atque senectute bona defuncti sunt* (HA 51.37f.)

Diese letzte Passage verzichtet fast gänzlich auf die Darstellung von Orten; die Stadt-Toponyme stehen stellvertretend für die bereits narrativ entfalteten Räume. Mit den Auftritten des Fischers und des Hellenicus werden die losen Fäden der Erzählung zusammengebunden; zugleich zeigt sich Apollonius ein letztes Mal als gerechter Herr, der erwiesene Wohltaten belohnt.

2.4 Typologie der Räume und Raumordnung der *Historia*

Die folgende Typologie orientiert sich an den in Kapitel 1 entwickelten Kriterien. Sie leistet zunächst einen Überblick über die narrativ erzeugten Räume, ihre Funktionalisierungen und Verknüpfung untereinander, die sie strukturierenden Relationierungen und semantischen Codierungen. Außerdem soll die der Erzählung zugrunde liegende Raumordnung herausgearbeitet werden.

Allgemein lässt sich noch einmal feststellen, dass die Räume und Orte der *Historia* mit einem Minimum an räumlichen Details ausgestattet werden. Raumbeschreibungen bietet nur der Erzähler, und diese Raumbeschreibungen sind wiederum stark auf die Funktion der Räume und Orte für die Figuren bzw. für die Erzählhandlung ausgerichtet. Als besonders bedeutsam für die Raumentwürfe der *Historia* hat sich die Rolle der Figuren und ihrer Relationierungen herausgestellt. Oft konstituiert sich ein Erzählraum lediglich über eine funktional ausgerichtete Ortsangabe (wie *forum*) und die versammelten Figuren, die somit zum wesentlichen Charakteristikum des räumlichen Ensembles werden.

Typen von Räumen

Im Überblick über die Räume und Orte der *Historia* können wir grob zwischen vier Raumtypen unterscheiden: dem Meer, der Küste (vor Städten), namentlich bezeichneten Städten und Orte in den Städten sowie architektonischen bzw. von Menschen geschaffenen Räume:

Typ	Innen-/Außenraum	Architekt./‚Natürlich'	Grad der Zugänglichkeit	Grenzen	Semantische Codierungen
Meer	Außen	‚Natürlich'	Offen	Begrenzt durch Küsten	Liminal, Gefahr, Unsicherheit
Küste	Außen	‚Natürlich', teilw. mit architektonischen Elementen versehen (Hafen)	Offen	Zwischen Stadt und Meer	Raum für sozial diverse Begegnungen
Städte	Außen, enthält Innenräume	Architektonisch	Variiert	Mauern etc.	Variiert
Architekt. Räume	Innen		Variiert nach Person	Begrenzte Räume, Zugang durch Türen/Tore	Variiert

Das *Meer* fungiert entweder als Raum der Reise zwischen den Stationen der Handlung und wird in diesem Fall nicht oder nur im Hinblick auf zeitlich ausgedrückte Distanzen oder meteorologische Bedingungen erzählerisch entfaltet. Es kann aber auch Handlungsraum der Erzählung werden und zeigt sich dann als Zwischenraum,[363] der durch Gefahr, Unsicherheit und die Auflösung sowohl räumlicher als auch identitärer Koordinaten gekennzeichnet ist (vgl. den Seesturm auf der ersten Reise nach Pentapolis, den Scheintod der Königstochter und die Entführung Tarsias durch Piraten). In diesen Fällen dienen die Reisen auf dem Meer als Wendepunkte der Handlung; die Identität der Figuren und ihr sozialer Status werden destabilisiert und teilweise radikal verkehrt. In dieser Hinsicht kann der Handlungsraum Meer als liminal charakterisiert werden.

Die *Küste* ist in der Erzählung wiederholt Ort von Begegnungen zwischen Apollonius und verschiedenen Figuren niederen Standes (Hellenicus, Stranguillio, der Fischer). Auch Apollonius' Schiff liegt in der zweiten Mytilene-Episode an der Küste vor Anker und wird dort von Athenagoras aufgesucht. Als der Stadt vorgelagerter Raum ermöglicht die Küste einerseits also Begegnungen, die die soziale Hierarchie zwischen den Figuren bis zu einem gewissen Punkt suspendieren.[364] Gleichzeitig haben die Küsten-Szenen oftmals expositorische Funktion: Hellenicus warnt Apollonius vor dem Edikt, das Antiochus gegen ihn erlassen hat, Stranguillio berichtet von der Hungersnot in Tarsus, der Fischer gibt Apollonius Anweisungen, wie er

---

363 Vgl. Hohnsträter: Zwischenraum; für die Verwendung des Begriffs in der Mediävistik vgl. Schnyder: Räume; Brinker-von der Heyde: Zwischenräume.
364 Vgl. Lateiner: Places, S. 71. Lateiner bezeichnet die Küsten- und Hafenbereiche deshalb ebenfalls als liminale Räume.

sich in der Stadt zu verhalten hat, und Athenagoras erfährt von Apollonius' Trauer und Isolation.

Die *Städte* stellen die wichtigsten Handlungsräume der *Historia* dar. Es werden relativ wenig Rauminformationen über die Geschichte, Infrastruktur und architektonischen Merkmale der Städte gegeben; diese Aspekte sind entweder nicht relevant für ihre Funktion innerhalb der Erzählung oder sie werden als bekannt vorausgesetzt. Das bedeutendste Merkmal der Stadtbeschreibungen stellt die urbane Öffentlichkeit dar, die in Form von Figurenansammlungen, bestimmten Bevölkerungsgruppen oder universalen Begriffen wie *tanta*, *tota* oder *omnia* unterschiedliche graduelle Abstufungen aufweist. Der höchste Grad an Öffentlichkeit wird im Text gekennzeichnet durch das kollektive Handeln und Fühlen der Gesamtheit der Stadtbewohner, das in einigen Fällen die Stadt als einen großen Organismus inszeniert.

Architektonisch begrenzte Räume sind als nichtöffentliche Räume gekennzeichnet, teilweise mit repräsentativen und damit auch öffentlichen Funktionen, wie der Festsaal des Architrates, oder als Orte, an denen ein Gewerbe ausgeübt wird, wie die erwähnten Barbierstuben oder das Bordell. *Cubicula* dagegen sind im Text durchgängig spezifischen Personen zugewiesen und als nichtöffentliche Räume konnotiert. Einen Sonderfall stellt die *cella* dar, die Tarsia während ihres Aufenthalts im mytilenischen Bordell bewohnt. Die beschriebenen Abstufungen von Öffentlichkeit drücken sich also in verschiedenen Orten aus, die man auf ihren Grad der Öffentlichkeit oder Nichtöffentlichkeit, wie folgt gruppieren kann:

Grad der Öffentlichkeit	Ort
Öffentliche Orte ohne Einschränkung des Zugangs	Plätze (Mytilene)
	Straßen (Tarsus, Ephesus)
	forum
	spectacula (Zugangseinschränkungen sind nicht expliziert)
	Statuen (Tarsus und Mytilene)
Öffentliche Orte mit eingeschränktem Zugang	*gymnasium* (nur für Männer)
	tonsores (nur für Kunden)
	balnae (nur für Kunden, evtl. nur für Männer
	Das Bordell (für Männer mit niedrigem sozialen Status, Prostituierte, Kuppler und Aufseher)
	curia (nur für die Stadtregierung von Mytilene)
Nichtöffentliche Orte mit repräsentativem Charakter und eingeschränktem öffentlichen Zugang	Paläste
	Tempel und Heiligtum
	Schiffe
Nichtöffentliche Orte, zugänglich nur für einzelne Figuren und ihnen funktional zugeordnete Figuren (Diener etc.)	domus
	cubiculum
	Der Sarg der Königstochter
	Der Schiffsbauch

Zuordnung der Räume, Beziehungen zwischen Räumen

Insgesamt lässt sich festhalten, dass der Raumentwurf der *Historia* stark auf die Städte ausgerichtet ist, die weitgehend die Handlungsorte der Erzählung stellen. Das Meer trennt die Städte von einander, dient aber, wenn es mit Schiffen befahren wird, als Raum der Reise von einer Stadt zur nächsten. Die Küstenbereiche sind den Städten als Vorraum vorgelagert und ermöglichen soziale Kontakte diverser Art. Die dort stattfindenden Handlungen und Dialoge sind aber durchgängig auf die Information über Städte ausgerichtet. Die Städte werden als abgeschlossene, stabile Orte mit festen Grenzen entworfen. Ihnen zugeordnet sind infrastrukturelle und räumliche Elemente, die sowohl als eigene Orte entworfen als auch in eine Teil-Ganze-Beziehung zur Stadt gestellt sind. In diesen Beziehungen der Räume zueinander und damit verbundenen Zugangsregulationen sind auch die sozialen Hierarchien der Städte semantisch kodiert. Es ergibt sich folgende Übersicht:

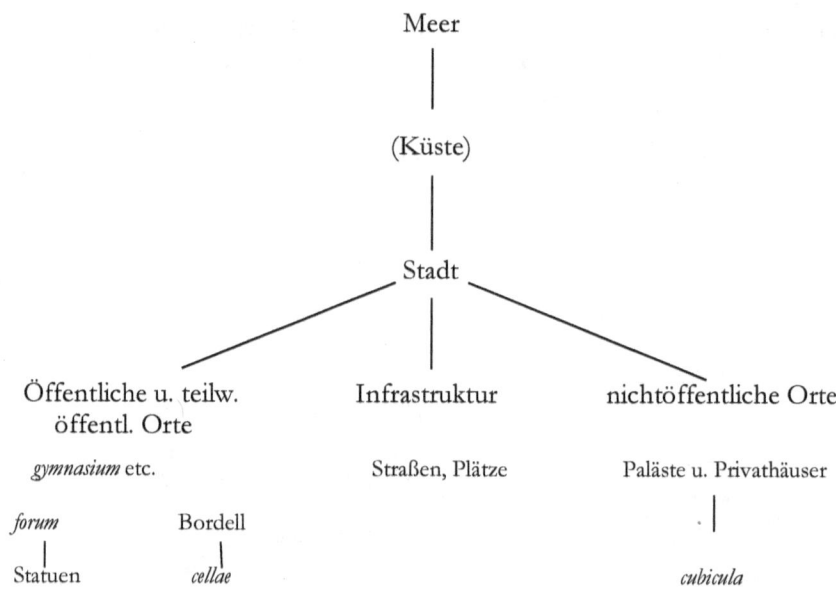

Neben der differenzierten Relationierung von öffentlich/nichtöffentlichen bzw. offenen/geschlossenen Räumen und Orten in der Stadt und ihren graduellen Abstufungen stellt die Opposition oben/unten die zweite wichtige Relationierung dar, die in den Text eingezogen wird. Oben/unten dient immer wieder der räumlichen Explikation sozialer Hierarchien, z.B. in Form verschiedener Unterwerfungsgesten (Fußfälle), aber auch durch erhöhte Situierung einzelner Figuren (*tribunal*). In der Schiffsbauch-Szene wird diese Relation darüber hinaus auf komplexe Weise semantisch codiert, um einen Wendepunkt im Leben des Apollonius zu markieren und der *anagnorisis* mehr Gewicht zu verleihen.

Relationierungen dieser Art, Objekte und die in z.B. Rätseln entworfenen räumlichen Ensembles dienen zusätzlich als Metaphern, die als Verweisstruktur den Text durchziehen.[365] Einen Sonderfall stellen dabei die Statuen und Grabmäler da, die sowohl Memorialfunktionen übernehmen, als auch Plotelemente der Erzählung und die zentrale Beziehung zwischen Apollonius und Tarsia räumlich ausprägen und verstetigen.

Wechselbeziehungen von Figuren und Dingen

Bei der Betrachtung des Personals der *Historia* fällt die ungewöhnliche Häufung von königlichen und fürstlichen Protagonisten auf. Zwar sind auch die Liebespaare der griechischen idealisierten Romane von hohem Stand,[366] nehmen aber im Verlauf der Handlung keine Herrscherposition ein.[367] In der *Historia* dagegen werden Antiochus, Apollonius und Archistrates als Könige identifiziert, Athenagoras als *princeps* seiner Stadt. Die beiden namenlosen Prinzessinnen von Antiochien und Pentapolis sind die einzigen Kinder ihrer Väter; ihre Ehepartner werden deshalb zwangsläufig zu Thronnachfolgern, bzw. sie selbst werden, wie im Fall von Pentapolis, das zur Hälfte an Apollonius, zur Hälfte an seine Frau geht, an der Herrschaft beteiligt. Auch Tharsia ist Tochter königlicher Eltern und wird durch ihre Heirat Ehefrau eines *princeps*. Diese herrschenden Figuren verfügen über privilegierte Bewegungsmöglichkeiten im Raum der Stadt; abgesehen vom *domus* Stranguillios und der erwähnten Hütte des Fischers vor Pentapolis besitzen sie auch alle beschriebenen Häuser und Paläste.

---

365 Vgl. Laird: Metaphor.
366 Vgl. hierzu Renate Johne: Zur Figurencharakteristik im antiken Roman. In: Der antike Roman. Untersuchungen zur literarischen Kommunikation und Gattungsgeschichte. Hg. v. Heinrich Kuch. Berlin 1989. S. 150-177; Koen de Temmerman: Characterization in the Ancient Novel. In: A Companion to the Ancient Novel. Hg. v. Edmund P. Cueva und Shannon N. Byrne. Chichester et al. 2014. S. 231-243; dies gilt insbes. für die *Aithiopika.*
367 Dieses Faktum lässt sich erklären, wenn man die Reisen der Figuren als liminale Phase zwischen Kindheit/Jugend und dem Erwachsenenalter interpretiert, denn dann wäre erst die abschließende Rückkehr in die Gemeinschaft verbunden mit dem Eintritt ins Erwachsenenalter und damit der Übernahme politischer Pflichten.

Die Nebenfiguren dagegen nehmen weitaus geringere soziale Stellungen ein.[368] Wesentlich ist die große Gruppe von Bürgern der jeweiligen Städte, die jedoch größtenteils nicht individuell gezeichnet sind und auch nicht außerhalb ihrer kollektiven Rolle in Erscheinung treten. Besonderen Status haben in dieser Gruppe Hellenicus und der Fischer inne (wobei dieser nicht explizit als *ciues* bezeichnet wird), die beide als arm aber ethisch vorbildlich dargestellt werden, und Stranguillio und seine Frau, deren Status nicht ganz deutlich wird, die aber offensichtlich wohlhabend und in Tarsus sehr einflussreich sind. Die ihnen zugewiesenen Orte werden jedoch gar nicht oder nur minimal durch Typbezeichnungen (*domus*) beschrieben. Anders als die aristokratischen Figuren kommunizieren sie auch nicht mit anderen Städten oder unternehmen Reisen.

Es findet sich außerdem eine große Gruppe von Dienern, die meistenteils namenlos bleiben, größtenteils nur über ihre Funktion bestimmt werden und teilweise unfrei sind (Taliarchus, Theophilus und der *uillicus* des Kupplers). Die beiden Ammen (die der Königstochter von Antiochus und Lycoris, Amme der Tarsia) erhalten eine Sonderstellung als Ratgeberinnen für ihre weiblichen Schützlinge und als emotionale Gefährten. Diese Stellung ist jedoch potenziell ambivalent, wie an der *nutrix* in Antiochien deutlich wird, die die Vergewaltigung durch den Vater verbirgt und damit implizit fördert. Zusätzlich sind noch die Schiffsbesatzungen und insbesondere die *gubernatores* zu erwähnen, die in dem ihnen zugewiesenen Raum des Schiffes in Ausübung ihrer Funktion einen herrscherähnlichen Status erreichen. Auch die Ärzte von Ephesus werden als außerhalb dieser Hierarchien stehend gekennzeichnet, während die Priesterinnen des Dianatempels explizit als *famulares* der Hohepriesterin bezeichnet werden (HA 48). Diese Figuren sind mit Ausnahme der Ärzte funktional stark auf andere Figuren ausgerichtet (wie die Amme Lycoris auf Tarsis oder Dienerfiguren auf Herrscherfiguren) und bilden mit ihnen eine flexible räumliche Relation. Oder sie sind bestimmten Orten oder Räumen fest zugeordnet, wie im Falle der Schiffsbesatzung oder der Prostituierten im Bordell. Diese Zuordnung spiegelt aber nicht ein Besitzverhältnis wieder, sondern weist den Figuren einen Ort innerhalb der Relationierungen des Raumes zu, der auf ihre Funktion in diesem Raum ausgerichtet ist.

Dominiert werden die erzählten Räume und Orte meist von einzelnen Figuren, die sich durch einen überlegenen sozialen Status auszeichnen. Auf diese Figuren sind die Räume funktional ausgerichtet; bei ihnen werden Signale der Sichtbarkeit und die Aufmerksamkeit der Öffentlichkeit gebündelt.

---

368 Vergleich zum Personal der *Historia* Étienne Wolff: Les Personnages du Roman grec et l'„Historia Apollonii regis Tyri". In: Les Personnages du Roman grec. Actes du colloque de Tours, 18-20 novembre 1999. Hg. v. Bernard Pouderon. Lyon 2001. S. 233-240.

Dies bedeutet zugleich, dass die Räume und Orte entweder dichotomisch gestaltet sind, wenn z.B. der erhöht auf dem *tribunal* sitzende Apollonius einer undifferenzierten Menge gegenübersteht. Oder sie werden durch Relationen von Distanz und Nähe strukturiert, die mit der sozial dominanten (und oft für die Erzählung wichtigsten Figur) ein Zentrum und mit den um sie herum gruppierten Figuren eine zunehmende Peripherie aufweisen. Dies ist der Fall bei der *gymnasium*-Szene in Pentapolis, die Apollonius' Annäherung an den König als eine räumlich ausgeprägte, schrittweise Verringerung von Distanz inszeniert, die dann über die Szenen hinausgeführt wird.[369]

Bewegungsraum

Durch die hohe Bedeutung, die Figuren und Figurengruppen für die Raumentwürfe der *Historia* haben, haben insbesondere Räume der Öffentlichkeit einen sehr dynamischen Charakter. Orte erlangen oder bestätigen ihre Funktion erst durch die Figuren, die als Teil ihres räumlichen Entwurfes ein Relationengefüge ausbilden. In Versammmlungen, als kollektiv dargestellte Einheiten der gesamten Bürgerschaft einer Stadt, aber auch in der bewussten Vereinzelung von Figuren wie Antiochus, Dionysias oder dem trauernden Apollonius, die Gemeinschaft eben verweigern, werden Räume wesentlich charakterisiert durch ihre Funktion für die Figuren. Umgekehrt bringt aber auch das Figurenverhalten erst bestimmte Räume hervor. So fehlt in Antiochia die Darstellung öffentlicher Räume gänzlich, während sie in Tyrus, Pentapolis und Mytilene sowohl den Plot der Erzählung als auch auf Figurenebene den Weg der ProtagonistInnen wesentlich mitbestimmen.

Die durch Figurenbeziehungen konstituierten Räume sind also einerseits flexibel, andererseits nicht dauerhaft. Verstetigt werden sie durch Benennungen (Antiochius/Antiochia), durch die bereits erwähnten Statuen, die Beziehungskonstellationen abbilden und präsent halten, sowie durch soziale Hierarchien, die sich in den Raumordnungen der Erzählung ausprägen.

Raumordnung

Wenn eine Raumordnung definiert ist als das Set von Regeln und Strukturen eines spezifischen Raumes, das Charakteristika wie den Grad seiner

---

[369] So sitzen die beiden sich zunächst gegenüber, dann erhält Apollonius eine Wohnung im Palast. Apollonius und Archistrates gehen Hand in Hand, und schließlich heiratet Apollonius Archistrates' Tochter, nimmt also die Funktionsstelle eines Sohnes in seinem Relationsgefüge ein.

Zugänglichkeit und die Relationierung von Figuren und Dingen regelt sowie bestimmte Formen des räumlichen Handelns für bestimmte Figuren privilegiert, dann können in der *Historia* drei verschiedene Raumordnungen identifiziert werden.

Die erste dieser Raumordnungen (a) ist an den Raum des Meeres und eingeschränkt an die Küste gekoppelt. Sie ist gekennzeichnet durch extrem flexible Relationierungen zwischen Dingen und Figuren, das Fehlen stabiler räumlicher Elemente (bis auf die von menschlichen Figuren gesegelten Schiffe) und die ständige Möglichkeit lebensgefährlicher Veränderungen des Raumes, ausgelöst beispielsweise durch Stürme oder das Hinzutreten unerwarteter Figurengruppen wie den Piraten. Räumliche Binnengrenzen fallen ebenfalls weg; Orientierung anhand räumlicher Zeichen ist nur speziell ausgebildeten Figuren möglich.

Für die menschlichen Figuren ist dieser Raum wesentlich über eine oben/unten-Opposition geprägt, wobei oben als der sichere Raum der Reise auf den Wellen, unten dagegen als tödlicher Raum des Schiffsbruchs und des Ertrinkens codiert ist. Auf der Ebene menschlicher Figuren bewirkt diese Raumordnung also einen Zustand der erhöhten Kontingenz und ständigen Bedrohung. Die radikalen Veränderungen des Raumes bei gleichzeitiger Handlungsunfähigkeit der Figuren, die diese Raumordnung erlaubt, destabilisieren die menschliche Raumordnung und damit auch ihre semantischen Codierungen wie beispielsweise räumlich exemplifizierte soziale Hierarchien. Der Effekt dieses Regelsets auf menschlicher Figurenebene ist in der Forschung entsprechend häufig als liminal beschrieben worden und drückt sich beispielsweise in Apollonius' Klagen nach seinem Schiffbruch vor Pentapolis aus.

Der Sturm, der zu diesem Schiffbruch führt, macht aber zugleich deutlich, dass Regeln dieser Raumordnung aus der Perspektive nichtmenschlicher Figuren ganz andere Effekte haben. Hier wird der erdballumspannende Handlungsraum der göttlichen Figuren sichtbar, deren Raum die oben/unten-Relationierung der menschlichen Figurenebene transzendiert. Am selben Ort, an dem sich die menschlichen Figuren unter der Gewalt des Sturms passiv und handlungsunfähig erleben, agieren die göttlichen Figuren ungehindert und auf allen Bewegungsachsen. Somit entpuppt sich die Raumordnung des Meeres als eine, die nichtmenschlichen Figuren geringe Beweglichkeit und nur wenige räumliche Handlungsmöglichkeiten zuweist, göttliches Raumhandeln jedoch deutlich privilegiert. Die auf menschlicher Figurenebene erlebte Kontingenz wird so als regelgeleiteter Teil einer auf übermenschliche Figuren ausgerichteten Raumordnung erkennbar; die Kontingenzeffekte als Raumhandeln dieser übermenschlichen Figuren, das in das Schicksal der menschlichen Figuren eingreift.

2.4 Typologie der Räume und Raumordnung der Historia   155

Die zweite beobachtete Raumordnung (b) ist ausschließlich auf der menschlichen Figurenebene angesiedelt und regelt das Raumhandeln sozial unterschiedlicher Figurengruppen. Wie oben herausgearbeitet, stehen sich in der *Historia* die Gruppen der herrschenden Figuren und der beherrschten Figuren gegenüber. Mit dieser Gruppenbildung verbindet sich ein Gefälle von Beweglichkeit und Möglichkeiten des selbstbestimmten, formenden Raumhandelns. Herrschende Figuren haben nicht nur erhöhte Zugangsrechte, sie können den Raum auch in anderem Maße formen als dies für beherrschte Figuren möglich ist. So können Altistrates und seine Tochter über Reichtümer und die Räume ihres Palastes frei verfügen und sogar Apollonius privilegierte Zugangsrechte verleihen, also seinen Wechsel von einer Figurengruppe in die andere bewirken. Nach seinem Rückzug in den Schiffsbauch kann der trauernde Apollonius diesen Ort für andere, beherrschte Figuren sperren, also ihre Zugangsrechte einschränken. Nur ebenfalls herrschende Figuren wie Athenagoras und Tharsia wagen es, diese von Apollonius gesetzte Grenze zu überschreiten, da auch sie zur Gruppe der beweglichen Figuren gehören.

Hierin erweist sich, dass Lotmans Definitionen von beweglichen und nichtbeweglichen Figuren in der *Historia* nicht lediglich verknüpft ist mit dem Stauts der Figuren als Handlungsträger, sondern auch sozialhierarchisch codiert ist. Die Raumordnung, die sich in diesen Regeln ausprägt, ist also eine aristokratische, die herrschende Figuren privilegiert und beherrschten Figuren feste Orte und Funktionen im Raum zuweist, welche wiederum von den herrschenden Figuren kontrolliert werden.

Die dritte in der *Historia* zu beobachtende Raumordnung hängt wesentlich zusammen mit dem Verhältnis von Öffentlichkeit und Nichtöffentlichkeit und bespielt teilweise die selben Orte wie die zuvor diskutierte aristokratische Raumordung, dies durchaus auch gleichzeitig. Die Regeln dieser Raumordnung privilegieren öffentliches Handeln über nichtöffentlichem. Im Text drückt sie sich in den häufigen Versammlungsszenen aus sowie in der Tendenz, die Figuren einer Stadt als kollektive Gruppe darzustellen, die durch ihre Reaktionen bestimmte Handlungen verurteilt oder bestätigt. Die aristokratische und die öffentlichkeitsorientierte Raumordnung können im Einklang stehen, z.B. wenn bei der öffentlichen Versammlung im *forum* die aristokratischen Figuren erhöht sitzen und die Rede führen, also innerhalb der Öffentlichkeit als beweglichere und handlungsmächtigere Figuren auftreten. Sie können aber auch kollidieren, wie in Antiochus' oder Dionysias' Verhalten, das nichtöffentliches Handeln über öffentliches stellt und die Öffentlichkeit zur Inszenierung einer falschen *persona* instrumentalisiert. In diesem Fall wird durch die Urteile der Figuren und des Erzählers sowie durch das geschilderte Schicksal der Figuren im Handlungsverlauf eine Dominanz der auf Öffentlichkeit ausgerichteten Raumordnung bekräftigt.

Antiochus kann zwar der aristokratischen Raumordnung entsprechend frei über die Räume seines Herrschaftsgebietes verfügen; dennoch wird sein Handeln verurteilt und sein Tod als gerechte Strafe perspektiviert.

Es finden sich also drei verschiedenen Raumordnungen im Text, die teilweise die gleichen Orte bespielen (teilweise auch zum gleichen Zeitpunkt der Erzählung) und unter Umständen in Konkurrenz treten oder sich komplementär ergänzen. Die erste beschriebene Raumordnung unterscheidet sich von den folgenden, insofern sie menschliches Handeln stark einschränkt und göttliches Handeln bzw. das personifizierter Naturmächte privilegiert, was sich auf menschlicher Figurenebene als Kontingenzeffekte ausdrückt.

Die Wechselwirkungen zwischen den anderen beiden Raumordnungen, die beide die Organisation menschlichen Raumes regeln, sind auch für die Frage der Verknüpfung von Raum, Herrschaft und Geschlecht von Bedeutung, die in Kapitel 4 im Zusammenhang mit dem *Apollonius* diskutiert werden. Zunächst erfolgt die komparatistisch angelegte Analyse der Räume und Orte des *Apollonius*.

3. Heinrichs von Neustadt *Apollonius von Tyrland*

Der *Apollonius von Tyrland* ist v.a. in der älteren germanistischen Forschung meist kritisch bis abwertend beurteilt worden.[1] Er wurde stark von seiner antiken Vorlage her gelesen und auf deren möglichst genaue Wiedergabe hin bewertet. Heinrichs ‚Abweichungen' wurden dagegen eher kritisch gesehen;[2] das Hauptaugenmerk galt hier der Auffindung seiner möglichen Quellen für die Binnenerzählung.[3] Eine Gesamtinterpretation des Textes wird aufgrund seines als episodisch wahrgenommenen Charakters, seiner vermeintlich „wuchernde[n] Abenteuerketten"[4] und seiner mangelnden Qualität nach wie vor meist für unmöglich befunden, da mit diesen Phänomenen „ein Verlust an Sinntotalität"[5] einhergehe.[6] Für Christian Kiening interessieren

> die einzelnen Episoden des Romans mehr in ihrer paradigmatischen Bedeutung als in ihrer syntagmatischen Verknüpfung. Der Held akkumuliert Frauen, Kinder und Positionen, der Text Sinnmuster – des antiken Romans, des höfischen Romans, des Alexanderromans. Doch keines von ihnen deckt das Ganze ab.[7]

Dementsprechend beschränkt sich auch die neuere Forschung größtenteils auf die Diskussion einzelner Aspekte, Motive oder Episoden, die meist

---

1 Für einen ausführlichen Forschungsüberblick vgl. Achnitz: Babylon, S. 239ff.; Junk: Transformationen.
2 Vgl. Simone Schultz-Balluff: *Dispositio picta – dispositio imaginum*. Zum Zusammenhang von Bild, Text, Struktur und „Sinn" in den Überlieferungsträgern von Heinrichs von Neustadt „Apollonius von Tyrland". Bern 2006, S. 21ff.
3 Vgl. u.a. Bockhoff/Singer: Heinrichs; Klebs: Apollonius; Ray W. Pettengill: The *Apollonius von Tyrland* of Heinrich von Neustadt. A Study of the Sources. Cambridge 1910; Walter Schürenberg: *Apollonius von Tyrlant*. Fabulistik und Stilwille bei Heinrich von Neustadt. Göttingen 1934; Samuel Singer: *Apollonius von Tyrus*. Untersuchungen über das Fortleben des antiken Romans in späteren Zeiten. Halle 1895. Nachdruck Hildesheim/New York 1974.
4 Christian Kiening: Apollonius unter den Tieren. In: Literarische Leben. Rollenentwürfe in der Literatur des Hoch- und Spätmittelalters. Festschrift für Volker Mertens zum 65. Geburtstag. Hg. v. Matthias Meyer und Hans-Jochen Schiewer. Tübingen 2002. S. 415-432, S. 416.
5 Kiening: Apollonius, S. 417.
6 „Einen manifesten ‚Struktursinn', der sich aus einer vom narrativen Schema selbst generierten deutungsschematischen Überformung der Handlung ergäbe, wird man im ‚Apollonius von Tyrland' vergeblich suchen" (Junk: Transformationen, S. 75); vgl. auch Schneider: Chiffren, S. 28f.
7 Kiening: Apollonius, S. 417.

nicht oder nur wenig auf den makrostrukturellen Textzusammenhang und seine Komposition hin untersucht werden.[8] In einen größeren literaturgeschichtlichen Zusammenhang hat u.a. Werner Röcke den *Apollonius* gestellt. Er untersucht ihn im Hinblick auf seine Stellung als späthöfischer, „verwilderter"[9] Roman einerseits, seine wichtige Funktion in der Transmission des Erzählschemas von Liebe, Trennung und Wiedervereinigung in der Tradition des antiken Romans andererseits.[10] So ertragreich diese Ansätze für die

---

8 Vgl. u.a. Elizabeth Archibald: Incest in Medieval Literature and Society. In: Forum for Modern Language Studies 25 (1989). S. 1-15; Helmut Birkhan: „Ditz sind abenteure" – Zur Herkunft einiger Motive im Apolloniusroman des Heinrich von Neustadt. In: „swer sînen vriunt behaltet, daz ist lobelîch". Festschrift für András Vizkelety zum 70. Geburtstag. Hg. v. Márta Nagy und László Jónácsik. Budapest 2001. S. 117-132; Karin Cieslik: Wertnormen und Ideologie im *Apollonius von Tyrland* des Heinrich von Neustadt. In: Le Roman Antique au Moyen Âge. Actes du Colloque du Centre d'Études Médiévales de l'Université de Picardie. Amiens 14-15 janvier 1989. Hg. v. Danielle Buschinger. Göppingen 1992. S. 43-52; Alfred Ebenbauer: *Es gibt ain mörynne vil dick susse mynne*. Belakanes Landsleute in der deutschen Literatur des Mittelalters. Zeitschrift für deutsches Altertum und deutsche Literatur 113 (1984). S. 16-42; ders.: Apollonius und die Sirene. Zum Sirenenmotiv im „Apollonius von Tyrlant" des Heinrich von Neustadt – und anderswo. In: *Classica et mediaevalia*. Studies in Honour of Josef Szövérffy. Hg. v. Irene Vaslef und Helmut Buschhausen. Leiden 1986 (Medieval Classics, Bd. 20). S. 31-56; Margreth Egidi: Schrift und „ökonomische Logik" im höfischen Liebesdiskurs: *Flore und Blanscheflur und Apollonius von Tyrland*. In: Schrift und Liebe in der Kultur des Mittelalters. Hg. v. Mireille Schnyder. Berlin/New York 2008 (Trends in Medieval Philology, Bd. 13). S. 147-163; dies.: Die höfischen Künste in „Flore und Blanscheflur" und „Apollonius von Tyrland". In: Zeitschrift für deutsche Philologie 128 (2009), Sonderheft. S. 37-47; dies.: Inzest und Aufschub. Zur Erzähllogik im *Apollonius von Tyrland* Heinrichs von Neustadt. In: Liebesgaben. Kommunikative, performative und poetologische Dimensionen in der Literatur des Mittelalters und der Frühen Neuzeit. Hg. v. Margreth Egidi et al. Berlin 2012 (Philologische Studien und Quellen 240). S. 281-290; Claude Lecouteux: Der Menschenmagnet. Eine orientalische Sage in Heinrichs von Neustadt „Apollonius von Tyrland". In: Fabula 24 (1983). S. 195-214; Armin Schulz: Kontingenz im mittelhochdeutschen Liebes- und Abenteuerroman. In: Kein Zufall. Konzeptionen von Kontingenz in der mittelalterlichen Literatur. Hg. v. Cornelia Herberichs und Susanne Reichlin. Göttingen 2010. S. 206-225; Tomas Tomasek: Das deutsche Rätsel im Mittelalter. Tübingen 1994; Wachinger: Heinrich. Die Ergebnisse dieser Detailuntersuchungen werden am entsprechenden Ort in der Analyse diskutiert, vgl. Kap. 3.3.

9 Vgl. Karlheinz Stierle: Die Verwilderung des Romans als Ursprung seiner Möglichkeiten. In: Literatur in der Gesellschaft des Spätmittelalters. Hg. v. Hans Ulrich Gumbrecht. Heidelberg 1980. (Begleitreihe zum GRLMA, Bd. 1).S. 253-314.

10 Vgl. Werner Röcke: Höfische und unhöfische Minne- und Abenteuerromane. In: Epische Stoffe des Mittelalters. Hg. v. Volker Mertens und Ulrich Müller Stuttgart 1984. S. 395-423; ders.: Wahrheit; ders.: Mentalitätsgeschichte und Literarisierung historischer Erfahrung im antiken und mittelalterlichen Apollonius-Roman. In: Geschichte als Literatur. Formen und Grenzen der Repräsentation von Vergangenheit. Hg. v. Hartmut Eggert, Ulrich Profittlich und Klaus R. Scherpe. Stuttgart 1990. S. 91-103; ders.: Identität; ders.: Antike Poesie und *newe Zeit*. Die Ästhetisierung des Interesses im griechisch-deutschen Roman der frühen Neuzeit. In: Literarische Interessenbildung im Mittelalter. DFG-Symposion 1991. Hg. v. Joachim Heinzle. Stuttgart/Weimar 1993. S. 337-354; vgl. auch zum *Reinfried von Braunschweig*: ders.: Lektüren des Wunderbaren. Die Verschriftlichung fremder Welten und „Abenthewer" im „Reinfried von Braunschweig". In: Erzählungen in Erzählungen. Phänomene der Narration in Mittelalter und Früher Neuzeit. Hg. v. Harald Haferland und Michael Mecklenburg. München 1996. 1996. S. 285-305.

Erhellung von Einzelaspekten sein mögen, das Desiderat einer Gesamtinterpretation bleibt bestehen und wird immer wieder formuliert.[11]

Den bis dato einzigen umfassenderen Versuch, die antike *Historia* und den *Apollonius* komparatistisch zu untersuchen, hat Ulrike Junk unternommen.[12] Ihre Strukturanalyse des *Apollonius* zielt auf der Basis einer psychoanalytischen Texttheorie „auf den Zusammenhang zwischen Erzählstruktur und **latentem** Sinn".[13] Das Phänomen der Adaption versucht sie, mit dem Konzept der Gegenübertragung theoretisch zu fassen.[14] Junk konzentriert sich stark auf das „manifest[e] Thema des Vater-Tochter-Inzestes", das sie zum einen mit der Makrostruktur der Handlung in Beziehung setzt, zum anderen als latentes Substrat der „textuellen Tiefenstruktur des Handlungsverlaufs" ausmacht.[15] Die Raumentwürfe der *Historia* und des *Apollonius* interpretiert sie dementsprechend als Verdichtungen des latenten Sinns, ohne sie in ihrer narrativen Erzeugung weiter zu untersuchen. Mathias Herweg dagegen diskutiert in seinen *Studien zum Roman um 1300* differenzierter, wie Heinrich von Neustdadt die „stofflich präjudizierte Historizität" der *Historia* im *Apollonius* untermauert, indem er ihm ein historisches Schema zugrunde legt.[16]

Insbesondere die Monographien von Wolfgang Achnitz und Almut Schneider haben in neuerer Zeit den Versuch unternommen, thematische Schwerpunkte und rote Fäden im Text herauszuarbeiten und sich so einer episodenübergreifenden Interpretation anzunähern. Schneider untersucht in ihrer Monographie zu narrativen Spiegelungen der Identitätsproblematik[17] neben dem *Apollonius* auch Johanns von Würzburg *Wilhelm von Österreich* und vertritt die These, dass in diesen Texten zwei der drei von Augustinus entwickelten Seelenkräfte im Mittelpunkt stünden[18] und mit ihnen das

---

11 Vgl. Achnitz: Babylon, S. 3; Schneider: Chiffren, S. 28f. Im Unterschied hierzu sind die Bildprogramme der beiden illustrierten Handschriften in den letzten Jahren Gegenstand von gleich zwei Gesamtuntersuchungen geworden, vgl. Schultz-Balluff: Dispositio und Margit Krenn: *Minne, Aventiure* und Heldenmut. Das spätmittelalterliche Bildprogramm zu Heinrichs von Neustadt „Apollonius von Tyrland". Marburg 2013; vgl. auch Simone Schultz-Balluff: Gliederungsprinzipien und Rezeptionslenkung in spätmittelalterlichen Handschriften. Am Beispiel des „Apollonius von Tyrland" Heinrichs von Neustadt. In: Materialität der Editionswissenschaft. Hg. v. Martin Schubert. Berlin/New York 2010. S. 333-345.
12 Junk: Transformationen.
13 Ebda., S. 4, Hervorhebung im Original.
14 Ebda., S. 10.
15 Ebda.
16 Mathias Herweg: Wege zur Verbindlichkeit. Studien zum deutschen Roman um 1300. Wiesbaden 2010, S. 161.
17 Zu diesem Thema im *Apollonius* vgl. auch Anja Kristina Radojewsky: *Owe, wie sol ich leben?* Eine Studie zur Individuation des Menschen im späthöfischen Roman von Rudolf von Ems bis Heinrich von Neustadt. Diss. (masch.) Köln 1998.
18 Vgl. Schneider: Chiffren, S. 20ff., unter Rückgriff auf Augustinus' *De trinitate*. Für den *Wilhelm von Österreich* macht sie als Seelenkraft die *voluntas* aus.

Thema der Entdeckung des Individuums. Der *Apollonius* thematisiere zentral die *memoria*, er lasse „sich lesen als eine Auseinandersetzung um Erinnerung als Konstituens der Person".[19] Schneider konzentriert sich in ihrer Untersuchung auf die Binnenerzählung, den Prolog und die Crisa/Goldenes Tal-Episode und verknüpft Fragen der Identität, der Genealogie und der Erinnerung. Einen Schwerpunkt legt sie dabei auf die Inzesthandlung, führt aber nicht im Einzelnen aus, wie diese Themen mit den nicht untersuchten Passagen des Romans in Verbindung stehen. Für eine raumtheoretische Betrachtung des Textes sind insbesondere ihre Überlegungen zum Zusammenhang von Körper und Erinnerung von Interesse. Sie sollen im Kontext der Episode vom Goldenen Tal genauer diskutiert werden.

Den für eine raumtheoretische Untersuchung interessantesten Ansatz bietet Wolfgang Achnitz in seiner Habilitationsschrift. Achnitz untersucht anhand des *Apollonius* und des *Reinfried von Braunschweig* Strategien der Sinnkonstituierung im späthöfischen Roman:

> „In der heidnischen Welt des Orients entfalten sich ihnen [i.e. den Protagonisten beider Texte, LB] die Daseinsbedingungen der menschlichen Existenz vor dem Hintergrund einer christlichen Heilsordnung [...]. Beide Protagonisten erhalten auf ihren Wegen Einsicht in die Allmacht und das Wirken Gottes[...].[20]

Der *Apollonius* stelle den „Antagonismus zweier Wege [dar] – des schlechten, der ins Verderben führt, und des guten, an dessen Ende das ewige Leben zu erwarten ist":[21]

> Durch die in der Binnenerzählung geschilderten Ereignisse, die sowohl Apollonius als auch den Rezipienten mit Episoden der Geschichte, der Heilsgeschichte, der Mythologie sowie der Literatur konfrontiert, wird aus der historisch situierten Hauptfigur der ‚Historia' eine ‚metahistorische' Beispielfigur für den durch Gefährdungen und Versuchungen hindurchführenden Weg des Menschen zu christlich tugendhaftem Verhalten.[22]

Diese Entwicklung entfalte sich in einer räumlichen Metaphorik „als Weg von Babylon, der Hauptstadt der *civitas terrena*, nach Jerusalem, der Hauptstadt des kommenden Gottesreiches".[23] Damit korrespondiert im Text die Reise zunächst in den äußersten Westen (Galizien in Nordwestspanien), auf die eine Bewegung in den äußersten Osten („Crisa bei Indien")[24] folge, die schließlich im Mittelpunkt der Welt, in Jerusalem, ihr Ziel finde.[25] Achnitz

---

19 Schneider: Chiffren, S. 35.
20 Achnitz: Babylon, S. 5.
21 Ebda., S. 243.
22 Ebda., S. 273.
23 Ebda., S. 5.
24 Ebda., S. 276.
25 Ebda.; vgl. auch Tomas Tomasek und Helmut G. Walther: *Gens consilio et sciencia caret ita, ut non eos racionabiles extimem*. Überlegenheitsgefühl als Grundlage politischer Konzepte und literarischer Strategien der Abendländer bei der Auseinandersetzung mit der Welt des Orients. In: Die Begegnung des Westens mit dem Osten. Kongreßakten des 4. Symposions des Mediävistenverbandes in

konzentriert sich also stark auf die semantischen Codierungen bzw. die Symbolik der erreisten Räume, meist ohne deren narrative Erzeugung im Einzelnen genauer zu untersuchen.[26] Er betrachtet den Raumentwurf des *Apollonius* damit primär als Chiffre für den (Lebens)Weg des Protagonisten zum Christentum und fokussiert so vor allem die heilsgeschichtliche Teleologie des Romans. Verbunden mit diesen Bewegungsrichtungen sieht Achnitz wie Ebenbauer[27] den Ansatz eines Doppelwegschemas in der Binnenhandlung gegeben.[28] Margreth Egidi dagegen zeigt eine zirkuläre Handlungsstruktur auf, die mit den Brautwerbungen korrespondiert.[29]

Die folgende Analyse stellt dagegen die narrative Erzeugung der Räume ins Zentrum der Untersuchung, fragt also erst in einem zweiten Schritt nach der semantischen Codierung dieser Räume. In Form einer Typologie dieser Räume soll in einem dritten Schritt die makrostrukturelle Komposition des *Apollonius* als eine grundlegend räumlich bestimmte herausgearbeitet werden. Die hieraus entwickelte Gesamtinterpretation des *Apollonius* fokussiert nicht primär Figurenentwicklung oder Handlungsverläufe, sondern die wechselseitige Bedingtheit von Raum, Figur und Handeln im Raum. Die semantischen Codierungen dieser Raumentwürfe privilegieren eine feudalhöfische Raumordnung, die mit zentralen Themen wie Herrschaft, Geschlecht, Fremde und Heil verbunden ist und deren Untersuchung das kohärente Erzählkonzept des Romans auch im Hinblick auf die Figurenkonstellationen und die Verknüpfung der Einzelepisoden erweisen soll.

Zu diesem Zweck sollen – parallel zum Aufbau von Kapitel 2 – in Kapitel 3.1 zunächst Überlieferung, historische Einordnung und Edition als Basis der Analyse zusammengefasst werden. Kapitel 3.2 fragt nach den Zusammenhängen von Gattung und Raum. Kapitel 3.3 bietet die Analyse der einzelnen Räume und Orte des *Apollonius*, wobei die Analyse der Rahmenerzählung sich komparatistisch auf die vorangegangene Analyse der *Historia* bezieht. In Kapitel 3.4 werden diese Analysen in Form einer Typologie zusammengefasst, deren Interpretation komparatistisch mit der der *Historia* in Kapitel 4 erfolgt.

Köln 1991 aus Anlaß des 1000. Todesjahres der Kaiserin Theophanu. Hg. v. Odilo Engels und Peter Schreiner. Sigmaringen 1993. S. 243-272, S. 265.
26 Dies zeigt sich auch daran, dass sein Kapitel zu Raum- und Zeitstrukturen lediglich fünf Seiten umfasst und im Wesentlichen aus einem Strukturschema der Handlung mit Aufzählung der Handlungsorte besteht (vgl. Achnitz: Babylon, S. 272-277).
27 Vgl. Ebenbauer: Apollonius.
28 Vgl. Achnitz: Babylon, S: 378ff.
29 Vgl. Margreth Egidi:Schrift; dies.: Inzest.

3.1 Überlieferung, Edition und Entstehungskontext

Der *Apollonius von Tyrland* ist in vier Papierhandschriften und einem Fragment[1] aus dem 15. Jahrhundert überliefert.[2] Ms. 2334, Straßburg, bibliothèque Nationale et Universitaire (a) von 1431 ist die älteste der fast vollständig erhaltenen Handschriften. Sie überliefert ausschließlich den *Apollonius* in bairischer Schreibsprache.[3] Ihr Text wird von der Forschung als zuverlässigster bewertet,[4] sie weist aber eine größere Anzahl mechanischer Lücken auf, unter anderem fehlt der Prolog. Achnitz gibt die Zahl der fehlenden Blätter mit 13 an.[5] Der Text „ist durch römische Ziffern in 74 Kapitel unterteilt und durch ein Register erschlossen".[6]

Die Handschrift Chart. A 689, Erfurt/Gotha, Universitäts-und Forschungsbibliothek (b) wurde von der älteren Forschung auf vor 1420 datiert, neuere Untersuchungen legen aber eine Datierung um 1465 nahe. Sie ist mit 128 farbigen Federzeichnungen versehen und überliefert ebenfalls ausschließlich den *Apollonius* in bairischer Schreibsprache. Auch Handschrift c, Cod. Vind. 2886, Wien, Österreichische Nationalbibliothek, datiert auf 1467, verfügt über einen Bilderzyklus. Sie ist in bairisch-österreichischer Schreibsprache gehalten. Es wird vermutet, dass die Handschrift c in Text und ihre Bebilderung direkt auf die Gothaer Handschrift b zurückgehen. Sie überliefert den *Apollonius* zusammen mit einem Mariengebet von Muskatplut.[7]

---

1 Amorbach, Fürstlich Leiningensches Archiv, ohne Sign. Es handelt sich um 2 Seiten eines Leimabklatsches, von Achnitz mit der Sigle e versehen. Vgl. Wolfgang Achnitz: Ein neuer Textzeuge zu Heinrichs von Neustadt „Apollonius von Tyrland". In: Zeitschrift für deutsches Altertum und deutsche Literatur 132.4 (2003). S. 453-459.
2 Für eine ausführliche Diskussion der Überlieferungsträger und kodikologische Beschreibungen vgl. Achnitz: Babylon, S. 243ff.; Schultz-Balluff: Dispositio, S. 39ff.; Krenn: Minne; sowie speziell für Hs. b Achnitz: Einführung.
3 Zum sprachhistorischen Befund des Textes vgl. Achnitz: Babylon, S. 236ff.; Emil Öhmann: Italienisches bei Heinrich von Neustadt. In: Neuphilologische Mitteilungen 55 (1954). S. 134-143; insbesondere zu den Reimverhältnissen vgl. Helga Andorfer: Die Reimverhältnisse in Heinrichs von Neustadt „Apollonius von Tyrland", Vv. 1-4125. Diss. (masch.) Wien 1952; Hans Fromm: Ungarisches Wortgut bei Heinrich von Neustadt. In: UralAltaische Jahrbücher 31 (1959). S. 89-94; Hildegard Gamsjäger: Heinrichs von Neustadt „Apollonius von Tyrland". V. 17029-20644. Eine Reimuntersuchung. Diss. (masch.) Wien 1952; Helene Paul: Die Reimverhältnisse in Heinrichs von Neustadt „Apollonius von Tyrland", Vv. 4126-8386. Diss. (masch.) Wien 1953; Johanna Rauch: Reimwörterbuch zu Heinrichs von Neustadt „Apollonius von Tyrland" 8387-13510. Diss. (masch.) Wien 1952; Elfriede Sonntag: Die Reimverhältnise in Heinrichs von Neustadt „Apollonius von Tyrland", Vv. 13513-17028. Diss. (masch.) Wien 1952.
4 Vgl. Schultz-Balluff: Dispositio, S. 39.
5 Achnitz: Babylon, S. 244.
6 Ebda.
7 2. Fol. 120vb, 22 V.

Die Datierung der Handschrift Cod. Vind. 2879, Wien, Österreichische Nationalbibliothek (d) ist umstritten;⁸ sie wird aber meist auf das Jahr 1461 datiert. Der *Apollonius* ist hier unvollständig, in bairischer Schreibsprache und zusammen mit dem *Liber de natura rerum* von Thomas von Cantimpré überliefert.⁹ Schultz-Balluff weist darauf hin, dass für die beiden Texte deutlich unterschiedliche Schreiberhände zu erkennen seien und formuliert die These, dass die Texte „frühestens im Jahr 1461, vermutlich aber später [...] zusammengebunden"¹⁰ wurden.

Singer erstellt für die Anfang des 20. Jahrhunderts bekannten Textzeugen folgendes Stemma,¹¹ das jedoch von Achnitz als nicht ausreichend überprüft kritisiert wird:

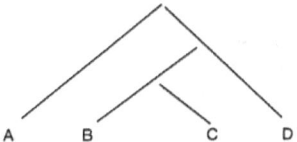

Achnitz weist in diesem Zusammenhang u.a. kritisch auf die unklare Position der Handschrift d hin.¹² Den neuen Textzeugen e verortet Achnitz „näher bei a als bei bcd".¹³

Heinrichs von Neustadt *Apollonius* ist nach wie vor nur in der Singer-Edition aus der Reihe „Deutsche Texte des Mittelalters" von 1906 vollständig herausgegeben.¹⁴ Singer ediert den *Apollonius* zusammen mit *Gottes Zukunft* und der *Visio Philiberti*. Er bietet für den *Apollonius* einen Handschriftenabdruck der Gothaer Handschrift (b) mit kritischem Apparat, der die Varianzen von a, c und d auflistet. Achnitz kritisiert diese Edition und formuliert das dringende Forschungsdesiderat einer auf a basierenden kritischen Textausgabe.¹⁵ Die vorliegende Untersuchung reagiert auf die problematische Editionslage durch Hinzuziehung der Farbmikrofiche-Edition

---

8   Vgl. Schultz-Balluff: Dispositio, S. 46f.
9   1. Fol. 2r-99v.
10 Schultz-Balluff: Dispositio, S. 47.
11 Bockhoff/Singer: Heinrichs, S. VII.
12 Achnitz: Babylon, S. 248f.
13 Ebda., S. 249.
14 Zuvor hatte Joseph Strobl 1875 Auszüge des *Apollonius* und der allegorischen Schrift *Gottes Zukunft* veröffentlicht (Apollonius. Von Gottes Zukunft. Im Auszuge mit Einleitung, Anmerkungen und Glossar. Wien 1875).
15 Achnitz: Babylon, S. 249. Zur Editionslage insgesamt vgl. auch ebda. S. 239ff.

der Hs. b[16] und Rückbezug auf die Hs. a, mit denen die Edition im Einzelnen kritisch überprüft wird.[17]

Wie bereits erwähnt, situiert sich Heinrich von Neustadt in seinen Selbstnennungen in der Stadt Wien, Am Graben. Damit ist der *Apollonius* einer der frühesten höfischen Romane, als dessen „Entstehungs- und Gebrauchsraum die spätmittelalterliche Stadt auszumachen ist".[18] Die Frage, ob und auf welche Weise sich dieser Entstehungskontext im *Apollonius* bemerkbar mache, ist wiederholt diskutiert worden.[19]

Horst Brunner hat in seinen Studien zum *Verhältnis von Bürgertum und Adel* die soziokulturelle Situation der bürgerlichen Oberschicht in Wien um 1300 differenziert herausgearbeitet.[20] Heinrich von Neustadt gehörte einem bedeutenden Geschlecht an, „dessen Familienhaus am Hohen Markt stand"[21] und dessen Mitglieder bis 1375 im Rat der Stadt saßen. Heinrich steht

> in Beziehung zu einer der führenden Familien der Stadt, die in typischer Weise die Ämter des Bürgermeisters, Stadtrichters, Münzmeisters und Amtmanns in Österreich innehatte und grundherrliche Rechte auf dem Lande besaß.[22]

Die freie „rittermäßige Bürgerschicht"[23] Wiens, die sich auch u.a. in der Wiener Neustadt findet, ist rechtlich mit den adligen Schichten der Stadt gleichgestellt. „Ihre wirtschaftliche Stellung beruht auf Haus- und

---

16 Wolfgang Achnitz: Heinrich von Neustadt, *Apollonius von Tyrland*. Farbmikrofiche-Edition der Handschrift Chart. A 689 der Forschungs- und Landesbibliothek Gotha. München 1998.
17 Wo nicht anders gekennzeichnet, beziehen sich die Textverweise aber durchweg auf Singers Edition von b.
18 Achnitz: Babylon, S. 4; vgl. allgemein zum Phänomen der frühen mittelalterlichen Literatur: Ursula Peters: Literatur in der Stadt. Studien zu den sozialen Voraussetzungen und kulturellen Organisationsformen städtischer Literatur im 13. und 14. Jahrhundert. Tübingen 1983; Ernst Schubert: Die deutsche Stadt um 1300. In: Jahrbuch der Oswald-von-Wolkenstein-Gesellschaft 5 (1988/89). S. 37-56; Kurt Ruh: Versuch einer Begriffsbestimmung von „Städtischer Literatur" im deutschen Spätmittelalter. In: Über Bürger, Stadt und städtische Literatur im Spätmittelalter. Bericht über Kolloquien der Kommission zur Erforschung der Kultur des Spätmittelalters 1975-1977. Hg. v. Joseph Fleckenstein und Karl Stackmann. Göttingen 1980. S. 311-328.
19 Vgl. auch Fritz Peter Knapp: Heinrich von Neustadt. In: Die Literatur des Spätmittelalters in den Ländern Österreich, Steiermarks etc. Geschichte der Literatur. In: Österreich von den Anfängen bis zur Gegenwart. Bd. 2, I. Halbband: Die Literatur in der Zeit der frühen Habsburger bis zum Tod Albrechts II. 1358. Hg. v. Herbert Zeman. Graz 1999. S. 280-297; Walter Schoenebeck: Der höfische Roman des Spätmittelalters in der Hand bürgerlicher Dichter. Studien zur „Crone", zum „Apollonius von Tyrland", zum „Reinfried von Braunschweig" und „Wilhelm von Österreich". Diss. (masch.) Berlin 1956; Cieslik: Wertnormen.
20 Brunner, Otto: Zwei Studien zum Verhältnis von Bürgertum und Adel. 1. Das Wiener Bürgertum in Jans Enikels *Fürstenbuch*. 2. Bürgertum und Adel in Nieder- und Oberösterreich. In: Neue Wege der Verfassungs- und Sozialgeschichte. Hg. v. dems. Göttingen 1980. S. 242-280.
21 Brunner: Studien, S. 261.
22 Ebda., S. 262.
23 Ebda., S. 249.

Grundbesitz innerhalb und um die Stadt",[24] auf dem sie in gleicher Weise wie der Adel Herrschaftsrechte und –pflichten ausüben.[25] „Diese Bürgerschicht besitzt zum Teil große fast burgenartige Häuser".[26] Ihr Reichtum beruht auf dem Fern- und Warenhandel. Wein,[27] Tuch und Getreide scheinen viel von der bürgerlichen Oberschicht gehandelte Güter zu sein,[28] vor allem aber „das Geld-und Kreditwesen und damit in engstem Zusammenhang die fürstlichen Ämter" sind von hoher Bedeutung.[29] Bürgerliche Geschäfte und ritterliche Lebensweise fallen also in dieser Schicht selbstverständlich zusammen.[30] Von besonderer Bedeutung ist das Recht, denn nicht nur in den fürstlichen Ämtern waren die gehobenen Bürger fast immer „als Rechtsprecher tätig".[31]

Ritterliche Interaktionsformen und Lebensweisen dürften Heinrich von Neustadt also nicht nur aus der höfischen Erzähltradition, sondern auch aus seinem Alltag bekannt gewesen sein. Inwieweit haben nun die spezifisch bürgerlichen Nuancierungen dieser Ritterlichkeit ihren Niederschlag im Roman gefunden? Jürgen Egyptien[32] sieht im *Apollonius* Zeichen einer „universelle[n] Monetarisierung",[33] also die „Unterwerfung aller materiellen Güter durch den absoluten Wertmaßstab des Geldes"[34] und die „restlose Durchdringung aller im höfischen Roman gegenwärtigen Sphären mit der Omnipräsenz pekuniärer Attribution",[35] die er auf die intensiven Geldgeschäfte der Stadt Wien zurückführt. Trotz der „programmatischen Höfisierung",[36] die im Text durchgängig zu erkenne sei,

> schleicht sich die Imprägnierung von Heinrichs Denken durch die ihn umgebende städtische Geldwirtschaft in seine literarische Produktion ein und überschattet bzw. unterminiert seinen Text.[37]

---

24 Ebda., S. 250.
25 Ebda., S. 251; vgl. zum Verhältnis von Adel und Bürgern auch Peter Johanek: Adel und Stadt im Mittelalter. In: Adel und Stadt. Vorträge auf dem Kolloquium der Vereinigten Westfälischen Adelsarchive e. V. vom 28. bis 29. Oktober 1993 in Münster. Hg. v. Norbert Reimann. Münster 1998 (Vereinigte Westfälische Adelsarchive e. V., Veröffentlichungen Nr. 10). S. 9–35.
26 Brunner: Studien, S. S. 266.
27 Ebda., S. 257.
28 Ebda., S. 252f.
29 Ebda., S. 253.
30 Ebda., S. 259.
31 Ebda., S. 265.
32 Jürgen Egyptien: Höfisierter Text und Verstädterung der Sprache. Städtische Wahrnehmung als Palimpsest spätmittelalterlicher Versromane. Würzburg 1987. Zum Apollonius: S. 101-113.
33 Ebda., S. 101.
34 Ebda., S. 105.
35 Ebda., S. 109.
36 Ebda., S. 108.
37 Ebda.

Egyptien führt auch die Bedeutung von Wegenetzen und Infrastruktur, wie sie beispielsweise in der ersten Tarsis-Episode hervorgehoben wird, auf den städtischen Entstehungskontext des Romans zurück.[38]

Achnitz widerspricht Egyptien insofern, als die monetären Angaben im Text nicht auf das „realwirtschaftliche Wien" bezogen seien, sondern „pauschalisierend und (nach den Erzählprinzipien des höfischen Romans) übertreibend (*hundert, tausend*) verwendet"[39] würden. Achnitz warnt vor einer zu schnellen Ableitung „mentaler Dispositionen" Heinrichs aus dem Text. Für ihn lasse sich, Ebenbauer folgend, kein bürgerliches Selbstverständnis im Text finden, sondern das Verständnis der adligen Oberschicht der Stadt, i.e. dem bairisch-österreichischen bzw. böhmischen Adel.[40] „Vielmehr deuten textinterne und textexterne Indizien auf die Entstehung und Rezeption des Textes am Hof hin".[41] Nimmt man Brunners differenzierte Untersuchungen zur gehobenen Bürgerschicht Wiens ernst, so kann man an dieser Stelle meines Erachtens keine klaren Trennlinien ziehen, sondern höchstens im Einzelfall bürgerliche Reflexe des Textes herausarbeiten, wie Egyptien das unternommen hat.

Im Hinblick auf den räumlich-geographischen Entstehungskontext des Romans stellt sich einerseits die Frage, ob der städtische Raum Wiens Eingang in die Stadtbeschreibungen des Textes gefunden hat, anderseits, ob das engere und weitere räumliche Umfeld Wiens und damit auch textexterne politische Raumstrukturen von Bedeutung für den Roman sind. Der ersten Frage soll im Rahmen der Detailanalysen nachgegangen werden; in Bezug auf die zweite Frage kann jetzt schon festgestellt werden, dass der Roman sowohl sprachlich als auch in Form von textexternen Referenzen vor allem böhmische und ungarische Einflüsse aufweist.[42] Auch wenn Wien und sein Umland nicht als Handlungsort des Textes auftreten, werden sie doch wiederholt eingespielt. Nicht zuletzt hat Heinrich mit der Amme Liguridis, die Tharsias Erziehung verantwortet und als Scharnier zwischen ihr und den abwesenden Eltern dient, eine explizit aus Böhmen stammende Figur (A V. 2426) auf eine zentrale Funktionsstelle der Figurenkonstellation gesetzt.

Darüber hinaus kann die These formuliert werden, dass die Beschreibung der Völker Gog und Magog auf Darstellungstraditionen der mongolischen Völker zurückgreift,[43] die 1242 in ihrem Sturm bis zur Wiener

---

38 Vgl. Ebda., S 102ff.
39 Achnitz: Babylon, S. 304.
40 Vgl. Ebenbauer: Apollonius.
41 Achnitz: Babylon S. 305.
42 Vgl. Václav Bok: Herr *Dobisch von Pehaymen* im spätmittelhochdeutschen „Apollonius"-Roman Heinrichs von Neustadt. In: Philologica Pragensia 27 (1984). S. 218-224; Fromm: Ungarisches.
43 Vgl. Kap. 4.4.

Neustadt vorgedrungen waren. Die Erfahrung einer invasorische Bedrohung dieses fremden Volkes gehört also zur nahen Vergangenheit Heinrichs.

„Ob der Verlust der letzten christlich besetzten Städte im Heiligen Land im Text einen Niederschlag gefunden hat, bleibe dahingestellt",[44] formuliert Achnitz in seiner Studie zum *Apollonius* vorsichtig. Tatsächlich stellen die Kreuzzüge und die mit ihnen verbundenen Stätten angesichts der Bedeutung von Orten wie Antiochia, Tyrus und Jerusalem einen wichtigen möglichen textexternen Bezugspunkt für den Roman dar. In diesem Kontext wird auch zu prüfen sein, inwieweit es sich bei dem weltumspannenden Herrschaftsraum, der im Textverlauf von der Apollonius-Figur zusammengeführt und schließlich unter christliche Ägide gestellt wird, nicht zuletzt um eine historisierende Rückprojektion christlicher Universalherrschaft handelt, die einen Anspruch auf das heilige Land festschreiben und legitimieren soll. Diese Fragen werden im Anschluss an die Analyse in Kapitel 4 noch einmal diskutiert.

3.2 Gattung, Raum und Reise

Obwohl die Gattungszugehörigkeit des *Apollonius* zum Liebes- und Abenteuerroman selbst wenig umstritten ist, sind die Kriterien dieser Gattungszugehörigkeit ähnlich kontrovers diskutiert worden wie die der *Historia*. Dies vor allem, weil die Gattung selbst als homogene Beschreibungsform einer Gruppe sehr heterogener Texte von der neuen Forschung grundsätzlich in Frage gestellt wird.[45] Auch hier unterscheiden sich deutlich die verschiedenen Ebenen, auf denen Gattungskriterien gesucht werden, und damit die Einschätzung des *Apollonius*.

---

44 Achnitz: Babylon, S. 236.
45 Vgl. die Beiträge im Sammelband: Hybridität und Spiel. Der europäische Liebes-und Abenteuerroman von der Antike zur Frühen Neuzeit. Hg. v. Martin Baisch und Jutta Eming. Berlin 2013, insbes. den Beitrag von Christine Putzo: Eine Verlegenheitslösung. Der „Minne- und Aventiureroman" in der germanistischen Mediävistik. S. 41-70 sowie die ausführliche Forschungsdiskussion bei Ridder, der auch die Entwicklungslinien der Gattung nachzeichnet (Klaus Ridder: Mittelhochdeutsche Minne- und Aventiureromane. Fiktion, Geschichte und literarische Tradition im späthöfischen Roman: „Reinfried von Braunschweig", „Wilhelm von Österreich", „Friedrich von Schwaben". Berlin/New York 1998); vgl. auch Herweg: Wege; Jutta Eming: Emotion und Expression. Untersuchungen zu deutschen und französischen Liebes- und Abenteuerromanen des 12.-16. Jahrhunderts. Berlin/New York 2006, S. 8ff.; Achnitz: Babylon, S. 6ff.

So ordnet Elisabeth Lienert[46] den *Apollonius* auf der Basis seiner Stoffvorlage der Gattung der Antikenromane zu[47] und stellt ihn damit in eine Reihe mit u.a. dem *Eneasroman,* den Trojaromanen oder den Alexanderromanen.[48] Die Stoffe der antiken Vorlagen galten dem Mittelalters als historisch,[49] werden aber von den Bearbeitern einer assimilierenden bzw. appropriierenden Transformation unterzogen, die Lienert als ‚Mediaevalisierung' bezeichnet. Zugleich sieht sie den *Apollonius* auch der Gattung des ‚Minne- und Aventiureromans' zugehörig, für die er einen wesentlichen Einfluss darstellt.[50] Diese in der Forschung umstrittene Gattung soll im Folgenden kurz im Hinblick auf den *Apollonius* diskutiert werden.

Werner Röcke nennt in seinem Überblicksartikel über „höfische und unhöfische Minne- und Abenteuerromane" als eine gattungshafte Dominante dieser Textgruppe[51] die Verknüpfung von *minne* und *aventiure*;[52] weitere Gemeinsamkeiten bestehen „in der Konstellation und Darstellung der Figuren", die „in Verbindung mit ganz unterschiedlichen Stoffbereichen und Erzählweisen, also nur in den vielfältigsten Variationen in Erscheinung"[53] treten. Bei diesen Konstanten gehe es

> um Werbung und Gewinn einer Geliebten, Braut oder Gattin, um die glückliche Vereinigung und erneute Trennung, um die Suche nach der oder dem Geliebten und um das Bestehen

---

46 Lienert: Antikenromane, S. 163ff.
47 Vgl. auch Karin Cieslik und Rolf Bräuers Zuordnung zur antikisierenden Epik (dies.: Antikisierende Epik. Apolloniusromane. In: Dichtung des europäischen Mittelalters. Ein Führer durch die erzählende Literatur. Hg. v. Rolf Bräuer. München 1990. S. 257-285).
48 Lienert: Antikenromane, S. 9.
49 Ebda., S. 10.
50 Lienert: Antikenromane, S. 165f. Spezifisch zur Transformation des antiken Liebes- und Reiseromans in Mittelalter und Früher Neuzeit vgl. Röcke: Identität.
51 Er zählt neben den Bearbeitungen der *Historia* auch *Flore und Blanscheflur, Wilhelm von Österreich,* die legendenhaften Liebesromane (*Die gute Frau, Wilhelm von Wenden, Magelone, Mai und Beaflor*) sowie Erzählungen vom Sieg der Liebenden über Zauberei und Verwandlung (*Friedrich von Schwaben, Melusine*) zu dieser Gruppe (vgl. Röcke: Höfische, S. 396). Zu einer Diskussion der Textgruppenauswahl vgl. Eming: Emotion, S. 15f.
52 Röcke: Höfische, S. 398. Röcke unterscheidet die *minne*-Auffassung dieser Gattung von der des höfischen Romans insoweit, als im Liebes- und Abenteuerroman „nicht die gesellschaftlichen Verpflichtungen", sondern die „persönliche Bindung der Liebenden" im Vordergrund stehen (ebda.). Die Verknüpfung dieser beiden Themen ist auch für Kiening, Ridder und Schulz ein bedeutsamer Teil der Gattungssystematik (vgl. Christian Kiening: *Wer aigen mein die welt...* Weltentwürfe und Sinnprobleme deutscher Minne- und Abenteuerromane des 14. Jahrhunderts. In: Literarische Interessenbildung im Mittelalter. DFG-Symposion 1991. Hg. v. Joachim Heinzle. Stuttgart/Weimar 1993. S. 474-494; Ridder: Mittelhochdeutsch; Armin Schulz: Poetik des Hybriden: Schema, Variation und intertextuelle Kombinatorik in der Minne- und Aventiureepik. *Willehalm von Orlens – Partonopier und Meliur – Die schöne Magelone.* Berlin 2000). Schulz und andere betonen aber im Unterschied zu Röcke, dass die heimliche, illegitime Liebe, die motivisch an den *Tristan* anschließe, im Liebes- und Abenteuerroman meist in eine legitime Ehe münde. „Die Minne- und Aventiureromane suchen den Ausgleich zwischen Individuum und Kollektiv" (Schulz: Poetik, S. 12), stellen also eben nicht die persönliche Bindung in den Vordergrund.
53 Röcke: Höfische, S. 396.

3.2 Gattung, Raum und Reise

zahlreicher Abenteuer, schließlich um die erneute Wiedervereinigung, den endgültigen Vollzug der Ehe oder [...] um die endgültige Bestrafung der Gattin.[54]

Hier sind nach Röcke zwei Erzähltraditionen verknüpft: das Motiv der Brautwerbung und das triadische Strukturschema des antiken Romans. Es handelt sich also um eine Gattungsbestimmung auf der Basis von strukturalistischen Kriterien wie Erzählschema und Figurenkonstellation. Für die Kategorie ‚Erzählschema' ist der *Apollonius* von besonderer Bedeutung, da er „dem antiken Liebes- und Reiseroman mit seiner Motivreihe von Trennung und Reise, Suchen und Finden noch am nächsten" stehe.[55] Achnitz merkt diesbezüglich an, dass dem Apolloniusstoff auch eine gruppenbildende Funktion zukomme, da dieser Stoff „wesentlichen Anteil daran hat, daß dem Mittelalter Handlungsschema und Motivvorrat der antiken Liebes- und Reiseromane überhaupt bekannt gewesen sind".[56]

Klaus Ridder[57] und Armin Schulz[58] betonen in ihren Arbeiten zur Minne- und Aventiureepik darüber hinaus auch die Gemeinsamkeiten der Textgruppe im Bereich narrativer Techniken: Ridder arbeitet anhand seiner Textreihe heraus, dass vor allem die späteren Texte der Gattung

> sich intensiv mit älteren literarischen Sinnbildungsmustern auseinander[setzen] und [...] sich als Kombination und Verschränkung ganz unterschiedlicher Stoffbereiche, Erzählschemata, Episoden- und Motivreihen, Darstellungsformen und Problemfelder [darstellen].[59]

Sie seien charakterisiert durch „ein intertextuelles Gefüge", das „konstitutiv für die Entfaltung der Handlung und für die Erzählreflexion" sei.[60] Armin Schulz beschreibt den Liebes- und Abenteuerroman mit Bachtin als „hybride Konstruktion",[61] als „Roman-‚bricolage'",[62] die sich „durch die exzessive Amalgamierung literarischen Traditionsguts"[63] auszeichne. Durch diese

---

54 Röcke: Höfische, S. 397.
55 Ebda.
56 Achnitz: Babylon, S. 3.
57 Ridder: Mittelhochdeutsche.
58 Schulz: Poetik.
59 Ridder: Mittelhochdeutsche, S. 2.
60 Klaus Ridder: Minne, Intrige und Herrschaft. Konfliktverarbeitung in Minne- und Aventiureromanen des 14. Jahrhunderts. In: Spannungen und Konflikte menschlichen Zusammenlebens in der deutschen Literatur des Mittelalters. Bristoler Colloquium 1993. Hg. v. Kurt Gärtner. Tübingen 1996. S. 173-188, S. 173.
61 Schulz: Poetik, S. 9; S. 35ff.; vgl. auch Renée Scheremeta: Hybridization as a Compositional Technique in the Middle High German Narrative of the late Middle Ages. Diss. Toronto 1982. Interessanterweise gilt diese Hybridisierung im Falle des *Apollonius* auch für das Bildprogramm der Handschriften. Krenn zufolge kompilieren die Bildgestalter „ikonographische Vorlagen, die zur Bebilderung christlich-religiöser Themen, für naturkundliches Wissen und ritterlich-weltliche Fertigkeiten entwickelt worden sind" (Krenn: Minne, S. 170).
62 Schulz: Poetik, S. 11.
63 Ebda., S. 36.

Verknüpfung heterogener Elemente wird das Sinnangebot der Texte ebenso heterogen und ambivalent.[64]

Eine zentrale Konsequenz dieser intertextuellen und traditionsorientierten Erzählweise stellt für Ridder die „Historisierung der Fiktion" einerseits, die „Fiktionalisierung der Geschichte" andererseits dar,[65] denn die Texte sind durch eine deutliche Tendenz gekennzeichnet, „die Fiktion in ein (pseudo-)historisches Geschehen einzubetten".[66] Dies verbindet sich mit einer enyzklopädischen Tendenz, die wiederholt für den späthöfischen Roman festgestellt wurde.[67]

Auch Mathias Herweg benennt „die Historizität oder die Haltung zur Geschichte" der Romane um 1300 als wesentlichen „Angelpunkt der gattungsgeschichtlichen Einschätzung"[68] und entwickelt für diese textuellen Verfahren den Begriff der *„transfiktionale[n]* Sinnstiftung".[69]

Wolfgang Achnitz lehnt eine Zuordnung auf der Basis obengenannter Kriterien als nicht zureichend ab.[70] Bei der Gattung des Liebes- und Abenteuerromans handele es sich um eine „Sammelbezeichnung für eine heterogene Gruppe von Werken",[71] die gleichsam *ex negativo* definiert sei, da sie sich „keinem der in der Volkssprache etablierten Erzählsujets"[72] zuordnen lassen könnten. Weder die Themen *minne* und *aventiure* noch das Erzählschema von Trennung und Wiederfinden seien Alleinstellungsmerkmale. Stattdessen sieht er mit dem *Wilhelm von Österreich* und dem *Friedrich von Schwaben* eine literarische Reihe abgeschlossen, der „die Verbindung von Brautwerbung und Minne mit Aspekten der Machtlegitimation und Herrschaftstranslation vor dem Hintergrund christlicher Heilsgeschichte"[73]

---

64 Ebda., S. 9.
65 Ridder: Mittelhochdeutsche, S. 10.
66 Ebda., S. 17; vgl. für den *Apollonius* hierzu auch Alfred Ebenbauer: Spekulieren über Geschichte im höfischen Roman um 1300. In: Philologische Untersuchungen. Festschrift für Elfriede Stutz. Hg. v. dems. Wien 1984. S. 151-166.
67 Vgl. Ridder: Mittelhochdeutsche; Ebenbauer: Spekulieren; Tobias Bulang: Enzyklopädische Dichtungen. Fallstudien zu Wissen und Literatur in Spätmittelalter und früher Neuzeit. Berlin 2011 (Deutsche Literatur. Studien und Quellen, Bd. 2). Dementsprechend las die ältere Forschung die späteren deutschen Versromane „primär als motiv- und quellenkundliche Kompendien" (Herweg: Wege, S. 16.).
68 Herweg: Wege, S. 18.
69 Ebda., S. 19. Hervorhebung im Original.
70 Achnitz: Babylon, S. 1f.
71 Ebda., S. 1. Zu dieser Gruppe werden nach Achnitz neben dem *Apollonius* und dem *Reinfried von Braunschweig* auch Konfrad Flecks *Flore und Blanscheflur*, Rudolfs von Ems *Wilhelm von Orlens*, Ulrichs von Etzenbach *Wilhelm von Wenden*, Johanns von Würzburg *Wilhelm von Österreich* sowie der *Friedrich von Schwaben* gezählt. Subsumiert werden zum Teil auch *König Rother, Herzog Ernst, Die gute Frau*, Bertholds von Holle *Demantin* und *Crane, Mai und Beaflor* sowie Konrads von Würzburg *Engelhard* und *Partonopier* (vgl. Ebda., S. 1f.; S. 8.).
72 Ebda., S. 1.
73 Ebda., S. 8.

gemein ist und der er auch den *Apollonius* zurechnet. Für diese Gruppe schlägt er die Gattungsbezeichnung ‚Herrschafts- und Staatsroman' vor.[74] Auch Mathias Herweg klassifiziert den *Apollonius* als der Gruppe der ‚Fürsten- und Herrschaftsromane' zugehörig.[75]

Im Hinblick auf den *Apollonius* kann zusammenfassend festgehalten werden, dass er aufgrund seiner Stoffvorlage als Antikenroman eingeordnet wird und darüber hinaus von allen hier diskutierten Forschungsansätzen der umstrittenen Gattung des sogenannten Liebes- und Abenteuerromans zugerechnet wird. Die zentralen Themen der *minne* und des *abentewrs* prägen den Roman, sind aber eng verknüpft mit dem Thema der Herrschaft, weshalb Achnitz' Einordnung in die Textgruppe der ‚Herrschafts- und Staatsromane' sinnvoll erscheint. Die beobachtete Amalgamierung von Erzähltraditionen und Stoffen, die hybride Konstruktion des Romans, die Tendenz zum Enzyklopädischen und ein „völlig disponi[bler]"[76] Umgang mit Wissensbeständen der Zeit sind auch am *Apollonius* wiederholt beobachtet worden.[77] Die Implikationen dieser Gattungszuordnung für die Raumentwürfe des Textes soll im Folgenden knapp diskutiert werden.[78]

Steht die antike Stoffvorlage des Textes im Vordergrund, so stellt der Handlungsraum die *oikumene* des östlichen Mittelmeers dar. Auch Bezugspunkte zu den Räumen v.a. der Alexanderromane[79] sind denkbar, zumal

---

74 Vgl. ebda.
75 Herweg: Wege. Zugleich kann auch argumentiert werden, dass es sich letztlich um einen Eheroman wie den *Wilhelm von Wenden* oder die *Gute Frau* handelt. Das Thema Ehe scheint mir aber nicht zuletzt wegen der Konzentration auf Herrschaft in der Binnenerzählung dem Thema Herrschaft untergeordnet.
76 Ebda., S. 18.
77 „Der Rekurs auf das zeitgenössische enzyklopädische Wissen sowie auf literarisch tradierte Motive und Erzählmuster ist in Heinrichs *Apollonius*-Bearbeitung omnipräsent" (Junk: Transformationen, S. 73).
78 Die Wechselwirkungen dieser Phänomene mit dem Verständnis von und der Entwicklung eines Modells „verabsolutierter Fiktionalität" (Herweg: Wege, S. 18), sind wiederholt diskutiert worden, vgl. hierzu Röcke: Antike; Herweg: Wege.
79 Zu den Räumen der Alexanderromane vgl. u.a. Jürgen Brummack: Die Darstellung des Orients in den deutschen Alexandergeschichten des Mittelalters. Berlin 1966; Danielle Buschinger: Alexander im Orient. In: Raumerfahrung – Raumerfindung. Erzählte Welten des Mittelalters zwischen Orient und Okzident. Hg. v. Laetitia Rimpau und Peter Ihring. Berlin 2005. S. 57-71; Frank Estelmann: Weg ohne Rückkehr, *bone jornee*: Reise und Neugier im altfranzösischen Alexanderroman (*Alexandre de Paris*). In: Raumerfahrung – Raumerfindung. Erzählte Welten des Mittelalters zwischen Orient und Okzident. Hg. v. Laetitia Rimpau und Peter Ihring. Berlin 2005. S. 71-86; Henriette Harich-Schwarzbauer: An der Schwelle neuer Räume. Zur Dialektik von Vermessen und Vermessenheit in der lateinischen Alexanderliteratur am Beispiel der *Alexandreis* des Walter von Châtillon. In: Mensch und Raum von der Antike bis zur Gegenwart. Hg. v. Antonio Loprieno. München/Leipzig 2006. S. 104-126; Hartmut Kugler: Alexander und die Macht des Entdeckens. Das 10. Buch im Alexanderroman Ulrichs von Etzenbach. In: The Problematics of Power. Eastern and Western Representations of Alexander the Great. Hg. v. Margaret Bridges und Johann Christoph Bürgel. Bern 1996. S. 27-44; Strohschneider/Vögel: Flußübergänge. Julia Weitbrecht:

einerseits die Handlung der *Historia* in einigen Alexanderromanen aufgerufen wird,[80] andererseits Alexander selbst im *Apollonius* als Vergleichsfigur dient. Hier ist zu fragen, wie die mittelalterliche Bearbeitung diese Räume transformiert und welche Themenschwerpunkte sie setzt.

Sieht man dagegen das antike Erzählschema vom Finden der Liebe, einer Trennung mit Reisen und schlussendlich der Wiedervereinigung des Liebespaares als wesentliches Gattungsmerkmal, so ist wie beim antiken Roman nach der Funktion des Reisens in diesem triadischen Schema zu fragen. Röcke und Bachorski haben Bachtins Ansätze kritisch für den mittelalterlichen Roman diskutiert,[81] während Jutta Eming, wie Whitmarsh u.a. für den antiken Roman, für eine theoretische Fassung des Reisens als *rite de passage* argumentiert.[82] Röcke betont in diesem Zusammenhang, dass dieses Reisen vor allem im späthöfischen Roman Anlass für die ausführliche literarische Auseinandersetzung mit den Wundern der Fremde gibt:

> Das Erlebnis der Fremde ist faszinierend und bedrohlich zugleich. Es erweitert den Horizont und erschließt neue Welten, hebt aber auch die sichere Grenze gegenüber dem Unbekannten und Furchterregenden jenseits der Grenze auf. [...] Jenseits der Grenze wird Ordnung zum Chaos, das gewohnte Maß von Mensch und Tier zu den grotesken Mischwesen verzerrt, das vertraute Bild von der Natur und ihren Regeln außer Kraft gesetzt.[83]

Gerade die Binnenerzählung des *Apollonius* nimmt Röcke als Beispiel dafür, wie sich in der Darstellung dieser Fremde die Lust am „Spiel der Fiktionen",[84] am „nurmehr Wahrscheinlichen, am Abenteuer des bunten Wechsels von Möglichkeit und Wirklichkeit, Tradiertem und Erfundenem"[85] entfaltet und so auch von der christlichen Dogmatik abweichende Bestimmungen des Wunderbaren entwickelt. Ob und wie sich diese Lust

---

Bewegung – Belehrung – Bekehrung. Die räumliche und emotionale Kodierung religiöser Erkenntnis im *Straßburger Alexander*. In: Zwischen Ereignis und Erzählung. Konversion als Medium der Selbstbeschreibung in Mittelalter und Früher Neuzeit. Hg. v. ders., Werner Röcke und Ruth von Bernuth. Berlin/Boston 2016 (Transformationen der Antike, Bd. 39). S. 109-123.

80 Vgl. Danielle Buschinger: Die Tyrus-Episode in den französischen und deutschen Alexanderromanen des 12. Jahrhunderts. In: Herrschaft, Ideologie und Geschichtskonzeption in Alexanderdichtungen des Mittelalters. Hg. v. Ulrich Mölk et al. Göttingen 2002. S. 162-178.

81 Vgl. Hans-Jürgen Bachorski: *grosse ungelücke und unsälige widerwertigkeit und doch ein guotes seliges ende.* Narrative Strukturen und ideologische Probleme des Liebes- und Reiseromans in Spätmittelalter und früher Neuzeit. In: Fremderfahrung in Texten des Spätmittelalters und der frühen Neuzeit. Hg. v. Günter Berger und Stephan Kohl. Trier 1993. S. 59-86. In seinem Aufsatz zur Identität und kulturellen Selbstdeutung in den Transformationen des antiken Romans betont Röcke, dass die Zeit der Reise und Prüfungen nicht, wie Bachtin annimmt, die Identität der Liebenden auf die Probe stelle, sondern „ihre Identität wird in diesen Begegnungen und Abenteuern erst konstituiert" (Röcke: Identität, S. 407; vgl. auch Röcke: Wahrheit; Röcke: Mentalitätsgeschichte).

82 Eming: Emotion, S. 11ff; S. 98ff.

83 Röcke: Wahrheit, S. 252; vgl. auch Röcke: Schreckensorte; Röcke: Lektüren; Röcke: Erdrandbewohner.

84 Röcke: Wahrheit, S. 254.

85 Ebda., S. 259.

am fremden Wunderbaren in den Raumentwürfen v. a. der Binnenerzählung des *Apollonius* ausdrückt, soll im Anschluss an die Analyse diskutiert werden.[86]

Als weitere gattungshafte Dominante ist die Verknüpfung eben dieser *aventiuren* des Reisens mit dem zweiten zentralen Themenkomplex der *minne* beschrieben worden. Für die vorliegende Untersuchung stellt sich diesbezüglich die Frage, ob und wie sich diese Verknüpfung in den narrativen Raumentwürfen des *Apollonius* einschreibt, denn bei Heinrich ist die vierzehnjährige Phase des Reisens eben nicht lediglich eine Phase der Trennung von seiner geliebten Frau und Tochter. Da er seine Ehefrau Lucina für tot hält, heiratet er im Verlauf der Binnenerzählung noch dreimal und zeugt eine Reihe von Kindern. In diesem Zusammenhang ist auch die Frage geschlechtsspezifischer Codierungen von Räumen zu diskutieren.[87]

Dass sich der *Apollonius* durch eine Hybridisierung und Amalgamierung von Erzähltraditionen und Wissensbeständen auszeichnet, ist wiederholt beobachtet[88] und in der älteren Forschung Anlass zu ausführlichen quellen- und motivkundlichen Untersuchungen geworden. Diese narrative Technik kann aus zwei Perspektiven beobachtet werden: Einerseits können die Wissensbestände, Erzähltradition und Quellen, die der *Apollonius* zusammenführt, ausfindig gemacht und untersucht werden. Auf der anderen Seite – und dies scheint für eine Interpretation des Textes die weit interessantere Herangehensweise zu sein – kann der Untersuchungsschwerpunkt aber auch auf die kompositionellen Verfahrensweisen gelegt werden, die aus diesem heterogenen Bezugsmaterial ein neues Ganzes formen. Anders formuliert: Ein hybridisierender Zugriff auf heterogenes Material schließt keinesfalls aus, dass dieses im narrativen Prozess im Dienst eines homogenisierenden Erzählinteresses zu einem kohärenten Erzählganzen geformt wird. Ob und auf welche Weise dies beim *Apollonius* der Fall ist, wird die anschließende Analyse erweisen.

Schließlich stellt sich die Frage, wie sich das von Herweg und Achnitz beobachtete zentrale Thema der Herrschaft in den Raumentwürfen des *Apollonius* niederschlägt. Diese Frage setzt einen neuen Akzent für die Untersuchung der Reise- und *aventiure*-Passagen, denn wenn das Handeln einer Figur nicht lediglich auf das Durch-Reisen eines Raumes, sondern vielmehr auf dessen Aneignung, d.h. seine Formung zu einem Herrschaftsraum zielt, stellt sich die Wechselwirkung zwischen Figurenhandeln und Raumentwurf deutlich anders dar.

---

86 Vgl. Kap. 4.3.
87 Vgl. 4.2.
88 Vgl. die zitierten Arbeiten von Röcke; vgl. hierzu auch Achnitz: Babylon, S. 241.

Dies betrifft erstens die Intentionalität der Bewegung durch den Raum. Die Figuren des antiken Liebes- und Reiseromans und für manche Forschungspositionen auch die des mittelalterlichen Liebes- und Abenteuerromans werden in ihren Reisen als weitestgehend passiv interpretiert, d.h. sie durchqueren die Räume nicht intentional, sondern erleiden vielmehr die Bewegung durch den Raum, die von anderen Figuren bzw. Wirkkräften im Text verursacht wird.[89] Die herrschaftliche Aneignung eines Raumes setzt dagegen kontrollierte Raumbewegung und Raumnahme voraus. Damit verbunden ist zweitens die Frage der Wechselwirkung von Figuren und Raum: Eine passiv durch den Raum bewegte Figur mag von diesem Raum affiziert werden oder nicht, hinterlässt jedoch selbst kaum Spuren. Herrschaftliche Aneignung dagegen setzt eine aktive Formung des Raumes durch die Figur voraus.

Drittens stellt sich beim Umterschied zwischen ‚bloßem' Durchreisen und herrschaftlicher Aneignung die Frage der Stabilisierung des narrativ erzeugten Raumes. Reist eine Figur durch eine Anzahl von Räumen, so werden diese im Verlauf des Erzählens dieser Reisebewegung aufgerufen, ohne jedoch im weiteren Verlauf eine Rolle spielen zu müssen, d.h. die Raumentwürfe reihen sich episodisch aneinander, ohne notwendig verknüpft zu sein oder zwangsläufig eine Funktion über die bloßer Reisestationen hinaus einnehmen zu müssen.[90] Die Aneignung eines Raumes als Herrschaftsraum dagegen verbindet den Raum dauerhaft mit der ihn beherrschenden Figur und muss, um diese Funktion weiter erfüllen zu können, im Text stabil gehalten werden. In der folgenden Analyse wird also auch zu untersuchen sein, ob und auf welche Weise die von Apollonius akkumulierten Herrschaftsräume im Text präsent gehalten und so stabilisiert werden.

3.3 Analyse der Räume und Orte des *Apollonius*

Der folgenden Analyse der Räume und Orte des *Apollonius von Tyrland* wird die in Kapitel Einleitung entwickelte Gliederung des *Apollonius* zugrunde gelegt:

1-2905	Rahmenerzählung I (Stoff der *Historia*)
2906-14924	Binnenerzählung
14925-17469	Rahmenerzählung II (Stoff der *Historia*)
17470-20644	Schluss

---

89 Vgl. Kap. 2.2.
90 Vgl. Kap. 1.

Wie in Kapitel 2 folgen auch die Analysen dieses Kapitels dem Textverlauf.[91] Die Analysen der Orte und Räume von Teil 1 und 3 (Rahmenerzählung) sind komparatistisch angelegt, orientieren sich also an den in Kapitel 2 geleisteten Analysen und heben vor allem Differenzen und Besonderheiten hervor. Diese Unterschiede werden in Kapitel 4 noch einmal unter Zuhilfenahme eines transformationstheoretischen Ansatzes differenzierter diskutiert.

Aufgrund des Versumfangs von Binnenerzählung und Schluss werden die für den Untersuchungsansatz besonders relevanten Passagen einer exemplarischen Analyse unterzogen; die Raumentwürfe der restlichen Episoden werde ich kurz zusammenfassen und nur punktuell genauer diskutieren. Aus dem Vergleich der Ergebnisse dieser Analysen wird im nächsten Schritt eine Gesamttypologie der Räume und Orte des *Apollonius* und seine Raumordnung erarbeitet (3.4.1) auf die in Kapitel 4 die Interpretation anhand systematischer Fragestellungen folgt.

3.3.1 Prolog – *tugent steyg* und Statue des Nebukadnezar

Heinrich beginnt seinen Roman mit einem Prolog, der den wunderlichen Verlauf sowohl des Einzellebens als auch der Weltgeschichte thematisiert und mit einer Zeitklage und Tugenddiskussion verknüpft.[92] Der *tugent steyg*, so klagt er, sei *lenger | Worden her zu unnseren tagen* (A V. 4f.). Um dieses Thema weiter auszuführen greift der Erzähler die Geschichte des Nebukadnezar (hier *Nabuchodonosor*) auf, der von einer Statue mit goldenem Kopf träumt, auf dem eine goldene Krone sitzt, mit silberner Brust, kupfernem Leib, bleiernen Beinen und tönernen Füßen, und referiert die Deutung dieses Traumes durch Daniel:

> Auf der sewle der gulden man
> Das ist die pluende jugentt.
> Wan die wechsett in grosser tugent,
> So wird ir wol zu lone
> Ein guldein kron.
> Ist aber das sie sinckett
> Und an den tugenden hinckett,
> So wirt silber schir ir gold,
> Darnach kupfer wirt ir sold,
> So wirt es denne waiches pley. […]
> Dem sust zu poßhait ist so gach,

---

[91] Für eine ausführliche Übersicht und Gliederung der Handlung vgl. Achnitz: Babylon, S. 274; Ebenbauer: Apollonius.

[92] Vgl. Achnitz: Babylon, S. 252, demzufolge Heinrich hier an Ottos von Freisings *Chronica sive Historia de duabus Civitatibus* anknüpft.

> Und er der alles volgett nach,
> Der mag wol schier werden
> Zu ainer ploden erden. (A V. 68-82)

Diese Allegorese verknüpft der Erzähler in einem nächsten Schritt mit der Figur des Antiochus und leitet so über in die Erzählhandlung. Die Bedeutung dieser Passage aus dem Zweiten Buch Daniel für mittelalterliche Modelle des Geschichtsverlaufs und jenes Konzept von politischer Theologie, das sich mit dem Begriff *translatio imperii* umschreiben lässt, ist in der Forschung breit aufgearbeitet worden.[93] So wird dieser Traum in der mittelalterlichen Dichtung bevorzugt im Zusammenhang mit der Thematisierung von Herrschaft und der geschichtlichen Abfolge der großen Reiche aufgerufen.[94] Interessant am *Apollonius*-Prolog ist nun aber, dass Heinrich nicht der üblichen Deutung der Statue als Abfolge von historischen Reichen folgt, sondern „als Stufung menschlicher Lebensalter, wobei das jeweils wertlosere Material den zunehmenden Verlust von Tugendhaftigkeit anzeigt".[95] Die Allegorese nimmt also nicht den Weltverlauf, sondern das einzelne Menschenleben in den Blick. Der Blitzschlag, der die Statue zerstört, bedeutet nicht das Herankommen des Reichs Gottes, sondern die individuelle Bestrafung Gottes für ein verfehltes Leben,[96] womit gleichzeitig Antiochus' Tod vorweggenommen wird.[97] Achnitz betont, durch diese

---

93 Vgl. zur *translatio imperii*: Piet van den Baar: Die kirchliche Lehre von der „translatio imperii" bis zur Mitte des 13. Jahrhunderts. Rom 1958; Annegret Fiebig: *vier tier wilde*. Weltdeutung nach Daniel in der „Kaiserchronik". In: Deutsche Literatur und Sprache von 1050-1200. Festschrift für Ursula Hennig. Hg. v. Annegret Fiebig und Hans-Jochen Schiewer. Berlin 1995. S. 27-49; Francis G. Gentry: „Ex Oriente Lux". „Translatio" Theory in Early Middle High German Literature. In: *Spectrum Medii Aevi*. Essays in Early German Literature in Honor of George Fenwick Jones. Hg. von William C. McDonald. Göppingen 1983 (GAG 362). S.119-137; Werner Goez: *Translatio Imperii*. Ein Beitrag zur Geschichte des Geschichtsdenkens und der politischen Theorien im Mittelalter und in der frühen Neuzeit. Tübingen 1958; Reinhard Gregor Kratz: *Translatio imperii*. Untersuchungen zu den aramäischen Danielerzählungen und ihrem theologiegeschichtlichen Umfeld. Neukirchen-Vluyn 1991 (Wissenschaftliche Monographien zum Alten und Neuen Testament, Bd. 63). Vgl. zur *translatio imperii* und dem Traum des Nebukadnezar im *Apollonius* Lea Braun: *Translatio imperii*. Herrschaftsraum, politische Theologie und die *matière de Rome* im höfischen Roman des 12. und 13. Jahrhunderts. In: Atlanten, Netzwerke, Topographien. Literaturgeschichtsschreibung und Raum in Italien und Deutschland. Hg. v. Fabian Lampart und Maurizio Pirro. Cultura Tedesca 49 (giugno 2015). S. 155-179; Schneider: Chiffren, S. 60ff.; Achnitz: Babylon, S. 252ff.

94 Fiebig: Tiere hat das für die *Kaiserchronik* gezeigt und Schneider: Chiffren, S. 61f. diskutiert die Verwendung des Traumes in den Alexandererzählungen. Achnitz hebt hervor, dass im Mittelalter ein negatives Bild Nebukadnezars vorherrschte und dass er „hinsichtlich seines Weltherrschaftsanspruchs mit Alexander dem Großen verglichen werden kann" (Achnitz: Babylon, S. 253). In der Bibelexegese erscheine er mitunter gar als Teufel, der Jerusalem zerstört (ebda.).

95 Schneider: Chiffren, S. 63; vgl. zu dieser Auslegung auch Peter Kern: Die Auslegung von Nabuchodonosors Traumgesicht (Dan. 2,31-35) auf die Lebensalter des Menschen. In: Les Âges de la Vie au Moyen Âge. Hg. v. Henri Dubois und Michel Zink. Paris 1992. S. 37-55.

96 Für vergleichbare Deutungen des Traumes im Mittelalter vgl. Achnitz: Babylon, S. 254f.

97 *Anthioch, du schanden paum, | An dir ist erfullet der trawm: | Der doner slag hatt dich geschlagen, | Dein leib, dein gut, dein er zetragen* (A V. 2993-2996).

Umdeutung lasse sich die „heilsgeschichtliche Perspektive des Traums […] unmittelbar auf den Protagonisten und auf den einzelnen Rezipienten des Textes beziehen".[98] Im Prolog würden der *welte schancz* der menschlichen Perspektive und die heilsgeschichtliche Providenz, eingespielt durch den biblischen Text, gegeneinander gestellt. Damit erweist sich die folgende „schicksalhafte Kette von unglücklichen und glücklichen Zufällen"[99] als nur auf der Figurenebene kontingent. Antiochus werde hier als Antichrist schlechthin präfiguriert.

Für die vorliegende Untersuchung ist darüber hinaus der räumliche Charakter der beiden im Prolog entwickelten Bilder von besonderem Interesse: Der *tugent steyg*, also der Auf- oder Anstieg hin zur Tugend sei *enger worden*, der zurückzulegende Weg ist also schmaler, damit schwerer zu begehen und für weniger Menschen zugänglich geworden. Die Vergleichsbasis für den Komparativ *enger* wird nicht explizit genannt, es bietet sich aber an, die unspezifisch bleibende Vergangenheit mit dem Erzählstoff in Verbindung zu bringen. Dann würde dieses räumliche Bild nicht nur in der vertikalen Bewegung des Anstiegs den Jetztzustand des Erzählers und der impliziten Rezipienten mit dem Soll-Zustand idealer Tugendhaftigkeit verbinden, sondern auch die vergangene Zeit des Erzählstoffes mit der Jetzt-Zeit der Rezeption.

Die Allegorie der Statue aus Materialien sich verringernden Wertes vollzieht dieselbe Vertikalbewegung, allerdings in umgekehrter Richtung. Von der relational oben situierten Krone der Tugendhaftigkeit (das Ergebnis des zurückzulegenden *tugent steygs*) geht es abwärts zur silbernen Brust, dem kupfernen Leib etc. Die Allegorese (A V. 66ff.) verknüpft das Bild dieser Statue mit dem Verlauf eines Lebens von der *pluende[n] jugentt* (A V. 69) an.[100] Dieses Leben wird als Verlauf, als zeitliches Verstreichen imaginiert.[101] Zugleich wird mit den Substantiven *wechsett* und *sincket* deutlich, dass dieser Verlauf, wie der *tugent steyg*, potentiell bidirektional ist – der Mensch kann sich aufwärts zur Tugend oder abwärts zur Untugend hin bewegen. Der biblische Rekurs verleiht dieser Tugenddiskussion Legitimität und bindet den folgenden Stoff der *Historia* in die Heilsgeschichte ein; zugleich verknüpft die herkömmliche Deutung des Traumes im Hinblick auf die Reiche- und *translatio*-Lehre, die als den Rezipienten bekannt vorausgesetzt werden kann, den Tugend- mit einem Herrschaftsdiskurs, die beide auf

---

98   Achnitz: Babylon, S. 255f.
99   Ebda., S. 272.
100 Dadurch, dass der historische Traum des Nabuchodonoser in der und für die Jetztzeit vom Erzähler gedeutet wird (*Was diese geschicht pedeutet nw*, A V. 66), wird noch einmal der zeitlich zurückliegende Stoff mit der aktuellen Erzählsituation verbunden.
101 *Wan die wechsett* (A V. 70); *ist aber das sie sinckett* (A V. 73); *Darnach kupfer wirt ir sold* (A V. 76).

einen Lebensweg hin perspektiviert werden.[102] Dieser Zusammenhang wird noch verstärkt durch die Annäherung von Nabuchodonosor an Antiochus, das Negativexempel falscher Herrschaft und sündhaften Lebens schlechthin in der *Historia*. Der Statuentraum, den Nabuchodonosor träumt und für dessen Deutung Antiochus ein Exempel ist, dient als Scharnier dieses Vergleichs und reichert damit die folgende Erzählung mit zusätzlichen Bedeutungsebenen an.

Abschließend bindet der Erzähler noch einmal die historische Zeitebene seiner Erzählung und die Gegenwart der Rezipienten zusammen, indem er eine doppelte Gültigkeit seiner Allegorese behauptet:

> Es ist ain hohe gloß dar an,
> Die gott auff aller welde kintt
> Die nw und furpaß lebentig sint.
> Sie gett auch gar auff ainen man
> Von dem ich muet zu sagen han. (A V. 90-94)

Bei diesem Mann handelt es sich um Antiochus. Die hier vorgenommene Gleichsetzung von Figur und Rezipierenden betont die Relevanz des Folgenden für die Lebensrealität der Hörenden oder Lesenden, führt zugleich aber eine Technik ein, die im *Apollonius* durchgängig bestimmend ist für die Verknüpfung von Erzählung und Heilsgeschichte. Als aktualisierendes Exempel der Allegorese einer biblischen Passage wird die Geschichte von Antiochus einerseits deutlich aufgewertet und in einen heilsgeschichtlichen Kontext gestellt. Andererseits bleibt die Beziehung zwischen dem biblischen Text und der Erzählung so allgemein gefasst, dass der Erzähler sich Freiheiten mit seinem Stoff erlauben kann, denn er erzählt eben nicht Heilsgeschichte,[103] sondern spiegelt und illustriert nur bestimmte Motive und Elemente dieser mit einem Stoff, der zwar historisch, aber nicht biblisch ist.

3.3.2 Formen der Fortbewegung im *Apollonius* / Das Meer

Im *Apollonius* wird die primäre Reiseform per Schiff in den meisten Fällen beibehalten; nur in wenigen Fällen werden längere Wege per Pferd zurückgelegt. Diese Ritte weisen aber, wie im Falle der folgenden Antiochia-Episode, häufig besondere repräsentative Funktionen auf. Wenn das Meer selbst nicht zum Handlungsort wird, werden die Schifffahrten meist auf die reine Fahrtdauer reduziert, evtl. unter Erwähnung der Wetterbedingungen. Passagen, in denen die Schifffahrt zum Teil der Handlung und nicht bloß

---

102 Vgl. Schneider: Chiffren, S. 63.
103 Wie Heinrich von Neustadt das in seiner Bearbeitung des *Anticlaudianus* des Alanus ab Insulis, *Von Gottes Zukunft* tut. Hier orientiert er sich deutlich näher an seine Quellen als das im *Apollonius* der Fall ist, vgl. Kap. 4.4.

als Bewegung von einem Ort zum anderen dient, werden im Folgenden hervorgehoben und wie die anderen Orte und Räume analysiert.

3.3.3 Vers 1-2905 - Rahmenerzählung I

Bestimmte narrative Phänomene, wie eine *dilatatio* des Materials[104] und die Aktualisierung von Kleidung, Rüstungen, Sachgegenständen und kulturspezifischen Verhaltensweisen hin zu dem im Entstehungskontext des *Apollonius* Gebräuchlichen prägen die gesamte Rahmenerzählung. Beispielhaft sollen sie bei der Analyse der Antiochia-Episode, in die der Erzähler besonders stark formend eingreift, diskutiert werden; auch hier liegt der Analyseschwerpunkt jedoch auf den räumlichen Entwürfen. Bezüglich der weiteren in der Rahmenerzählung entworfenen Orte werden vor allem Differenzen zur antiken Vorlage diskutiert.

3.3.3.1 Antiochia I

Wie in der *Historia* beginnt die Handlung des *Apollonius* damit, König Antiochius und die Stadt Antiochia in Beziehung zueinander zu setzen. Hier wird dieses Verhältnis jedoch präzisiert und der Herrscher primär gesetzt: *Nach im wart gehaissen sa | Ain statt haist Anthiochia* (A V. 98f.). Anders als in der *Historia* setzt der Erzähler nun jedoch zu einer *descriptio* von Antiochus' Reich an:

> Er hett purg und die lantt.
> Im ainer warttet zu seiner hant
> Vil manigs ritterlichs her.
> Es was gewaltig auff dem mer.
> Er hett auch was er wolde
> Von silber und von golde. (A V. 100-105)

Die in der *Historia* nur implizit deutlich werdende herrschaftliche Macht des Antiochus und sein Reichtum werden hier explizit gemacht. Der Erzähler unterscheidet zwischen Burg und (Um-)Land, das nicht weiter differenziert wird. Das im lateinischen Begriff der *ciuitas* zusammengefasste antike Konzept der Stadtstaaten trifft hier auf eine typisch mittelalterliche Raumaufteilung, die die folgende Episode dominiert und die in der antiken Erzählung impliziten Erwartungen an den Entwurf eines städtischen Raumes mit seinen tendenziell egalitären Strukturen (z.B. das *forum*) mit einer feudalhöfischen Raumordnung überschreibt. Dieser Eindruck wird verstärkt durch

---

[104] Vgl. zur Rezeptionslenkung durch *dilatatio materiae* im *Apollonius* auch Achnitz: Babylon, S. 262ff.

die Herrschaftsformel *zu seiner hant*, die Antiochus' Verfügungsgewalt ausdrückt, sowie durch die Charakterisierung des stehenden Heeres als *ritterlich*. Die eingefügte Beschreibung aktualisiert also den Raumentwurf der Erzählung gemäß den Traditionen des höfischen Romans, bleibt darin jedoch wie der antike Roman eher vage. Weder werden bauliche Strukturen der Burg oder ihre Verteidigungsanlagen noch Besonderheiten des umliegenden Landes beschrieben. Die Passage dient vielmehr der Charakterisierung des Königs als reichem und mächtigem Herrscher und hat damit attributive Funktion.

Der Erzähler unterzieht die Antiochia-Passage einer starken *dilatatio*, die sich sich vor allem in größerer Detailgenauigkeit, längeren Dialogen, der Entfaltung der Minnehandlung (dies betrifft sowohl Antiochus' inzestuöses Begehren[105] als auch die Werbungen um seine Tochter) und einer ausführlicheren narrativen Ausgestaltung der Ankunft des Apollonius niederschlägt. Besonders auffällige Ergänzungen des *Historia*-Stoffes sind die anfängliche Beschreibung der schönen Prinzessin (A V. 107-123), eine lange Minneschelte (A V. 148-222), in welcher der Erzähler Frau Minne Wahllosigkeit und mangelndes Ständebewusstsein vorwirft und die in einem Erzählerexkurs zu seinen eigenen Minneerfahrungen wieder aufgenommen wird (A V. 323-342),[106] sowie die starke Erweiterung der Fahrt und Werbung des Apollonius, die nach einer kurzen Diskussion der Vergewaltigungsepisode genauer untersucht werden soll.

Die initiale Vergewaltigung der Tochter durch den Vater Antiochus ist weitgehend vorlagentreu gestaltet. Das Bild des Knotens der Jungfräulichkeit (HA 1.17) ersetzt der Erzähler durch *der keusche strigk* (A V. 243), den Antiochus bricht, bleibt also nah an der räumlichem Metapher der *Historia*. Interessant ist die Ergänzung der Passage durch den versuchten Selbstmord der Königstochter: Weil sie nach der Vergewaltigung den Tod ersehnt, ergreift sie einen in der Kammer befindlichen Speer (das einzige

---

105 Vgl. zum Motiv des Inzests in mittelalterlicher Literatur Nora Hagemann: Vorgeschichten. Inzestthematik im Liebes- und Abenteuerroman. In: Hybridität und Spiel. Der europäische Liebes-und Abenteuerroman von der Antike zur Frühen Neuzeit. Hg. v. Martin Baisch und Jutta Eming. Berlin 2013. S. 135-161; Archibald: Incest (1989); dies.: Incest and the Medieval Imagination. Oxford 2001; Danielle Buschinger: Das Inzestmotiv in der mittelalterlichen Literatur. In: Psychologie in der Mediävistik. Gesammelte Beiträge des Steinheimer Symposiums. Hg. v. Jürgen Kühnel. Göppingen 1985. S. 107-140; speziell zum *Apollonius* vgl. auch Jutta Eming: Inzestneigung und Inzestvollzug im mittelalterlichen Liebes- und Abenteuerroman (*Mai und Beaflor* und *Apollonius von Tyrus*). In: Historische Inzestdiskurse: Interdisziplinäre Zugänge. Hg. v. ders. et al. Königstein/Taunus 2003. S. 21-45; Ingrid Bennewitz: Mädchen ohne Hände. Der Vater-Tochter-Inzest in der mittelhochdeutschen und frühneuhochdeutschen Erzählliteratur. In: Spannungen und Konflikte menschlichen Zusammenlebens in der deutschen Literatur des Mittelalters. Bristoler Colloquium 1993. Hg. v. Kurt Gärtner. Tübingen 1996. S 157-172; Egidi: Inzest; Junk: Transformationen.

106 Zur Figur des Erzählers und ihrem Hervortreten in Exkursen vgl. Achnitz: Babylon, S. 257ff.

Ausstattungsdetail dieses Raumes), stemmt den Schaft gegen die Wand und dreht die Spitze zu sich: *Gegen der scherpf war ir gier,* | *Sie lieff do gegen schnell* (A V. 300f.). Nur das schnelle Eingreifen der Amme Pynnell kann ihren Tod verhindern. Einerseits ruft diese Szene den Selbstmord Didos nach der Abreise des Eneas und damit ein beliebtes Motiv der höfischen Erzähltradition auf.[107] Andererseits unterstreicht der Selbstmordversuch das in den Klagen der Prinzessin artikulierte Leid über die Vergewaltigung. Diese zweite, selbstgewählte Penetration mit einer Stichwaffe hebt die Gewalttätigkeit von Antiochus' Tat hervor und verknüpft so die Misshandlung von Frauen, Gewalt und unrechte Herrschaft thematisch noch enger miteinander.

Der Kontrast zwischen Öffentlichkeit und Nichtöffentlichkeit[108] und die damit verbundene Kritik ist auch im *Apollonius* beibehalten und wird sogar noch expliziter gestaltet. Als Antiochus sich zur Vergewaltigung entschließt, schickt er wie in der *Historia* potentielle Zeugen unter dem Vorwand eines Gespräches fort.[109] Nach vollendeter Tat verbirgt er sein Handeln in der Öffentlichkeit, setzt es aber heimlich fort:

> Do der vil ungert
> Hett was er gertt
> An seiner tochter hett began,
> Do graif er newe poßhait an.
> Wa er gestund oder gesaß,
> Offenlich er sich vermeiß[110]
> Das er läg haimleich
> Pey seiner tochter mynnikleich. (A V. 343-350)

Dem *impiissimus* (HA 3.1) der Vorlage entspricht hier die Charakterisierung des Königs als *vil ungert* und seines Handelns als *poßhait*. Ausführlich

---

107 Vgl. Heinrich von Veldeke: Eneasroman. Nach dem Text von Ludwig Ettmüller ins Neuhochdeutsche übers., mit einem Stellenkommentar und einem Nachwort v. Dieter Kartschoke. Stuttgart, durchgesehene und bibliographisch ergänzte Ausgabe 1997. Hier V. 77.37-78.3.
108 Rüdiger Brandt verwendet den Begriff der ‚Nichtöffentlichkeit' „für verschiedene darunter subsumierbare Einzelphänomene von der reinen Negation über Heimlichkeit und Intimisierung bis hin vielleicht zu Vorformen von Privatheit" (Rüdiger Brandt: Enklaven – Exklaven. Zur literarischen Darstellung von Öffentlichkeit und Nichtöffentlichkeit im Mittelalter. Interpretationen, Motiv- und Terminologiestudien. München 1993. S. 9). Öffentlichkeit dagegen beinhaltet immer auch ein repräsentatives Moment, sie stellt stets eine Inszenierung dar. „Für Liebes- und Abenteuerromane ist die Frage nach dem Verhältnis von Öffentlichkeit und Heimlichkeit von größter Relevanz. Denn über Verfahren der Inszenierung setzen sie sich ständig mit der Divergenz oder Koinzidenz von Schein und Sein, von Innen und Außen auseinander" (Eming: Emotion, 92; vgl. auch die Forschungsdiskussion ebda. ab S. 87ff.). Im Folgenden sollen bevorzugt die Begrifflichkeiten des *Apollonius*, wie z.B. *offenlich/ haimleich* verwendet werden. Wo dies nicht möglich ist, schließe ich mich Brandts heuristischer Terminologie an.
109 *Die knaben hieß er fuder gan* | *Er jach er wolt zu trachten han* | *Mit seiner tochter ainen radt*. (A V. 233ff.).
110 Das Verb *vermeiß* (von stV *vermiden*) macht an dieser Stelle keinen Sinn; Singer hält es für ein „Mißverständnis des Originals" (Kommentar zu V. 348 des A, S. 8) und schlägt die Lesart *vermaß* von *vermezzen* vor, die semantisch und im Reim mit *gesaß* mehr Sinn ergibt. Ich schließe mich dieser Lesart an.

schildert der Erzähler die *bose liste* (A V. 351) des Rätsels[111] und die Hinrichtung der potentiellen Freier unabhängig davon, ob sie eine richtige oder falsche Lösung bieten. Besonders hervorgehoben werden in dieser Passage der Akt des Köpfens[112] und die auf den Zinnen ausgestellten Köpfe der Freier.[113] Der Erzähler kommentiert diese Praxis nicht nur selber negativ, sondern lässt auch die potentiellen Freier selbst ein Negativurteil aussprechen (*Ditz ist ain poses schimpf spil*, A V. 378) und führt den Abschreckungseffekt der Köpfe an ihrem Beispiel vor.[114]

Noch negativer wirkt diese List des Königs, weil im *Apollonius* bereits vor der Vergewaltigung durch Antiochus ausführlich geschildert wird, wie eine große Zahl von Freiern um die Königstochter wirbt,[115] und dies auf tadellos ritterliche Art in Form eines öffentlichen Ritterspiels (A V. 134-141). Dem Turnier der Freier, das auf die Zurschaustellung ritterlicher Tugenden und Fertigkeiten ausgerichtet ist, wird nach der Zäsur der Vergewaltigung Antiochus' Rätsel mit seinen betrügerischen Regeln gegenübergestellt. Durch die appropriierende Transformation des Werberverhaltens vor dem Inzest im Sinne einer Anpassung an die literarischen Traditionen des höfischen Romans wird der vorher-nachher Kontrast noch stärker ausgestellt. In räumlicher Hinsicht wird dem öffentlichen, transparenten Werben *vor* der Burg das Rätselraten *in* der Burg mit seinem undurchsichtigen Ausgang und Antiochus' Täuschungen gegenübergestellt. Ritterliche, körperliche Betätigung wird positiver gewertet als mentales Rätselraten. Dieses wird im Text noch weitergehend herabgesetzt, indem es als *haiden gewonhait* (A V. 397-402) dargestellt wird.[116] Durch diese Assoziation mit den *haiden* wird eine Distanz aufgebaut, die das Fremde (Rätselraten) mit dem Eigenen (ritterliches Turnier) kontrastiert und Letzteres so dem Christentum näher rückt.

Die bereits in der *Historia* vorhandene Opposition von außen/innen und öffentlich/heimlich wird also semantisch aufgeladen mit den nichträumlichen Codierungen von recht/unrecht, körperlich/geistig und

---

111 Zu den Rätseln im *Apollonius* vgl. Ray W. Pettengill: Zu den Rätseln im Apollonius des Heinrich von Neustadt. JEGP 12 (1913). S. 248-251; Schneider: Chiffren; Tomasek: Rätsel. Vgl. auch Kap. 3.3.5.4.
112 *Schlueg man im das haubet ab* (A V. 365); *So schlug man im das haupt ab* (A V. 393)
113 *Das haubet an die zynnen (A V. 367); Die sahen an der zynnen da | Werder ritter haubet vil (A V. 376f.); Das haupt an die zynnen* (A V. 395).
114 *Solt mir die vil rain | Tausent kunigkreich geben, | Durch sie wag ich nicht also mein leben* (A V. 380ff.).
115 Auch in der *Historia* wird diese Fülle von Werbern erwähnt (HA 1.6f.) und als Grund für die beginnende Lust des Vaters genannt. Die Art der Werbung wird hier jedoch nicht genauer beschrieben.
116 In Bezug auf religiöse Zuweisungen soll in dieser Untersuchung weitgehend die Terminologie des *Apollonius* zitiert werden. Wird davon abgewichen, umfasst die Bezeichnung ‚nichtchristlich' alle in der Erzählung umschriebenen Religionen außer der christlichen. Die Bezeichnung ist wertfrei und fasst Heinrichs von Neustadt Darstellung dieser Religionen zusammen.

ritterlich (christlich)/nichtchristlich. Der Platz vor der Burg wird als öffentlicher Handlungsraum für ritterliche Taten etabliert. In dieser Funktion gewinnt er für Apollonius' Ankunft in Antiochia besondere Bedeutung.

Die Interaktion zwischen Antiochus und Apollonius – Begrüßung, Formulierung des Heiratsbegehrens, Warnung des Antiochus, Präsentation und Lösung des Rätsels, Täuschung des Antiochus mit Frist und besorgte Abreise des Apollonius – erfährt im mittelalterlichen Roman eine leichte *dilatatio*, bleibt aber weitgehend unverändert. Vor dieser kurzen Passage fügt der Erzähler jedoch 211 Verse ein, in denen Apollonius' Herkunft und Charakter, die Gründe für seine Heiratsabsicht, seine Ausrüstung zur Fahrt, seine Gefährten und die Ereignisse zwischen der Ankunft in Antiochia und seiner Begegnung mit dem König beschrieben werden.

Apollonius wird als *kuniges sun von Tirlandt* (A V. 406) eingeführt, dessen Eltern seit zwei Jahren tot sind. Sein in RB als *princeps* (HA RB 4.2) umschriebene Status wird hier also expliziert und damit betont. Zugleich wird sein Status noch in Bezug auf seinen Vater formuliert; er erscheint noch nicht primär als Herrscher eigenen Rechtes. Auch die ausführlich beschriebenen Vorbereitungen zur Fahrt dienen der Untermauerung dieses Status: Apollonius führt *zwelff ritter güt* (A V. 425) und *[v]ier und zwaintzigk wetschelir* (A V. 429) mit sich, die reich ausgestattet sind; als Lasttiere dienen *zway schon kamelein* (A V. 431), die von einem *mor* (A V. 437) namens Falech und einem *getwerch* (A V. 439), dem *starck Galiander,* geführt werden. Die zwölf ritterlichen Gefährten erinnern an die Jünger und die Paladine Karls im *Rolandslied*,[117] während Kamele, *mor* und Zwerg Exotismussignale senden und die Handlung im Osten situieren.[118] Die Fahrt nach Antiochia selbst wird wie in der *Historia* nur knapp summiert: *Nu furens und ritten sa | Die richt gen Anthiochia* (A V. 441f.). Die Ausrüstung des Schiffes bleibt unerwähnt; zudem wird das *nauigans attingit Anthiociam* (HA 4.3) ergänzt durch die zusätzliche Reiseform des Reitens, das schließlich die für einen Ritter einzig angemessene Fortbewegung ist, auch wenn unklar bleibt, wohin oder warum geritten wird.

Die Passage von der Ankunft Apollonius' vor Antiochia bis zur Begegnung mit dem König entwirft Antiochia als einen in drei Räume geteilten Ort: dem Feld vor der Burg, der Stadt und dem *palaß*. Zunächst schlagen

---

117 Vgl. Das Rolandslied des Pfaffen Konrad. Hg. übers. und kommentiert v. Dieter Kartschoke. Stuttgart 1993.
118 Achnitz zufolge stehen Kamele und *mohr* für den Orient, der Zwerg Galiander steht „für die fiktive Idealwelt der höfischen Literatur des Mittelalters, wie sie insbesondere den Artusroman prägt" (Achnitz: Babylon, S. 265). Sie symbolisieren damit „zwei Deutungshorizonte, die sich später, vor allem in der Binnengeschichte, überlagern" (Achnitz: Babylon, S. 264). Der *mohr* Falech trage darüber hinaus den Namen des Schwiegersohnes von Nimrod; dieses Detail wird jedoch für den Roman nicht handlungswirksam.

Apollonius und seine Gefährten ihre Zelte vor der Stadt bzw. der Burg auf:[119]

> Das sie komen vor die statt,
> Tirus sie erpaissen pott
> Auff ain wunnikliches veld:
> Do slugen sie auff ir gezeld. (A V. 445-448)

Dieser Zwischenhalt verleiht der Ankunft Apollonius' einen ambivalenten Charakter. Er kann zum einen als Vorbereitungsschritt eines geordneten *adventus* des Herrschers Apollonius gelesen werden.[120] Zum anderen kann Apollonius' Verhalten aber auch als die Demonstration von Reichtum und Macht gelesen werden, und so den in der Werbung um Antiochus' Tochter impliziten Anspruch auf die Herrschaft über Antiochien hervorheben.[121] Apollonius präsentiert sich in dieser und den folgenden Szenen also nicht lediglich als geeigneter Schwiegersohn, sondern stellt auch die eigene – von Antiochus unabhängige – herrschaftliche Macht aus und positioniert sich damit als potentieller Konkurrent des Antiochus.[122]

Kaum sind die Zelte aufgeschlagen, nähert sich ein voll bewaffneter Ritter, gegen den Apollonius eine erfolgreiche Tjoste besteht (A V. 454-516). Dieser Ritter reitet, als ob er *deß teufels kind* (A V. 458) sei, sein Wappen ist *ain tracken haubett* (A V. 460) und seine Rüstung ist *alle schwartz* (A V. 463). Er wird also deutlich mit negativen, monströs-dämonischen Attributen versehen; Achnitz liest dies als ersten Fall der Einordnung von Apollonius' Gegnern als zu überwindende „Geschöpfe der Hölle".[123] Seine Identität und die Gründe für den Angriff bleiben zunächst unklar; erst im Moment seiner Niederlage nennt der Erzähler den Namen Taliarchus (A V. 510). Dass es sich hierbei um Antiochus' Marschall[124] handelt, also um den Inhaber eines

---

119 Zur Bedeutung des Zeltes in der höfischen Literatur vgl. Stock: Zelt.
120 Gerrit Jasper Schenk unterteilt in seiner Studie zu den Herrschereinzügen im spätmittelalterlichen Reich den Adventus und das Adventuszeremoniell in sechs Phasen: 1. Die Vorbereitung; 2. Die *occursio*, d.h. die Einholung des Herrschers durch Entgegenziehen; 3. Den *ingressus* des Herrschers; 4. *processio* und festlicher Umzug durch die Stadt; 5. Das *offertorium*, also der Besuch der Hauptkirche, und 6. Die Einherbergung und den Aufenthalt (Vgl. Gerrit Jasper Schenk: Zeremoniell und Politik. Herrschereinzüge im spätmittelalterlichen Reich. Köln et al. 2003).
121 Schenk arbeitet in seiner Untersuchung der mittelhochdeutschen Terminologie des Herrschereinzuges heraus, dass mit der Formel „*ziehen vor* (eine Stadt)" oft die Belagerung der Stadt durch den Herrscher, also gerade nicht der friedliche Einzug beschrieben wird (vgl. Schenk: Zeremoniell, S. 52).
122 Stock nennt zwei primäre Funktionstypen des Zelts in der hochhöfischen deutschen Epik: „Erstens das Herrschaftszelt, also ein Zelt, das Herrschaft oder einen Anspruch auf Herrschaft oder Dominanz jenseits der festen Burg ausdrückt" (Stock: Zelt, S. 69). Er verweist auf historische Hintergründe dieses Funktionstyps. Der zweite von ihm beschriebene Typ „sind Zelte als Frauen- oder Minnezelte" (Stock: Zelt, S. 72). Die Zelte im *Apollonius* lassen sich durchgängig dem ersten Typ zuordnen.
123 Achnitz: Babylon, S. 263.
124 *[E]r war des landes marschalk* (A V. 722).

der wichtigsten Hofämter der mittelalterlichen Gesellschaftsordnung,[125] findet erst nach der Begegnung zwischen Apollonius und Antiochus Erwähnung, und zwar als Antiochus ihm den Auftrag gibt, Apollonius zu folgen und ihn zu vergiften, was Taliarchus aufgrund der erlittenen Niederlage nur zu gerne tut.[126]

Der Marschall eines Herrschers fungierte historisch oftmals als Heerführer, Anführer der königlichen Ritter und Aufseher über den königlichen Reitstall,[127] er kann also mit Fug als oberster Ritter des Antiochus bezeichnet werden. Einen unbekannten Ritter herauszufordern, der vor der eigenen Stadt campiert, ist sein Recht, vielleicht sogar Teil seines Pflichtbereichs. Dennoch identifiziert Taliarchus sich Apollonius gegenüber nicht und sucht auch kein dem Kampf vorausgehendes Gespräch, sondern garantiert durch sein Vorgehen die gewaltsame Konfrontation.

Dieser Kampf zwischen Taliarchus und Apollonius dient neben seinem Unterhaltungswert erstens noch einmal dazu, Apollonius' vorbildliche Ritterlichkeit auszustellen und um den Aspekt der kämpferischen Überlegenheit anzureichern. Zweitens wird mit dieser Szene Taliarchus' Hass auf Apollonius motiviert; er handelt also nicht wie in der *Historia* nur im Dienste seines Herrn, sondern hat ein eigenes Interesse daran, Apollonius zu töten. Drittens verstärkt der Kampf die Inszenierung von Apollonius und Antiochus als konkurrierenden Herrschern: Indem Apollonius den Marschall von Antiochia besiegt, beweist er seine militärische Überlegenheit, sowohl direkt im Einzelkampf als auch übertragen im Hinblick auf Taliarchus' Funktion als Heerführer, und bekräftigt damit noch einmal seinen Herrschaftsanspruch. Apollonius beansprucht als Siegesbeute das Pferd des Gegners, der mit heftiger Scham reagiert. Dieser Verlust wiegt noch stärker, wenn man bedenkt, dass es ein Marschall, also ein Aufseher über die Reitställe des Königs ist, der hier sein Pferd verliert.

Der Kampf findet wie beschrieben *vor* der Burg statt, wo auch die früheren Turnierkämpfe der Bewerber um die Hand der Königstochter situiert waren (A V. 134-141). Apollonius wird also viertens in diese Werbertradition rückgebunden und als Sieger inszeniert; gleichzeitig ist fünftens dieser Kampf auf Sichtbarkeit angelegt – die Bewohner der Burg und Stadt können Apollonius' Sieg beobachten. Dies wird direkt im Anschluss an den Kampf vom Erzähler betont: *Fur sein* [Apollonius'] *gerebt rayt er do.* | *Man namm sein herlichen war* (A V. 526f.). Dieser Schauraum, den Apollonius um sich herum erzeugt, wird kontrastiert damit, dass Taliarchus seine Identität geheim hält. Taliarchus' Hoffnung, seine schambesetzte Niederlage zu

---

125 Vgl. Sebastian Kreiker: Art.: „Marschall". In: Das Lexikon des Mittelalters. Bd. 6. Hg. v. Robert Bautier et al. München/Stuttgart/Weimar 1999. Sp. 324f.
126 *Des ward der ungetrewe fro* (A V. 735).
127 Vgl. Kreiker: Art.: „Marschall".

verbergen, nähert sein Verhalten dem seines Herrn Antiochus an,[128] wird aber sogleich vom Erzähler als sinnlos gekennzeichnet, da er *hart wol pekant* sei (A V. 517-524). Hier wird die Bedeutung von Öffentlichkeit und öffentlichem Urteil für die Kategorien ritterlicher *ere*, *lop* und *name* aufgerufen.

Mit dem Aufschlagen seiner Zelte nimmt Apollonius also den Raum vor der Burg für sich in Anspruch und erzeugt damit eine Situation, die Beiklänge einer Belagerung in sich trägt. Dieser Dominanzanspruch wird durch den Sieg über Taliarchus bestätigt, der gleichzeitig auch einen Kontrast zwischen Apollonius' öffentlichem Handeln und Taliarchus' (und damit indirekt Antiochus') Wunsch nach Geheimhaltung falschen Verhaltens erzeugt. Der Aspekt der öffentlichen Inszenierung ritterlicher Tugend und herrscherlicher Prachtentfaltung ist auch zentral für den zweiten Raum, den Apollonius auf dem Weg zu Antiochus durchquert: die Stadt.

Nach dem erfolgreichen Kampf übernachtet Apollonius zunächst vor der Burg. Am nächsten Morgen äußert er die Absicht, *gen hoff* (A V. 531) zu reiten. Daraufhin folgt erneut eine detaillierte Beschreibung seiner Ausstattung (A V. 533-607), die seine Schönheit und *richheit* hyperbolisch betont: *Er ward so reichlich angelaidt | Das nie furst, als mans verstatt | Angelaitt so reiche watt* (A V. 534ff.). In dieser topischen Hyperbolik liegt aber zugleich auch eine Vorausdeutung, denn Apollonius' Ausstattung wird im Folgenden als der des *amasür* von Babylon (A V. 552ff.), der *Kriechen landen* (A V. 580) und *Marroch* (A V. 581) überlegen beschrieben; sein Wappen ist von einem *maister von armenen* (A V. 557) gewirkt. Die hier eingespielten Reiche Babylon, Armenien und Griechenland werden in der Binnenerzählung von Apollonius befreit respektive besiegt werden; diese kommende Handlung ist hier bereits angedeutet.

Im Vergleich zu der ausführlichen Beschreibung von Apollonius' Kleidung und Ausstattung nimmt sich der Ritt durch die Stadt zum Palas sehr knapp aus:

> Sust rait der werde parawn
> Durch die Statt gen hofe da.
> Die leute sachen im nach
> Und sprachen alle gemaine
> ‚Selig sey die raine,
> Dein muter, die dein genas!
> Ain mynne reiche zeyt es was
> Do dich der werde Got peschüff.'
> Ditz was des volckes segen rueff.
> Apollonius der frey
> Mit seiner messeney
> Gieng in die purgk auff das palas

---

[128] Dies noch mehr aufgrund der Nennung von Antiochus in A V. 524.

> Do er kunig inne was
> Mit ammasur und fursten vil,
> Ritter und knappen ane zil.
> Anthiochius der reiche
> Enpfieng in herleyche. (A V. 608-624)

Die Stadt, die hier wohl als der Burg vorgelagert zu verstehen ist, wird in ihren räumlichen Ausprägungen genauso wenig beschrieben wie die Stadtbevölkerung. Sie dient als Schauraum, in dem Apollonius sich während seines *ingressus* inszenieren und von der Bevölkerung bewundern lassen kann. Interessant ist, dass hier die Stadtbewohner ebenso kollektiv auf Apollonius reagieren, wie dies in der *Historia* wiederholt der Fall war. Sie segnen ihn und die Mutter, die einen so vortrefflichen Mann geboren hat, *alle gemaine*. Die Beschreibung von Apollonius' Mutter als *die raine* erinnert an die Gottesmutter und verleiht Apollonius damit eine messianische Dimension.[129] Apollonius' Idealität wird also nicht nur vom Erzähler wiederholt inszeniert, sondern auch durch den Zweikampf und das Urteil der Stadtbevölkerung bestätigt.

Antiochus' Handeln als Gastgeber wird dagegen nicht weiter ausgeführt. Er und seine *sicatalon* (A V. 625) empfangen Apollonius *herleyche* und *vil schon* im nicht weiter beschriebenen Raum des *palas*; es werden weder Bewirtung noch Beherbergung erwähnt. Stattdessen kommt Apollonius direkt zum Grund seines Besuchs, nämlich der Werbung um die Tochter (A V. 634ff.), und nachdem Antiochus ihn vergeblich hinzuhalten versucht, wird das Rätsel gestellt und gelöst, woraufhin Antiochus' diese Lösung ablehnt und Apollonius eine Bedenkfrist von 30 Tagen anbietet.

In der Begegnung mit Apollonius wird Antiochus noch einmal vom Erzähler als *der reiche* (A V. 623) beschrieben. Räumlich drücken sich Macht und Reichtum nicht durch materiellen Luxus aus, sondern durch die Hofgesellschaft, die ihn umgibt. Antiochus hält sich in seinem Palas auf *[m]it ammasur und fursten vil, | Ritter und knappen ane zil* (A V. 621f.), verfügt also über ein Gefolge von Herrschern, die sich ihm unterordnen, sowie eine Vielzahl von Rittern. Nachdem diese Gruppe, ähnlich kollektiv wie die Stadtbevölkerung, das Geschehen einmal kommentiert hat, schweigt sie im Folgenden und wird nicht weiter erwähnt, greift also auch nicht in der Rolle von Beratern ins Geschehen ein, wie es vielleicht von einer so sozial hochstehenden Gruppe zu erwarten gewesen wäre.[130] Die Interaktion zwischen Antiochus und Apollonius ist auf diese beiden beschränkt und blendet ihre Gefolge aus, suggeriert also eine exklusive Sphäre, in der sich zwei Könige begegnen.

---

[129] Dazu passt, dass an dieser Stelle ein unspezifischer Gott im Singular erwähnt wird. Zu diesem Phänomen vgl. Kap. 4.4.
[130] *Da jahen die amasewr | 'Ditz mainet abentewer.' | Do schwigen sie all gemain* (A V. 628ff.).

Von der Begegnung zwischen Antiochus und Apollonius an folgt die Antiochia-Episode, abgesehen von der bereits beschrieben *dilatatio*, wieder weitgehend der spätantiken Stoffvorlage. Das bedeutet auch, dass Apollonius' Abreise wie in der *Historia* nur knapp zusammengefasst wird.[131] Den 211 Versen, die Apollonius' Reise und schrittweise Ankunft beschreiben, stehen lediglich 93 Verse der Interaktion mit Antiochus und erneuter Abreise gegenüber. Das hierdurch entstehende Ungleichgewicht der Passagen macht deutlich, dass der Schwerpunkt dieser Episode auf der Vorstellung des idealen jungen Herrschers Apollonius und seiner Kontrastierung mit dem zuvor als Negativexempel entworfenen König Antiochus liegt. Die Königstochter spielt nur als Objekt im Dialog zwischen den Königen eine Rolle.

Zusammenfassend lässt sich festhalten, dass der *Apollonius* sich an dem vage und auf Figurenrelationen orientierten Raumentwurf der *Historia* orientiert, ihn jedoch in mehrfacher Hinsicht transformiert. Erstens werden Antiochus' und Apollonius' sozialer Status genauer ausgeführt, einerseits durch die Betonung ihres Reichtums, auch in Form von materieller Ausstattung, andererseits durch das ihnen zugeordnete Personal. Im Falle von Apollonius handelt es sich um Ritter und exotische Figuren, im Falle des Antiochus um hohe Würdenträger und Herrscher eigenen Rechts, womit das in der *Historia* dargestellte Machtverhältnis der beiden auch in der Transformation als asymmetrisch dargestellt wird. Apollonius' Tugendhaftigkeit und Befähigung als Herrscher wird mit großem Aufwand inszeniert. Er wird darüber hinaus auch als ritterlicher Kämpfer gezeigt und durch religiöse Anspielungen nobilitiert.

Der in der *Historia* bis auf die Kammer der Königstochter und Torgiebel (an dem die Köpfe der vergeblichen Freier hängen) unspezifisch bleibende Ort Antiochia wird im *Apollonius* in die drei in Abfolge entworfenen Räume vor der Burg, in der Stadt und im Palas differenziert. Diese sind gemäß einer Peripherie/Zentrum-Struktur organisiert, die im *Apollonius* häufig die Raumentwürfe von Reichen oder Burgen prägt. Die einzelnen Räume erfahren, abgesehen von den von Apollonius aufgestellten Zelten, keine weitere Beschreibung. Sie weisen aber funktionale Zuordnungen auf, die charakteristisch für die Raumentwürfe feudalhöfischer Romane sind. Der Raum vor der Burg dient der Errichtung einer Zeltstadt und ritterlichen Kämpfen. Der nur im Durchritt, also als Bewegungsraum entworfene Raum der Stadt dient der Erzeugung eines Schauraumes, in welchem Apollonius sich der Öffentlichkeit präsentiert und seine Idealität von der Stadtbevölkerung bestätigt wird. Der Palas dient König Antiochus als Wohnort

---

131 *Er nam urlaub satzehant | Und schifft wider in sein landt* (A V. 717f.).

und als Aufenthaltsort für seine Hofgesellschaft und *familia*; hier finden auch Beratungen statt.

Apollonius' Bewegung durch den Raum folgt zwar den Konventionen des *adventus*, impliziert aber auch einen Dominanzanspruch, der ihn als potentielle Bedrohung für Antiochus' Macht kennzeichnet. Diese Bedrohung wird vom besiegten Taliarchus zum Ende der Episode noch einmal Antiochus gegenüber explizit formuliert: ‚[...] *Leicht wuechs er uber dich | Und pracht dich zu schanden | In allen deinen landen'* (A V. 738-742).

Der Erzähler arbeitet also die Motivationen der Figuren Antiochus und Taliarchus differenzierter heraus. Gleichzeitig dient der Einschub der unzweifelhaften Situierung Apollonius' an der Spitze der Stände- und Tugendhierarchie. Er greift außerdem die bereits in der Stoffvorlage entwickelte Opposition von Öffentlichkeit und Geheimhaltung auf, indem Apollonius' Handeln als durchgängig öffentlich, und darin positiv, dargestellt wird, während Taliarchus wie sein Herr das eigene unangemessene Verhalten zu verbergen sucht.

3.3.3.2 Tyrus I, Flucht und Suche nach Apollonius

Die Tyrus-Episode übernimmt weitgehend unverändert den Raumentwurf der Vorlage. Tyrus wird wie Antiochia als Stadt mit *veste* (A V. 753) beschrieben. Die Ausrüstung des Apollonius und seines Fluchtschiffes wird um *[c]larett, maraz und wein* (A V. 785) ergänzt, und die Qualität der bereits in der *Historia* erwähnten *uestem copiosissimam* (HA 6.21) durch ihre Herkunft *[v]on Flander und von Prabantt* (A V. 780) hervorgehoben. Damit ergänzt der Erzähler die bereits diskutierten Exotismussignale von Kamel und *mor* sowie die vorherige Ausstattungsbeschreibung, in der Apollonius' Kleidung mit der aus Babylon, Griechenland und Marokko verglichen wird, um abendländisch-christliche Produktionsorte von Luxusgegenständen. Nach der anfänglichen fremden Pracht des Königs von Tyrus wird er nun dem Erfahrungshorizont der Rezipierenden angenähert.

Wie in der *Historia* wollen die Bürger der Stadt Apollonius am folgenden Tag aufsuchen – der *Apollonius* präzisiert, dass es sich um einen Sonntag handelt – und finden ihn nicht. Apollonius wird in der Folge durchgängig als *herre* der Bürgerinnen und Bürger bezeichnet.[132] Sein sozialer Status wird räumlich dadurch bekräftigt, dass die Bevölkerung ihn in seinem *palas* (A V. 799) aufsuchen will; sein Status wird hier noch einmal parallel zu dem des

---

132 Vgl. A V. 800; 809.

Antiochus gezeichnet. Wie in der *Historia* ist der Herkunftsraum[133] des Protagonisten also nur minimal räumlich ausgestaltet; gewinnt aber durch die stärkere Betonung von Apollonius' sozialem Status Bedeutung als Garant seiner adeligen Idealität.

Auch Taliarchus kommt nach Tyrus, wird wie in der *Historia* von einem Knaben beschimpft und berichtet zurück in Antiochia seinem Herrn von Apollonius' Flucht. Der legt *der achte pan* | *Uber den Tyrlander* (A V. 868f.), woraufhin der Erzähler zu einer ausführlichen Schelte des Antiochus ansetzt, die noch einmal den im Prolog ausgelegt Traum von der Statue aufgreift (A V. 872-884). Antiochus schickt eine Flotte von Schiffen auf der Suche nach Apollonius aus, und wie in der *Historia* jagen *[p]aide feindt und mage* (A V. 865) Apollonius der Belohnung wegen. Im *Apollonius* dient diese Passage jedoch nicht der Öffnung des Handlungsraumes zugunsten einer umfassenderen topographischen Perspektive, wie das in der *Historia* der Fall ist.

3.3.3.3 Tarsis I

Der Handlungsverlauf der ersten Tarsisepisode im *Apollonius* schließt sich eng an die *Historia* an. Apollonius landet, trifft zunächst auf den armen Elanicus, der ihn vor der von Antiochus ausgesprochenen Acht warnt (A V. 909ff.) und eine Belohnung ablehnt,[134] dann auf Strangwilio, der ihn als *werder degen* (A V. 965) apostrophiert und herzlich willkommen heißt. Auch im *Apollonius* nennt Strangwilio eine Hungersnot als Grund, warum die Stadt Apollonius nicht aufnehmen könne;[135] die Beschreibung dieser existentiellen Not wird jedoch deutlich erweitert (A V. 992-1004). Apollonius bietet den mitgebrachten Weizen an, Strangwilio und die Stadtbevölkerung sind dankbar und nehmen ihn auf.[136] Das Geld, das er für den Weizen erzielt, setzt Apollonius für den Stadtbau ein und die Bürger errichten ihm eine Statue. Nach einem halben Jahr beschließt er, nach Pentapolis zu reisen.

---

133 Vgl. zu diesem Konzept Maximilian Benz und Katrin Dennerlein: Zur Einführung. In: Literarische Räume der Herkunft. Fallstudien zu einer historischen Narratologie. Hg. v. dens. Berlin/Boston 2016 (Narratologia, Bd. 51). S. 1-17.

134 Auffälligerweise fehlt im *Apollonius* der Verweis auf eine mögliche *amicitia* zwischen Elanicus und Apollonius, den Helenicus in der *Historia* als Begründung für sein Verhalten gibt (HA 8.30f.). Stattdessen bittet Elanicus um Gottes Schutz für Apollonius, bevor er geht. Der Arme kann und soll sich dem Reichen gegenüber ethisch richtig verhalten; eine Freundschaft zwischen Menschen mit so erheblichem Standesunterschied ist im mittelalterlichen Text aber nicht vorgesehen.

135 Egyptien merkt an, dass im Jahre 1312 in Wien eine große Teuerung der Kornpreise zu einer Hungersnot der unteren Bevölkerungsschichten geführt habe (Egyptien: Höfisierter, S. 102).

136 Heinrich hält sich hier an die antike Vorlage; große Weizengeschäfte gehören aber ebenfalls zu den wichtigen Handelsposten des gehobenen Bürgertums in Wien und dürften ihm aus seinem Alltag bekannt sein (vgl. Brunner: Studien, S. 252f.).

Neben einer allgemeinen *dilatatio* liegen die wesentlichen Unterschiede der mittelalterlichen Bearbeitung im Bereich des Raumentwurfes sowie des Verhältnisses zwischen Apollonius und der Stadtbevölkerung.

Im *Apollonius* entfällt der explizite Verweis auf die Küste als Begegnungsort zwischen Apollonius, Elanicus und Strangwilio. Diese Begegnungen werden unspezifisch auf einem Bewegungsvektor des Königs weg vom Meer angesiedelt (*Do er auß dem scheffe dratt | Und gieng von dem mer dan*, A V. 894f.). Durch diesen Wegfall eines für den antiken Roman wichtigen Zwischenortes wird die Erzählung stärker auf die Stadt als Handlungsraum ausgerichtet. Dieser Raum bleibt nicht vage wie in der *Historia*, sondern wird Gegenstand einer 85 Verse langen *descriptio*,[137] die vom Erzähler als Exkurs markiert und gestaltet wird: *Nu will ich sagen an die frist | Wie die statt gelegen ist* (A V. 1025).[138]

Zunächst beschreibt der Erzähler, dass Tarsis *[z]u ainer seytten an dem mer* (A V. 1027) liegt und an allen Seiten von Mauern umgeben ist, die *zwaintzig eln hoch | Und zehen schuch dick* (A V. 1034f.) sind. Sie sind mit zwanzig schönen Türmen (A V. 1037) ausgestattet, von denen man einen *wunnikliche[n] plick* (A V. 1036) über das Land hat. Vier Pforten führen aus der Stadt ans Meer. *Oben an der statt* (A V. 1041) befindet sich ein Berg, auf dem ein uneinnehmbares Kastell steht. Die Wölbung des Berges ist mit *rotem gold ubertragen*, an dessen Strahlen sich tagsüber die *weißlosen* (A V. 1050), also die auf dem Meer Verirrten, orientieren. Daneben steht ein 82 Ellen hoher Leuchtturm, der nachts die gleiche Funktion übernimmt.

Niden pey der stat mündet der Fluss Torse ins Meer, ein *scheffsreichs wasser* (A V. 1062), dass zuvor eine Reihe von Ländern durchfließt: *durch der Moren̄ lant, | Durch Tyren und durch Libia, | Durch vart Anthiochia* (A V. 1064ff.).

Dieser Fluss hat offensichtlich weder in Antike noch Mittelalter eine realgeographische Entsprechung. Vielmehr handelt es sich hier um ein Beispiel für jenes Phänomen, das Uta Störmer-Caysa als „Nachbarschaft des Wissens, die sich als Nachbarschaft im Raum darstellt"[139] bezeichnet, es geht also gerade nicht um die korrekte Wiedergabe einer textexternen Topographie, sondern um ein räumlich entworfenes Handlungsabbild, das bekannte Orte als verknüpft darstellt. Die Reihung dieser Reiche verbindet bereits bekannte Handlungsorte (Tyrus, Tarsis und Antiochia) und setzt mit der Erwähnung von Libia und dem *Moren̄ lant* Exotismussignale, die zugleich auch auf die Montiplain-Episode gegen Ende der Binnenerzählung

---

137 Egyptien merkt Ähnlichkeiten dieser *descriptio* „mit der einer merkantilen Phantasie entsprungenen Jerusalem-Kontrafaktur in Rudolfs ‚Guotem Gêrhart' (vgl. V. 1274-1308)" an (Egyptien: Höfisierter, S. 102).
138 Auch das Ende dieses Exkurses wird im Text markiert: *Nu lassen wir diese mär | Und heben die red wider an | Da wir sie vor gelassen han* (A V. 1108ff.).
139 Störmer-Caysa: Grundstrukturen, S. 43.

vorausweisen. Das fließende Gewässer Torse verdeutlicht auf diese Weise sowohl die Kontinuität der Erzählung im Durchlauf durch die verschiedenen Episoden als auch den sukzessiven Charakter der durch den Reiseverlauf bestimmten Handlung.

Oben an der statt herleich (A V. 1069) führen *vier porten* [...] | *Auß der statt auff den plan* (A V. 1071), und bei der Mauer stehen 24 Türme. Es wird nicht deutlich, ob dies eine Variation zu den oben genannten 20 Türmen darstellt und damit die *descriptio* in sich widersprüchlich ist, oder ob die obig genannten 20 Türme zur Meerseite, die 24 dagegen zur Landseite zeigen, die Stadt also insgesamt über 44 Türme verfügt. Die Potenzierung der Vierzahl käme als symbolische Überhöhung in Betracht, die Referenzen auf realistische Turmzahlen an Stadtmauern überschreiben könnte. Gleiches gilt für die Tore, die aus der Stadt führen. Die *vier porten*, die auf den Plan führen, scheinen im Widerspruch zu stehen mit der Erwähnung eines einzigen Tores am Ende der *descriptio*:

> Es hatt auch niemant in der statt
> Weder weg noch pfatt
> Nur dann zu ainem tor;
> Da huten frum risen far:[140]
> Die anderen haben scheff weg
> An phat und an steg. (A V. 1079-1084)

Dieses Tor wird doppelt hervorgehoben durch seine Einzigartigkeit und durch die davor wachenden Riesen, die an keiner anderen Stelle im *Apollonius* auftauchen und auch in Bezug auf Tarsis nicht wieder erwähnt werden.[141] Gleich im Anschluss beschreibt der Erzähler, dass *[v]or yedem tor ein pla*tz (A V. 1085) liegt, auf dem ein Markt abgehalten werde. Singer setzt diesen Platz mit dem in V. 1071 erwähnten *plan* gleich.[142] Der Erzähler beschreibt des Weiteren, dass von *ainer porten durch die statt* (A V. 1089) eine Straße bis um Meer gehe, *[s]o weytt, da ritt wol ain her* (A V. 1092). Als konkret imaginierbarer Raum könnte Tarsis ringförmig aufgebaut sein: Der Kastellberg wäre dann umgeben von der Stadt selbst, von der aus Pforten auf eine Wiese bzw. einen Turnierplatz führten, auf dem Märkte stattfänden. Dieser *plan* müsste innerhalb der Mauern situiert sein, die Tarsis als äußersten Ring umschlössen. Von diesem Ring würden dann nur eine Pforte Richtung Land und vier Tore Richtung Meer führen.

---

140 Lies *vor* wie in c und d (vgl. Singer: Apollonius, S. 19).
141 Es könnte sich hier um eine Referenz auf den *Daniel von dem blühenden Tal* handeln, in dem ein Wächterriese den einzigen Eingang zum Reich Clûse versperrt (vgl. Der Stricker: Daniel von dem Blühenden Tal. Hg. v. Michael Resler. Tübingen 1983. V. 1047ff.; Lea Braun: *Monstra*, Macht und die Ordnung des Raums. Zur Funktion der phantastischen Figuren im *Daniel von dem blühenden Tal*. In: (De)Formierte Körper 2. Die Wahrnehmung und das Andere im Mittelalter. Hg. v. Björn Reich und Gabriela Antunes. Göttingen 2014. S. 109-130).
142 Vgl. Singer: Apollonius, S. 19.

Akzeptieren wir die *descriptio* als widersprüchlich, dann zielt sie auf zwei kontrastierende Raumeindrücke zugleich: Einerseits wird die außergewöhnliche Wehrhaftigkeit[143] und Sicherheit der Stadt wiederholt betont und schließlich explizit auf die Bedrohung durch Antiochus bezogen; *sie ist so fridber | Das sie umb des kuniges dro | Geben nit ain wicken stro* (A V. 1076ff.). Die Erwähnung von Stroh ist ein spöttischer Rückverweis auf die von Weizenmangel ausgelöste Hungersnot. Die hohe und dicke Mauer kombiniert mit einer Vielzahl von Aussichtstürmen und einer Schachtelung von Toren erweckt den Eindruck besonderer Sicherheit. Der Zugang zur Stadt ist streng reglementiert.[144]

Andererseits vermitteln die Erwähnung von Marktplätzen und dem *plan*, vom Meer und dem großen Kastellberg einen Eindruck räumlicher Weite und Wohlstand. Dieser Eindruck wird noch verstärkt durch die Beschreibung zweier religiöser Bauten. Tarsis ist nämlich Standort sowohl des Grabes von Diana als auch eines Tempels für Machmett:

> Da mitten in der statt vest starck
> Erhaben ist ain schoner sarck.
> Da ist pegraben inne
> Diana dye gottynne
> Nach hailigem exempel.
> Da stett ain schoner tempell,
> Dar innen da rastet Machmett:
> Vor dem tuend sie ir gepett. (A V. 1093-1100)

Diese Beschreibung ist einerseits interessant, weil Handlungsort und Figuren hiermit erneut explizit als nichtchristlich gekennzeichnet werden. Die Häufung von religiöser Terminologie und die Erwähnung von Gebetspraktiken bettet diese Stelle in einen religiösen Diskurs ein. Zugleich wird Diana hier, trotz der Attribuierung als *gottynne*, als tote Heilige inszeniert. Dass Machmett in seinem Tempel *rastet*, kann sowohl mit ‚ausruhen', als auch mit ‚begraben sein' übersetzt werden, was ebenfalls eher auf einen Heiligenkult hindeuten würde und in Verbindung mit der im Textverlauf häufigen

---

143 *Mit so reichlicher wer | Gefirmet zu allen orten*, A V. 1028f.; *da lag ain perg, | Das kain groß antwerg | Dar auff kund geraichen gar*, A V. 1041ff.; *pey der stat wer* (A V. 1068).

144 Damit folgt Tarsis dem Ideal der spätmittelalterlichen Stadt, wie Matthias Untermann es beschreibt: „Im späten 12. und 13. Jahrhundert gehören ganz offensichtlich das möglichst regelmäßige Straßennetz und ein geschlossener Umriss zu den selbstverständlichen Anforderungen an eine gut geplante Stadt. […] Da diese Straßen den öffentlichen Raum bilden und der geschlossene Umriss geradezu zum Sinnbild von Stadt wird, muss man diesem Mentalitätswandel in der Frage nach der Entstehung von Öffentlichkeiten einige Beachtung schenken" (Matthias Untermann: Plätze und Straßen. Beobachtungen zur Organisation und Repräsentation von Öffentlichkeit in der mittelalterlichen Stadt. In: Stadtgestalt und Öffentlichkeit. Die Entstehung politischer Räume in der Stadt der Vormoderne. Hg. v. Stephan Albrecht. Köln/Weimar/Wien 2010. S. 59-72, S. 64).

Erwähnung eines namenlosen Gottes im Singular dafür sprechen würde, dass die Figuren hier als unspezifisch protochristlich inszeniert werden.[145]

Die Stadt ist in unterschiedliche Bereiche differenziert, die sich zwischen oben (Berg) und unten (Meer) ansiedeln. Reichtum und Vielfalt werden nicht nur durch den erwähnten großen *kauffschatz* und die Tempel, sondern auch durch den vergoldeten Berg und die außergewöhnliche Befestigung deutlich. Der Fluss verknüpft die Stadt mit fernen Ländern, goldener Berg und Leuchtturm strahlen aufs Meer hinaus und etablieren Tarsis damit als wichtigen Orientierungspunkt für die Schifffahrt. Diese beiden hevorgehobenen Faktoren der Sicherheit und des Wohlstandes bieten eine textinterne Motivation für Apollonius' Reise nach Tarsis – offensichtlich kann diese Stadt ihm Schutz vor Antiochus garantieren.[146]

Diese ökonomische und militärische Aufwertung der Stadt steht freilich im Widerspruch zu der durch die hohen Weizenpreise ausgelösten Hungersnot, unter der die Stadtbevölkerung Strangwilio zufolge bei Apollonius' Ankunft leidet (A V. 996-1004). Die existentielle Gefährdung der Bevölkerung wird im *Apollonius* weit dringlicher beschrieben als in der *Historia*, dies gilt auch für die Erleichterung und Freude der Tharser, nachdem Apollonius sie mit Weizen versorgt.[147] Auch der Zusammenhang zwischen Apollonius' großzügiger Gabe und seinem Bleiberecht in Tarsis wird expliziter ausgeführt. Anders als in der *Historia*, wo das *quid pro quo* von Bürgern und Apollonius vage gehalten wird, macht der mittelalterliche Apollonius seinen Schutz zur Bedingung für die Weizengabe: *Ich will der statt zu stewr | Hundert tausent maut geben, | Das sye mir fristen hie mein leben* (A V. 1010ff.).[148] Strangwilio fällt daraufhin Apollonius zu Füßen und sagt ihm Schutz und kämpferische Unterstützung durch Tarsis zu.[149]

In Kombination mit dem Fußfall Strangwilios erinnert dieses Versprechen von *helfe* an eine gegenseitige Lehensverpflichtung, ohne dass es zu einem formalen Eid kommen würde. Strangwilios Überzeugung, Gott habe Apollonius den Tharsern zum Trost gegeben,[150] rahmt Apollonius' Auftreten und Handeln wie in Antiochia religiös.

---

145 Vgl. zu dieser Frage Kap. 4.4.
146 Allerdings ist darauf hinzuweisen, dass Apollonius vor seiner Ankunft in Tarsis nichts von Antiochus' Acht weiß; erst Elanicus informiert ihn über diesen Sachverhalt. Seine Flucht ist mehr einer vagen Furcht vor Antiochus geschuldet.
147 *Do hueb sich ain dringen. | Yeglicher pegunde pringen | Payde silber und wert. | Sy namen wes ir hertz pegertt, | Paide waitz und dinckel: | Sie sulten all ir winckel* (A V. 1143-1148).
148 Vgl. auch A V. 1132ff.
149 ,[…] *Wir wellen fur dich fechten | Mit manigen mannen und knechten. | Der kunig mag dir geschaden nicht, | Die weil die statt hatt mit dir pflicht'* (A V. 1017-1024). Vgl. auch A V. 1124ff., wo dieses Versprechen noch einmal von den Stadtbewohnern bestätigt wird.
150 Vgl. auch A V. 1117f., 1138.

Apollonius' Inszenierung als Feudalherrscher und von Gott gesandter Erlöser wird von den *purgern* aufgegriffen. Erfreut von seinem Versprechen führen sie Apollonius und seine Leute *in dy vest* (A V. 1120) und *[a]uff das groß palaß* (A V. 1128), wo er eine Rede hält und den Weizen verteilt. Er spricht also nicht nur von der topographisch erhöhten Position der Feste aus, die in der *descriptio* als höchster Punkt der Stadt beschrieben wird, sondern nimmt mit einer Rede vor dem *palaß* auch die hierarchisch höchste Stellung des Herrschers ein. Die Bürger nun essen sich satt und feiern ihren Retter:

> Si wurden aller freuden vol.
> Sich hueb ain frolicher schal
> In der Statt uber all
> Mit sagen und mit singen,
> Mit tantzen und mit springen.
> Kurtzweil manigvalt
> Der pflagen paide jung und alt.
> Paide groß und chlain
> Sungen alle gemain (A V. 1156-1164)

Wie in der *Historia* wird die Stadtbevölkerung hier mit verschiedenen sprachlichen Mitteln als Kollektiv dargestellt: Sie ist vereint im akustischen Gesamtklang (*ain frolicher schal*), in gemeinsamen Festivitäten, in der antithetischen Reihung von *jung und alt* sowie *groß und klein* sowie im gemeinsamen Gesang, der Apollonius noch einmal als *hoch werd hertum* (A V. 1168) und Erlöser segnet: *Von im sein wir all genesen* (A V. 1174). Apollonius besinnt sich darauf *das er ware | Ain kunig und nicht ain kauff man* (A V. 1176f.). Er überlässt den Kaufpreis des Weizens der Stadt, verknüpft dieses Geldgeschenk aber mit Bedingungen. Mit dem Silber sollen die Bürger von Tarsis die Stadt *zieren* und Türe, Straßen, Wege, Graben und Brücken *formyren* (A V. 1183-1188).

Mit der Befestigung der Stadt und dem Ausbau der Wege benennt Apollonius hier zwei der *regalia maiora*, über die ein mittelalterlicher Feudalherrscher verfügt. Zugleich schreibt er sich in die architektonisch ausgeprägte *memoria* der Stadt ein. Das dergestalt etablierte Herrschaftsverhältnis wird noch einmal von den Bürgern per Schwur bestätigt[151] und räumlich als eine Statue gefasst, die in ihren Details von dem in der *Historia* beschriebenen Denkmal deutlich abweicht.[152] Ihr genauer Standort in der Stadt bleibt unklar. Sie besteht aus einer Säule aus *mermelstain*, auf deren goldenem *syms* ein *adamas* angebracht ist. Auf diesem ist ein goldenes *pild* von Apollonius in Edelsteine gefasst, mit einem goldenen Hohlmaß zu seiner Linken, auf

---

151 *Sie lobten in an aller var | Das sy ir gut und ir leben | Umb sein ere wollten geben | Und wollten vor im sterben tod, | Ee sie in liessen in kainer nott* (A V. 1196-1200).
152 Für die *descriptio* vgl. A V. 1207-1234.

das er den Fuß setzt. In der rechten Hand hält das *pild* Apollonius' einen *groß brieff* mit folgender Inschrift:

> ‚Ich kunig Appolonius,
> Furste da zu Tyrlant,
> Pey disem pild tuen pekant
> Das ich die Tharsere
> Loßt auß grosser schwere
> Mit leibnär und mit speyse.
> Da von pin ich zu preyse
> Her gesatzt, wie es ergie,
> Und pin sein gezeug alhie.' (A V. 1226-1234)

Es sind nicht mehr wie in der *Historia* die Bürger, die in der Inschrift ihre eigenen Erfahrungen ausdrücken, sondern es ist der Herrscher selbst, der von seinen Taten spricht.[153] Im *Apollonius* wird dergestalt die Deutung der Ereignisse von den Bürgern der Stadt auf Apollonius verschoben. Es ist nicht die städtische Dankbarkeit, der hier ein Denkmal gesetzt wird, sondern das Erlöserhandeln des Königs, für das sein Bild *preyse* einfordert und dessen Zeuge es zugleich ist. Zwar liegen Idee und Ausführung bei den Bürgern, aber nur dem Herrscher wird *agency* zugewiesen. Wie beim Tausch von Weizengeschenk gegen Sicherheit reakzentuiert auch hier die mittelalterliche Bearbeitung das Verhältnis von Apollonius und den Tarsischen Bürgern von einem Austausch gegenseitig erwiesener Dienste zu einer Beziehung wechselseitiger Pflichten, die in einem feudalrechtlichen Rahmen perspektiviert werden.

Hiermit geht auch die Tilgung des *forum* als Handlungsort einher. Statt bei einer Versammlung der Bürger auf dem Marktplatz interagiert Apollonius mit der Stadtbevölkerung vom *palaß* aus, also einem Ort herrschaftlicher Macht. Die Analyse der Tarsus-Episode in der *Historia* ergab, dass im Rahmen der *forum*-Szene die Ältesten der Stadt (*maioribus ciuitatis*) zwar genannt, sie aber nicht in einer wie auch immer gearteten politischen Funktion tätig werden, sondern nur als Sondergruppe innerhalb der Stadtbevölkerung Erwähnung finden. Selbst diese Sondergruppe fehlt im *Apollonius*. Vielmehr werden *veste* und *palaß* keine Bewohner zugewiesen, die Orte der Macht bleiben leer. Diese Lücke füllt Apollonius durch sein Herrschaftshandeln und schreibt sich so auch in die Raumordnung der Stadt ein.

Zusammenfassend lässt sich festhalten, dass die vom Erzähler eingeführte Stadt-*descriptio* Wohlstand und Macht von Tarsis betont und darüber hinaus räumliche Relationierungen von oben/unten sowie innen/außen einzieht. Die mehrfache Erwähnung verschiedener Pforten und Portale

---

[153] Vgl. zur Tradition antiker Statuen im Mittelalter: Norberto Gramaccini: Antike Statuen auf mittelalterlichen Plätzen. In: Stadtgestalt und Öffentlichkeit. Die Entstehung politischer Räume in der Stadt der Vormoderne. Hg. v. Stephan Albrecht. Köln/Weimar/Wien 2010. S. 275-286.

stellt die Frage von Zugangsregulationen und damit Kontrolle von Raum in den Mittelpunkt. Die räumlichen Relationierungen werden zugleich als hierarchische Relationierungen (Festung und *palaß* sind oben) codiert; das *forum* als gemeinschaftlicher Ort des öffentlichen Diskurses entfällt. Auch die in der *Historia* Handlungsort werdende Uferregion wird ausgespart und als ausschließlich direktional auf die Stadt ausgerichtet entworfen.

Die Interaktionen zwischen Apollonius und den Tarsischen Bürgern werden stärker hierarchisch strukturiert; Apollonius wird schon bei diesem ersten Aufenthalt in der Stadt als Herrscher inszeniert. Dies wird möglich durch die Abwesenheit einer Herrscherschicht oder eines einzelnen Herrschers, die räumlich markiert wird durch architektonische Strukturen wie den *palaß*, die eine bestimmte Herrschaftsform in ihrer Raumordnung suggerieren und damit ein hierarchisches Vakuum bieten, das von Apollonius gefüllt werden kann.

Im Hinblick auf die räumliche Makrostruktur der Erzählung ist darüber hinaus interessant, dass in dieser Episode eine Vergleichsebene von Antiochia und Tarsis eingezogen und Tarsis wiederholt als die überlegene Stadt dargestellt wird. Bereits an dieser frühen Stelle des Romans wird Apollonius also dem ihn verfolgenden König Antiochus wenigstens gleichgestellt. Dementsprechend kann die Furcht vor seiner Acht auch nicht mehr handlungsmotivierend werden; der Erzähler betont, dass Apollonius nach Pentapolis reist, um dort *kurtzweyle* zu pflegen, nicht, um sich wie in der *Historia* vor dem feindlichen König zu verbergen.

3.3.3.4 Seesturm

Bevor der Erzähler Apollonius' Abreise nach Pentapolis beschreibt, kündigt er in einer Prolepse den *schaden* (A V.1242 und 1246) und das *laid* (A V. 1250) an, die dem jungen König nun widerfahren werden. Die folgende aufwändig gestaltete Abschiedsszene wird so aufgeladen mit einer unbestimmten Bedrohung.

Die Bürger von Tarsis sind Apollonius so zugeneigt, dass sie in ungern fahren lassen wollen und ihn mit einer Flotte Schiffen *zwelff meyle[n]* (A V. 1273) aufs Meer begleiten,[154] bevor herzlich Abschied genommen wird. Wie

---

154 Damit entspricht der Ort ihrer Trennung interessanterweise dem modernen Übergang vom Küstenmeer zur hohen See und dem Austritt aus den Hoheitsgewässern eines Landes. Zu den mittelalterlichen Vorläufern dieses Rechts vgl. Albrecht Cordes: Art. „Seerecht". In: Das Lexikon des Mittelalters. Bd. 7. Hg. v. Robert-Henri Bautier et al. München/Stuttgart/Weimar 1999. Sp. 1687-1689.

in der *Historia* erkennt der *morner* zuerst den aufkommenden Sturm[155] und warnt Apollonius (A V. 1284ff.). Die Erweiterung des Erzählraumes in kosmologische und übernatürliche Sphären unterbleibt in der mittelalterlichen Bearbeitung jedoch. Zwar wird es *vinster als die nacht* (A V. 1295) und die Wellen werden hoch *als ain pergk* (A V. 1296), der Fokus des Erzählers liegt jedoch klar auf dem Schicksal von Schiff, Mannschaft und Apollonius.[156] Wie in der *Historia* sinkt das Schiff:

> Es viel an des meres grund
> In ainer unlangen stund
> Geleich ainem staine
> An den kunig aine.
> Kam auff ain scheff prett.
> Got es im zu glucke det.
> Da schwebt er auff dem wilden mer
> An helff und an wer.
> Der arm ellende
> Raicht zu Got sein hende. (A V. 1306-1315)

Hier wird eine oben/unten-Opposition aufgebaut: Während das Schiff wie ein Stein zum Meeresgrund sinkt, *schwebt* allein Apollonius auf den Wellen. Er streckt seine Hände zu Gott, also nach oben aus, und wird damit in einem Mittelbereich zwischen Himmel und tödlichem Meeresboden situiert, der jedoch nicht wie in der *Historia* von göttlichen Wesen bevölkert wird. Stattdessen dient dieses Dazwischen dazu, die extreme Kontingenz von Apollonius' Situation räumlich auszudrücken. In diese Phase der Desorientierung und Instabilität verlegt der Erzähler darüber hinaus die Klage Apollonius', die in der *Historia* am Ufer von Pentapolis situiert ist. Damit wird im *Apollonius* ein weiteres Mal dieser Uferbereich seiner Funktion als Zwischenort entkleidet. In seiner Klage ruft der Schiffbrüchige Neptun (A V. 1318) und *Fraw Venus* (A V. 1340) an und fleht um Erbarmen. Er beklagt den Verlust nicht nur seiner materiellen Güter, sondern jeglichen Sinnes, den sein Leben hatte: *Was soll mein leben? es ist enwicht: | Ich ger halt zu leben nicht.* (A V. 1338f.).[157]

Nach der vorübergehenden hierarchischen Erhöhung und Sicherheit, die seine Situation in Tarsis bedeutet hatte, wird Apollonius durch den Sturm in Verzweiflung und Hilflosigkeit zurückgeworfen, ausgedrückt durch seine prekäre Position zwischen unten und oben, die er aus eigener

---

155 Vgl. zur Darstellungstradition des Seesturms in der Literatur des Mittelalters Carola Susanne Fern: Seesturm im Mittelalter. Ein literarisches Motiv im Spannungsfeld zwischen Topik, Erfahrungswissen und Naturkunde. Frankfurt am Main 2012.
156 *Wa soll nu hin der hohe gast, | Der werde man von Tirland? | Er ist ins ellend gesant. | Alles das auff dem scheffe was, | Verdarb, das nyemand da genaß* (A V. 1301-1305).
157 Vgl. zu dieser Szene auch Schneider: Chiffren, S. 206ff., die den mit dem Schiffbruch einhergehenden Namensverlust des Apollonius diskutiert.

Kraft nicht verändern kann. An ein Brett geklammert ist er abhängig von der Bewegung des Meeres: *Appolonius also klebete.* | *Auff dem wag er schwebete* | *In so jamerlicher klage* (A V. 1366ff.).[158] Die Verfinsterung des Himmels, die in der *Historia* als Beginn des Sturmes geschildert wird (HA 11), wird hier wörtlich genommen.[159] Mit dem Sonnenaufgang landet sein *scheff prette*, wie von Gott dorthin gesendet (A V. 1374f.), an einer Küste, die zunächst unidentifiziert bleibt, sich im weiteren Handlungsverlauf aber als Pentapolis herausstellt.

3.3.3.5 Pentapolis I

Auch die Pentapolis-Episode erfährt eine starke *dilatatio* auf über 1000 Verse in Heinrichs Bearbeitung und wird den soziokulturellen Gepflogenheiten des Entstehungskontextes angepasst,[160] folgt aber dennoch in wesentlichen Teilen der Handlung der antiken *Historia*, so dass die folgende Analyse sich auf räumliche Besonderheiten der Passage konzentrieren wird. Apollonius trifft zunächst auf den alten Fischer, der ihn in die Stadt schickt. Auffällig an dieser Passage ist die gehäufte Anrufung eines im Singular beschriebenen namenlosen Gottes.[161] Die kongintente Situation Apollonius' verweist ihn wie bei seiner hilfesuchenden Geste zum Himmel auf Gott, der alleine Hilfe und Beistand leisten kann. Auch die Handlungen des alten Fischers werden somit nicht wie in der *Historia* durch *misericordia* dem Menschen Apollonius gegenüber, sondern durch Rückbezug auf Gott begründet.

In der Stadt trifft Apollonius auf ein *kindelein*, dass die Stadtbewohner zur *kurtzweile* (A V. 1455) mit dem König einlädt. In dieser Passage sind kulturelle Spezifika der spätantiken Stadt weitgehend getilgt – das Kind ist kein Sklave wie in der *Historia*, und es lädt auch nur *purgeren* und *geste* (A V. 1453f.) zur Unterhaltung. Das Bad dient, anders als das *gymnasium*, nur zum Baden selbst und statt der egalitären Nacktheit, die im antiken Text die körperliche Vorzüglichkeit Apollonius' herausstellte, verfügt der mittelalterliche Apollonius noch über ein *hemdell* (A V. 1469), das *harte wol gethan* (A V. 1470) ist und in dem er sich vor dem König sehen lassen kann. Auch die

---

158 Diese Beschreibung erinnert an das Klebmeer, auf dem Apollonius' Gefolge in einer Episode der Binnenhandlung gefangen ist; vgl. Kap. 3.3.4.4.
159 *Es nahent schier gen dem tage;* | *Wann es was nacht, do es im geschach* (A V. 1369f.).
160 Dies betrifft insbesondere die Szene im *gymnasium* und die damit verbunden Sport- und Badepraktiken, Apollonius' Auftritt beim Festmahl, der sich aufs Musizieren beschränkt, sowie die als höfisches Fest gestaltete Hochzeit des Paares.
161 So in A V. 1406, 1419, 1425, 1427, 1433, 1438, 1444, 1447.

Badepraktiken und die hierdurch entstehende große körperliche Nähe zwischen dem König und Apollonius sind getilgt.

König Altistrates wird als *jung mann* (A V. 1487) beschrieben, der *frewden spil* (A V. 1485) schätzt: *Sein hoff was kurtzweile vol* (A V. 1493). Damit nimmt Heinrich eine deutliche Umakzentuierung der Königsfigur vor, die in der *Historia* als älter und stark auf die Vaterrolle orientiert gezeichnet wird. Im *Apollonius* schätzt er *singeñ;* | *Lauffen und springen* | *Und mit den armen ringen* (A V. 1489ff.) und findet als ebenbürtigen Partner nur Apollonius.[162] Dieser wird im Anschluss an das Ballspiel *auff dem plan* (A V. 1496) zum Festmahl in die *veste* geladen und mit angemessener Kleidung ausgestattet. Die folgende Szene orientiert sich eng an der spätantiken Vorlage, legt aber einen deutlichen Akzent auf die Königstochter, die hier den Namen Lucina erhält.[163] Interessanterweise verzichtet der Erzähler an diesem Punkt auf eine Beschreibung von *purgk* (A V. 1563) und *palaß* (A V. 1575). Wie in der *Historia* wird nur das goldene und silberne Tischgeschirr beschrieben (A V. 1582ff.). Der Erzählfokus liegt ganz auf der Interaktion der Figuren. Altistrates wird wiederholt als *reich* (A V. 1578) und *milte* (A V. 1591) attribuiert und verhält sich Apollonius gegenüber sehr zugewandt. Er drückt die Nähe zwischen ihnen wie in der *Historia* räumlich aus, indem er dem Schiffbrüchigen *[h]arte nahent zu sych* (A V. 1579) setzt. Nicht aus der Vorlage übernimmt der Erzähler die konkurrierenden Deutungen von Apollonius' Verhalten; seine Situation wird sofort erkannt (A V. 1548ff.) und seine emotionalen Reaktionen durchgängig auf Anhieb korrekt interpretiert.

Die in dieser Szene beginnende Minnehandlung zwischen Lucina und Apollonius weicht am Stärksten von der Pentapolis-Episode der Vorlage ab und ist nach den Traditionen des höfischen Romans gestaltet.[164] Lucina wird von Beginn an als ideales Objekt männlichen Minnebegehrens inszeniert (*Ir mundt pran als ain glutt*, A V. 1625). Sie wird stark erotisiert[165] und in Konsequenz auch die Männer um sie herum erotisierend[166] beschrieben, sie selbst hat aber nur Augen für Apollonius, zu dem sie beim ersten Anblick in Minne entbrennt: *An plickte sy den werden gast.* | *Die mynne ir in das hertze prast*

---

[162] Die Art der Beschreibung des im Ballspiel verwendeten Balles (*Wol genedt mit seyden*, A. V. 1510), der weniger genauen Beschreibung des Spielverlaufs und der Verweis auf die Quelle (*Als uns das puch sagte*, A. V. 1519) macht die Distanz des Erzählers zu dieser Passage deutlich – hier handelt es sich nicht um klassische ritterliche Körperübungen; allerdings würde Apollonius für alle anderen Betätigungen die Ausrüstung fehlen.

[163] Lucina ist Gegenstand stark erweiterter Passagen. Sie wird in einer detaillierten *descriptio* eingeführt (A V. 1611-1643), auf die die Reaktionen männlicher Gäste auf ihren Anblick folgt (A V. 1644-1649).

[164] Vgl. hierzu Egidi: Schrift; Egidi: Künste.

[165] So spart der Erzähler in seiner *descriptio* nicht wie üblich ihre Brüste aus, sondern beschriebt sie als *Neulichen fur gedrungen* | *Zwayr pariß apfel sinewel* (A V. 1630).

[166] Vgl. A V. 1632-1650.

(A V. 1650). Damit weicht die mittelalterliche Bearbeitung deutlich von dem Liebesentwurf der antiken Vorlage ab, die die Beziehung zwischen Altistrates' Tochter und Apollonius auf gegenseitige Achtung, *caritas* und die Tugendhaftigkeit beider zurückführt (HA 23.16ff.). Auch Apollonius verliebt sich während dieser ersten Begegnung in Lucina, vom Erzähler parallel zu Lucinas Minnebegehren geschildert (A V. 1791-1798).

Die Gegenseitigkeit dieser Liebe wird also von Anfang deutlich ausgestellt und beide Figuren sehnen sich in gleichem Maße nacheinander,[167] wodurch die Figurenkonstellation der Episode weniger deutlich als Kontrast zur Antiochia-Episode gestaltet ist. In einem Minneexkurs spornt der Erzähler allerdings *Venus, susse mynne* (A V. 1884) an, die Liebe der beiden zu verstärken, da sie *pilleich* sei (A V. 1876-1886), und kontrastiert die Liebe zwischen Apollonius und Lucina so auf diskursiver Ebene mit dem Begehren des Antiochus, das er in einer Minneschelte als unrechtmäßig gekennzeichnet hatte.

Räumlich wird die Minnebeziehung dennoch weitgehend parallel zur *Historia* geschildert: Apollonius erhält eine *kemnatte* (A V. 1847) im *palaß* und Lucina verbringt eine schlaflose Nacht. Des Morgens sucht sie ihren Vater auf und bittet ihn, ihr Apollonius als Lehrer zu geben. Der Ort dieser Unterhaltung wird noch intimer gestaltet als in der *Historia*, denn Lucina setzt sich auf das Bett des Vaters.[168]

Die anschließende Episode mit den drei Werbern um Lucinas Hand, die hier zu Grafen nobilitiert werden (A V. 1958ff.), findet nicht auf dem *forum*, sondern vor der *purgk* auf dem *plan* statt (A V. 1962). Apollonius ist von dieser Szene anders als in der *Historia* zunächst ausgeschlossen, wird aber trotzdem als Bote mit den Briefen zu Lucina gesandt.

Die Hochzeit wird in der mittelalterlichen Bearbeitung umgestaltet zu einem idealtypischen höfischen Fest, zu dem die *lantheren* (A V. 2183) der umliegenden Gebiete anreisen und das vor der Stadt auf einem nicht genauer beschriebenen *veld* (A V. 2188) stattfindet. Dort werden *kosper gezelt* (A V. 2189) aufgeschlagen, es wird musiziert, getanzt, gespeist und *ritterschafft* geübt (A V. 2190-2211). Lucina ist *kasper und reich* (A V. 2218) gekleidet; besonders hervorgehoben werden ein Brokatstoff aus Babylon und mit Edelsteinen und Perlen besetzte Borten aus Marokko. Mit diesen beiden Herkunftsorten wird Lucinas Kleidung der Beschreibung von Apollonius' Ausstattung vor dem Einzug in Antiochia angenähert (A V. 552ff.). Auf diese Weise wird nicht nur noch einmal die gegenseitige Eignung von Apollonius und Lucina für einander betont, die gescheiterte Werbung wird auch

---

167 *Sy hetten grossen mangel, | Das sy es nicht torsten melden | Und red mit red gelten. | Sy zerten payde der mynne sold: | Sie warn an ander haymlichen hold* (A V. 1933-1937).
168 *Fur den kunig sy do saß | Nider auff das mattaras* (A V. 1896f.).

mit der zweiten, gelungenen, überschrieben. Eine religiöse Zeremonie zur Eheschließung wird nicht erwähnt, stattdessen betont der Erzähler die gegenseitige Freude an der ersten Liebesnacht (A V. 2231-2256), bei der Lucina eine Tochter empfängt.

Unter Verweis auf seine Quelle spart der Erzähler nun ein halbes Jahr aus und setzt mit Apollonius' und Lucinas Spaziergang bei *dem mer auff dem plan* (A V. 2263) wieder ein, wo sie ein großes, reich beladenes Schiff aus Tyrus entdecken. Der *marner* bringt ihnen *gute mere* (A V. 2281):

> Anthiochius ist erschlagen.
> Das hatt gethan ain donerslag,
> Do er posen sunden pflag.
> Nu wartet im [i.e. Apollonius, LB] das reiche
> Und die leutt gemaincleiche:
> Das reich ist sein und auch das land,
> Es wartet alles seiner handt. (A V. 2282-2288)

Die hier zweimal in Variation verwendete Formel für Herrschaft oder Herrschaftsberechtigung, das Reich *wartet im* bzw. *wartet seiner handt*, wird im *Apollonius* immer wieder verwendet. Etwas *bî der hende* oder *ze der hende geben* bedeutet „übergeben, anvertrauen", *ze handen nehmen* „in Besitz nehmen". Interessant an dieser Formel ist einerseits, dass sie das Reich und alle seine Bewohner kollektiv in eins fasst und personifiziert. So entsteht der Eindruck, dass das Reich eine personale Beziehung mit Apollonius eingegangen ist – es wartet auf ihn. Zugleich wird mit der Erwähnung der *handt* Apollonius' potentielles Herrscherhandeln betont, während das Reich im Warten festgestellt und so als passiv imaginiert wird. Die hier entworfene Herrschaftskonzeption ist also persönlich auf die Beziehung von Herrscher und Reich ausgerichtet und verschiebt alle *agency* zum Herrscher.[169] Damit wird das wartende Reich Handlungsappell und Reiseziel zugleich. Die Bedeutung dieses handlungsauslösenden Appells wird vom Erzähler noch einmal explizit hervorgehoben: *Nu lasse wir die rede stan | Und heben die abentewr an* (A V.2299f.).

Zunächst kommt es jedoch zu Komplikationen, denn Lucina ist hochschwanger und will nicht, dass Apollonius sie verlässt.[170] Überraschenderweise entscheidet sich Apollonius ohne Zögern für seine Frau und damit gegen seine Herrschaft in Antiochia und die kurz zuvor vom Erzähler angekündigten Abenteuer (A V. 2343-2348). Die Liebe des Ehepaares zueinander wird als zentrales handlungsbestimmendes Moment dargestellt und manifestiert im ungeborenen Kind, wenn Lucina Apollonius auf ihren Bauch hinweist mit den Worten: ‚*herre, nu dut war: | Das ist mein und dein*' (A

---

[169] Dies ruft die Tarsis-Episode auf, in der die Stadt ebenfalls passiv auf einen Erlöser warten muss, der allein die Probleme beseitigen kann.
[170] ‚[…] *Du solt, here, pey mir wesen* […]' (A V. 2333).

V. 2368f.). Da eine Trennung dergestalt nicht in Frage kommt, bietet Lucina an, Apollonius nach Antiochia zu begleiten,[171] um mit ihm gemeinsam die Krone zu tragen (A V. 2379ff.). Die Entscheidung zugunsten der Ehefrau wird also aufgelöst in einer Herrschaft und Liebe vereinigenden Konzeption – Lucina und Apollonius wollen beides teilen. Damit wird in der Figur des Apollonius nicht nur, anders als bei so manchem mittelalterlichen Romanheld, das Dilemma der Vereinbarkeit von Herrschaft und Liebe scheinbar aufgehoben,[172] die Gewichtung beider Elemente unterscheidet sich in diesem Teil der Rahmenerzählung auch deutlich von der Binnenerzählung, wie zu zeigen sein wird. Der erklärte Wille der Figur, lieber auf alle Reiche zu verzichten als auf seine Frau, steht in direktem Kontrast vom Erzähler angekündigten folgenden Geschehen; hier wird die für den Liebes- und Abenteuerroman immer wieder als typisch veranschlagte Kontingenz der Handlung[173] im Widerspruch der Erzählebenen explizit gemacht.

Insgesamt liegt der Fokus der Pentapolis-Episode stark auf der Minnebeziehung von Lucina und Apollonius, die als in jeder Hinsicht idealtypisch dargestellt und im gemeinsamen Kind manifestiert wird. Diese der Vorlage gegenüber deutliche Intensivierung der Figurenemotionalität hat auch eine handlungsmotivierende Bedeutung, denn es ist die Trauer um Lucina und die Sehnsucht nach dem gemeinsamen Kind, die Apollonius schließlich zurück in den Erzählraum des antiken Romans und damit in die Handlung der Stoffvorlage führen wird.

Der räumliche Entwurf von Pentapolis bleibt, vor allem verglichen mit dem ausführlicheren Erzählerexkurs der Tarsis-Episode, relativ vage, da der Schwerpunkt des Interesses auf der Figurenkonstellation liegt. Die im soziokulturellen Entstehungskontext des mittelalterlichen Romans untypischen oder unbekannten Räume wie das *gymnasium* oder das *forum* werden getilgt; stattdessen folgt der Raumentwurf dem bereits bekannten Muster von Zentrum und Peripherie, das von dem Bereich vor der Stadt (Ufer), über die Stadt, den *plan* und die *purgk* bzw. *veste* bis zum Zentrum der Macht (und Handlung), dem *palaß* reicht.

3.3.3.6 Schiffsreise, Sarg und Ephesus I, Tarsis II

Apollonius und Lucina werden für ihre Reise reich ausgestattet. Die Dienerin Liguridis, eine Böhmin (*ain Pehayme*, A V. 2426), soll sie begleiten. Auf See gebiert Lucina jedoch und fällt in einen Scheintod. Die bereits in der

---
171 *Do sprach sy ‚lieber werder man, | Ir sult mich mit euch varen lan [...].'* (A V. 2375).
172 Insofern erweist sich der *Apollonius* an dieser Stelle als den Traditionen des Eheromans entsprechend.
173 Vgl. Schulz: Kontingenz.

Historia ausgedrückte Trauer Apollonius' nimmt bei Heinrich erheblich mehr Raum ein und wird von *dem gesinde uber all* (A V. 2464) geteilt.[174] Ihr Leid äußert sich zunächst akustisch als *jamerlicher schall* (A V. 2463) von Klagen und Schreien. Gemäß den konventionellen Trauergesten rauft Apollonius sich die Haare, zerreißt seine Kleider, weint, heult, schlägt sich das Haupt und kratzt sich die Wangen (A V. 2466-2520). Der mit diesem Zustand einhergehende Selbstverlust wird vom Erzähler mehrfach betont.[175] Seine Trauer drückt sich in einer wiederholten Abwärtsbewegung aus: Er wirft *sich nider auff den kiel* (A V. 2478). Als der Steuermann ihm mitteilt, die Leiche müsse über Bord geworfen werden, erschrickt er so sehr, dass *er nider vil und lag* (A V. 2510). Lucina wird in eine äußerst seefeste Truhe gelegt,[176] reich mit einer juwelenbesetzten Krone geschmückt und mit 100 Pfund roten Goldes sowie einem erklärenden Brief ausgestattet und über Bord geworfen. Der Anblick der Truhe überwältigt Apollonius noch einmal, so dass *er halb doter nider viel | Von den leutten in den kiel* (A V. 2587-2590).

Diese Abwärtsbewegung, die von den anderen Figuren weg hinunter in den Kiel des Schiffes führt, präfiguriert den trauerbedingten Rückzug in den Schiffsbauch, den Apollonius nach dem vermeintlichen Tod seiner Tochter vollziehen wird. Dass beide Trauerfälle miteinander verknüpft sind und die Emotionalität des einen den anderen intensiviert, macht Apollonius in seiner Klagerede an die neugeborene Tochter explizit: *,[...] Ich hab nu trostes nicht me | Denn dich, vil liebes kindt mein'* (A V. 2602f.). Anders als in der *Historia* wird an dieser Stelle Liguridis als Ziehmutter eingeführt; ihre Trauer um die tote Herrin wird betont (A V. 2612ff.).

Die in der Pentapolis-Episode ausführlich entfaltete emotionale Bindung zwischen Apollonius und Lucina wird hier übertragen auf Apollonius und seine Tochter. Durch die Einbindung der Amme in die Handlung wird ihre Funktion als Bindeglied zwischen Tarsia und ihren Eltern noch stärker entwickelt als in der *Historia*.

Lucinas Sarg nun wird am dritten Tag an Land gespült:

> Do warff in der wind abe
> Pey ainer statt an dy habe

---

174 Zur Tradition der Darstellung von Affektüberwältigung im mittelalterlichen Liebes- und Abenteuerroman vgl. Eming: Emotion, S. 39ff.; Werner Röcke: Die Faszination der Traurigkeit. Inszenierung und Reglementierung von Trauer und Melancholie in der Literatur des Spätmittelalters. In: Emotionalität. Zur Geschichte der Gefühle. Hg. v. Claudia Benthien, Anne Fleig und Ingrid Kasten. Köln/Weimar/Wien 2000 (Literatur – Kultur – Geschlecht, Bd. 16). S. 100-118.

175 *Er nam sein selbs lutzel war* (A V. 2486), vgl. auch A V. 2475. Selbstverlust spielt auch bei Lucinas Scheintod eine deutliche Rolle. Als sie wieder erwacht, gilt ihr erster Gedanke nicht wie in der *Historia* ihrer Keuschheit, sondern ihrer Identität: *,Got herre, wer pin ich? Oder was?'* (A V. 2736).

176 Auf die wasserdichten Qualitäten dieser Truhe wird bei der Beschreibung ebenso viel Wert gelegt wie in der *Historia* (vgl. HA 25f.); sie wird hier jedoch stärker als *faß* (A V. 2539) mit stabilen Eisenringen denn als Sarg imaginiert.

> Dy was Ephesus genant.
> Sy stosset an der von Kriechen land.
> Pey der statt lag ain perg.
> Aldo pey stund ain herberg.
> D*a* was ain maister inne (AV. 2619-2625)

Interessant an dieser Beschreibung ist, dass sie den Ort der Landung über eine Reihe von Lagebeziehungen bestimmt, die diesen in einer Kette von Stationen mit *Kriechen land* verbindet, einem Reich, das einerseits als bekannt angenommen werden kann, andererseits wiederholt in der Binnenerzählung aufgerufen wird.[177] Die kleiner und spezifischer werdenden Glieder dieser Kette verdeutlichen den Zusammenhang zwischen den großen, reichsumspannenden Ereignissen, die den Roman im Folgenden bestimmen, und den abseits gelegenen Ereignissen eines Einzellebens. Andererseits wird Lucinas Schicksal mit einem Apollonius bekannten Reich verknüpft, so dass sie implizit bei dessen Erwähnung mit aufgerufen wird und so indirekt Anteil an der folgenden Handlung hat: Sie ist abwesend, aber ohne dass dies auf der Figurenebene bekannt ist, kommt Apollonius ihr wiederholt sehr nahe.

Die der Sargauffindung folgende Erzählung von Lucinas Genesung und Eintritt in den Tempel der Diana wird vor allem in zweierlei Hinsicht erweitert. Zum einen werden die Behandlungsdetails weit ausführlicher dargestellt.[178] Im Auftrag seines älteren *maisters* salbt und betastet junge Arzt Filomein Lucina nicht lediglich wie in der Vorlage, sondern zieht zunächst sein eigenes *gewandt* aus (A V. 2673), dann ihr Kleid und *salbet sey wol umb dy prust* (A V. 2677). Nachdem er ihren Zustand erkannt hat, macht er wie in der *Historia* an *vier enden* ein Feuer (A V. 2694) und beginnt mit der Behandlung: *Er kert sy her und wyder, | Er richtet sy auff, er legt sy nider* (A V. 2696f.).

Indem der Arzt Kontrolle über Lucinas Körper übernimmt und sie gleichsam fremdbewegt, belebt er sie zugleich metaphorisch und wörtlich. Durch die geschilderte Entkleidung und die Bewegungen von *her und wyder* und *auff und nider* wird darüber hinaus ein sexueller Akt suggeriert. Die Figurenkonstellation von passiver Frau/Tochter, älterem Mann, der später als Vater substituiert wird, und jüngerem Mann greifen die Figurenkonstellationen in Antiochia und Pentapolis wieder auf. Auch hier ist der ältere Mann der mächtigere, der jüngere Mann ist ihm aber in Wissen und Fähigkeit überlegen, da nur er den Scheintod entdeckt. Zugleich weisen beide auf die Frau ausgerichteten Beziehungen Elemente der Simulation bzw. Substitution aus: Der ältere Arzt Cerimonius verhält sich, *als ob* er Lucinas Vater

---

[177] Vgl. A V. 3194ff.
[178] Dies betrifft sowohl ausführliche Aufzählungen der verwendeten Medizin (A V. 2714-2725) als auch die folgende Ernährung und Erholungsphase (A V. 2751-2781). Vielleicht sind diese Details auch dem Beruf des Autors geschuldet.

wäre und nimmt sie unter seine Obhut. Der jüngere Arzt vollführt eine Untersuchung mit deutlichen Parallelen zum Beischlaf, dies jedoch nur zum Zweck der Heilung. Statt den jüngeren Mann zu ehelichen oder vom älteren vergewaltigt zu werden, tritt Lucina in den Tempel der Diana ein, um ihre Keuschheit zu bewahren.

Dieser Tempel ist Gegenstand einer weiteren *dilatatio* des Erzählers, in der die Umstände des Tempellebens und Lucinas Situation dort geschildert werden. Räumliche Aspekte spielen nur insofern eine Rolle bei dieser Beschreibung, als die Schutzfunktion des Tempels für weibliche Keuschheit noch einmal explizit hervorgehoben wird (A V. 2795-2799). Mit dem Eintritt in den Tempel ist Lucina sicher vor Anfechtungen und Beschuldigungen aller Art; sie wird also explizit aus den nun folgenden *abentewrn* ausgenommen und stillgestellt.

Apollonius kehrt derweil nach Tarsis zurück und wird dort *schone* und mit *manigem sussen done* von der Bevölkerung empfangen. Der Erzähler verweist wiederholt auf die Bekanntheit dieser Stadt aus der bisherigen Erzählung und spricht dabei seine Rezipienten direkt an*: Dy statt ist euch woll bekantt, | Wann sy ist hie vor genantt* (A V. 2830f.).[179] Der räumliche Entwurf der Stadt wird in dieser Erzählpassage nicht weiter ausdifferenziert. Apollonius sucht Strangwilio und seine Frau Dionisiades auf, deren Wohnverhältnisse nicht beschrieben werden, und fasst für sie die Ereignisse in Pentapolis und auf der Rückreise nach Tarsis zusammen. Wie in der *Historia* betont er, die Herrschaft in Antiochien nun nicht antreten zu können.[180] Auch zu seinem Schwiegervater Altistrates könne er nicht zurückkehren (A V. 2864ff.). Wieder wird die affektive Bindung zu seiner Tochter stark betont,[181] zugleich verkündet Apollonius jedoch ohne Begründung, seine Tochter mit Liguridis in Tarsis zurücklassen zu wollen. Er stattet die Tochter reich aus und schwört, Haar, Nägel und Bart nicht zu schneiden, bis er sie *zu manne gebe* (A V. 2888).[182] Daraufhin plant er seinen Aufbruch:

> Urlaub nam er so tzehand,
> Und wolt faren gen Egipten land:
> Das ich sag, das ist war:
> Da was er inne manig jar.

---

[179] Vgl. auch A V. 2848. Die Stadtbevölkerung leistet in ihrem Lob des Apollonius eine Zusammenfassung der letzten Ereignisse in der Stadt, ruft hierdurch noch einmal die geschuldete Dankbarkeit auf und verstärkt das besondere Verhältnis von Apollonius und der Stadt Tarsis (A V. 2834-2839).

[180] *Das kunigreich von Anthioch, | Das wartet meiner hende noch. | Zwar das will ich varen lan, | Seyt ich der frauwen nicht enhan* (A V. 2860-2863).

[181] *Wann ich han alles trostes nicht | Dann das klaine kindelein: Das soll mein trost und freude sein* (A V. 2871-2873). Die Perspektivierung eines kleinen Kindes als einziger Trost und Freude könnte evtl. als christologische Anspielung gelesen werden.

[182] Vgl. für eine ausführliche Diskussion dieser Körperzeichen Schneider: Chiffren, S. 214ff.; Achnitz: Babylon, S. 268ff.

> Weß er da pegunde
> Und pflege zu aller stunde,
> Das ist ze sagenn mein gedanck:
> Wie er manigen fursten twanck;
> Payde purg und landt,
> Der gewan er vil zu seiner handt;
> Wie er pracht grosses her
> Mit sturm dick auff das mer.
> Der getrew und der zwarte
> Hieß Appolonius mit dem parte.
> Es ist doch nicht so peliben
> Es sey alhie ettwas da von geschriben. (A V. 2904-2919)

An dieser Stelle tritt die Erzählhandlung aus der Stoffvorlage aus und füllt die ausgesparten vierzehn Jahre. Dass hier etwas Neues beginnt, wird vom Erzähler zum zweiten Mal in kurzer Folge betont. Die beiden Prolepsen umschließen den Scheintod Lucinas und die Geburt der Tochter. Sie betonen damit die Bedeutung dieser Ereignisse und funktionalisieren sie zugleich als Scharnier zwischen Rahmen- und Binnenerzählung. Stand der Beginn des *Apollonius* der Stoffvorlage entsprechend im Zeichen der Brautwerbung und der Liebe, so kündigt der Erzähler in diesem Exkurs neue Themenschwerpunkte für das Kommende an: Apollonius zwingt *manigen fursten*, er gewinnt zu seiner Hand (wieder wird hier die Formel wiederholt) Burgen und Länder, er bringt große Heere auf. Apollonius wird damit als Feldherr und Herrscher gezeichnet, dessen Exzeptionalität durch die Häufung von verstärkendenen Attributen (*manig, vil, gross, dick*) zum Ausdruck gebracht wird. Zugleich weisen die Bezeichnungen *getrew* und *zart* und die Verwendung von *mit dem parte* als *epitheton ornans* zurück auf Frau und Kind, die so weiterhin Bestandteile seiner Identität bleiben.

Unklar und interessant ist darüber hinaus die Funktion des Toponyms *Egipten* in diesem Kontext. Der antiken *Historia* folgend betont der Erzähler, dass Apollonius dort *manig* Jahre *inne was*, verweist aber zugleich auf die vielen Länder, die er in dieser Zeit erobert. Dies lässt sich einerseits interpretieren als Strategie, die Erzählinteressen der Bearbeitung in Einklang mit der Vorlage zu bringen. Vielleicht dient *Egipten* an dieser Stelle aber auch als eine Chiffre für das fortgesetzte Unterwegssein des Protagonisten. Auffällig ist jedenfalls, dass in Heinrichs Roman Apollonius' Absicht, in Ägypten Handel zu treiben, nicht mehr erwähnt wird. Zwar will er die ihm zustehende Herrschaft in Antiochien nicht antreten, von einer standesunangemessenen Beschäftigung als Kaufmann ist aber keinesfalls die Rede.[183]

---

183 Diese Tilgung steht in der Tradition des höfischen Romans, zugleich aber im Kontrast zu dem soziokulturellen Entstehungskontext des *Apollonius*, da in Wien kaufmännische Tätigkeiten auch für den Adel und die rittermäßige Bürgerschicht durchaus üblich waren (vgl. Kap. 3.1).

Apollonius ist im Aufbruch begriffen, als Boten aus Warcilone[184] eintreffen und die Tharser um Hilfe bitten. Der von ihnen verlesene Brief verknüpft medial die Orte Tarsis und Warcilone, gehört inhaltlich aber zu der folgenden Episode und wird deshalb im folgenden Kapitel diskutiert. In Bezug auf Tarsis ist vor allem hervorzuheben, dass im Rahmen dieses Hilfegesuchs und der Tarsischen Reaktion noch einmal Reichtum und Macht der Stadt betont werden. Die Tarser senden *zwaintzig tausent werden man | Der teuristen und der pesten* (A V. 3067) und verfügen über die Mittel, sie reich auszustatten; sie rüsten zwanzig Schiffe aus, mit denen dieses Heer nach Warcilone reisen soll. Apollonius wird zum Hauptmann des Heeres gewählt, was noch einmal die herausgearbeitete affektive Bindung der Tharser an ihn und seine feudalherrschaftliche Position in Tarsis hervorhebt.

Es lässt sich festhalten, dass der *Apollonius* in den Stationen von der Abreise aus Pentapolis bis zu Apollonius' Aufbruch aus Tarsis einen deutlichen Erzählschwerpunkt auf die Figurenemotionalität, vor allem auf die Minnebeziehung von Apollonius und Lucina sowie die affektive Bindung des Vaters an Tarsia, legt. Die Raumentwürfe dieser Passagen werden stark auf diesen Aspekt hin funktionalisiert. Dies gilt für die stärkere Ausgestaltung der Ephesus-Episode, in der hervorgehoben wird, dass Lucina ‚sicher verwahrt' bleibt, sowie für Apollonius' Trauer, die in wiederholten Abwärtsbewegungen den Rückzug in den Bauch des Schiffes bei seiner späteren Trauer um die vermeintlich tote Tharsia vorwegnehmen.

3.3.4 Vers 2906-14924 – Binnenerzählung

Die folgende Analyse orientiert sich in ihrer Schwerpunktsetzung daran, wie detailliert die narrativen Raumentwürfe einer Episode sind und wie stark die narrative Erzeugung und Dynamisierung dieser Räume im erzählerischen Fokus liegen. Wie unter 1.3 entwickelt sollen nicht die möglichen Bezugnahmen auf textexterne Topographien, sondern die narrative Raumerzeugung, ihre Codierungen und Funktionalisierungen im Dienste des Erzählinteresses im Mittelpunkt stehen. Die im *Apollonius* genannten Ortsnamen werden dementsprechend beibehalten und nicht durch vermeintliche evtl. korrespondierende textexterne Toponyme ersetzt.

---

184 Von Achnitz: Babylon, S. 274ff. u.a. mit Barcelona gleichgesetzt; in der Beschreibung des Reichs fehlen aber topographische oder bauliche Merkmale der historischen Stadt.

3.3.4.1 Warcilone I

Die Warcilone-Episode lässt sich in drei große Abschnitte gliedern, denen drei Räume bzw. Orte korrespondieren. Im ersten, in Tarsis situierten Erzählabschnitt (A V. 2920-3133) informieren Boten aus Warcilone über die Notlage des Reichs, das von den Völkern Gog, Magog und Kolck[185] belagert wird, und verlesen einen Brief des Königs Paldein, der die Tharser um Hilfe im Kampf bittet. Der zweite Abschnitt (3134-3442) beschreibt die Schiffsreise des Tarsischen Heeres, das unter dem Befehl Apollonius' steht, nach Warcilone. Auf dem Weg dorthin kommt es bei einer Insel zur Seeschlacht mit vermeindlichen Gegnern, die sich dann als Verbündete herausstellen. Erst der dritte Abschnitt (3443-4125) findet in Warcilone statt und beschreibt die Kämpfe gegen die Völker Gog, Magog und Kolck sowie die anschließenden Feierlichkeiten.

Die Episode ist also in Form einer schrittweisen räumlichen Annäherung gestaltet, die verbunden ist mit einem sich aus verschiedenen Quellen akkumulierenden Wissen über das vorausliegende *abentewr*. Die Boten aus Warcilone bringen zunächst *fremde märe | Vorchtsam und klagleich* (A V. 2925f.) nach Tarsis. Der kommende Bericht ist also noch nicht inhaltlich gefüllt, aber durch die Attribute *fremd, vorchtsam* und *klagleich* klar negativ qualifiziert. Der Brief des Königs Paldein, den sie den Tharsern übergeben, gibt genauere Auskunft und beschreibt vor allem die Auswirkungen des Volkes auf den Raum: Das feindliche Heer *fewlet veld und wald | Und ödet im* [i.e. König Paldein, LB] *das gut land* (A V. 2941f.). Der Brief bietet eine ausführliche Beschreibung dieser Völker,[186] die vor allem von negativ konnotierten Tiervergleichen[187] geprägt ist und die Hässlichkeit der Völker,[188] aber auch ihre militärische Überlegenheit betont. Diese drückt sich zum einen in ihrer Bewaffnung,[189] zum anderen jedoch in ihrer extremen Schnelligkeit und Fähigkeit zur Raumdurchquerung aus:

> Sy seind zu fussen also schnell
> Das in kain roß gefolgen mag.

---

185 Die Hinzufügung dieses dritten Volks ist ungewöhnlich; Achnitz nimmt an, dass Heinrich von Neustadt hier Honorius Augustodunensis folgt (Vgl. Achnitz: Babylon, S. 276f.).
186 Für eine ausführlichere Diskussion vgl. Kap. 3.4.4
187 Ihr Antlitz gleicht einem Hund (A V. 2968 und 3011), ihre Stimme klingt wie die von Wölfen (A V. 2980), sie sind schneller als Pferde und essen von Natur aus Wolfs-, Hunde- und Menschenfleisch (A V. 2991). Ihre Kleidung besteht aus *Lewen hewt* (A V. 2975), wodurch sie Tieren noch weiter angenähert werden.
188 Die Völker werden als *ungestalt* (A V. 2940), als *ungesuß* (A V. 2961) und *ubelgetan* (A V. 2965) beschrieben. Sie sind bucklig (A V. 2966), mit tiefen Augen, langen Brauen und stinkenden Mündern (A V. 2971-2974).
189 Sie tragen hürnene Harnische. Die Pfeile ihrer *horenpagen* (A V. 2998) können Harnisch, Platten, Kleidung, Fleisch und Knochen durchdringen (A V. 3002-3007).

> Es laufft nacht und tag,
> Das es nymer mude wirt. (A V 2987-2990)

Die Völker werden somit als Mischwesen zwischen Tier und Mensch charakterisiert.[190]

Auch der Grund für die Invasion Warcilones durch dieses hunderttausend Wesen starke Heer wird von Paldein genannt: Der König[191] der Völker, Lolff, begehrt Paldeins Tochter Clara zur Frau (A V. 3021f.). Paldein würde jedoch lieber sterben, als diesem Wunsch nachzukommen, (A V. 3023f.) und bittet deshalb die Tharser um Hilfe. Das Motiv einer monströsen Figur, die gewaltsam die Heirat mit einer Königstochter erzwingen will, ist insbesondere im höfischen Roman weitverbreitet.[192] Es markiert den Wechsel von der Stoffvorlage zur Motivwelt des späthöfischen Romans. Zugleich fügt es der bereits mehrfach variierten Figurenkonstellation von königlichem Vater, Tochter und potentiellem Beziehungspartner der Tochter eine weitere Variante hinzu:[193] Dem durchgängig positiv als Beschützer seiner Tochter Clara dargestellte Vater Paldein tritt mit König Lolff ein negativer, monströs gezeichneter Werber um Clara entgegen. Hinzu kommt im weiteren Verlauf ein positiv gezeichneter Werber um Claras Hand: Absolon, Sohn des Königs von *Kriechen Land* (A V. 3194ff.), mit dem Apollonius auf dem Weg nach Warcilone in eine kriegerische Auseinandersetzung gerät. Die Minne zwischen Clara und Absolon wird positiv charaktierisert;[194] sie kulminiert in einem großen Fest (A V. 4011ff.). Clara empfängt den bedeutenden Sohn Eneas und nach einem halben Jahr reisen die beiden zurück in Absolons Heimat. Diese Minnehandlung ist also in mehrfacher Hinsicht parallel zur Minnehandlung in Pentapolis inszeniert. Anders als die Liebe zwischen Apollonius und Lucina endet sie jedoch nicht in Verlust und Trauer, sondern in glücklicher Heimkehr.

Ein gewalttätiger negativer und ein positiver Werber werden also in direkte Opposition gesetzt. Apollonius steht, anders als in der Antiochia- und der Pentapolis-Episode, außerhalb dieser Konstellation. Er nimmt weder die Vater- noch die Werberrolle ein, sondern tritt als konfliktlösende

---

190 Vgl. grundsätzlich zu der Funktionalisierung solcher Mischwesen in der mittelalterlichen Literatur Udo Friedrich: Menschentier und Tiermensch. Diskurse der Grenzziehung und Grenzüberschreitung im Mittelalter. Göttingen 2009. Auch die im späteren Textverlauf auftretenden *monstra* wie Zentauren oder Sirenen sowie die wilden Männer und Frauen können als solche Mischwesen charakterisiert werden. Vgl. hierzu Kap. 4.3.

191 Später wird er von Paldein als *kayser* der drei Völker bezeichnet, vgl. A V. 3647.

192 Vgl. u.a. den Riesen Harpin im *Iwein* Hartmanns von Aue (Hartmann von Aue: Iwein. In: ders.:Gregorius. Der Arme Heinrich. Iwein. Hg. und übers. v. Volker Mertens. Frankfurt am Main 2008 [DKV im Taschenbuch, Bd. 29], V. 4435ff.) und den Zwerg Juran in Strickers *Daniel von dem blühenden Tale* (V. 1202ff.).

193 Für eine psychoanalytische Lesart dieser Figurenkonstellation vgl. Junk: Transformationen.

194 *Venus gab da stewr, | Dy liebe: mit Mynne fewr | Si wurden paide da enzunt | Mit liebe untz in ir hertzen grunt* (A V. 3531-3534).

Figur auf, die helfend in das Geschehen eingreift und so das erwünschte Ergebnis herbeiführt. Dies tut er an der Spitze eines Heeres, denn die Tarser wählen ihn zum *hauptmann* (A V. 305 und 3059) und damit Befehlshaber.

Apollonius' Motivation für die Teilnahme am Feldzug speist sich also aus der Sehnsucht nach seiner toten Frau, die zur Sehnsucht nach dem eigenen Tod wird (A V. 3074-3079), und damit aus der Handlung der Binnenerzählung.[195] Sein Verlust und Verzicht auf ein erfülltes Famlienleben als Herrscher wird verknüpft mit dem Schicksal der neuen Figurenkonstellation, seine Rolle verschoben von der des jungen Liebenden auf die der Helferfigur, die sich im Folgenden durch *list*, militärische Macht und Herrschaftshandeln auszeichnet.[196] Im Anschluss an das erfolgreich bestandene *abentewr* wird diese Verschiebung noch einmal als direkter Kontrast enggeführt. Absolon und Clara sind glücklich vereint, ihr Hochzeitsfest ist so prächtig,

> Das in hundert jaren seyt
> Nie kain so grosse wart.
> Appolonio wuchs sein part;
> Wan sein klag und sein not
> Umb seiner lieben frauen dot
> Was im stets newe. (A V. 4035-4040)

Über den Reim *wart*|*part* sind Gegenwart und Erinnerung, glückliches Paar und unglücklicher Witwer direkt zusammengebunden. Während das Körperzeichen des Bartes die verstreichende Zeit und damit die Vergangenheit aufruft, wird die ständige Gegenwart der Trauer um Lucina hervorgehoben (*stets new*). Diese Gegenwart der Vergangenheit verknüpft auch Rahmen- mit Binnenerzählung und stellt eine Figurenidentität des Apollonius trotz der erheblich anderen thematischen Schwerpunkte der Binnenerzählung her.

Der Abschied des Heeres aus Tarsis wird als visuelles Spektakel inszeniert[197] und folgt den Traditionen des höfischen Romans: Jünglinge reisen ab, schöne Damen *quelen iren leib* (A V. 3125) mit Klage und viele rote Münder *[j]ammern zu der selben stund* (A V. 3129). Die Seefahrt verläuft zehn Tage lang ohne Schwierigkeiten, bis das Heer *an ain auwen* (A V. 3142) kommt. Dieser Ort ist sehr vage gestaltet; es werden nur implizit die

---

[195] Achnitz: Babylon, S. 278 diagnostiziert hier eine *tristitia*, „die zu krankhafter Depression führt".

[196] An dieser Stelle wird die in der Forschung wiederholt geäußerte These, der ganze Roman arbeite sich an der Gefahr des bedrohenden Inzests zwischen Apollonius und Tarsia ab (vgl. Junk: Transformationen), bzw. Apollonius erscheine als Substitutionsfigur des Antiochus, der erst lernen muss, dessen Rolle ethisch richtig auszufüllen (vgl. Schneider: Chiffren), wenigstens in Frage gestellt, denn Apollonius steht klar außerhalb der zentralen familären Figurenkonstellation, und hier wie in späteren Passagen spielen ethische Fragen der Handlungsabwägung keine Rolle.

[197] Sprachlich umgesetzt durch die Wiederholung von *man sach* am Versbeginn (A V. 3122, 3124, 3126, 3128).

Rauminformationen vermittelt, dass die *auwe* direkt am Meer liegt und dass sie groß genug ist, um Platz für das gesamte Heer von 20.000 Mann mit Ausrüstung und Pferden zu bieten. Es bleibt sogar unklar, ob es sich um eine Insel handelt.

Apollonius nutzt diese *auwe* für eine Heerschau (A V. 3143), also für einen rituellen Aufmarsch des Heeres, der auf Sichtbarkeit und Repräsentation zielt. Wie in den vorherigen Episoden wird damit eine freie, weite Fläche außerhalb der hierarchisch codierten Bebauung der Städte und Burge zur Etablierung eines Schauraumes genutzt.[198] Dieser Schauraum ist funktional auf Warcilone als Ziel der Heerfahrt bezogen, räumlich jedoch deutlich von der Stadt abgesetzt. Statt der bewundernden Augen der Bürger trifft Apollonius auf ein weiteres Heer von sechzig Schiffen, das als *ungefüege* und *gross* (A V. 3154) beschrieben und von den Tharsern und Apollonius für die Völker Gog und Magog gehalten wird.[199]

Das hinzugekommene Heer, das ebenfalls aus Verbündeten Warcilones besteht und vom Verlobten Claras, Absolon, geführt wird, unterliegt dem gleichen Irrtum und macht sich eifrig kampfbereit: *Er fragt nyemand ‚wer ist der?| Zu dem streytte was ger* (A V. 3220f.). Beide Heerscharen bestehen aus 20.000 Männern, nur muss Absolons Heer 40 weitere Schiffe verteidigen, die mit Wein beladen sind, und ist aus diesem Grund unterlegen (A V. 3225ff.). Erst nach dem Sieg Apollonius' und der Gefangennahme Absolons klärt sich das Missverständnis auf. Absolon unterwirft sich Apollonius: *Ir seyt mein herr, ich pin ewr knecht* (A V. 3323). In der folgenden Unterhaltung stellt er sich nicht nur als Bündnispartner, sondern auch als Verwandter des Apollonius heraus, denn Absolons Vater Julian ist Apollonius' *ohaim* (A V. 3357); Absolon wird in der Folge von Apollonius als sein *neve* (A V. 3422) bezeichnet. Beide bereuen den Kampf und brechen gemeinsam nach Warcilone auf.

Diese beidseitige Fehlleistung einer Verwechslung mit den feindlichen Völkern ist, folgt man einer textexternen Logik, zunächst überraschend, denn beide Heere verfügen über eine genaue Beschreibung der Völker, die sie phänomenologisch leicht erkennbar von Menschen unterscheidet. Zugleich wissen Absolon wie Apollonius ja, dass Gog und Magog bereits Warcilone belagern und daher eher nicht auf dem Meer anzutreffen sein werden. Die Verwechslung wird mehrfach hervorgehoben[200] und im

---

198 Vgl. v.a. das *wunnikliche veld* vor Antiochia, auf dem Apollonius seine Zelte aufschlägt (A V. 445-448), sowie das Ballspiel *auff dem plan* (A V. 1496) in Pentapolis, bei dem sich Apollonius und Altistrates kennenlernen.

199 *Sy wanten selb es war das volck | Gock und Magock, | Dy vor Wartzilone | Lagen gar unschone* (A V. 3174-3177).

200 Absolon: *Herre, ich wand ir wert das folck | Gock, Magock und Kolck, | Dar umb engert ich frage nicht* (A V. 3340ff.). Auch Apollonius bekräftigt noch einmal fast identisch: *Ich wand du werst das selb volck | Gock, Magock und Kolck: | Dar umb fragt ich nicht mare | Weß deß her wäre* (A V. 3365-3368).

Textverlauf ein weiteres Mal wiederholt, denn als Absolon und Apollonius gemeinsam vor Warcilone ankommen, werden sie auch von den Bürgern der Stadt falsch identifiziert (A V. 3443-3449). Durch das Wissen um die bedrohlichen Völker und deren grundsätzliche Kampfbereitschaft kommt es zu einer Dichotomisierung der Figuren gemäß der Binäropposition von fremd/vertraut, bei der Fremdheit mit Feindlichkeit und Vertrautheit mit verbündet und sogar verwandt sein gleichgesetzt wird. Da in jeder fremden Figur die Völker Gog und Magog erwartet werden, wird jeder Fremde zum bedrohlichen Gegner.

Apollonius kann einen weiteren militärischen Konflikt mit seinen Bündnispartnern nur verhindern, indem er aus der eigenen Erfahrung heraus das Verhalten der Warciloner korrekt interpretiert[201] und Banner aufziehen lässt, die die Identität der Ankommenden offenbaren. Die fünf Banner identifizieren die Schiffe als *[v]on Kriechen und von Pliant* (A V. 3465), also Absolons Streitmacht, und *[v]on Tarsis und von Tirlandt, | Das funffte von Pentapolin* (A V. 3466). An dieser Aufzählung heraldischer Zeichen wird noch einmal deutlich, dass Apollonius sich keinesfalls von der königlichen Identität des Herrschers über Tyrus und Pentapolis verabschiedet hat. Zugleich ist dies der erste in einer langen Reihe von Städtekatalogen, die vom Beginn der Binnenerzählung bis zum Schluss des Romans immer wieder vergangene Handlungsorte aufrufen, mit weiteren Toponymen verbinden und so einen Herrschaftsraum stabilisieren. An diesem Punkt der Erzählung hat Apollonius drei Reiche (und die nicht angetretene Herrschaft in Antiochia) akkumuliert und zwei Bündnispartner, Pliant und Kriechenland, gewonnen. Nahezu jedes weitere bereiste Reich wird im Verlauf der Erzählung diesem Katalog hinzugefügt.

Gemeinsam in Warcilone angekommen werden Apollonius und Absolon von Paldein und der Stadtbevölkerung *wol* empfangen (A V. 3498) und in die *feste* (A V. 3522) geführt, wo sie reich bewirtet werden. Paldein begrüßt Apollonius als Erlöserfigur: *dein ellenthaffte handt | Mag mich wol erlösen | Von disen valschen, posen* (A V. 3512-3516). Diese Erlösung kommt im letzten Moment, denn die Entscheidungsfrist, die Lolff dem König Paldein zugestanden hat, soll am nächsten Tag ablaufen.

Apollonius rät Paldein, einen *frid zu drein tagen* (A V. 3596) zu vereinbaren. Während dieses Zeitraumes sollen hundert Kämpfer der fremden Völkern, die er als *geste* (A V. 3600) bezeichnet, in die Stadt geladen werden, während sie selbst sich außerhalb der Stadt ins Lager der Feinde begeben sollen, um auf diese Weise mehr Informationen zu sammeln. Paldein stimmt zu, und sie reiten am folgenden Tag aus der Stadt.

---

[201] *Dy leutte wanen zware | Wir sein hyher zu were | Komen mit veintlicher hant* (A V. 3455ff).

An dieser Stelle wird der militärische Konflikt nun auch räumlich umgesetzt. Wie Tarsis und Pentapolis scheint die Stadt Warcilone an einer Seite ans Meer zu grenzen,[202] eine detaillierte Beschreibung ihrer Anlage und Architektur fehlen aber. Absolon und Apollonius reiten *[f]ur dy stat auff das veld*, wo kostbare *hutten und gezelt* (A V. 3627f.) aus reichen Stoffen aufgeschlagen sind. Das Heer der drei Völker besteht aus 100.000 Kämpfern, ist also zahlenmäßig weit überlegen. Die Charakterisierung von Gog, Magog und Kolck ist in dieser Passage ambivalent. Clara bezeichnet die Feinde als *volc[k] des tievels* (A V. 3484) und macht damit die eschatologischen Implikationen ihres Namens erstmalig explizit.[203] Auch ihre Hässlichkeit wird noch einmal betont. Elefanten und Kamele als Lasttiere setzen Exotismussignale (A V. 3649f.). Zugleich sind sie aufs Reichste und Schönste ausgestattet und es scheint kein Zweifel bei Apollonius und seinen Gefährten zu bestehen, dass ein mit ihnen getroffener Frieden verlässlich sei.

Der so entworfene Raum von Warcilone ist geprägt von der Opposition innen/außen. Das Innen der Stadt bedeutet Sicherheit für die Bewohner, es ist vertraut und folgt einer feudalhöfischen Raumordnung; zugleich ist die Stadtbevölkerung aber auch hinter ihren Mauern gefangen. Im Außenbereich lagert das Heer von Gog, Magog und Kolck; es ist als fremd, bedrohlich und teuflisch codiert, aber auch mit exotischer Pracht und militärischer Überlegenheit verbunden. Diese Opposition drückt sich auch räumlich aus in der dauerhaften Bauweise von Wehrmauern, Türmen (A V. 3448ff.) und *veste* im Inneren und der auf Beweglichkeit, aber auch deutlich geringeren Schutz ausgelegten Zeltstadt der Belagerer draußen.[204] Das Stadtinnere ist räumlich defensiv, das Außerhalb der Stadt räumlich offensiv ausgelegt.

Mit dem beschlossenen dreitägigen Frieden nun treten Innen und Außen, Vertrautes und Fremdes in Interaktion. Es kommt zu einem Kulturkontakt, den Apollonius zu Gunsten seiner Seite zu manipulieren versteht, denn um die übermächtigen Feinde zu besiegen, greift er zu einer List: Er führt ausgewählte hundert Männer aus den Völkern in die Stadt und bewirtet sie großzügig mit dem von Absolon nach Warcilone eingeführten

---

202 Diese Rauminformation lässt sich nur implizit daraus schließen, dass die Stadtbewohner die Schiffe kommen sehen und ihre Wehr in Bereitschaft setzen, was bei größerer Ferne zum Meer nicht möglich wäre (vgl. A V. 3443ff.).
203 Vgl. für diesen Aspekt Kap. 4.4.
204 Markus Stock beschreibt Zelte in der mittelhochdeutschen Literatur als „temporäre, bewegliche und vergleichsweise ungeschützte Behausung. Zelte haben als transportabler und schnell installierbarer Innenraum das Potential, gegebene räumliche Strukturen zu befragen oder auch zu bereichern" (Stock: Zelt, S. 69).

Wein.[205] Schnell wird klar, dass die fremden Völker keinen Alkohol vertragen:

> Da truncken sy den gutten wein
> Recht als küe und schwein. [...]
> Sie wurden also truncken
> Das in di zungen huncken.
> Dieser dantzte, dieser hanck,
> Ainer rait, dieser spranck,
> Dieser schalte, ainer rieff,
> Ainer wachte, dieser slieff,
> Disem det das haupt we [...]. (A V. 3721-3733)

Wieder zieht der Erzähler Tiervergleiche heran, um Gog, Magog und Kolck zu charakterisieren. An dieser Stelle ist die Vergleichsebene jedoch nicht mehr phänomenologisch, sondern auf ihr Verhalten ausgerichtet. Dies wirkt sich auch auf ihre Kleidung und Bewaffnung aus, denn sie verlieren ihre Harnische, Schwerter und Speere (A V. 3746ff.) und lassen ihre Hornbogen in der Sonne weich werden (A V. 3738ff.). Ihre Panzer und Schilde liegen *auff dem gevilde | Gestreuwet auff das grune graß* (3744f.).

Die Effekte der Trunkenheit werden als Parodie eines höfischen Festes gestaltet, wie es zum Beispiel am Markehof im *Tristan* Gottfrieds von Straßburg beschrieben wird.[206] Statt dass der Wein, wie es gut 1000 Verse zuvor in einem Erzählerexkurs heißt, *des mannes mütt* (A V. 3424) erfreue, zeigt sich die kulturelle Unterlegenheit der Völker Gog und Magog in ihrer Unfähigkeit, mit dem Suchtmittel der *mâze* entsprechend umzugehen. Stattdessen wird ein Kontrollverlust über Körper und Raum beschrieben, der die Völker von gefährlichen Kriegern in hilflose Tiere verwandelt.

Mit großzügigen Weinlieferungen stellt Apollonius sicher, dass die feindlichen Völker in diesem kampfuntauglichen Zustand bleiben. Das Ende des dreitägigen Friedens trifft den Kaiser Ejectas[207] völlig

---

205 Weinbau und Weinexport gehörten zu den wichtigsten Einnahmequellen des rittermäßigen Bürgertums in Wien (vgl. Brunner: Studien, S.257ff.). Die hohe Bedeutung, die Wein hier als Mittel zur Rettung einer ganzen Zivilisation vor den apokalyptischen Völkern erhält, könnte also durchaus als auf die Wiener Bürger ausgerichteter interner Verweis verstanden werden.

206 Diese *ruoren sehen vrouwen, | jene ander tanzen schouwen; | diese sâhen bûhurdieren, | jene ander justieren* (Gottfried von Straßburg: Tristan. Nach dem Text von Friedrich Ranke neu hg., ins Neuhochdeutsche übers., mit einem Stellenkommentar und einem Nachwort v. Rüdiger Krohn. 2 Bde. und Kommentarband. Erster Band: Stuttgart 2001. hier V. 617-620).

207 Es bleibt unklar, ob König/Kaiser Lolff und Kaiser Ejectas die selbe Figur sind. Die Etymologie des Namen Lolff bleibt unklar; ‚Ejectas' kann aber sicher als sprechender Name vom lateinischen *eiectio* oder *eiecto* gewertet werden. Als Vertriebener oder Verbannter bezeichnet trägt Ejectas somit das Schicksal der Völker Gog und Magog im Namen. Die Bezeichnung kann dabei sowohl auf das Einschließen dieser Völker durch Alexander (vgl. Ebenbauer: Spekulieren, S. 159) als auch auf den Sieg des Apollonius verweisen, also sowohl textextern auf historische und eschatologische Umstände als auch textintern auf ihre Niederlage und Vernichtung hin gelesen werden.

unvorbereitet;[208] folglich nehmen die gewalttätigen Auseinandersetzungen eher den Charakter eines Abschlachtens denn eines Kampfes an:

> Dem kayser ward zu hant
> In die herberg gerant.
> Sie slugen und stachen,
> Ir ungemach si rachen.
> Ir ungenemen Saracein
> Kurren als die zucht schwein.
> Der wein ward da vergolten wol.
> Das veld ward pluetes also vol
> Das es den rossen an dy knie
> Auff dem praitten velde gie.
> Eya, wie da gehauwen ward!
> Da ward auch nyemand gespart. (A V. 3795-3806)

Mit dem Meer von Blut werden heldenepische Schlachtbeschreibungen eingespielt. Kampf und Gewalt sind jedoch nicht als ebenbürtig oder auch nur wechselseitig inszeniert; vielmehr wird die Hilflosigkeit der mit *zucht schwein* verglichenen Völker herausgestellt. Eskaliert wird diese Asymmetrie durch den Eingriff der warcilonischen Bevölkerung in den Kampf: die *fußgengen in der statt* (A V. 3813) sehen den Schlachtverlauf und dringen *auß der statt her, | Auf die veintt was ihr ger* (A V 3819). Die Demarkationslinien des Kampfes verlaufen nicht länger zwischen zwei Heeren, sondern zwischen zwei Völkern bzw. Kulturen; das Ergebnis des Kampfes ist die Vernichtung der feindlichen Völker.[209] Räumlich wird dieses Vernichtungshandeln als Auflösung der feindlichen Zeltstadt inszeniert. Der Kampf findet nicht an einem dritten Ort statt, sondern am Wohnort der Belagerer, der sich aufgrund seiner transitorischen Ordnung leicht in ein Schlachtfeld verwandeln lässt; dem Kaiser wird von den Warcilonern *[i]n die herberg gerant* (A V. 3796) und das Feld, auf dem die Völker ihre Zeltstadt errichtet hatten, wird zu einem Meer von Blut.[210] Die zuvor inszenierte Dichotomie von innen und außen wird aufgehoben, indem das warcilonische Volk nach draußen strömt und

---

208 Dies wird vom Erzähler fast höhnisch mit einem sentenzhaften Kommentar bedacht, der die Phrase *Entraw sein nicht* kritisch reflektiert und auf die unbedingte Notwendigkeit hinweist, immer vorbereitet zu sein, denn wer seinen Mantel und Hut nicht mit nach draußen nehme, auf den würde es sonst regnen (A V. 3781-3792).

209 *Was sy der lebendigen funden, | Si slugen si an der stunden. | Sy wurden alle gar erslagen. | Zwar ich will si lutzel klagen* (A V. 3821-3824).

210 Interessant an dieser Beschreibung ist zum einen die implizite Farbregie, die grün durch rot ersetzt. Diese Farbkombination codiert in der höfischen Tradition auch Trauer (vgl. Andreas Kraß: Die Farben der Trauer. Freundschaft als Passion im „Trojanerkrieg" Konrads von Würzburg In: Die Farben imaginierter Welten. Zur Kulturgeschichte ihrer Codierung in Literatur und Kunst vom Mittelalter bis zur Gegenwart. Hg. v. Monika Schausten. Berlin 2012. S. 227-240). Zum anderen werden hier der rote Wein und das rote Blut in eine Vergleichsbeziehung gebracht, denn hatte Apollonius die Völker zuvor mit Wein überflutet, so vergilt er diesen Wein jetzt mit einem Meer von Blut.

seinen Gegenpol systematisch vernichtet. Nach dem Ende des Kampfes wird der Raum, der zuvor die Feldstadt von Gog und Magog gebildet hatte, wieder bloß als *velde* (A V. 3854) bezeichnet, und macht eine weitere Verwandlung durch: Statt einem Meer von Blut stellt sich das Feld nun als Schatzkammer dar: *[V]eld und strasse* sind mit den wertvollen Besitztümern der Feinde *gar uber zogen* (A V. 3861f.).

Was zunächst Raum der Feinde und dann Raum des Kampfes war, wird nun zum Reservoir reicher Beute; die zerstückelten Überreste des Besitzes und der Ausstattung der Kämpfer bilden nicht länger einen kohärenten, als feindlich gestalteten Gegenraum, sondern bieten die Chance zur eigenen Bereicherung, also zur weiteren Ausstattung des dominanten Raumes und seines Personals. Hierin wird die Beweglichkeit des narrativen Raumentwurfs deutlich: Ein stabiler Ort vor der Stadt wird nacheinander von verschiedenen Räumen bespielt, die unterschiedlich funktionalisiert sind und die unterschiedliche Relationierungen zwischen Figuren und Dingen aufweisen. Der höfische Raumentwurf der Stadt Warcilone erweist sich im Handlungsverlauf dominant. Die funktionale Beziehung des Raumes vor der Stadt auf die Stadt und ihre Bevölkerung wird wieder hergestellt, die durch die Belagerung erzeugte Dichotomie der beiden Orte aufgelöst. Die Stadt und der sie umgebende Raum, von dem Warcilone durch die Belagerung isoliert war, werden abschließend in einem großen Fest wieder zusammengeführt.

König Paldein reagiert auf dieses glückliche Ende, indem er Apollonius alle Schätze des Feindes überlassen will. Apollonius lehnt ab und erbittet nur Eines: *Ich will nit mer dan das gezelt | Das Ejectas auff das veld | Vor der stat hat geslagen* (A V. 3916ff.). Ejectas' Zelt wird in einem Erzählerexkurs ausführlich beschrieben;[211] es ist ungewöhnlich groß, extrem reich geschmückt, besteht aus edlen Stoffen und der Knauf ist mit einem *obendin* (Kamel) geschmückt, das auch Ejectas' Wappenzeichen ist und zugleich auf die vielen Kamele in seiner Heimat verweist. Der Erzähler bezeichnet das Zelt als *abenteuwr*, was in diesem Kontext wohl als wundersam oder außergewöhnlich zu übersetzen ist, aber auch deutlich macht, dass das Zelt selbst metonymisch für die Warcilone-Episode steht und damit eine narrative Dimension besitzt, die im Kern aus Apollonius' Sieg über die Völker Gog und Magog besteht. In Apollonius' Aussage wird das Zelt des Ejectas direkt mit dem Besitzanspruch verbunden, den Ejectas durch den Ort, an dem er es aufstellt, erhoben hatte. Apollonius will nicht einfach nur *ein* Zelt, sondern jenes Zelt, dass vor Warcilone aufgeschlagen wurde, er übernimmt also nicht nur die Pracht und den Reichtum eines mobilen Wohnortes, sondern

---

[211] A V. 3938-3967. Markus Stock weist daraufhin, dass Zelte „beliebt[e] Gegenständ[e] für ornative, beschreibende Passagen" in der hochhöfischen Epik seien (Stock: Zelt, S. 69).

auch den impliziten Herrschaftsanspruch des unterworfenen Kaisers. Die Formulierung führt dieses Zelt überdies parallel zu Apollonius' Aufschlagen seiner Zelte vor Antiochia; ein Herrschaftsanspruch,[212] den er zu diesem frühen Zeitpunkt der Handlung noch nicht umsetzen konnte. In Warcilone dagegen wird dieser Anspruch übererfüllt, denn nachdem Apollonius den Reichtum ablehnt, setzt Paldein sein Reich *in dein* [Apollonius, LB] *hant;* | *Wann ich hab es von dir: Du solt es, herre, leyhen mir* (A V. 3927 ff.) und bezeichnet sich als sein *dienstman*.

Auch diese Belohnung lehnt Apollonius ab und bietet dagegen eine Beziehung auf der Basis gegenseitiger Hilfe an.[213] Dennoch ist der Akt der Lehnsnahme von Paldein vollzogen und die so entstandene Beziehung bleibt uneindeutig. Auch wenn Apollonius die direkte Herrschaft verweigert, lässt sich seine Aussage *Ir sult selber herre sein* durchaus als Lehnszuweisung lesen. Eindeutig ist, dass Apollonius Warcilone dem Katalog von Reichen, über die er herrscht oder mit denen ihn enge Allianzen verbinden, hinzufügen kann. Diese Beziehung wird noch verstärkt, als er Paldeins Sohn Princzel *[i]n sein huet und in sein pflege* (A V. 4119) nimmt, also die Ausbildung des Kronprinzen weiterführt. Princzel begleitet Apollonius auch auf weiteren Reisen.

Die Warcilone-Episode endet mit der Ankunft eines Mannes *mit herlichen sytten* (A V. 4129), der mit reicher Ausstattung und Kleidung vor Paldein und Apollonius tritt. Es ist der Wahrsager Albedacus, der im Auftrag der Götter zu Apollonius gereist ist, um ihm seine Zukunft zu verkünden und ihm zu dienen. Paldein kommentiert seine Ankunft: ‚*ditz sind abenteure*' (A V. 4135) und gibt damit das Signal, dass hier eine neue Phase der Handlung beginnt. Als Sternsager und Bote der Göttinnen Juno, Pallas und Venus tritt Albedacus in doppelter Weise als Diener der Providenz auf.[214] Apollonius sei von diesen Göttinnen *aus erkoren* (A V. 4199), dies sei bezeugt durch seinen *edel sterne* (A V. 4200). Albedacus sagt nun nahezu die gesamte folgende Handlung der Binnenerzählung voraus und lässt auch die Rückkehr in die Erzählwelt der Rahmenerzählung nicht aus. Er gesteht Apollonius *[m]ynne, waißheit und güt* (A V. 4202) und weitere Tugenden zu, weist aber auch auf das Leid hin, dass er noch erleben wird.[215] Ganz konkret benennt Albedacus die Reiche, die Apollonius auf seinen Reisen erobern oder

---

212 Vgl. Stock: Zelt, S. 69.
213 ‚*[...] Milter kunig Paldein!* | *Ir sult selber herre sein* | *Noch vil manigen tag*' (A V. 3932 ff.).
214 Achnitz weist darauf hin, Albedacus trete „auf als ein heidnischer Prophet, der sich der Bedeutung des entstehenden Christentums bewußt ist" (Achnitz: Babylon, S. 281). Vgl. ebda. für eine Diskussion der möglichen Identifizierung von Albedacus als Al-Battagni (arabischer Astronom) oder als der Prophet Habakuk.
215 *Dir muß geschehen noch vil we,* | *Ee dan du es uber windest* | *Und gantze rewe findest* (A V. 4207-4209). Der Ausdruck *gantze rewe* könnte sich in der Übersetzung als ‚Buße' auf die Konversion Apollonius' am Ende des Romans beziehen, aber auch lediglich sein Leiden und seine Trauer meinen.

anderweitig gewinnen wird, unter anderem Galacides, das Handlungsort der folgenden Episode ist:

> ‚Appolony weygant,
> Kunig, herr von Tyrland:
> Galacides deß paytet deiner hant,
> Deß soltu furst und herre sein. [...]
> Armenia, Purgaria,
> Du wuste Romania
> Und das guldene tal
> Wirt dir dienen uber al.
> Antiochia dy wirt dein [...].' (A V. 4186-4216)

Albedacus sagt auch die Wiedervereinigung mit Lucina voraus (und unterschlägt die weiteren Ehen, die Apollonius in der Binnenerzählung eingeht). Interessanterweise nennt er als Voraussetzung für diese Wiedervereinigung das Ende von Apollonius' Reisen und die Rückkehr zu einem stabilen Wohnort: *Dann du dich lassest nider, | So wird dir dein weib wider* (A V. 4220f.). Abschließend prophezeit Albedacus auch noch seinen eigenen Tod, den Apollonius verschulden wird (A V. 4230ff.), bekräftigt aber trotzdem seine Dienstbereitschaft, *[w]ann es mag anders nit gewesen* (A V. 4234).

Apollonius reagiert ambivalent; er ist *traurig und fro* (A V. 4239) weil er einerseits der Prophezeiung nicht glauben kann, andererseits im Vertrauen auf Gottes Güte doch hoffen will: ‚*Unser herr ist so gut: | Alle ding sind mugleich | Pey dem werden Gote reich*' (A V. 4247-4249).

Albedacus gegenüber stellt er sich dagegen als treuer Diener eines ganzen Kataloges von Gottheiten dar, zu denen Macheten, Jupiter, Diana Venus, Juno, Saturnus, Pallas und Trevigant zählen (A V. 4253-4258). An dieser Passage wird die Ambivalenz eines christlichen Autors deutlich, der einen vorchristlichen Stoff bearbeitet und die historische Position der Figuren *ante gratiam* erzählerisch wiedergibt, zugleich aber eine protochristliche Hauptfigur entwirft, deren Konversion zum Christentum in der wiederholten Anrufung von und dem Vertrauen auf einen namenlosen Gott im Singular von Textbeginn angelegt ist.[216]

Albedacus' Voraussage mag den Rezipienten zur Orientierung und Bildung einer Erwartungshaltung dienen; auf Figurenebene bleibt sie weitestgehend wirkungslos. Zwar bietet sie den Anlass für Apollonius, sich nach der Situation des ihm unbekannten Reiches Galacides zu erkundigen und dorthin aufzubrechen, sie wird aber im Folgenden von Apollonius nicht mehr referenziert, trotz der nach und nach in Erfüllung gehenden Bestandteile der Voraussage. Sie hält ihn auch nicht davon ab, eine Reihe von Ehen einzugehen, die ihn, würde er der Voraussage glauben, zum Polygamisten machten.

---

216 Vgl. zu dieser Frage genauer Kap. 4.4.

Problematisch ist die Voraussage auch, weil sie mit ihrem deterministischen Ansatz die im Erzählschema des Reise- und Abenteuerromans angelegte Kontingenz[217] gleichsam auszuheben scheint, denn der Verlauf der Reisen und ihr glückliches Ende wird hier vorweggenommen. Diese Kontingenz wird jedoch insofern auf eine andere Ebene verschoben, als Albedacus' Verhalten wiederholt negativ bewertet und seine göttlichen Herrinnen im Text als fragwürdig entlarvt werden.

In räumlicher Hinsicht beschreibt Albedacus' Voraussage ein gewaltiges Herrschaftsgebiet, das in der Abfolge der Reiche (Tyrland, Galacides und die anderen Reiche der Binnenerzählung, endend mit Antiochia) den Handlungs- und Reiseverlauf wiedergibt. Auch die räumliche Ausdehnung von Apollonius' Herrschaftsgebiet wird vorweg genommen, bis auf die abschließenden Herrschaften über Jerusalem und Rom. Diese können jedoch nicht mehr in den Zuständigkeitsbereich des ‚Heidens' Albedacus fallen, da Apollonius an dieser Stelle in die christliche Providenz eintritt.

Zusammenfassend ist an der Warcilone-Episode die schrittweise räumliche Annäherung an das Zentrum der Erzählhandlung zu betonen sowie die damit verbundene Zunahme von Informationen aus wechselnder Figurenperspektive und in unterschiedlicher medialer Vermittlung. Die Figurenkonstellation Paldein – Clara – Lolff – Absolon spiegelt in der Erzählung vorangegangene Konstellationen wieder; Apollonius steht hier aber als Helferfigur außerhalb der Liebeshandlung. Die monströsen Völker Gog und Magog zeichnen sich durch große Schnelligkeit und Raumbeherrschung aus; der Text inszeniert eine Opposition von fremd und vertraut, die sich als räumliche Dichotomie zwischen Innen (Stadt) und Außen (Zeltlager vor den Wehrmauern) ausdrückt. Im Sieg über die Völker wird diese Dichotomie aufgehoben.

Apollonius nimmt Paldeins Angebot, Herrscher über Warcilone zu werden, zwar nicht an; seine Position im Reich wird aber dennoch als überaus machtvoll beschrieben. Er knüpft hier die erste einer Reihe von Allianzen und verstetigt diese Bindung, indem er den Sohn Paldeins ausbildet und mit auf seine Reisen nimmt. Absolon und Clara ist er durch ein direktes Verwandtschaftsverhältnis verbunden (Absolon ist sein *neve*). Deren Sohn Eneas, dessen Name, so merkt der Erzähler in einem *understatement* an, *noch bekant* (A V. 4075) sei, setzt Apollonius in direkte Verwandtschaftsbeziehung zur Gründerfigur Roms. Auch dieser Bezug ist nicht explizit und macht textchronologisch auch keinen Sinn, da Apollonius ja bereits wenige Jahre später zum Kaiser eines bereits mächtigen Roms wird. Es ruft aber den Urvater des römischen Reiches auf und spielt damit wie im Falle der

---

217 Vgl. Schulz: Kontingenz.

Völker Gog und Magog ein intertextuelles Signal ein, das der Erzählung eine zusätzliche Bedeutungsschicht verleiht.

3.3.4.2 Galacides I

Wie die Warcilone-Episode kann auch die Galacides-Episode[218] in drei Abschnitte gegliedert werden, die drei verschiedenen Orten bzw. Räumen zugeordnet sind. Sie beginnt in Warcilone, wo in Reaktion auf Albedacus' Voraussage Paldein die Geschichte und Lage des Reiches beschreibt (A V. 4287-4913). Apollonius und die Seinen reisen daraufhin nach Galacides, machen aber unterwegs wiederum auf einer Insel halt (A V. 4914-5366). Wie bei der Warcilone-Episode findet erst der dritte Abschnitt am eigentlichen Handlungsort statt (A V. 5367-6068).

Das Reich Galacides wird in mehreren teilweise verschachtelten Figurenberichten eingeführt und detailliert beschrieben, lange bevor Apollonius dort mit seinem Heer ankommt, so dass der Rezipient multiple Perspektiven auf den Raum erhält. Zunächst erwähnt es Albedacus, dann ist es Gegenstand einer ausführlichen Erzählung Königs Paldein von Warcilone und schließlich gibt die Königin der Sirenen weitere Informationen (A V. 5177-5261). Ebenfalls verschachtelt sind die verschiedenen Zeitebenen, von denen berichtet wird, denn Paldein springt in seiner Erzählung des eigenen *abentewrs* und der Wiedergabe eines Berichtes von aus Galacides Geflüchteten zwischen der Jetztzeit, der entfernten Vergangenheit, in der Kolkan den rechtmäßigen König tötete und die Herrschaft übernahm, und einen unbestimmten Zeitpunkt dazwischen, an dem Paldein selbst versuchte, das Reich von den *monstra* zu befreien.

In allen Berichten werden Galacides' Reichtum und seine hohe Bevölkerungszahlen (*Leutt sind dar inne unmassen vil*, A V. 4338) hervorgehoben. Es wird von Paldein explizit mit dem *guldein tal* (A V. 4325) verglichen, das alleine Galacides an Herrlichkeiten übertreffe. Damit wird einerseits Albedacus' Voraussage aufgegriffen und ein intratextueller geographischer Bezug hergestellt, andererseits wird wie bei Tarsis und Antiochia eine textinterne Hierarchie der Reiche erstellt. Paldein beschreibt Galacides als mächtiger denn Warcilone. Galacides wiederum wird vom Goldenen Tal übertroffen. Apollonius' Reise zu diesen unterschiedlichen Stationen und ihre Eingliederung in seinen Herrschaftsbereich folgt somit einer klimaktischen Struktur, bei der das Goldene Tal scheinbar als Höhepunkt fungiert.

---

218 Galacides ist u.a. von Achnitz mit dem nordwestspanischen Galicien gleichgesetzt worden (Achnitz: Babylon, S. 276). Die Beschreibung des Reiches im *Apollonius* stimmt insofern mit der Realgeographie der Region überein, als Galicien von hohen Bergketten umgeben ist, die es vom Rest Spaniens trennen.

Paldein beginnt mit einer Beschreibung der topologischen Beziehungen zwischen Warcilone und Galacides;[219] das unbekannte Reich wird in Relation zum Bekannten gesetzt. Durchsetzt von noch nicht konkreten Hinweisen auf das schreckliche Schicksal des Landes[220] folgt dann eine detaillierte Ortsbeschreibung, die die geographische Beschaffenheit, die Ausdehnung des Landes, die Bebauung, Befestigung und Bewässerung, das Umland sowie Besonderheiten der Flora und Fauna darlegt (A V. 4302-4330).

Wie Tarsis ist Galacides ein sicheres und leicht zu verteidigendes Reich. Es grenzt an einer Seite ans Meer (A V. 4303) und ist ansonsten völlig von Bergen umgeben: *Dy perge sliessent das tal | Oben, nyden und uberal* (A V. 4312). Damit erinnert der Raumentwurf von Galacides stark an das Reich Clûse im *Daniel von dem blühenden Tal*.[221] Der Zugang zum Reich ist nur durch eine einzige Pforte möglich, die am Meer vor der Burg Grotimunt liegt: *Da hat es ain purgtor | Ain edle purgk ligt da vor | Da mit ist es pesloßen* (A V. 4304ff.).[222]

Paldein betont den enormen Reichtum des Landes und seine dichte Besiedelung (A V. 4336ff.), bevor er auf den zentralen Makel des Landes und damit jenen Missstand zu sprechen kommt, der Apollonius als handelnde Figur auf den Plan ruft: *Das land ist gevangen* (A V. 4356). Illegitime Landesherren und zugleich Gefängniswärter der Bevölkerung sind das *monstrum* Kolkan und seine Mutter Flata. Anders als in Tarsis, wo die streng regulierbaren Zugangsmöglichkeiten als rein positives Zeichen von Sicherheit dargestellt werden, offenbart die Gewaltherrschaft von Kolkan und Flata die Gefahren eines solchen Raumentwurfs:

> Er [Kolkan, LB] lauffet in ainer weil
> Des landes viertzig meil
> Und lauffet dann drate wider.
> Zu Grotimondt legt er sich nider.
> Da ist ain loch in ainem pergk.
> [...] Wenn er lauffet in das landt,
> So ist Flata zehandt
> Hie ausserhalben deß purgtor,
> Da hüt sie fleyssiklichen vor.
> So sy in das land will lauffen dann,
> So ist hie aussen Kolkan.

---

219 „*Secht, lieber maister mein, | Deß perges nemet war: | Drey tagwaide sint aldar* [...] (A V. 4293ff.; V. 4295f. sind nur in Handschrift a überliefert.

220 *Es sind mer dan dreyssig jar | Das nie kain man dar mocht komen, | Im ward das leben benommen* (A V. 4297ff.).

221 Vgl. Stricker: Daniel, vgl. auch Braun: Monstra. Diese Ähnlichkeit wird noch verstärkt durch die Beschreibung eines exotischen Vogels, Galadrius genannt (A V. 4343), der lebenserhaltende Kräfte hat. Auch im *Daniel* wird der exotische Vogel Babian beschrieben (vgl. auch Birkhan: Ditz, S. 124).

222 b liest statt *pesloßen* (a) *verloren*. Die Lesart in a macht in diesen Kontext aber erheblich mehr Sinn.

> Ditz weret tag und auch die nacht
> Das niemand auß dem lande dracht. (AV. 4535-4550)

Durch den einen, zentralen Zugang wird das Reich als Ganzes von zwei *monstra* kontrollierbar; unter ihrer Herrschaft es Reich gänzlich isoliert (*Der selbe* [Kolkan, LB] *hat das gut land | In gewalt und in gewer* (A V.4364f.). Diese Isolation bezieht sich auch, wie von verschiedenen Figuren und dem Erzähler wiederholt betont wird, auf wirtschaftlichen Austausch: Unter Kolkan *auch nie kain kauffman | In dem land ze tuen gewan* (A V. 4479f.).

Paldein gelingt es mit seinem Heer von immerhin 5.000 Männern (A V. 4424) nicht einmal, erfolgreich zu landen, denn Kolkan vernichtet seine Streitmacht vom Strand aus.[223] Indem die Herrschaft des Reiches von den rechtmäßigen Händen des Königs auf den Unrechtherrscher Kolkan übergeht, wandelt sich die Abgeschlossenheit des Reiches von einem Verteidigungsvorteil zu einem defensiven Flaschenhals, der totale Beherrschung und Isolation ermöglicht; was zuvor Sicherheit für die Bevölkerung bedeutete, wandelt sich nun zur Ursache ihrer Bedrohung. Dieser Eindruck wird noch verstärkt, indem Galacides, wie viele der anderen beschriebenen Reiche auch, im Singular gehalten wird: *Das land ist gevangen* (A V. 4356).[224] Diese Engführung auf einen Zugang, dessen Kontrolle ein Land als Ganzes gefangen hält, ermöglicht textdramaturgisch die Lösung des Konfliktes durch (ritterlichen) Zweikampf zwischen Protagonistem und Antagonisten, inszeniert also die verschlossene Grenze als punktuelles Hindernis, das durch direktes Handeln überwunden werden kann. Die Herrschaftsübernahme in Galacides bedarf keiner Kriegsführung oder komplexer politischer Verhandlungen; Apollonius muss nur die Grenzwächter Kolkan und Flata töten, die Grenze überschreiten und die Herrschaft ist sein.

Diese zu überwindenden *monstra* Kolkan und Flata werden wie oben beschrieben als ambivalente Figuren inszeniert. Einerseits sind sie zu Kommunikation und teilweise höfischem Verhalten fähig. Andererseits werden sie wiederholt als teuflisch oder dämonisch charakterisiert[225] und zeigen unhöfisches und ethisch scharf verurteiltes Verhalten,[226] dass immer wieder als Pervertierung von feudalhöfischem Herrschaftshandeln inszeniert wird. Kolkan und Flata halten das Land und seine Bewohner gefangen, anstatt

---

[223] Kolkan nimmt seine uneingeschränkte Raumbeherrschung sogar zum Anlass eines Wettspiels mit seiner Bevölkerung: *Er hatt in ain zil geben: | Wer da wagen will sein leben, | Der wage es und lauffe hin; | Pegreiffet aber Kolkan in, | Der muß an aller slachte not | Vor im leyden den dot* (A V. 4553-4558).
[224] Unter dieser Gefangenschaft leiden vor allem die Frauen des Landes, die in der Burg festgehalten werden. Allen voran steht die Königstochter Formosa, die Kolkan gegen ihren Willen ehelicht und von ihm einen Sohn empfängt.
[225] *Flata ist des tievels weib* (A V. 4374); *Teuvelisch ist sein* [Kolkans, LB] *gestalt* (A V. 473).
[226] So töten Flata und Kolkan nach dem König auch viele weitere Bewohner seiner Burg und des Reiches. Kolkan richtet Verurteilte hin, indem er sie auseinanderzerrt, und vergewaltigt überdies alle Jungfrauen, die wie Geiseln in seiner Burg gehalten werden.

seine Sicherheit zu garantieren und Handel und Allianzen zu befördern. Sie zerreißen die Körper ihrer Gegner (A V. 4431 ff.), kämpfen also wie Tiere statt ritterlich. Kolkan jagt nicht nur die Tiere, von denen er sich ernährt (A V. 4569ff.), sondern auch Menschen. Zunächst wird der rechtmäßige König Ciprian sein Opfer, der auf einer eigenen Jagd im Wald Kolkan begegnet und so selbst zur Beute wird (A V. 4586-4608). Aber auch Kolkans Untertanen dienen als Jagdbeute (A V. 4553). Als die Nachricht vom Tod des Königs, *ein vorchtsamer schall* (A V. 4740), sich verbreitet, versammelt sich das *lantt volck* (A V. 4746):

> Und vielen fur die veste.
> Da enpfieng er die geste
> Und sein muter Flata,
> Das wol tausent peliben da,
> Zerissen und ze zerret,
> Zefuren und zeflerret.
> Ain michel fliehen da was:
> Der do floch, der genas.
> Sust pelaib Kolkan ungestritten. (A V. 4747-4755)

Die Formulierung *enpfieng er die geste* zitiert die Tradition der Gastfreundschaft und der Festlichkeiten zum Antritt einer Herrschaft an, wie sie im Roman wiederholt inszeniert werden. Kolkan jedoch begegnet seinen neuen Untertanen, den *gesten*, indem er sie zerstückelt, ihre Körper also aufs Brutalste zerstört. Die wiederholt erwähnten Tötungspraktiken des Zerreißens und Auseinanderzerrens drücken die destruktive Natur dieser *monstra* aus, die ein *gut land* erobern und dann aus seinen ökonomischen und politischen Kontexten herausreißen.

Nachdem Kolkan die Burg und damit das Reich dergestalt durch exzessive Gewalt gesichert hat, sendet seine Mutter Boten *in das gut land* und schließt einen Frieden mit der Bevölkerung, der per Eid gesichert wird (A V. 4756-4764). Zementiert wird die Herrschaft durch die Hochzeit Kolkans mit der älteren Königstochter Formosa, die als einseitige Minne und gegen den Willen der Frau dargestellt wird.[227] Auch die Beschreibung des Hochzeitsfestes ruft höfische Traditionen auf, die zugleich unterlaufen werden:

> Hochtzeit het Kolkan do.
> Das lant volk must wesen fro:
> Di tewristen must alle dar
> Und namen seiner freuden war. (A V. 4799-4802)

Die Wiederholung von *must* betont den Zwang, unter dem die Bevölkerung steht und der echte Vergemeinschaftung durch das Fest unmöglich macht. Die Gäste dienen lediglich als Zeugen der *freude*, empfinden selbst aber keine. Indem die *monstra* höfische Interaktion und feudalhöfische

---

227 Vgl. Kap. 4.2.

Herrschaft verzerrend imitieren, überschreiben sie diese Handlungsmuster bis zu einem gewissen Punkt, rufen aber zugleich die zugrundeliegenden Normen auch auf und halten sie damit wach. Durch diesen Kontrast erscheint ihr Fehlverhalten als Negativverzerrung der normativen Erwartung.

Dies gilt auch für die Galacides eigene feudalhöfische Raumordnung, welche die *monstra* durch ihr Verhalten zwar teilweise überschreiben, die aber gleichzeitig in den spezifisch höfischen Funktionalisierungen von Orten[228] sowie in typisch feudalhöfischen räumlichen Praktiken[229] präsent bleibt. Besonders deutlich lässt sich dieses Phänomen an Kolkans schrittweiser Invasion des höfischen Raumes zu Beginn seiner Herrschaft über Galacides zeigen, über die Paldein berichtet. Nachdem Kolkan den König Ciprian *ze flecken* (A V. 4604) zerrissen und seine Begleiter getötet hat, folgt er den fliehenden Pferden zur Burg. Die erschrockenen Burgbewohner *slugen zu das purgtor* (A V. 4613), um sich vor Kolkan zu schützen. Das Burgtor und die Mauern stellen jedoch kein dauerhaftes Hindernis für ihn dar, sie versagen in ihrer Schutzfunktion:

> Deß ward er toben als ain hunt.
> Er lieff an der selben stund
> Und heste mit den tatzen
> Geleich ainer wilden katzen
> Und lieff die mauren drat auff.
> In die purgk was sein lauff,
> Und was er lewte dar innen vand,
> Di dotet er so tzehant. (A V. 4615-4622)

Die gehäuften Tiervergleiche dieser Passage ziehen eine starke Differenz zwischen Kolkan und den Menschen ein; durch die Variationen von *lauffen* wird seine Schnelligkeit betont, zugleich aber auch deutlich gemacht, dass zwischen vertikaler und horizontaler Bewegung (*lieff die mauren drat auff | In die purgk was sein lauff*) für Kolkan kein Unterschied zu bestehen scheint. Dies gilt auch für Flata, die ihrem Kind folgt und ebenfalls ohne Schwierigkeiten die Wehrmauern überwindet (*Si staig auff die zynnen*, A V. 4685).

Nach dem Massaker ist Kolkan müde und hungrig. Er findet Fleisch und Wein und stärkt sich. Von diesem Punkt an beginnt die Szene umzuschlagen. War sie vorher von hohem Tempo und Aggression (*toben als ain hunt*) gekennzeichnet, so beruhigt sich Kolkan nun sowohl emotional als auch in der Geschwindigkeit seiner Raumerschließung:

> So er ain weyle gesaß,
> Seines zorns er vergaß
> Und gieng her auß schawen.

---

228 Wie der Baumgarten vor der Burg als Ort des Lustwandelns für die weiblichen Geiseln.
229 Wie der Jagd, den öffentlichen Hochzeitsfesten, öffentlichen Gerichtsprozessen sowie Wehr- und Verteidigungsmaßnahmen.

> Er vand des kuniges frauwen [...].
> Si was ain mynnikliches weib,
> Das genert ir den leib;
> Wann er sach sie geren an,
> In gedewchte sy wer wolgetan.
> Er lachte, als er kunde,
> Mit seinem weytten munde. (A V. 4639-4650)

Mit der Einnahme eines Mahles, das vor allem im Hinblick auf die vorausgehende Warcilone-Episode durch den Wein als höfisch markiert ist, wandelt sich Kolkans Verhalten. Anstatt wie ein Tier zu toben und zu rennen, sitzt er nun ruhig da. Er vergisst seinen Zorn, verlangsamt seinen Gang. Auch sein Zugriff auf den Raum der Burg verändert sich: statt weiterer Gewaltausübung ist sein Ziel nun *auß schawen*. Er entdeckt die Quintessenz höfischer Kultur, ein *mynnikliches weib*, deren Schönheit und Idealität sogar ein *monstrum* affizieren. Von direkter, gewalttätiger Interaktion verschiebt sich Kolkans Zugriff auf seine Umwelt zum Sehen, vom wahllosen Vernichten aller Menschen zum Erkennen und Beurteilen ihrer Qualitäten, aufgrund derer er die Königin verschont, vom Zorn eines Tieres zum Lachen, das höfische *freude* über die betrachtete Schönheit ausdrückt.

Von diesem Punkt an beginnt der Erzähler der Binnengeschichte, ergänzende Informationen über Kolkan einzufügen: Er sei zu diesem Zeitpunkt *dannocht ain kint* (A V. 4652) gewesen, nicht ganz fünf Jahre alt. Damit wird ein alternatives Interpretationsangebot für das oben geschilderte Verhalten angeboten: Kolkan ist nicht nur ein grausam handelndes Tierwesen, sondern gleichzeitig ein unbeherrschtes Kind; seine Sprachunfähigkeit nicht durch mangelnde *intelligentia*, sondern durch geringes Alter begründet (*Er kunde dannocht reden nicht*, A. V. 4667). Von nun an beschreibt die Binnenerzählung Kolkans Verhalten als kindestypisch: Anstatt die Königin zu töten, wie er es bisher mit allen anderen Menschen getan hatte, führt er sie *mit der hant* (A V. 4655) zum vorgefundenen Mahl und bietet ihr Essen an. Die Königin interpretiert diese Geste der Gastlichkeit als Ende der Gewalthandlungen: *Die frauwe verstund sich schir | Das er nu guet were* (A V. 4658).

Kolkan entdeckt nun die Königstochter Formosa an einem Fenster und *zaig[t] mit der hant dar* (A V. 4666). Der Anblick ihrer Schönheit führt zu einer weiteren Abstraktionsleistung, denn anstatt direkt auf das begehrte Objekt zuzugreifen, bedient sich Kolkan einer deiktischen Geste. An diesem Punkt stößt Flata zu ihrem Sohn und der Königin und ermöglicht durch ihre Sprachfähigkeit einen weiteren Annäherungsschritt. Sie garantiert der Königin ihre Sicherheit und rechtfertigt Kolkans Verhalten mit der vorausgehenden Provokation des Königs.[230]

---

[230] *Si sprach ,frauwe, furcht euch nit! | Nymer laydes euch geschicht. | Er hett nyemand laid getan, | Der in laydes hiet er lan'* (A V. 4697-4700). Flatas Worte werden durch die direkt vorangehende Szene widerlegt,

Flata setzt die in Kolkans Zeigegeste implizite Handlungsaufforderung um; Königin, Kolkan und Flata begeben sich zu der Kemenate, in der sich Formosa aufhält. Trotz Kolkans und Flatas Fähigkeit, selbst Burgtore zu überwinden, erzwingen sie den Zutritt zur Kemenate nicht, es ist vielmehr die Königin, die ihre Tochter auffordert, die Tür zu öffnen: ‚*Kint mein, tue mir auff zehant | Es mag anders nicht wesen [...]*' (A V. 4710f.). Die ausgedrückte Hilflosigkeit und damit verbundene Schicksalsergebenheit machen deutlich, dass es sich nicht um freiwilliges Verhalten handelt; dennoch wird betont, dass Kolkan abwartet, bis Formosa ihre Tür eigenständig und freiwillig öffnet (*Cirilla det di tur auff. | Do was Kolkans erster lauff | Zu der kemnaten ein*, A V. 4715ff.). Das Mädchen erschrickt so sehr, *[d]as es nider viel fur dot* (A V. 4719). Doch Kolkan bietet ihm die Hand und hebt es auf. Die Königin und ihre Töchter befinden sich zwar in Gefangenschaft und erleiden räumliche und körperliche Übergriffe durch Kolkan, dennoch zitiert diese initiale Begegnung die Regeln höfischer Interaktion, die durch Kolkans unbeherrschten *lauff* in die Kammer zugleich wieder unterlaufen werden.

Mit der räumlichen Bewegung Kolkans aus der Sphäre der unhöfischen Wildnis (Wald) hin zum Burgtor, in die Burg, zum Ort eines angerichteten Mahles, zur Begegnung mit der Königin und schließlich bis in die Kemenate der Königstochter, die er schlussendlich heiraten und schwängern wird, korrespondiert eine schrittweise Annäherung der monströsen Figur an höfisches Handeln und Interagieren. Es sind also nicht nur Kolkan und Flata, die den Raum durch ihren Zugriff verändern, der Raum affiziert auch umgekehrt die *monstra* und ruft höfisches, d.h. der Raumordnung tendenziell angemessenes, Verhalten bei ihnen hervor.

Zugleich bedeutet das Fehlen eines rechtmäßigen Königs und die Präsenz des Unrechtherrschers Kolkan, dass die Raumordnung des Reiches gestört bleibt. Exemplifiziert wird dies in den Wehranlagen der Burg Grotimunt, die Kolkan und Flata gegenüber ihre Schutzfunktion verlieren und diese während ihrer Herrschaft nicht wiedergewinnen. Deshalb kann im Folgenden der unsichtbare Apollonius die Mauern und Pforten auch unproblematisch überwinden und in Kolkans und Formosas Kemenate vordringen.[231]

Auch wenn sich die Verhaltensdifferenzen zwischen menschlichen Figuren und *monstra* verringern, bleibt immer ein klarer Unterschied markiert: Kolkan lacht nicht auf höfische Weise, sondern nur so gut er kann, *mit seinem weytten munde* (A V. 4650). Er minnt die Königstochter nicht auf angemessene Weise, sondern zwingt sie in die Ehe. Er richtet zwar nach

---

in der Kolkan wahllos die Bewohner der Burg (*was er lewte dar innen vand*) tötet, deren einzige Provokation ein Versuch des Selbstschutzes war. Hieran wird wiederum die ambivalente Figurenzeichnung der *monstra* erkennbar.
231 A V. 5421ff.

gerechten Maßstaben, betätigt sich aber selbst als Henker. Diese Fällen unrechten Herrscherverhaltens werden durch die Einführung der Kemenate als Handlungsort, in den Kolkan ungestüm hineinläuft und damit eine Schreckensohnmacht der Königstochter erzeugt, weiter verknüpft mit der Antiochia-Episode, in der König Antiochus in die Kammer seiner Tochter eindringt und sie dort vergewaltigt. Der monströse Kolkan dient in der Figurenkonstellation der Galacides-Episode als Substitutionsfigur für Antiochus.

Nachdem Paldein Apollonius in dieser sehr ausführlichen Binnenerzählung über die Lage in Galacides informiert hat, steht dessen Entschluss zur Reise fest. Er, Printzel, Albedacus und ein Heer von 3.000 Warcilonern reisen per Schiff nach Galacides (A V. 4881ff.). Unterwegs hat er zwei *abentewr* zu bestehen: Am dritten Tag der Reise gerät er mit seinem Heer in einen schweren Sturm (A V. 4936ff.) und kommt *[m]er dan hundert meyl* (A V. 4968) vom Wege ab. Auf einer Insel trifft er auf den Zentauren Achiron (A V. 5000), der die Königin der Sirenen in seiner Gewalt hat. Apollonius besiegt ihn nach schwerem Kampf. Die Sirene hat bereits von Apollonius gehört und weiß von seiner Fahrt nach Galacides.

Aus Dankbarkeit heilt sie nicht nur seine Wunden, sie gibt ihm auch wertvolle Informationen und Hilfsmittel. Erstens identifiziert sie den Zentauren als Achiron, den *jager mer* (A V. 5159), dessen *vater bruder* (A V. 5171) Pluto und dessen Sohn Kolkan sei, den er mit seiner Ehefrau Flata gezeugt habe (A V. 5177ff.). Kolkan, Achiron und Flata werden somit in eine Genealogie eingebunden, die ihren Ursprung im nichtchristlichen Pantheon des Romans hat und die in folgenden Erzählabschnitten durch weitere monströse Figuren erweitert wird.

Zweitens schenkt sie Apollonius einen Zauberring, der Unsichtbarkeit verleiht, und erklärt ihm genau, wie er Kolkan besiegen kann. Nur zwei Waffen können Kolkan verletzen: Der Bogen Achirons, den sie ihm überlässt, und das Schwert Kolkans selbst. Dieses hänge in Grotimunt nahe dem Bett von Formosa und Kolkan in deren Kemenate (A V. 5242ff.). Apollonius solle dieses Schwert zunächst mit alten Schuppen Kolkans testen (A V. 5252ff.) und es dann benutzen, um Kolkan selbst zu töten. Drittens berichtet sie von ihrem Konflikt mit Achiron, er habe ihre beiden jungfräulichen Töchter mit seinen *kinden* verheiraten wollen (A V. 5183): Kolkan hat also offensichtlich Geschwister. Nachdem die Sirene ihm diesen Wunsch verweigert,[232] entführt er sie, um sie zu *lestern* (A V. 5195), d.h. zu vergewaltigen. Die im Text immer wieder aufgerufene Figurenkonstellation wird hier um eine neue Variante erweitert: Eine Mutter verhindert die sexuelle

---

[232] Sie betont, sie *wolt ee verliesen das leben* (A V. 5186). Hier wird Paldeins Weigerung aufgerufen, seine Tochter an Lolff zu verheiraten (A V. 3023f.).

3.3 Analyse der Räume und Orte des Apollonius

Gewalt gegen resp. Zwangsheirat ihrer Töchter und wird daraufhin selbst von sexueller Gewalt bedroht.

Der Zentaur Achiron wird als *frayßlich tier* (A V. 5000) dargestellt, das sich aus einem *roß niden, oben ain man* zusammensetzt, und dessen *zwen foderen fusse | Hetten straussen also langk* (A V. 5001-5005). Er zeichnet sich durch schnelle und aggressive Bewegungen aus;[233] seine Beschreibung erinnert stellenweise an die Kolkans, was ihre Verwandtschaftsbeziehung auch körperlich ausdrückt.[234] Die Sirene dagegen wird als *ain mynnikliches weib* (A V. 5141) beschrieben, mit goldenen Haaren, klaren Augen und einem *mundel rot* (A V. 5144), der ihre Krone direkt *[a]uß irem hirn selben gar dar* (A V. 5147) wächst. Im Kontrast zu den Tiervergleichen, die bei Achiron der Beschreibung dienen, werden ihre weiblich-menschlichen Qualitäten betont. Nur von den Knien abwärts *was di frauwe mynikleiche | Zwen schnepfischen geleiche* (A V. 5153f.). Im Unterschied zum Zentauren kann sie sich außerhalb des Meeres kaum selbständig bewegen; Apollonius und seine Männer müssen ihr ins Meer zurückhelfen.[235] Wieder zeichnet sich der männliche sexuelle Aggressor also durch überlegene Raumbeherrschung aus, während sein gemäß der höfischen Idealität gestaltetes weibliches Opfer ohne Rückzugsraum und als bewegungsunfähig inszeniert wird.

Die Sirene stellt sich als *mer mynne | Und ain edel kunigynne* (A V. 5187f.) vor, nimmt also eine doppelte Rolle als Herrscherin des Meeres und personifizierte Minne ein. In dieser Doppelrolle gestattet sie Apollonius einerseits, ihr Abbild als Schild- und Helmzeichen zu tragen (A V. 5345ff.),[236] andererseits gewährt sie ihm aus Dankbarkeit Herrschaft über das Meer (*Wo er vert auff dem mer, | Da soll im dienen unser her* (A V. 5352f.), fügt Apollonius' Herrschaftsraum also eine weitere Allianz hinzu. Interessanterweise wird im folgenden Lobgesang des Sirenenheeres erstmalig im Text der jüdisch-christliche Gott namentlich erwähnt: Die Sirenen *lobten alle den hohen Got | Aller geschepfte, Sabaoth* (A V. 5334f.).

Apollonius und sein Heer reisen weiter nach Galacides, das beim ersten Anblick als *kayserleiche veste* (A V. 5374) beschrieben wird. Schiff und Heer versuchen, eingedenk der Erzählung Paldeins, keine Landung, sondern dienen der Ablenkung Kolkans. Während dieser am Strand gegen die Schiffe

---

233 *Es sprang hin dan als ain hunt | und sprang hin wider an der stunt* (A V. 5023f.).
234 Während seines Kampfes mit Apollonius reist Achiron diesem die Rüstung ab: *Mit den voderen tatzen | Pegund es vaste kratzen* (A V. 5011). Dies ist ein Echo von Kolkans Verhalten am Burgtor von Grotimunt (*Und heste mit den tatzen | Geleich ainer wilden katzen*) und kommt wiederholt als Beschreibung von monströsen Aggressoren vor (so auch das wilde Weib Gargana in der Nemrott-Episode: *Mit iren langen tatzen | Pegunde sy in vaste kratzen*, A V. 9575f.).
235 *Man trug di frauwen wilde | Auff ainem praitten schilde* (A V. 5318f.).
236 Zu möglichen Quellen des Sirenenwappens vgl. Ebenbauer: Sirene. Achnitz weist darauf hin, dass mit dem Sirenenwappen, welches Apollonius bereits im Kampf gegen Taliarchus getragen hatte, Rahmen- und Binnenerzählung verknüpft werden (vgl. Achnitz: Babylon, S. 282f.).

wütet, schleicht sich Apollonius unsichtbar in die Burg: *Da was di kemnate | Offen und unpeschlossen* (A V. 5419-5423).

Im genauen Nachvolllzug der sirenischen Handlungsanweisungen testet er das Schwert zunächst mit alten Schuppen und setzt es dann am Strand gegen Kolkan ein.[237] Achirons Bogen, das Schwert Kolkans und der Zauberring dienen in dieser Szene der Kompensation von Kolkans körperlicher Überlegenheit: nur mit diesen Waffen kann seine Haut verletzt werden, nur der Unsichtbarkeit verleihende Ring gibt Apollonius eine Chance im Kampf gegen das ungeheuerlich schnelle *monstrum*. Dementsprechend schlägt er ihm auch zuallererst *ain schincken* (A V. 5488) ab, verstümmelt also seinen Körper und nimmt ihm die Fähigkeit zu laufen, bevor er ihn tötet. Apollonius betritt erneut die Burg und tötet auch Kolkans Sohn (A V. 5537ff.). Abschließend erreicht Flata, die sich am anderen Ende des Reiches aufgehalten hatte und so nicht rechtzeitig zur Stelle sein konnte, die Burg Grotimunt. Doch wo sie vorher ohne Schwierigkeiten die Zinnen hatte ersteigen können, versperren ihr Tor und Mauern nun erfolgreich den Zutritt:

> Flata lieff an das purgtor.
> Si muste peleyben da vor,
> Wan es was gesperret.
> Si hette schir gezerret
> Ain luckel durch die maur want.
> Apollonoius zehant
> Stach sy durch den schwartzen pauch […]. (A V. 5547-5553)

Der zugängliche Raum ist mit Apollonius' Sieg über Kolkan plötzlich unzugänglich geworden für das *monstrum*, die zuvor funktionslosen Mauern sperren sie nun erfolgreich aus. Angesichts der großen Bedeutung, die Raum und Raumkontrolle für diese Episode haben, scheint es sinnvoll, diese Passage nicht einfach als Inkonsistenz oder Fehler im Text zu lesen, sondern diese Doppelung einer Szene vor dem Burgtor, das nach dem Tod des einen Königs ohne Probleme von den *monstra* überwunden werden kann, mit der Einkehr des siegreichen Königs Apollonius aber plötzlich unüberwindlich wird, als intentionalen Kontrast zu lesen. Die Schutzfunktion der Wehranlagen und damit die räumliche Ausprägung der politischen Stabilität eines Reiches ist direkt abhängig von der Figur des Herrschers, der eben diese Stabilität gewährleistet. Nur mit einem lebendigen und handlungsfähigen König können Mauern und Pforten ihre Funktion erfüllen. Indem Apollonius also durch den Sieg über Kolkan die Herrschaft

---

[237] Diese Szene ist interessanterweise wiederum als vorgeschobene Probe oder Vorauffführung des Kampfes mit Kolkan gestaltet, denn Apollonius begleitet die Schuppenprobe mit an Kolkan gerichteten Kommentaren und Drohungen, die an Streitrede im Kampf erinnern (*Er sprach ‚Kolkan, ir seyt dot | Ir mugt ew mir nicht enperen, | Euch welle dann Got vor mir erneren'*, A V. 5432ff.).

übernimmt, restituiert er auch die höfische Raumordnung, innerhalb derer die Burgpforte dem *monstrum* erfolgreich als Grenze dient.

Auch Apollonius' weiteres Herrschaftshandeln in Galacides kann als restituierende Korrektur der Kolkan-Herrschaft gelesen werden. Apollonius wiederholt die wesentlichen Schritte von Kolkans Machtübernahme und korrigiert sie im Vollzug:

Kolkan	Apollonius
	Tötet Kolkan, schleicht sich in die Burg
Tötet König Ciprian	Tötet Kolkan und Terkiß
Dringt in die Burg ein, Massaker	Kehrt in die Burg zurück, verschließt Burgtor
Trifft auf Königin und ihre Töchter, Flata kommt hinzu	Tötet Flata, befreit Formosa, die ihm dankt
Besetzt die Burg	Besetzt die Burg (A V. 5585)
Massaker vor der Burg	
Boten mit Friedensversprechen	Cirilla (die jüngere Schwester Formosas) schickt Boten mit ‚Minnekampfansage', seine Männer raten ihm zur Ehe
Mädchen werden als Geiseln genommen (später vergewaltigt)	Zieht zu Cirillas Burg, sie treffen sich davor auf dem *plan* (A V. 7549) mit 600 Jungfrauen. Apollonius' Männer verlieben sich in sie.
Kolkan heiratet Formosa gegen ihren Willen	Apollonius unterwirft sich Cirilla, sie nimmt ihn zum Mann und gibt das Reich in seine Hand. Apollonius verheiratet 500 Jungfrauen (A V. 5872ff.)
Großes Fest unter Zwang (*Das lant volk must wesen fro*, A V. 4800)	Alle Landherren kommen (*Si waren sein mit hertzen fro*, A V. 5841); es gibt ein großes Fest
Isoliert das Land dauerhaft	Apollonius sendet Boten durchs Land, nach Warcilone (A V. 5828) und Tarsis (A V. 5861). Zu seinem vierwöchigen Fest kommen König Paldein und der König von Spanien mit Gefolge
Zeugt einen Sohn mit Formosa	Cirilla und Apollonius ersehen ihre Vereinigung (A V. 5918ff.); zeugen einen Sohn

Kolkans Fehlverhalten äußert sich wie oben dargestellt insbesondere in Zwang und sexueller Gewalt gegen Frauen; in diesem Kontext wird er auch von Figuren und Erzähler besonders scharf verurteilt. Kolkan hält *[s]echs hundert schon junckfrawen* (A V. 4495) auf seiner Burg gefangen, die regelmäßig auf dem *plan* vor der Burg in einem *paumgarten* spazieren gehen (A V. 4511-4520) müssen. Diese Jungfrauen dienen einerseits als Geiseln, denn sie werden ab einem Alter von zwölf Jahren unfreiwillig in die Burg geholt: *Es sey ir lieb oder laid* (A V. 4502). Sie werden von Kolkan *[n]otzoget* (A V. 4824-4832). Mit der wiederholten Vergewaltigung Schutzbefohlener, die auch zum Tode dieser führt, sowie der Zwangsheirat mit Formosa wird Kolkan in eine Reihe mit Antiochus und Lolff gestellt, übersteigert deren Verhalten durch die hohe Zahl der Opfer aber zugleich hyperbolisch. Seine Verfügungsgewalt wird räumlich in der Geiselnahme der Mädchen und Frauen ausgedrückt. Wieder tritt Apollonius einer Variation der Antiochia- und Pentapolis-Figurenkonstellation von außen hinzu, wieder besiegt er als Helferfigur die negativ gezeichneten Herrscherfiguren (hier Kolkan und seine Mutter). In Galacides wird sein Verhalten nun aber in direkter Opposition zum monströsen Gegner inszeniert, den er typologisch übertrifft: Was Kolkan dem Reich und der älteren Königstochter an Unrecht getan hatte, das macht Apollonius am Reich und zusätzlich an der jüngeren Königstochter, Cirilla, wieder gut.

Dies wird narrativ einerseits umgesetzt, indem Cirilla durchweg die Initiative überlassen wird, wo zuvor Kolkan ihrer älteren Schwester Zwang angetan hatte; andererseits wird die sich anbahnende Beziehung zwischen Cirilla und Apollonius sprachlich als Kampf, Krieg und Turnier beschrieben. Damit wird die Gewalt der Kolkan/Formosa-Beziehung ins Metaphorische verschoben und so relativiert. Minne und Krieg, Liebe und Herrschaft werden hier ebenso verbunden wie in der Kolkan/Formosa-Handlung, der Akzent liegt nun aber auf der Minne und der Handlungsautonomie der Frau, die Begegnungen mit ihr und ihren Damen finden in der Öffentlichkeit statt. Der grüne *plan* vor Cirillas Burg, parallel gestaltet zum Baumgarten vor Grotimunt, in dem die gefangenen Mädchen und Frauen wandeln mussten, wird als Begegnungsort zwischen Männern und Frauen beschrieben.

Die Machtverhältnisse werden in diesem metaphorischen Krieg umgekehrt. Apollonius unterwirft sich Cirilla (*Fraw, ich pin dein dienstman*, A V. 5814) und sie bietet ihm dafür die Herrschaft (*Ditz reich land gib ich dir*, A V. 5802).[238] Es wird ein Friedenskuss getauscht (A V. 5823) und ein großes Fest veranstaltet, an dem die *landt hern alle* teilnehmen (A V. 5839). Auf dem Feld vor der Burg lässt Apollonius das Zelt Ejectas' aufschlagen (A V. 5831ff.), das einerseits seinen nun bestätigten Herrschaftsanspruch auf Galacides räumlich ausdrückt, andererseits als Echo noch einmal die von beiden Seiten erwünschte Beziehung zwischen Cirilla und Apollonius positiv mit der Ejectas/Clara- sowie der Kolkan/Formosa-Konstellation kontrastiert. Dieser Trophäe werden zum Ende der Galacides-Episode weitere hinzugefügt. Apollonius nimmt nicht nur den Bogen Achirons dauerhaft in seinen Besitz,[239] er lässt sich auch eine Rüstung aus Kolkans Schuppen herstellen (A V. 6049ff.); auf diesen Harnisch wird im Textverlauf immer wieder hingewiesen. Apollonius' Trophäen reflektieren also einerseits eine höfisch-ritterliche Lebensform, andererseits beziehen sie sich auch auf die besonderen räumlichen Fähigkeiten und Verhaltensweisen seiner Gegner: Ejectas' Zelt steht für seine Belagerung und seinen absoluten

---

[238] Auch die Hochzeitsnacht wird als langer Kampf beschrieben, in dem nun Cirilla Apollonius unterliegt: *Als mir ist syder worden kunt, | Gesiget er wol dreyssig stund; | Sprache ich mer, ich lug nicht* (A V. 5961ff.). Kampfkraft und sexuelle Potenz werden gleichgesetzt.

[239] Dieser wird in der folgenden Klebmeer-Episode bedeutsam, da er von Apollonius' Männern erneut gegen einen Sohn Achirons, Flegedin, eingesetzt wird, wodurch sie Flegedin verjagen und sich retten.

Herrschaftsanspruch; Achirons Bogen kann jeden Widerstand durchdringen, während Kolkans Schuppen absolut undurchdringlich und damit der ideale Schutz vor Angriffen sind.

Apollonius lässt durch Boten die Nachricht von der Befreiung Galacides' verbreiten; der König von Spanien und König Paldein nehmen an der Hochzeit teil. Das Fest währt vier Wochen und besteht aus Ritterspielen, Tanz und Musik und wiederholten Festmahlen.

> Die hochzeyt ward verre kunt:
> Ze Pariß, auff Pinpuntt,
> Ze Spangen und Ze Arre*gun*,
> Ze Portany und ze Montschal*un*,
> Ze Schotten˜ und ze Engeland
> Ward die hochzeit pekant. (A V. 6005-6010)

Die Festivitäten setzen einerseits eine Fülle von freiwilligen Hochzeiten als Gegengewicht zu Kolkans Vergewaltigungen; andererseits macht Apollonius das Geschehen in Galacides weit über die Grenzen des Reiches bekannt und empfängt die Herrscher über zwei andere Reiche und ihr Gefolge. Er hebt also die räumliche Isolation von Galacides sowohl medial vermittelt durch Boten als auch durch die Anwesenheit der Gäste auf. Die Aufzählung von Reichen erweitert den bereits in der Warcilone-Episode begonnenen Katalog um eine Reihe von Toponymen.

Zusammenfassend kann auch hier eine Dreiteilung der Episode festgestellt werden, die drei Räumen korrespondiert. Der Handlungsbeginn in Warcilone verknüpft die vorangehende mit der kommenden Episode und stellt (Lage-)Beziehungen zwischen dem bekannten und dem unbekannten Raum her. Die ausführlichen Informationen über das Reich Galacides erlauben Apollonius, seine Reise und das *abentewr* zielgerichtet anzutreten, statt die Geschehnisse, wie dies im Liebes- und Abenteuerroman oft der Fall ist, ohne Möglichkeiten der Vorbereitung auf sich zukommen zu lassen. Wieder dient eine Insel als Zwischenstation, auf der es zu einer kämpferischen Begegnung und anschließenden Allianzschließungen und Geschenken kommt.

Die von der Sirene und Paldein geleisteten Binnenerzählungen stehen in funktionalem Bezug zu Apollonius' Taten und verknüpfen so vergangenes mit kommendem Handeln. Sie erinnern an Kalogrenants Geschichte im *Iwein*, die Iwein bei seiner eigenen *aventiure* als Handlungsanweisung dient.[240] In der Darstellung der *monstra* Kolkan und Flata wird überlegene Schnelligkeit und dadurch absolute Raumkontrolle verknüpft mit illegitimer Herrschaft, die sich vor allem in der Isolation und Gefangenschaft der Untertanen und spezifischer in der Gewalt gegen Frauen äußert. Apollonius'

---

240 Hartmann von Aue: Iwein. V. 243ff.

Handeln ist restitutiv; indem er Kolkans falsche Handlungen korrigierend wiederholt, stellt er die feudalhöfische Raumordnung wieder her. Von besonderem Interesse sind einerseits die wechselseitige Affizierung von *monstrum* und Raumordnung, andererseits die deutliche Dynamik des vorliegenden narrativen Raumentwurfs, die sich von den räumlich handelnden Herrscherfiguren formen lässt, wie dies am Fall der Wehrmauern gezeigt werden konnte.

Mit der Ehelichung Cirillas tritt Apollonius innerhalb der variierenden Figurenkonstellationen in eine doppelte Rolle. Er ist hier zugleich eine von außen hinzutretende Helferfigur, die den gewalttätigen Ehemann und König eliminiert, als auch positiv gezeichneter Ehepartner der zweiten Königstochter.

Die Kontinuität zwischen den Episoden zeigt sich nicht nur anhand dieser variierten Figurenkonstellation und vergleichbarem Raumhandeln; sie wird auch in den von Apollonius mitgeführten Trophäen und den wiederkehrenden und sich erweiternden Städtekatalogen deutlich, die entfernte Reiche und Orte wieder aufrufen und so wach halten bzw. in den wachsenden Herrschaftsraum des Apollonius einbinden. Dieser Herrschaftsraum, das wird an den wiederholten Apostrophierungen von Apollonius als König von Tyrland sowie an der Erwähnung von Antiochia und Pentapolis deutlich, nimmt keine Zäsur zwischen Rahmen- und Binnenhandlung an, sondern entwirft die Akkumulation von Reichen und deren Verbindung zu einem homogenen Herrschaftsraum als kontinuierlichen Prozess.

3.3.4.3 Assiria

Nach einem halben Jahr in Galacides erreicht ein Bote aus Assiria[241] das Reich und lädt Apollonius und die anwesenden Herren zu Ritterspielen ein, die der König Jechonia von Assiria veranstalten will. Jechonia lädt *fursten manigerlay* (A V. 6085) ein, um gegen ihn zu kämpfen. Als Preis setzt er seine schöne Frau aus, die er dem Gewinner zusammen mit reichen Schätzen überlassen will. Cirilla versucht, Apollonius von seinen Reiseplänen abzubringen, da sie schwanger ist und ihren Tod fürchtet (A V. 6129ff.). Obwohl Apollonius sich daraufhin an *di laidigen mär* (A V. 6138) von Lucinas Tod

---

[241] Später auch Syria genannt (A V. 6155). Es ist nicht klar zu bestimmen, welches Land hier gemeint ist. Der Name der erwähnten Hauptstadt Gerunda könnte sich auf eine spanische Stadt im Nordosten Kataloniens beziehen (Girona, nach einem von den Römern gebauten und Gerunda benannten Kastell) und läge damit in der Nähe von Barcelona, allerdings nicht in Assyrien oder Syrien (vgl. Friedrich H. Th. Bischoff: Vergleichendes Wörterbuch der alten, mittleren und neuen Geographie. Gotha 1829. S. 557).

erinnert, beharrt er auf seiner Abfahrt, denn *[d]a wirt mein name geeret | Und dein lob gemeret* (A V. 6151ff.).²⁴²

Er reist mit hundert Männern und reich ausgestattet in Jechonias Hauptstadt Gerunda. Obwohl er mehrfach betont, dass sein primärer Grund für die Teilnahme am Turnier *abentewr* und das Streben nach Ehre sind,²⁴³ wird der Kampf gegen Jechonias auch als Strafe für dessen außergewöhnliche Hoffart²⁴⁴ und seine Geringschätzung der eigenen Frau inszeniert. Bevor Apollonius gegen ihn kämpft, betont er:

> '[...] Das dieser torötter man
> Sein weib so vaile macht,
> Er wirt von mir gewachet
> Noch heut, und will mir helffen Got:
> Ich entrenck im ein disen spot.' (A V. 6298-6302)

Der Tod Jechonias' im Turnier wird vom Erzähler sentenzhaft kommentiert: *Tröpischer über müt der ist gesigen, | Hochvart must dar nider ligen* (A V. 6347); die *hochvart* wird als teuflisch verurteilt.²⁴⁵ Jechonias wird also als Exempel der Hybris inszeniert. Seine *hochvart* äußert sich vor allem im Umgang mit der eigenen Frau, die er wie eine Ware zum Lohn aussetzt. Wieder werden schlechte Herrschaft und Misshandlung von Frauen verknüpft; wieder tritt Apollonius als Rächer und Beschützer der Frauen hinzu. Nicht nur wird hier die Figurenkonstellation von König, Frau und sexuellem Aggressor um eine neue Variante (ein Ehemann, der seine eigene Frau misshandelt) erweitert, Apollonius wird auch in besonderem Maße als Frauenritter inszeniert. Er begründet seine Kampfabsicht mit der Misshandlung, die die Königin durch Jechonias erfährt, und trägt erneut die Sirene in seinem Schild (A V. 6309), die nun symbolisch für seine Verteidigung der Meerkönigin gegen Achiron steht und damit für seine Schutz- und Helferfunktion Frauen gegenüber. Dies wird von den anwesenden Frauen mit erhöhter Aufmerksamkeit belohnt: *Sein nam manig frauwe war* (A V. 6310). Die Engführung von Schutzaussage, Sirenenschild und der positiven Reaktion der teilnehmenden Damen kontrastiert Apollonius scharf mit Jechonias' Verhalten und setzt eine positive Verbindung von Kampf, Herrschaftshandeln und dem Umgang mit Frauen gegen dessen Herrschaftsentwurf.²⁴⁶ Natürlich ist Apollonius siegreich. Er tötet Jechonias im Turnier, übernimmt die

---

242 Und noch einmal wenig später: *Sanfftes leben und ere | Mugen nicht pey ain ander wesen* (A V. 6200f.).
243 Womit er an die *verligen*-Diskussion im *Reinfried von Braunschweig* (vgl. Achnitz: Babylon, S. 286; vgl. auch Kiening: Wer, S. 487f.) und den *Iwein* Hartmanns von Aue (V. 2770ff.) anknüpft.
244 Als Grund für Jechonias' Einladung zum Turnier wird ausdrücklich diese *grosse hochvart* (A V. 6241) benannt, *[v]on der er seyt gevellet wart. | In dauchte im mochte nieman | In der welt gesigen an* (A V. 6242ff.).
245 *Pfuy dich, verfluchte hochvart! | Du stinckest in di helle | Und der teufel ist dein geselle* (A V. 6350f.).
246 Achnitz geht so weit, diese Episode als nachgeholte Tötung des Antiochus zu interpretieren, indem Apollonius „den Teufel selbst (in Gestalt dieses hochmütigen Regenten) in die Hölle verbannt" (Achnitz: Babylon, S. 286).

Herrschaft in Assiria und verheiratet die Königin Marmella mit dem vorbildlichen Grafen Palmer (A V. 6394ff.), den er als Herrscher über Assiria setzt.

Der Raumentwurf der Assiria-Episode bleibt vage. Weder Reich noch Stadt werden beschrieben; hervorzuheben ist einzig, dass Apollonius erneut das Zelt des Ejectas *[f]ur di statt auff das veld* (A V. 6249) aufschlägt, auch wenn die Herkunft dieses Zeltes an dieser Stelle unerwähnt bleibt: Es wird schlicht als *sein gezelt* (A V. 6250) bezeichnet und von Rittern und Frauen bewundert.

Zusammenfassend dient die Episode vor allem der Erweiterung der bekannten Figurenkonstellation um eine neue Variante, bei der Apollonius als Frauenritter und Bestrafer hoffärtigen Herrschaftshandelns inszeniert wird. Er fügt ein weiteres Reich seinem wachsenden Herrschaftsraum hinzu und macht sich auf die Rückreise nach Galacides (A V. 6447).

3.3.4.4 Wunderinsel und Klebmeer, Galacides II

Auf der Rückreise bemerkt die Schiffsbesatzung einen Berg, der *weit und hoch* (A V. 6451) ist. Sie landen auf einer Insel, die als *locus amœnus* gestaltet ist:[247]

> Vor dem perg was ein plan
> Und ain grosse hayde.
> Da was schon augen wayde:
> Sy sahen chalte prunn
> Entspringen gegen der sunn [...]
> Da stuend ein herlicher wald,
> Der hett pawm manigvalt.
> Mit plumen was der wald reich.
> Yeder man ergieng sich [...]. (A V. 6456-6470)

Die Männer lustwandeln und entfernen sich voneinander; Apollonius folgt einem Vogel, der ihn tiefer in den Wald führt, bis er sich verirrt (A V. 6508f.).[248] Plötzlich kommt ein Sturm auf. Um die Schiffe zu retten, segelt die Gruppe eiligst ab. Nur Apollonius wird zurückgelassen. Die folgende Handlung umfasst ein Jahr und vier Wochen und ist auf zwei Handlungsorte verteilt, die simultan von Apollonius respektive seinem Gefolge bespielt werden. Während Apollonius sich weiterhin auf der Insel aufhält und davon ausgeht, sein Gefolge sei im Sturm ertrunken, werden sie in Wirklichkeit von Achirons Sohn Flegedin ins rote Meer getrieben. Im Folgenden

---

[247] Für eine Diskussion der möglichen Quellen dieser Episode vgl. Birkhan: Ditz, S. 126ff.
[248] Achnitz deutet diese Passage negativ als Beweis von Apollonius' *curiositas* (Achnitz: Babylon, S. 288).

soll zuerst Apollonius' Aufenthalt auf der Wunderinsel und im Anschluss die Meerhandlung diskutiert werden.

Apollonius reagiert auf die unerwartete Abreise seiner Männer mit Trauer und Verzweiflung *(Ich pin aller freuden par*, A. V. 6552). Er vergleicht seine Situation mit dem Schiffbruch vor Pentapolis. Seine Lage auf der Insel empfindet er aufgrund der totalen Isolation von anderen Menschen als weit bedrohlicher,[249] und so erwartet er seinen baldigen Tod. Seine Klagen gipfeln in einer Absage an sein bisheriges Leben und seine Erfolge:

> Zu we*u* ist mein leben gut?
> Was hilffet mir nu Syria,
> Galacides und Anthiochia,
> Penthapolin und Tyrland,
> Die solten warten meiner hant?
> Was mugen mir di lant frumen̄? (A V. 6564-6569)

Der verwendete *ubi sunt*-Topos[250] ruft die bis zu diesem Zeitpunkt akkumulierten Herrschaftsbereiche auf und kontrastiert sie mit Apollonius' gegenwärtiger Hilflosigkeit. Seine ganze Macht und Raumbeherrschung scheint ihm auf dieser Insel nicht weiterzuhelfen. An dieser Stelle spricht er seine vermeintlich tote Frau Lucina an *(Ey Lucina, frauwe mein!*, A. V. 6579), bezichtigt sich erneut der Schuld an ihrem Tod und beklagt, [...] *das ich nam ain ander weib: | Das arnet nu mein schwacher leib'* (A V. 6591f.).

Was zunächst wie ein abrupter Abriss der auf eine ständige Erweiterung des apollonischen Herrschaftsraumes ausgerichteten Handlung erscheint, entpuppt sich im Folgenden lediglich als eine Variation ebendieses Themas. Denn bei seiner Rückkehr in den Wald trifft Apollonius auf ein *tier, das was herleich* (A V. 6619), das später von Albedacus als das Tier Milgot (A V. 6955) identifiziert wird.[251] Es zeichnet sich durch außergewöhnliche Vielfarbigkeit aus sowie durch eine natürlich gewachsene Krone, die es wie die Sirene auf dem Haupt trägt (A V. 6629-6636). Seine Färbung identifiziert das Tier als außergewöhnlich, seine Schönheit schließt es zugleich aus dem Kreise des monströsen Personals des *Apollonius* aus, das überwiegend als hässlich beschrieben wird. Mit der Bezeichnung *creature* wird zudem auf seine Zugehörigkeit zur Schöpfung und damit auf den kurz zuvor von Apollonius um Hilfe angerufenen Schöpfer verwiesen. Im Angesicht des Sturmes hatte Apollonius *[d]er engel kunig Sabaoth* (A V. 6546) angefleht, ihm einen rettenden Engel zu senden (A V. 6515ff.); kurz darauf erscheint das

---

[249] *Mir was michel paß geschehen | Das ich pey Pentapolin | Verloß alle die habe mein: | Da was ich pey leutten* (A V. 6554-6557).
[250] Vgl. Robert Thomas Lambdin: Art. „Ubi sunt". In: Encyclopedia of Medieval Literature. Hg. v. dems. und Laura Cooner Lambdin. Westport, CT 2000. S. 493.
[251] Ausführlich zu Milgots Darstellung in der Tradition der *res composita* und möglichen intertextuellen Bezügen vgl. Achnitz: Babylon, S. 290ff.

wundersame Tier.[252] Fürchtet Apollonius sich zunächst vor Milgot, so weist es sich durch sein Verhalten schnell als ungefährlich aus:

> Es hett all solche gepär
> Als es frewnt war.
> Es kroch zu dem werden
> Mit dem pauch auf der erden:
> Es spilte als ain hundelein. (A V. 6653-6657)

Die räumliche Unterwerfungsgeste stellt eine Hierarchie her; der Vergleich mit einem *vogelhunt* (A V. 6626) und *hundelein* – die Diminituivform deutet eher auf einen Schoß- als einen Jagdhund hin – setzt das Tier in funktionellen Bezug auf den Menschen. Die Krone verweist zugleich darauf, dass Milgot eine herrschende Funktion unter den Tieren einnimmt, was im weiteren Handlungsverlauf bestätigt wird: Nachdem Milgot eine gestische Kommunikation mit Apollonius etabliert hat, führt es ihn auf den Berg der Insel und dort auf *ainen schonen plan, | Der was grun und wolgetan* (A V. 6677f.). Nun ruft es mit lauter Stimme alle Tiere der Insel herbei,[253] die sich vor Apollonius versammeln und sich ihm ebenfalls unterwerfen (A V. 6701-6708). Der Erzähler hebt hervor, dass dies *Gottes will* sei, *[d]er wunders vil gewurchen mag* (A V. 6712).

Statt als Kontrast zur auf Herrschaft und Raumaneignung ausgerichteten restlichen Handlung stellt sich die Episode auf der wundersamen Insel also als erweiternde Variation ebendieser Themen heraus. Hinzu kommen deutliche Parallelen zur Begegnung mit der Sirene im Kontext der Galacides-Episode. Ist die Sirene Königin des Meervolks, so stellt sich Milgot als *kunig uber alle tier* (A V. 7019) heraus.[254] Mit der freiwilligen Unterwerfung beider herrscht Apollonius nun über das Meer wie über das unbewohnte Land, weitet seine Herrschaft also auch auf jene Räume der Wildnis aus, die nicht von Menschen dominiert sind.

Sowohl Sirene als auch Milgot bieten Apollonius darüber hinaus stärkende und heilende *wurtz* bzw. *kraut* an. Die Sirene heilt ihn damit im Kampf gegen Achiron (A V. 5113; 5153ff.), während die *wurtz* Milgots

---

252 „Mischwesen der beschriebenen Art können als von Gott eingesetzte Begleiter der Helden im Übergang von einer Sphäre in eine andere, als Grenzgänger zwischen zwei Reichen, verstanden werden" (Achnitz: Babylon, S. 292). Auch der süße Geruch Milgots, der ihn dem Panther in der Physiologus-Tradition annähert, der als Ebenbild Christi gedeutet wird, öffnet die Milgot-Figur für eine heilsgeschichtliche Interpretation (vgl. ebda., S. 293; Nigel Harris: *Gar süezen smac daz pantir hât. Der Panther und sein Atem in der deutschsprachigen Literatur des Mittelalters*. In: Natur und Kultur in der deutschen Literatur des Mittelalters. Hg. v. Alan Robertshaw. Tübingen 1999. S. 27-38).

253 *Liebarten, leuwen, panthier, | Ain büren, wisen komen schir. | Wilde peren und eberschwein, | Helffan und kamelein | Drungen alle sampt zu* (A V. 6687-6691).

254 Achnitz setzt ihn zum Leviatan im Buch Hiob in Beziehung, dessen Beschreibung er teilweise entspreche. Vor diesem Hintergrund deutet er „die wilden Tiere als Bild für die Mächtigen der Welt" (Achnitz: Babylon, S. 293ff., hier S. 293); vgl. auch Birkhan: Ditz, S. 123.

heilende und vor allem stärkende Kräfte hat, da Apollonius auf der Insel drei Tage nicht gegessen und getrunken hatte. Im folgenden Krieg gegen Nemrott und den damit verbundenen Kämpfen sind diese *wurtzen* von zentraler Bedeutung, da sie immer wieder den Hauptfiguren neue Kräfte verleihen und sie von scheinbar tödlichen Wunden heilen.[255]

Zudem wird in beiden Episoden der jüdisch-christliche Gott namentlich genannt und angerufen:[256] Die Meerwesen *lobten alle den hohen Got | Aller geschepfte Sabaoth* (A V. 5334f.), während auf der Insel Apollonius selbst *[d]er engel kunig Sabaoth* (A V. 6546) um Hilfe bittet und der Erzähler explizit auf Gottes Eingreifen hinweist. Die Unterwerfung von Meer und Land unter Apollonius Herrschaft werden so in einen theologischen Kontext gestellt. Es ist der Wille Gottes, der Apollonius' Herrschaft möglich macht und sich zugleich in ihr ausdrückt. Für Achnitz markiert diese Passage auf Rezipientenebene, „daß für Apollonius ein besonderer Platz in der christlichen Heilsgeschichte vorgesehen ist, von dem der Heide jedoch (noch) nichts ahnt".[257]

Mit der Unterstützung seiner neuen Untertanen macht Apollonius sich in Folge daran, den wilden Raum der Insel in einen höfischem Raum umzuformen. Die Tiere *schurren im ainen prunnen* (A V. 6715) und graben *ain weytes loch* (A V. 6718) in den Berg, das Apollonius als Herberge dient. Milgot bringt ihm Wurzeln, da er seit drei Tagen nichts gegessen hat. Apollonius schneidet sich mit einem Messer, seiner einzigen Waffe, *reyser zu dem schaten* und baut sich einen Bogen (A V 6747ff.); mit seinem *fewr zeug* (6754) macht er Feuer, um sich zu wärmen. *Er hett purg und reiche lant* (A V. 6759), kommentiert der Erzähler an dieser Stelle Apollonius' Situation. Er schießt Vögel, fängt Fische in Reusen und wird von dem *edel tier* mit Wild versorgt. Die Reste überlässt er seinem Gefolge, dass aus *fuchsen | Den wolfen und den luchsen* (A V. 6777f.) besteht.

> Sein kemnate was da hol:
> Er hett sein gewonet wol.
> Sein kunigleiches pette was
> Laub, kle, blumen und graß.
> Er war ymmer da peliben
> Und di zeit also vertriben,
> Wan er sich sein hett verbegen. (A V. 6781-6787)

---

255 *Er nam der wurtzen in den mund, | Do ward er krefftig an der stund. | Wäre di wurtz nit gewesen, | Er mochte sein nummer genesen* (A V. 8453-8456; vgl. auch A V. 8500).
256 Vgl. Achnitz: Babylon, S. 288.
257 Ebda., S. 295f. Zugleich liest Achnitz die Begegnungen und Interaktionen mit der Sirene und Milgot negativ als Zeichen dafür, dass Apollonius auf seinem Weg zum Heil noch nicht weit genug vorangeschritten sei, weil er den irdischen Versuchungen, für die diese Tiere stünden, erliege (vgl. ebda., S. 300f.).

Der undifferenzierten Wildnis werden räumlich differenzierte Funktionen zugewiesen. Zwar hat der Kontrast zwischen den höfischen Bezeichnungen und der Inselrealität auch eine komische Komponente, es wird aber zugleich deutlich, dass die Apollonius umgebende Wildnis funktional auf ihn bezogen und hierdurch transformiert wird. Die Episode kontrastiert in dieser Hinsicht deutlich mit anderen Entwürfen des Lebens in der Wildnis, die sich in der höfischen Literatur finden: Weder passt sich Apollonius' Dasein den kargen Umständen der Wildnis an, wie das bei Iwein in seinem Wahnsinn der Fall ist,[258] noch findet er einen vorgeprägten Lebensraum für sich vor wie Tristan und Isolde in der Minnegrotten-Episode.[259] Als Feudalherrscher über die Tiere der Insel erschafft Apollonius eine Raumordnung, die analog zu höfischen Raumordnungen gestaltet ist und ihm ein statusgemäßes Leben ermöglicht (*kunigleich*). Dass diese Prozess erfolgreich ist, zeigt sich an seiner Zufriedenheit mit der neuen Situation: *Er war ymmer da peliben*.

Während Apollonius die Insel zu seinem persönlichen Herrschaftsraum umgestaltet, werden seine Männer auf den Schiffen zunächst von einem weiteren Sohn Achirons angegriffen. Der *starcke Flegedein* (A V. 6804) erhält keine genauere *descriptio*, verfügt aber sowohl über die Fähigkeit, Stürme zu kontrollieren (*Das sturm wetter macht er groß*, A V. 6805) als auch über das Wasser zu laufen (*Er rante zu im auff dem mere*, A. V. 6809).[260] Flegedin will an den *reichen scheff* (A V. 6798) den Tod seines Vaters rächen; es folgt ein Kampf, den die Schiffsbesatzung nur mit Hilfe von Achirons Bogen gewinnt. Flegedin treibt sie daraufhin *[m]er dan drey hundert meil* bis in das *rote mer* (A V. 6820f.).

> Ir scheff en mochte nit furpaß
> Das ließ Flegedein ane haß.
> Si peliben in dem sleyme
> Pehaft als in dem leyme.
> Si musten allda peleyben.
> Kain wint mochte getreyben
> Das scheff her oder dar.
> Da wurden sy aller freuden par. (A V. 6823-6830)

Mit dem *Kleben mer* (A V. 6852) oder Lebermeer greift Heinrich eine paradoxographische Tradition auf, die seit der Antike belegt ist.[261] Das Lebermeer, Klebmeer, geronnene Meer oder auch rote Meer liegt

---

258 Hartmann: Iwein, V. 3197ff.
259 Gottfried: Tristan, V. 16679ff.
260 Achiron wird auch als *jager mer* (A V. 5159) beschrieben. Sein Vaterbruder Pluto, der Großonkel Flegedins, wird an anderer Stelle (A V. 4881ff.) entgegen der antiken Tradition als Wassergott identifiziert. Flegedins besondere Beherrschung dieses Elementes scheint also nur folgerichtig.
261 Es wird im 45. Buch von Tacitus' *Germania* erwähnt, ebenfalls in der *Etymologia* Isidors von Sevilla und im *Lucidarius*. Vgl. Martin Przybilski: Kulturtransfer zwischen Juden und Christen in der deutschen Literatur des Mittelalters. Berlin 2010. hier S. 191-217; Konrad Hofmann: Über das

am westlichen Rand des Weltozeans und ist derart beschaffen, daß ein Schiff, das von starken Winden dorthin abgetrieben wird, sich nachgerade festfährt und aus eigener Kraft nicht mehr von der Stelle bewegen kann.²⁶²

Die Befreiung aus diesem Meer wird in der langen Erzähltradition, auf die es zurückblickt, oftmals mit einem göttlichen Eingreifen verbunden. Insofern ist es interessant, dass im *Apollonius* sowohl der Abtrieb in dieses Meer als auch die Befreiung darauf auf nichtchristliche, übernatürliche Figuren zurückgeht. Es wird so als anderweltlicher Raum gekennzeichnet, auf den menschliche Figuren keinen Zugriff haben.

Der Stillstellung Apollonius' auf seiner isolierten Insel entspricht die räumliche Festsetzung der Schiffe inmitten des Klebmeeres, der die Schiffsbesatzungen hilflos ausgeliefert sind. Gerettet werden sie nur durch die prophetischen und zauberischen Fähigkeiten des Albedacus, der in weiser Voraussicht Proviant für ein Jahr hatte einlagern lassen (A V. 6835ff.). Er ist es auch, der die Schiffe aus dem Klebmeer rettet, denn als ihre Vorräte gänzlich aufgebraucht sind, reist ein Heer von Göttern über ihnen durch die Lüfte, unter ihnen Proserpina, Alkmeina, Venus und Jupiter (A V. 6840-6848). Durch seine *kunst* gelingt es Albedacus, die Götter in seinen Dienst zu zwingen, so dass sie die Schiffe auß dem *Kleben mer* heben und zurück in *des rechten meres dus* (A V. 6854) transportieren. Sie kehren zurück zur Insel und treffen mit Apollonius zusammen. Hatten die Männer auf den Schiffen Apollonius' Not imaginiert, vor der sie ihn retten wollten, so stellt sich die Situation auf der Insel umgekehrt dar: Apollonius gibt ihnen von der kraftspendenden *wurtz* (A V. 6923ff.), führt sie in seine Kemenate und lässt sie von seinem Brunnen trinken. Die von einer Wildnis in einen höfischen Ort umgestaltete Insel stellt genug bereit, damit Apollonius in der Rolle des Gastgebers auftreten kann.

Von der allgemeinen Freude ist nur Albedacus ausgenommen, der an den Sternen sieht *[d]as im groß ungemach | Des tages sollte wider faren* (A V. 6870f.). Dieses Ungemach hängt mit Milgot zusammen, denn Albedacus erkennt das Tier aus Apollonius' Beschreibung und weiß, dass der Verzehr seines Herzens langes Leben in Gesundheit ermöglicht.²⁶³ Heimlich bindet er es also mit einem Zauber und holt ein scharfes Messer, um ihm das Herz aus dem Leib zu schneiden. In einer weiteren Parallele zur Sirenen-Episode reagiert das Tier, indem es *mit grosser stymme* (A V. 6997) um Hilfe schreit. Apollonius eilt hinzu und konfrontiert Albedacus als *mordere* (A V. 7007).

Lebermeer. In: Sitzungsberichte der königl. Bayr. Akademie der Wissenschaften 1865. Bd. 2. S. 1-19; vgl. speziell zum *Apollonius*: Lecouteux: Menschenmagnet.
262 Przybilski: Kulturtransfer, S. 192.
263 *Wiltu hundert jar leben, | Jungk an allen smertzen?* (A V. 7012f.).

Er lehnt es ab, das Herz selbst zu essen[264] und rettet das Tier stattdessen, verhält sich also korrekt im Sinne eines Lehnsverhältnisses. Albedacus wird von den herbeigelaufenen Tieren zu Tode gejagt, womit sich seine in Warcilone gemachte Prophezeiung, Apollonius werde seinen Tod verursachen, bewahrheitet.

Apollonius und die Seinen kehren nach Galacides zurück (A V. 7089), nur um dort zu erfahren, dass Cirilla nach der Geburt eines Knaben verstorben ist. Dieser Tod ist textdramaturgisch notwendig, da Apollonius schlecht mit einer zusätzlichen Ehefrau zu Lucina zurückkehren kann. Zugleich stellt er ein Textecho des ursprünglichen Verlusts von Frau und Kind dar und stellt Apollonius' Trauer erneut in den Vordergrund der Erzählung.[265] Apollonius überträgt Galacides auf seinen Sohn Ermogines und weist diesem einen Erzieher zu. Er beschließt, nach Warcilone zu reisen, um Paldein und seinen Sohn Printzel zu besuchen (A V. 7154ff.).

Zusammenfassend dient die Gegenüberstellung von Klebmeer und Insel der Kontrastierung zweier Räume der scheinbaren Wildnis und Gefangenschaft. Apollonius scheint, ebenso wie seine von Flegedin gejagten Männer, zunächst hilflos und desorientiert. Der Auftritt Milgots, des Königs der Tiere, wandelt Apollonius' Situation jedoch von einer durch Kontingenz bestimmten Hilflosigkeit zu einem Zustand der Providenz. Apollonius' Herrschaftsanspruch, den er in seiner Klage als wertlos beschrieben hatte, wird durch die Unterwerfung des Königs der Tiere bestätigt; seinem Herrschaftsbereich werden wie in der Sirenen-Episode das Meer hier auch Land und wilde Tiere zugerechnet. Milgot erscheint als Mischwesen, dem bestimmte monströse Aspekte eignen, der aber als anderweltliche Figur inszeniert wird und sich auch durch die bereitwillige Unterordnung in einer feudalhöfischen Hierarchie als Gefährte oder Freund, nicht als zu beseitigende Bedrohung erweist.

Apollonius' Umformung des wilden Ortes in einen höfischen, an dem er abschließend seine Männer sogar bewirten kann, steht im deutlichen Kontrast zur Hilflosigkeit seines Gefolges auf dem Meer, das sich von vorher eingelagertem Proviant mühsam ernährt und nur durch die magischen Kräfte Albedacus' gerettet werden kann.

---

264 Achnitz wertet die Option, das Herz zu essen, als potentiellen Austritt aus der Heilsgeschichte, da Apollonius in diesem Falle unsterblich würde. Widerstehe Apollonius dieser Versuchung hier noch, so unterliege er ihr in der Episode vom Goldenen Tal (Achnitz: Babylon, S. 297f.). Kiening dagegen liest die Episode nicht als Krise oder den Durchgang zu einer höheren Lebensform: „Er verkörpert einen der vielen protokulturellen Zustände, mit denen der Text spielt" (Kiening: Apollonius, S. 427).

265 Achnitz interpretiert Cirillas Tod als „Signal dafür, daß Apollonius nach dem Tode seiner ersten Frau einen falschen Weg eingeschlagen hat" (Achnitz: Babylon, S. 299).

3.3.4.5 Warcilone II, Armenia, Wulgarland und *wuste* Romania

In Warcilone ist derweil Paldein verstorben und Printzel König geworden. Um Apollonius von seiner Trauer abzulenken werden Ritterspiele veranstaltet; der einjährige Aufenthalt wird vom Erzähler nur knapp zusammengefasst. Dann erreichen Boten von König Balthasar, dem *kunig* (A V. 7390) von Armenia, die Stadt Warcilone (A V. 7187ff.). Reich ausgestattet mit Geschenken bitten sie Apollonius um Hilfe gegen den *waruck* Abacuck *[v]on der grossen Romaney* (A V. 7243ff.).

Apollonius' wird von den Boten mit einer Zusammenfassung seiner bisherigen Taten begrüßt:

> ‚Apollonius von Tyrlandt,
> Kunig von Galacia,
> Erkempfet hastu Syria,
> Kunig zu Penthapolin,
> Anthiochia di ist dein!
> Es lebet yetzund tewrer nicht,
> Wirdikait hatt zu dir pflicht. (A V. 7208-7214)

Hier wird deutlich, dass Apollonius' militärisch-politische Bedeutung inzwischen stark zugenommen hat; es wird nicht mehr wie zum Beginn der Warcilone-Episode die Stadt als Bündnispartner um Hilfe gebeten, sondern Apollonius direkt angesprochen. Sein Ruhm speist sich aus den von ihm akkumulierten Reichen; diese dienen zugleich als *epitheton* des Königs. Der bereits mehrfach aufgerufene und aktualisierte Städtekatalog fasst einen kohärenten Herrschaftsraum, dessen Verbundenheit über die Figur seines Herrschers gewährleistet ist.

König Balthasar bietet Apollonius die Herrschaft über Armenia an, wenn er ihn gegen Abacuck unterstützt.[266] Dieser beanspruche Armenia nämlich ebenfalls, Balthasar ziehe aber Apollonius als Herrn vor: *Nu will er lieber dienen dir* (A V. 7251).[267] Apollonius jedoch lehnt diese Herrschaft wie im Falle Paldeins und Warcilones ab: *Landt und leut di sind dein, | Und laß mich deinen diener sein!* (A V. 7354f.). Er bietet stattdessen seine bedingungslose Hilfe an.

Die folgende Erzählung vom Krieg zunächst gegen Abacuck vom Wulgarlant, dann Nemrott von Romania nimmt über 3200 Verse ein. Sie ist hyperbolisch gestaltet und fokussiert v. a. die Einzelleistungen der Hauptfiguren. In der ersten Schlachtphase kämpfen Balthasar, dessen Sohn Assur, Printzel und Apollonius mit 120.000 Mann gegen ein 200.000-köpfiges

---

266 *Armenia das gute lant | Gibt er, herre, in dein hant. | Er ist dein dienäre, | Piß sein gepietere* (A V. 7225-7228).
267 Vgl. auch die Wiederholung dieses Angebotes (A V. 7349ff.), die Balthasar räumlich ausdrückt, indem er Szepter und Krone zu Füßen Apollonius' legt.

Heer unter der Führung von Abacuck, Nemrott und Kyran, dem König von Macedonien. Abacuck und Kyran werden erschlagen; Nemrott flieht nach Romania auf die Feste Gabilot (A V. 7807ff.). Daraufhin belagern Apollonius und seine Verbündeten Nemrott in Gabilot, doch durch eine List gelingt es dem König vom *Wulger lant*, Apollonius in einen Hinterhalt zu locken und zu überwältigen, ohne dass dessen Identität bekannt wird. Apollonius gibt sich gefangen unter der Bedingung, seinen Harnisch (aus Kolkans Schuppen) behalten zu können (A V. 8021). Er wird unter dem Namen *Lonius mit dem parte* (A V. 8056) Nemrotts Dienstmann und muss für ihn eine Reihe von Aufgaben erfüllen. So erkundet er die *wuste Wabilonia* (A V. 8077-8750), versucht vergeblich, das Goldene Tal zu erobern (A V. 8836-9160), besiegt die 12 Söhne Pesigerns im Kampf (A V. 9161-9436)[268] und rettet eine Gruppe entführter Kinder (A V. 9437-9845). Daraufhin wird er so beliebt unter den Landesherren, dass Nemrott gezwungen wird, ihn freizulassen. Nemrott lässt Apollonius jedoch statt zu seinen Verbündeten in die Wüste Romania führen (A V. 9846-10305), in der Hoffnung, er werde dort umkommen. Apollonius kann diese Wildnis nur unter großen Gefahren und mithilfe eines wilden Mannes und eines zahmen Panthers durchqueren. Auf dem Panther reitend erreicht Apollonius Ninive, wo sein Onkel Soldan herrscht. Er hebt ein großes Heer aus, um erneut gegen Nemrott zu ziehen.

Wie der Städtekatalog zu Beginn der Episode speist sich das Heer größtenteils aus Apollonius' Reichen und denen seiner Bündnispartner. König Printzel aus Warcilone, Palmer aus Syria, Persas aus Ninive und der König von Armenia sind unter den Befehlshabern. Seine Schwägerin Formosa sendet ihm aus Galacides das Zelt Ejectas' und den Zauberring der Sirene, den er später im Kampf gegen die *monstra* vom Goldenen Tal einsetzen wird. An dieser Stelle fehlen jegliche Hinweise auf die in der Rahmenerzählung akkumulierten Herrschaftsgebiete.

Das große Heer des Apollonius und seiner Bündnispartner belagert die Festung Gabilot und setzt Nemrott dort fest. Nemrott muss sich ergeben und die Herrschaft abtreten. Auf Apollonius' Wunsch ehelicht der Sohn Soldans, Darint von Ninive, Abacucks Tochter Plagena und herrscht fortan über das Wulgarland (A V. 10566). Apollonius macht sich mit seinen Gefährten auf, um ein zweites Mal das *abentewr* des Goldenen Tales zu wagen.

Die Schauplätze dieses Krieges bleiben weitestgehend vage. Schlachten finden auf dem *plan*[269] oder *velde*[270] statt, die nur im Hinblick auf schlachtgeeignete Raumverhältnisse beschrieben werden. Die Heere und ihre

---

268 Für die literarischen Traditionen, auf denen diese Episode beruht, vgl. Achnitz: Babylon S. 302f.
269 A V. 7387; 7755.
270 A V. 7407.

Anführer ziehen sich in *veste* und Burgen zurück.[271] Auch diese werden über ihre Funktion hinaus nicht beschrieben. Gemäß mittelalterlichen Kriegstaktiken verwüsten beide Seiten das Land der Gegner und töten oder vertreiben die Bevölkerung.[272] Interessanterweise wird Apollonius' Kampfstil wiederholt als das Schlagen von Straßen oder Schneisen, also als raumschaffende Bewegung, beschrieben.[273] Zu den erwähnten Städten und Orten zählen die Stadt Filadelfia (A V. 7338), von der aus Balthasar regiert, das von ihm ebenfalls beherrschte Land Parichia (A 7391), die Burg Gabilot, die *wuste* Babylonia sowie Ninive.

Von den Burgen werden nur Gabilot und Ninive mit einer genaueren *descriptio* versehen. Die Burg Gabilot, die als Handlungsort während Apollonius' Gefangenschaft sowie als wiederholt belagerter Kriegsschauplatz dient, wird als *weyt und groß* beschrieben (A V. 7809) und liegt *vier tag waide | Uber ain wilde haide* von Filadelfia, der Stadt Balthasars, entfernt (A V. 7849ff.); umflossen wird sie vom Fluss Ewfraten (A V. 7810).[274] Sie liegt auf *ainem schonen plan* (A V. 7814) und wird von 72 *dinstman*, denen 72 Türme korrespondieren (A V. 7824), und vielen *frummen leut* bewohnt (A V. 7816ff.). Die Burg ist umgeben von drei Mauern, die jeweils *zwelff schuch prait* und *hoch achtzehen elen* (A V. 7828f.) sind. Gabilot bietet König Nemrott und seinen Untertanen außergewöhnliche Sicherheit, die durch eine *figura etymologica* des Begriffs *huote* hervorgehoben wird:

> Hundert wachtere,
> Di sind da hütere:
> Paide tag und nacht
> Huetent sy mit aller macht. (A V. 7819-7822)

Wie im Falle der Tarsis- und der Galacides-*descriptio*, die allerdings deutlich ausführlicher ausfallen, werden hier also hohe Sicherheit einerseits, Weite und großzügige Raumdimensionen andererseits betont.[275] Diese *huote* stellt sich im Falle Gabilots allerdings als ambivalent heraus, ist doch Apollonius Gefangener Nemrottts, hält sich also nur unter Zwang in der Burg auf. Die

---

271 Vgl. A V. 7366; 7401f.
272 *Abacuk der rante dar | Und verwuste das land so gar | Mit raub und mit prande | Das in dem guten lande | Lutzel leudte waren peliben* (A V. 7393-7397).
273 Vgl. A V. 7579; 7615.
274 Interessanterweise wird an dieser Stelle nicht erwähnt, dass der Fluss dem Paradies entspringt. Diese Information wird erst in der Wabilonia-Episode nachgeliefert, wo sie als anderweltliches Signal dient.
275 Achnitz sieht in der Architektur der Stadt einen Hinweis auf „den weltumspannenden Herrschaftsanspruch [...], den Nimrod erhebt" (Achnitz: Babylon, S. 301), begründet dieses Urteil jedoch nicht im Detail. Relevant scheint mir vor allem, dass in der *descriptio* Gabilots primär defensive Charakteristika wie Türme und Wächter betont werden, die Beschreibung also auf Gabilots spätere Funktion als Ort der Belagerung ausgerichtet ist.

huote dient also nicht seinem Schutz, sondern schränkt seine Beweglichkeit und Handlungsfähigkeit ein.

Nemrottts Herrschaftshandeln wird mit der Gefangenschaft Apollonius' in die Nähe von Kolkans und Flatas Verhalten gerückt und ist so negativ markiert. Nemrott steht im Folgenden wie Jechonias und Ejectas als Exempel für das Modell eines hoffärtigen Königs,[276] der sich moralisch so fragwürdig verhält, dass er sogar von seinen Dienstmännern wiederholt getadelt wird.[277] Nemrott ist die einzige der negativ dargestellten Herrscherfiguren im *Apollonius*, die sich nicht sexueller oder anderer Gewalt Frauenfiguren gegenüber schuldig macht. Stattdessen hat er Apollonius selbst in seiner Gewalt und zwingt ihn zu einer Reihe von gefährlichen Taten, die er selbst nicht zu unternehmen wagt, handelt also wie ein *zage*. Mit der Figur Nemrottts, nach biblischer Tradition „der erste Gewaltherrscher auf Erden",[278] wird außerdem erneut eine heilsgeschichtliche Markierung gesetzt, die durch Apollonius' Aufenthalt in Wabilonia verstärkt wird.[279]

Dient die Burg Gabilot zunächst als räumlicher Ausdruck der Macht Nemrottts über Apollonius, so wird während der letzten Kriegsphase die Umkehrung dieses Machtverhältnisses am gleichen Ort inszeniert. Apollonius' Heer teilt sich in zwei Gruppen. Während die kleinere das Umland verwüstet und ausraubt (A V. 10484), belagert Apollonius mit der größeren Gruppe Gabilot, wo nun Nemrott gefangen sitzt, unfähig, die Burg zu verlassen:

Apollonius schlägt vor Gabilot jenes Zelt auf, das er dem unterlegenen Kaiser der Völker Gog, Magog und Kolk abgenommen hatte. Hier wird der militärische Konflikt der Warcilone-Episode gespiegelt wiederholt; wie Kaiser Ejectas belagert Apollonius die Burg seines Gegners von seinem Zeltlager aus, diesmal sind aber die Belagerer im Recht und der Herrschaftsanspruch, den das aufgeschlagene Zelt ausdrückt, wird im Folgenden bestätigt. Die Feste Gabilot, die Nemrott als Schutz und Ausdruck seiner Verfügungsgewalt über Apollonius diente, wird zu seinem Gefängnis.

Die Stadt Ninive dagegen wird nicht Gegenstand eines beschreibenden Exkurses; die wenigen explizit gegebenen Informationen sind fast alle in die Figurenrede oder –handlung eingebunden und oft mit Deiktika verknüpft, was den Raumentwurf dynamischer wirken lässt.[280] Im Kontrast zu Gabilot

---

[276] Noch einmal verstärkt durch die Assoziation mit Nabuchodonoser über das Schachspiel, das er von Apollonius erhält. Vgl. Kap. 3.3.4.6. Junk sieht in der Nemrott-Episode die Amplifikation eines Diskurses, „der Diskrepanz von Status und Wert" thematisiert und den ganzen *Apollonius* durchziehe. (Junk: Transformationen, S. 79).

[277] Vgl A V. 975ff.

[278] Achnitz: Babylon, S. 301.

[279] Vgl. Kap. 3.3.4.6 und 4.4.

[280] „*Siehst du, da di türne sint, | Da ist er inne alle zeit. | Sein purg ist schon und weyt. | Wiltu, ich gen mit dir dar'* (A V. 10313-10316). Der Erzähler selbst kommentiert nur die außergewöhnliche Größe der Stadt:

erscheint Ninive als eine offene Stadt, deren Zugang nicht kontrolliert oder reglementiert wird.

Wesentliche Passagen dieser Episode finden in Räumen der Wildnis statt. Diese Räume zeichnen sich im Kontrast zur Insel Milgots durch Unwirtlichkeit, feindliche (meist grotesk riesenhafte) Tiere und die ständige Bedrohung von Apollonius' Leben aus. Es handelt sich also um Räume, die nicht nach einer auf menschliches Leben ausgerichteten Raumordnung geformt sind. Neben dem wüsten Umland Wabilonias, das aus einem unwegsamen Wald und dem Fluss Ewfrat besteht, handelt es sich hierbei um die Höhle des gigantischen Wurmes Pelua, der in einer Steinwand haust (A V. 9461) und Apollonius angreift,[281] sowie um das *loch* (A V. 9486) der wilden Frau Gargana, die eine Reihe von Kindern entführt hat und gefangen hält. Nachdem Apollonius Gargana getötet hat, führt er die Kinder den Berg hinunter über *[a]inen steig, der was schmal* (A V. 9616), bis sie zu einem *heuselein* (A V. 9621) kommen, das die Grenze von Wildnis und Kulturraum markiert.

Die *wuste* Romania[282] wird als Raum der Gefahr eingeführt, wo *di wilden tier gan* (A V. 9860). Apollonius kann sie nur mit Hilfe des *wilden man* Pilagrus überwinden, indem er den *starcken flusse* Gangis (A V. 9923f.) mit erheblichen Schwierigkeiten überquert. An einem Wasserloch, dass überdimensionierten großen Tieren wie Aalen und Krebsen, als Trinkstelle dient,[283] wird Apollonius Zeuge eines Kampfes zwischen einem Drachen und einem Panther[284] und kommt dem Panther zu Hilfe (A V. 10180ff.). Da er sein Pferd

---

Dreyer tag waide langk | Ist di statt. ir umbe gangk | Der muß sein in sechs tagen (A V. 10362ff.). Die Formel der *drey tag waide* wird im Text sonst hauptsächlich für Entfernungen zwischen Orten (z.B. zwischen Warcilone und Galacides sowie Gabilot und dem Goldenen Tal) verwendet. Hier markiert die unverhältnismäßige Größe die Überlegenheit Ninives Gabilot gegenüber, trägt aber auch zum Gesamteindruck einer sehr offenen, weiten Stadtfläche bei.

281 Achnitz leitet den Namen „Pelua" vom lateinischen *belua* (Untier, Ungeheuer) her. Ihmzufolge imaginieren der dreitägige Scheintod Apollonius' in der Höhle Garganas und die anschließende Kinderrettung die Höllenfahrt Christi mit Besuch in der Vorhölle. Hier würden Analogien zwischen dem Protagonisten und Christus gezogen. Das *descensus*-Bild rufe „zentrale Ereignisse der Heilsgeschichte auf: Es läßt sich in Beziehung setzen zum Höllensturz Luzifers (und damit zu Nebukadnezar und zu Antiochus), zum Sündenfall im Paradies sowie zur Überwindung des Leviatan" (Achnitz: Babylon, S. 303).

282 Im *Reinfried von Braunschweig* wird die Gegend rings um Babylon als *wüeste Rumení(g)e* bezeichnet, im Hermanns von Sachsenheim *Die Mörin* als *wüste Rumminy* (vgl. Achnitz: Babylon, S. 303; vgl. auch Ebenbauer: Apollonius).

283 Der Erzähler bietet hier einen elf Verse langen Katalog von Wildtieren, gegen die Apollonius sich zur Wehr setzen muss. Durch die enorme Größe dieser Tiere sind übliche Unterscheidungen in gefährlich oder ungefährlich aufgehoben; so kämpft Apollonius nicht nur gegen Leoparden, *[a]inhuren und rinoceros*, sondern auch gegen Frösche (A V. 10138-10149).

284 Achnitz liest diese Szene als symbolische Auseinandersetzung zwischen Teufel und Christus, da der Panther nach dem Physiologus als Christusmetapher aufzufassen sei, der Drache aber als Signum des Teufels (Achnitz: Babylon, S. 306). Dementsprechend wäre Apollonius' Parteinahme

im Kampf verloren hat, bietet sich der Panther als Reittier an (A V. 10258) und trägt ihn vier Tage lang, bis sie nach Ninive gelangen. Abgesehen vom Fluss Ganges, der als schwer überwindliche Grenze beschrieben wird, den bedrohlichen Tieren und einem hausgroßen Schneckenhaus, in dem sich Apollonius versteckt, verzichtet der Erzähler auf eine detaillierte Beschreibung der *wuste*. Mit Heide, Wald, Fluss und Bergen wechseln sich topische Versatzstücke von Landschaft ab, deren Bedeutung vor allem in ihrer Wildheit, d.h. ihrer Ungeeignetheit als menschlicher Lebensraum, besteht.

Abgesehen von der Burg Gabilot, die als Ort der Gefangenschaft negativ codiert ist, besteht Nemrottts Reich also durchgängig aus menschenfeindlichen Räumen und ist von diesen auch umgeben. Wie die Reiche Galacides und das Goldene Tal sind sie dem menschlichen Zutritt verschlossen, dies aber nicht aufgrund von *monstra*, die von außen in ihre Raumordnung eingreifen, sondern weil diese Räume entweder durch einen Fluch oder ontologisch nicht für Menschen gedacht sind. In ihrer Unzugänglichkeit offenbart sich also keine Störung der ihnen zugrunde liegenden Raumordnung, sondern göttlicher Wille. Zugleich kann diese Häufung von unwirtlichen Räumen auch als Kommentar auf den Gewaltherrscher Nemrottt gelesen werden, dessen Aufgabe es wäre, diese Räume zu befrieden und eine feudalhöfische Raumordnung durchzusetzen. Dass Nemrottt über die Räume seines Reiches nicht verfügen kann, ja sie nicht einmal kennt, wie im Folgenden an der Wabilonia-Episode gezeigt werden soll, offenbart er sich als schwacher und ungeeigneter Herrscher, dessen Machtanspruch im Kontrast steht zu seinem tatsächlichen räumlichen Herrschaftshandeln.

Achnitz liest die Nemrottt-Episode stark auf heilsgeschichtliche Bezüge hin. Die Reise nach Wabilonia dient für ihn dem Versuch, die „Möglichkeit einer Wiederkunft des Antichrist"[285] auszuloten; Apollonius' wiederholte Entführungen und Verschleppungen machen ihn zum „Spielball teuflischer Mächte":[286]

> Apollonius steht in dieser Hauptstadt des Bösen der Höhepunkt im Kampf gegen Hochmut, Bösheit [sic!] und Ungerechtigkeit bevor und wird dabei selbst zum Handlanger des Bösen.[287]

Die Phase der „babylonischen Gefangenschaft",[288] wie Achnitz sein Kapitel zur Nemrottt-Episode betitelt, versteht er also als tiefsten Punkt von Apollonius' Lebensweg, als maximale Entfernung vom göttlichen Heilsplan.

---

    für den Panther als eine Entscheidung für die christliche Seite zu werten. Der Drache weist zudem zurück auf das Wappen Taliarchus' und damit auf Antiochus.
285 Ebda., S. 301.
286 Ebda., S. 303.
287 Ebda., S. 301.
288 Ebda., S. 300.

Achnitz verweist auf die dreitägige Bewusstlosigkeit Apollonius' nach seiner Vergiftung durch den Wurm Pelua, die Christi *descensus* nachforme.[289] Die Hilfe des Panthers bei der Reise durch die *wuste* Romania interpretiert er als Eingreifen Christi selbst, den Ritt auf ihm als Analogon zum Einritt Jesu in Jerusalem auf einem Esel, und die Durchquerung des Paradiesflusses „als symbolische Taufe".[290] Diese Passage beende die Phase des Romans, in der Apollonius „die bösen Mächte der Gegenwelt im Kampf zurückschlagen mußte";[291] in der folgenden Episode vom Goldenen Tal ginge es nun darum, den irdischen Verlockungen zu widerstehen. Sicherlich ist die heilsgeschichtliche Codierung ein wichtiger Aspekt dieser langen Episode. Eine solche Lesart konzentriert sich freilich stärker auf die möglichen symbolischen Bedeutungen der Räume als ihre narrative Erzeugung selbst.

Die obige Analyse hat in Bezug auf den konkreten Raumentwurf der Episode erwiesen, dass Apollonius' Status als Gefangener und damit seine Umwertung von einer herrschenden zu einer dienenden Figur seine räumliche Handlungsfähigkeit stark einschränkt und ihn so unfähig macht, den Raum um sich herum zu einem höfischen Herrschaftsraum zu formen. Nemrott, dem diese Aufgabe als Herrscher obliegen würde, erweist sich wiederholt als *zage*. Er greift wie die anderen Invasoren des Textes auf die Herrschaftsräume anderer über, sein eigener unterliegt dagegen nicht seiner Kontrolle. Vielmehr wuchern in der Wildnis seines Reiches menschenfeindliche Bedrohungen, exemplifiziert durch grotesk überdimensionierte Tiere, die in ihrer natürlichen Form völlig ungefährlich für Menschen wären.

Apollonius' Status der Unfreiheit wirkt sich direkt auf seine Funktion als bewegliche Figur im Lotmanschen Sinne aus. Nicht nur misslingt ihm der erste Versuch, das Goldene Tal von den *monstra* zu befreien, er gerät auch weit häufiger als in allen anderen Episoden des Romans in Notsituationen, aus denen er sich nicht durch eigene Kraft befreien kann. Er wird zunächst vom Wurm Pelua (A V. 9437ff.) und dann vom *wilden Weib* Gargana (A V. 9479ff.) verschleppt, die ihn in bewusstlosem Zustand findet und in ihr Loch bringt, um ihn zu braten und zu essen (A V. 9514ff.). Nur weil Gargana von Pelua verjagt wird, bleibt Apollonius am Leben. Er lässt sich von Nemrottts Knecht in die Irre der *wuste* Romania leiten und kann nur mit Hilfe des wilden Mannes Pilagrus und des Panthers aus dieser Wildnis entkommen.

---

289 Ebda., S. 303.
290 Ebda., S. 306.
291 Ebda., S. 307.

Diese Hilflosigkeit wird im Anschluss an die Wabilonia-Episode mit Hilfe von Geschlechterrollen inszeniert:[292] Apollonius verbringt die Nacht im umliegenden Wald. Während er schläft, stiehlt ihm eine wilde Frau sein Pferd, die Rüstung und seine Trophäen aus der verfluchten Stadt. Er beklagt seinen Verlust, hebt die eigene Hilflosigkeit hervor und vergleicht seinen Zustand mit der einer Frau: *Nu sten ich hie als ain weyb | Di nie hat gewunnen mannes leyb* (A V. 8624f.). Weder kann Apollonius die verlorenen Gegenstände aus eigener Kraft zurückgewinnen, noch wagt er sich ohne Beweise seiner Taten zu Nemrottt zurück. Seine Hilflosigkeit drückt sich in einer Handlungslähmung aus, die erst durch Climodeins helfendes Eingreifen gelöst wird. Dass Apollonius seinen Zustand hier explizit mit dem einer Frau vergleicht, setzt seine Gefangenschaft in eine Reihe mit den Frauenfiguren des Romans, die durch negative Herrscherfiguren und *monstra* in Zwangssituationen gebracht werden. Dieser Zwang äußert sich in der Nemrottt-Episode Apollonius gegenüber zwar nicht als sexuelle Gewalt, betrifft aber sehr wohl seinen Körper. Die wiederholten Angriffe wilder Frauen, die sonst nirgendwo im Roman auftreten, verstärken in dieser Passage den Eindruck einer Invertierung der Geschlechterrollen. In der variationsreichen Figurenkonstellation von Vater/Herrscher – Tochter/Frau – positivem Werber – negativem Werber wird somit unter Ausschluss der sexuellen Komponente Apollonius in die Rolle der fremdbestimmten Frau gesetzt. Erst mit seiner Befreiung und dem Sieg über Nemrottt gewinnt er die Funktion als bewegliche Figur und damit die Fähigkeiten zum räumlichen Herrschaftshandeln zurück, die er zum Sieg über die *monstra* vom Goldenen Tal benötigt.

3.3.4.6 *Wuste* Wabilonia

Die Wabilonia-Episode sticht in vielfacher Hinsicht aus der Abfolge von Reichen heraus. Erstens reist Apollonius nicht aus freiem Willen, sondern im Dienste Nemrottts dorthin.[293] Zweitens verfügt Apollonius über nahezu keine Informationen, als er die Reise antritt; lediglich die *grosse reichait* (A V. 8079) des Ortes wird erwähnt. Dies steht im Kontrast zu den ausführlichen Berichten über zu befreiende Länder oder Notsituationen, die er zu Beginn eines *abentewrs* vor und nach dieser Episode gewöhnlich erhält. Drittens ist

---

292 Vgl. zur Deutung von wilden Frauen als Krisensignal Hartmut Bleumer: Das *wilde wip*. Überlegungen zum Krisenmotiv im Artusroman und im 'Wolfdietrich' B. In: Natur und Kultur in der deutschen Literatur des Mittelalters. Colloquium Exeter 1997. Hg. v. Alan Robertshaw und Gerhard Wolf. Tübingen 1999. S. 77-89.

293 A V. 8084ff. Grundsätzlich zu dieser Episode vgl. Margreth Egidi: Gegenweltliche Dingobjekte im *Apollonius von Tyrland* – das Schachspiel. In: Hybridität und Spiel. Der europäische Liebes- und Abenteuerroman von der Antike zur Frühen Neuzeit. Hg. v. Martin Baisch und Jutta Eming. Berlin 2013. S. 177-192. Zu Nemrott in dieser Episode vgl. ausführlich Herweg: Wege, S. 166ff.

das Ziel seiner Reise nicht die Eroberung oder Befreiung Wabilonias, sondern er soll für Nemrott lediglich Informationen über den Ort sammeln (A V. 8084-8087).

Der Grund für diese ungewöhnlichen Rahmenbedingungen ist in dem anderweltlichen Charakter der *wuste* Wabilonia zu finden, denn die Stadt ist für Menschen verflucht, wie der Erzähler *die biblien han hören sagen, | Das da kein mensch peleyben mag | Furpaß mer kainen tag* (A V. 8199-8202).

Heinrich greift in seiner Beschreibung von Babylon auf biblische Quellen und eschatologische Diskurse zurück. Babylon galt dem mittelalterlichen Denken als bedeutsamer Imaginationsort, der früh als Gegenort zu Jerusalem und damit als „Hauptstadt der *civitas terrena*[294] ausgemacht wurde.[295] Der Prophet Jesaja beschreibt im 13. Kapitel, wie Gottes Fluch über Babel kommt und es für immer unbewohnbar macht:

> Non habitabitur usque in finem, et non fundabitur usque ad generationem et generationem; nec ponet tibi tentoria Arabs, nec pastores requiescent ibi. Sed requiescent ibi bestiæ, et replebuntur domus eorum draconibus, et habitabunt ibi struthiones, et pilosi saltabunt ibi; et respondebunt ibi ululæ in ædibus ejus, et sirenes in delubris voluptatis. (Clementine Vulgate, Jes. 13,20-22).[296]

Nur *bestiae, dracones, struthiones, pilosi* und *sirenes* werden als Bewohner der verlassenen Stadt beschrieben. In Kapitel 17 und 18 der Offenbarung Johannes wird Babylon als Sitz des Teufels beschrieben;[297] seine Vernichtung durch Gott wird angekündigt. Die legendarische Tradition macht Babylon als Geburtsort des Antichristen aus, so auch in Apollonius' *Gottes Zukunft* (V. 5050ff.). Mit dem Fluss Ewfrat und dem *perg Libano* (A V. 8124) ruft der Erzähler weitere biblische Orte mit eschatologischer Bedeutung auf.

Es kann vorausgesetzt werden, dass dieses Wissen um die biblische und eschatologische Bedeutung Babylons den Rezipienten von Heinrichs Roman bekannt war. Damit verfügen diese Rezipienten aber über ein Wissen, dass die auf Figurenebene verfügbaren Rauminformationen weit übersteigt. Nemrott und Apollonius wissen nur, dass die Stadt verlassen ist; die

---

294 Achnitz: Babylon, S. 5.
295 Vgl. zur Rolle Babylons in der mittelalterlichen Literatur Volkert Haas: Die literarische Rezeption Babylons von der Antike bis zur Gegenwart. In: Babylon. Focus mesopotamischer Geschichte, Wiege früher Gelehrsamkeit, Mythos in der Moderne. Hg. v. Johannes Renger. Saarbrücken 1999 (Colloquium der Deutschen Orient-Gesellschaft, Bd. 2). S. 523-552.
296 Dieser Fluch wird auch in den Sibyllinischen Weissagungen beschrieben; vgl. Haas: Rezeption, S. 526.
297 Achnitz zufolge entspricht der Weg im *Apollonius* geschilderte Weg nach Babylon „in vielen Details der Topographie mittelalterlicher Höllenbeschreibungen". Er folgt hier Isabel Grübel und Dietz-Rüdiger Moser (Art.: „Hölle". In: Enzyklopädie des Märchens. Handwörterbuch zur historischen und vergleichenden Erzählforschung. Bd. 6. Hg. v. Kurt Ranke et al. Berlin et al. 1990. Sp. 1178-1191) (Achnitz: Babylon, S. 301).

christlichen Rezipienten wissen aber auch, warum, und dass Apollonius sich in die Sphäre des Antichristen begibt.

Als Grenze zwischen diesem verfluchten Land und der Welt der Menschen dient der Ewfrat, ein Fluss, der *auß dem paradise* (A V. 8160) fließt. Auch hier markiert der Erzähler die besondere Bedeutungshaltigkeit des Ortes für ein christliches Publikum, indem er dieses direkt adressiert: *Es ist ew ee wol bekant* (A V. 8162). Damit wird die Asymmetrie des Wissens zwischen Rezipierenden und Figurenebene noch einmal betont. Diese Grenze, das wird im Folgenden deutlich, ist für beide Seiten weitestgehend nicht durchlässig, denn auch die *monstra*, die das Land jenseits des Ewfrat bevölkern, können den Fluss nicht überqueren.[298]

Im Kontrast zu den wenigen für Apollonius verfügbaren Informationen steht in dieser Episode eine ungewöhnlich hohe Dichte genauer Orts- und Entfernungsangaben. Wabilonia sei, das berichtet Nemrott, *[m]er dann zwelff meil* (A V. 8113) von Gabilot entfernt. Nemrott begleitet Apollonius bis zu *dem perg zu Libano* (A V. 8124), von dem aus die Stadt zu sehen ist. Er will Apollonius' weitere Reise aus dieser Position der Sicherheit heraus beobachten und drei Tage lang auf Apollonius' Rückkehr warten. Damit dieser die Gelegenheit nicht zur Flucht nutzt, lässt er ihn einen Eid schwören, zurückzukehren.

Apollonius reitet nun *wol zwo meil* (A V. 8138) durch den Wald, der sich als äußerst undurchdringlich herausstellt: *Das was perg und tal:* | *Er det mer dann ainen val* (A V. 8139). Die Ferne dieser Wildnis von menschlicher Kultivierung und damit die Abwesenheit von Orientierungsmöglichkeiten wird auch durch das Fehlen jeglicher Infrastruktur betont. Apollonius muss *[a]n steig und ane weg,* | *An pfad und ane steg* (A V. 8147f.) reiten.

Schließlich kommt er an *ain wisen* (A V. 8149), auf der *lewen, panthier, lebarten, ainhürn* und *wilde peren* (A V. 8150ff.) umherlaufen, vor denen er flieht. Er erreicht den Paradiesfluss Ewfrat am Mittag, weshalb die *wurme* und *wilden tier* (A V. 8167) schlafen und ihn nicht belästigen. Nur deshalb kann er den Fluss mit seinem Pferd überqueren. Aus der Ferne hört er die Rufe von *lintwurm* und *drachen* (A V. 8175).[299]

Die folgende *descriptio* der Stadt gestaltet den Reichtum und die architektonische Pracht Wabilons im Kontrast zur völligen Abwesenheit von Menschen:

Do er kam an das purgtor,
Da enwas niemant da vor,

---

[298] *Si mochten durch das wasser nit.* | *Das kam von so getaner geschicht:* | *Ir land enhalb verfluht was* (A V. 8519ff.).

[299] Drachen spielen, wahrscheinlich in Anlehnung an Jesaja 13, in der Wabilonia-Episode eine besonders große Rolle.

> Weder man oder weib,
> Niemant dann sein ains leib. (A V . 8179-8182)

Die iterative Betonung einer Abwesenheit (*niemant, weder man or weib, niemant*) betont die Isolation des völlig auf sich selbst geworfenen Apollonius' (*sein ains leib*) und hebt so deutlich hervor, dass dieser Ort nicht für Menschen gedacht ist; Apollonius erscheint als Ausnahmefall, der gegen die Raumordnung der Stadt verstößt. Dieser Zustand wird auch temporal ausgedehnt, denn die weißen Mauern aus Marmor, die glänzenden Türme, schönen Kemenaten und die breiten Straßen sind offensichtlich seit langer Zeit verlassen.[300] Hierfür bietet der Erzähler die oben diskutierte Erklärung eines Gottesfluches. Apollonius, der von diesem Fluch nichts weiß, sucht weiterhin nach jemandem, *[d]er im der warhait jähe | Das er da wer gewesen* (A V. 8208-8211).

Die Verse sind uneindeutig formuliert und weisen so auf die doppelte Funktion der fehlenden Menschen hin: Einerseits sucht Apollonius jemanden, der ihm die Wahrheit über diesen Ort sagen kann; andererseits benötigt er einen Zeugen, der seine Anwesenheit in Wabilonia und seine Taten bestätigt, da Handeln in totaler Einsamkeit und ohne Beleg gleichbedeutend mit Nichthandeln ist. Hier wird die hohe Bedeutung deutlich, die öffentliche Sichtbarkeit und Bestätigung für Apollonius haben. Sein Handeln ist ausgerichtet auf die Interaktion mit anderen Menschen. Das Problem der Nichtbeweisbarkeit von Taten aufgrund der Abwesenheit von Zeugen wird in einer späteren Phase noch einmal virulent.

Auf seiner Suche nach einem Menschen findet Apollonius stattdessen *ain stiegen* (A V. 8213), die er ersteigt:

> Die stiege was zu massen hoch,
> Di trug in auf ain palaß
> Das michel und weyt was,
> Mit merbelstain gewelbet wol:
> Der was schwartz als ain kol,
> Der was rot als ain plüt. (A V. 8222-8227)

Mit dieser hohen Treppe ist implizit der Turm von Babel eingespielt, der namentlich nicht explizit genannt wird, auch wenn die Stadt als reich an Türmen beschrieben wird. Der schwarz-rote Marmor des Palaß am oberen Ende des Turms kontrastiert mit dem weißen Marmor, aus dem die restliche Stadt erbaut ist. In den Boden sind *[m]anig edel stain* (A V. 8230) eingelassen, und die *enge tür* (A V. 8233), die er findet, besteht aus einem einzelnen Hyazinthen (*jochant*, A V. 8239), an goldenen Riegeln aufgehängt. Er zieht den Riegel auf und geht hinein:

---

[300] *Da was alle reichait, | Dann das niht leute da was. | Cle, laub, gar grunes gras | Stund da her und wider. | Mang tag lag es darnider* (A V. 8194-8195).

> Da gie gegen im ain schein
> Das im das sehen geprast:
> Also krefftig was der glaßt
> Der im in di augen schain.
> Manig kostreiche stain
> Stund in der kemnatten [...].
> Di daten soliches schinen
> Das im das sehen vergieng. (A V. 8246-8255)

Als Apollonius Sehen und Hören wiedergewinnt und die Kammer betrachten kann, findet er dort zwei Figuren vor, ein Mann und eine Frau. *Vor in lag ain prett klar: | Si spilten schachzabel spil* (A . 8276f.). Die Kleider der Figuren sind kostbar und reich, ihre Körper werden als schön beschrieben; dennoch handelt es sich um *monstra*, nämlich um Zentauren. Während der folgenden Konfrontation flieht der Mann, Piramort, während seine Frau, Pliades, von Apollonius gefangen und misshandelt wird. Sie berichtet, dass ihr Vater Achiron sei und der *palaß* ihm gehöre (A V. 8333ff.), und dass er und ihr Bruder Kolkan von einem Mann namens Apollonius erschlagen wurden. Apollonius gibt sich zu erkennen und verkündet, da Pliades vom gleichen *geslahte* (A V. 8349) sei, wolle er sich an ihr für Flegedins Angriff auf seine Schiffe rächen. Damit er sie am Leben lässt, übergibt sie ihm zwei Zauberringe, die ihn gegen Wasser und Gift schützen. Er verlangt darüber hinaus die *haftel*, die sie trägt und die *tausent marck wert* (A V. 8296) ist, als Zeichen, *[d]as ich hie gewesen sey* (A V. 8364). Er lässt Pliades frei und nimmt das *schachzabel prett* samt Figuren an sich (A V. 8371ff.), fesselt die beiden Zentauren und reitet davon.

Der überwältigende *glaßt*, der Apollonius vorübergehend erblinden lässt, reichert die Szene mit zusätzlichen Bedeutungsebenen an. Ein Glanz so strahlend, dass er blendet, erinnert zunächst an die *conversio* des Paulus; indem der Glanz aber durch die Edelsteine begründet wird, bleibt dieses Strahlen ganz immanent. Vor allem spielt die folgende Szene meines Erachtens auf eine Passage im *Rolandslied* an, in der Karls des Großen herrschaftliche Macht sichtbar als *splendor imperii* inszeniert wird.[301] Als dort die Boten der *heiden* Karl aufsuchen, finden sie ihn am Schachbrett sitzend vor; seine Augen leuchten

> sam der morgensterne. [...]
> mit volleclichen ougen
> ne mochten si in nicht gescouwen.
> Diu liuchte gab in den widerslac
> Sam der sunne umbe mitten tac.[302]

---

301 Vgl. Wolfram Herwig: *Splendor imperii*. Die Epiphanie von Tugend und Heil in Herrschaft und Reich. Graz/Köln 1963 (Mitteilungen des Instituts für österreichische Geschichtsforschung 20,3).
302 Pfaffe Konrad: *Rolandslied*, V. 681-696.

Die deutliche Parallelinszenierung der Zentauren zu Karl dem Großen und die axiologisch codierte oben/unten-Relation zwischen Turm und Umland markieren, dass es in dieser Passage um Macht und Herrschaft geht, welche die *monstra* mit dem Besitz des Schachbretts und ihrer Fähigkeit zum strategischen Spiel demonstrieren. Die beiden Zentauren werden im Zentrum ihrer Macht inszeniert. Dieses Machtzentrum Babylon ist zugleich Sitz des Teufels bzw. Antichrists und den Menschen verschlossen. Darüber hinaus ist die Darstellung dieser beiden monströsen Figuren im Kontext des Romans ungewöhnlich, da sie als wenigstens oben herum körperlich schön beschrieben werden und damit von den üblichen grotesken Verzerrungen der monströsen Körper ausgenommen sind.[303] Markieren ihre nichtmenschlichen Unterleiber ihre Andersartigkeit, so ordnen ihre *mynniklichen* Oberkörper und der rote Mund des Weibchens sie in höfische Schönheitsdiskurse ein. Darin gleichen sie der Sirene, die ebenfalls als *mynnikliches weib* dargestellt ist. Dass Heinrich Wabilonia mit Zentauren bevölkert, weist zurück auf Achirons Gestalt und markiert die Verwandtschaft der *monstra* untereinander. Gleichzeitig ist es wahrscheinlich, dass der Erzähler hier auf legendarische Traditionen zurückgreift, denn die bei Jesaja beschriebenen *pilosi* wurden im Mittelalter als Mischwesen imaginiert, deren obere Hälfte die Form von Menschen annahm, während ihre untere Hälfte tierisch (oft bocksartig) war.[304]

Piramort und Pliades sind also Teil der monströsen Genealogie, die den Text durchzieht. Ihr Schachspiel dient an dieser Stelle als Metapher für den universalen Herrschaftsanspruch dieser wiederholt mit dem Teufel assoziierten *monstra*.[305] Apollonius kann aufgrund des göttlichen Fluches Wabilonia nicht für die Menschen zurückgewinnen; mit dem Schachbrett nimmt er ihnen aber den Anspruch auf die restliche Welt. Indem er Schachbrett und Figuren den *monstra* gewaltsam entreißt, fasst er metonymisch das herrschaftliche Befreiungs- und Restitutionshandeln zusammen, das er in den kämpferischen Auseinandersetzungen der Binnenerzählung wiederholt vollführt. Allerdings ist er zu diesem Zeitpunkt kein freier Mann, sondern Nemrottts Herrschaft unterworfen, so dass er nach dem bestandenen *abentewr* Nemrott das Schachspiel und damit symbolisch die Herrschaft überlassen muss. Erst als er Nemrott endgültig besiegt hat, kann er das

---

303 Vgl. hierzu auch Röcke: Erdrandbewohner, S. 270f.
304 Vgl. Haas: Rezeption, S. 528.
305 Schachbretter stellen eine der beliebtesten mittelalterlichen Metaphern für die *ordo* der feudalhöfischen Gesellschaft dar (vgl. zum Schachbrett als räumlicher Metapher Heike Bierschwale und Oliver Plessow: Schachbrett, Körper, Räderwerk. Verräumlichte Gesellschaftsmetaphorik im Spätmittelalter. In: Raum und Konflikt. Zur symbolischen Konstituierung gesellschaftlicher Ordnung in Mittelalter und früher Neuzeit. Hg. v. Christoph Dartmann, Marian Füssel und Stefanie Rüther. Münster 2004. S. 59-81); vgl. zum Schachspiel im *Apollonius* Schneider: Chiffren, S. 240ff.; Egidi: Gegenweltliche.

Schachspiel zurückfordern, was im Text explizit hervorgehoben wird.[306] Das *schachzabel* der *monstra* wird also in dieser Episode als verräumlichte Metapher für konkurrierende Herrschaftsansprüche funktionalisiert. Diese Metapher wird darüber hinaus auch in den größeren Erzählkontext des Romans eingebunden und zugleich an textexterne Wissensdiskurse angeschlossen, denn als früherer Besitzer des Schachspieles und des *palaß* wird König Nabuchodonosor ausgemacht,[307] der für herrschaftliche *hochvart* steht und durch seinen Traum im Prolog des Romans mit Antiochus in Beziehung gesetzt wird.[308]

Interessanterweise verliert Apollonius beim lebensgefährlichen Kampf mit einem Drachen während der Flucht aus Wabilonia einen Turm des Schachspiels, den er auch nie wiederfindet (A V. 8487).[309] Der Herrschaftsanspruch Apollonius' ist also nicht gänzlich vollständig; eine der beweglichsten Figuren des Spiels bleibt im Raum der *monstra* zurück. Im heilsgeschichtlichen Deutungsrahmen, der in dieser Szene wiederholt vom Erzähler eingespielt wird, könnte dieser Verlust als Anspielung auf die kommende Gefahr des Antichristen interpretiert werden, der, in Babylon geboren, die Herrschaft über die Welt erringen wird.

Apollonius' Flucht über den Ewfrat gestaltet sich dramatisch: 500 Zentauren, Drachen, Lindwürmer, Vipern und Schlangen verfolgen ihn, nachdem Piramort ihn vom Turm aus des Diebstahls seines Schachspiels bezichtigt hat (A V. 8392ff.). Nur mit Hilfe der heilenden Wurzel, der Zauberringe und seines Pferdes kann er den Fluss durchschwimmen, 1000 Drachen direkt hinter ihm. Mit der Überquerung des Ewfrats endet die Verfolgung abrupt, denn wenn Apollonius nicht dauerhaft in Wabilonia verbleiben kann, so können die Untiere dieser *wuste* umgekehrt nicht über den Fluss in das Reich der Menschen vordringen (A V. 8519ff.). Apollonius als beweglicher Figur gelingt zwar der Übergang, da die Grenze Teil der göttlichen Ordnung ist, kann es hier aber tatsächlich nur zu einem restaurativen Sujet kommen, d.h. die revolutionäre Bewegung des Grenzübertritts wird durch die Rückkehr Apollonius' in den eigenen Raum zurückgenommen.

Es kann fest gehalten werden, dass Apollonius' Weg in dieser Episode detailliert beschrieben wird; der Raumentwurf der Episode wird nicht, wie in der Galacides-Episode oder in den folgenden Berichten über das

---

306 *Nemrott ward gevangen.* | *Er wolt in haben erhangen:* | *Do ward er im erpetten abe.* | *Do muste der unraine knabe* | *Das schachzabel wider geben* | *(Do ließ in der kunig leben)* | *Und gab dar zu Gabilott* (A V. 10550-10556).
307 A V. 8772ff.
308 Vgl. Schneider: Chiffren, S. 245.
309 Der Turm war im mittelalterlichen Schachspiel neben dem König die wichtigste und grundsätzlich beweglichste Figur des Brettes: „Die Gewalt des Turmes beruht somit vor allem darauf, daß er den König schachmatt setzen und ihn damit vom Thron vertreiben kann" (Schneider: Chiffren, S. 244).

Goldene Tal, aus der Vogelperspektive eines intra- oder extradiegetischen Erzählers präsentiert, sondern entfaltet sich schrittweise vor Apollonius; die Rezipienten erschließen sich den Raum als sukzessiv entwickelten Bewegungsraum. Hier trifft im Unterschied zu anderen Episoden zu, was Störmer-Caysa als Charakteristikum der Reise im höfischen Roman fasst:

> Die Landschaft und Architektur des Romans wird nicht als vorgängig und unveränderlich beschrieben, so daß sich die Figur in einem Bezugssystem, das die Objektivität der fiktionalen Welt verbürgen würde, bewegte. Vielmehr taucht sie erst auf, wenn eine Figur sie sieht oder begeht.[310]

Diese sukzessive Vergabe von Rauminformationen lässt die Rezipienten erstens die Unwissenheit nachvollziehen, in der sich Apollonius befindet. Zweitens wird durch diese narrative Strategie in den Mittelpunkt gerückt, was eigentliches Ziel des *abentewrs* ist, denn anders als bei z.B. Galacides geht es ja nicht um die Eroberung dieses Raumes, sondern explizit um seine Erkundung. Drittens unterscheidet diese Des-Orientierung die *wuste* Wabilonia von denjenigen Reichen, die als zukünftige Herrschaftsgebiete markiert sind. Parallelen bestehen höchstens zu Milgots Insel, auf der Apollonius ebenfalls die Orientierung im Wald verloren hatte.

Im Unterschied zu Apollonius nimmt der auf dem Berg Libanon verbliebene Nemrott die überlegene Vogelperspektive ein – er kann Apollonius' Fortschritte aus seiner sicheren Position beobachten, bis dieser in der Stadt verschwindet respektive bei seiner Rückkehr im Wald Halt macht. Dies betont auch räumlich noch einmal den Unterschied zwischen dem unfreien Dienstmann Apollonius und seinem Herrn Nemrott.

Zusammenfassend fallen an dieser Episode insbesondere die Abweichungen von den narrativen Entwürfen der bisherigen Räume auf. Apollonius betritt die *wuste* Wabilonia in weitestgehender Unkenntnis über die dortige Situation und räumliche Beschaffenheit. Er kann die Grenze des Reichs zwar überwinden, aber nicht wie im Falle von Galacides dauerhaft beseitigen. Es gelingt ihm auch nicht, die dort lebenden *monstra* zu vertreiben oder zu töten; lediglich einen Teil ihres Besitzes kann er ihnen entreißen. Das Verhältnis von Fremdem und Vertrautem ist in dieser Episode im Vergleich zu den meisten anderen Episoden des Romans umgekehrt: Es ist nicht das Fremde, das in den feudalhöfischen Raum des Vertrauten einbricht und dessen Raumordnung stört, sondern Apollonius dringt in einen Raum ein, der als klar den *monstra* zugehörig dargestellt wird. Dementsprechend ist das Sujet dieser Episode nicht revolutionär, sondern restaurativ – Apollonius kehrt zurück in den menschlichen Raum. Das mitgebrachte Schachspiel steht symbolisch für den Herrschaftsanspruch, der von den *monstra*, Nemrott und Apollonius erhoben wird. Biblische und heilsgeschichtliche

---

310 Störmer-Caysa: Grundstrukturen, S. 65.

Diskurse werden in dieser Episode wiederholt aufgerufen und binden sie mit dem Kampf gegen die Völker Gog und Magog in der Warcilone-Episode sowie der kommenden Begegnung mit den Propheten Enoch und Elias zusammen.

3.3.4.7 Das Goldene Tal

Die Episode vom Goldenen Tal[311] bietet den wohl komplexesten Raumentwurf des Romans und ist mit über 3.300 Versen auch die längste Einzelepisode vor dem triumphalen Schluss in Antiochia. Die ganze Episode ist hyperbolisch gestaltet und auf die wiederholte Demonstration von Apollonius' Idealität hin angelegt.

Wie bei Galacides sind die Zugangsmöglichkeiten zum Goldenen Tal sowohl aufgrund seiner räumlichen Verfasstheit als auch durch äußere monströse Einwirkung stark reguliert. Anders als in Galacides führt die Vernichtung der *monstra* aber nicht zu einer selbstverständlichen Herrschaftsnahme und zu uneingeschränktem Zugang zum Reich durch Apollonius, denn nachdem er das Reich von den *monstra* Ydrogant und Serpanta befreit hat, muss er in einem zweiten, narrativ stark ausgedehnten Teil seine eigene Tugendhaftigkeit beweisen und damit die Befähigung, Ehemann der Königstochter Diamena und Herrscher über das Goldene Tal zu werden. Dieser Beweis vollzieht sich in einer Abfolge von Tugendproben.

Diese zweifache Raumaneignung ist wiederum durch Apollonius' ersten, vergeblichen Versuch während seines Dienstes für Nemrott und die wiederholt eingeschalteten Berichte über das Tal mit einem komplexen Vorlauf versehen und mit dem Rest der Handlung verschachtelt. Auch das Ende der Erzählung vom Goldenen Tal ist der folgenden Episode in Montiplain nachgelagert. Dadurch wird die Bedeutung der Episode betont und ihre Strahlkraft auf die restliche Handlung ausgestellt.

Eine weitere Besonderheit dieser Episode ist ihr Abschluss, denn im Unterschied zu den anderen von Apollonius eroberten Reichen wird das Goldene Tal nicht in den homogenen Herrschaftsraum des Apollonius eingefügt; es bleibt verschlossen und Apollonius gibt nach der Trennung von Diamena die Herrschaft auf. Durch die gemeinsame Nachkommenschaft bleibt das Goldene Tal aber mit dem Geschlecht des Herrschers verbunden

---

311 Wolfgang Achnitz zufolge dürfte das Goldene Tal in Orientierung auf den Namen seiner Hauptstadt Crisa „der ‚Imago mundi' des Honorius Augustodunensis entnommen sein" (Buch I, Kap. 10, *De India*). Im deutschen *Lucidarius* findet sich auch ein Cryse, dass mit Taprobane gleichgesetzt wird (Achnitz: Babylon, S. 308). Er identifiziert Crisa also als die goldene Insel der antiken Tradition, die nahe Indien gelegen ist. Allerdings handelt es sich beim Goldenen Tal Heinrichs nicht um eine Insel (vgl. Achnitz: Babylon, S. 308ff.).

und ist so zwar nicht uneingeschränkt Teil von Apollonius' räumlichem Herrschaftgebiet, gehört aber seinem Geschlecht. Der Status der Episode wird also auf mehrfache Weise markiert. Gleichzeitig werden in ihrem Verlauf die thematischen Linien des *Apollonius* in einem Raumentwurf zusammengebunden und pointiert.

Aufgrund der Fülle von Rauminformationen, die diese lange Episode enthält, werden die wichtigsten Charakteristika des Goldenen Tales zunächst zusammengefasst, bevor zweitens eine genauere Analyse des Kampfes gegen die *monstra* und drittens die Analyse der Tugendproben erfolgt. Abschließend werden der Status des Goldenen Tals als *ander paradeyß* und die Funktion der Episode im Kontext der Romanstruktur diskutiert.

Der Raumentwurf des Goldenen Tales

Wie im Falle von Galacides werden auch die räumlichen Informationen über das Goldene Tal schrittweise und aus verschiedenen Figurenperspektiven präsentiert. Diese verschiedenen Informationen überlagern sich und erzeugen Redundanzeffekte, aber auch Widersprüche. Der Wissenstand der unterschiedlichen Figuren steigt, je näher sie dem eigentlichen Zentrum des Tals, der Feste Lisemunt, zugeordnet sind. Drei Hauptinformanten liefern Apollonius das Wissen, das er für seine Durchquerung des Goldenen Tales benötigt. Zunächst informiert ihn Nemrott in Gabilot über den Reichtum des Goldenen Tales, die *monstra*, die das Tal isolieren, und die Gefahren der Reise in sein Inneres. Nach der Vernichtung der *monstra* beschreibt Fürst Arfaxatt noch einmal den Weg, der zwischen Crisan und der Hauptstadt Crisa zurückzulegen ist. Vor Crisa trifft Apollonius dann auf König Candor, der ihm Wissen über das Zentrum des Reiches übermittelt. Auch eine *descriptio* des Erzählers bietet Informationen über die geographische Lage und Beschaffenheit des Reiches (A V. 10934-1101).

Nemrott betont in seinen Erklärungen zum Goldenen Tal (A V. 8836-8980) vor allem dessen Reichtum (*Da ist reichait ane zal*, A. V. 8847) und angenehme Lebensbedingungen: Das Klima ist ideal, die Ernten sind reich (hervorgehoben auch die ungewöhnliche Qualität des Weins) (A V. 8870ff), Wild und Fisch sind im Überfluss vorhanden.[312] Gold ist in den Beschreibungen des Tales allgegenwärtig; es charakterisiert das Tal im Hinblick auf seinen Reichtum, also als physisch vorhandenes Edelmetall, das in Schmuck, Ornamentik und Architektur verarbeitet ist.[313] Im Rückbezug auf

---

[312] Für einen Vergleich mit den östlichen Räumen der Alexanderromane siehe Achnitz: Babylon, S. 310ff.

[313] *Crisia haisset das lant | Das ist das gulden tal genannt. | Golt das haisset 'crisia', | Das lant genennet ist darna. | Gulden perg und di tal | Ist das lant uberal* (A V. 10934-10939).

den Prolog des Romans, in welchem das goldene Haupt der geträumten Statue als Tugendkrone gedeutet wird,[314] steht das Gold des Tales aber auch für die ideale Tugendhaftigkeit seiner Bewohner.

Das Tal wird wiederholt als *ander paradeyß* (A V. 8848) beschrieben. Von Beginn an verweisen Textsignale darauf, dass es sich um einen anderweltlichen Ort handeln könnte: Das Tal wird durchflossen vom Tigris, dem zweiten Paradiesfluss (A V. 8892ff.), der von Edelsteinen voll ist. Die Bewohner bleiben ewig jung und sterben nur, wenn sie es wollen (A V. 8849ff.). Alle, auch die Tiere, leben in Frieden miteinander (A V. 8855ff.). Niemand dort darf *[t]ruffieren* oder *triegen*, denn *[n]iemandt en mag in das lant | Er en sey an allen valsch erkant* (A V. 8866f.)

Gesichert wird dieser ideale Tugendstatus nicht nur durch dergestaltes Eingreifen der Bewohner des Reiches, sondern ebenfalls in Form von architektonischen Elementen wie dem Tugendrad, der Tugendtreppe und auf diverse Weise bewachten bzw. verschlossenen Toren.

Auch die topographische Lage des Reiches setzt es deutlich von den bisher erreisten Gebieten ab. Einerseits wird das Land im Verhältnis zu Nemrottts Reich als *nahend pey, | Wol über tagwaid drey* (A V. 8836) beschrieben;[315] diese Entfernung wird in den Reisen von Gabilot zum Goldenen Tal wiederholt bestätigt. Andererseits stellt ein Erzählerexkurs (A V. 10934-11000), der vor dem Eintritt der Figuren in das Tal eingeschaltet ist, das Land in den Kontext von fremden Völkern und *mirabilia:*

> Es [das Goldene Tal, LB] stosset vor an India.
> Das Cleber mer ist pey im da. [...]
> Ausserhalben deß landes zil
> Ist greyffen und tracken vil.
> Zu der aine seytten
> Sind perg und grosse leytten.
> Easpey sind si genannt:
> Gock, Magock und Prigant
> Sind versperret alda,
> Ainhalben der perge gar na.
> Das ich es wol pedewte:
> Das volk ysset lewte. [...]
> India hatt viertzig lant,
> Di den gelerten sint pekant.
> Crisa gar nahend da pey
> Di klainen Pig*m*ey

---

314   *Das ist die pluende jugentt. | Wan die wechsett in grosser tugent, | So wird ir wol zu lone | Ein guldein kron* (A V. 69-72).
315   Es handelt sich um die selbe Entfernung, die Paldein in Warcilone in Bezug auf Galacides nennt, was die beiden informativen Prologe der Episoden noch stärker annähert.

Sitzent in den pergen,
Geleich den twergen […]. (A V. 10940-10967)

Neben diesen Völkern und Reichen nennt der Erzähler als Nachbarn des Tales auch die Magroby, die *zwelff elen* lang sind, sowie die Agrotte und Warcemoney, die ihre Toten verbrennen. Außerdem wohnen noch menschenfressende Völker nahebei.³¹⁶ Der Erzähler greift in dieser *descriptio* stärker als in allen anderen Episoden des Romans auf geographische und naturkundliche Diskurse zurück, um den Raumentwurf des Goldenen Tales zu konturieren. Wolfgang Achnitz verweist auf deutliche Parallelen der Beschreibung des Goldenen Tales zu den Alexanderromanen, v. a. aber zum Reich des Priesterkönigs Johannes.³¹⁷

Der so komponierte Raumentwurf zeichnet sich wie viele andere des Romans durch weitgehende Abgeschlossenheit aus. Das Tal wird von Bergen und vom Klebermeer begrenzt. Die fremden Völker dienen einerseits als Exotismussignale, andererseits fungieren sie aber auch als Grenzwächter, da ihre Sitten – exemplifiziert in der doppelten Hervorhebung kannibalischer Essgewohnheiten – für andere Völker bedrohlich erscheinen. Intratextuell dagegen erscheinen diese fremden Orte und Völker weit weniger fremd; sie lesen sich vielmehr wie eine *summa* der bis zu diesem Zeitpunkt im Text aufgetretenen Fremdheitsphänomene. Das Klebmeer dient dem Roman als Handlungsort, Greifen und Drachen treten gehäuft in der Wabilonia-Episode auf. Die Völker Gog und Magog sind Apollonius' Gegner in der Warcilone-Episode und sowohl Apollonius als auch Albedacus besitzen Zwerge als Diener. Mit der Situierung dieser Völker und Orte um das

---

316 Für eine ausführliche Diskussion der Quellen dieses Exkurses vgl. Achnitz: Babylon, S. 308ff. Für eine Diskussion der Erdrandbewohner in der Tradition mittelalterlichen Erzähles und der mittelalterlichen Kartographie vgl. Anna-Dorothee von den Brincken: *Fines Terrae*. Die Enden der Erde und der vierte Kontinent auf mittelalterlichen Weltkarten. Hannover 1992; Marina Münkler: Die *monstra* in Konrads von Megenberg *Buch der Natur*. In: Konrad von Megenberg und sein Werk. Das Wissen der Zeit. Hg. v. Claudia Märtl, Gisela Drossbach und Martin Kintzinger. München 2006 (Zeitschrift für bayerische Landesgeschichte, Beiheft 31). S. 229-252; Marina Münkler und Werner Röcke: Der *ordo*-Gedanke und die Hermeneutik des Fremde im Mittelalter. Die Auseinandersetzung mit den monströsen Völkern des Erdrandes. In: Die Herausforderung durch das Fremde. Hg. v. Herfried Münkler. Berlin 1998. S. 701-766; Röcke: Erdrandbewohner; Lisa Verner: The Epistemology of the Monstrous in the Middle Ages. New York/London 2005.

317 Achnitz betont, dass die positiven Konnotationen dieses Reiches entfallen, wenn ihm die christliche Basis entzogen wird. Allerdings wird der Priesterkönig Johannes im Rahmen des Turniers in Antiochia ebenfalls erwähnt (vgl. A V. 18973ff.), sein Reich ist also Teil der Erzählwelt des *Apollonius* und wird nicht durch das Goldene Tal ersetzt. Zur Erzähltradition vom Priesterkönig Johannes vgl. Wilhelm Baum: Die Verwandlungen des Mythos vom Reich des Priesterkönigs Johannes. Rom, Byzanz und die Christen des Orients im Mittelalter. Klagenfurt 1999; Ulrich Knefelkamp: Die Suche nach dem Reich des Priesterkönigs Johannes. Gelsenkirchen 1986; ders.: Der Priesterkönig Johannes und sein Reich – Legende oder Realität. In: Journal of Medieval History 14 (1988). S. 337-355; Friedrich Zarncke: Der Priester Johannes. Hildesheim/New York 1980. Nachdruck der Ausg. Leipzig 1879.

Goldene Tal herum erscheint dieses als Ursprungsort eines Großteils der Fremdheitsphänomene im Text. Zugleich wirft diese geballte und bedrohliche Fremdheit auch ihren Schatten auf das Goldene Tal, denn wie kann solche Idealität umgeben sein von derartigen menschenfeindlichen Gefahren?

Die in dem Erzählerexkurs geschilderten fremden Völker entwickeln im Folgenden keinerlei Handlungsrelevanz mehr; sie werden nicht weiter erwähnt. Die Beschreibung ihrer Sitten ist sehr knapp gehalten und zeigt keinen enzyklopädischen Anspruch.[318] Vielmehr werden die referenzialisierten Wissensdiskurse für den narrativen Raumentwurf der Episode funktionalisiert. Sie markieren die Alterität dieses Raumes, seine Unzugänglichkeit, zugleich aber auch seine exotische Faszination und Ambivalenz.

Die monstra

Die *monstra* Serpanta und Ydrogant werden wie Flata und Kolkan als teuflisch charakterisiert,[319] bei ihnen handelt es sich aber nicht um ein Mutter-Sohn-Paar, sondern um Eheleute. In die monströse Genealogie des *Apollonius* sind sie über Ydrogant eingebunden, der sich als Sohn des Pluto zu erkennen gibt (A V. 9155ff.).

Beide *monstra* sind in Heinrichs gewohnter Manier als Mischwesen in der *res composita*-Tradition beschrieben und außerordentlich hässlich. Serpanta zeichnet sich insbesondere dadurch aus, dass sie statt Haaren Schlangen auf dem Kopf trägt (A V. 9019),[320] und dass sie Gift aus ihrem Mund und ihren Nasenlöchern blasen kann (A V. 9024ff.). Ydrogant dagegen ist grasgrün, gebaut wie ein Strauß und hat einen langen Fischschwanz (A V. 9081ff.). Dieser *fischzagel* und sein Name könnten ein Verweis auf das Element seines Vaters Pluto sein, der bei Heinrich als Meeresgott beschrieben

---

[318] Dies vor allem, wenn man sie mit der Tradition der Alexanderromane und den Fremdebeschreibungen anderer Liebes- und Abenteuerromane vergleicht (vgl. Brummack: Darstellung; Kiening: Wer; Elias Koulakiotis: The Rhetoric of Otherness. Geography, Historiography and Zoology in *Alexander's Letter about India* and the *Alexander Romance*. In: Echoing Narratives. Studies of Intertextuality in Greek and Roman Prose Fiction. Hg. v. Konstantin Doulamis. Groningen 2011. S. 161-184; Röcke: Wahrheit; Angelika Zacher: Grenzwissen – Wissensgrenzen. Raumstruktur und Wissensorganisation im *Alexanderroman* Ulrichs von Etzenbach. Stuttgart 2009 (Literaturen und Künste der Vormoderne, Bd.5).

[319] Vgl. A V. 8842ff.; 9014; 9044.

[320] Es ist möglich, dass Heinrich hier auf die Darstellungstradition der Medusa zurückgreift, ohne jedoch den Aspekt des versteinernden Anblicks mit aufzunehmen.

wird.[321] Ydrogant besitzt außerdem eine Reihe von magischen Krügen, die, werden sie geöffnet, Unwetter und eine Sturmflut über das Land bringen.[322]

Der Erzähler betont auch an diesen *monstra* ihre außergewöhnliche Schnelligkeit[323] und überlegene Raumbeherrschung. Serpanta wohnt in einem *hol* in einem Berg, der die Ödnis um das Goldene Tal herum überragt, und nimmt so die überlegene Vogelperspektive ein (A V. 10679). Anders als die galacidischen *monstra* kontrollieren sie allerdings lediglich den Zugang zum Goldenen Tal, denn das Tugendrad macht auch ihnen den Eintritt in das Reich selbst unmöglich. Ydrogant und Serpanta üben also keine Herrschaft über das Reich selbst aus, sondern stehen als Blockade zwischen Reich und Umland, indem sie ein Gebiet besetzen, das *zwayer meil prait | Und langk wol funff meyle* (A V. 10675) ist. Apollonius hebt ihre Störerrolle wiederholt hervor, wenn er zuerst Serpanta[324] und dann Ydrogant ebendiese Blockade vorwirft: ‚*[...] War umb ödest du den pfat | Der in das gute lant gat?*' (A V. 9111f.). Die *monstra* dienen also als zweite, von außen hinzukommende und illegitime Grenze, die sich auf die Grenzmechanismen des Tales selbst aufsetzt. Damit wird aber die Kopplung der Zugangsregulierung an einen tugendethischen Diskurs aufgehoben. Die Grenze wird ihrer semantischen Codierung und damit ihrer gewünschten Funktion als Tugendprobe entkleidet. Zugleich stellen die *monstra* aber eine weitere Bewährungsprobe ritterlicher Befähigung dar, die, anders als die Tugendproben des Goldenen Tales, nicht künstlich hergestellt ist, sondern sich in der providentiellen Auseinandersetzung mit konkret verkörperten teuflischen Mächten entfaltet.

Dass es sich hierbei tatsächlich um einen providentiellen Kampf handelt, dessen Ausgang zugunsten Apollonius' prädeterminiert ist, bestätigt Serpanta ihm bereits bei ihrer ersten Begegnung. Sie erkennt ihren Angreifer sofort und kann ihn als Mörder Kolkans und Achirons einordnen (A V. 9068ff.). Auch ihre Vernichtung durch ihn sei vorausbestimmt: *Uns ist von im geweissaget | Das er uns hie zerstorn soll* (A V. 9064f.).[325] Allerdings irrt sich Serpanta, denn die Stunde ihres Todes ist bei Apollonius' erster Reise zum Goldenen Tal noch nicht gekommen. Ydrogant rettet sie, indem er mithilfe seiner Zauberkrüge ein Unwetter hervorruft. Nur Apollonius und sein Gefährte Climodin können sich retten und fliehen.

---

321 Vgl. A V. 4881ff.
322 A V. 9134ff. Diese Krüge werden bei der zweiten, erfolgreichen Auseinandersetzung mit den *monstra* erneut beinahe zum Verhängnis von Apollonius und seinen Gefährten, da sein Gefolge sie zerschlägt und so erneut ein dreitägiges Unwetter über das Land bringt (A V. 10872ff.).
323 *Unmassen schnel was ir ganck* (A V. 9018).
324 *Er sprach: ‚saget mir und wie | Ir di strassen vertuet | Da man zu dem lande gut | Sollte varen und reytten?'* (A V. 9032-9035).
325 Pluto hat seinen Sohn Ydrogant ebenfalls über die Taten des Apollonius informiert: *Groß ere hast du pejaget, | Das hat mir Pluto gesaget* (A V. 9115f.).

Bei der zweiten Konfrontation mit den *monstra* geht Apollonius dementsprechend klüger vor. Er berichtet seinen Verbündeten von den Wundern des Goldenen Tales und gibt dabei den Bericht Nemrottts, aber auch seine eigenen Erlebnisse und Einschätzungen wieder. An der Bedeutung dieses *abentewrs* lässt er keinen Zweifel:

> Er sprach ‚di abentewr ist groß:
> Auff erden ist nicht ir genoß.
> Nyemand auch sy gewynen kann
> Er sey dan ain rechter pider man.
> Wer auch kummet in das lant,
> Der wirt der tewrist genant
> Der auff erden ye ist geporen,
> Vor allen fursten außerkoren. (A V. 10606-10613)

Dies ist das einzige Mal, dass Apollonius anderen Figuren Informationen über einen Raum vermittelt; in allen sonstigen Fällen ist er es, dem durch andere berichtet wird.[326] In Apollonius' Darstellung nimmt das Goldene Tal die Funktion eines *abentewr*-Höhepunktes ein. Interessanterweise werden in seiner Beschreibung ritterliche, ethische und herrschaftliche Diskurse mit der Fähigkeit zur Raumdurchquerung verknüpft, denn wer das Land erfolgreich betritt, erweist sich damit nicht nur als *pider man* und *tewrist*, sondern als einer, der *[v]or allen fursten außerkoren*, d.h. hierarchisch über sie gesetzt ist, und das durch eine unspezifizierte Schicksalsmacht, die ihn auserwählt. Mit dem erfolgreichen Bestehen dieses *abentewrs* wird Apollonius also der Status als Herrscher über alle Herrscher zugesprochen, den er schließlich am Schluss des Textes auch formal annimmt.

Apollonius' Beschreibung überzeugt seine Gefährten, das *abentewr* mit ihm zu wagen. Mit einem Heer und reicher Ausstattung reisen sie zum Goldenen Tal. Diesmal schlagen sie ihr Lager in sicherer Entfernung auf. Apollonius nutzt den Unsichtbarkeit verleihenden Ring der Sirene, um sich an Ydrogant anzuschleichen (A V. 10687ff.) und dem Schlafenden zunächst den *tencken fusse* (A V. 10721) abzuschlagen. Wie bei Kolkan erfolgt seine erste Kampfhandlung also ohne Warnung und dient dazu, die überlegene Schnelligkeit des Gegners auszugleichen. Im Folgenden nutzt Apollonius alle Waffen und Hilfsmittel, die er in seinen vergangenen Abenteuern gesammelt hatte: das Schwert Kolkans, den Harnisch aus seinen Schuppen sowie den Hornbogen Achirons. Dennoch bringt ihn Serpanta mit ihrer großen Schnelligkeit in Bedrängnis. Nur der hinzukommende Printzel rettet ihn (A V. 10807ff.). Nachdem *toren* (A V. 10882) aus dem Gefolge

---

[326] An dieser Stelle wiederholt er zudem Teile von Nemrotts Bericht und die Berichtsituation und macht sie sich so zu eigen. Die Szene dient damit zugleich als Beleg für die Substitution Nemrotts durch Apollonius und die Überlegenheit Apollonius', denn anders als Nemrott schickt er nicht Kämpfer, um das *abentewr* für ihn zu bestehen, sondern begibt sich selbst in Gefahr.

Apollonius' die Krüge Ydrogants zerschlagen und damit ein schreckliches Unwetter heraufbeschworen haben, folgt eine Phase der Auflösung räumlicher Ordnung: Es wird finster wie zur Nacht und Stoßregen tötet tausende Bewohner des Landes und treibt Apollonius' Heer auseinander.[327]

Erst als am dritten Tag das Unwetter endet, können Apollonius und seine Gefährten das Tal endlich betreten. Auf dem *plan* vor der Stadt Crisan schlägt Apollonius erneut sein von Ejectas erbeutetes Zelt auf (A V. 11013ff.), macht dergestalt seinen Anspruch auf das Goldene Tal deutlich und erschafft zugleich einen Schauraum, bevor er feierlich in der Stadt einzieht. Dort verbreiten sich Neuigkeiten über die Ankunft der Fremden und ihren Sieg über die *monstra*. Durch die ausführliche Beschreibung von Bewegungen durch den Raum betont der Erzähler, dass es sich bei dieser Tat tatsächlich um eine Befreiung des Goldenen Tales handelt, auch wenn das Reich selbst weiterhin durch das Tugendrad verschlossen bleibt:

> Eyn lauffen und ain reytten
> Ward auß an dy leytten
> Do Ydrogant erslagen lag.
> Durch den wald und durch das gehag
> Wart gegen dem lant ain strassen weyt:
> Di da vor in maniger zeyt
> Ungepawt was gelegen,
> Di hette nu der werde degen
> Auff getan mit seiner handt. (A V. 11161-11169)

Apollonius' Herrschaftshandeln wird hier explizit als Öffnung des Raumes beschrieben, die zu erhöhter Beweglichkeit für alle Figuren führt. Besonders die Infrastruktur von Straßen und Wegen wird hervorgehoben: *Paide steyg und stege | Wurden von den leutten vol* (A V. 11193f.). Auch an die umliegenden Reiche wird das Tal mit Straßen angebunden.[328] Schon alleine mit dieser Tat, das wird von Stadtbewohnern betont, habe Apollonius sich die Krone des Reiches verdient.[329] Die Öffnung des Raumes wird also als Herrschaftshandeln aufgefasst.

Fürst Arfaxatt[330] heißt Apollonius und seine Gefährten willkommen und führt sie nach aufwändigen Feierlichkeiten zu dem goldenen Tugendrad, welches die Stadt Crisan vom Goldenen Tal trennt.

---

327 *Do ward manig helt ain zag, | Das er in den walt floch, | Das ander auff die perge hoch* (A V. 10907).
328 *Man mochte wol di strassen han | Von Armenia und von Wulger lant: | Gute strasse man dar vant, | Das di strassen ainen tag | Ungepawet nicht enlag* (A V. 11197-11201).
329 ,*Der den tievel hat erslagen, | Der soll mit gantzem rechte tragen | Di crone hie zu Crisa.*' | *Si sprachen alle ,ja* (A V. 11155ff.).
330 Achnitz identifiziert Arfaxatt unter Vorbehalt mit dem König der Meder aus dem Buch Judith, der von Nebukadnezar angegriffen wird (Achnitz: Babylon, S. 311ff.). Diese biblische Bedeutungsschicht überhöhe das folgende Geschehen im Goldenen Tal zum Kampf zwischen Gut und Böse (vgl. ebda.).

Die Tugendproben

Gehäuft wird in dieser Episode betont, dass nur ein wahrhaft sündenloser und tugendhafter Mann das Goldene Tal betreten kann, und nur der tugendhafteste aller Männer kann auf die Hand der Königstochter, Diamena, und damit die Herrschaft über das Tal hoffen (A V. 8949-8954). Um die Eignung ihrer Werber zweifellos festzustellen, hat Diamena *ain abentewr | In dem lande gelait* (A V. 8956f.), das aus der Abfolge von Tugendproben besteht. Bereits aus der oben geleisteten kurzen Zusammenfassung wird deutlich, dass die Tugendproben des Goldenen Tals wesentlich räumlich organisiert sind und mit der Bewegung von der Peripherie des Reichs bis zu seinem Zentrum korrespondieren. Jede bestandene Probe ermöglicht einen räumlichen Fortschritt, dessen Ziel- und Endpunkt die Begegnung mit Diamena ist. Auf diese Weise fungiert jede Tugendprobe zugleich als Binnengrenze innerhalb des Reiches. Diese Grenzen müssen von Apollonius überwunden werden.

Obwohl die Proben vor allem auf den Nachweis von Apollonius' Idealität zielen, ist er ständig umgeben von anderen Figuren, die vor allem drei Funktionen ausüben: Die erste Funktion ähnelt der einer Kontrollgruppe, sie wird v.a. von seinen Gefährten und Gefolgsmännern übernommen. Indem diese zusammen mit Apollonius die Proben zu bestehen versuchen und nach und nach an ihnen scheitern, wird das mögliche Misslingen des *abentewrs* präsent gehalten. Apollonius' Leistungen werden mit denen seiner Gefährten verglichen, wodurch eine Hierarchie von Idealität etabliert wird. Diese Hierarchie und die zunehmende Exklusivität der zugänglichen Orte werden durch die kleiner werdende Figurengruppe auch räumlich exemplifiziert. Da es sich bei den erwähnten Figuren allesamt um Herrscher oder die Söhne von Herrschern handelt, bieten die Aufzählungen der Gruppenmitglieder darüber hinaus auch eine stetig kleiner werdende Abfolge von Reichs- und Städtekatalogen.[331]

Zweitens dienen Figuren wiederholt als Boten, die im Auftrag von Diamena handeln und Apollonius Nachrichten oder Geschenke überbringen und umgekehrt Neuigkeiten über Apollonius' Fortschritt zu Diamena tragen.[332] Diese Figuren, die u.U. zusätzlich auch andere Funktionen ausüben, verknüpfen die Stationen von Apollonius' Weg mit seinem Endpunkt, klappen also den Raum des *abentewrs* gleichsam zusammen und halten das angestrebte Ziel präsent. Zugleich stellen sie neben dem ‚offiziellen' Werbungshandeln, also den Tugendproben, auch noch eine private Werbebeziehung

---

331 Vgl. A V. 11321ff.
332 Vgl. A V. 11456ff.

zwischen Diamena und Apollonius her, die sich bis zum Höhepunkt der Episode nur medial vermittelt vollzieht.

Bei der dritten Gruppe handelt es sich um ortsansässige Begleitfiguren. Sie erklären und deuten die vor Apollonius liegenden räumlichen Herausforderungen, interpretieren aber auch seine Leistungen im Kontext der Proben. Ihre Funktion ist der des *angelus interpres* in den Traditionen der Jenseitsreisen und -visionen der mittelalterlichen Literatur vergleichbar,[333] nur ist sie weltlich gewendet und zielt statt auf einen christlichen vor allem auf einen weltlich-ritterlichen Interpretationsrahmen. Ihre vorausgehenden Erklärungen und anschließenden Allegoresen der Tugenproben bilden den normativen Rahmen, innerhalb dessen Apollonius sich bewähren muss und seine Leistungen bewertet werden. Darüber hinaus exemplifizieren sie aber auch bestimmte Stufen der Tugendhaftigkeit. Der Name des Königs Candor beispielsweise bedeutet, wie Achnitz betont, Redlichkeit oder Reinheit,[334] er steht allegorisch für die höchste Stufe der Tugendhaftigkeit. Fürst Arfaxatt dagegen, der Apollonius und seine Gefährten bis zum Tugendrad führt und diese Probe für sie erläutert und interpretiert, kann selbst das Goldene Tal nicht mehr betreten, da er vor 20 Jahren außerhalb des Tales eine Tjoste verweigert hatte. Daraufhin wirft ihn das Rad in den Fluß, beschert ihm also einen räumlich visualisierten Sündenfall. Der ursprünglich aus dem Goldenen Tal stammende Fürst lebt seitdem außerhalb des Reiches und dient so als Exempel eines möglichen Scheiterns.

Die Tugendproben selbst lassen sich grob in zwei Gruppen aufteilen: Die erste umfasst Kämpfe, die an aufeinander folgenden Orten stattfinden; es sind also die Bewohner des Reiches, die die Proben durchführen. Bei der zweiten Gruppe handelt es sich um räumliche Strukturen bzw. architektonische Elemente, die, mit einem übernatürlichen Agens versehen, selbst zu einer Tugendprobe werden. Hierzu zählen u.a. das Tugendrad, der Tugendbrunnen und eine Treppe, deren Stufen für einzelne Tugenden stehen. Die Proben sind gerahmt von vorausgehenden Erklärungen und anschließenden Feierlichkeiten, Berichten an Diamena und ihre anschließende Freude bzw. Vergabe von Geschenken an die heranreisenden Ritter.

Bauliche Elemente, *mirabilia* und Bewohner des Reiches sind dergestalt verknüpft[335] in einer räumlichen Anordnung von Tugendproben, die das ganze Reich miteinbezieht. Die folgende Analyse wird sich auf die Tugendproben der Gruppe zwei konzentrieren, die von weitaus höherem Interesse für den Raumentwurf des Goldenen Tales sind.

---

333 Vgl. hierzu Benz: Gesicht; Hansgünter Reichelt: *Angelus interpres* – Texte in der Johannes-Apokalypse. Strukturen, Aussagen und Hintergründe. Frankfurt am Main et al. 1994.
334 Achnitz: Babylon, S. 322.
335 Dies wird auch deutlich an den Namen der Turniergegner, die sich häufig aus den Namen ihrer Städte ableiten: Walsat aus Walsamit, Florian aus Floripart etc.

Das Tugendrad ist, wie alles in diesem Reich, aus Gold gemacht und mit wertvollen Edelsteinen besetzt (A V. 11206). Wer *an alle missetat* (A V. 11214) ist, kann durch das Rad hindurch ins Goldene Tal reiten. Alle anderen werden von dem Rad *inn den pach* (A V. 11221), also den darunter fließenden Fluss geworfen, dessen starke Strömung lebensgefährlich ist. Das räumliche Umfeld des Rades wird nicht beschrieben, nur seine Kostbarkeit und die Gefahren des Flusses werden betont. Als Zeugen treten eine Reihe von Jungfrauen auf. Die Passage wird bestimmt von den räumlichen Oppositionen oben/unten, die sich auf das Durchreiten des Rades bzw. den Sturz in den Fluss beziehen, sowie außerhalb/innerhalb. Das Rad wird als Fokuspunkt inszeniert, als Zentrum eines Koordinatensystems, von dem aus die jeweiligen semantisch codierten räumlichen Achsen als Beweis von Tugendhaftigkeit (oben und innerhalb) respektive mangelnder Tugend (unten und außerhalb) gedeutet werden. Zugleich wird der klare offen/zu-Verschlussmechanismus, der mit einer ja/nein-Bewertung der Tugendhaftigkeit der Figuren korreliert, durch Arfaxatts Erzählung problematisiert. Denn Arfaxatts Gründe für die Verweigerung einer Tjoste außerhalb des Tals sind – seiner eigenen Rechtfertigung folgend – tugendhaft: Sein Herausforderer hatte bereits in einer vorangehenden Tjoste gegen ihn verloren (A V. 11278ff.) und Arfaxatt wollte ihm die weitere Schmach ersparen. Arfaxatts Handeln wird von ihm selbst positiv, von seinem Gegner negativ als *zagheit* (A V. 11297) interpretiert. Die Entscheidung des Tugendrades scheint die negative Interpretation zu bestätigen, auch wenn die Darstellung der Figur in dieser Passage rein positiv erscheint. Derartige Ambivalenzen lassen sich bei nahezu allen Tugendproben ausmachen und sollen im Anschluss an die Analyse genauer diskutiert werden.

Abgesehen vom Tugendrad finden alle Proben der zweiten Gruppe in der Hauptstadt des Reiches, Crisa,[336] statt. Nahe der Stadt besitzt Candor eine Burg, auf der sie die Nacht verbringen (A V. 11685ff.). Candor beschenkt sie reich und führt sie in seinen *wurtz garten* (A V. 11729), der unterhalb der *veste* Lisemunt liegt, wo Diamena lebt (A V. 11745f.). Von diesem Punkt an wird der Peripherie/Zentrum-Relationierung des Raumes eine unten/oben-Relationierung hinzugefügt, denn einige der folgenden Tugendproben zielen auf den Aufstieg zu dieser Feste.

> Das gärttel hett ain gulden tor,
> Do stund ain grosser riß vor.
> Er hette ain stang, di waz groz
> Ain klafter. prunne pey im floß

---

[336] Der etymologisch durch den Erzähler vom Wort ‚Gold' hergeleitete Name der Stadt ist in dieser Episode so allgegenwärtig wie das Edelmetall selbst. Die Stadt vor dem Eingang zum Reich heißt Crisan, das Reich selbst heißt Crisa, ebenso seine Hauptstadt und der Fluss, der diese Stadt durchfließt (vgl. A. V. 11665ff.).

Mit zwelff roren gulden.
Ain kar, das was smaragdein,
Dar inne der lawter prunne clang. (A V. 11748-11754)

Dieser Brunnen hat die Eigenschaft, hineingetauchte Hände je nach dem Grad der Sündhaftigkeit einer Figur schwarz zu färben. Nur wer ohne den geringsten Makel ist, kann diesen Garten betreten, ohne vom Riesen getötet zu werden. Der ja/nein-Zugangsmechanismus des Tugendrades wird hier ergänzt durch eine graduelle Abstufung der Sündhaftigkeit, die durch die Färbung der Hände visualisiert wird. Entgegen der von der Erzählung aufgebauten Erwartungshaltung ist keiner der von außen kommenden Ritter ohne Makel; selbst Apollonius wird der *klaine nagel | Schwartz als aines peren zagel* (A V. 11766f.), während sich die Hände etlicher Ritter ganz schwarz färben.

Die derart als Körperzeichen manifestierte Sündhaftigkeit ruft einen Beichtdiskurs auf, der zur Selbstbefragung motiviert, denn der Ursprung dieser Sünden muss ermittelt werden (A V. 11780). Dieser biographische Diskurs wird überführt in einen religiösen, denn die Ritter können ihre *mail* nur loswerden, indem sie der Göttin Venus im nahe gelegenen Tempel ihre Sünden beichten. Dieser Tempel wird als *sinebel als ain kloß* und *ze massen groß* (A V. 11796ff.) beschrieben, ist ansonsten aber ganz auf seine Handlungsfunktion ausgerichtet. Er gehört der Göttin Venus.

Venus wird an dieser Stelle und auch in der folgenden Handlung wiederholt als *susse mynne* apostrophiert.[337] Sie erscheint so als ‚heidnische' Göttin und Personifikation im Sinn der *fraw minne* zugleich[338] und folglich richten sich auch die folgenden Sünden weitestgehend auf die Beziehungen der Männer zu schönen Frauen aus. Apollonius beichtet seine Sehnsucht nach Diamena und seine unreinen Gedanken in Bezug auf weitere Frauen: *Zehant ward im der nagel weiß* (A V. 11833). Auch die anderen Ritter beichten und benötigen teilweise die Vermittlung des Venuspriesters, bevor auch ihre Hände *weyß als ain schne* (A V. 11871) werden. Die Situation birgt Paradoxiepotential, ist doch Venus mit ihrem *mynne fewre* (A V. 11883) selbst

---

337 Vgl. auch A V. 11819.
338 Vgl. hierzu Lea Braun: Die Kontingenz aus der Maschine. Zur Transformation und Refunktionalisierung antiker Götter in Heinrichs von Veldeke „Eneasroman" und Heinrichs von Neustadt „Apollonius von Tyrland". In: *Contingentia*. Transformationen des Zufalls. Hg. v. Hartmut Böhme, Werner Röcke und Ulrike C. A. Stephan. Berlin/Boston 2016 (Transformationen der Antike, Bd. 38). S. 189-210; zur Remythologisierung der Venus als literarischer Liebesgöttin vgl. Udo Friedrich und Bruno Quast (Hg.): Präsenz des Mythos. Konfigurationen einer Denkform in Mittelalter und Früher Neuzeit. Berlin/New York 2004; Manfred Kern: Edle Tropfen vom Helikon. Zur Anspielungsrezeption der antiken Mythologie in der deutschen höfischen Lyrik und Epik von 1180-1300. Amsterdam/Atlanta 1998; Antje Sablotny: Frau Minne im Dialog. Zum poetologischen Potenzial einer sprechenden Allegorie. In: Aspekte einer Sprache der Liebe. Formen des Dialogischen im Minnesang. Hg. v. Marina Münkler. Berlin et al. 2011 (Publikationen zur Zeitschrift für Germanistik, Bd. 21). S. 157-183.

verantwortlich für die Gedanken der Männer, die sie nun als sündhaft verurteilt. Zugleich bieten die Beichten der Ritter eine Reihe erotischer *descriptiones* schöner Frauen, was wohl auch ein Grund für ihre ausführliche Wiedergabe sein dürfte.

Mit ihren frisch weiß gefärbten Händen folgen die Ritter Candor nun durch das goldene Tor in seinen *wurtz garten*. Darin findet sich eine achteckige Säule aus durchsichtigem Kristall: *Man sach sich da inn uberal, | Wer vor der tür hie aussen was* (A V. 11997). Zu dieser Säule führen acht Stufen, die im Toreingang beginnen.

Diese Treppe bleibt in ihrer Funktion zunächst unerklärt. Candor steigt sie hinauf und Apollonius will ihm folgen:

> Der Tyrer wolt nach im gan:
> Do er den vierden staphen dratt,
> Do gie er umb als ain rad
> Und viel zu der tür auß
> Auff den rucken und auff den strauß. (A V. 12009-12013)

Auch die anderen Ritter versuchen den Aufstieg. Einige scheitern bereits an der ersten Stufe; niemand jedoch schafft es bis hoch zur achten. Candor erklärt, die Steine der Treppe seien so *lawter und raine | Das es kain missetat | Auff im in den garten lagt* (A V. 12042-12045).

Jede der Stufen bestraft Candor zufolge eine spezifische Sünde. Achnitz bereitet diesen Sündenkatalog wie folgt auf:[339]

1. *spot*	Hohn(rede) (angeboren)	*maledictum*
2. *archeit*	Bosheit, Schlechtigkeit	*malitia*
3. *vûlheit*	Faulheit	*acedia*
4. *zagheit*	Feigheit	*ignavia*
5. *lügelicheit*	Lügenhaftigkeit (angeboren)	*mendacitas*
6. *hôchvart*	Stolz	*superbia*
7. *ruom*	Selbstlob, Prahlerei (angeboren)	*iactantia*
8. *trunkenheit*	Trunkenheit	*luxuria*

Er betont, dass sich aus der Verkehrung dieser Laster ins Positive kein kohärentes Tugendsystem ergibt – der Katalog ist nicht christlich und deckt sich auch nicht mit dem Schema der sieben Todsünden.[340] Für meine Untersuchungszusammenhänge ist die räumliche Ausprägung des Sündenkatalogs von besonderem Interesse: Wieder wird die eigentlich kategorische Frage nach Sündhaftigkeit (codiert als innerhalb/außerhalb) graduell gestuft visualisiert und mit einer oben/unten-Relationierung verbunden. Die

---

[339] Vgl. Achnitz: Babylon, S. 320.
[340] Ebda., S. 320ff. Dort auch eine ausführliche Diskussion der Tugenden und Verweise auf literarische Traditionen, auf die Heinrich hier zurückgreifen könnte.

räumliche Anordnung der Treppenstufen realisiert Tugendhaftigkeit als ungehindertes Voranschreiten, das zugleich eine bessere Sicht auf die weiter oben gelegenene Säule ermöglicht. Damit gestaltet sich diese Tugendprobe weit stärker auf räumliche Binnendifferenzierungen ausgerichtet als vergleichbare Proben in der Erzähltradition des Mittelalters.[341]

Indem die Ritter beim Besteigen der Treppe straucheln und fallen, wird der Fall in den Fluss beim Tugendrad wieder aufgerufen. Hier ist es aber schon die bloße Bewegung, die den Rittern ohne erkennbaren äußeren Einfluss unmöglich wird. Mit Lotman gelesen wird die Beweglichkeit der Figuren mit ihrer Tugendhaftigkeit verknüpft. Jede Treppenstufe ist eine neue Grenze, die semantisch auf eine bestimmte Sünde hin codiert wird. Diese Codierung bestimmt die Zugänglichkeit des Raumes. Weitere Zugangsmechanismen wie Räder, Riesen oder verschlossene Tore fallen weg – die Stufe ist Raum und Grenze zugleich; die ganze Treppe stellt damit einen binnendifferenzierten Grenzraum dar.

Das Scheitern aller Ritter, zunächst auch des Apollonius, widerspricht der aufgebauten Handlungserwartung, ist Apollonius doch die Heirat mit Diamena und die Herrschaft über das Reich immer wieder zugesagt worden. Zugleich unterläuft diese Tugendprobe das Ergebnis der vorausgehenden Probe und die Absolution durch Venus, die die Ritter ja makellos hätte hinterlassen sollen. Die verschiedenen räumlichen Visualisierungsstrategien ergänzen sich nicht zu einer kohärenten Probe, sondern treten in Konkurrenz zueinander.

Wieder müssen Apollonius und seine Gefährten den Venustempel aufsuchen, um ihre Sünden zu beichten. Als Apollonius Frau Venus befragt, wann und wo er *gewesen ain zage* (A V. 12122), spricht sie direkt zu ihm und benennt jene Kämpfe als Problem, bei denen Apollonius die *monstra* in unsichtbarem Zustand angegriffen und verwundet hatte (A V. 12129ff.). Anstatt wie erwartet jedoch seine Taten zu bereuen und Absolution zu erhalten, tritt Apollonius an dieser Stelle in einen Konflikt mit der Göttin ein. Zwar bezeichnet er sie als *grosser haylant* (A V. 12147), zugleich widerspricht er ihrer Einschätzung entschlossen (A V. 12152ff.) und fordert die Absolution ein. Venus gewährt sie ihm.

Sie weist ihn an, sich beim Turnier am kommenden Tag an Diamena zu erinnern und ihren Anblick zu suchen, um Kraft für den Kampf zu gewinnen, und warnt ihn vor der kommenden Gefahr eines Löwenkampfes, den er ohne Waffen wird bestehen müssen. Auch die Hochzeit zwischen

---

[341] Vgl. Sandra Linden: Tugendproben im arthurischen Roman. Höfische Wertevermittlung mit mythischer Autorität. In: Höfische Wissensordnungen. Hg. v. Hans-Jochen Schiewer und Stefan Seeber. Göttingen 2012 (Encomia Deutsch, Bd. 2). S. 15-38.

Apollonius und Diamena sagt Venus voraus (*Dyamena wirt dein weyb*, A. V. 12224).

Nach Turnier, Festen und Löwenkampf begeben sich Apollonius und seine Männer erneut in den Garten und passieren den Brunnen ohne Makel (A V. 12636ff.). Doch auf der fünften Stufe der Treppe scheitert Apollonius erneut:

> Do er den funften staphen ging,
> Di stiege in nicht wol enpfieng.
> Si hub in auff geleich enpor
> Und warff in auß fur das tor,
> Das er auff der erden lag.
> Apollonius do erschragk. (A V. 12643-12648)

Der Allegorese Candors zufolge bedeutet dieser Fall das Ende von Apollonius' *abentewr*, denn anders als *zagheit* ist *luge* eine angeborene Sünde, die nicht vergeben werden kann: *Luge get in den garten nicht* (A V. 12659). Doch weder Diamena noch ihr Vater akzeptieren das Urteil der fünften Stufe. Diamena sendet Apollonius einen Ring, dessen Kraft die Macht der Stufe überwindet,[342] und Candor schickt Apollonius noch einmal in den Tempel, um mit Venus zu sprechen. Die benennt als Grund für Apollonius' Scheitern einen Identitätsschwindel. In Nemrottts Gefangenschaft hatte er sich als Lonius ausgegeben und damit *ain luge* (A V. 12698) begangen. Apollonius argumentiert erfolgreich, es handele sich bei Lonius lediglich um eine Diminutivform von Apollonius. Candor beschließt seine Unschuld:

> Di schuld hiesse Candor,
> Der stund pey der tür hie vor.
> Er sprach ‚Di schuld ist raine:
> Lonius der ist aine.'
> Venus di gap im pusse. (A V. 12717-12721)

Als Buße gibt Venus ihm auf, jede Bitte einer Jungfrau oder eines einer schönen Frau in Zukunft zu erfüllen. Nachdem das Urteil der Tugendtreppe so noch einmal Mal korrigiert wurde, zieht Apollonius heimlich den Ring Diamenas auf, um ein weiteres Scheitern zu verhindern (A V. 12737ff.). Erfolgreich steigt er nun die Treppe hinauf. Seine Gefährten versuchen ihm zu folgen, scheitern aber auf unterschiedlichen Stufen. Ihre Sünden werden von Candor gedeutet; sie verbleiben auf der höchsten ihnen zugänglichen Stufe, um die Säule sehen zu können. Nur Printzel von Warcilone und Palmer von Syria gelingt es mit einigen Schwierigkeiten, die Treppe ganz zu erklimmen. Insgesamt stellt sich die Abfolge der Proben also wie folgt dar:

---

[342] „*Sage dem von Tyrlant* | *Das er es* [den Ring, LB] *neme an di hant.* | *Der stain hatt so grosse kraft:* | *Wär er mit missetat behafft,* | *Deß er doch nicht en ist,* | *Er get hin ein an alle frist.'* (A V. 12671-12676).

Gruppe 1: Kämpfe in	Gruppe 2: räumliche Proben	Die Probe bestehen nicht	Erklärung/Deutung durch
	Tugendrad: 30 Männer bestehen	Assur, Wilhalm Ungenannte weitere	Arfaxaxt
Walsamit			Zuletzt besiegter Fürst
Floripart			
27 weitere Städte			
Montaros			Candor und Sohn
Crisa			Candor
	wurtzgarten: Wunderbrunnen, goldenes Tor	Alle Ritter scheitern	
	Tempel: Absolution		Priester
	wurtzgarten: Wunderbrunnen		Candor
	Treppe mit a*cht stapfen*	Alle scheitern, Apollonius auf der 4.	
	Tempel		
Turnier in Crisa			Venus, Candor
Löwenkampf im Baumgarten			Venus
	Wunderbrunnen		
	Treppe	Apollonius scheitert auf der 5. Stufe	Candor, Venus
	Tempel		
	Treppe	Alle bis auf Apollonius, Printzel und Palmer	

Auffällig an dieser Aufstellung ist, dass die ritterlichen Prüfungen im Kampf gegen die Bewohner des Tales durchgängig bestanden werden; das räumliche Voranschreiten geschieht bei den Proben der ersten Gruppe problemlos. Die architektonischen und damit als Raumelemente realisierten Proben dagegen müssen bis auf das initiale Tugendrad durchgängig wiederholt werden. Das dichotomische ja/nein-Ergebnis der ersten Probe (gestaltet nach den räumlichen Relationen oben/unten sowie innerhalb/außerhalb) wandelt sich im Verlauf der Proben zu einem graduellen Modell. Am Schluss steht die ganz auf Abstufungen ausgerichtete Treppe, die den weniger Sündhaften zumindest einen Blick in den Garten ermöglicht. Indem die Gefährten des Apollonius auf ihren jeweiligen Stufen stehen bleiben, bilden sie ein räumlich realisiertes Tableau der Abstufungen von Tugend und Sünde.

Das Goldene Tal, so hat sich in der Analyse erwiesen, ist bis zu diesem Punkt durchgängig nach den Regeln einer umfassenden Tugendprobe organisiert. Der Raumentwurf des Reiches ist dadurch streng nach einer Zentrum/Peripherie- sowie oben/unten-Hierarchie geordnet, die semantisch codiert ist. An der Spitze der Tugendhierarchie stehen Candor, seine Frau, seine Kinder und Apollonius. Sie sind zugleich die herrschende Familie des Goldenen Tales. Mit Printzel und Palmer dringen zusätzlich zu Apollonius zwei weitere Figuren bis ins Zentrum des Reiches vor; es ist aber hervorzuheben, dass es sich bei beiden um Apollonius' Schützlinge handelt, die er selbst ausgebildet hat. Sie gehören also seiner *familia* an. Tugendhaftigkeit wird hier gleichgesetzt mit Herrschaftslegitimation. Beides drückt sich aus in der Beweglichkeit der Figuren auf das Zentrum des Reiches hin. Dieses

Zentrum wird nun hyperbolisch unter höchster Prachtentfaltung als ein *ander paradeyß* inszeniert.

Ein ander paradeyß?

Candor begrüßt Apollonius herzlich in *deß wunsches garten* (A V. 12864). Er bekräftigt noch einmal, dass der erfolgreiche Eintritt in den Garten gleichzusetzen ist mit der Heirat Diamenas und der Herrschaft über das Land.[343] Hierfür werden die im Text häufig verwendeten Formeln des geöffneten und wartenden Reiches verwendet.[344] Am Eingang des Gartens vorgelagert steht die erwähnte Säule, die das Ansehen auch der entferntesten Orte möglich macht.[345] Wer in die Säule blickt, sieht, *[w]as uber tausent meyle geschicht. | Gedenck an welcher slachte er wil, | Des sicht er lutzel oder vil* (A V. 12073ff.).

Die Säule kann, wie die ihr sehr ähnliche Säule des *Schastel marveiles* im *Parzival*,[346] als Kompensation der räumlichen Isolation dieses Ortes interpretiert werden. Da Diamena und ihre Mutter den Garten und die Feste Lisemunt scheinbar nie verlassen, ermöglicht ihnen die Säule wenigstens das Anschauen fremder Orte. Vor allem fungiert die Säule aber als Machtinstrument, denn sie ermöglicht die Entgrenzung der herrschaftlichen Kontrolle weit über die räumlichen Verfügungsmöglichkeiten eines reisenden Herrschers hinaus. Allerdings ist die Wirksamkeit dieses Instrumentes abhängig von der Klugheit ihres Nutzers, denn was und wie viel der Blick in die Säule offenbart, hängt von seinen Gedanken ab. Apollonius und seine Gefährten nutzen die Säule, um die Stationen seiner Reisen virtuell abzuschreiten. Apollonius sieht zuerst Tarsis (A V. 12877) und findet seine Tochter gesund vor; er betrachtet Altistrates in Pentapolis (A V. 12882) und Galacides (A V. 12888). Printzel blickt nach Warcilone und entdeckt, dass seine Frau gestorben ist (A V. 12891ff.). Palmer dagegen ertappt seine Frau beim Ehebruch (A V. 12907ff.). Interessant an diesem bildlichen Nachvollzug ist die Verknüpfung von Räumen mit geliebten Frauen bzw.

---

[343] Vgl. Burkhardt Krause: „er enpfienc diu lant und ouch die magt": Die Frau, der Leib, das Land. Herrschaft und *body politic* im Mittelalter. In: *Verleiblichungen. Literatur- und Kulturgeschichtliche Studien über Strategien, Formen und Funktionen der Verleiblichung in Texten von der Frühzeit bis zum Cyberspace.* Hg. v. dems. und Ulrich Scheck. St. Ingbert 1997 *(Mannheimer Studien zur Literatur- und Kulturwissenschaft, Bd. 7)*. S. 31-82.

[344] *Ditz land ist von euch auff getan: | Deß müsset ir ymmer ere han. | Ditz edel kunigreiche | Sol ew vil gar aigenleiche | Mit gantzem willen warten* (A V. 12859-12863).

[345] Zur Tradition solcher Säulen in der mittelalterlichen Literatur vgl. Alastair Matthews: From Seeing to Feeling: Constructions of Simultaneity in Medieval German Narrative. In: From Magic Columns to Cyberspace. Time and Space in German Literature, Art, and Theory. Hg. v. Daniel Lambauer, Marie Isabel Schlinzig und Abigail Dunn. München 2008. S. 17-30; Werner Wolf: Die Wundersäule in Wolframs *Schastel marveile*. Helsinki 1954.

[346] Vgl. Wolfram von Eschenbach: Parzival, V. 592,1-4.

Familienmitgliedern. Auch die epistemische Begrenztheit der Benutzer dieser Säule wird deutlich, denn Apollonius sucht nicht nach Lucina, weil er sie für tot hält, und findet sie deshalb auch nicht lebendig.

Die Idealität dieses Ortes ist seinem räumlichen Entwurf eingeprägt. Auf das Phantasma des grenzenlosen Blicks folgt eine Gartenbeschreibung, die edle und exotische Tiere und Pflanzen in Überfülle bietet.[347] Die Singvögel *lerche, nachtegail, sittich* und *galander* erfüllen den Garten mit *susse[m] schal* (A V. 12937ff.); auch ein *pellican* und damit ein Tier, dass in der allegorischen Tradition für Christus steht,[348] hält sich im Garten auf.

Der zweite Schatz des Gartens ist ein Jungbrunnen, dessen Wasser jeden Menschen *jungk und wolgestalt | Als er sey zwaintzig jar alt* (A V. 12088) macht und körperliche Makel beseitigt. Das Wasser wirkt aber nicht nur positiv auf den Körper des Badenden, sondern beeinflusst auch seinen Geist. Wer es trinkt, der *wirt synnig und weyse*, so dass er *Kunigen, fursten raten kann* (A V. 12090ff.).

Das Bad im Brunnen setzt den Badenden in einer Wissens- und Kompetenzhierarchie neben oder sogar über diese potentiellen Herrschenden. Damit ist die geistige Veränderung, die der Brunnen verursacht, einerseits spezifisch weltlich ausgerichtet, andererseits ebenso wie die die Säule in ihrer Wirkung auf Herrschaft hin orientiert.

Der Wert des Brunnens wird auf verschiedenen Ebenen pleonastisch inszeniert. Selbst wenn *alle perge golt* (A V. 12954) wären, sei der Brunnen wertvoller, betont Candor. Er ist selbst schon in seiner materiellen Ausstattung so schön, dass der Erzähler ihn als *das ander hymelreich* (A V. 12984) beschreibt. Es findet sich eine Häufung von Glanz- und Helligkeitsvokabeln. Die Architektur des Brunnes ist auf die Zahl vier ausgerichtet, was seine Perfektion auch zahlensymbolisch zum Ausdruck bringt.

Apollonius, Printzel und Palmer tauchen im Brunnen unter und verwandeln sich sogleich in wunderschöne junge Männer *[d]i in der pluenden jugend sollten sein. [...] | Si waren geleich ane wer | Dem hymelischen her* (A V. 13014-13018). Auf die wundersame Verjüngung folgt eine rituelle Neueinkleidung, und erst hierauf betreten Apollonius und seine Männer das *sanctum sanctorum* des Goldenen Tals, jenen Wundergarten voller Automaten und *mirabilia*, als dessen Höhepunkt ihnen die Königin, ihre Tochter und deren Jungfrauen präsentiert werden.

Das Motiv der wunderbaren Verjüngung durch das Bad in einem Brunnen ist weitverbreitet in nicht nur mittelalterlichen Erzähltraditionen.[349] Das

---
347 Zu den *edlen pewmelein* gehören *muscat, nagelein, cardamom,* und *muscat pluet* (A V. 12933ff.).
348 Vgl. Christian Hünemörder: Art.: „Pelikan". In: Das Lexikon des Mittelalters. Bd. 6. Hg. v. Robert-Henri Bautier et al. München. Stuttgart/Weimar 1999. Sp. 1864f.
349 Vgl. für das folgende Dieter Arendt: Das Symbol des Brunnens zwischen Antike und Moderne. In: Welt und Wort 26 (1971). S. 286-297; Karin Döring-Mohr: Die ikonographische Entwicklung

für den christlichen Kontext wohl bedeutsamste Wassermotiv ist der *fons vitae* oder später *fons pietatis* – das Lebenswasser, das bereits von Ambrosius mit den Paradiesströmen identifiziert wird und das dann in den theologischen Diskursen des frühen Christentums und Mittelalters metaphorisch für Christus, Gott, die Kirche oder Maria steht.[350] Dieses Wasser heilt zwar und schenkt ewiges Leben, jedoch nicht im Hinblick auf den Körper, also die irdisch-weltliche Sphäre. Das hier geschenkte ewige Leben ist klar spirituell-sakral zu verstehen, es steht also gerade im Kontrast zum profanen Motiv des Jungbrunnens, das auf die Verleihung körperlicher Schönheit und Jugend ausgerichtet ist. In die volkssprachige Literatur tritt das Motiv zum einen aus den Erzählungen über den Priesterkönig Johannes ein.[351] Der Jungbrunnen, hier eine Quelle, ist in einem Hain in Indien situiert und wird vom Paradiesstrom gespeist. Auch in der Alexandertradition taucht das Motiv eines magischen Brunnens auf, der wiederbelebt und in Indien verortet wird.[352]

Heinrich bewegt sich also innerhalb der Erzähltraditionen über den Jungbrunnen, wenn er ihn nahe Indien im Goldenen Tal verortet. Jungbrunnen sind meist, wie im *Apollonius*, mit staunenswerten *mirabilia* verknüpft, sie sind oftmals in der Fremde oder an abgelegenen Orten mit scharfen Zugangskontrollen situiert. Das Motiv oszilliert in seinen Ausprägungen und symbolischen Aufladungen zwischen weltlich-sinnlicher und christlich-metaphorischer Schwerpunktsetzung. Im Allgemeinen dient es der Markierung von Exzeptionalität des Protagonisten und des Raumes, in

---

    des Jungbrunnens und sein inhaltlicher Wandel. Diss. (masch.) Aachen 1999; Anna Rapp: Der Jungbrunnen in Literatur und bildender Kunst des Mittelalters. Diss. (masch.) 1976; Maj-Brit Waddel: *Fons Pietatis*. Eine ikonographische Studie. Göteborg 1969; Karl Matthäus Woschitz: *Fons Vitae* – Lebensquell. Sinn- und Symbolgeschichte des Wassers. Freiburg/Basel/Wien 2003; vgl. zu der Episode auch Achnitz: Babylon, S. 322ff.; Harald Haferland: Apollonius im Jungbrunnen. In: Landschaft – Gärten – Literaturen. Festschrift für Hubertus Fischer. Hg. v. Irmela von der Lühe und Joachim Wolschke-Bulmahn. München 2013 (CGL Studies, Bd. 19). S. 129-146.

350 Vgl. Waddel: Fons; Woschitz: Fons.

351 Die wahrscheinlich älteste Erwähnung eines Jungbrunnen findet sich im fiktiven Brief des Priesters Johannes an Manuel I. Komnenos in Konstantinopel (wohl vor 1177) Am 29.9.1177 stellt Papst Alexander III. den Antwortbrief aus, ein häufig genanntes Datum für den Brief ist 1165 (Albericus Trium Fontium datiert ihn so Mitte des 12. Jhs). Quellen für den Brief sind der Bericht *De adventu Patriarchae Indorum ad Urbem sub Calisto papa secundo*), nach dem am 5.5.1122 der Patriarch von Indien am Hof von Konstantinopel empfangen wurde, und Otto von Freising, dessen Chronik zufolge Otto 1145 von Priester Johannes hört, der von den Heiligen drei Königen abstamme. Überliefert ist der Brief breit, noch in 5 Handschriften aus dem 12. Jahrhundert. ohne Interpolationen. Nach Zarncke ist der *Jüngere Titurel* die früheste deutsche Bearbeitung; vgl. Zarncke: Priester.

352 Bei Pseudo-Callisthenes findet Alexander „den Brunnen der wiederbelebt, sowie den Brunnen, der unsterblich macht. Der Jungbrunnen tritt im Alexanderstoff erst um 1170/80 in der Version des Lambert le Tort auf. Er gilt dort als Episode während Alexanders Expedition nach Indien" (Rapp: Jungbrunnen, S. 22).

welchem dieser den Jungbrunnen vorfindet, wobei dieser Raum meist einen anderweltlichen Charakter hat. Das Motiv ist, außer in der Schlaraffenland-Tradition,[353] mit Tugendhaftigkeit verknüpft, erhält aber in weltlicher Dichtung zugleich oft einen erotischen Beiklang.[354] Im *Apollonius* schenkt der Brunnen Weisheit und dient der Bestätigung von Apollonius' Tugendidealität. Sie nähert die drei Männer dem Aussehen nach Engeln an und verleiht ihnen damit auch jene anderweltliche Qualität, die das Goldene Tal insgesamt auszeichnet. Insofern die Verjüngung jedoch Voraussetzung für die Heirat und das erotische Vergnügen mit Diamena sind, werden Tugend und Erotik verknüpft. Es wird nicht gänzlich klar, woher die Macht des Brunnen kommt; allerdings ist er im Kern des Venusreiches angesiedelt und steht wie alles im Goldenen Tal unter dem Einfluss der Minnegöttin.

Apollonius wird durch seine Verwandlung auch körperlich der Idealität des Goldenen Tales angeglichen und so optimiert für die Hochzeit mit Diamena. Mit seinen langen Haaren und dem Bart gehen ihm aber auch jene Körperzeichen verlustig, die als Erinnerung an die zurückgelassene Tochter Tarsia gedient hatten. Apollonius wird seinem Schwur, Haare und Bart nicht zu scheren, bis er sie verheiratet hat, durch das Bad im Brunnen untreu.[355] Indem er seine in den Körper eingeschriebene eigene Vergangenheit abstreift und sich ganz der Raumordnung des Goldenen Tales unterwirft, scheint er die fortschreitende Akkumulation seines Herrschaftsraumes und damit die Teleologie des Erzählens zu unterbrechen. Indem er sich ganz in den Dienst der Göttin Venus begibt, wird auch sein heilsgeschichtlicher Ort unsicher.

Beide *mirabilia*, die Wundersäule und der Jungbrunnen, zeichnen sich durch übernatürliche Verbesserungen des Körpers aus – die Säule ermöglicht den Fernblick weit über die sensorischen Grenzen der Augen hinaus, während der Jungbrunnen körperliche Makel und Einschränkungen des Alters beseitigt. Beide sind Ausdruck der Herrschaftskonzeption des Goldenen Tales. Beide *mirabilia* spielen schließlich eine gewichtige Rolle für Apollonius' Verhältnis zu seinem eigenen Herrschaftsraum und zu seiner biographischen Vergangenheit: Ermöglicht ihm die Säule den Blick auf seine akkumulierten Reiche und damit die virtuelle Zusammenführung dieser in der Simultaneität des Blicks,[356] so schneidet ihn der Jungbrunnen von

---

353 Vgl. hierzu Dieter Richter: Schlaraffenland. Geschichte einer populären Phantasie. Köln 1984.
354 Vgl. Rapp: Jungbrunnen.
355 Vgl. ausführlich zu diesem Aspekt Schneider: Chiffren, S. 214ff.
356 Vgl. Matthews: Seeing; Christina Lechtermann und Carsten Morsch: Einführung. In: Kunst der Bewegung. Kinästhetische Wahrnehmung und Probehandeln in virtuellen Welten. Hg. v. Christina Lechtermann und Carsten Morsch. Frankfurt am Main et al. 2004 (Publikationen zur Zeitschrift für Germanistik, Bd. 8). S. I-XIV.

seiner eigenen Geschichte ab, räumlich visualisiert in den Körperzeichen des Haares und des Bartes, die nach dem Bad verschwinden.

Dergestalt erneuert durch die *mirabilia* des Gartens suchen Candor, Apollonius, Printzel und Palmer nun Candors Frau und Tochter in einem die Feste Lisemunt umgebenden Garten auf. Auch dieser Garten wird als multisensorisches Erlebnis[357] und als *ander hymel reich* (A V. 13063) inszeniert. Dieser Raum übertrifft den vorausgegangen Garten dadurch, dass er aus künstlichen Abbildern der Natur besteht:[358] Die Mauern sind aus Edelsteinen, die Bäume aus rotem Gold (A V. 13705f.), das Gras aus grünen Steinen nachgebildet. Inmiten des Gartens steht ein großer Baum aus Gold:

> Di este er uber das mewrel zoch.
> Auff den sassen vogellein,
> Di waren alle guldein
> Von mainger hande manyre [...].
> Si waren manigerlay var
> Sein laub, das was liecht gar.
> Wolgemaistert, das ist war,
> Vier tür maisterlich
> Giengen in den pawm reich. (A V. 13098-13108).

An den Ecken der Mauern und überall im Garten stehen Automata in der Form von Menschen oder Tieren (A V. 13113ff.). Die *descriptio* dieses künstlichen Paradieses[359] greift auf viele Traditionen des höfischen Romans zurück, insbesondere den künstlichen Baum, den in Konrads von Würzburg *Trojanischem Krieg* Priamus in Troja errichten lässt.[360] Sie vermittelt künstlerische Meisterschaft und unermesslichen Reichtum, greift zugleich aber auch den Eindruck einer totalen Kontrolle des Raumes durch den Menschen auf, der die Beschreibung des Goldenen Tales insgesamt dominiert. Wie die Tugendproben und der Jungbrunnen jeglichen Makel an den Menschen

---

357 *Der was nach walsamen gesmach* (A V. 13061); überall glänzen Edelsteine und Gold, Tieren und Menschen nachempfundene Automaten geben einen *wundersamen schal* von sich (A V. 13121ff.). Auch das Laub des Baumes klingt.

358 Vgl. zu diesem Überbietungsprinzip Christoph Fasbender: *reht alsam er lebte*. Nachbildung als Überbietung der Natur in der Epik des Mittelalters. Anmerkungen zu Texten und interpretatorischen Konsequenzen. In: Natur und Kultur in der deutschen Literatur des Mittelalters. Colloquium Exeter 1997. Hg. v. Alan Robertshaw und Gerhard Wolf. Tübingen 1999. S. 53-64.

359 Vgl. Schnyder: Paradise.

360 Vgl. Konrad von Würzburg: Der trojanische Krieg. Nach den Vorarbeiten Karl Frommanns und F. Roths. Hg. v. Adelbert von Keller. Stuttgart 1858 (BLV 44), V. 17562ff. und 27445ff.; vgl. Gert Hübner: Der künstliche Baum. Höfischer Roman und poetisches Erzählen. In: Beiträge zur Geschichte der deutschen Sprache und Literatur 136.3 (2014). S. 415-471. Zu Automata in der mittelalterlichen Literatur vgl. Ulrich Ernst: Zauber – Technik – Imagination. Zur Darstellung von Automaten in der Erzählliteratur des Mittelalters. In: Automaten in Kunst und Literatur des Mittelalters und der frühen Neuzeit. Hg. v. Klaus Grubmüller und Markus Stock. Wiesbaden 2003. S. 45-77 sowie die anderen Beiträge des Sammelbandes; Reinhold Hammerstein: Macht und Klang. Tönende Automaten als Realität und Fiktion in der alten und mittelalterlichen Welt. Bern 1986.

ausschließen sollen, die dieses Zentrum des Reiches betreten, so wird auch durch das Ersetzen der Natur durch künstliche *pilder* jeglicher Makel vermieden. Gerade durch die künstliche, also von Menschenhand gemachte Pracht dieser Räume, die sich auf die Nachbildung tatsächlicher göttlicher Schöpfung beschränkt, wird der Paradiesstatus dieses Ortes zugleich fragwürdig.

Die Betonung der sensorischen Reize, der singenden Vögel sowie die von der Vierzahl dominierte Architektur des künstlichen Baumes sind deutlich parallel zum Jungbrunnen-Garten gestaltet. Der Schatz dieses Gartens ist jedoch ein lebendes *mirabilium*: die Königstochter Diamena, die durch eine der Türen im Baum den Garten betritt, begleitet von 24 wunderschönen Jungfrauen, die himmlisch musizieren. Beim Anblick Diamenas[361] wird Apollonius von Liebe entflammt. Ihre Schönheit ist so überwältigend, dass sie ebenfalls artifiziell, und zwar von Venus' Hand geschaffen, erscheint: *Venus hette sy auß erkoren | Vor der natturen normen | Mit auß erwelten formen̄* (A V. 13236ff.).

Auch der verwitwete Printzel und der durch den Ehebruch seiner Frau ledig gewordene Palmer erhalten wunderschöne Gefährtinnen; gemeinsam betreten sie durch einen Tunnel im Berg die Feste Lisemunt. Dieser Tunnel ist ebenfalls mit Edelsteinen und Gold reich verziert; er endet in einem letzten goldenen Tor (A V. 13301), das noch einmal den unbegreiflichen Reichtum des Goldenen Tals hyperbolisch übersteigert.

Ein weiterer Garten tut sich auf; dieser ist bevölkert von *Goltschepper* (A V. 13314),[362] also goldenen Schafen, die Diamena von Venus geschenkt wurden. Sie überschreiten einen Fluss, dessen Wasser *liecht und klar* ist (A V. 13336) und erreichen dann endlich die Feste Lisemunt, *[a]ller purge krone* (A V. 13344), die ebenfalls glänzt und strahlt *als ain spiegel* (A V. 13357), da sie ganz aus Alabaster gefertigt ist. Auf der Burg angekommen führt ihr Weg in den *palaß*, ebenfalls der *allerschonste [...] | Der auff erden ye ward | Gemachet von kaines maister art* (A V. 13368). Mit einem Sprechakt übergibt Diamena dort Apollonius die Herrschaft über das Reich: *Ditz lant und diese reichait | Ist ew, werder man, perayt* (A V. 13373f.).

Jeder Schritt dieses detailliert gestalteten Weges eröffnet Apollonius und seinen Gefährten also neue *mirabilia*, die sich gegenseitig überbieten. Hatte die Abfolge von Tugendproben eine aktive Interaktion Apollonius' mit dem ihn umgebenden Raum verlangt, so wird er vom Bad im Jungbrunnen an passiv, als staunender Beobachter beschrieben. Die ihm präsentierten Schätze werden ihm zwar zugeeignet, er greift jedoch in keiner Weise

---

361 Ihre Schönheit und Idealität sind Gegenstand einer ausführlichen *descriptio*, die nach allen Regeln der mittelalterlichen Rhetorik gestaltet ist (vgl. A. V. 13187ff.).
362 Der Erzähler bietet hier ergänzend den lateinischen Namen *Aureum vellus* (A V. 13316) und eine *descriptio* der Tiere, die wiederum auf Glanz und Strahlen abzielt.

auf den Raum zu, sondern lässt lediglich die sensorischen Eindrücke auf sich wirken. Das reiche semantische Feld von Helligkeit, Glanz und Strahlen, das in dieser Passage entwickelt wird, verstärkt den anderweltlichen Charakter dieser maximal exklusiven Räume. Der Aufbau des Raumes ist wiederum dem transzendenten Paradies nachempfunden, insofern das Innerste (der Gottesschau entsprechend) ausgespart bleibt. Statt des Schöpfergottes wird in diesem Zentrum hier aber der sehr weltliche Geschlechtverkehr zwischen einem Ehepaar situiert. Insofern rufen die räumlichen Signale zwar implizit und explizit einen Paradiesstatus auf; das Goldene Tal bleibt aber zutiefst weltlich und immanent und steht damit im Konrast zu der tatsächlichen Paradiesinsel, die Apollonius am Ende der Binnenerzählung aufsucht.

Das Ende der langen Reise durch das Goldene Tal erreicht Apollonius nach der feierlichen Hochzeit mit Diamena. Im Zentrum der Feste, die das Zentrum des Reiches ist, liegt ihr Bett. Um diesen Höhe- und Endpunkt des räumlichen Entwurfs zu markieren, bedient sich der Erzähler schließlich eines Unsagbarkeitstopos:

> Da was ein pette perayt
> Mit der grosten reichait,
> Das ich sein nicht geraytten kann.
> Apollonius der werde man
> Legt sich zu der frauwen sein.(A V. 13407-13411)

Der in mehrerer Hinsicht klimaktische Raum wird ausgespart; das Zentrum der Herrlichkeit bleibt leer.

Mit größtem Aufwand wird das Goldene Tal also als Höhepunkt aller *abentewr* inszeniert. Apollonius erringt als idealer Held ein Reich, dass eben diese Idealität bestätigt und in seiner perfekt kontrollierten Raumordnung und Tugendidealität zugleich widerspiegelt.

Diese vermeintliche Idealität des Goldenen Reiches wird jedoch im Text nach und nach als brüchig entlarvt, und das auf sehr unterschiedlichen Ebenen.[363] Zunächst ist festzuhalten, dass die genealogische Notwendigkeit für Apollonius' Herrschaftsübernahme nicht gegeben ist – mit Candor und seinem Sohn Candor gibt es zwei geeignete Herrscher. Überhaupt beseitigt der Jungbrunnen die Notwendigkeit für eine Herrschaftsabfolge und damit eine Genealogie schlechthin, denn der König des Tals kann ja nicht sterben. Abgesehen von Diamenas Wunsch nach einem Ehemann[364] gibt es also keinen Grund, Apollonius die Herrschaft über das Tal zu übertragen.

---

363 Vgl. für das folgende ausführlich Braun: Kontingenz.
364 Diamenas Liebe und Bewunderung für Apollonius werden im Text wiederholt betont: *Venus, mir hatt dein zunder | In das hertze gar entzundt. | Ich pin auff den dot wunt, | Ob mir der herre nit en wirt. [...] | Er ist ain engel und nicht ain man'* (A V. 12480-12490).

Zweitens kommt es in der gesamten Episode zu einer paradoxen Verschränkung von Tugendproben und Verheißung. Apollonius wird, beginnend mit Albedacus' Weissagung, die Herrschaft über das Tal lange vor dem Bestehen der letzten Tugendprobe zugesichert. Diese Zusicherung erfolgt auch durch die Hauptakteure Candor und Diamena selbst. Das Ergebnis der Proben ist also eigentlich prädeterminiert; dennoch scheitert Apollonius wiederholtDass die Tugendproben von den Figuren unterlaufen werden, drückt sich auch räumlich durch die ständigen Botenkommunikationen und Geschenke Diamenas aus. Aus der Ferne sagt sie Apollonius etwas zu, dass er doch erst mit der räumlichen Annäherung an sie verdienen sollte, wenn beispielsweise Candor der Jüngere Apollonius in Crisa ein *scheppelein* (A V. 11614) von Diamena überbringt, dass er als *ir magtum* deutet und ihm zugleich Hochzeit und Herrschaft zuspricht (A V. 11626-11635).[365]

Apollonius wird die Herrschaft aufgrund seiner Tugendhaftigkeit zugesagt; diese Tugendhaftigkeit muss er trotzdem noch beweisen und scheitert darin. Da ihm die Herrschaft aber zugesagt wurde, wird das Ergebnis der Proben wiederholt korrigiert. Dies unterläuft die Aussagekraft der Proben.[366] Ihre Befähigung, ein zutreffendes Urteil über Apollonius' Tugendhaftigkeit zu fällen, wird noch stärker durch die Häufung eben dieser Proben in Frage gestellt. Vom Tugendrad an soll jede Probe die Tadellosigkeit des Helden erweisen; jede folgende Probe findet jedoch Mängel an Apollonius und hebt damit das Urteil der vorangegangenen Probe auf. Die ultimative Probe wiederum wird unterlaufen durch Diamenas Ring, der Apollonius den Zugang zum Garten unabhängig von seiner Tugendhaftigkeit sichert. Dieser Ring wirft interessante Parallelen auf, denn die von der Sirene und Pliades gewonnenen Zauberringe (Unsichtbarkeit und Unempfindlichkeit gegen Gifte) hatte Apollonius in der Vergangenheit zum Sieg über *monstra* genutzt. Die Treppe erscheint aus dieser Perspektive nicht wie die räumliche Exemplifikation einer höheren Macht, der Apollonius sich unterwerfen muss, sondern wie eine Grenze, die er äquivalent zu den als Grenze fungierenden *monstra* überwinden muss und kann. Zugleich ermöglicht ihre räumliche Realisierung semantischer Konzepte auch deren präzise Deutung und damit eine visuelle Hermeneutik.

Sogar die Göttin Venus unterläuft die doch von ihr selbst eingesetzten Tugendproben, wenn sie Apollonius entgegen ihres eigenen Reglements wiederholt die Absolution erteilt. Außerdem warnt sie Apollonius vor dem Kampf gegen den Löwen (A V. 12532ff.). Dieser Kampf dient jedoch dem Nachweis von Apollonius' Mut und ist deshalb bewusst als Überraschung

---

365 Ein weiteres Beispiel ist der Helm mit einer aufgeschlagenen Krone, den sie ihm sendet (A V. 11501). Auch hier nimmt das symbolische Geschenk die Ergebnisse der noch zu bestehenden Proben vorweg, diesmal jedoch ausgerichtet auf seine kommende Herrschaft.
366 Vgl. hierzu auch Schneider: Chiffren, S. 64ff.

gestaltet. Venus entwertet also das eigentliche Ziel dieser Probe und damit ihr Ergebnis. Besonders deutlich wird dieses Phänomen an dem Zerwürfnis zwischen Diamena und Apollonius, das der Episode nachgelagert ist und recht eigentlich erst von Venus herbeigeführt wird.

Nachdem Apollonius nämlich mit Diamena einen Sohn, Tholomeus, den weisen Astronomen, zeugt (A V. 13492)[367] und ein Jahr und zwölf Wochen im Goldenen Tal verbracht hat, bricht er auf, um Tarsia ins Goldene Tal zu holen (A V. 13526 ff.). Diamena will ihn zunächst nicht gehen lassen und warnt ihn, ein Treuebruch werde ihm das Land für immer verschließen. Sie gibt ihm einen Paradiesstein mit, der ihn vor allem Unglück schützen soll (A V. 13621ff.). Apollonius reitet nach Armenia und sticht dort in See. Nach vierzehn Tagen landet er in Montiplain und rettet die dortige schwarze Königin Palmina vor einem sie belagernden Werber.

Palmina nun ist eine Dienerin der Juno und erfährt von dieser traditionell in Konkurrenz mit Venus stehenden Göttin von Apollonius' Schwur, keiner schönen Frau einen Wunsch abzuschlagen. Sie wünscht sich ein Kind von Apollonius und er willigt ein. Als Diamena von dieser Liaison erfährt, reagiert sie mit Wut und Eifersucht. Sie sendet einen Boten zu Apollonius, der diesem den mitgegebenen Paradiesstein stiehlt und einen weiteren Zauberring überreicht. Dieser konterkariert die Wirkung des Jungbrunnens. Von einem schönen Jüngling verwandelt Apollonius sich ins Gegenteil:

> Er ward schwartz und plaich
> Paide an haut und an har.
> Die schone varbe clar
> Di was all gar verloren.
> Das was im laid und zoren. (A V. 14356-14364)

Klarheit und Glanz werden umgekehrt; Diamenas Ring nimmt Apollonius mehr, als der Jungbrunnen ihm geschenkt hatte. Auf diesen doppelten Diebstahl reagiert nun wiederum Apollonius mit Zorn und mit einer Totalabsage an die Schätze und Genüsse des Goldenen Tales:

> Er sprach ‚mein schein ist verloren: [...]
> Es ist mir pey namen laid
> das ich ye so vil gestrayt
> umb das land und umb das weib
> Seyt das mir mit gauckel mein leib
> Guldein gemachet ward. (A V. 14367-14388)

Er revidiert sein Urteil auch nicht, als Diamena seinen körperlichen Zustand vor dem Bad im Jungbrunnen wiederherstellt und um Verzeihung bittet. Apollonius bereut die Mühe, die er auf den Erwerb Diamenas und

---

[367] Auch Printzels und Palmers Söhne sind keine Unbekannten: Printzel zeugt Yppocras, den berühmten Arzt (A V. 13499ff.) und Palmer den großen König Almasor (A V. 13505).

des Goldenen Tals verwandt hat; damit entkleidet er die Tugendproben aber auch ihrer Aussagekraft über ihn. Indem er den Jungbrunnen und die Schätze des Tales als *gauckel* abtut, stellt er einerseits ihren Wert in Frage, andererseits impliziert dieses Wort aber auch, dass es sich bei dem Weg durch das Tal und den präsentierten Wundern um eine Inszenierung, eine Täuschung handelt. Der Jungbrunnen und mit ihm der ganze Raumentwurf des Goldenen Tales, der ja auf den Schutz dieses Wunders und als Zugangskontrolle zu ihm ausgerichtet ist, werden wie das Gold des Tales als falscher Schein angeprangert. Die mit viel Aufwand inszenierte Idealität des Reiches bricht in sich zusammen, dies umso mehr, als der direkte Grund für Apollonius Treuebruch ja der Schwur ist, den er Venus leisten musste. Indem Venus, die als Göttin die Idealität des Reiches garantiert und als letztendliche Urteilsinstanz fungiert, in ihrem Urteil nicht mehr konsistent und glaubwürdig ist, wird das ganze System der Tugendproben fragwürdig. Die vermeintliche Totalkontrolle der Raumordnung des Tales entpuppt sich hier endgültig als kontingent und intrinsisch widersprüchlich.[368]

Apollonius besinnt sich auf seine Leistungen und Besitztümer außerhalb des Tales, wenn er dem Boten Diamenas mitteilt:

> Ich pin doch noch unverdorben:
> Siben kunigreich
> Di wartend mir all geleich:
> Montiplein und Syria;
> Vil willicleich Galacia;
> Printzel enpfalch mir schone
> Das ich mit Warcilone
> Tue was ich selben will
> Weder wenig oder vil;
> Das kunigreich Penthapolein
> Das ir der lieben dochter mein […].
> Anthiochia und Tyrlant
> Di wartent noch meiner hant. (A V. 14431-14445)

Gegen das für ihn nun wertlose Goldene Tal stellt Apollonius die erstrittenen Reiche; gegen ein isoliertes Idealreich den Verband seines akkumulierten Herrschaftsraumes. Zugleich ist diese Reorientierung auch die Voraussetzung für den Wiedereintritt in die Rahmenerzählung der antiken Vorlage, die statt des falschen *gauckel*-Höhepunktes des Goldenen Tales die echte Klimax des Romans bereithält: die Wiedervereinigung mit Frau und Tochter, die Erhebung zum Universalherrscher in Antiochia und die Konversion zum Christentum. Venus aber erscheint im Vergleich zum wahren Gott als bloße Scharlatanin, die mit künstlichen *mirabilia mechanica* und *magica* die wahren Wunder der Schöpfung nachäfft. Darin erweist sich noch einmal

---

368 Vgl. Braun: Kontingenz.

der Unterschied zwischen dem anderweltlichen Raumkonzept des Goldenen Tales, der wesentlich über Prachtentfaltung, *mirabilia* und Wunder der Fremde inszeniert ist, und dem transzendenzreligiösen Raumentwurf der Insel des Lachens, die am Ende der Binnenerzählung als christlich paradiesischer Raum eingespielt wird und gänzlich unverfügbar bleibt.

Zusammenfassend kann festgehalten werden, dass sich im Raumentwurf des Goldenen Tales viele Elemente der narrativen Raumerzeugung bündeln, die in den anderen Episoden vereinzelter auftreten. Dazu gehören multiperspektivische Raumentwürfe, die wiederholte Vermittlung von Rauminformationen, die vorausweisende oder deutende Funktion haben, die Indienstnahme textexterner räumlicher Diskurse zur Semantisierung des Raumentwurfes sowie eine durch *monstra* erzeugte Grenze, die das Reich isoliert und die nur von Apollonius überschritten und dann beseitigt werden kann. Auch hier werden die Ehe mit einer Frau und die Herrschaft über ein Reich gleichgesetzt; Apollonius' Herrschaftshandeln drückt sich als Öffnung des Raumes und Restitution der Infrastruktur aus.

Unikal ist am Raumentwurf des Goldenen Tales die zweite Zugangsbeschränkung in Form einer Kette von Tugendproben, die den Raum des Reiches in einer Zentrum-Peripherie-Struktur organisieren und diese Struktur semantisch als Tugendallegorie codieren. Das ganze Reich bis zur Feste Lisemunt erhält so den Charakter eines ausgedehnten Grenzraumes mit komplexen Binnendifferenzierungen.

Der Raumentwurf des Goldenen Tales vom ersten Wunderbrunnen an ist geprägt durch eine hyperbolisch, sich ständig neu übersteigernde Beschreibung künstlicher und natürlicher Wunder, die im Bett der Diamena gipfeln. Diese Idealität wird im Text jedoch als falsch, da auf den falschen Werten basierend, entlarvt. Die Bewertung dieses in *splendid isolation* befindlichen Reiches kippt vom Status eines *ander paradeyß*, aus dem jeglicher Makel und alle Kontingenz verbannt ist, zu einem statischen, abgeschotteten Reich willkürlicher Werturteile; in der Maschinerie der Tugendproben knirscht der Sand.

Trotz seiner Isolation bleibt das Reich vage unter Apollonius' Einfluss. Einerseits sind seine Verbündeten Palmer und Printzel dort verblieben und führen die Regentschaft. Andererseits bindet Diamenas und Apollonius' Sohn das Reich ein in die Geschlechterfolge, die Apollonius' Herrschaft auch nach seinem Tod weitertragen wird.

3.3.4.8 Montiplain

Die Montiplain-Episode ist deutlich der Gahmuret-Belakane-Handlung im *Parzival* nachgestaltet, unterscheidet sich von ihr jedoch vor allem durch den prominenten Hautfarben- Diskurs, der die Episode dominiert.[369] Dieser ist differenziert von Monika Schausten aufgearbeitet worden;[370] verwiesen sei hier nur auf den Bezug zum ersten Wunderbrunnen des Goldenen Tales, der Sünden als schwarze Verfärbungen an den Händen manifestiert. Hiermit wird schwarze Haut auch über die Episode hinaus tendenziell mit negativen Werturteilen verknüpft.

Montiplains Raumentwurf ähnelt weitgehend den im Roman etablierten Erzählkonventionen: Die Burg ist auf *ainem hohen staine* (A V. 13723) erbaut und von guten Mauern und Türmen umgeben. Sie ist reich ausgestattet (A V. 13727), wird jedoch vom feindlichen Heer des Prothasius bedrängt (A V. 13720ff.), der Palmina *ze weybe will han* (A V. 13768). Der Raumentwurf ist also wie bei den Belagerungen vor Warcilone und Gabilot von einer innen/außen-Opposition geprägt, die als Freund/Feind-Dichotomie semantisiert wird.[371]

Apollonius sagt Palmina Hilfe zu, schlägt sich also auf die Freund-Seite der Opposition. Palmina und ihre Frauen ziehen ihm entgegen und fallen ihm in einer räumlich ausgedrückten Unterwerfungsgeste zu Füßen (A V. 13819). Der Ort dieser Begegnung bleibt vage, wie überhaupt die Burg und der Palaß, in den Apollonius mit seinen Männern einzieht, nur mit minimalen Details beschrieben werden. Das feindliche Heer von 20.000 Männern lagert auf dem *velt*, das *allesampt gra | Von harnasch und von helmen* (A V. 13894ff.) ist. Der Kampf der beiden Heere verwüstet das *velt*; Apollonius ist siegreich und nimmt Prothasius gefangen. Dieser muss Wiedergutmachung leisten.

Der Raumentwurf der Episode ist deutlich auf ihre Handlung ausgerichtet und bietet so einen starken Kontrast zu den ausführlichen *descriptiones* der vorangegangenen Episode. Dies ist auch bedingt durch den funktionalen Bezug der Montiplain-Handlung auf das Goldene Tal, dient sie doch als Ursache des Zerwürfnisses zwischen Diamena und Apollonius und führt letztlich zu dessen Verzicht auf das Goldene Tal.

In Montiplain wird die im Roman variierend wiederholte Figurenkonstellation in einer weiteren Version durchgespielt: Prothasius nimmt die Rolle des negativ gezeichneten Werbers ein, Palmina die der sexuell bedrängten Frau. Da ihr Vater Aufimon jedoch verstorben ist und ihre Mutter unerwähnt bleibt, hat sie keinen Verteidiger. Sie selbst nimmt mit der Aussage, sie wolle sich *ee vertreyben lan | Ee das di schand an ir ergee* (A V. 13769f.), Echos von Paldein, der Sirenenkönigin und anderen Figuren auf. Hier ist es aber die bedrohte Frauenfigur selbst, die sich gegen ihren Aggressor

---

369 Vgl. zu dieser Episode Schausten: Suche; Ebenbauer: Mörynne.
370 Vgl. Schausten: Suche.
371 Deutlich wird das an der ersten Frage, die Boten aus Montiplain dem neu angekommenen Apollonius stellen: *Seyt ir uns feind oder holt* (A V. 13740).

wehrt. Palmina wird so in die Tradition aktiv handelnder Frauenfiguren wie Lucina, Cirilla, Diamena und schlussendlich Tarsia gestellt. Apollonius tritt zunächst als Helferfigur hinzu – er besiegt Prothasius und rettet das Reich. Schon aufgrund seiner Ehe mit Diamena kommen eine Heirat und damit die Rolle des positiv gezeichneten Werbers aber für ihn eigentlich nicht in Frage. Während Palmina ihr erotisches Interesse an ihm von Beginn an klar ausdrückt (*Du seyst wol der schonste leib | Den ye getruge stoltzes weib*, A V. 13854) und schnell in Liebe zu ihm entbrennt (A V. 14012ff.), zeigt Apollonius kein Interesse an ihr, was unter anderem an ihrer schwarzen Hautfarbe liegt.[372] Diese wird als wesentlichstes Charakteristikum der Bewohner von Montiplain aufgeführt und wiederholt in Kontrast zur Pracht und Herrlichkeit der Burg und ihrer Ausstattung gesetzt.[373] Palmina und ihre Frauen sind nicht einfach schön, sondern *[i]n ir swertze wol gestalt* (A V. 13801); Prothasius wird tautologisch als *schwartze[r] mo[r]* beschrieben (A V. 13972). Palmina selbst wird der Verweis auf ihre vermeintliche Minderwertigkeit wiederholt vom Erzähler in den Mund gelegt.

Apollonius wird König in *Morlant und in Pilamunt* (A V. 14266) und gewinnt Palmina und die bald folgenden Kinder lieb. Wie Belakanes Sohn Feirefiz ist auch ihr Sohn Garamant schwarz-weiß gefleckt, während die Tochter Marmacora *schwartz als ain kra* (A V. 14286) ist. Dennoch steht außer Frage, dass Apollonius dauerhaft bei Palmina bleibt. Nach seinem Zerwürfnis mit Diamena reist er ab, um seine Kinder in Galacides und Tarsis aufzusuchen (A V. 14580ff.). Dem Boten Diamenas teilt er seinen Plan mit, das Goldene Tal im Anschluss noch einmal zu besuchen; auch Palmina stellt er eine eventuelle Rückkehr in Aussicht; beide Pläne werden aber im Folgenden weder umgesetzt noch weiter erwähnt.

Zusammenfassend kann der Raumentwurf der Montiplain-Episode als äußerst vage beschrieben werden. Fremdheitseffekte kommen ausschließlich in der andersfarbigen Haut, nicht in Sitten, Sachkultur oder anderen Aspekten zum Ausdruck.

Die Episode ist funktional auf das Goldene Tal ausgerichtet, die schwarze Palmina inszeniert als Rivalin Diamenas. Die schwarz/weiß-Dichotomie dieser beiden Frauen ruft noch einmal die Bewertungsinstanz des Tugendbrunnens und damit die semantischen Codierungen des Goldenen Tals als Tugendraum auf. Indem Apollonius sich aber von der weißten

---

[372] Dieser rassistische Diskurs wird auch aus Diamenas Perspektive weitergeführt. Als sie in der Säule sieht, dass Apollonius mit Palmina schläft, bezeichnet sie Palmina als *schwartz[e] zig[e]* (A V. 14312) und beklagt spezifisch die Hautfarbe ihrer Rivalin, die sie als inkompatibel mit Apollonius empfindet: *Ach! Soll sein schoner leib | Mynnen ain so schwartzes weib?* (A V. 14313f.). Es erscheint ihr völlig unverständlich, dass Apollonius ihr eine *mörynne* vorziehen könnte (A V. 14317f.).

[373] Vgl. hierzu Kap. 4.3, vgl. auch Ebenbauer: Mörynne; Schausten: Suche.

Diamena genauso abwendet wie er schließlich die schwarze Palmina verlässt, wird dieser Wertediskurs ebenfalls abgelehnt.

Neben Apollonius' Aneignung und Homogenisierung von stets neuen Herrschaftsgebieten gewinnt in dieser Endphase der Binnenhandlung mit der Genealogie ein weiterer Modus der Herrschaftssicherung an Bedeutung. Apollonius' Kinder in Tarsis, Galacides, dem Goldenen Tal und Montiplain dienen der Fortschreibung seiner Herrschaft in der Zeit. Zugleich sind mit der Ablösung von Diamena und Palmina nun die Voraussetzungen für Apollonius gegeben, in die Erzählhandlung der antiken Vorlage und damit die Konstellation seiner Ursprungsfamilie zurückzukehren.

3.3.4.9 Die Insel des Lachens, die Insel von Henoch und Elias

Bevor Apollonius nach Tarsis reist und der Erzählfokus sich zu Tarsias Schicksal verschiebt, macht Apollonius' Schiff an zwei Inseln halt, deren Raumentwürfe sich in mehrerlei Hinsicht deutlich von der restlichen Erzählung unterscheiden. Beide Raumentwürfe sind wesentlich von dem bestimmt, was nicht gesehen werden kann.[374]

Die erste Insel ist gänzlich von einer großen Mauer (A V. 14708) umgeben, die *dreyer spere hoch* (A V. 14712), also ein wenig niedriger als der Mastbaum ihres Schiffes ist. Sie ist *hundert spere langk. | Vier ecket was ir umb gangk* (A V. 14714), die *umb und umbe gantz | Gepoliert liecht und glantz* (A V. 14718f.) und weiß wie Schnee (A V. 14720) sind. Die Unzugänglichkeit der Insel macht Apollonius und sein Gefolge neugierig, also steigt ein Mann auf den Mast, um aus einer räumlich erhöhten Position über die Mauer blicken zu können:

> Do er auff den mastpawm kam
> Und der stete ding vernam,
> Do lachte er, als er war fro.
> Hend und fuß ließ er do
> Und viel in di stat nider.
> Si wartent, wann er kam wider;
> Deß was im lutzel gedacht. (A V. 14728-14734)

Sie schicken einen zweiten Mann über die Mauer, der sich genauso verhält, und dann einen dritten, dem sie zuvor ein Seil umgebunden haben. Als er wegen seiner Fesseln nicht über die Mauer springen kann, schreit und klagt er *mit lautter stymme* (A V. 14758). Sie ziehen ihn zurück nach unten auf das

---

[374] Sie erinnern deutlich an die Paradiesdarstellung in den Brandan-Erzählungen, vgl. Navigatio Sancti Brendani Abbatis from Early Latin Manuscripts. Hg. v. Carl Selmer. Notre Dame, IN 1959; Brandan. Die mitteldeutsche „Reise"-Fassung. Hg. v. Reinhard Hahn und Christoph Fasbender. Heidelberg 2002 (Jenaer Germanistische Forschung, N. F. 14); vgl. auch Röcke: Wahrheit.

Schiffsdeck, doch er ist stumm und blind und *auff der statt dot* (A V. 14761-14766).

Apollonius und die seinen beschließen daraufhin ihre Abreise. Ihr Urteil über diese unzugängliche Insel ist konzise: *Si sprachen ‚in allem wey | Das mag wol sein ain paradeyß* [...]' (A V. 14772f.). Wie dieses Paradies räumlich gestaltet sein mag, bleibt unbekannt. Diese Leerstelle im sonst größtenteils detailliert ausgestalteten Raumentwurf des Romans markiert den Sonderstatus dieses Ortes als nicht nur anderweltlich, sondern dem menschlichen Zugriff gänzlich entzogen und transzendent, denn „[t]ranszendent ist, was nicht immanent ist und sich den Begründungszusammenhängen des sinnlich Erfahrbaren entzieht, was ‚aus der Welt' ist".[375]

Die Beschreibung (oder Auslassung einer Beschreibung) dieser wundersamen Insel orientiert sich eng an den mittelalterlichen Erzähltraditionen über das irdische Paradies, wie sie sich z.B. in den Alexanderromanen finden,[376] ist aber in der Tradition beispielsweise des Brandan-Stoffes per Schiff zu erreichen.[377] Dieser Ort ist der einzige im *Apollonius,* auf den der Protagonist nicht im Geringsten zugreifen kann, es gelingt ihm nicht einmal, Informationen über den Raum hinter der Mauer zu sammeln. Wie Alexander sieht sich Apollonius mit einer absoluten Grenze konfrontiert, die nicht einmal er als maximal bewegliche Figur der Erzählung überwinden kann.[378] Anders als Aexander aber akzeptiert er diese Begrenzung seines Einflussraumes, macht sich also nicht der Hybris schuldig.

Das abreisende Schiff gerät in einen Sturm, der sie *wol hundert meyl* (A V. 14777) vom Kurs abbringt. Vor ihnen erblicken sie eine *veste* (A V. 14785) aus dem *schonste[n] stain | Der auff erden ye geschain* (A V. 14788f.), umgeben von einem Baumgarten. Am Ankerplatz treffen sie auf zwei alte Männer, die sie herzlich willkommen heißen. Sie stellen sich als Elyas und Enoch (A V. 14876) vor, die seit *mer dann tausent jar* (A V. 14815) von Gott auf dieser Insel *pehalten* (A V. 14827) worden sind, um am Jüngsten Tage als *Gottes kempfer* (A V. 14834) zu dienen, und bitten Apollonius um Neuigkeiten über den prophezeiten Nazarener Jesus Christus.[379] Apollonius kann ihnen berichten, dass die Juden einen solchen Mann *gefangen | Und an ain*

---

[375] Weitbrecht: Welt, S. 10.
[376] Vgl. Achnitz: Babylon, S. 332; Reinhold R. Grimm: *Paradisus coelestis Paradisus terrestris.* München 1977; Unzeitig: Mauer.
[377] Vgl. Weitbrecht: Welt, S. 188.
[378] Vgl. Julia Weitbrecht: Bewegung – Belehrung – Bekehrung. Die räumliche und emotionale Kodierung religiöser Erkenntnis im *Straßburger Alexander.* In: Zwischen Ereignis und Erzählung. Konversion als Medium der Selbstbeschreibung in Mittelalter und Früher Neuzeit. Hg. v. dies., Werner Röcke und Ruth von Bernuth. Berlin/Boston 2016 (Transformationen der Antike, Bd. 39). S. 109-123.
[379] Herweg: Wege, S. 170ff. deutet diese Passage als verdichtete Katechese.

creutz erhangen (A V. 14856f.) hätten. Es wird gesagt, er sei gestorben und am dritten Tage auferstanden. Er fügt hinzu:

> Ich wayß nicht ob es sey war
> Das er hailig sei. man will
> Es gelaubet an in volkes vil. (A V. 14861ff.)

Elyas und Enoch freuen sich über diese Nachricht. Sie sagen das baldige Ende dieser *vaigen welte kranck* (AV. 14870) voraus,[380] bezeichnen ihren Wohnort als *ain paradeyß* (A V. 14892) und überreichen Apollonius als Geschenk einen Korb mit zwölf Äpfeln, deren Geschmack *allen ungemach* vertreibt (A V. 14890ff.). Abschließend weisen sie Apollonius und seinen Gefährten den Weg zurück nach Galacides.

Dass Henoch und Elias von Gott als Kämpfer für den Jüngsten Tag auserkoren sind, ist ein eschatologischer Topos des christlichen Mittelalters.[381] Heinrich von Neustadt selbst verarbeitet ihn in *Gottes Zukunft*[382] und lässt die beiden im Kampf gegen die Völker Gog und Magog umkommen. Ihr Auftreten an dieser Stelle hat eine doppelte Funktion: Einerseits tragen sie mit ihren Fragen Christus in den Text;[383] Apollonius offenbart sich als Kenner von dessen Geschichte. So wird die Erzählung historisch und innerhalb der Heilsgeschichte verortet; die nötigen Voraussetzungen für Apollonius' Konversion sind geschaffen. Das Geschenk der zwölf Äpfel verweist auf die zwölf Apostel, in deren Nachfolge Apollonius als Diener Christi treten soll.[384] Andererseits greift das Auftreten der Propheten den eschatologischen roten Faden der Binnenerzählung noch einmal auf. Stand am Anfang der Binnenerzählung die Begegnung mit den Völkern Gog und Magog und wurde ihre Mitte durch Apollonius' Reise nach Wabilonia markiert, so schließt die Begegnung mit den Kämpfern Gottes die Klammer der Heilsgeschichte. Erst zum Schluss des Romans mit der Eroberung Jerusalems wird dieser rote Faden erneut aufgegriffen und in Kombination mit Apollonius' Konversion und seiner Herrschaft über Rom zu einem Höhe- und Endpunkt gebracht.[385]

Die beiden Paradiesinseln markieren also den Endpunkt von Apollonius' entgrenzenden Reisen. Anders als der anderweltlich-immanente Raum des Goldenen Tales, der sich letztendlich als ein falsches, weil künstliches

---

380 *Es ist furpaß nit lanck | Das ditz leben ende hatt. | Gelobet sey dise mayestat!* (A V. 14871ff.).
381 Vgl. für eine ausführliche Diskussion Maria Magdalena Witte: Elias und Henoch als Exempel, tpyologische Figuren und apokalyptische Zeugen. Zu Verbindungen von Literatur und Theologie im Mittelalter. Frankfurt a.M. 1987.
382 Vgl. *Gottes Zukunft*, V. 5502-5655 und 5806-5911.
383 Zu den daraus folgenden chronologischen Parallelen des Lebens Jesu mit den Reisen des Apollonius vgl. Achnitz: Babylon, S. 334ff.
384 Achnitz interpretiert die Funktion Henochs und Elias' in dieser Episode als die eines „Imitandum" für Apollonius (vgl. Achnitz: Babylon, S. 336).
385 Vgl. Kap. 4.4.

und menschengemachtes Paradies herausstellt, sind diese Inseln als anderweltlich-transzendente Räume dem weitgereisten König unzugänglich, wenn auch in unterschiedlichem Ausmaße. Zudem stellen diese zwei Paradiesinseln einen Kontrast zu dem künstlichen, als falsch entlarvten *ander paradeyß* des Goldenen Tales dar. Die Mauern und Befestigungsanlagen sind ebenfalls weiß wie Schnee und glänzen, zeichnen sich aber durch Schlichtheit aus. Ihre wahren Schätze bleiben dem noch nicht christlichen Apollonius verborgen.

3.3.4.10 Galacides III und Warcilone III

Apollonius macht zum Abschluss der Binnenerzählung wie angekündigt Zwischenstation in Galacides und Warcilone, um dort seine Angelegenheiten zu ordnen. In Galacides wird er herzlich von seinem Sohn Ermogenes empfangen (A V. 14900ff.). Apollonius verheiratet Palmers Schwester mit Theocas, dem König in Syrien, und regelt so die Erbfolge dieses Reiches. Außerdem verheiratet er Ermogenes mit der Schwester Printzels, so dass Ermogenes König von Warcilone wird. Printzel und Palmer verbleiben dauerhaft im Goldenen Tal und fungieren dort wohl als Apollonius' Stellvertreter. Nach einem halben Jahr Aufenthalt bricht Apollonius erneut auf, um seine Tochter in Tarsis zu besuchen.

3.3.5 Vers 14925-17469 – Rahmenerzählung II

Die Raumentwürfe dieses zweiten Teils der Rahmenerzählung sind generell vage gehalten. Fluchtpunkt dieser Episoden ist das große Turnier in Antiochia. Heinrich greift auch in die Reihenfolge der Reisestationen ein, indem er die Bestrafung Strangwilios und Dionisiades' in Tarsia vor der Wiedervereinigung mit Lucina ansetzt. Die in der *Historia* nur erwähnten Reiche Tyrus und Antiochia werden zu Handlungsorten ausgestaltet; besonders Antiochia gewinnt als Ort der abschließenden Feierlichkeiten und als Herrschaftssitz im *Apollonius* eine große Bedeutung. Die folgende Analyse konzentriert sich dementsprechend auf Besonderheiten und Transformationsphänomene im Vergleich zur Rahmenerzählung I und zur *Historia*.

3.3.5.1 Tarsis III

An dieser Stelle verkündet der Erzähler, nun sei es Zeit, von Tarsia zu erzählen und *[w]ie ir dinck stunde seyt* (A V. 14928). Zunächst fasst er noch einmal die bisherige Handlung der Rahmenerzählung zusammen, aus der Apollonius vierzehn Jahre[386] und fast 12.000 Verse zuvor ausgeschert war: *Das ist ew vor maniger stunt | An disem puch worden kunt* (A V. 14952f.).

Tarsias innere und äußere Qualitäten geben dem Erzähler Anlass zu umfangreichen Erweiterungen des *Historia*-Stoffes. Hier liegt der Schwerpunkt der gesamten Episode. Ihre Erziehung und Ausbildung wird wie dort als vorbildlich geschildert. Ihre intellektuellen Fähigkeiten sind *auserwelt* (A V. 14976), sie disputiert mit *maistern* und beherrscht deren Kunst vorbildlich (A V. 1498ff.). Auch das *saitten spil* (A V. 14984) beherrscht sie so kunstvoll, dass sie sogar Tristan übertrifft (A V. 14996). Der Erzähler dehnt den Vergleich zwischen Tarsia und Strangwilios leiblicher Tochter Filomacia auch auf diese Geistesgaben und Fähigkeiten aus: Im Vergleich zu Tarsia sei Filomacia *als ain rint | Payde an gepär und an zucht* (A V. 15003). Das Urteil über Filomacia wird nicht wie in der *Historia* lediglich von der Stadtöffentlichkeit gefällt, sondern vom Erzähler als faktisch präsentiert.[387] Damit wird die Eifersucht der Mutter noch stärker motiviert.

In einer ausführlichen *descriptio* wird Tarsia erstaunlicherweise zunächst mit einem *locus amoenus* verglichen. Der Erzähler beschreibt, sie sei

> Als ain freuden pernder walt
> Mit laub und mit plumen wol gestalt,
> Da di este schatten geben
> Und die wurtzen dar under schweben,
> da di lerch und nachtegail
> Wider dön haben ane zal,
> Und als ain grüner anger […],
> So da der süesse may
> Pflantzet plumen maniger *lay*,
> So da ain prunn erspringet […].
> So kayserlich ir anplick was
> Das ich sein nit genemnen mag […]. (A V. 15010-15024)

Anders als alle weiteren Frauenfiguren im *Apollonius*, die als Königinnen oder Königstöchter über Reiche herrschen und deren Ehelichung diese in Apollonius' Besitz bringt, wird Tarsia, die über keine Herrschaft verfügt, selbst als Ort imaginiert. Sie stellt nicht lediglich die Vorbedingung zum Raumerwerb dar, sondern verkörpert selbst einen Sehnsuchtsort, der *kayserlich* ist[388] und um seiner selbst willen erstrebenswert. Wo die Frauenfiguren der Binnenhandlung immer auch Mittel zum Zweck sind, steht Tarsia

---

386 Für eine Auflistung der Reisezeit mit den jeweiligen Aufenthalten Apollonius' vgl. Achnitz: Babylon, S. 334f.
387 Vgl. auch A V. 15257ff.
388 Dies könnte ein Echo auf Konrads von Würzburg Beschreibung der Helena im Trojanerkrieg sein (vgl. Konrad: Trojanerkrieg, V. 318ff.).

nur für sich selbst. Für den reisenden und heimatlosen Apollonius wird sie in diesem Vergleich als Zielort imaginiert.

Auf diese räumliche Metapher folgt eine ausführliche Körper-*descriptio*, die auch die primären und sekundären Geschlechtsteile nicht ausspart (A V. 15089ff.). Tarsia wird also in Geist, Körper, Ausstattung und Bildung ideal dargestellt. Ihre Beschreibung gipfelt in einer Apotheose, die die *anagnorisis* mit Lucina vorweg nimmt,[389] denn als die Stadtbewohner Tarsia betrachten, rufen sie aus, *das junckfrewelein | Wär ain göttin an dem schein* (A V. 15253ff.).

In räumlicher Hinsicht orientiert sich diese Tarsis-Episode stark an der antiken Vorlage. Die Handlungsorte – Strangwilios Haus, die Straßen der Stadt und das Grabmal der Liguridis – bleiben vage. Aktualisierungen des Stoffes treten vor allem im Hinblick auf die Beschreibung der Piraten, deren Aktivitäten dem Erzähler offensichtlich erklärungsbedürftig erscheinen,[390] und die soziale Rolle des gedungenen Mörders auf, der als *mayr* der Dionisiades abhängig von ihr ist, und dem statt seiner Freiheit *[z]way gantze lehen* (A V. 15286) von ihr versprochen werden. Der Schwerpunkt dieser Passage wird also deutlich auf die Herausstellung von Tarsias Exzeptionalität gelegt.

3.3.5.2 Metelin (Mytilene) I

Auch der Raumentwurf der Metelin-Episode ist sehr vage gehalten; im Vergleich zur antiken Vorlage werden einige signifikante räumliche Details gekürzt. So findet der Verkauf Tarsias nicht auf dem Marktplatz statt, sondern ist vage vor der Stadt beim Meer situiert (A V. 15550f.). Der Bordellbesitzer, ein *unrainer pulian* (A V. 15544), kauft Tarsia wie im Original und lässt sie in sein *offens sunthauß* (A V. 15548) transportieren.[391] Dessen architektonische Details werden jedoch bis auf die Erwähnung von Tarsias Kammer ausgespart. So weist der *pulian* beispielsweise Tarsia wie in der Vorlage an, niederzuknien und den *mynne got* (A V. 15586) anzubeten, die korrespondierende Statue bleibt aber unerwähnt. Ebenfalls fehlt eine Beschreibung der Prozession, die Tarsia in der *Historia* ins Bordell begleitet hatte.

---

[389] Auch sie wird als so schön beschrieben, dass Apollonius zunächst denkt *[s]i wär ain göttynne* (A V. 17262).

[390] Er bezeichnet sie als *schnelles here*, erklärt ihre Vorgehensweise und nennt sie *rauber auff dem mer* (A V. 15399ff.).

[391] Vgl. zum Bordell im Mittelalter Gertrud Blaschitz: Das Freudenhaus im Mittelalter. *In der stat was gesessen/ain unrainer pulian*. In: Sexuality in the Middle Ages and Early Modern Times. New Approaches to a Fundamental Cultural-Historical and Literary-Anthropological Theme. Hg. v. Albrecht Classen. Berlin/New York 2008 (Fundamentals of Medieval an Early Modern Culture, Bd. 3). S. 715-750.

Der *Apollonius* behält die häufigen Fußfälle Tarsias vor *pulian* und potentiellen Freiern und die damit erzeugten räumlichen Hierarchieverhältnisse bei.[392] Auch die innen/außen-Relationen in Bezug auf ihre Kammer und das Kommen und Gehen der potentiellen Freier werden aufrechterhalten. Hinzu kommen die häufigen Gebete Tarsias, die sich an einen singulären namenlosen Gott richten und eine weitere oben/unten-Relationierung einziehen.[393] Tarsia klagt:

> Mein hertze leydet grossen sturm:
> Nu wollte Got, wär ich ain wurm!
> So verpurg ich mich doch
> Etswa in ain claines loch,
> Untz das mich der tod neme […]. (A V. 15684-15688)

Die Sehnsucht nach Flucht wird in diesem Bild durch die Idee des Verkriechens zum Ausdruck gebracht. Gleichzeitig spiegeln die Verkleinerung und Vertierung aber auch den sozialen Abstieg Tarsias und ihre Fremdbestimmtheit wieder.

Die größte Abweichung von der antiken Vorlage betrifft Tarsias öffentliche Auftritte, mit denen sie sich ihre Jungfräulichkeit erkauft.[394] Sie sind statt auf einem öffentlichen Platz wiederum auf dem *plan*, also wahrscheinlich vor der Stadt, situiert. Der Erzähler beschreibt ausführlich, wie sie am ersten Tag ihre *weßhait* (A V. 15880) zur Schau stellt, indem sie Rätsel löst. Am nächsten Tag sendet ihr Athanagoras eine *herphe* (A V. 15893), auf der sie wunderschön spielt:

> Ir stym was suß und nit ze groß,
> Da sy in die wolken doß.
> Si gab den lewtten freuden gut,
> Di vogelein sungen in dem luft.
> Dy herphen gab vil sussen clanck,
> Di magt gar kosperlichen sanck:
> Di leut dauch di weyl nit lanck. (A V. 15916-15922)

Ihr Gesang erfüllt den öffentlichen Raum bis zu den Wolken und vereint sich mit dem Gesang der Vögel. Mit ihrer Musik formt Tarsia einen Raum für kunstvollen Genuss, in dem Natur und Musik sich vereinen. Im Anschluss berichtet sie der Stadtbevölkerung in einer ausführlichen Klage (A V. 15933-15982), die sie insbesonders an die *frauwen* und *rainen mayde* (A V. 15933) im Publikum richtet, von ihrer Geschichte und ihrer Notsituation. Sie bittet um finanzielle Unterstützung und erntet sowohl großzügige

---

392 Vor dem *pulian*: *Di myniklich susse* | *Viel im fur di fusse* (A V. 15606f.); vor Athanagoras: *Si ließ sich di vil susse* | *Nider zu seinen fussen* (A V. 15712f.); bei einem weiteren Freier: *Tarsia di vil susse* | *Viel im fur id fusse* (A V. 15750f.).
393 *Ir hende sy zu Gote pat* (A V. 15697).
394 Vgl. zu dieser Passage auch Egidi: Künste.

Geldsummen als auch Mitgefühl.[395] Auch Athanagaoras beschenkt sie reich; die Bürger stellen sie unter ihren Schutz.

Die Aufmerksamkeit, die Tarsia generiert, ist also von ihr noch weit geschickter eingesetzt als in der *Historia*; sie emanzipiert sich schneller und erfolgreicher vom *pulian*. Die Stadt wird wie bei den anderen Städten der Rahmenerzählung ihrer spezifisch antiken Handlungsorte entkleidet; wieder dient der *plan* außerhalb der Stadt als Raum öffentlicher Sichtbarkeit und Interaktion. Indem das Bordell weniger detailliert beschrieben wird als in der antiken Vorlage und gleichzeitig Tarsias Handeln in der Öffentlichkeit ausgedehnt wird, verschiebt sich der Schwerpunkt der Episode weg vom *sunthauß*; Tarsias Situation wirkt so weniger bedrohlich.

3.3.5.3 Tarsis IV

Apollonius' Rückkehr nach Tarsis beginnt der Erzähler mit einer Prolepse: *Deß kam Strangwilio in not: | Wann er must dar umb ligen dot* (A V. 16009f.). Diese Voraussage verbindet diese Episode mit der vorherigen, und damit Tarsias vermeintlicher Tötung als Grund für Strangwilios Schicksal, sowie mit der anschließenden Tarsis-Episode, in der Strangwilio und seine Frau verurteilt werden, in zwei Versen zusammen und stärkt so die kausalen Bezüge dieses Handlungsabschnitts.

Auch in dieser Episode ist die räumliche Darstellung sehr vage gehalten. Apollonius wird von den Stadtbewohnern freundlich empfangen, unterliegt der Täuschung durch Dionisiades und Strangwilio und besucht das Grab Tarsias. Der Fokus liegt deutlich auf den Klagen Apollonius'. Er reagiert auf die Neuigkeiten mit Dissoziation, Handlungslähmung und der bereits bekannten Reaktion des zu Boden Fallens (A V. 16064ff.). Bei dieser Rückkehr in die Rahmenerzählung werden Apollonius' ungeschnittenes Haar und sein langer Bart besonders hervorgehoben.[396] Sein stetig wachsendes Haupthaar betont die Kontinuität zwischen den beiden Blöcken der Rahmenhandlung und der Binnenerzählung. Wie in der *Historia* hält sich Apollonius nicht weiter in Tarsis auf, sondern zieht sich in den Schiffsbauch zurück und segelt ab:

> Er gie zu dem scheffe wider:
> ,Werffet mich in di sucht[397] nider
> Dar inne will ich mich peinen

---

[395] *Do ward ain michel wainen | Von grossen und von klainen [...]. Ir wurden da woll funfftzig marck | Von den lewten gegeben* (A V. 15983-15991).
[396] *Das har er von den augen swanck, | Das was rauch und lanck, | Und den part druckt er nider: | Wann es was nie beschniten sider | Seyt er von dan fur, das ist war, | Deß warne funffzehen jar* (A V. 16043-16048).
[397] Handschrift a liest *sutten*.

> Mit clage und mit weinen
> Umb mein kint und umb mein weyb.
> Es muß mein unsaliger leib
> Auff dem mer sein ende nehmen:
> Im soll zu leben nicht gezemen. [...]' (A V. 16137-16144)

Apollonius formuliert in seiner Rede eine trauerbedingte Absage ans Leben. Der Rückzug in den Schiffsbauch soll ihm ungestörtes Klagen ermöglichen, fungiert aber auch als symbolischer Tod, dem, so wünscht er sich, bald der echte Tod auf dem Meer folgen soll. Außerdem betont er, dass die ihn überwältigende Trauer sich nicht nur auf seine Tochter, sondern auch auf die vor mehr als vierzehn Jahren verstorbene Lucina bezieht. Gefühle, die er in der Binnenerzählung bereits hinter sich gelassen zu haben schien, werden hier wieder wachgerufen.

Wie in der *Historia* gerät sein Schiff nun wiederum in einen großen Sturm, der sie von ihrem Ziel abbringt. In Handschrift a wird dieser Sturm explizit als göttliches Eingreifen markiert: Der Steuermann dreht die Segel

> Als ez Got wolde
> Und auch sein solde.
> Der werde Got wolt ende geben
> Seinem trawriclichem leben,
> Das hett geweret zware
> In dem sechtzehenden jare. (A (a) V. 16165-16170)

Die scheinbare Kontingenz des Unwetters wird hier explizit als göttliche Schicksalsmacht markiert.

3.3.5.4 Metelin (Mytilene) II

Auch im Metelin des *Apollonius* wird bei der Ankunft des Schiffes gefeiert, allerdings wird das spezifisch antike Fest der Neptunalien unspezifischer und unter Tilgung der religiösen Aspekte als *grosse hochtzeit* (A V. 16180) bezeichnet. Auch diese Episode ist gekennzeichnet durch eine generelle *dilatatio materiae* – die Vorbereitungen des Festmahls an Bord werden ausführlich beschrieben, ebenso die Interaktion zwischen Athanagoras und den Schiffsleuten. Der Erzähler verstärkt die Rolle des Fürsten insofern, als Athanagoras Apollonius von Beginn an als Tarsias Vater identifiziert (*Tarsia nennet den selben man* A V. 16316); seine Aufforderung an Tarsia, denselben aus dem Schiffsbauch herauszuholen, ist also eindeutig als List gekennzeichnet.

Interessanterweise sind die unten/oben und dunkel/hell-Dichotomien der Schiffsbauchpassage im Vergleich zur *Historia* abgeschwächt. Stattdessen dominiert eine innerhalb/außerhalb-Opposition: Athanagoras bittet den Matrosen nicht, Apollonius nach oben zu holen, sondern *herauß* (A V.

16277);[398] Apollonius' Lagebeziehung zur Schiffsbesatzung wird als *hie pey* (A V. 16322) beschrieben; im Gespräch mit Athanagoras weigert sich Apollonius, *hin auß noch sust noch so* (A V. 16380) zu kommen. Beschreibungen des Schiffsbauchinneren fehlen ganz und auch Apollonius' Zustand wird als weniger verwahrlost beschrieben als in der *Historia*. Tarsia steigt zwar *hin ab* (A V. 16416) zu Apollonius, hat aber von Athanagoras nicht den Auftrag erhalten, Apollonius nach oben zu holen, sondern nur, im *sein lait* zu nehmen (A V. 16410).

Das folgende Gespräch zwischen Tarsia und Apollonius mit seiner Rätselfolge ist in der Forschung oft und ausführlich aufgearbeitet worden.[399] Hier soll deshalb nur festgehalten werden, dass die Rätselfolge des *Apollonius* von der der *Historia* abweicht und sich weniger klar auf den Ablauf der Erzählung oder Tarsias Ziel, Apollonius ins Licht zu holen, beziehen lässt.[400] Die Konfrontation zwischen Tarsia und Apollonius gestaltet sich wie in der *Historia*: Sie will ihn am Gewand *an den tag* ziehen, woraufhin er ihr *ainen maul slag* gibt, so dass ihr Blut aus Mund und Nase rinnt (A V. 16744ff.). Tarsia klagt ihm ihre Geschichte, er ruft *Got in der jerarchia* (A V. 16786) an und gibt sich ihr zu erkennen. Mit lauter Stimme ruft er sein Gefolge und Athanagoras herbei, identifiziert sie öffentlich als seine Tochter und kleidet sich wieder standesangemessen. Athanagoras wirft sich ihm zu Füßen (A V. 16825ff.) und bittet ihn um Tarsias Hand.

Wieder wird der Ort der Bürgerversammlung von dem *forum* auf den *plan* vor dem *palaß* verschoben. Heinrich fügt ein spezifisch mittelalterliches urbanes Element hinzu, wenn er die Sturmglocken zur Versammlung der Bürger läuten lässt (A V. 16873). Athanagoras tritt als Ratgeber der Bürger auf und vermittelt zwischen Apollonius und der Bürgerschaft. Das Urteil über den *pulian* wird durch Akklamation der Bürger gefällt und die Situation wiederholt explizit als Gerichtsversammlung beschrieben,[401] es fehlt jedoch die räumliche Erhöhung Tarsias und Apollonius' auf dem *tribunal*. Der *pulian* wird verbrannt, seinem Knecht und den Prostituierten aber schenkt Tarsia die Freiheit und den Besitz des *pulians*. Wie in der *Historia* schenkt Apollonius der Stadt Gold, um die *zynnen* und die *turne aussen und innen* (A V. 16999f.) wieder instandzusetzen; die Bürger errichten ihm dafür ein Standbild, das ganz dem in der *Historia* entspricht. Apollonius sendet nun Boten aus, die seinen Aufenthalt in Metelin bekannt machen und zu einem großen Turnier in Antiochia vier Wochen später einladen:

---

398 Vgl. auch A V. 16387.
399 Vgl. Tomasek: Rätsel; Junk: Transformationen; Schneider: Chiffren; Achnitz: Babylon, S. 338ff.
400 Für einen Versuch, die Rätselfolge in einen auf die Erzählung bezogenen Zusammenhang zu bringen, vgl. Schneider: Chiffren.
401 Vgl. A V. 16913, 16931.

> Er sandte gegen Anthiochia
> Und zu grossen Asia,
> Zu Sirenen und Libia,
> Ze Paldach und ze Wabilon,
> Ze Halab und ze Valkitron,
> Ze Persia und zu Nigropant,
> Ze Achers und ze Wellimont,
> Ze Tripel und ze Jerusalem,
> Zu Nasareth oder Betlehem.
> Er sandte ze Gallilea,
> Ze Sandres in Capadocia,
> Ze Kostinopel in Criechen.
> Er sandt nicht nach den siechen,
> Er sandt nach den starcken degen,
> Di ritterschaft wol kunden pflegen. (A V. 17036-17050)

Auch nach Tyrus, Pentapolis, Egipten und ins *Morland* schickt er Boten, um alle Kampfwilligen aufzufordern, sich *[z]e Anthiochia in der statt* (A V. 17065) zu versammeln. Dieser bisher umfangreichste Städte- und Reichskatalog des Romans ruft die bekannten Orte der Binnenhandlung und damit Apollonius' Herrschaftsgebiete auf, verknüpft sie aber mit anderen Orten und Reichen, die im bisherigen Roman nicht erwähnt wurden. Besonders interessant sind die eingefügten biblischen Orte bzw. Kreuzfahrerreiche (Tripolis, Jerusalem, Nazareth, Bethlehem, Galilea). Der Raum der Erzählung wird auf biblische Räume hin geöffnet und damit der Kontakt mit dem Christentum, der in der Begegnung mit Henoch und Elias seinen Anfang nimmt, auch räumlich umgesetzt. Apollonius verfügt nun über ein ungeheuer großes Reich; er unterhält Allianzen oder Kontakte mit nahezu der ganzen bekannten Welt. Dieser im Vergleich zum ersten Teil der Rahmenhandlung enorm vergrößerte Raum der Erzählung will nicht mehr so recht zu den eher lokal bedeutsamen Ereignissen in Metelin, Tarsis und Ephesus passen, und so werden die folgenden Ereignisse der antiken Vorlage schnell und ohne weitere Ausschmückungen erzählt. Den Fluchtpunkt und neuen Höhepunkt des Romans stellen das Turnier in Antiochia und die Versammlung der Herrscher in diesem Rahmen dar.

3.3.5.5 Tarsis V

Heinrich ändert an dieser Stelle die Reihenfolge der Reisen. In der *Historia* reisen Tarsia, Athenagoras und Apollonius zunächst, geleitet durch den Engeltraum, nach Ephesus, finden dort ihre Mutter bzw. Ehefrau wieder und reisen dann weiter nach Tarsus und letztlich Pentapolis. Tarsus nimmt zusammen mit der Rückkehr nach Pentapolis in der *Historia* so die Funktion eines Handlungshöhepunktes ein. Apollonius und Tarsis werden als Richter und Herrschende inszeniert, bevor durch die Begegnung mit Altistrates die Familie endgültig wieder zusammengeführt wird. Durch die Verlagerung des abschließenden Handlungshöhepunktes nach Antiochia verliert die Episode in Tarsis diese Funktion und wird deshalb auch nur sehr knapp erzählt. Indem die Wiedervereinigung mit Lucina in Ephesus hinter die Tarsis-Episode verschoben wird, werden der emotionale Höhepunkt der *anagnorisis* und der festliche Höhepunkt des Turniers einander angenähert.

Apollonius und die Seinen gehen in Tarsis zum *palaß* und treffen dort den *purger radt* vor (A V. 17105f.); eine Institution, die zuvor nicht aufgetaucht war und auch in ihrer Zusammensetzung und politischen Bedeutung nicht genauer erklärt wird. Die Tarser rufen Apollonius zu ihrem König aus – das in der *Historia* vage bleibende Herrschaftsverhältnis wird hier konkretisiert: ,*Du pist an alle schande | Kunig in disem lande*' (A V. 17123f.). Apollonius wird auch als *vatter in der not* (A V. 17125) bezeichnet, also als *pater patriae*, womit die Formel der *Historia* wieder aufgegriffen wird (vgl. HA 50.8-11). Die Übeltäter werden verhaftet, Tarsia befragt die Zeugen, Strangwilio und Dionisiades werden durch Steinigung hingerichtet, der *mayr*, der ihren Auftrag hatte ausführen sollen, wird jedoch begnadigt. Wieder steht die Einladung zum Turnier in Antiochia am Ende der Episode, diesmal gerichtet an den zuvor nicht erwähnten Burggrafen von Tarsis, Lucas, der seine Anwesenheit zusagt.

In dieser knappen Episode wird Tarsis gemäß den politischen Gepflogenheiten einer mittelalterlichen Stadt transformiert. Die Stadtversammlung auf dem *forum* wird zum *purger radt*, der sich vor dem *palaß* trifft, der politische und militärische Vertreter der Stadt wird als Burggraf eingeführt. Tarsis wird klar unter die Herrschaft des Königs Apollonius gestellt. Die unklaren politischen Verhältnisse in der Vorlage werden so konkretisiert; zugleich wird Tarsis auch den soziopolitischen Rahmenbedingungen des restlichen apollonischen Herrschaftsraumes angepasst.

3.3.5.6 Ephesus II und Pentapolis II

Nach ihrer Abreise aus Tarsis träumt Apollonius, dass ihm eine Stimme zuruft, nach Ephesus zu fahren. Die engelähnliche Gestalt der Vorlage wird hier noch weiter entkörpert; konkrete Raumhinweise bleiben aus.

Ephesus wird zunächst ganz auf die Tempelanlagen reduziert (*Da sy kamen an das lant, | Er gie zu dem tempel zu hant*, A V. 17237f.). Anders als bei Lucinas Eintritt in den Tempel im ersten Teil der Rahmenerzählung wird hier nicht mehr erwähnt, welcher Göttin er geweiht ist und wie das Leben dort gestaltet ist. Auch Lucinas Aufstieg zur Hohepriesterin und der kurze biographische Abriss, den die *Historia* bietet, werden weggelassen. Als räumliches Detail wird lediglich der *altar* erwähnt, vor dem Apollonius niederkniet und der das geöffnete Heiligtum mit der Dianastatue aus der Vorlage ersetzt. Lucina wird auch in der mittelalterlichen Bearbeitung zunächst für *ain göttynne* (A V. 17262) gehalten, dieser Irrtum wird aber auf die Schönheit ihres Leibes zurückgeführt (A V. 17260ff.).

Die folgende Wiedervereinigungssequenz ist wesentlich bestimmt durch das Wortfeld *freude*.[402] In Freude sind die Familie und die ganze Stadt miteinander vereint. Apollonius schert sich Bart und Haupthaar (A V. 17312ff.). Dies geschieht in der *Historia* gemäß seinem Schwur bereits in Mytilene; hier wird dieser Akt der Erneuerung verschoben bis nach der endgültigen *anagnorisis* der ganzen Familie. Lucina wird Apollonius in einer Wiederholung ihres ursprünglichen Hochzeitsaktes durch die Bürger von Ephesus zugeführt (A V. 17317ff.) und sie wird in der gleichen Nacht schwanger mit ihrem Sohn Appolonius (A V. 17331). Wie in Tarsis wird mit Ercules von Ephesus nun ein namentlich bezeichnetes Mitglied der aristokratischen Führungsschicht der Stadt eingeführt. Apollonius lädt Ercules ein, nach Antiochia zu kommen und dort das Schwert zu nehmen, da er noch kein Ritter ist (A V. 17348f.). Indem Apollonius das Recht zugesprochen wird, Ercules' Ritterschlag durchzuführen, wird auch hier eine Herrschaftsbeziehung oder wenigstens eine deutliche Hierarchie eingezogen. Ercules sagt freudig zu, und nach einem weiteren Fest bricht Apollonius mit seiner Familie nach Pentapolis auf.

Altistrates ist über ihre Ankunft bereits informiert; er und die Bürger der Stadt kommen ihnen in Schiffen entgegen (A V. 17387ff.). Die herzliche Wiedervereinigung findet also auf dem Meer statt. Dieser Ingressus entspricht wie die folgenden in Tyrland und Antiochia den Regeln formaler Herrschaftseinzüge im mittelalterlichen Kaiserreich, abgesehen von den religiösen Komponenten, die durchgängig ausgelassen werden.[403] Das Entgegenziehen der Landesbevölkerung demonstriert die Freude der Reichsbewohner über die Rückkehr ihres Herrschers und gestaltet den Ingressus des Apollonius als beidseitig erwünscht. Nach vier Tagen reist die Familie gemeinsam weiter nach Tyrus.

Diente Altistrates in der ersten Pentapolis-Episode als Korrektiv zu Antiochus und Vorbild für Apollonius, so wird er an dieser Stelle interessanterweise als Echo zu Apollonius inszeniert. Der Erzähler berichtet, dass seine Frau, Lucinas Mutter, die im ersten Teil der Rahmenerzählung nicht erwähnt worden war, inzwischen gestorben sei (A V. 17445ff.). Wegen des Verlusts von ihr und Lucina habe er seinen *pard | Noch das har nie geschoren* (A V. 17449f.) und keine Freude gekannt. Jetzt, mit der Rückkehr der

---

402 Vgl. A V. 17306, 17311, 17322, 17353ff.
403 Vgl. Schenk: Zeremoniell.

Tochter, schneidet er Bart und Haare und erweist sich als außerordentlich *schon* (A V.17459). Hatte bis zu diesem Zeitpunkt Apollonius sich in je unterschiedliche Variationen der initialen Figurenkonstellation um Antiochus eingeordnet, so fungiert nun seine ideale Familiensituation als Folie, der sich andere Figurenkonstellationen nachbilden. Wie Lucina wird Altistrates hier als in einem Zustand des leidvollen Wartens festgestellt beschrieben; erst die Rückkehr seiner Tochter und ihres Mannes befreit ihn aus dieser Handlungslähmung. Darin wird auch ein Unterschied zwischen Apollonius, Tarsia und den anderen Figuren der Rahmenerzählung deutlich: Während Tarsia in den vierzehn Jahren erwachsen geworden ist und Apollonius sich einen fast weltumspannenden Herrschaftsraum erobert hat, scheint an Lucina und Altistrates diese Zeit spurlos vorübergegangen zu sein. Lucina empfängt trotz ihres fortgeschrittenen Alters (das an keiner Stelle erwähnt wird) sofort ein Kind. Altistrates, immerhin Großvater einer erwachsenen Tochter, wird in Folge als schöner, lediger König und Ritter inszeniert, der unproblematisch auch gegen sehr viel jüngere Männer kämpfen und sie besiegen kann. Für Lucina und Altistrates gilt damit, was Bachtin in Bezug auf die leere Abenteuerzeit des antiken Romans herausarbeitet. Sie haben jedoch die Reisen eben dieser Abenteuerzeit nicht unternommen, sondern stillgestellt auf die Rückkehr der reisenden Figuren gewartet. Diese dagegen haben eine deutliche Entwicklung durchgemacht, die sie nun als dominante, herrschende Figuren kennzeichnet.

Zusammenfassend kann für diesen zweiten Teil der Rahmenerzählung festgehalten werden, dass der Erzähler alle Hinweise auf die zeitlich und räumlich bedingte Fremdheit dieses östlichen Mittelmeerraumes tilgt. Waren im ersten Teil der Rahmenerzählung noch häufig Hinweise auf fremde Sitten oder Erklärungen z.B. des Polytheismus eingeschaltet worden, so wird in diesem zweiten Teil der Raum der *Historia* durchweg gemäß den soziokulturellen Lebensbedingungen um 1300 transformiert. Die Raumordnung der Städte folgt, wo sie genauer ausgestaltet wird, streng feudalhöfischen Regeln; Leerstellen in der aristokratischen Hierarchie werden gefüllt. Mit dem Turnier und Fest in Antiochia erhält die Erzählung einen neuen Flucht- und Zielpunkt, der ebenfalls dazu beiträgt, die Welt der *Historia* dem Raum des höfischen Romans anzuverwandeln.

3.3.6 Vers 17470-20644 – Schluss

Tyrus und Antiochia werden zum Abschluss der *Historia* als Herrschaftsgebiet des Apollonius erwähnt, in das er sich mit seiner Familie zurückzieht. Diese Orte werden jedoch im antiken Roman nicht mehr ausgestaltet, was Heinrich die Gelegenheit gibt, sie gemäß einer feudalhöfischen

Raumordnung als ideale Königreiche zu inszenieren. Mit dem Königreich Jerusalem und dem Kaiserreich Rom werden zwei äquivalente nicht räumlich ausgestaltete Herrschaftsorte ans Ende des *Apollonius* gesetzt, deren Funktion für den Roman abschließend diskutiert werden soll.

3.3.6.1 Tyrland

Auch die Tyrland-Episode ist sehr knapp gehalten und ganz auf das Fest in Antiochia ausgerichtet. Apollonius und die Seinen segeln vier Tage von Pentapolis nach Tyrland. Wieder zieht die Stadtbevölkerung ihnen entgegen, sowohl mit Schiffen als auch auf Pferden. Diese Dopplung, die logistisch nicht viel Sinn macht, kündet den endgültigen Wechsel in eine rein feudalhöfische Raumordnung an: Von Antiochia aus reiten sämtliche Figuren des Romans, wie es Rittern und Herrschern im Mittelalter angemessen ist.

Apollonius und sein Gefolge werden zunächst in die Stadt Florimunt geführt, wo ein kleines Turnier zu ihren Ehren stattfindet (A V. 17504ff.), und anschließend in die Hauptstadt Rundelat, wo Florian als Hauptmann des Landes dient. Neben dieser städtischen Binnendifferenzierung ist der Raum von Tyrland ganz auf die Relationierung der Figuren ausgerichtet, die sich in prachtvollen Ausstattungen und Aufzügen präsentieren. Dieser Schauraum wirkt wie eine kleiner gehaltene Vorbereitung des prächtigen Einzuges in Antiochia, von dem er in der nächsten Episode übertroffen wird.

Vierzehn Tage lang wird in Tyrland gefeiert; dann werden die Herren und Damen des Reiches prächtig von Apollonius für das Turnier in Antiochia ausgestattet: *Sein hant di ward gar milte* (A V. 17570). Der Reichtum, den das Land in den fünfzehn Jahren von Apollonius' Abwesenheit akkumuliert hat, ermöglicht ihm nun großzügiges Herrschaftshandeln in Form von Geschenken; *dreyssig hundert* (A V. 17591) reich ausgestattete Männer reisen mit Apollonius und seiner Familie nach Antiochia.

3.3.6.2 Antiochia

Diese letzte detailliert erzählte Episode des Romans lässt sich in vier große Abschnitte teilen. Zunächst erfolgt der feierliche Einzug in die Stadt in Form einer Prozession und die Inbesitznahme der Burg Symont[404] durch Apollonius (A V. 17598-18088). Am folgenden Tag werden Apollonius,

---

404 Lies *Loymunt* in Handschrift a.

Lucina, Tarsia und Athanagoras gekrönt; Tarsia und Athanagoras heiraten (A V. 18089- 18424). Gestört werden diese Festlichkeiten nur durch die Weigerung des Königs von Jerusalem, Jeroboam, sein Land als Lehen von Apollonius zu empfangen. Am nächsten Tag beginnt das Turnier vor Antiochia (A V. 18425-19096), das jedoch immer wieder von Störungen, Herausforderungen und Hilfegesuchen unterbrochen wird (19097-20403). Zum Ende beschließen Apollonius und seine Fürsten einen Feldzug gegen Jeroboam und sammeln ein letztes Mal ihr Heer.

Wie nahezu die gesamte Antiochia-Episode ist auch der feierliche Einzug in die Stadt Antiochia per Prozession auf die Demonstration ultimativer Prachtentfaltung ausgerichtet. Dies drückt sich einerseits in der reichen Ausstattung von Apollonius, seinen Gefolgsleuten und Gästen aus, die vom Erzähler wiederholt in hyperbolischen Beschreibungen und Unsagbarkeitstopoi gefasst werden. Andererseits belegt die schiere Masse der teilnehmenden Figuren, dass es sich hier um den Triumphzug eines großen Herrschers handelt. Die Städte, die sie durchreiten, sind zwar reich geschmückt, der Fokus liegt in dieser Phase der Prozession aber auf den Figurenrelationen. Diese sind streng nach Stand und Rang strukturiert, erkenntlich an den *panieren*, die die Gruppen mit sich führen: Zunächst reiten zwölf Fürsten, Könige und Herzoge mit ihrem Gefolge ein (A V. 17773ff.), dann folgen 2000 Paniere von Dienstmännern und *parüne[n]* (A V. 17782ff.). Im Anschluss ziehen *unmassen vil* Ritter und Knappen in die Stadt ein. Sie lagern auf einem *veld* außerhalb der Stadtmauern, auf dem Zelte, *[h]utten und palunen* (A V. 17794) aufgeschlagen werden. Im Anschluss an dieses Männerheer zieht das Heer der Frau Venus auf vier Elefanten mit prächtiger Begleitung ein. Die Elefanten sind mit *kastellen* bestückt, in denen je 100 Frauen reiten. Diese werden ebenfalls hierarchisch und nach Attraktivität und Alter aufgeteilt.

Dieser großen Prozession kommen die Landesherren ebenfalls in feierlichem Zug aus der Stadt entgegen. Gäste und Einwohner vermischen sich auf dem Feld; es beginnt *ain reyches schauwen* (A V. 17939). Die beschriebene Prozession vollzieht sich also nach den Regeln einer perfekt umgesetzten ständischen *ordo*, in der jede Figur ihren Ort hat. Ausgedrückt wird diese *ordo* in der sukzessiven Abfolge der Figuren im Raum; semantisch codiert wird sie durch heraldische Zeichen, die die ständischen Zugehörigkeiten symbolisieren. Mit dem Einzug in Antiochia wird somit die Herrschaftsordnung Apollonius' räumlich expliziert. Diese Raumordnung realisiert sich erstens durch unterschiedliche Zugangsrechte – nur Apollonius und seine Vertrauten betreten tatsächlich die Stadt; die anderen Gäste verbleiben auf dem *veld* vor den Toren Antiochias. Zweitens bestimmt sie den Ort jeder Figur in der Prozession nach deren Status und damit nach ihrer Position innerhalb der gesellschaftlichen Hierarchie. Drittens wird die

Raumordnung der Prozession über Figurenrelationierungen etabliert, denn zusätzlich zu ihrem Stand werden die Figuren einander nach Ähnlichkeit zugeordnet; weitere Figuren wie Spielmänner oder die *Saracein* fungieren als Attribuierung der besonders hochstehenden Prozessionsteilnehmer. Diese Visualisierung der gesellschaftlichen *ordo* als Raumordnung existiert nur im Moment der Prozession, sie formt und löst sich auf als Bewegungsraum, der über die je neuen Relationierungen von Dingen und Figuren je punktuell geschaffen wird. Die feierliche Prozession vor und in Antiochia ist also ein Beispiel der gesellschaftlichen Konstruktion von Raum, bei der räumliche und soziokulturelle Ordnung sich wechselseitig informieren.

König Apollonius und seine *familia* reiten nun in die Stadt und lassen die Elefanten, ihre Reiterinnen und Begleiter mit den Rittern vor dem Burgtor zurück. Die Stadt Antiochia selbst ist geschmückt wie ein *locus amoenus*:

> Wann es was in deß mayen zeyt,
> Das di plumlein entsprungen
> Und di vogelein sungen.
> Di stat ward alle erfrewt:
> Di wege waren wol bestrewt
> Mit plumlein und mit grunem gras. (A V. 17952-17957)

Diese Beschreibung ähnelt stark dem im Rahmen der ausführlichen Tarsia-*descriptio* unternommenen Vergleich von Tarsia mit einem *locus amoenus*. So werden Tarsia als Figur, zu der Apollonius zurückkehrt, und Antiochia als Reich, in dem Apollonius seine Herrschaft final realisiert, über diesen Vergleich zusammengebunden.

Unter Freudenrufen und Segnungen der Bewohner durchqueren sie die Stadt und reiten auf die Burg Symont, in der Apollonius und die Seinen Quartier nehmen. Symont wird gleich zu Beginn in den intertextuellen Schlagschatten des Artusromans gestellt, denn der Erzähler betont, *[e]s gewan kunig Artus | Nie so schones [hus, LB] pey seinen tagen* (A V. 17970f.). Er schaltet eine ausführliche *descriptio* dieser idealen Burg ein. Sie liegt *drey schuß von der statt* (A V. 17973) und ist umgeben von einem See, der als äußerst fischreich beschrieben wird. Der Burgberg selbst ist *nit ze hoch* und von einem *liechte[n] walt* umgeben, in dem viele edle Bäume wachsen. Der Erzähler nennt unter anderem *muscat, negelein, cardamonen, muscat plüt, saffran* und *palsamen* (A V. 17978ff.) und greift damit etliche der Pflanzen auf, die auch in Candors *wurtz garten* und Diamenas Garten im Goldenen Tal wachsen. Auch das Tier, das *den guten pysmen drayt* (A V. 17990), also den Moschus-Duftstoff, ist dort ansässig. Die Burg selbst ist aus *mermelstein, | Weyß als ein helffenpain* (A V. 17995f.), ein Vergleich, der auch für die Feste Lisemunt verwendet wird. Sie ist mit zwölf Türmen und vier *palaß*, an jeder Ecke der Mauer einer, ausgestattet, und bietet Raum für *tausent ritter wolgemach* (A V. 18002). Inmitten der veste steht *der allerpeste | Prunne deß ye man enpayß* (A V.

18004). Dieser Brunnen zeichnet sich dadurch aus, das er immer die ideale Temperatur hat. Zwölf Rohre speisen sich aus ihm, deren Wasser *auff yeglichen sal | Und in di kuchen uber al* (A V. 18017f.) geleitet wird. Die zwölf Rohre entsprechen den zwölf Rohren des ersten Wunderbrunnens im Goldenen Tal, der die Hände der Ritter je nach dem Grad ihrer Sünden verfärbt hatte. Vier weitere Quellen fließen in den fischreichen See (A V. 18057-18060).

Die Beschreibung der Burg Symont spielt offensichtlich auf das Goldene Tal an.[405] Parallele Pflanzen, das unbenannte moschustragende Tier statt der Affen und Goldschafe, die schneeweiße Burg, das fischreiche Gewässer und der wunderbare Brunnen sind allesamt Echos des Raumentwurfs von Crisan und Lisemunt. Sie sind hier jedoch aller anderweltlichen Assoziationen entkleidet; der Brunnen verfärbt nicht die Hände, sondern versorgt die Burg in einer menschlichen Glanzleistung der Hydraulik mit Wasser. Die wiederholten Betonungen, es handele sich um die beste Burg, den besten Brunnen etc. *auff dem ertreiche*, können gelesen werden als eine Absage an die *mirabilia* des Goldenen Tales. Im Raumentwurf Antiochias kommen stattdessen praktische, auf den menschlichen Nutzen ausgelegte Kriterien zum Tragen. Dementsprechend wird als das Ziel dieser Prachtentfaltung die höfische Freude ins Zentrum gesetzt, und diese gestaltet sich so überwältigend, dass sie eine dem Jungbrunnen korrespondieren Verwandlung bedingt. Das Fest zu Tarsias und Athanagoras' Heirat ist so prächtig, dass *[d]i alten wurden zu kinden* (A V. 18405). Indem Antiochia als weltliches Äquivalent zum Goldenen Tal inszeniert wird, dessen Wunder aber durchgehend nicht von einer übernatürlichen Macht, sondern von den Effekten der höfischen Prachtentfaltung und eines ständisch wohl geordneten Herrschaftsraumes ausgehen, wird das Goldene Tal bereits *vor* Apollonius' Konversion überboten und relativiert. Nicht nur Apollonius' christliche Herrschaft ist also, wie von Achnitz postuliert, Endziel und Höhepunkt des Romans, sondern bereits der in dieser Episode entwickelte ideale Raumentwurf, der unter der Herrschaft Apollonius' den Raum auf die Bedürfnisse seiner Bewohner einrichtet und nicht andersherum.

Nach Feierlichkeiten in Burg und Stadt finden am nächsten Tag zeremonielle Handlungen statt. Die Fürsten von *vier und tzwaintzig landt* (A V. 18107) sind angereist und empfangen ihre Länder als Lehen von Apollonius (A V. 18090ff.). Nur Jeroboam weigert sich. Er sendet Apollonius die Nachricht, er werde niemals zu ihm kommen, und sollte Apollonius ihn aufsuchen, werde er ihn töten. Die restlichen Fürsten schwören, ihn zu bestrafen. Jeroboam ist

---

405 Achnitz bezeichnet die Anlage als „paradiesähnlich" (Achnitz: Babylon, S. 353).

Kunig von Jerusalem,
Zu Zesare und zu Bethlehem;
Zu Acon und zu Galilea
Dienten seiner hant da:
Im diente gar der *Ju*den lant. (A V. 18112-18116)

Er herrscht also über biblische Länder, die als *der Juden lant* zusammengefasst werden. Mit seiner Weigerung, dem Herrschaftsraum des Apollonius beizutreten, werden einerseits antijudaistische Reflexe aufgerufen. Andererseits deckt sich sein Reich mit jenem Gebiet, auf das sich die kriegerischen Expansionsbewegungen der Kreuzzüge konzentrierten; Akkon ist in diesem Kontext von besonderer Bedeutung, da es als letzte Kreuzfahrerburg erst am 18. Mai 1291, also nicht lange vor dem Entstehungszeitraum des *Apollonius*, von den muslimischen Verteidigern zurückerobert wurde. Jeroboams als unverschämt gekennzeichnete Absage an Apollonius zitiert also nicht nur die biblischen Räume an, sondern die jüngere Militärgeschichte.

Die Empörung über diese Unverschämtheit hält jedoch nicht lange an. Stattdessen werden Apollonius und Lucina vom *hayden pabst von Ninive* (A V. 18166) mit einer Krone gekrönt, die bis obenhin mit kostbaren Steinen besetzt ist, ein jeder in sein eigenes *heußlein gevaßt* (A V. 18163) und vom Erzähler namentlich erwähnt. Der so entstehende Juwelen-Katalog (A V. 18144-18161) entspricht in seinem Umfang den Reichskatalogen, in denen Apollonius' Reiche und Bündnispartner aufgezählt werden. Die Zusammenstellung der prächtigen Steine kann gelesen werden als Symbol für die Größe seiner Herrschaft, aus vielen heterogenen Reichen zu einem Ganzen geformt.

Apollonius übergibt die Herrschaft von Tyrlant an Athanagoras, der nun feierlich Tarsia heiratet. Beide werden gekrönt und verbringen nach großen Festlichkeiten[406] ihre Hochzeitsnacht auf der Burg Symont. Als Euphemismus für ihren Geschlechtsverkehr verwendet der Erzähler das Schachspiel (A V. 18332). Zunächst setzt Athanagoras Tarsia matt (A V. 18335), dann tut sie es ihm gleich, und so spielen sie hin und her *[m]er dann vierstunt* (A V. 18340). Diese Metapher ist aus mehreren Gründen interessant. Sie verschiebt den Geschlechtsverkehr in den kompetitiven Bereich und erinnert damit an den spielerischen Minnekampf zwischen Cirilla und Apollonius in Galacides. Gleichzeitig ruft sie aber auch das *schachzabel spil* auf, das Apollonius in Wabilonia erbeutet hatte. Im Kontrast zu den schachspielenden Zentauren in Wabilonia, die mit dem kommenden

---

406 Bei diesen Festlichkeiten begegnet Apollonius jenem Fischer wieder, der ihn vor Pentapolis so freundlich aufgenommen hatte. Heinrich verschiebt diese Begegnung also vom Pentapolis der Vorlage ins Antiochia seines Erzählungshöhepunktes. Apollonius überlässt es zudem seiner Frau, den Fischer reich zu beschenken. Sie ernennt ihn zu einem Richter in der Stadt Antiochia (A V. 18256ff.).

Antichristen assoziiert sind, dient der metaphorisch als Schachspiel gefasste Geschlechtsverkehr zwischen Apollonius' erstgeborener Tochter und ihrem Mann der Fortsetzung von dessen Geschlechterfolge. Die monströse und die menschliche Genealogie, und damit der unrechtmäßige Herrschaftsanspruch der *monstra* und der rechtmäßige von Apollonius' Geschlecht, werden hier noch einmal einander gegenübergestellt.

Am nächsten Tag beginnt das große Turnier vor Antiochia. Wie bei der Prozession ist auch sein Ablauf streng geordnet. Zunächst erklärt der Erzähler ausführlich die Regeln dieses Turniers (A V. 18425-18790). Es handelt sich um ein *tavel rumen-foreyß* (A V. 18427), d.h. ein Turnier, das die literarischen Traditonen des Artusromans zitiert und im späteren Mittelalter vor allem in städtischen Kontexten sehr beliebt war.[407] Apollonius wählt zehn Kämpfer, die die Tafelrunde bilden und gegen die Herausforderer antreten. Heinrich leitet den Namen *tavelrunde* aus der *welhische[n] sprach* ab und identifiziert sie als *sinewele[n] tisch* (A V. 18757ff.). Einen solchen lässt Apollonius für seine Kämpfer errichten, und hierin liegt die Erfindung der Tafelrunde begründet:[408]

> Ir habt rechte vernomen
> Wanne di tavelrunde ist komen:
> Ir erdacht Appolonius
> Mit diser messeney suß. [...]
> Den hoff den Artus hett erdacht,
> Der was von disem hoff pracht,
> Auß der haidenschaft genommen
> Und zu dem prunnen komen. (A V. 18763-18780)

Apollonius erweist sich somit als Urvater der arthurischen Herschaftsform, für die die Tafel als räumliches Symbol steht. Er wird damit nicht nur an den Anfang der vielleicht wichtigsten mittelalterlichen Erzähltradition von idealer Herrschaft gestellt,[409] sondern umgekehrt wird Artus'

---

[407] Ausführlich hierzu Achnitz: Babylon, S. 343ff.; vgl. auch Heinz Krieg: Ritterliche Vergangenheitskonstruktion. Zu den Turnierbüchern des spätmittelalterlichen Adels. In: Geschichtsbilder und Gründungsmythen. Hg. v. Hans Joachim Gehrke. Würzburg 2001 (Identitäten und Alteritäten, Bd. 7). S. 89-118; Martina Neumeyer: Vom Kriegshandwerk zum ritterlichen Theater. Das Turnier im mittelalterlichen Frankreich. Bonn 1998 (Abhandlungen zur Sprache und Literatur, Bd. 89); Andreas Ranft: Adelsgesellschaften. Gruppenbildungen und Genossenschaft im spätmittelalterlichen Reich. Sigmaringen 1994 (Kieler Historische Studien, Bd. 38).

[408] Gegen Achnitz, der argumentiert, Apollonius habe hier nur die Form des Tafelrundenturniers erfunden (Achnitz: Babylon, S. 343ff.). Der Text verweist aber auch explizit auf Artus' *hoff*.

[409] Vgl. für die Bedeutung der Artusfigur und der Tafelrunde für das aristokratische Selbstverständnis des späten Mittelalters Wilhelm Störmer: König Artus als aristokratisches Leitbild während des späteren Mittelalters, gezeigt an Beispielen der Ministerialität und des Patriziats: In: Zeitschrift für bayerische Landesgeschichte 35 (1972). S. 946-971; Julian Munby, Richard Barber und Richard Brown: Edward III's Round Table at Windsor. The House of the Round Table and the Windsor Festival of 1344. Woodbridge 2007 (Arthurian Studies, Bd. 68).

Herrschaftskonzept von einer Gemeinschaft idealer Ritter, unter denen der König als *primus inter pares* steht, in die heidnische Geschichte rückgeschrieben und damit als ideale Herrschafts- und Lebensform universalisiert. Das christliche Mittelalter erfindet diese Form der höfischen Lebensweise nicht, sondern nimmt sie *[a]uß der haidenschaft* und bringt sie zum *prunnen*, also zur Taufe. Analog zu den vielen anderen antiken Diskursen, die in unterschiedlich stark christianisierter Form das Denken und Leben im Mittelalter prägen, wird auch die Gemeinschaft der Tafelrunde rückprojiziert.

Die Herausforderer im Turnier siegen, wenn sie *drew sper zeprechen | Das man in nit nider steche* (A V. 18631). Die Belohnungen sind wie die Prozession ständisch differenziert.[410] Sie werden von drei für das Turnier aus der Stadt ausgewählten Turnierköniginnen verliehen. Jede dieser Königinnen erhält einen Ort auf dem *veld*, über den ein *himel auff geslagen* (A V. 18517) wird. Gelingt es einem Herausforderer, ein Mitglied der Tafelrunde vom Pferd zu werfen, so hat er die seinem Stand zugeordnete Frau *ritterlich pejaget* (A V. 18654) und darf sie mit sich führen. Wird er jedoch von einem weiteren Mitglied der Tafelrunde herausgefordert und besiegt, bevor er *ein meil wär komen*, kehrt die Frau an ihren zugewiesenen Platz zurück. Der streng geregelte Besitz und „Diebstahl" der Frauen verschiebt das im Roman vielfach durchgespielte Thema von Machtmissbrauch und sexueller Gewalt ins Spielerische und fängt damit sein Gefahrenpotential auf.

Trotz seiner scheinbar perfekten Ordnung wird das Turnier jedoch immer wieder von Störungen unterbrochen; das Spiel wird unversehens ernst. Tatsächlich verläuft keiner der im Detail beschrieben Kämpfe der Turnierordnung entsprechend. Zunächst fordert Assur von Armenia die Tafelrunde heraus. Dieser Assur ist eine bereits aus der Binnenhandlung bekannte Figur. Als Verbündeter Nemrotts hatte er in Armenia gegen Apollonius gekämpft, war jedoch geflüchtet, als sich das Schlachtenglück wendete. Hier handelt sich also nicht um eine spielerische, sondern eine echte Herausforderung durch einen alten Gegner, denn wie *alle* (A V. 18796), also Zuschauer und Kämpfer hervorheben, ist Assur *unnser freunt nicht | Und ist doch zu hofe komen̄* (A V. 18798f.). Dementsprechend endet der Kampf, in dem Assur Apollonius unterliegt, auch nicht gemäß den Regeln des Turniers, sondern Assur wird gefangen und muss sich in den Dienst des Apollonius stellen (A V. 18908ff.). Das ‚als ob' des Turnierkampfes wandelt sich also in kämpferischen Ernst; der unterlegen König wird zum

---

410 Die dritte Königin ist für die *rittermässigen man | Und die nicht ritter waren* (A V. 18560f.) (vgl. Neumeyer: Kriegshandwerk). Bei dieser expliziten Miteinbeziehung von rittermäßigen und nichtritterlichen Kämpfern handelt es sich um einen Reflex der Wiener Stadtrealität. Indem Heinrich den Stand der rittermäßigen Bürger an dieser Stelle gesondert hervorhebt, schafft er auch für sein nichtaristokratisches Publikum einen Ort im Roman.

Lehnsmann und sein Reich damit dem Herrschaftsraum des Apollonius einverleibt. Ein loser Faden der Binnenhandlung wird hier eingewoben.

Auch der zweite Kampf schlägt von Spiel in tödlichen Ernst um. In einem mustergültigen Beispiel der von Armin Schulz herausgearbeiteten *bricolage*-Technik des Liebes- und Abenteuerromans[411] lässt Heinrich die Gefährten *Patrochel von Mirmidon | Und Archilon von Falcidron* (A V. 18973f.) im Turnier gegen die Tafelrunde antreten. Archilon besiegt Claudius und führt eine der Königinnen mit sich fort. Seine außergewöhnliche Kampfeskraft beruht bei Heinrich interessanterweise nicht auf den üblichen Qualitäten der Achillesfigur, sondern liegt begründet in einem fantastischen Pferd: *Es ward im gesant von India: Das det der priester Johan* (A V. 18988f.). Archilon wird von einem Tafelrunderitter getötet, Patrochel bricht sihc beim Racheversuch Fuß und Hand. Der antike Trojastoff und die Legende vom christlichen Priesterkönig Johannes, werden in dieser kurzen Episode vermischt. Diese Transformation des Trojastoffes und die damit verbundene Relegation der sagenhaften Kämpfer Achilles und Patroklos in die Rolle überheblicher und leicht besiegter Gegner verknüpft erstens wie die vorgezogene Erfindung der Tafelrunde eine zentrale Erzählung von Herrschaft mit einem christlichen Kern (Priesterkönig Johannes' Pferd). Zweitens überhöht sie noch einmal die Rolle der neu gegründeten Tafelrunde, wenn selbst der so unbesiegbare Achilles leichtes Spiel für Apollonius' Kämpfer ist.

Nach weiteren Kämpfen bringt ein Bote des Königs Glorant von Morlant der Tafelrunde die Herausforderung seines Herrn: Glorant habe eine *kayserliche mayt* (A V. 19117) gefangen und werde sie nach 32 Tagen vergewaltigen, wenn ihn nicht ein Ritter der Tafelrunde besiege. Wer Glorant im Kampf überwältige, gewinne nicht nur die Jungfrau, sondern auch Glorant als Gefangenen und *tausent march* (A V. 19135) als Lösesumme. Glorants Zelte sind auf einem *velt* vor *Mont Oreb* (A V. 19139f.), also dem Berg Horeb, auf dem Mose Gott begegnet, aufgeschlagen; damit wird ein weiterer Ort der biblischen Topographie eingeführt.

Der Tafelrundenritter Ercules von Epheso, der von Apollonius zum Ritter geschlagen wurde, reitet zuerst gegen Glorant und stirbt im Kampf. Daraufhin sendet die Gefangene Glorants, Königin Pallas von Assyria, einen Boten zu Apollonius und seiner Tafelrunde, der sie über die Hintergründe von Glorants Handeln aufklärt. Der Bericht stellt Glorant als Kumulation all jener negativen Herrscherfiguren dar, gegen die Apollonius in Rahmen- und Binnenerzählung gekämpft hatte. Glorant erobert wie die *monstra* und Nemrott Reiche, die nicht ihm gehören. Er tötet die königliche Familie von Macedonia, wie Kolkan den Herrn von Galacides tötet. Wie Antiochus, Kolkan und Achiron vergewaltigt er wahllos Frauen und zwingt

---

411 Vgl. Schulz: Poetik.

sie dann – dies wohl ein intertextueller Bezug auf den *Iwein*[412] – für ihn wertvolle Kleidung herzustellen. Wie im Falle von Montiplain belagert er eine hilflose Königin in ihrer Burg. Auch der Ort, an dem er sein Lager aufgeschlagen hat, verknüpft ihn mit dem Unrechtherrscher Nemrott, denn vom Berg Libanon aus, den Glorant nun belagert, hatte dieser beobachtet, wie Apollonius die *wuste Wabilonia* betrat. Verschärft werden die Missetaten Glorants noch, als sich Pallas als die Tochter der *müme* Apollonius' herausstellt (A V. 19357); es ist also eine *nifftel* (A V. 19373) des Königs, die von Glorant bedroht wird.

Apollonius und seine Männer reisen zu Glorant und Apollonius besiegt ihn im Zweikampf; die Tjoste übertrifft selbst alle Kämpfe, die der *küne Allexander* (A V. 19451) je gesehen habe. Apollonius tötet den Unrechtherrscher und gibt Pallas dem Clarantz von Egipten zur Frau (A V. 19522ff.). Gemeinsam herrschen sie über Egipten und Syrien und, so sagt der Erzähler voraus, Clarantz erobert in der Folge *Moren lant | Und twang es alles in sein hant* (A V. 19538f.).[413]

Auf dem Rückweg zum Turnierfeld begegnet ihnen auf der Straße die verzweifelte Königin Lisebelle, die Apollonius um Hilfe anfleht: Ihr Mann sei von einem Ritter erschlagen und sie beraubt worden (A V. 19546ff.). Eraclius reitet voraus und nimmt den unterlegenen Ritter gefangen. Was zunächst wie ein einfacher Fall von Straßenraub (*Er hat di strassen peraubet*, AV. 19692) wirkt, gestaltet sich mit wachsender Informationsdichte zunehmend komplexer. Der Raubritter stellt sich als Jamodan von Troye (A V. 19634), Sohn von Priamus von Troye heraus. König Priamus ist jedoch, das erfahren die Rezipierenden erst jetzt, der Vetter[414] des Apollonius und Jamodan damit ebenfalls sein naher Verwandter. Diese nahezu am Ende des Romans erwähnte Verwandtschaftsbeziehung positioniert Apollonius innerhalb der Genealogie des trojanischen Königsgeschlechtes und bindet ihn damit an den zentralen Gründungsmythos des römischen Reiches an.[415] Dies kann als Vorausdeutung auf und zugleich als Legitimation von seiner künftigen Position als römischer Kaiser gedeutet werden.

---

412 Vgl. Hartmann: Iwein, V. 6080ff.
413 Bei dieser extremen letzten Akkumulation von Herrschaftsgebieten kommt es immer wieder zu textinternen Widersprüchen: Assur war im Krieg gegen Apollonius bereits geflohen und hatte seine Herrschaftsgebiete in Armenia verloren; Clarantz erobert das *Moren lant*, obwohl dieses eigentlich von den Kindern Apollonius' mit Palmina beherrscht wird etc.
414 Handschrift b liest *vatter* (A V. 19734), Handschrift a jedoch *vetter*. Da Apollonius Jamodan wenige Verse später ebenfalls als *vetter* begrüßt, ist die Lesart in a die korrekte.
415 Vgl. zum Phänomen der Troja-Zitate im höfischen Roman Elisabeth Lienert: Ritterschaft und Minne, Ursprungsmythos und Bildungszitat – Troja-Anspielungen in nichttrojanischen Dichtungen des 12. bis 14. Jahrhunderts. In: Die deutsche Trojaliteratur des Mittelalters und der Frühen Neuzeit. Materialien und Untersuchungen. Hg. v. Horst Brunner. Wiesbaden 1990. S. 199-243.

Jamodans Straßenraub wird als ausgleichender Vergeltungsschlag legitimiert; nach Vermittlung durch Apollonius und Lucina heiraten er und Lisebelle und ihr Streit wird gütlich beigelegt.[416] Doch auch die sich an ihre Hochzeit anschließenden Feierlichkeiten werden wiederum unterbrochen, diesmal von der Jungfrau Flordeleyß (A V. 19858ff.),[417] die Apollonius darum bittet, in ihrem Streitfall Recht zu sprechen: ‚*Reycher kunig, mir ist gesayt | Du wellest ain rechter richter sein* (A V. 19927f.). Sie klagt den Ritter Silvian von Nasareth an, ein *weib schente, zag* und *lugnere* (A V 19932ff.) zu sein und ihre Schwester, die *herzogin von Mirmidon* (A V. 19958), durch die Verbreitung von Untreue-Gerüchten von ihrem Mann entfremdet zu haben. Deshalb fordert sie Silvian zum Gerichtskampf heraus. Apollonius hält daraufhin ein formelles Gericht ab, bei dem er ihr das Recht auf diesen Kampf zugesteht und seine Regeln detailliert festlegt. Da eine Frau *ain halber man* (A V. 20167) sei, solle der kämpfende Mann in *ainer engen gruben stan* (A V. 20172), die seine Bewegungsfreiheit einschränke. Auch solle er nicht gerüstet und mit einer Hand auf den Rücken gebunden in den Kampf gehen. Diese Einschränkungen dienen dazu, physische Überlegenheiten des Mannes wie größere Kraft und Beweglichkeit einzuschränken. Damit stehen sie in Analogie zu den übernatürlichen Hilfsmitteln, die in der Binnenerzählung die räumliche und körperliche Überlegenheit der *monstra* für Apollonius kompensiert hatten. Auch hier gelingt die Kompensation – Flordeleyß gewinnt den Kampf (A V. 20284ff.).

Indem Apollonius in dieser Gerichtssituation nicht nur sexuelle Gewalt von einer Frau abwehrt, sondern ihrer Schwester ermöglicht, selbst Rache zu nehmen und damit ihre eigene *agency* zu beweisen, werden seine wiederkehrenden Versuche, Frauen vor sexueller Gewalt zu schützen, auf eine neue Ebene verschoben. Apollonius schützt nicht mehr lediglich, wie im Falle von Pallas und etlichen Frauen der Binnenerzählung, durch eigenes militärisches Eingreifen einzelne Frauenfiguren, sondern er etabliert innerhalb seines Herrschaftsraumes eine Rechtspraxis, die ihnen dauerhaften Schutz garantiert.

Zum Abschluss des großen Festes in Antiochia versammelt Apollonius die Fürsten noch einmal, um über Jeroboams Herausforderung und seine militärische Reaktion darauf zu beraten. Dieser letzte Feldzug des Apollonius wird im folgenden Kapitel diskutiert.

Zusammenfassend kann die Antiochia-Episode als Inszenierung ultimativer Prachtentfaltung beschrieben werden, bei der aber anders als in der Episode vom Goldenen Tal anderweltliche oder übernatürliche Elemente

---

416 Vgl. ausführlich hierzu: Achnitz: Babylon, S. 355ff.
417 Zu den Quellen dieser Episode vgl. Ray Pettengill: The Source of an Episode in Heinrich von Neustadt *Apollonius*. In: Journal of English and Germanic Philology 13 (1914). S. 45-50.

gänzlich fehlen. Die Episode präsentiert einen perfekt geordneten Raum, der die ständische *ordo* einer feudalhöfischen Raumordnung widerspiegelt. Mit der *descriptio* von Apollonius' neuem Herrschaftssitz findet sich eine letzte detaillierte Ortsbeschreibung; zudem greift der runde Tisch der Tafelrunde, dessen Erfindung Apollonius zugeschrieben wird, das vielleicht wirkungsmächtigste räumliche Symbol einer spezifisch mittelalterlichen Herrschaftskonzeption auf. Auch das Tafelrundenturnier, dessen Regeln ausführlich dargestellt werden, basiert auf der Zuweisung spezifischer Orte und räumlicher Praktiken je nach ständischem Rang. Der Schwerpunkt dieses Raumentwurfs liegt vor allem auf den Figurenrelationierungen – jeder Figur wird ein Ort zugewiesen; Verstöße gegen diese Zuweisungen werden geahndet.

Apollonius' Herrschaftsraum wird in dieser Episode als offen, flexibel und stabil zugleich dargestellt; er verfügt über die metonymisch für ihre Reiche stehenden Fürsten und Könige auch räumlich, in dem er ihnen spezifische Orte in der feierlichen Prozession und dem Tafelrundeturnier zuweist. Gleichzeitig wird aber die Freude und willige Teilnahme all dieser Figuren betont; Apollonius Herrschaftshandeln verwirklicht also auf harmonische Weise die intrinsische Ordnung seines Reiches und drückt damit die Regeln seiner Raumordnung aus.

Apollonius und seine Familie füllen nun nacheinander eine Reihe von Herrscherrollen mustergültig aus. Sie verfügen über erhebliche finanzielle Mittel und werden im Umgang mit diesen als *milte* inszeniert; sie stehen in Beratung und respektvoller Kommunikation mit den Fürsten und Königen, die ihrem Herrschaftsgebiet angehören; sie erweisen sich als gerechte Richter und Vermittler, schützen und expandieren ihren Herrschaftsraum und sind auch in der Lage, unerwartete Störungen der höfischen Idealität mit diplomatischen Geschick zu beseitigen. Es ist also nicht nur Apollonius, der als *rex iustus et pacificus*[418] vorgeführt wird, sondern auch seine Frau und Tochter treten immer wieder aktiv handelnd auf und nehmen sich insbesondere der hilfebedürftigen Frauenfiguren an.

Die gehäuften literarischen Verweise auf Artus, Alexander den Großen, den Trojastoff und eine Reihe von arthurischen Rittern stellen einerseits noch einmal das intertextuelle Verweisgeflecht des Romans aus, andererseits wird Apollonius hier zum Vorfahren und Äquivalent der zentralen Heldenfiguren der mittelalterlichen Erzähltradition gekürt. Zum Ende des Romans hebt der Erzähler noch einmal hervor, dass sich Antiochia bis zum Entstehungszeitpunkt des Romans in christlicher Hand befinde (A V. 20671f.), etabliert also eine zeitliche Kontinuität zwischen der Erzählzeit der Geschichte und der Produktionszeit des Romans. Der Eindruck von

---

418 Vgl. Achnitz: Babylon, S. 353.

nahezu universaler Herrschaft, der in dieser Episode erzeugt wird, findet seine Überhöhung und finale Festschreibung in dem sehr knapp gehaltenen Abschluss des Romans.

3.3.6.3 Jerusalem und Rom

Bei der Ratsversammlung in Antiochia raten Apollonius' Fürsten ihm zum Krieg gegen Jeroboam, für den ihm *ain kayserliche schar* zur Verfügung gestellt wird (A V. 20418-20422).[419]

Noch einmal wird ein riesiges Heer ausgehoben, dessen Sammlung aus den unterschiedlichen Kontingenten der einzelnen Fürsten differenziert beschrieben wird (A V. 20426ff.). Dieses Heer, das sich aus den Männern seiner Herrschaftsgebiete, denen seiner Familienmitglieder und Verbündeten zusammensetzt, steht metonymisch noch einmal für den weltumspannenden Herrschaftsraum des Apollonius. Mit der Bezeichnung dieser Schar als *kayserlich* wird nun Apollonius' neuer Status als König von Königen in die korrekte Terminologie gekleidet. Der Hoftag zu Antiochia hebt ihn auf eine neue Ebene, die seine kommende römische Kaiserwürde vorwegnimmt.

Vier Wochen später versammeln sie sich

> An dem perg zu Synan,
> Da an fleusset Jordan,
> Und vor Abrahames garten
> Wollten sy sein warten.
> Als mir das puch gesagt hat,
> Er ligt drey meyle von der stat
> Di da haisset Jerusalem,
> Und zwo meyle von Bethlehem. (A V. 20505-20512)

Dieser Versammlungsort liegt zwischen Bethlehem und Jerusalem und damit zwischen der ersten und der finalen Station von Christi Lebensweg. Auch mit dem Berg Synan, dem Fluss Jordan, der zuvor als Paradiesfluss beschrieben wurde, und Abrahams Garten werden biblische Orte hier gleichsam aufeinandergehäuft. Die entworfene Lagebeziehung entspricht der mittelalterlichen Vorstellung des Weltmittelpunktes, wie er in mittelalterlichen *mappae mundi* realisiert wird.[420] Aus dem Kontext wird nicht klar, welches *puch* der Erzähler an dieser Stelle referentialisiert; es kann sich aber durchaus um die Bibel handeln.

---

[419] Zu Jeroboam vgl. ausführlich Herweg: Wege, S. 173ff.
[420] Vgl. Ingrid Baumgärtner: Erzählungen kartieren. Jerusalem in mittelalterlichen Kartenräumen. In: Jerusalem as Narrative Space. Erzählraum Jerusalem. Hg. v. Annette Hoffmann und Gerhard Wolf. Leiden 2010. S. 231-262.

Das Heer sammelt sich also im Zentrum der Ereignisse biblischer Heilsgeschichte, um Jerusalem einem feindlichen König, der als König des Judenlandes charakterisiert wird, zu entreißen. Apollonius' Ritt nach Jerusalem löst Furcht im Volk aus; statt organisierter Gegenwehr kommt es zu Fluchtbewegungen. Auch König Jeroboam tritt ihm nicht entgegen, sondern flieht, erstaunlicherweise nach Chorsicha. Apollonius nimmt Jerusalem ohne Kampf in Besitz; er macht die Fürsten des Landes zu seinen Lehnsmännern (A V. 20544f.). Ihm untersteht nun das Gebiet

> Von dem mere untz an den Jordan,
> Von Triple untz an hin ze Achan,
> Von Capadocia untz gen Ebron. (A V. 20546ff.)

Eine Beschreibung der Stadt Jerusalem selbst bleibt aus. Ebenso summarisch referiert der Erzähler die letzte Ergänzung von Apollonius' Herrschaftsraum: *Er ward zu Rom kayser sider* (A V. 20557). *Descriptiones* fehlen für beide Städte. Der Weltmittelpunkt Jerusalem und Rom, der Hauptsitz politischer und religiöser Macht, bleiben also unbeschrieben, „Leerstellen", wie Hartmut Kugler dieses Phänomen in Bezug auf den späthöfischen Roman beschreibt.[421] Kugler schließt aus dieser Beobachtung, dass in den Epen Jerusalem eben nicht die zentrale Bedeutung habe, die man aus einer religiösen Perspektive erwarten könne, sondern vielmehr „als Umschlagplatz für die Wunder des Orients"[422] diene.

Nun gibt es neben Rom im christlichen[423] Mittelalter wohl kein anderes Toponym, das mit einem so komplexen Bedeutungsspektrum aufgeladen wäre wie Jerusalem. Diese ältere der beiden heilige Städte dient als Kristallisationspunkt für politische, geographische, historische, kartographische, biblische, eschatologische und frömmigkeitstheologische Diskurse, sie ist Zentrum und Zielpunkt von meditativen, hermeneutischen und kasualen Praktiken und bedeutsamer Gegenstand nicht nur chronistischer und theologischer Literatur, sondern auch von Reiseführern und Pilgerberichten und einer Vielzahl literarischer Texte in den Volkssprachen und auf Latein.[424] Suzanne Yeager zufolge konnte Jerusalem in der englischen Literatur des 14. Jahrhunderts dargestellt werden

---

[421] Vgl. Hartmut Kugler: Nicht nach Jerusalem. Das Heilige Land als Leerstelle in der mittelhochdeutschen Epik der Kreuzfahrerzeit. In: Jerusalem im Hoch- und Spätmittelalter. Konflikte und Konfliktbewältigungen – Vorstellungen und Vergegenwärtigungen. Hg. v. Dieter Bauer et al. Frankfurt am Main/New York 2001. S. 407-422.

[422] Kugler: Nicht, S. 419.

[423] Auf die Bedeutung Jerusalems für das nicht-christliche Mittelalter, v. a. Judentum und Islam, soll im Folgenden nicht eingegangen werden. Es ist jedoch auffällig, dass abgesehen von der Erwähnung des „Juden land" (A V. 18116) in dieser Passage die anderen Religionen, die im vorherigen Textverlauf negativ kommentiert wurden, keine Rolle mehr spielen.

[424] Zur Bedeutung Jerusalems in der Literatur des Mittelalters vgl. u.a. Dieter Bauer et al. (Hg.): Jerusalem im Hoch- und Spätmittelalter. Konflikte und Konfliktbewältigungen – Vorstellungen und

as many things, including the image of heaven, the Christian Soul, the home of first-century Hebrews, the Christian church, the cloister, crusader holding, object of competition, peace among Christians, scriptural mnemonic, and symbol of one's homeland.[425]

Welche Rauminformationen ein Erzähler also auch über die Städte Jerusalem und Rom bieten mag, die Toponyme können niemals eine echte Leerstelle bilden, da sie für jeden Rezipienten des (christlichen) Mittelalters schon vorgängig semantisch übercodiert sind.

Die Stadt Jerusalem wird im *Apollonius von Tyrland* siebenmal namentlich erwähnt.[426] Erstmals taucht das Toponym ohne weitere Ortsbeschreibung in Apollonius' Gespräch mit Elias und Henoch auf und fällt dort mit der ersten Erwähnung Jesu Christi zusammen,[427] wird also eingeführt als Ort des Heilsgeschehens. Nahezu alle anderen Erwähnungen erfolgen im Rahmen von Städte- oder Herrschaftskatalogen und setzen Jerusalem in Bezug zu Schauplätzen der Kreuzzüge sowie biblischen Orten. Rauminformationen über Jerusalem werden also ausschließlich über die Relationierung mit anderen Orten sowie die heilsgeschichtlichen Narrative vermittelt. Die Bedeutung Jerusalems für Kreuzzugsideologie und –rhetorik[428] ist nicht zu unterschätzen, und die damit einhergehende Verknüpfung von politischen und theologischen Diskursen ist von Beginn an wesentliches Merkmal dieser Ideologie.[429]

Zwei Formen der semantischen Codierung des Toponyms Jerusalem werden also im Text privilegiert. Die Stadt Rom wird durch die Erwähnung der Kaiserwürde Apollonius' klar in den politischen Kontext des römischen Reiches gestellt. Damit sind Rezeptionsanweisungen für beide Orte

---

Vergegenwärtigungen. Frankfurt am Main/New York 2001; Ingrid Baumgärtner: Jerusalem, Nabel der Welt. In: Saladin und die Kreuzfahrer. Hg. v. Alfried Wieczorek. Mainz 2005. S. 288-293; Peter Christian Jacobsen: Die Eroberung von Jerusalem in der mittellateinischen Dichtung. In: Jerusalem im Hoch- und Spätmittelalter. Konflikte und Konfliktbewältigungen – Vorstellungen und Vergegenwärtigungen. Hg. v. Dieter Bauer et al. Frankfurt/New York 2001. S. 335-366; Knapp: Gawein; Jutta Rüth: Jerusalem und das Heilige Land in der deutschen Versepik des Mittelalters (1150-1453). Göppingen 1992; Silvan Wagner: Irdisches und himmlisches Jerusalem als Auslagerungsort einer Minnereligion im *Herzmaere* Konrads von Würzburg. In: Jerusalem as Narrative Space. Erzählraum Jerusalem. Hg. v. Annette Hoffmann und Gerhard Wolf. Leiden 2010. S. 443-461.

425 Suzanne M. Yeager: Jerusalem in Medieval Narrative. Cambridge et al. 2008. S. 1.
426 A V. 14836; 17043; 18112; 20407; 20511; 20529; 20536.
427 A V. 14847. Fälschlicherweise wird an dieser Stelle Jerusalem nicht als Ort der Kreuzigung, sondern als Geburtsort Jesu bezeichnet (*Es wirt geporen ain kindelein/ Zu Jerusalem von ainer magt*, A V. 14835f.).
428 Yeager stellt für das England des 14. Jahrhunderts fest „that Jerusalem-inspired crusade rhetoric was disseminated broadly in late medieval England, and that this discourse worked to define the Christian audience there as sacred and politically authoritative" (Yeager: Jerusalem, S. 2).
429 Vgl. Robert Konrad: Das himmlische und das irdische Jerusalem im mittelalterlichen Denken. Mystische Vorstellung und geschichtliche Wirkung. In: *Speculum historiale*. Geschichte im Spiegel von Geschichtsschreibung und Geschichtsdeutung. Hg. v. Clemens Bauer, Laetitia Bohem und Max Müller. Freiburg/München 1965. S. 523-540.

gegeben; indem der Erzähler aber auf weitere Beschreibungen verzichtet, lässt er Raum für die Rezipienten des Romans, unter Rückgriff auf ihr Weltwissen die Bedeutung dieser Orte selbst semantisch zu codieren und sie sich somit als Imaginationsorte anzueignen. Es handelt sich hier also nicht um eine Auslassung aufgrund der geringeren Bedeutung dieser Orte, sondern vielmehr um eine Leerstelle nach der Definition Isers, die eben diese Form der Interaktion zwischen Text und Leser befördert.[430] Auf diese Weise erhalten sie einen anderen Status als die fremden Orte und Räume, die der Erzähler im Verlauf des Romans seinem staunenden Publikum präsentiert hatte; sie sind – textextern geographisch und textintern durch den Kontext der Erzählung – fremd, zugleich aber durch ihren hohen Bekanntheitsgrad vertraut. Rom und Jersualem oszillieren so zwischen fremdem Raum der Erzählung und eigenem Raum der Rezipienten; sie fungieren als Scharnier zwischen dem Herrschaftsraum des Apollonius, der in Raum und Zeit entrückt ist, und der Lebenswelt des Publikums, die in vielerlei Bezügen zu diesen Orten steht.

Rom und Jerusalem werden durch die narrative Technik gezielter Informationsaussparung also gerade nicht als bloßer „Umschlagplatz von Exotismen," sondern als ureigenstes Terrain der Rezipienten markiert – was so bekannt ist, darüber müssen keine weiteren Informationen gegeben werden. Gleichzeitig wird die räumliche Imagination und damit Aneignungskraft der Rezipienten gestärkt. Waren sie dem Erzähler staunend durch die fremden Räume der Erzählwelt gefolgt wie Apollonius Candor durch die fremden Räume des Goldenen Tales, so können sie die finalen Handlungsorte der Erzählung aktiv imaginieren und so ihren Raumentwurf selbst mitgestalten. Damit wird der unermesslich große Herrschaftsraum des Apollonius in Beziehung gesetzt zur Welt der Rezipienten; Fremdes wird zum Eigenen.

Apollonius' Herrschaft wird abschließend ganz unter den Willen und die Kraft Gottes gestellt:

> Dann di werde Gottes kraft
> Di ward an im sighaft,
> Er muste Gottes gefangen sein.
> Got det gnad an im schein. (A V. 20559-20562)

In dieser Beschreibung tritt Gott als Herrscher auf, der den Universalherrscher Apollonius besiegt und gefangen nimmt. Gott steht zu Apollonius in der gleichen Beziehung wie Apollonius zu den Herrschern seiner akkumulierten Herrschaftsräume: Der siegreiche Held Apollonius unterliegt der ungleich größeren Kraft des christlichen Gottes und konvertiert zusammen

---

430 Vgl. Wolfgang Iser: Die Wirklichkeit der Fiktion. Elemente eines funktionsgeschichtlichen Textmodells der Literatur. In: Rezeptionsästhetik. Hg. v. Rainer Warning. München 1975. S. 277-321.

mit seinem gesamten *gesinde* (A V. 20569) abschließend zum ‚wahren' Glauben, genauso wie sich die anderen Herrscher in Apollonius' Hand gegeben hatten. Neben der in Antiochia verliehenen Krone der weltlichen Herrschaft wird ihm abschließend auch die *himelische krone* (A V. 20587) verliehen. Die weltliche Herrschaft, gesichert durch die Krönung in Antiochius, wird ergänzt durch eine geistliche.

3.4 Typologie der Räume und Raumordnung des *Apollonius*

Die folgende Typologie orientiert sich an den in Kap. 1.4 dargestellten Kriterien und der in Kap. 2.4. erstellten Typologie der *Historia*. Wie in Kap. 2 wird zunächst ein Überblick über die narrativ erzeugten Räume geleistet und ihre Funktionalisisierungen und Verknüpfung untereinander, die sie strukturierenden Relationierungen und semantischen Codierungen diskutiert. In einem zweiten Schritt soll die der Erzählung zugrundeliegende Raumordnung herausgearbeitet werden. Typologie und Raumordnung des *Apollonius* werden nicht nur intratextuell entwickelt, sondern auch komparatistisch mit den Analyseergebnissen zur *Historia* in Verbindung gesetzt, um einen Überblick über die Transformationen der antiken Räume im mittelalterlichen Text zu gewinnen.

Typen von Räumen

Der *Apollonius* bietet einen weitaus komplexeren Raumentwurf als die *Historia*. Für den antiken Raumentwurf hatten sich folgende Raum-/ und Ortstypen ergeben: (1) das Meer, (2) die Küste (vor Städten), (3) namentlich bezeichnete Städten und Orte in den Städten sowie (4) architektonische bzw. von Menschen geschaffene Räume (vgl. Tabelle). Die Analyse des *Apollonius* hat gezeigt, dass die zwischen Meer und Stadtraum vorgelagerten Küstenbereiche in der Bearbeitung klar an Bedeutung verlieren. Hinzu kommen stattdessen Inseln, die als Zwischenstationen auf der Reise von einem Reich zum nächsten gesetzt sind (vor Warcilone, vor Galacides, Milgots Wunderinsel etc.). Räume der Wildnis wie in der Nemrott-Episode kommen gleichfalls neu hinzu; ebenso anderweltliche Räume. Bei den zentralen Handlungsorten der *Historia* handelt es sich durchweg um Städte, deren Umland nicht beschrieben wird. Im *Apollonius* erfüllen dagegen Reiche diese Funktion. Sie können aus mehreren Städten und Burgen bestehen, das Umland kann beschrieben sein oder unerwähnt bleiben; Städte können auch metonymisch für ein Reich stehen (vgl. umseitige Tabelle).

3.4 Typologie der Räume und Raumordnung des Apollonius

Typ	Innen-/Außenraum	Architektonisch/'Natürlich'	Grad d. Zugänglichkeit	Grenzen	Semantische Codierungen
Meer	Außen	'Natürlich'	Offen	Begrenzt durch Küsten	Liminal, Gefahr
Insel	Außen	'Natürlich'	Offen	Umgeben von Meer	'Vorkämpfe', Begegnungen
Küste	Außen	'Natürlich', teilw. mit architektonischen Elementen versehen (Hafen)	Offen	Zwischen Stadt und Meer	Raum für sozial diverse Begegnungen
Reiche	Außen, enthält Innenräume	'Natürlich' und architektonisch	Variiert	Topograph. Grenzen, Mauern	Herrschaftsgebiet, variiert
Städte	Außen, geschützt, u.a. architekt. Räume	Architektonisch	Variiert	Mauern etc.	Variiert
Burgen	Außen, geschützt, u.a. architekt. Räume	Architektonisch	Eingeschränkt	Mauern etc.	Variiert
Plan	Außenraum	Natürlich	Offen	Meist vor Stadt- oder Burgmauern	Variiert
Gärten	Geschützter Außenraum	Künstlich gestaltete Natur	Eingeschränkt	Mauern, Tore	*Kurzweyl*, soziale Interaktion
Archit. Räume	Innen	Architektonisch	Nichtöffentlich Variiert	Begrenzte Räume, Zugang durch Türen/Tore	Variiert
Zelte/ Hütten	Mobile Innenräume	Künstlich, in 'natürlichem' Raum	Eingeschränkt	Temporäre 'Mauern'	Herrschaftsanspruch
Anderweltliche Räume	Variiert	Variiert	Tendenziell bis gänzlich verschlossen	Natürliche Grenzen, Mauern	Fremd, transzendent

Wie in der *Historia* dient das *Meer* primär als Zwischenraum[431] zwischen den Handlungsorten. Als selbständiger Handlungsort wird seine Funktion im *Apollonius* kaum erweitert; lediglich die Klebmeer-Episode wird als paradoxographischer Sonderfall der üblichen Seereise eingefügt. Stürme, die auch in der Binnenerzählung das Schiff von dem geplanten Kurs abbringen und damit schicksalhafte Begegnungen erst ermöglichen,[432] werden nur knapp erwähnt. Die ausführliche Sturmdarstellung mit Schiffbruch während der Reise von Tarsis I nach Pentapolis I wird gekürzt und der Fokus auf Apollonius' lange Klage verschoben.

Inseln treten in der Binnenerzählung wiederholt als Handlungsorte auf, werden aber vom Erzähler nicht in die Rahmenhandlung eingefügt. Sie sind meist funktional auf die folgenden Reiche und die damit verbundenen Handlungsbögen bezogen. Räumlich werden sie kaum ausdifferenziert, sondern meist nur als Wiese, *plan* oder anderweitige freie Fläche beschrieben. Der Erzählfokus liegt ganz auf der dort stattfindenden Handlung, die meist in der unerwarteten Begegnung mit anderen Figuren oder Figurengruppen, kämpferischen Konflikten und/oder dem Austausch von Wissen besteht (so bei der Begegnung mit Absolon vor Warcilone und mit der Sirene und Achiron vor Galacides). Eine Ausnahme stellt die Insel des Wundertieres Milgot dar, die eine differenziertere Beschreibung erhält und auch als Handlungsort stärker unabhängig von der folgenden Erzählung steht.

Der *Küstenbereich* ist als Handlungsort aus der *Historia*-Vorlage übernommen und wird von Heinrich nicht weiterentwickelt, sondern in seiner Funktion eher reduziert. In der Binnenerzählung wird er teilweise zum Ort militärischer Konflikte, wie der Strand von Galacides, wo die Schiffe vom Meer aus den am Strand befindlichen Kolkan angreifen. Er ist mit wenigen bis keinen narrativen Raumdetails versehen.

Reiche ersetzen im *Apollonius* die Städte der *Histora* als Einheiten menschlicher Gemeinschaft und politischer Herrschaft. Reiche bestehen meist aus einer oder mehreren *Städten* und *Burgen* sowie einem nicht weiter differenzierten Umland. Ihre Grenzen werden meist klar definiert, Zugangsmöglichkeiten werden – vor allem in der Binnenerzählung – als sorgfältig reglementiert dargestellt. Diese zentrale Transformation stellt eine Assimilation des antiken Raumentwurfs an die politischen und soziokulturellen Lebensbedingungen um 1300 dar. Auch wenn Städte erheblichen Reichtum und politische Macht auf sich vereinen können, wie der Erzähler dies beispielsweise in der hinzugefügten *descriptio* der Stadt

---

431 Vgl. Brinker-von der Heyde: Zwischenräume.
432 Achnitz betont, dass im *Apollonius* „die Seereisen des Helden, seine Schiffbrüche und Inselaufenthalte – wie im ‚Reinfried' – Signale für schicksalhafte Ereignisse, und das heißt aus christlicher Perspektive: für das Walten Gottes" sind (Achnitz: Babylon, S. 288).

Tarsis hervorhebt, bleiben sie politisch meist auf die größere Einheit des Reiches ausgerichtet. Die *Burgen* erhalten im *Apollonius* besonders in der Binnenerzählung hervorgehobene Bedeutung. Sie können als Teil der Städte auf einem erhöhten Burgberg situiert sein (wie in Tarsia oder Warcilone) oder leicht abseits von der Stadt liegen (wie im Goldenen Tal oder Antiochia). Auch Burgen ohne erwähnte städtische Anbindung (wie Grotimunt in Galacides oder Gabilot im *Wulgar lant*) tauchen auf. Reiche, Städte und Burgen sind wiederholt Gegenstand aufwändiger *descriptiones*, die ihre Raumentwürfe detailliert und multiperspektivisch narrativ entfalten.

Städte und Burgen werden in unterschiedlichem Maße als Orte der Öffentlichkeitserzeugung inszeniert. Der zentrale Versammlungsort in der *Historia*, das *forum*, fällt im *Apollonius* weg und wird ersetzt durch einerseits freie Flächen vor der Burg respektive der Stadt, den *plan* oder das *velt*, andererseits innerhalb der Burg durch den Raum vor dem *palaß*. *Plan* oder *velt* dienen der *kurtzweyl*, organisierten Festivitäten oder der Erzeugung aristokratischer Schauräume, in denen die Öffentlichkeit die Funktion einer Zeugen- und Bestätigungsinstanz einnimmt. Der Raum vor dem *palaß*, funktional ausgerichtet auf diesen Sitz der Herrschaft und damit immer semantisch codiert im Sinne einer ständischen Hierarchie, dient der Durchführung, Verkündung oder öffentlichen Bestätigung von Herrschaftshandeln. Räume für die eigenständige Versammlung der Bürgerschaften, unabhängig von Herrscherfiguren, sind abgesehen von unspezifizierten Plätzen und Straßen nicht vorgesehen. Städtische Öffentlichkeit ist also in der Binnenerzählung immer okkasionell und auf die aristokratischen Figuren ausgerichtet. Sie wird von ihnen erzeugt und gelenkt. Die öffentlichen Versammlungsszenen der Rahmenerzählung werden im *Apollonius* zwar aufgenommen, erhalten aber ebenfalls durch ihre Relokation auf den *plan* oder vor den *palaß* eine funktionale Bezogenheit auf den (Stadt)Adel.

Architektonische Räume sind im *Apollonius* wie in der *Historia* als tendenziell nicht öffentliche Innenräume zu klassifizieren und werden, vor allem im Vergleich zu den großen Städte- und Reichs-*descriptiones*, mit nur wenigen Raumdetails ausgestaltet. Von besonderer Bedeutung ist die Kemenate als Rückzugsort in Analogie zum *cubiculum* in der *Historia*. Sie wird in der Binnenerzählung und im Schluss Ort des ehelichen Geschlechtsverkehrs und damit erotisiert. Die anderen Räume des *palaß* werden selten ausdifferenziert; als besonders wichtige nicht oder nur teilweise öffentliche Handlungsräume der aristokratischen Figuren erweisen sich *Gärten*, die in ihrer Gestaltung zwischen ‚natürlichen' und architektonischen Räumen stehen. Als *locus amoenus* lädt der Garten zum Lustwandeln und höfischen Zeitvertreib ein; zugleich wird er durch kostbare Pflanzen, exotische Tiere und reiche Ornamentik als höfischer Repräsentationsraum codiert. Erotisch aufgeladene Begegnungen zwischen Männern und Frauen finden bevorzugt in Gärten statt (wie die Begegnung zwischen Cirilla und Apollonius in Galacides sowie die von Apollonius und Diamena).

Ein Sonderfall in jeglicher Hinsicht ist das Goldene Tal. Hier werden architektonische Elemente in den Tugendproben anders funktionalisiert und semantisch codiert als im restlichen Roman. Öffentlichkeit wird in diesem Raum durchgängig gleichgesetzt mit geringer Exklusivität und Tugendhaftigkeit; Isolation positiv umgewertet. Mit Diamenas Garten weist das Goldene Tal überdies einen Ort auf, der die Unterscheidung zwischen ‚natürlichem' und architektonischem Raum aufhebt.

Mobile Innenräume wie *Zelte* und *Hütten* spielen ebenfalls wiederholt eine Rolle im *Apollonius*. Sie finden keine Entsprechung in der *Historia*. Zelte werden durchgängig auf dem *plan* vor Städten und Burgen aufgeschlagen und demonstrieren einen Herrschaftsanspruch.[433] Eine besondere Rolle spielt das Zelt des Kaisers Ejectas, welches Apollonius als Beute nach der Vernichtung der Völker Gog und Magog erhält. Es wird im Textverlauf immer wieder vor Burgen und Städten errichtet, auf die Apollonius einen solchen Herrschaftsanspruch erhebt.

Anderweltliche Räume stellen einen weiteren Unterschied zwischen den Raumentwürfen der *Historia* und des *Apollonius* dar. Sie treten nur in der Binnenerzählung auf und weisen im Hinblick auf Zugangsmöglichkeiten, Codierungen und Transzendenz deutliche Unterschiede zu allen anderen Räumen auf:

Raum	Zugangsmöglichkeiten	Codierung	Religiöser Status
Wabilonia	Nur vorübergehend zugänglich; nur für Apollonius	Negativ, menschenfeindlich, teuflisch	Immanent – von Gott verflucht
Goldenes Tal	Abhängig von Tugendhaftigkeit	Zunächst positive Idealität, kippt ins Negative	Immanent – Reich der Minne
Insel des Lachens	Keine	Paradies, unbekannt	Transzendent
Insel von Henoch und Elias	Nur indirekt über Kommunikation mit Henoch und Elias	Paradies, positiv, anderweltlich	Unklar

Das Goldene Tal kann wohl am Ehesten als Mischraum charakterisiert werden. Es ist wie die anderen Reiche in Apollonius' Herrschaftsraum gemäß einer feudalhöfischen Raumordnung organisiert, weist aber anderweltliche Elemente, u.a. die räumlichen Tugendproben, den Jungbrunnen und eine Reihe weiterer *mirabilia* auf. Der Raum des Reiches und seine Zugangsmöglichkeiten unterliegen der direkten Kontrolle der Göttin Venus. Dieser Charakter eines Mischraumes erklärt auch Apollonius' Unfähigkeit, dieses Reich dauerhaft in seinen Herrschaftsraum zu integrieren.

---

433 Vgl. Stock: Zelt.

Im Hinblick auf die Unterscheidung zwischen diesweltlichen und anderweltlichen Räumen sind auch die im Text auftretenden *monstra* von Interesse. Sie entstammen einem nicht beschriebenen Ursprungsraum (sofern dieser nicht mit Wabilonia gleichzusetzen ist) und fallen über diesweltliche feudalhöfische Reiche her. Ihre Fähigkeiten werden als übermenschlich geschildert; sie etablieren eine teilweise andere Raumordnung als die den eroberten Räumen inhärente (vgl. unten). In Kapitel 4.3 und 4.4 soll genauer diskutiert werden, inwieweit die *monstra* als Vertreter einer anderweltlichen Ordnung, die in den höfischen Raum einbricht, verstanden werden können.

Grenzen

Im Unterschied zur *Historia*, für die Grenzen nur in sehr geringem Maße, meist in Form von Städtebefestigungen, eine Rolle spielen, sind Grenzen von zentraler Bedeutung für den Raumentwurf des *Apollonius*. Es kann heuristisch zwischen verschiedenen Grenztypen unterschieden werden:

Typ	*Konkrete Ausformungen*	*Codierung*	*Überwindbar von*	*Stabil*
Topographisch	Meer, Berge, Flüsse, Wildnis	Teil von Reichsgrenzen, Schutz, teilw. bedrohlich	Teilw. Apollonius	Ja
Architektonisch	Mauern, Tore, Türme, Wände	Schutz von Städten, Reichen, Burgen, Sicherheit	Variiert	Ja
Übernatürlich, architektonisch	Tugendrad, Wunderbrunnen, Tugendtreppe	Codieren Tugendhaftigkeit	„Tugendhafte" Figuren	Ja
Monstra	Gog und Magog, Kolkan u. Flata, Ydrogant u. Serpanta	Negativ, bedrohlich, pervertiert höfischen Raum	Apollonius	Nein
Dynamische Grenzen	Zugangsverbote, Absonderungen	Variiert	Variiert	Nein

Grundsätzlich kann zwischen Grenzen unterschieden werden, die topographisch oder architektonisch ausgeprägt, also dem Raumentwurf dauerhafter eingeschrieben sind, und solchen, die durch die Anwesenheit bzw. das Handeln von Figuren gesetzt sind und damit von vorneherein transitorischer Natur. Diese Unterscheidung besagt aber noch nicht, ob eine Grenze gemäß Lotmans Raumkonzept klassifikatorisch ist, d.h. semantische Felder trennt. Wenn zwei oder mehr Reiche durch topographische oder architektonische Grenzen getrennt sind, aber derselben Raumordnung angehören, so dass ihre Bewohner frei reisen und zwischen diesen Räumen uneingeschränkt hin und her wechseln können, dann sind diese Grenzen zwar räumlich gesetzt und haben politische Bedeutung, sie trennen aber nicht semantische Felder, sondern sind nur Binnendifferenzierungen im selben semantischen Raum. Dies wird deutlich z.B. am großen Schlussturnier, wo die Herrscher vieler Reiche ungehindert in Antiochia zusammentreffen. Sie überqueren auf ihrem Weg dorthin zwar Grenzen, diese strukturieren den Raum aber lediglich in politische Einheiten; innerhalb dieses größeren Raumes sind alle ihm angehörigen Figuren voll beweglich.

Die von monströsen Figuren gesetzten Grenzen mögen nur im Vollzug ständiger Raumkontrolle durch Bewegung gesichert sein, sie trennen den so geformten Raum aber ab von eventuellen größeren semantischen Feldern; die von ihnen gebildete transitorische Grenze kann nur von besonders beweglichen Figuren wie Apollonius überschritten werden.

Umgekehrt gilt aber auch, dass die Stabilität von Grenzen immer durch die Figur des Herrschers gewährleistet werden muss, sonst kollabieren Außen- und Binnengrenzen. Dieses Phänomen wird sehr deutlich in der Galacides-Episode, wo mit der Ermordung des Königs die Wehrmauern von Grotimunt ihre Schutzfunktion verlieren und diese erst nach Apollonius' Herrschaftsübernahme wiedergewinnen. Herrschaftsgrenzen, das hat auch die politikgeschichtliche Forschung der letzten Jahrzehnte verstärkt herausgearbeitet, weisen im Mittelalter durchgängig einen „seltsam oszillierenden Charakter"[434] auf. Sie wurden

> angesichts des Fehlens einer dominanten Zentralmacht überhaupt nur durch ihr [i.e. die Akteure im Raum, LB] eigenes Handeln fühl- und sichtbar gemacht [...] – und [wirkten] doch zugleich auf eben dieses Handeln [zurück].[435]

Grenzen waren demnach das Produkt ständiger Grenzziehungen und besaßen „sowohl stabilisierende wie destabilisierende Potentiale",[436] sie waren „die Ergebnisse menschlicher Konstruktionsleistung"[437] – oder, in fiktionalen Texten, auch die monströsen Handelns.

Daraus folgt, dass Grenzziehungen eben nicht einfach den dynamischen Raum der Erzählung strukturieren, sondern Teil der räumlichen Dynamisierung eines Textes darstellen und immer in Bezug auf die sie ziehenden, überwindenden oder auflösenden Figuren zu verstehen sind.

Eine Ausnahme bilden diejenigen Grenzen, die durch göttliches Eingreifen in den Raum des Textes gezogen werden. Sie bleiben, trotz Versuchen der Überwindung oder Auflösung, stabil und haben so weniger den Charakter dynamischer Konstrukte als ontologischer Raumeigenschaften. Dies gilt für das von Menschen unbewohnbare Wabilonia ebenso wie für die Insel des Lachens. Auch die durch Tugendproben gesetzten Grenzen des Goldenen Tales, die unter dem Einfluss der Göttin Venus stehen,

---

434 Nils Bock, Georg Jostkleigrewe und Bastian Walter: Politische Grenzen als Faktum und Konstrukt. Einführung. In: Faktum und Konstrukt. Politische Grenzziehungen im Mittelalter. Verdichtung – Symbolisierung – Reflexion. Hg. v. Nils Bock, Georg Jostkleigrewe und Bastian Walter. Münster 2011. S. 9-26, hier S. 11.
435 Ebda.
436 Ebda.
437 Ebda.

können im Handlungsverlauf zwar ihrer ursprünglich positiven semantischen Codierungen verlustig gehen; aufgehoben werden sie nicht.

Zuordnung der Räume, Beziehungen zwischen Räumen

Im Hinblick auf die sehr komplexen Beziehungsgeflechte der Räume und Orte untereinander kann unterschieden werden zwischen syntagmatischen und paradigmatischen Bezügen. Mit syntagmatischen Bezügen sind hier die Verschachtelungen und Funktionalisierungen unterschiedlicher Raumtypen innerhalb einer Handlungsepisode gemeint. Paradigmatische Bezüge bestehen zwischen Orten und Räumen des gleichen Typs, die über Einzelepisoden hinweg in Beziehung gesetzt werden. Die möglichen syntagmatischen Beziehungen der Orte und Räume einer Episode können wie folgt visualisiert werden:

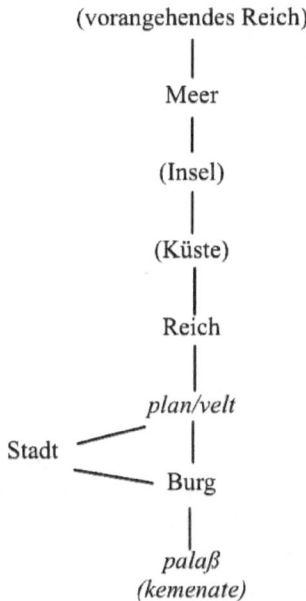

Im Verlauf der einzelnen Episoden werden die syntagmatischen Bezüge eines Raumentwurfs meist durch Apollonius' Herrschaftshandeln gestärkt. Dies geschieht insbesondere durch die Beseitigung von Binnengrenzen beim Kampf gegen *monstra* oder menschliche Gewaltherrscher und die damit verbundene Öffnung der Reiche zugunsten höherer Figurenbeweglichkeit.[438] Aber auch die Erzeugung von Öffentlichkeit durch Feiern und Versammlungen sowie von Schauräumen in Form von Prozessionen tragen zu solchen engeren Verknüpfungen bei. Indem Informationen über die Raumentwürfe der folgenden Episoden oftmals bereits an den Handlungsorten der vorangehenden Episoden geboten werden (so in Tarsis für Warcilone, in Warcilone für Galacides, in Galacides für Assyria etc.), werden zudem engere Verknüpfungen zwischen den verschiedenen Episoden hergestellt.

In paradigmatischer Hinsicht werden die Handlungsorte des *Apollonius*, aber auch bloß erwähnte Räume und Orte, die teilweise nur über Toponyme identifiziert werden, unabhängig vom Handlungsverlauf der einzelnen Episoden präsent gehalten und verknüpft. Dies erfolgt über eine Reihe von narrativen Techniken: Erstens unternimmt Apollonius wiederholt zwischen den eigentlichen Episoden Reisen in bestimmte Reiche, die so die Funktion eines Knotenpunktes entwickeln. Neben dem für die Rahmenerzählung besonders wichtigen Tarsis ist hier vor allem Warcilone zu nennen. Es handelt sich um Reiche, in denen Apollonius nicht direkt Herrscher ist, wohl aber herrschaftliche Macht ausübt und der politischen Elite des Reiches freundschaftlich verbunden ist. Zweitens sind die Städte- und Reichskataloge zu nennen, die im Verlauf des Romans an Umfang immer mehr zunehmen und schließlich in dem umfassenden Katalog jener Orte gipfeln, deren Kämpfer zum Turnier in Antiochia geladen sind. Die Verknüpfung von Handlungsorten und bloß erwähnten Orten und Räumen in diesen Katalogen erweckt zudem den Eindruck, der Herrschaftsraum des Apollonius sei auch über die er-reisten Räume und Orte hinaus weit ausgedehnt.

Drittens sind die wechselnden Gefährten des Apollonius bedeutsam für die paradigmatischen Beziehungen im *Apollonius*. Als Reisebegleiter, Vertraute und Teilnehmer am abschließenden Hoftag und Turnier stehen sie metonymisch für die Reiche, deren Herrscher oder Statthalter sie sind. Durch die dynamischen Figurenrelationen der Reise- oder Kampfgemeinschaft wird ein Bewegungsraum erzeugt, der Apollonius' Herrschaftsraum widerspiegelt und ihn zugleich expansiv entgrenzt. Einen Sonderfall dieser Raumbezüge durch Figurenrelationen stellen die Nachkommen des Apollonius und seiner Verbündeten dar, die seinen Herrschaftsraum auch in der Zeit konsolidieren und als Geschlechterfolge stabilisieren.

---

438 Vgl. unten, Kap. 4.1.

Wechselbeziehungen von Figuren und Dingen

Damit sind bereits einige zentrale Aspekte der Wechselbeziehungen von Figuren und topographisch-politischen Räumen genannt. Insgesamt gilt für den *Apollonius*, dass im Handlungsverlauf weit mehr Wert auf die Vermittlung von Rauminformationen topographischer und architektonisch-künstlerischer Art gelegt wird als in der *Historia*. Ausführliche *descriptiones* entfalten die unterschiedlichen Räume und Orte detailliert.

Wie in der *Historia* lässt sich das Personal des *Apollonius* in die Gruppe der HerrscherInnen und die der Beherrschten einteilen. Hinzu treten wilde oder monströse Figuren, die entweder außerhalb der menschlichen Raumordnungen leben, also z.B. in Wabilonia, auf der Insel Milgots oder in der Wüste Romania, oder als Invasoren in die Reiche der menschlichen Figuren einfallen und vorübergehend die Rolle der herrschenden Figuren einnehmen.

Die Gruppe der beherrschten Figuren ist weitgehend unbeweglich, insofern sie klassifikatorische Grenzen nicht übertreten kann. Sie ist durchweg funktional auf die Gruppe der herrschenden Figuren bezogen und wird von ihrem Herrschaftshandeln affiziert. Wie in der *Historia* ist diese Gruppe vor allem an der Erzeugung von Öffentlichkeit beteiligt, diese Öffentlichkeit ist aber weit stärker hierarchisch strukturiert als im antiken Text und ganz auf ihre Funktion für den Herrscher ausgerichtet. Tiere werden nur in der Milgot-Episode als handelnde Figuren beschrieben; hier dienen auch sie der Bestätigung von Apollonius' Herrschaftshandeln und nehmen also die gleiche Funktion ein wie die menschlichen Figuren in anderen Episoden.

Die Gruppe der herrschenden Figuren ist noch weit größer als in der *Historia* und deutlich binnendifferenziert. Unterschieden werden kann zwischen Figuren, die als HerrscherInnen oder Erben von Herrschaft metonymisch für ein oder mehrere Reiche stehen, was sich oft auch in der Namensgebung ausdrückt. Diese Technik ist in der *Historia* durch die namentliche Verknüpfung von Antiochia und Antiochus bereits vorgebildet, wird im *Apollonius* aber weit umfangreicher genutzt. Einen Sonderfall stellen die weiblichen Herrscherfiguren des Romans dar. Die Heirat mit diesen Figuren führt automatisch auch zur Herrschaftsübernahme in ihren Reichen – der Besitz des weiblichen Körpers und der Besitz des Raumes fallen so zusammen.[439]

Zugleich werden der Wert und die *ére* herrschaftlicher Figuren häufig über die Größe ihres Herrschaftsgebietes bemessen sowie über ihre Fähigkeit, spezifisch räumliches Herrschaftshandeln auszuüben. Dies wird v.a. deutlich an Apollonius selbst, der häufig als „mehrere Reiche wert"

---

439 Vgl. Kap. 3.4.3.

beschrieben wird und dessen Fähigkeiten zur Öffnung und Befreiung isolierter Räume wiederholt als besonders bemerkenswert hervorgehoben werden. Die Beziehung zwischen Herrscherfiguren und den von ihnen beherrschten Reichen wird als eine direkte und personale gefasst, zugunsten derer alle Binnendifferenzierungen innerhalb des Herrschaftsraumes wegfallen. Reiche, als kollektiver Singular bezeichnet, dienen den Herrschern, sie *warten* ihrer Hand. Wie die Lehensmänner Apollonius', die metonymisch für ihre Reiche stehen, so treten auch die Reiche selbst in fast personifizierter Form in Apollonius' Dienst, sofern er sich ihrer würdig erweist.

Bewegungsraum

Wie in der *Historia* spielen die durch Versammlungen von Figuren an einem Ort flexibel erzeugten Räume der Öffentlichkeit eine wichtige Rolle im *Apollonius*. Zugleich sind im mittelalterlichen Roman aber architektonische Elemente von weitaus höherer Bedeutung. Diese Elemente stabilisieren spezifische Raumfunktionen und teilweise auch Formen des räumlichen Handelns, indem sie diese normativ privilegieren. Oft geht dies mit bestimmten semantischen Codierungen einher. Eine Wehrmauer beispielsweise schreibt gewisse Zugangsregulierungen in den Raum ein, ebenso wie eine Treppe den Aufstieg oder Abstieg als Raumhandeln privilegiert. Räumliche Elemente verstetigen also bestimmte Erwartungshaltungen zum Handeln in diesem Raum. Die Analyse der Galacides-Episode hat jedoch gezeigt, dass auch solche räumlichen Elemente abhängig sind von der Stabilisierung durch eine Herrscherfigur wie Apollonius: Mit dem Tod des Königs Ciprian verliert die Wehrmauer ihre Funktion und Flata und Kolkan können sie überwinden; mit Apollonius' Machtübernahme gewinnen diese räumlichen Elemente ihre Schutzfunktion zurück; die Figuren und Dinge, die in ihren Relationierungen Räume formen, affizieren sich also gegenseitig und erweisen damit den Raum als Bewegungsraum. Auf gleiche Weise werden die Grenzziehungen durch monströse und andere Figuren in der Erzählung zwar immer wieder als dauerhaft und unüberwindbar charakterisiert, Apollonius kann sie jedoch fast durchgängig erfolgreich beseitigen.

Apollonius' Reisen falten den Raum der Erzählung vor ihm auf und entgrenzen ihn. In seiner Aneignung dieser heterogenen Räume formt er sie zu einem homogenen Herrschaftsraum um und beseitigt dabei klassifikatorische Grenzen, insofern sie diesseitig sind. Dieser Herrschaftsraum wird immer neu im Vollzug durch räumliches Handeln bestätigt. Sein stets von Destabilisierung bedrohter Status wird deutlich an den vielen Beispielen verlorener Herrschaft, die die Erzählung bietet. Auch Apollonius' vorübergehende Gefangenschaft in Nemrotts Reich und seine Klagereden in

Momenten akuter Gefährdung, insbesondere die Verwendung des *ubi sunt*-Topos auf Milgots Insel, verdeutlichen, dass dieser Herrschaftsraum wie die ritterliche *êre* nie dauerhaft erworben, sondern stets aktiv aufrechterhalten werden muss.

Der Raumentwurf des *Apollonius* stellt also trotz oder gerade wegen der Vielzahl von beschriebenen Stabilisierungsmechanismen einen Bewegungsraum dar, der sich ständig neu formt und in seinen Grenzen und Strukturen bestätigt werden muss. Dass dies keinesfalls ein negatives Charakteristikum ist, zeigt die Episode vom Goldenen Tal, in der die Figuren den unveränderlichen räumlichen Zugangsmechanismen unterworfen sind, ohne Möglichkeit, diese zu affizieren. Wird der so entworfene statische Raum, der nicht länger geformt werden kann, zunächst als räumlich verfestigtes Ideal perspektiviert, so entpuppt er sich im Verlauf der Episode als widersprüchlich, brüchig und unflexibel.

Raumordnung

Für die *Historia* waren drei Raumordnungen ausgemacht worden: die auf die göttlichen Figuren ausgerichtete Raumordnung, die an den Raum des Meeres gekoppelt ist, eine aristokratische und eine auf Öffentlichkeitserzeugung ausgerichtete Raumordnung.

Auch im *Apollonius* lässt sich zunächst eine Raumordnung herausarbeiten, die nicht das Raumhandeln der menschlichen, sondern das der göttlichen Figur(en) privilegiert (a). Hierzu zählt zunächst der Raum des Meeres, der im Text wiederholt explizit als Ort der waltenden Schicksalsmacht Gottes beschrieben wird. Auch die nichtchristlichen göttlichen Figuren des Romans greifen mit Stürmen und Winden bevorzugt auf dem Meer in die Reisen der menschlichen Figuren ein; in der Klebmeer-Episode kontrolliert jedoch Albedacus mit einem Zauber das ganze Götterheer. Anders als der im Singular gehaltene Gott, der sich im Verlauf der Erzählung als wahrer christlicher entpuppt, sind die ‚heidnischen' Götter also dem menschlichen Zugriff nicht gänzlich entzogen. Insbesondere die anderweltlichen Räume des Textes werden von dieser göttlichen Raumordnung organisiert; hierzu zählen Wabilonia, die Insel des Lachens und eingeschränkt die Insel von Henoch und Elias. Einen Sonderfall stellt die Raumordnung des Goldenen Tales dar, die abschließend separat diskutiert werden soll.

Neben dieser göttlichen wird der Text von einer Raumordnung dominiert, deren Regeln wohl am Treffendsten als feudalhöfisch und aristokratisch zu beschreiben sind (b). Diese Raumordnung befördert das Herrschaftshandeln einzelner Figuren, die sich durch ritterliche Idealität auszeichnen, darüber hinaus ist sie aber auch in räumliche, insbesondere architektonische Elemente eingeschrieben und privilegiert so ein spezifisches räumliches Handeln. Raumordnung b ist geprägt von der Opposition innerhalb/außerhalb, die semantisch als Kultur/Natur oder höfisch/unhöfisch codiert wird, sowie von oben/unten-Relationierungen, die aristokratische Hierarchien codieren. Damit verbunden ist häufig die Strukturierung der Reiche nach einem Zentrum/Peripherie-Prinzip. Diese Relationierungen drücken sich durchgängig in den Stadt-*descriptiones* des Textes aus, in denen Mauern, Tore und Türme die Grenze zwischen drinnen und draußen festschreiben und Orte der Herrschaft wie Burgen, *vesten* und die korrespondierenden *palaß*-Strukturen durchgängig oberhalb der Stadt situiert sind. Beide Oppositionen können dichotomisch auftreten, wie bei der Belagerung Warcilones durch die Völker Gog, Magog und Kolk, die das höfische Innerhalb der Stadt scharf mit dem bedrohlichen Außerhalb der belagernden Völker kontrastiert, oder sie können als graduale Abstufungen auftreten wie im Falle des Einzugs in Antiochia, der als schrittweise Bewegung nach innen und hin auf das Zentrum des Reiches organisiert ist und diese Bewegung mit dem Aufstieg zur Burg kombiniert.

Die feudalhöfische Raumordnung ist stark auf einzelne Herrscherfiguren hin orientiert. Ihr Raumhandeln wird deutlich privilegiert, was sich in einer erhöhten Beweglichkeit dieser Figuren ausdrückt. Diese Beweglichkeit ist aber auf männliche Herrscherfiguren beschränkt. Für alle anderen Figuren gelten strenge Zugangsregulationen, die sie innerhalb ihrer klassifikatorischen Grenzen festhalten. Die Bedeutung der ständisch undifferenzierten Reichs- und Stadtbewohner, die in der *Historia* durch eine eigene Raumordnung organsiert waren, ist auf eine Unterfunktion dieser feudalhöfischen Raumordnung b reduziert: Sie dient der Bezeugung und Bestätigung von Herrschaftshandeln sowie der Demonstration höfischer Idealität. Eine besondere Funktion erfüllen sie in Bezug auf die Inszenierung höfischer *freude* in Form von großen Festen.

Indem Raumordnung b einerseits auf ihre Stabilisierung durch die Festschreibung in räumlichen, insbesondere architektonischen Elemente zielt, andererseits auf die Privilegierung eines den Raum gemäß ihrer Regeln formenden Herrschaftshandelns, vereint sie revolutionäre und restitutive Aspekte. Apollonius' Handeln folgt durchgängig den Prinzipien dieser Raumordnung; ihr folgend etabliert er einen homogenen, nahezu universalen Herrschaftsraum ohne klassifikatorische Binnengrenzen und konsolidiert diesen beim abschließenden Hoftag in Antiochia.

Zu dieser dominanten Raumordnung b tritt außerdem eine Raumordnung, nach der die monströsen Figuren des Textes sowie einige negativ gezeichnete Herrscherfiguren den Raum formen (c). Diese Raumordnung geht mit den invasorischen Aktivitäten der *monstra* einher und setzt sich auf die feudalhöfische Raumordnung b auf. Diese wird pervertiert durch das

Raumhandeln der *monstra*; einerseits, indem klassifikatorische Grenzen eingezogen werden, die den eroberten Raum von anderen Räumen und Orten trennen und so isolieren, andererseits durch räumliches Handeln, dass die in Raumordnung b privilegierten Praktiken verzerrend imitiert. Beides wird besonders deutlich an der Galacides-Episode: Die *monstra* Kolkan und Flata isolieren das Reich von den umgebenden Räumen, indem sie eine klassifikatorische Grenze einziehen. Innerhalb des nun von Raumordnung c dominierten Reiches werden Praktiken wie das höfische Fest, Beratungen und Bürgerversammlungen sowie Gerichtsverhandlungen weiter durchgeführt, die *monstra* pervertieren diese räumlichen Praktiken aber, indem sie z.B. die sich versammelnde Bevölkerung nicht herzlich begrüßen und bewirten, sondern töten und zerreißen.

Angesichts der Wabilonia-Episode kann die These aufgestellt werden, dass es sich bei dieser monströse Raumordnung eigentlich ebenfalls um eine anderweltliche Raumordnung handelt, die jedoch andere Regeln privilegiert als Raumordnung a. Die beiden Zentauren Piramort und Pliades werden als Schach spielende herrschaftliche Figuren im Turm zu Babel inszeniert. Sie sind mit allen anderen monströsen Figuren über genealogische Beziehungen verknüpft. Stellt der anderweltliche Raum von Wabilonia demnach das Herrschaftszentrum der monströsen Figuren dar, von dem aus sie analog zu Apollonius eine Entgrenzung ihres Verfügungsgebietes anstreben, so könnten die von *monstra* besetzten oder bedrohten Räume des Romans als Austragungsort eines Kampfes um Suprematie zwischen diesen Raumordnungen gelesen werden. Apollonius' Sieg und damit die sich durchsetzende Dominanz von Raumordnung b käme demnach in der Beseitigung der Binnengrenzen und der Korrektur der pervertierten Raumordnung c hin zu den korrekten Raumhandlungen von b zum Ausdruck.

Abschließend soll kurz auf den Sonderfall des Goldenen Tales eingegangen werden. Das Goldene Tal scheint zugleich der feudalhöfischen Raumordnung b entsprechend organisiert, insofern es klar aristokratische Figuren privilegiert, die aufgrund ihrer ritterlichen Idealität und Tugendhaftigkeit über erhöhte Beweglichkeit in diesem Raum verfügen. Zugleich ist aber das als Bewegungsraum beschriebene Verhältnis der wechselseitigen Affizierung von Raum und Herrscherfigur entkoppelt. Apollonius wird durch die architektonischen Elemente der Tugendproben zwar geprüft und durch die beiden Brunnen körperlich verändert, es gelingt ihm selbst aber nur in sehr geringem Maße, diese semantischen Codierungen zu beeinflussen; den Raum selbst formt er nicht. Vielmehr wird er passiv durch die Abfolge anderweltlicher Wunderräume geführt und verliert, als er gegen die Prinzipien der Zugangsregulation des Tales verstößt, die Möglichkeit des Zutritts wiederholt.

Die Raumordnung des Goldenen Tales ist organisiert nach dem Willen der Göttin Venus, drückt aber auch die normativen Erwartungen seiner Herrscherfamilie aus. Sie kann dementsprechend entweder als Spielart der Raumordnung a gelesen werden, die sich als defizitär herausstellt, weil es sich bei der den Raum gestaltenden göttlichen Figur eben nicht um den einen wahren Gott handelt. Oder sie kann als misslungener Versuch einer stabilisierenden Festschreibung von Raumordnung b verstanden werden, die allerdings gerade durch die Verwandlung des feudalhöfischen Bewegungsraumes in einen statischen Raum scheitern muss.

4. Entgrenzte Herrschaft

In diesem abschließenden Kapitel werden die in Kapitel 2 und 3 herausgearbeiteten Analyseergebnisse noch einmal anhand von zentralen systematischen Kategorien diskutiert. Es handelt sich hierbei um die Verknüpfungen von Raum mit Herrschaft, Geschlecht, Fremde und Heil. Während Herrschaft und Geschlecht zentral für die Erzählinteressen auch der *Historia* sind, spielen Darstellungen von Fremde resp. *othering* und Fragen des Heils im spätantiken Roman nur eine untergeordnete Rolle. In diesen Kapitel wird sich die Untersuchung folglich auf den *Apollonius* konzentrieren. In Kapitel 4.5 werden zum Schluss noch einmal die Transformationsprozesse zwischen *Historia* und *Apollonius* in den Blick genommen.

4.1 Raum und Herrschaft

Die Historia

Die Beschäftigung mit Formen rechter und unrechter Herrschaft stellt, so hat die Analyse ergeben, ein wesentliches Thema der *Historia* und des *Apollonius* dar. Das Personal der *Historia* ist dichotomisch in die Gruppe der Herrschenden und die der Beherrschten unterteilt, mit einigen wenigen Figuren, deren soziale Position beweglicher scheint oder nicht klar definiert wird. Herrschaft drückt sich erstens in Befehlen aus, die Könige und Fürsten ihren Untertanen erteilen. Herrschaftshandeln besteht außerdem in großzügigen Wohltaten, Schenkungen und der Förderung städtischer Infrastruktur und Architektur. In dieser Hinsicht ist Herrschaft mit ökonomischer Affluenz verknüpft und deshalb vom Verhalten reicher Bürger nicht immer deutlich zu trennen. Diener und Sklaven sind durchgängig Teil des Machtbereichs ihrer Herren und Herrinnen.

Die *Historia* entwirft eine Gesellschaftsform, in der Besitz von materiellen Gütern und Besitz von Menschen äquivalent behandelt wird; die Verfügungsgewalten eines freien Bürgers seinen Besitztümern gegenüber sind enorm, ohne dass dieses Machtverhältnis politische Dimensionen annehmen müsste. Ein spezifischer Umgang mit Reichtum wird aber offensichtlich als politisch-herrschaftlich und damit im Kontrast zu merkantilem Verhalten inszeniert: So kommentiert der Erzähler in Bezug auf Apollonius' Verhalten mehrfach, dass er nicht geizig oder merkantil wirken will, und deswegen zu einer bestimmten Handlungsweise geradezu gezwungen ist.[1] Herrscherliche Großzügigkeit darf nicht auf Gewinn oder eigenen Vorteil bedacht sein. In dieser Hinsicht nähern sich die positiven Herrscherfiguren den arm aber ethisch positiv gestalteten Figuren wie Hellenicus und insbesondere dem Fischer vor Pentapolis an, der zwar wenig besitzt, dieses jedoch aus *misericordia* teilt (HA 12). Die *pietas* eines Herrschers äußert sich also in weltlicher Hinsicht[2] als *misericordia* mit den Benachteiligten und als Schutz der Stadtgemeinschaft. Dieser Schutz kann sich in Form von baulichen Maßnahmen wie der Instandsetzung der Stadtmauern, in Form des Ausschlusses und der Bestrafung gefährlicher Elemente oder des Schutzes und der Aufnahme von Hilsbedürftigen bzw. fremden Gästen äußern.

Herrschaft ist bei Apollonius, Archistrates und Athenagoras weiterhin verbunden mit der Herstellung von Öffentlichkeit, d.h. einer Transparenz ihres Handelns, die sich in Sichtbarkeit und öffentlichem Diskurs mit den Bürgern ihrer Städte äußert. Ein solcher Diskurs zielt auf die Herstellung eines stadtweiten Konsenses, der dann als Basis für weiteres Herrscherhandeln dient. Dieser Prozess wird in der Erzählung wiederholt inszeniert, in Form öffentlicher Versammlungen der ganzen Stadt, Reden und Absichtserklärungen von Apollonius, Archistrates und Athenagoras, sowie durch häufige, aufwändig gestaltete Feste, die mit öffentlichen Freudenbekundungen einhergehen.

An diesem Katalog von Herrschaftshandeln wird bereits sehr deutlich, inwiefern Herrschaft sich in der *Historia* auf den Raum auswirkt und rekursiv durch räumliche Praktiken ausgeübt wird. Sie hängt mit Zugangsrechten zu Räumen und der Kontrolle über diese Räume zusammen: Antiochus kann aufgrund seiner Verfügungsgewalt über die Stadt Antiochia und ihre Räume in das *cubiculum* der Tochter eindringen; er kann außerdem Apollonius zur Flucht aus seiner Heimatstadt zwingen. Archistrates kann Apollonius an seinen Tisch und in seinen Palast einladen und damit einem schiffbrüchigen Exilanten eine neue Heimat schenken, während Apollonius mit

---

1 Vgl. Apollonius' Verhalten bei seinem ersten Besuch in Tarsus: Zunächst verkauft er sein Getreide sehr günstig, schenkt den Erlös dann aber der Stadt (*Apollonius autem, ne deposita regia dignitate mercaturi uideretur adsumere nomen magis quam donatoris, pretium, quod aciperat, utilitai eiusdem ciuitatis redonauit*, HA 10.12-15). Als Tarsia ihn im Schiffsrauch bittet, ihn unterhalten zu dürfen, und ihm andernfalls sein Geld erstatten würde, muss Apollonius zustimmen, *[a]t ille ne uideretur pecuniam recipere* (HA 41.36).

2 Vgl. zu diesem komplexen und für die römische Herrschaftskonzeption sehr wichtigen Begriff Hendrik Wagenvoort: Pietas. In: Ders.: *Pietas*. Selected Studies in Roman Religion. Leiden 1980. S. 1-21.

der Instandsetzung der Stadtmauern von Mytilene und Tarsus diese Orte vor eindringenden Feinden sichert und stabilisiert. Herrschaft drückt sich auch in der Erzeugung von und im Umgang mit Öffentlichkeit aus; insofern inkorporiert die Raumordnung b verschiedene Umgangsmöglichkeiten mit der auf Öffentlichkeitserzeugung ausgerichteten Raumordnung c. Die Öffentlichkeit kann von politischen Prozessen ausgeschlossen oder miteinbezogen werden, sie kann durch Feste oder durch die Schaffung von Orten freier Interaktion (wie dem *gymnasium* in Pentapolis) gefördert werden. Freilich wird Herrschaft in der Erzählung nicht als neutraler Sachverhalt beschrieben – ganz im Gegenteil zieht sich die Frage, was legitime und was illegitime Herrschaft ausmache, leitmotivisch durch die ganze *Historia*. So wird gleich im ersten Satz der Erzählung mit Antiochus eine Königsfigur eingeführt, die als *exemplum* für tyrannische und unrechte Herrschaft dient.[3] Eine Überfülle von Negativattributen markieren ihn als *rex iniustus* schlechthin und verleihen allen seinen Taten und Worten den Beigeschmack schlechter Herrschaft. Dies verknüpft ihn darüber hinaus mit einer langen Darstellungstradition tyrannischer Herrscher.[4]

Antiochus' Verhalten weicht in mehrfacher Hinsicht negativ von dem oben entwickelten Katalog möglichen Herrschaftshandelns ab. Sein Verhalten der Tochter gegenüber macht deutlich, dass er die Befriedigung der eigenen Triebe über das Gemeinwohl stellt; gleichzeitig steht der Missbrauch seiner Schutzbefohlenen in scharfem Kontrast zu dem Ideal des schützenden und großzügigen Herrschers. Dass er sich der Verwerflichkeit seines Handelns bewusst ist, wird deutlich an den wiederholt betonten Täuschungsversuchen. Statt von Transparenz und der Produktion von Öffentlichkeit ist Antiochus' Verhalten geprägt durch Heimlichkeit und bewusste Täuschung. Die oben bereits analysierte Opposition von *intra domesticos* und *ostendebat se ciuibus* stellt eine radikale Diskrepanz zwischen nichtöffentlichem und öffentlichem Handeln her, die nicht mit der dritten beschriebenen Raumordnung in Einklang zu bringen ist und deshalb zu einer Verurteilung von Antiochus' Herrschaftshandeln führt. Dementsprechend ist Antiochia auch die einzige Stadt, in der keinerlei öffentliche Versammlungen oder Feiern geschildert werden. Die Erzählung beschränkt sich auf den Handlungsraum des *cubiculum* und die losgelöst von räumlicher Situierung

---

[3] „The initial incest functions as negative *exemplum*, which highlights, in marked contrast, the relationships of other father-daughter couples" (Garbugino: Historia, S. 140).Vgl. Holzberg: Historia für den evtentuellen Einfluss christlicher Moraltheologie oder astrologischer Systeme auf die Figurenkonstellationen. Vgl. hierzu auch George A. A. Kortekaas: The *Historia Apollonii Regis Tyri* and Ancient Astrology. In: Zeitschrift für Papyrologie und Epigraphik 85 (1991). S. 71-85.

[4] „*Crudelis* and *aeuus* are commonly found in rhetoric and historiography with reference to the character of the tyrant [...]. 'Bloodthirstiness' is particularly emphasised in biographies of second and third cent. Roman emperors such as Commodus, Septimius Severus, Caracalla, Elagabalus" (Panayotakis: Story, S. 188).

geschilderten Einzelgespräche des Antiochus. Öffentliches Leben scheint nicht stattzufinden in Antiochia, die Bürger erhalten keine Stimme. Gleiches gilt auch für Antiochus' juristisches Handeln. Er ist darüber hinaus auch der einzige Herrscher, der seine Macht über die Grenzen seines Reiches auszudehnen sucht, indem er ein Kopfgeld auf Apollonius aussetzt.

Diesem negativen Exempel werden nun eine Abfolge anderer Städte und Formen der Herrschaftsausübung gegenübergestellt. Verknüpft wird diese Reihung von Reichen und Herrschern durch die Reisen des Apollonius. Dieser wird zu Beginn der Erzählung als *iuuenis* (u.a. HA 4.8) beschrieben, steht also am Anfang seiner politischen Karriere, auch wenn er bereits erster Bürger von Tyrus ist. Indem er um Antiochus' Tochter wirbt, bewirbt er sich darüber hinaus um die Herrschaftsnachfolge in Antiochia. Dass Apollonius selbst sich trotz seiner jungen Jahre in Tyrus vorbildlich verhalten hat, zeigen die Reaktionen der Stadt auf seine heimliche Flucht. Antiochia und Tyrus sind, insbesondere was die Relationen von Herrscher und Stadt betrifft, oppositionell gestaltet. Tyrus wird als Raum der öffentlichen Kommunikation und des gemeinschaftlichen, fast kollektiven Handelns und Fühlens der Bürger beschrieben. Öffentliche Einrichtungen und Orte werden aufgerufen; gemeinsame Beschlüsse werden auch in Apollonius' Abwesenheit getroffen und umgesetzt. Zwar scheint die ganze Stadt emotional und funktional auf Apollonius ausgerichtet, es wird aber gleichzeitig deutlich, dass diese Ausrichtung freiwillig ist und auf Dankbarkeit und Liebe der Bürger beruht. Zugleich wird Apollonius hier jedoch noch nicht in seinem Handeln als Herrscher vorgeführt. Weder informiert er die Bürger über seine Situation, noch trifft er Vorkehrungen für die Zukunft der Stadt, bevor er mitten in der Nacht flieht.

Tarsus dagegen ist eine Stadt in Not, der offensichtlich eine handlungsfähige Regierung fehlt. Hier kann Apollonius eine weitere Herrschertugend unter Beweis stellen: Er schenkt großzügig und erlöst damit die Bürger aus ihrer Not. Wieder wird das daraus entstandene positive Verhältnis zwischen Stadt und Apollonius, das in der gestifteten Statue auf dem *forum* räumlich expliziert wird, nicht als Zwangs- oder Machtverhältnis dargestellt, sondern als eines der *patronage* respektive Dankbarkeit. Durch die Parallelisierung von Stranguillio und Dionysias mit Antiochus wird im Folgenden eine zusätzliche Verknüpfung von Machtmissbrauch bzw. Verbrechen und städtischer Öffentlichkeit geknüpft. Dionysias kann ihre Täuschung zwar erfolgreich vor den Augen der tarsischen Bürger durchführen, als sie jedoch des Mordversuchs überführt wird, folgt der konsensuelle Ausstoß der Missetäter aus der städtischen Gemeinschaft.

Mit Pentapolis wird anschließend ein Herrschaftsbereich vorgeführt, der durch nahe und direkte Interaktion eines gerechten Königs mit seinen Bürgern geprägt ist. Die Einführung des *gymnasium* als Begegnungsort zwischen Archistrates und Apollonius macht nicht nur deutlich, dass der König von Pentapolis frei und bereitwillig mit den Bürgern seiner Stadt interagiert und dabei Hierarchieunterschiede zu suspendieren weiß. Diese Szene und der folgende Aufstieg des Apollonius drücken außerdem den meritokratischen Charakter des Herrschaftsgefüges von Pentapolis aus – Apollonius' Fähigkeiten und sein Wille, sie vorteilhaft einzusetzen, sind wichtiger als seine ökonomische Situation.

Archistrates erzeugt erfolgreich städtische Öffentlichkeit, in der er sich frei bewegt. Dies wird auch an der Szene auf dem Marktplatz deutlich, wo er nur mit Apollonius spazieren geht und die Freier seiner Tochter ihn ungehindert ansprechen können. Er legt großen Wert auf die Transparenz seiner Beschlüsse und gesellschaftliche Konsensbildung, was besonders an seinem Umgang mit der Eheschließung seiner Tochter deutlich wird.[5] Im Handlungsverlauf werden Antiochia und Pentapolis enggeführt durch die Parallelisierung der Vater-Tochter-Konstellation, der jeweils Apollonius als Freier hinzutritt.[6] Zugleich sind die Episoden aber in mehrfacher Hinsicht oppositionell gestaltet. Archistrates erweist sich somit als Gegenbild zu Antiochus. Die Vereinigungen beider Herrschaften auf Apollonius und seine Frau zum Ende der Erzählung fungiert als Synthese dieser oppositionell gestalteten Herrschafträume. Sie stellt einen positiven umfassenderen Herrschaftsraum für die Zukunft in Aussicht, der metonymisch durch die Beschreibung des restlichen Lebens seiner Herrscher als ruhig und friedlich (*et quietam atque felicem uitam uixit*, HA 51.36) charakterisiert wird.

Eine zweite, wenngleich kürzere Reihung von Städten und Beispielen falscher und richtiger Machtausübung wird im folgenden, auf Tarsias Leben bezogenen Erzählabschnitt entwickelt. Tarsia bewegt sich durch verschieden Verfügungsbereiche von Figuren, die in einem Machtverhältnis zu ihr stehen: Stranguillio und Dionysias, die Piraten und Athenagoras. Noch stärker wird dieses Machtgefälle in der Beziehung zwischen dem Kuppler und Tarsia, die als Besitzverhältnis gestaltet ist. Der Kuppler kann frei über Tarsias Körper verfügen, sowohl im Hinblick auf ihre Sexualität als auch auf ihre räumliche Situierung. Die gesamte Mytilene-Episode kann gelesen werden als Machtkampf zwischen Tarsia und dem Kuppler, vertreten durch eine Reihe von Männern. Wo Apollonius seine Fähigkeiten einsetzt, um den verlorenen ökonomischen Status zurückzugewinnen und schließlich als Schwiegersohn des Archistrates in der sozialen Hierarchie der Erzählung

---

5 *Rex ait: ‚Diem nuptiarum sine mora statuam.' [...] Postera uero die uocantur amici, inuocantur uicinarum urbium potestates, uiri magni atque nobiles. Quibus conuocatis in unum pariter rex ait [...]: ‚Scitote filiam meam uelle nubere Tyrio Apollonio. Peto, ut omnibus sit letitia, quia filia mea sapientissima sociatur uiro prudentissimo'* (HA 22.25-23.7).

6 Für einen ausführlichen Vergleich beider Episoden vgl. Berneder: Väter; Temmerman: Characterization.

noch aufzusteigen, nutzt Tarsia ihr Wissen und Können, um die Verfügungsgewalt über ihren eigenen Körper zu erlangen und zu behalten. In beiden Teilen der Erzählung, der Apollonius- und der Tarsia-Handlung, lässt sich also die Darstellung der Abfolge von verschiedenen Herrschafts- und Machtverhältnissen ausmachen. Diese Reihen sind räumlich ausgestaltet und werden durch die Bewegung der Figuren verknüpft.

Abschließend soll die anfängliche Beobachtung, dass es sich bei der um den thematischen Schwerpunkt, bei der Reise um ein den Plot strukturierendes Element der Gattung des antiekn Romans handele, noch einmal aufgenommen und differenziert werden. Die Reisen der *Historia* sind durchaus mit den Begegnungen und Trennungen der Liebespaare verbunden; durch die Multiplikation der Paare und den plötzlichen Abbruch der sich anbahnenden Beziehung zwischen Apollonius und der Tochter von Antiochus wirkt dieser Aspekt der Handlung jedoch fragmentiert. Auch eine Charakterisierung dieser Reisephase als Probe der Treue und Keuschheit der Liebenden kann nur sehr eingeschränkt für die *Historia* geltend gemacht werden,[7] denn Apollonius tritt während fast der gesamten Trennungsphase aus der Erzählhandlung aus; seine Frau bleibt zwar keusch, reist jedoch nicht, sondern ist sicher verwahrt im Dianatempel. Tarsia dagegen reist (jedoch handelt es sich nur um einen einmaligen Ortswechsel, von Tarsus nach Mytilene) und verteidigt ebenfalls ihre Keuschheit; sie tut dies jedoch nicht aufgrund der Liebe zu einem anderen Mann, sondern um ihrer Ehre und ihres eigenen Status' willen.[8]

Nimmt man dagegen Fragen der richtigen und falschen Herrschaft als zentrales Thema der Erzählung in den Blick und versucht, die im Hinblick auf Liebe und Erotik von Bachtin und andere herausgearbeitete Plotstruktur auf das Thema der Herrschaft hin zu betrachten, so lassen sich die Reisen des Apollonius durchaus als Phase der Erprobung von richtigem ethischen Verhalten und Standfestigkeit lesen. Apollonius wird in die Handlung eingeführt als junger Mann aus Tyrus, und diese Herkunftsbezeichnung bleibt im Folgenden bestimmend für ihn – er ist in seiner Identität und über die Liebe der Bürger von Tyrus eng mit seiner Heimatstadt verknüpft. Apollonius' Reise nach Antiochia zielt explizit auf die Hand der Königstochter und implizit auf die Herrschaft in Antiochia nach Antiochus' Tod. In der Person der Königstochter werden Herrschaft und Liebe bzw. Ehe eng geführt, Apollonius begegnet ihr jedoch kein einziges Mal; er interagiert in Antiochia exklusiv mit dem König und wird anschließend von diesem

---

[7] Vgl. Konstan: Symmetry. Vgl. für die Bedeutung von Keuschheit für den antiken Roman Cathryn Chew: The Representation of Violence in the Greek Novels and Martyr Accounts. In: The Ancient Novel and Beyond. Hg. v. Stelios Panayotakis. Leiden/Boston 2003. S. 129-142.

[8] Diese Keuschheit verteidigt sie, um es noch vertrackter zu machen, auch gegen denjenigen Mann, mit dem sie schließlich die Ehe eingehen wird.

verfolgt. Die Beziehung zwischen den beiden Herrscherfiguren ist also ungleich enger und bedeutsamer als die zwischen Apollonius und dem unbekannten Mädchen. Gleichzeitig wird Apollonius nach dem Tod der beiden als Herrscher von Antiochien berufen, und seit der Abreise aus Pentapolis zielen seine Wanderungen eigentlich darauf, diese Herrschaft anzutreten, was ihm aber erst am Ende der Erzählung gelingt. Die wesentliche Trennungssituation zu Beginn des Textes ist also nicht die zwischen einem Liebespaar, sondern die zwischen einem Herrscher und seinen beiden Reichen, Tyrus und Antiochia. In seinen Reisen wird Apollonius nun mit verschiedenen Formen der Herrschaft konfrontiert und muss sich selbst als gerechter und weiser König behaupten, wie im griechischen Liebes- und Reiseroman die ProtagonistInnen mit dem Begehren sehr unterschiedlicher Figuren konfrontiert werden und sich als treue Partner der abwesenden Figur behaupten müssen.[9]

Erprobt wird hier nicht die Treue und Beständigkeit eines Ehemannes oder Liebhabers – weder Apollonius noch seine Frau haben die geringsten Probleme mit dieser Anforderung – sondern vielmehr die Eignung zum Herrscher, und dies bei jeder einzelnen der Hauptfiguren. Apollonius arbeitet sich vom mittellosen Schiffbrüchigen hoch zum Schwiegersohn eines Königs; seine Ehefrau entwickelt sich von einer hilflosen Scheintoten zur Hohepriesterin der Diana; Tarsia schließlich gewinnt selbst als unfreie (wenn auch jungfräuliche) Prostituierte die Liebe der ganzen Stadt Mytilene und die Achtung und Liebe ihres zukünftigen Ehemannes, des Fürsten. Dass Athenagoras schließlich um Tarsias Hand anhält, macht deutlich, dass sie auch unter schwierigen Umständen alle Tugenden einer königlichen Ehefrau bewiesen hat.

Aus diesem Zusammenhang erweist sich auch, warum die drei Hauptfiguren nacheinander ihren sozialen Status und damit ihren Herrschaftsanspruch verlieren und durch eigene Kraft zurückgewinnen müssen, denn die Phase der Erprobung bestätigt ihre intrinsische Eignung zur Herrschaft, unabhängig von sozialem Status und ökonomischer Ausstattung. Die Restitution des sozialen Standes durch Heirat bzw. Wiedervereinigung mit der eigenen Familie wird durch Ereignisse herbeigeführt, die auf den ersten Blick ebenso kontingent wirken wie die den Verlust herbeiführenden Ereignisse, sich jedoch schnell als im höchsten Maße providenziell entpuppen. Dies wird erkennbar am wiederholten Eingriff göttlicher Figuren. Apollonius und Tarsia *müssen* ihre königliche Identität und die damit verbundenen Privilegien verlieren, um ihre zukünftigen Ehepartner kennen und lieben lernen zu können. Gleichzeitig bestätigen sie in dieser Phase der

---

9 Vgl. Konstan: Symmetry.

Erprobung, dass sie auch unabhängig von Geburt und Stand zur Herrschaft bestimmt sind.

Diese Deutung wird auch verstärkt durch das Handeln der Figuren im Anschluss an ihre Wiedervereinigung und die Restitution ihres Status': Richtertätigkeit und bauliche Sicherung der Städte sind typische Herrscheraufgaben. Zwar dienen die öffentlichen Versammlungen in Mytilene und Tarsus auch der Erzählung ihrer Reisen und *calamitates* sowie der öffentlichen Bestätigung ihrer Beziehung, im Vergleich zu dem vorgeführten Herrschaftshandeln treten diese für die öffentlichen Versammlungen im griechischen Liebes- und Reiseroman typischen Aspekte jedoch deutlich in den Hintergrund.

In Apollonius' Herrschaftshandeln sind Raumordnungen b und c in harmonischen Einklang gebracht. Apollonius handelt nach den Regeln beider Raumordnungen und erzeugt so einen Herrschaftsraum, in dem sich Aristokratie und Öffentlichkeit erfolgreich ergänzen.[10] Am Schluss der Erzählung sind alle erwähnten Städte[11] mit Herrschern aus der Familie von Apollonius versehen – Pentapolis wird von seinem Sohn regiert, Athenagoras und Tarsia herrschen über Mytilene; Apollonius und seine Frau regieren Tyrus und Antiochia. Damit wird das Liebes- und Ehethema des Romans noch einmal vom Thema „Herrschaft" überschrieben, denn die Beziehung des Apollonius und seiner Frau ist hier nicht lediglich auf privates Glück ausgerichtet, sondern auf die Etablierung eines Herrschergeschlechts, das einige der mächtigsten Städte der griechischen Provinz kontrolliert.[12] Der Plot des antiken Romans und die Trennung und Wiedervereinigung der jungen Liebenden wird umgeschrieben in die Erzählung einer Herrscherbiographie; das Begehren des erotisch aufgeladenen Erzählschemas wird symbolisch umcodiert, so dass die Phase der Erprobung der ProtagonistInnen nicht nur oder primär auf den Nachweis ihrer Treue und Keuschheit, sondern auf ihre Herrschertugenden zielt.

---

10 Es wäre interessant, in einem nächsten Schritt die Zusammenhänge dieser potenziell konkurrieren Raumordnungen mit den textextern kontrastierenden Raumordnungen der griechischen *polis*, die zum Entstehungszeitpunkt des lateinischen Textes historisch geworden ist, und der römisch-aristokratischen Gesellschaftsordnung zu vergleichen. Dieser Schritt sei kompetenteren Händen überlassen.

11 Der Status von Tarsus bleibt unklar und hängt davon ab, ob man die Aussagen der Bürger von Tarsus als hyperbolische *laudatio* oder als Akklamation versteht.

12 „In the later developments of the story, Apollonius seems to be concerned more with his dynastic rights than with the requirements of his bride" (Garbugino: Historia, S. 141).

Der Apollonius

Der *Apollonius* nimmt das Erzählinteresse seiner Vorlage an Herrschaft auf und erweitert es erheblich. Besonders in Binnenerzählung und Schluss wird Apollonius vor allem als Herrscher dargestellt; dieser Rolle werden alle anderen Figurenrollen untergeordnet bzw. sie sind auf diese bezogen.

Herrschaft drückt sich wie in der *Historia* immer wieder auch in nicht-räumlichen Handlungsweisen aus, beispielsweise als *milte* oder Schutz Hilfsbedürftiger. Die im *Apollonius* dargestellte positiv bewertete Herrschaft ist eine feudalhöfische, die sich durch eine Lehnsstruktur, gegenseitige Verpflichtungen zwischen Lehnsmännern und Herrschern im Sinne von *rat* und *helfe* sowie eine Beziehungsstruktur zwischen dem Herrschern und seinen Männern auszeichnet, die sich am Treffendsten mit der Formel *primus inter pares* fassen lässt. Besonders deutlich wird diese feudalhöfische Struktur beim Hoftag in Antiochia, wo auch zuvor uneindeutige Verhältnisse zwischen Reichen und Herrschern durch das Lehnssystem präzisiert und festgeschrieben werden. Auch Frauenfiguren können Herrschaft ausüben, tun dies aber im Roman nur, wenn eine männliche Herrscherfigur entweder in Form eines Vaters, Ehemanns oder Sohnes fehlt . In allen anderen Fällen üben sie Herrschaftshandeln nur im direkten Auftrag eines männlichen Herrschers oder mit dessen Billigung aus.

HerrscherInnen im Besitz eines Reiches obliegt die Sicherung und Stabilisierung dieses Reiches, unter anderem durch die Aufrechterhaltung von Grenzstrukturen und solchen räumlichen Elementen, die diese Herrschaft festschreiben (Wehrmauern, repräsentativen Gebäuden etc.). Die Herstellung von Öffentlichkeit und repräsentativen Schauräumen wird ebenfalls immer wieder als positiv bewertetes Herrscherhandeln vorgeführt, ebenso die Etablierung und Pflege von Allianzen. Durch kluge Heiratspolitik werden diese Allianzen gefestigt und zugleich Geschlechterfolgen etabliert, die die Herrschaft in die Zukunft fortschreiben. Es handelt sich hier um einen Typ von Herrschaft, der auf die Konsolidierung und Erhaltung von Reichen ausgerichtet ist und der im Folgenden als konservative und „unbewegliche" Herrschaft bezeichnet werden soll, da er nicht auf die Überschreitung von Grenzen und die Expansion des Herrschaftsraumes ausgerichtet ist, sondern auf Stabilisierung setzt und in traditionaler Herrschaft mündet.

Im *Apollonius* wird deutlich zwischen positiven und negativen Herrscherfiguren, zwischen legitimer und illegitimer Herrschaft unterschieden. Unrechte Herrschaft wird durch Erzähler- und Figurenurteile als solche markiert und, bis auf den unklaren Fall des Goldenen Tales und den anderweltlichen Raum Wabilonias, der von *monstra* kontrolliert wird, im Verlaufe der Erzählung beseitigt. Unrechte Herrschaft drückt sich in einem die feudalhöfische Raumordnung und/oder die Prinzipien der Ritterlichkeit verletzenden Herrscherhandeln aus. Sie kann von menschlichen oder monströsen Figuren ausgeübt werden und äußert sich in der illegitimen Invasion fremder Reiche,[13] in der Fehlbehandlung von Untertanen,[14] der Isolation von Reichen und dem Abbruch von Allianzen sowie der Verhinderung von Handel. Besonders hervorgehoben wird in der Erzählung jedoch die gewaltsame Behandlung von Frauen, derer sich alle negativen Herrscherfiguren mit Ausnahme Nemrotts schuldig machen. Negative Herrschaft wird also inszeniert als (räumlich) transgressives Verhalten, das sowohl Übergriffe auf andere Reiche als auch auf die körperliche Unversertheit von Untertanen und weiblichen Figuren miteinschließt. Sie ist revolutionär und zielt auf die Änderung des *status quo*. Zwangsheiraten werden von negativen Herrscherfiguren wiederholt genutzt, um ihren Anspruch auf Reiche zu legitimieren.[15] Wie Apollonius bemühen sich also auch die negativ gezeichneten Herrscherfiguren um die Akkumulation von Räumen (und Frauen), ohne dass diese Expansion jedoch als legitim gekennzeichnet wäre. In dieser Hinsicht werden im Text negative Herrscherfiguren und die *monstra* einander in ihrem Verhalten stark angenähert.

Herrschaft kann gewonnen und verloren werden – dies wird im *Apollonius* wiederholt inszeniert. Auch hier können wir zwischen legitimem und illegitimem Herrschaftsverlust differenzieren. Illegitimer Herrschaftsverlust erfolgt durch Eroberungen – oder drohende Eroberungen, die sich räumlich in Belagerungskonstellationen ausdrücken. Legitimer Herrschaftsverlust findet statt, wenn Herrscherfiguren sich durch ihr eigenes Handeln disqualifizieren und damit den Anspruch auf ihr Reich verlieren. In solchen Fällen ist es im Text meist Apollonius, der die Herrschaft durch Kampf, Eroberung oder andere militärisch-politische Mittel übernimmt.

In Bezug auf Apollonius wird Herrschaft vor allem inszeniert als die legitime Akkumulation und Konsolidierung von Reichen, die in einem der feudalhöfischen Raumordnung (b) entsprechenden homogenen Herrschaftsraum zusammengeführt werden. Zunächst zum Herrschaftserwerb: Apollonius erlangt die Herrschaft über Reiche im wesentlichen auf drei verschiedene Weisen. Erstens ererbt er die Herrschaft in Tyrland. Zweitens erwirbt er sie durch Heirat. Bei diesen beiden Typen von Herrschaftserwerb handelt es sich um traditionale Kategorien.

---

[13] Dies gilt für alle monströsen Figuren außer den in der Wildnis und in Wabilonia auftretenden, für König Nemrott und König Glorant. Es ist zu unterscheiden von legitimierten Eroberungen fremder Reiche, vgl. unten.

[14] Zum Beispiel unverhältnismäßige Gewaltanwendung, wie Kolkan und Flata sie ausüben, Treuebruch, wie Nemrott ihn gegenüber Climodin praktiziert, oder Isolation der Bewohner des Reiches, wie alle *monstra* und einige Gewaltherrscher sie vornehmen.

[15] So versucht durch Ejectas und Glorant, erfolgreich durchgeführt von Kolkan.

Drittens, und dies ist eine Form der charismatischen Herrschaftsausübung, die insbesondere in der Binnenhandlung dominant ist, erobert er eine ganze Reihe von Reichen, entweder für sich selbst oder in Unterstützung von Herrschern, die sich selbst nicht verteidigen können.[16] Im zweiten Fall wird ihm die Herrschaft vor oder im Anschluss an sein Hilfehandeln von den Königen und Fürsten angetragen; er wandelt dieses Verhältnis meist in Allianzen um, die erst abschließend beim Hoftag in Antiochia in eine formale Lehensbeziehung überführt werden. Erobert Apollonius Reiche in Eigenregie, dann entweder, weil ihm von Dritten die Notsituation dieser Reiche ans Herz gelegt wird,[17] oder weil die Herrscher dieser Reiche ihn aus Hybris herausfordern.[18] Handelt es sich um eine Herausforderungssituation, so geht diese meist mit weiterem Fehlverhalten der Herrscher einher.[19] Die Legitimität der Herrschaftsübernahme ist also durch das Versagen der die Herrschaft innehabenden Figur gegeben. Sie wird zudem häufig gestützt durch Voraussagen und Prophezeiungen, die Apollonius als kommenden Herrscher des Reiches identifizieren – die göttliche Schicksalsmacht, sei sie ‚heidnisch' oder protochristlich, ist klar auf seiner Seite, und seine charismatische Sonderstellung wird als Form der Auserwähltheit inszeniert.

Ein solcher Übergang der Herrschaft von einer moralisch und kämpferisch fragwürdigen auf eine überlegene Figur wird im mittelalterlichen politischen Diskurs gedeckt durch die Denkfigur der *translatio imperii*.[20] Besonders in den alttestamentlichen Geschichtsbüchern wird der Übergang der Herrschaft von einem Volk auf das andere als ein von Gott ausgehender Vorgang beschrieben.[21] Er wird begründet durch die Sündhaftigkeit eines Volkes oder Herrschers, die Gott zum Entzug der Macht und deren Übertrag auf einen anderen Herrscher veranlasst.[22] Diese *translatio imperii* wird

---

16 Dies ist der Fall z.B. beim Hilfegesuch Paldeins aus Warcilone und Abacucks von Armenia. Eine Spielart dessen stellen die Befreiung Montiplains und Galacides' dar, wo Herrschaftserwerb durch Eroberung und Heirat zusammenfallen.
17 Dies ist der Fall in Galacides und im Goldenen Tal.
18 So Jechonias von Assyria, Jeroboam von Jerusalem und Glorant.
19 Jechonias beispielsweise setzt seine Frau als Turnierpreis aus und wird explizit für dieses Fehlverhalten von Apollonius getötet.
20 Für eine kritische Diskussion der Bedeutung des Konzeptes für mittelalterliche Denker und seine Behandlung in der neueren Forschung vgl. Cary J. Nederman: Lineages of European Political Thought. Explorations along the Medieval/Modern Divide from John of Salisbury to Hegel. Washington D. C. 2009. S. 177-189.
21 Vgl. hierzu insbesondere Reinhard Kratz: Translatio.
22 Vgl. Dan 2,21: *(Deus) transfert regna et constituit*; Sir 10,9: *Regnum a gente in gentem transfertur propter iniusticias et iniurias*; vgl. hierzu auch Kratz, Translatio.

eschatologisch motiviert[23] und ist damit teleologisch auf das Kommen des Messias bzw. auf Christi Wiederkehr hin perspektiviert. Seit Orosius wird die *translatio* dann zunehmend im Anschluss an Hieronymus' Exegese von Daniel 2 mit dem Konzept der Vier Reiche-Lehre verbunden, also der Deutung jenes Daniel-Traumes, den der Erzähler im Prolog des *Apollonius* im Hinblick auf den Tugendverlauf eines individuellen Lebens hin auslegt.[24]

In der weltlichen Literatur des Mittelalters ist dieses Konzept der politischen Theologie überaus wirkmächtig geworden.[25] Es legitimiert den Übergang einer Herrschaft von einem Reich auf ein anderes oder auch personalisiert einem Herrscher auf den anderen, wenn dieser in seinen Pflichten versagt.[26] Apollonius' Herrschaftsübernahme ist also als politischer Prozess im Rahmen der Heilsgeschichte vorgesehen und legitimiert. Damit bewegt sich Apollonius aber schon lange vor seiner Konversion zum Christentum im Rahmen des biblischen Deutungshorizonts. Wenn er abschließend Kaiser des Römischen Reiches wird, so tritt er endgültig in die Heilsgeschichte ein als Herrscher des letzten der vier vorausgesagten Weltreiche, das nach mittelalterlicher Vorstellung nach wie vor besteht und dem Jüngsten Tag direkt vorausgeht.

Der Prozess der Herrschaftsübernahme folgt einem gleichbleibenden Muster, das in den verschiedenen Episoden unterschiedlich detailliert entfaltet und variiert wird. Zunächst erfährt Apollonius von einer Störung der feudalhöfischen Raumordnung durch einen externen Aggressor oder eine negativ gezeichnete Herrscherfigur. Er sammelt Informationen über das entsprechende Reich und sichert sich gegebenenfalls die Unterstützung seiner Verbündeten.

Anschließend folgt die Reise in das zu erobernde Reich. Sie kann entweder als Heerfahrt gestaltet sein oder als *abentewr* mit deutlich eingeschränktem Personal, aber auch wenn Apollonius mit einem großen Gefolge anreist, wird die Eroberung mit wenigen Ausnahmen als Zweikampf

---

23 Zu diesem Nexus vgl. Wendelin Knoch: Geschichte als Heilsgeschichte. In: Hochmittelalterliches Geschichtsbewußtsein im Spiegel nichthistoriographischer Quellen. Hg. v. Hans-Werner Goetz. Berlin 1998. S. 19-29; Baar: Lehre.
24 Vgl. Hartmut Leppin: Art. „Orosius". In: Religion in Geschichte und Gegenwart; Bd. 6. Hg. v. Hans Dieter Betz et al.; vierte, völlig neu bearbeitete Auflage. Tübingen 2003. Sp. 668; vgl. Hans-Werner Goez: Art.: „Orosius". In: Das Lexikon des Mittelalters. Bd. 6. Hg. v. Robert-Henri Bautier et al. Stuttgart/Weimar 1999. Sp. 1474-1475.
25 Vgl. hierzu Braun: Translatio.
26 Im Prolog des *Mauritius von Craûn* beispielsweise werden dieses Versagen und der folgende Herrschaftswechsel mit mangelnder Vorbildlichkeit im Dienst der Ritterschaft, aber auch mit Missetaten an Frauen in Verbindung gebracht. Vgl. Mauritius von Craûn. Hg. v. Heimo Reinitzer. Tübingen 2000 (ATB, Bd. 113). V. 1-262; vgl. auch Braun: Translatio; Tobias Bulang: Aporien und Grenzen höfischer Interaktion im „Mauritius von Craûn": In: Literarische Kommunikation und soziale Interaktion. Studien zur Institutionalität mittelalterlicher Literatur. Hg. v. Beate Kellner und Ludger Lieb. Frankfurt am Main 2001 (Mikrokosmos, Bd. 64). S. 207-230.

zwischen dem unrechtmäßigen Herrscher und Apollonius inszeniert. Dieser kann die Form eines Turnierkampfes annehmen, wie bei Jechonias, oder eines weniger reglementierten Kampfes. Handelt es sich bei den Gegnern des Apollonius um *monstra*, so werden deren überlegene Handlungsfähigkeiten im Raum wie Schnelligkeit, Giftwaffen oder Unverwundbarkeit ausgeglichen durch übernatürliche Hilfsmittel, die Apollonius mithilfe seiner Verbündeten erlangt oder auf vorhergehenden Eroberungsfahrten errungen hat.[27] Auf den Sieg folgt die Beseitigung der durch falsches Herrschaftshandeln ausgelösten Störungen im Reich. Dies betrifft zum einen Restitutionshandlungen den weiblichen Figuren gegenüber, meist in Form von Heirat. Diese Hochzeiten stellen auch ein wichtiges Element seiner Allianzpolitik dar, da er auf diesem Wege immer wieder Verbündete enger an sich bindet.

Vor allem äußert sich diese Störungsbeseitigung jedoch in spezifisch räumlichem Herrschaftshandeln. Apollonius stärkt die Stabilität des Reiches nach innen, indem er in Form von Festen und Versammlungen Öffentlichkeit herstellt und so konsensuale Herrschaftsentscheidungen trifft. Er öffnet den Raum des Reiches, indem er Binnengrenzen beseitigt. Dies fällt oftmals mit den Zweikämpfen selbst zusammen, da die monströsen Gegner selbst die klassifikatorischen Grenzen verkörpern und aktualisieren. Mit ihrem Tod erlöschen diese Grenzen automatisch. Vorhandene Infrastrukturen wie Straßen und Wege werden wiederhergestellt Indem er Boten in die umliegenden Reiche und zu seinen Verbündeten sendet (zusammengefasst in den vielen Ortskatalogen des Romans), öffnet er auch mediale Räume der Kommunikation. Er befördert den Handel und lädt die metonymisch für ihre Reiche stehenden Fürsten und Könige in das neu geöffnete Land ein.

Mit diesem räumlichen Herrschaftshandeln beseitigt er die Effekte der monströsen Raumordnung, die sich über die zu befreienden Reiche gelegt hatte, und restituiert die feudalhöfische als dominante Raumordnung. Dies ermöglicht Apollonius, das jeweilige Reich seinem von ebendieser Raumordnung dominierten Herrschaftsraum hinzuzufügen. Die Grenzen des Reiches markieren damit zwar noch die Konturen des konkreten Reiches; sie verlieren aber ihre klassifikatorische Funktion, so dass Kommunikation und Interaktion in dem aus homogen feudalhöfischen Reichen zusammengesetzten Herrschaftsraum ungehindert möglich ist. Das entsprechende

---

27 Dazu gehören der Unsichtbarkeitsring der Sirene, der Bogen Achirons und das Schwert Kolkans, der aus Kolkans Schuppen gemachte Panzer, der Zauberring von Pliades, der Unverwundbarkeit verleiht und schließlich die *wurtz* Milgots, das Apollonius wiederholt heilt und ihm neue Kraft schenkt. Egidi hat hervorgehoben, dass sich die Rivalität Apollonius' mit den monströsen Figuren insbesondere auch in Bezug auf das konkurrierende Begehren um gegenweltliche Dingobjekte ausprägt (vgl. Egidi: Gegenweltliche, S. 183ff.).

Reich wird in die folgenden Ortskataloge eingefügt und sendet abschließend einen Stellvertreter nach Antiochia, um die universale Herrschaft Apollonius' final zu bestätigen.

Apollonius zeichnet sich demnach durch besondere Beweglichkeit im Raum und die Fähigkeit, Grenzen zu überwinden, aus.[28] Seine ritterliche Idealität ermöglicht ihm, die feudalhöfische Raumordnung mit sicherer Hand durchzusetzen. Der Akkumulation von Reichen entspricht die Akkumulation übernatürlicher Hilfsmittel und ebenfalls vorbildlicher Helferfiguren, mit denen er vormals unmögliche Aufgaben bewältigen kann. Dass diese besonderen Fähigkeiten an seine Rolle als Herrscher gebunden sind, macht sein unikales Versagen im Kampf deutlich: Als Dienstmann Nemrotts versucht er sich an der Befreiung des Goldenen Tales und scheitert, weil er, wie die *monstra* selbst betonen, unfrei ist. Nur weil Apollonius bereits als Herrscher in den Text eintritt und mit jedem Reich neue Qualitäten, aber auch das zusätzliche Prestige des hinzugefügten Herrschaftsraumes akkumuliert, kann er die folgenden Reiche erobern. Herrschaft wird so zu einem Gut, dass sich durch Apollonius' richtiges Handeln unweigerlich und exponentiell vermehrt.

Apollonius wird darüber hinaus durch gehäufte Vergleiche und Einschreibungen in bedeutsame Erzählstoffe gerade gegen Ende des Textes auf eine noch höhere Stufe gehoben. Er wird wiederholt mit Alexander verglichen, stellt sich als Vetter des Priamus und als Artus *ante rem* heraus; seine weisen Richterentscheidungen in der Antiochia-Episode nähern ihn Salomon an. Sein Herrschaftsgebiet wird also auch intertextuell als gewaltig demarkiert; seine Herrschaft wird hier als vorbildgebend für diejenigen Erzähltraditionen des höfischen Romans inszeniert, auf die sich der Text so intensiv rückbezieht. Apollonius' Herrschaft wird also nicht nur heilsgeschichtlich codiert und historisch in der Zeit eingeschrieben, sondern auch mit literaturgeschichtlichen Kontexten verwoben.

Zusammenfassend kann festgestellt werden, dass der *Apollonius* zentrale Elemente und Erzählinteressen der *Historia* übernimmt, die dort durchgängig als traditional konzipierte Herrschaft aber durch die Ausprägung einer stark charismatisch funktionierenden Herrschaftsfigur, die durch ritterliche Tugendethik und heilsgeschichtliche Einbindung legitimiert wird, transformiert. Die abschließend in Antiochia inszenierten Stabilisierungsmechanismen dienen der Rücküberführung dieser charismatischen Herrschaft in eine traditionale.

---

28   Vgl. Egidi: Gegenweltliche.

4.2 Raum und Geschlecht

Die Historia

Die Inszenierung von Geschlechterrollen im antiken Roman ist in den letzten Jahren differenziert und umfänglich aufgearbeitet worden.[29] Besonderes Augenmerk der neueren Forschung liegt auf der Konstruktion männlicher und weiblicher Geschlechtermodelle im Roman und ihrem Abgleich mit den soziokulturellen Kontexten,[30] auf den narrativen Funktionen des Begehrens[31] sowie auf dem heteronormativen Ausschluss potentieller Beziehungskonstellationen zugunsten der heterosexuellen monogamen Ehe.

Auch die Verknüpfungen von Geschlecht und Raum sind Gegenstand einer Reihe von Untersuchungen geworden.[32] Im Bezug auf die *Historia* möchte ich im Folgenden drei zentrale Aspekte diskutieren, bevor ich abschließend noch einmal den Bogen zur Herrschaft schlage: Die Frage von *gendered spaces*, also geschlechtlich kodierten Räumen; die Rolle von Öffentlichkeit und nichtöffentlicher Sphäre sowie Fragen der Bewegung durch den Raum und die figurenspezifischen Zugangsrechte zu Räumen und Orten.

Donald Lateiner fasst das Konzept der *gendered spaces* in seinem Artikel über die *Historia* und die *Aithiopika* wie folgt zusammen:

> Social groups develop rules (customs, laws) for relations between the sexes, especially the nubile and the virile: acceptable contact, or proximity, and even verbal or written communications in ‚inside' and ‚outside' situations. Gender-control mechanisms, in public and private, structure and institutionalize, thereby legitimate and ‚naturalize', privileges of entry, exit and occupation. Heroes, villains, and clods violate gender-determined, local rules of social

---

29 Vgl. u.a. Chew: Representation; Brigitte Egger: The Role of Women in the Greek Novel. Women as Heroine and Reader. In: Oxford Readings in the Greek Novel. Hg. v. Simon Swain. Oxford 1999. S. 108-136; Brigitte Egger: Women and Marriage in the Greek Novels: The Boundaries of Romance. In: The Search for the Ancient Novel. Hg. v. James Tatum. Baltimore/London 1994. S. 260-282; Finkelpearl: Gender; Goldhill: Foucault's; Pinheiro: Narrating; Johne: Women; Konstan: Symmetry; Jones: Playing; Robert Rollinger und Christoph Ulf (Hg.): Frauen und Geschlechter. Bilder – Rollen – Realitäten in den Texten antiker Autoren zwischen Antike und Mittelalter. Wien/Köln/Weimar 2006; S. Wiersma: The Ancient Greek Novel and Its Heroines. A Female Paradox. In: Mnemosyne 43 (1990). S. 109-123.
30 Vgl. Lalanne: Education.
31 Vgl. Ballengee: Belt; Chew: Representation; Konstan: Symmetry.
32 Hierzu grundsätzlich: Elena Redondo Moyano: Space and Gender in the Ancient Greek Novel. In: Narrating Desire. Eros, Sex, and Gender in the Ancient Novel. Hg. v. Marília P. Futre Pinheiro, Marilin B. Skinner und Froma I. Zeitlin. Berlin/Boston 2012 (Trends in Classics – Supplementary Volumes, Bd. 14). S. 29-48; Ballengee: Belt. Für die soziohistorischen Entstehungsbedingungen vgl. Trümper: Gender.

geography („anachorism') in Greece, Egypt, Tyre, Kyrene, Tarsus, etc. They thus articulate deviant spatial behaviors, transgression of sacred, taboo, and polluted spaces.[33]

Lateiner zufolge verfügt der Roman über eine „moral geography", die die Figuren normativ situiere; die Handlung des Romans spiele damit, die Rückkehr in diese räumliche Geschlechtsordnung zu verzögern. Lateiner unternimmt einen doppelten Zugriff auf das, was er als *gendered spaces* bezeichnet: Zunächst differenziert er zwischen den Raumtypen „inside" und „outside". Diese beiden Sphären verbindet er mit den Konzepten des Privaten und Öffentlichen und ordnet Innen tendenziell den weiblichen, Außen eher den männlichen Figuren zu.[34]

Der weibliche *private space*, der anders als beispielsweise im attischen Drama immer wieder zum Handlungsraum wird,[35] kann für die Frauen zur unerwarteten „stag[e] of danger" werden, Lateiner nennt hier Schlafzimmer und Gräber als Beispiele. Umgekehrt ist laut Lateiner der Auftritt im öffentlichen Raum für weibliche Figuren immer mit Demütigung und Bedrohung verbunden.[36] Dieses Urteil ist bezüglich der *Historia* problematisch, wird doch gerade Tarsias Schritt in die Öffentlichkeit, den Lateiner als Beispiel für eine derartige Demütigung wählt, in der Erzählung als emanzipatorischer Schritt in die Selbstbestimmtheit und gleichzeitig in den Schutz der kollektiven Stadtbevölkerung entworfen. Auch die Interpretation isolierter, verschlossener Räume als Metaphern der Weiblichkeit wird wenigstens fragwürdig, wenn man sie auf Apollonius' Schiffsbauch anzuwenden versucht. Es ist dies der radikalste Rückzug in die Isolation eines geschlossenen Raumes, der in der *Historia* geschildert wird, und wie herausgearbeitet wird dieser Raum nicht als weiblich, sondern als Ort der Trauer, Finsternis und des Todes codiert.

Neben der Differenzierung innen/außen unterscheidet Lateiner zwischen verschiedenen Figurentypen, die über je unterschiedliche räumliche Zugangsrechte verfügen und verschiedene „spatial behaviors" aufweisen. Diese Figurentypen differenziert er auf mehrfachen Ebenen; erstens im Hinblick auf das Geschlecht der Figuren (männlich/weiblich); zweitens auf ihre narrative Funktion („[h]eroes, villains, and clods"); drittens im Hinblick auf die Intelligenz und damit verbunden die räumliche Beweglichkeit der Figuren, da kluge Charaktere Räume zu manipulieren vermögen und ihre Mobilität so steigern.[37] Viertens spielen Macht- und Herrschaftsverhältnisse

---

33 Lateiner: Places, S. 49.
34 „Sealed, closed spaces (houses, tombs, coffins) provide a vaginal/uterine metaphor for secluded virginity and female chastity, while, in contrast, exposed nakedness and revealed blood signal virginal violation" (ebda., S. 59).
35 Ebda., S. 56.
36 Ebda., S. 61.
37 Lateiner: Places, S. 49.

eine entscheidende Rolle, denn „heroic patriarchs" müssen „openly assert control of private and public space", wohingegen Figuren von geringem Status dies nur verdeckt können.[38] Die Korrelation dieser Kategorien ist bei Lateiner nicht eindeutig. Tendenziell scheint er die zweite und dritte Kategorie als unabhängig vom Geschlecht der Figuren zu fassen, während die Kategorie der Macht und des sozialen Status' eine Hierarchie zwischen ausgewählten männlichen (oben) und allen anderen, inklusive weiblichen Figuren (unten) bildet.

An Lateiners Versuchen einer Differenzierung wird sehr deutlich, dass eine statische Perspektive auf „gendered spaces" im Sinne stabiler „weiblicher und männlicher Orte" den Kern der in der Erzählung inszenierten geschlechtlichen Codierungen von Räumen nicht hinreichend fasst. In der *Historia* wird nur ein Ort beschrieben, der Frauen grundsätzlich nicht zugänglich ist: das *gymnasium*. Diese Tatsache wird in der Erzählung selbst nicht erwähnt, sondern implizit als bekannt vorausgesetzt. Umgekehrt findet sich kein einziger Ort, der ausschließlich Frauen zugänglich wäre, bzw. dessen Betreten durch Männer durchgängig als Transgression markiert wäre. Das *cubiculum* wird zwar als nichtöffentlicher Ort geschildert, aber auch Archistrates schläft in seinem *cubiculum* und wird morgens von seiner Tochter gestört, und die den weiblichen Figuren zugeordneten *cubicula* werden auch von Männern betreten. Der Dianatempel in Ephesus ist zwar mit weiblicher Keuschheit assoziiert, männliche Figuren können aber, wie Apollonius beweist, das Heiligtum unproblematisch betreten.

Auch die Körper der Figuren, die ja stets ein Teil der räumlichen Ensembles sind, können insofern nicht als stabile Räume oder Orte verstanden werden, als ihr unberührter Zustand sowohl in sexueller als auch gesundheitlicher Hinsicht wiederholt bedroht wird. Keuschheit und Unberührtheit sind Konsequenzen von klugem Figurenhandeln. Die Verteidigung des unverletzten und keuschen Körpers fällt somit auch in den Bereich des räumlichen Handelns.

Die geschlechtliche Codierung von Räumen lässt sich in der *Historia* also weder auf der Basis der entworfenen Typologie von Räumen und Orten festmachen, noch ist sie als stabil oder unveränderlich einzuschätzen. Selbst Orte, die funktional mit einem spezischen Konzept von Weiblichkeit und weiblicher Sexualität verknüpft sind, wie das Bordell in Mytilene, können durch Figurenhandeln umcodiert werden. Stelios Panayotakis hat dies am Beispiel des Dianatempels und des mytilenischen Bordells herausgearbeitet,[39] die, „though traditionally representing purity and pollution, respectively, accommodate to the same extent female virginity and

---

38 Ebda., S. 54.
39 Panayotakis: Temple.

chastity".[40] Es wird im Folgenden zu diskutieren sein, inwieweit es in der *Historia* spezifisch weibliches und männliches Raumhandeln gibt, also eine gegenderte Raumordnung, die geschlechtsspezifisches Raumhandeln privilegiert, und wie solche geschlechtlich codierten räumlichen Praktiken in der Erzählung dargestellt werden.

Die Analyse der in der *Historia* narrativ erzeugten Räume und Orte hat erwiesen, dass graduelle Abstufungen von Nichtöffentlichkeit und Öffentlichkeit zentral für die Raumordnung der Erzählung sind. Öffentlichkeit konstituiert sich durch auf sie funktional ausgerichtete Räume (*forum, gymnasium*, Plätze, Straße) einerseits, andererseits durch die Platzierung von Figurengruppen, bei denen es sich häufig um kollektiv beschriebene Einheiten wie ‚alle Bürger' oder ‚die ganze Stadt' handelt. Letzteres vor allem impliziert das Vorhandensein von Frauen in diesen Gruppen; hinzu kommt die explizite Erwähnung weiblicher Figuren z.B. bei den von Tarsia veranstalteten öffentlichen *spectacula* (HA 36).[41]

Darüber hinaus handeln insbesondere Tarsia und ihre Mutter in der *Historia* immer wieder teilweise oder gänzlich öffentlich, Tarsia erzeugt in der Mytilene-Episode sogar aktiv Räume der Öffentlichkeit und nutzt diese zu ihrem eigenen Schutz. Hier wird öffentlicher Raum nicht nur anders als von Lateiner dargestellt zum Raum der Selbstbehauptung, die Codierungen von nichtöffentlichem Raum als sicher und öffentlichem als unsicher für Frauen werden sogar umgekehrt. Tarsia tritt darüber hinaus auch in öffentlichen Versammlungssituationen auf und handelt dort äquivalent zu den männlichen Herrscherfiguren. Ihr Verhalten zeigt, dass sie öffentlichen Raum nicht lediglich manipuliert, sondern sie „openly assert[s] control of private and public space",[42] wie Lateiner es in der Erzählung nur für männliche Figuren gegeben sieht. Umgekehrt zeigt Apollonius in der Pentapolis-Episode, dass er ebenso geschickt wie seine Tochter in der Lage ist, öffentlichen Raum zur vorteilhaften Selbstdarstellung zu nutzen.

Lateiner beschreibt männliches Raumhandeln als den öffentlichen und privaten Raum kontrollierend, also äquivalent zu der in dieser Untersuchung herausgearbeiteten Raumordnung b, während er weibliches Raumhandeln in der *Historia* als manipulativ und subversiv charakterisiert. Die Frauen des Romans "need to collapse or manipulate traditionally male controlled zones: the parental home, marriage abroad, and degree-zero slave

---

40 Ebda., S. 99.
41 Lateiner: Places, S. 68. Auch Johne betont: „Roman women routinely appeared in public and it was a custom that they went to symposia, theatres or the circus" (Johne: Women, S. 155). Vgl. auch Emily A. Hemelrijk: Public Roles for Women in the Cities of the Latin West. In: A Companion to Women in the Ancient World. Hg. v. Sharon L. James und Sheila Dillon. Malden, MA/Oxford 2012. S. 478-490.
42 Lateiner: Places, S. 54.

4.2 Raum und Geschlecht

status".[43] Die obigen Analysen haben gezeigt, dass weite Teile der Erzählung eine so klare Unterscheidung geschlechtsspezifischen Raumhandelns nicht aufweisen; Tarsias und Apollonius zeigen sehr ähnliches Raumhandeln. Ein grundsätzlicher Unterschied zwischen den beiden Hauptfiguren ist dadurch gegeben, dass Apollonius zwar völlig mittellos, aber als freie Person Pentapolis erreicht, während Tarsia in Mytilene den Status einer Sklavin innehat. Ihre Aufstiegsmöglichkeiten sind somit weit stärker begrenzt als die ihres Vaters.

Ein weiterer zentraler Unterschied zwischen männlichen und weiblichen Figuren zeigt sich jedoch in der Art, wie ihre Körper in der Erzählung inszeniert werden und welche Aufmerksamkeit diesen zukommt. Apollonius' Ausstellung seines Körpers und seiner Fähigkeiten in der Pentapolis-Episode dient als Mittel zur Erzeugung positiver Aufmerksamkeit, die ihm ökonomische und soziale Vorteile bringt. Wo weibliche Körper dagegen ins Zentrum der Erzählung gerückt werden, sei es im Falle der Königstochter in Antiochus, im Falle von Apollonius' Ehefrau in Ephesus oder bei Tarsia in Mytilene, ist diese Aufmerksamkeit mit der Gefahr von oder Furcht vor sexuellen Übergriffen verbunden.[44] Sowohl Tarsia als auch ihre Mutter nutzen Eloquenz und Bildung, um von ihrem Körper ab- und auf ihre geistigen Fähigkeiten sowie ihren hohen Stand hinzulenken. Der weibliche Körper ist bevorzugter *locus* von Gewalt und damit immer prekär, immer eine potentielle Wunde.

Dies korrespondiert mit der Unversertheit respektive dem wiederholt inszenierten gewaltsamen Eingriff in den Raum, der diese Körper umgibt, initial durch König Antiochus in Antiochia und wieder aufgerufen in der Pentapolis-Episode,[45] wo das passive Verhalten der männlichen Figuren und das aktive der weiblichen die Initialszene von Antiochia korrigiert und deutlich macht, dass Kontrolle über den Raum nicht nur eine Frage von Geschlecht, sondern vor allem von *agency* ist, und damit fundamental verknüpft mit Fragen der Macht und Hierarchie.

In Bezug auf die entwickelten Raumordnungen b und kann dieser Sachverhalt so gefasst werden, dass solches räumliches Herrschaftshandeln positiv bewertet wird, welches die räumliche *agency* der weiblichen Figuren auf gleicher sozialer Ebene respektiert. Weibliche aristokratische Figuren werden also nicht einfach als frei verfügbarer Teil des den Herrscher

---

43 Ebda., S. 74.
44 Die positiven Reaktionen, die Tarsia bei den Bürgern von Tarsus erzeugt, motivieren Dionysias' Mordauftrag und damit physische Gewalt. Dieser Akt des körperlichen Angriffs macht wiederum die Piraten auf Tarsia aufmerksam, die ihr durch Entführung und Verkauf ebenfalls körperliche Gewalt antun. Tarsias körperliche Schönheit erweckt in Athenagoras zunächst den Wunsch, sie als Sklavin zu erwerben und körperlich zu besitzen. Den Kuppler veranlasst sie, Tarsia zu kaufen und in die Prostitution zu zwingen.
45 Vgl. Kap. 2.3.1.7.

umgebenen Raumes inszeniert, sondern privilegiert behandelt.[46] Dies führt zurück zu der Beobachtung, dass Vater-Tochter- und Liebespaar-Konstellationen eng verknüpft sind mit den Machtrelationen des Textes. „These characters exercise their paternal authority in a way that reflects their exercise of royal power,"[47] stellt Panayotakis fest. Sie finden sich in jeder wesentlichen heterosozialen und –sexuellen Figurenkonstellation der Erzählung wieder. Die positiven und negativen Maximalpositionen nehmen Archistrates respektive Antiochus ein; Apollonius und Athenagoras machen im Laufe der Erzählung Entwicklungsprozesse durch, die sie für ihre Rollen als Herrscher, Väter und Liebende erst qualifizieren.

Dass ein Versagen in einer dieser Rollen auch eine Disqualifikation in den anderen Männerrollen bedeutet, wird an Apollonius' Verhalten nach dem Scheintod seiner Frau deutlich. Anstatt seine geplante Reise nach Antiochia fortzusetzen oder nach Pentapolis zurückzukehren, gibt er seine Tochter an Stranguilio und Dionysias und reist nach Ägypten, um dort als Händler tätig zu sein. Dieser Entschluss ergibt intradiegetisch angesichts Apollonius' vorhergehendem Verhalten wenig Sinn. Auf der Basis der herausgearbeiteten Verknüpfung der Vater-, Herrscher und Liebespartner-Rolle jedoch wird deutlich, dass der Verlust seiner Frau Apollonius auch für diese anderen Rollen disqualifiziert:

> ‚Chara coniuncx, kara et unica regis filia, quid fuit de te? Quid respondebo pro te patri tuo aut quid de te proloquar, qui me naufragum suscepit pauperem et egenum?' (HA 25.18-21)

Apollonius perspektiviert seine Ehefrau in dieser Trauerrede als Tochter ihres Vaters und drückt die eigene Schuld als eine Verantwortlichkeit diesem königlichen Vater gegenüber aus. Da er beim Schutz der Königstochter, die zugleich seine Frau ist, versagt hat, kann er auch die Herrscher- und Vaterrolle, die ihm ja eigentlich zur Verfügung ständen, nicht annehmen. Wie Antiochus, der durch sein Fehlverhalten als Vater auch als König scheitert und per göttlichem Eingriff beseitigt wird, so kann auch Apollonius nach dem Verlust der unter seinem Schutz stehenden Frau weder die prospektierte Herrschaft antreten noch seiner Vaterrolle nachkommen. Stattdessen tritt er aus Erzählraum und –zeit aus und bewegt sich vierzehn Jahre lang weit unterhalb seines Standes. Erst als er nach der Wiedervereinigung mit seiner Familie wieder alle drei Rollen erneut auf positive Weise in sich vereinigt, kann er die Herrschaft in Antiochia antreten.

---

46 Dass diese Privilegien nicht unbedingt für Figuren von geringerem sozialen Status gelten, zeigt Tarsias Aufenthalt im Bordell: Hier wird nicht die Prostitution an sich und damit die freie Verfügung über weibliche Körper verurteilt, sondern ein solcher Umgang mit einem Mädchen von hohem Stand.

47 Panayotakis: Temple, S. 100; vgl. auch Elizabeth Archibald: Fathers and Kings in *Apollonius of Tyre*: In: Images of Authority. Papers presented to Joyce Reynolds. Hg. v. M. M. Mackenzie und C. Roueché. Cambridge 1989 (Cambridge Philological Society, Supplementary Volume 16). S. 24-40.

Positiv qualifizierte Herrschaft geht also einher mit richtigem, d.h. respektvollem und schützenden Verhalten den weiblichen Figuren gegenüber, die sich in ihrer funktionalen Bezogenheit auf die männlichen Figuren zwischen der Tochter- und Liebespartner-Rolle bewegen. Dieses in der Erzählung positiv bewertete Verhalten ist verknüpft im räumlichem Handeln, das erstens Öffentlichkeit und Transparenz herstellt, also den Regeln der Raumordnung b folgt, zweitens den bedrohten weiblichen Körper vor Übergriffen schützt und drittens die durch Raumordnung c privilegierte herrscherliche Verfügungsgewalt über Räume und Orte nicht missbraucht. In dieser Hinsicht kann Konstans anfänglich referierte These, die *Historia* weise anders als die antiken Romane keine symmetrischen Beziehungen zwischen dem zentralen Liebespaar auf, widerlegt werden. Die *Historia* zielt durchaus auf die Etablierung symmetrischer Beziehungen, nur stehen bei diesen nicht Liebe und Erotik, sondern Herrschaft und Verfügungsgewalt über den Raum im Mittelpunkt. Das anfängliche Beispiel von Antiochus und seiner Tochter stellt eine massive Asymmetrie dar, die in der folgenden Erzählung korrigiert wird und in der Trias von Apollonius, Ehefrau und Tochter Tarsia eine positive und von Gleichberechtigung und gegenseitiger, d.h. symmetrischer Zuneigung gekennzeichnete Auflösung findet. Das weitgehende Fehlen starker erotischer Komponenten in den positiv gezeichneten Beziehungen markiert also die Refunktionalisierung des Erzählschemas des griechischen Romans im Dienste eines Erzählinteresses, das auf ein im Sinne der Raumordnungen b und c gestaltetes räumliches Herrschaftshandeln ausgerichtet ist. In diesem Kontext lässt sich die anfänglich bemerkte Multiplikation der Liebespaare und Beziehungskonstellationen als eine Reihung von Versuchsanordnungen verstehen, deren Ziel die Entwicklung der idealen Herrschats-, Liebes- und Familienkonstellation ist. Die verschiedenen Liebespaare wären damit unterschiedliche Facetten des komplexen Problems, dessen Lösung die *Historia* erzählerisch vorführt.

Der Apollonius

Auch die mediävistische Forschung hat in den letzten Jahrzehnten eine Fülle von relevanten Arbeiten zu Geschlechterkonstruktionen in der höfischen Literatur des Mittelalters hervorgebracht.[48] Die Untersuchung der

---

48 Vgl. v.a. die Arbeiten von Andreas Kraß, insbes.: Kritische Heteronormativitätsforschung. Der *queer turn* in der germanistischen Mediävistik. In: Zeitschrift für deutsche Philologie 128 (2009). S. 95-106; ders.: Das erotische Dreieck. Homosoziales Begehren in einer mittelalterlichen Novelle. In: *Queer* denken. Gegen die Ordnung der Sexualität. Hg. v. dems. Frankfurt am Main 2003. S. 277-297; ders: Im Namen der Mutter. Symbolische Geschlechterordnung in der *Melusine* Thürings von Ringoltingen (1456). In: Konkurrierende Zugehörigkeit(en). Praktiken der

Zusammenhänge von Geschlecht und Raum steht im Vergleich noch am Anfang.[49] Alexandra Sterling-Hellebrand entwickelt in ihrer Monographie zu den *Topographies of Gender in Middle High German Romance*[50] im Anschluss an Sigrid Weigels Konzept der Topographien der Geschlechter[51] einen Ansatz, der die Zuweisung von Geschlechteridentitäten als eine Dialektik zwischen „the self and the ‚other'" versteht,[52] die im Rahmen der Spatialisierung der Erzählung zu räumlichen Positionierungen und Aushandlungen der Geschlechterkonstitution führt. Sie spricht in diesem Kontext von „maps created by these patterns, and the gender negotiations that they frame":[53]

> The construction of gender roles is central to the dynamic between spatialization (where and how social life takes place) and representation (the way in which the world is presented and discursively constructed.[54]

Die Entwicklung von Identitäten lässt sich demnach auch als ein Prozess der *spatialisation*, also der Zuweisung von Orten und Handlungsmustern im Raum, beschreiben.[55] Dieser Ansatz geht insofern über Lateiners

---

Namengebung im europäischen Vergleich. Hg v. Christof Rolker und Gabriela Signori. Konstanz 2011. S. 39-52; vgl. auch Ingrid Bennewitz et al. (Hg.): *manlîchiu wîp, wîplîch man*. Zur Konstruktion der Kategorien „Körper" und „Geschlecht" in der deutschen Literatur des Mittelalters. Berlin 1999 (Beihefte zur Zeitschrift für deutsche Philologie, Bd. 9); Simon Gaunt: Gender and Genre in Medieval French Literature. Cambridge 1995; Dominique Grisard et al. (Hg.): Gender in Motion. Die Konstruktion von Geschlecht in Raum und Erzählung. Basel 2005; Kerstin Schmitt: Minne, Monster, Mutationen. Geschlechterkonstruktionen im „Alexanderroman" Ulrichs von Etzenbach. In: Natur und Kultur in der deutschen Literatur des Mittelalters. Colloquium Exeter 1997. Hg. v. Alan Robertshaw und Gerhard Wolf. Tübingen 1999. S. 151-162; Jean-Claude Kaufmann: Frauenkörper – Männerblicke. Konstanz 1996. Vgl. speziell zum mittelalterlichen Liebes- und Abenteuerroman: Jutta Eming: Geschlechterkonstruktionen im Liebes- und Reiseroman. In: *Manlîchiu wip, wîplîch man*. Zur Konstruktion der Kategorien „Körper" und „Geschlecht". Hg. v. Ingrid Bennewitz et al. Berlin 1999. S. 159-181.

49 Vgl. Margarete Hubrath (Hg.): Geschlechterräume. Konstruktionen von „gender" in Geschichte, Literatur und Alltag. Köln 2001; Renate Kroll: Weibliche Weltaneignung im Mittelalter. Zur Raumerfahrung innerhalb und außerhalb des „Frauenzimmers". In: Raumerfahrung – Raumerfindung. Erzählte Welten des Mittelalters zwischen Orient und Okzident. Berlin 2005. S. 149-162; Sterling-Hellenbrand: Topographies; Peter Strohschneider: Kemenate. Geheimnisse höfischer Frauenräume bei Ulrich von dem Türlin und Konrad von Würzburg. In: Das Frauenzimmer. Die Frau bei Hof in Spätmittelalter und früher Neuzeit. Hg v. Jan Hirschbiegel und Werner Paravicini. Stuttgart 2000. S. 29-45.

50 Sterling-Hellebrand: Topographies.

51 Sigrid Weigel: Topographien der Geschlechter. Kulturgeschichtliche Studien zur Literatur. Reinbeck bei Hamburg 1990.

52 Sterling-Hellebrand: Topographies, S. xiii.

53 Ebda., S. xiv.

54 Ebda., S. 8. Sie schließt hier an Derek Gregorys Überlegungen zur *spatialisation* an (vgl. ders.: Geographical Imaginations. Cambridge, MA/Oxford 1994).

55 Vgl. hierzu auch Michael Uebel: On Becoming-Male. In: Becoming Male in the Middle Ages. Hg. v. Jeffrey Jerome Cohen und Bonnie Wheeler. New York 2000. S. 368.

Diskussion der „gendered places" in der *Historia*[56] hinaus, als er die Formung von Geschlechteridentitäten und die damit verbundene Zuweisung von Räumen und Praktiken als „negotiations" begreift, also als kontinuierlichen Prozess der Verhandlungen von Macht, Fremdem und Eigenem im Raum. Diese Konzipierung von räumlichen Verhandlungen kann also als geschlechterspezifischer Aspekt der gesellschaftlichen Produktion von Raum gefasst werden. Es ist zu prüfen, inwieweit sich eine solche dynamische Beziehung zwischen Geschlechteridentität und narrativem Raumentwurf auch im *Apollonius* ausmachen lässt. Im Folgenden werden hierfür zunächst noch einmal grundsätzliche Aspekte der Geschlechterkonstruktion im *Apollonius* knapp zusammengefasst. Anschließend werden die Zusammenhänge zwischen Raum und Geschlecht im *Apollonius* herausgearbeitet und im Vergleich zur *Historia* diskutiert.

In der Analyse der Räume und Orte des *Apollonius* ist deutlich geworden, dass Heinrich die in der *Historia* entwickelten Figurenkonstellationen aufgreift und um neue Varianten erweitert. Vor allem kommt es zu einer Engführung von unrechter Herrschaft und sexueller Gewalt gegen Frauen.[57] So sind es durchgängig Herrscherfiguren, die Frauenfiguren sexuelle Gewalt androhen und/oder zufügen. Über nichtherrschaftliche Frauenfiguren verfügen diese Gewaltherrscher uneingeschränkt. Vor allem bei Kolkan und Glorant fallen die extremen Akkumulationen von vergewaltigten Frauen auf. Auch der bereits in der *Historia* herausgearbeitete Nexus von illegitimer Herrschaft und falschem Umgang mit Frauen wird im *Apollonius* deutlich weiter entwickelt, und das in zweierlei Hinsicht: Einerseits wird die initiale Gewalttat des Antiochus im Textverlauf multipliziert und extensiviert. Andererseits wird sexuelle Gewalt gegen Frauen durchgängig von Herrschern ausgeübt, die im weiteren Verlauf ihren Herrschaftsraum an Apollonius verlieren. Sie dient damit als zentrale Markierung von unrechter Herrschaft. Ob eine sexuelle Beziehung zwischen Figuren im Text positiv oder negativ bewertet wird, ist wesentlich abhängig von der Zustimmung oder Ablehnung der weiblichen Figur. Diese Willensäußerungen werden gerade bei den drei Beziehungen, die Apollonius eingeht, deutlich hervorgehoben und sind immer bezogen auf die Idealität des männlichen Charakters. Die positive Wahl einer Frauenfigur bestätigt also die ritterlichen und herrschaftlichen Qualitäten der männlichen Figur. Zugleich drückt sich tugendhaftes und ritterliches Verhalten der männlichen Figuren wesentlich im Schutz und respektvollen Umgang mit den weiblichen

---

56 Vgl. Lateiner: Places.
57 Eine interessante Ausnahme stellen die weiblichen monströsen Figuren dar, unter anderem eine Reihe wilder Frauen sowie Flata und Serpanta. Sie werden den männlichen Figuren in Kraft und Handlungsautonomie völlig gleichgestellt; betont wird an ihnen vor allem ihre unverhältnismäßige Hässlichkeit; vgl. hierzu Kap. 4.3.

Figuren aus. Apollonius tut sich in diesem Kontext wiederholt als Frauenritter hervor.[58]

Wie genau stellt sich nun aber der Zusammenhang zwischen Raum und Geschlecht im *Apollonius* dar? Zunächst stellt sich die Frage, ob es eine geschlechtliche Codierung spezifischer Raumtypen oder Orte bzw. eine stabile Zuordnung von bestimmten Orten oder Räumen zu weiblichen und männlichen Figuren gibt. Hier lässt sich erstens festhalten, dass mit Ausnahme von Lucina und Tarsia sowie den monströsen Frauenfiguren weibliche Figuren nur im Raumtyp des Reiches, genauer auf dem *plan*, im *palaß* und selten in den Städten[59] auftreten. Männliche Figuren bewegen sich dagegen wenigstens vorübergehend in allen herausgearbeiteten Raumtypen. Dies hat sicherlich vor allem mit der geringen Mobilität der weiblichen Figuren zu tun, die unten genauer diskutiert werden soll.

Zweitens treten Frauen als handelnde Figuren bevorzugt in Gartenräumen oder in *kemenaten* auf. Dass die *kemenate* in der mittelalterlichen Kultur vor allem als Frauenzimmer codiert ist, ist intensiv untersucht worden.[60] In Binnenerzählung und Schluss des *Apollonius* werden Frauenfiguren jedoch selten alleine in ihrer Kemenate dargestellt, und nie in einer ausschließlich aus Frauenfiguren bestehenden Figurenrelation.[61] Abgesehen von der Galacides-Episode, in der die Kemenate als Rückzugs- und Schutzraum der Königstöchter inszeniert wird, dient sie im *Apollonius* vor allem der sexuellen Begegnung zwischen Eheleuten und ist somit als intim und erotischer Interaktion vorbehalten codiert. Kemenaten werden nie detailliert beschrieben.

Auch männliche Figuren werden selten alleine dargestellt; männliche Figurengruppen sind dagegen in fast allen Raumtypen situiert. Ausnahmen stellen vielleicht die Zelte dar, deren Innenräume aber nie narrativ entfaltet werden; sie fungieren primär als Symbol von Herrschaftsansprüchen. Eine weitere Ausnahme ist die Wabilonia-Episode, in der Apollonius' Vereinzelung wiederholt betont wird. Diese Vereinzelung wird als bedrohlich

---

58 So kann auch das Sirenenwappen gedeutet werden, dass er von Beginn der Erzählung an trägt, ihm aber noch einmal offiziell von der positiv gezeichneten Sirene, die als Minneköniginn inszeniert ist, verliehen wird. Auch sein Schwur vor Venus im Goldenen Tal, niemals einer schönen Frau einen Wunsch oder eine Bitte abzuschlagen, kann im Kontext dieser Inszenierung als Frauenritter gelesen werden.

59 Dies meist nur im Prozess des Durchreitens, z.B. bei feierlichen Einzügen oder bei Festen.

60 Vgl. Barbara Haupt: Die Kemenate der hochmittelalterlichen Burg im Spiegel der zeitgenössischen (volkssprachigen) Literatur. In: Burg und Schloß als Lebensorte in Mittelalter und Renaissance. Hg. v. Wilhelm G. Busse. Düsseldorf 1995. S. 129-147; Kroll: Weltaneignung; Strohschneider: Kemenate sowie die anderen Beiträge in Jan Hirschbiegel und Werner Paravicini (Hg.): Das Frauenzimmer. Die Frau bei Hof in Spätmittelalter und früher Neuzeit. Stuttgart 2000.

61 Es wird nicht überraschen, dass der *Apollonius* den Bechdel-Test nicht besteht (vgl. Holly Hassel und Christie Launius: Threshold Concepts in Women's and Gender Studies. London 2015. S. 19ff.).

dargestellt und betrifft einen Raum, der nicht für menschliche Bewohner vorgesehen ist.

Auch die im *Apollonius* entworfenen Gartenräume sind vor allem auf die Begegnung zwischen männlichen und weiblichen Figuren ausgerichtet. Zwar wird der künstliche Garten im Goldenen Tal als Diamenas Garten bezeichnet und es wird beschrieben, dass die von Kolkan gefangenen Frauen regelmäßig in einem Baumgarten lustwandeln; zum Handlungsort werden diese Gärten aber nur mit dem Auftreten männlicher Figuren. Weibliche Figuren halten sich also durchweg auf unbestimmte Weise im Raumtyp des Reiches auf; konkret situiert werden sie jedoch erst beim Kontakt mit männlichen Figuren. Vorher treten sie vor allem medial vermittelt über Briefe oder männliche Boten in Erscheinung.

Sowohl beim Garten als auch der Kemenate handelt es sich um Räume, die als intim codiert und mit höfischer *freude* und *kurtzweyl* in Verbindung gebracht werden. Die Frauenfiguren fungieren als Teil dieser Räume und sind funktional auf die männlichen Figuren ausgerichtet. Insofern das Betreten dieser Räume meist das Ergebnis von erfolgreichem männlichen Eroberungshandeln ist, hat der Kontakt mit den Frauen auch die Funktion einer Belohnung und Bestätigung ritterlicher Idealität; sie stellen gleichsam den Preis dar, den das männliche Eroberungshandeln erworben hat. Noch einmal pointiert wird dieses Geschlechterverhältnis im Tafelrundenturnier vor Antiochia. Hier werden siegreiche Kämpfer mit einem Kuss der ihnen ständisch zugeordneten Frau und einem Sachpreis belohnt; wer einen Tafelrundekämpfer besiegt und sich so besonders hervortut, kann sogar die Frau selbst als Preis mit sich führen.

Werden umgekehrt die Bezüge zwischen Räumen und Figuren genauer in den Blick genommen, so fällt auf, dass alle höfischen Frauenfiguren klar einem spezifischen Reich zugeordnet werden, dessen Herrscherfamilie sie angehören, wenn sie nicht sogar selbst Herrscherinnen des Reiches sind. Meist werden Frauenfiguren im Zentrum dieser Reiche situiert. Da die höfische Raumordnung nach einer Zentrum-Peripherie-Hierarchie strukturiert ist, weist diese Position den Frauenfiguren eine erhöhte Bedeutung zu.

Sind diese Reiche nach der pervertierenden Raumordnung der *monstra* organisiert, so ist gerade diese Bedeutung Grund für eine erhöhte Bedrohung der weiblichen Figuren, da der Besitz der Frau metonymisch für den Besitz des Reiches steht und sie so auf doppelte Weise Opfer männlichen Invasionshandelns wird: Die monströsen Figuren und Unrechtherrscher greifen auf den Körper der Frau in Form von sexueller Gewalt zu. Mit diesem bringen sie aber auch die in den Frauenfiguren verkörperte Herrschaft über das Reich in ihren Besitz. Kontrolle der Frau bedeutet Kontrolle des Raumes. Dieses Phänomen kann als eine weibliche Variation der *body politics* begriffen werden, wie Ernst Kantorowicz sie in Bezug auf die zwei Körper des Königs entwickelt hat.[62]

Werden die Reiche dagegen von der feudalhöfischen Raumordnung organisiert, kann die Position der weiblichen Figuren im Zentrum des Reiches eine gewisse Handlungsautonomie mit sich bringen, die im Roman jedoch durchgängig auf die Auswahl geeigneter Ehemänner ausgerichtet ist (so bei Cirilla in Galacides, bei Diamena im Goldenen Tal und bei Palmina in Montiplain). Ein besonders interessantes Beispiel hierfür stellt die Begegnung und Werbung zwischen Cirilla und Apollonius dar. Nachdem Apollonius die monströsen Usurpatoren getötet hat, nimmt Cirilla Kontakt zu ihm auf und betont ihren eigenen Herrschaftsanspruch auf Galacides: *Will er diß landes herre sein? | Des pin ich frauwe, und ist es mein* (A V. 5617f.). Die folgende Annäherung wird von allen beteiligten Figuren und dem Erzähler als Kampf beschrieben, bei dem zunächst Apollonius den Reizen Cirillas unterliegt, bis sich in der Hochzeitsnacht die Verhältnisse umkehren. Indem Minne als dem Eroberungshandeln Apollonius gleichwertige kämpferische Auseinandersetzung und die Schönheit Cirillas als vollwertige Waffe beschrieben werden, wird der weiblichen Figur Kontrolle über die männliche Figur gegeben; dies allerdings nur in einem klar von den männlichen Figuren bestimmmten Rahmen. Auch in den Episoden vom Goldenen Tal und von Montiplain, in denen Apollonius' zukünftige Frauen die Werbung steuern, wird ihnen eine solche eingeschränkte Kontrolle zugestanden.[63]

Die Verschränkungen von Gewalt und Minne werden also je nach dominanter Raumordnung in zwei unterschiedlichen Spielarten vorgeführt. Greift die monströse Raumordnung (dies auch in eingeschränkter Form bei den menschlichen Gewaltherrschern), so sind die Frauen sexueller Gewalt ausgesetzt. Das Geschehen wird einseitig von den männlichen Figuren kontrolliert. Ist dagegen die positiv konnotierte feudalhöfische Raumordnung dominant, so wird den weiblichen Figuren innerhalb ihrer eigenen Reiche eine eingeschränkte Raum- und Körperkontrolle zugestanden, die sich in der Herrschaft der Minne über den Mann ausdrückt. Insofern diese Form der Interaktion zwischen Männern und Frauen klar von der feudalhöfischen Raumordnung privilegiert wird, kann der transgressive Zugriff auch menschlicher Gewaltherrscher auf weibliche Körper ebenfalls als Verstoß gegen die feudalhöfische Raumordnung interpretiert werden.

---

62   Vgl. Ernst Kantorowicz: Die zwei Körper des Königs. Eine Studie zur politischen Theologie des Mittelalters. München 1994. Vgl. auch Wolfgang Ernst und Cornelia Vismann (Hg.): Geschichtskörper. Zur Aktualität von Ernst H. Kantorowicz. München 1998; Albrecht Koschorke et al. (Hg.): Der fiktive Staat. Konstruktionen des politischen Körpers in der Geschichte Europas. Frankfurt am Main 2007.

63   Diese Handlungsautonomie wird aber bei beiden Frauen auch kritisch dargestellt: Diamena entlarvt sich durch ihre jähzornige Reaktion Apollonius gegenüber als irrational; Palmina schleicht sich mit einem Trick in Apollonius' Bett ein.

Im *Apollonius* finden sich also in unterschiedlichem Maße mobile männliche Figuren. Altistrates aus Pentapolis reist beispielsweise im Verlauf der Erzählung nur einmal, und das erst, nachdem die *anagnorisis* bereits erfolgt ist. Apollonius und viele seiner Gefährten zeichnen sich dagegen durch extreme Beweglichkeit aus. Für sie fungieren die Frauenfiguren als Anker, die bestimmte Reiche stabilisieren und – anders als die männlichen Fürsten und Könige – auch in diesen Reichen verbleiben. Orte und Frauen sind verknüpft; Frauen, die sich aus ihren Reichen wegbegeben, sind wie Lucina vielfältigen Gefahren ausgesetzt.

In Bezug auf die Raumordnung des *Apollonius* kann also festgehalten werden, dass sie anders als die *Historia* Frauenfiguren klare Orte und Funktionen zuweist, während die männlichen Figuren weit beweglicher sind. Nur an diesen Orten verfügen die Frauenfiguren über eingeschränkte Handlungsautonomie und die Fähigkeit zum herrschaftlichen Handeln im Raum. Folgt ein Reich der feudalhöfischen Raumordnung, so werden die anfänglich diskutierten Verhandlungen von Geschlecht und Herrschaft als räumliche Annäherung weiblicher und männlicher Figuren inszeniert, die in körperliche Intimität münden. Innerhalb der monströsen Raumordnung sind weibliche Figuren passiv den transgressiven Übergriffen der männlichen Figuren ausgesetzt; hier kommt es nicht zu Verhandlungen, sondern sowohl in Bezug auf die weiblichen Körper als auch auf den Raum, für den sie metonymisch stehen, zu gewaltsamer Eroberung.

Einen Sonderfall stellt der im Rahmen ihrer *descriptio* durch den Erzähler vorgenommene Vergleich Tarsias mit einem *locus amoenus* dar. Wo andere weibliche Figuren mit einem spezifischen Reich verknüpft sind und als Ankerfigur für dieses Reich dienen, ist Tarsia zwar über ihren Namen mit Tarsis verbunden, über ihre Abstammung aber mit Tyrland und Pentapolis. Sie steht so zwischen verschiedenen Räumen und lässt sich keinem von ihnen fest zuordnen. Zugleich wird sie durch diesen Vergleich selbst zu einem Ort, und zwar zu einem literarischen Topos, der im Text wiederholt in verschiedenen Räumen inszeniert wird, um ihre positive Entsprechung mit der feudalhöfischen Raumordnung zu markieren.[64] Indem Tarsia mit einem topischen Ort verglichen wird, der keine spezifische topographische Entsprechung im Raumentwurf des Romans hat, sondern für ein potenziell überall zu verwirklichendes Raumideal steht, fungiert sie als intransitiver Raumanker nur für sich selbst. Zugleich trägt sie ihren eigenen Ort mit sich, da sie mit ihm identisch ist, und verfügt dadurch über höhere Beweglichkeit als alle anderen weiblichen Figuren. Da ihr kein fester Ort zugewiesen ist, kann sie zudem wie Apollonius Räume aktiv formen. Dies wird deutlich bei ihren öffentlichen Auftritten in Metelin: Ihr Gesang und Harfenspiel vereinen

---

64 Vgl. Klein: Amoene.

sich mit den Wolken und dem Gesang der Vögel (A V. 15916-15922) – sie gestaltet den öffentlichen Raum der Stadt durch ihre poetische Kunst um zu einem *locus amoenus*, der an ihre Figur gebunden ist. Raumhandeln gestaltet sich bei ihr also nicht wie bei Apollonius als militärisch-herrschaftliche Praktik, sondern als Ausübung von Kunst, genauer: Singen und Erzählen. Damit wird Tarsia, die selbst ein lieblicher Ort ist und einen solchen durch ihr künstlerisches Handeln erschaffen kann, zur Symbolfigur auch für die raumformende Tätigkeit des Erzählers.

4.3 Raum und Fremde

Da die *Historia* in einen als bekannt vorausgesetzten, eng umrissenen Handlungsraum aufweist, spielen Phänomene der Darstellung von und Konfrontation mit Fremde nur eine geringe Rolle. Das folgende Kapitel wird sich dementsprechend auf den *Apollonius* konzentrieren.

Die Konfrontation mit fremden Räumen und Figuren ist vielleicht der meistbeforschte Aspekt der umstrittenen Gattung Liebes- und Abenteuerroman.[65] Auch das Konzept der Fremde und seine Ausprägungen in der mittelalterlichen Literatur sind in den vergangenen Jahrzehnten Gegenstand differenzierter Forschungsdebatten gewesen.[66] Werner Röcke zufolge ist das Fremde

> bis ins späte Mittelalter das ganz Andere, das einerseits zwar – wie alle Alternativen zur Normalität – fasziniert, andererseits aber auch in Angst und Schrecken versetzt, weil es aus dem vertrauten Maßstab der Erfahrung und des Verstehens herausfällt.[67]

Zugleich ist mit dem Begriff des Fremden auch immer zwangsläufig eine Bezugsetzung zum Bekanntem geleistet – fremd ist, was nicht eigen ist. Indem das Fremde als anders gesetzt wird, wird erst das Eigene definiert.[68] Mit Lotmans Konzept der klassifikatorischen Grenze, die zwei semantische Felder trennt, lässt sich dieser Prozess des *othering* als Aspekt des narrativen

---

[65] Vgl. Karin Cieslik: Fremdheitserfahrung in deutschen Romanen des Spätmittelalters. In: Fremdheit und Reisen im Mittelalter. Hg. v. Irene Erfen und Karl-Heinz Spieß. Stuttgart 1997. S. 277-288; Kiening: Wer; Röcke: Aneignung; Bachorski: Grosse; Schausten: Suche.

[66] Vgl. insbesondere die Arbeiten von Werner Röcke, u.a. ders.: Schreckensorte. Vgl. auch Albrecht Classen (Hg.): Meeting the Foreign in the Middle Ages. New York/London 2002; Wolfgang Harms und C. Stephen Jaeger (Hg.): Fremdes wahrnehmen – fremdes Wahrnehmen. Stuttgart 1997; Koulakiotis: Rhetoric; Florian Kragl: Die Weisheit des Fremden. Studien zur mittelalterlichen Alexandertradition, mit einem allgemeinen Teil zur Fremdheitswahrnehmung. Bern 2005; Marina Münkler: Erfahrung des Fremden. Die Beschreibung Ostasiens in den Augenzeugenberichten des 13. und 14. Jahrhunderts. Berlin 2000; Götz Pochat: Das Fremde im Mittelalter. Darstellung in Kunst und Literatur. Würzburg 1997; Wenzel: Antizipation; Wenzel: Hof.

[67] Röcke: Wahrheit, S. 87.

[68] Vgl. Schausten: Suche.

Raumentwurfs fassen: Durch das Setzen einer klassifikatorischen Grenze wird Fremdes von Eigenem unterschieden. Diese Unterscheidung reduziert die Beweglichkeit der Figuren; zugleich ist sie aber auch Voraussetzung für die Sujetbildung eines Textes. Narrative Sujets, so kann man aus Lotmans Theorien schließen, sind nur möglich, wenn im Text Konfrontation mit Fremde auftritt, d.h. mit einem anderen semantischen Feld, mit einem Raum, der nicht der eigene ist.

Nun kann die durch den Übertritt einer Figur in ein anderes semantisches Feld zum Handlungsort werdende Fremde in der mittelalterlichen Literatur sehr unterschiedlich gestaltet werden. Konfrontation mit Fremde kann zu Gewalt führen oder zu Ablehnung. Fremde Figuren und Räume können als hässlich und bedrohlich dargestellt werden oder als begehrenswert. Werner Röcke hat insbesondere für den späthöfischen Roman drei Strategien der Inszenierung von Fremde herausgearbeitet: erstens eine Ent-Übelung oder Positivierung der Fremde und der Fremden; zweitens die „‚Erfindung' neuer Welten in der und durch die Literarisierung und Narrativierung der Fremde" und drittens, insbesondere in späthöfischen Bearbeitungen des antiken Liebes- und Reiseromans, die Moralisierung der Fremde, bei der diese „zum Ort der Prüfung und der Bewährung von Romanhelden wird, die erst in der Fremde das Ziel ihrer Bestimmung finden".[69] Diese Strategien gehen einher mit einer „Verschiebung der Wunder der Fremde zur poetischen Faszination des Wunderbaren und zur Erfindung des Fremden".[70]

Welche Strategien entwickelt der *Apollonius*, um Fremde darzustellen, und welche Funktionen erfüllt sie innerhalb der Erzählung? Ihre Untersuchung kann auf unterschiedlichen Ebenen angesetzt werden. Im Folgenden werden zunächst intradiegetisch die Raumentwürfe als Ganzes in Bezug auf die Fremdedarstellung diskutiert. Zweitens werden als fremd gekennzeichnete Figuren- und Figurengruppen in ihrer Zuordnung zu und Verweisstruktur auf Räume und Orte in den Blick genommen, bevor abschließend die extradiegetische Ebene von Erzähler und impliziten Rezipienten behandelt wird.

Zunächst sind die Reiseaktivitäten des Apollonius vor allem in der Binnenhandlung mit dem Betreten und Durchqueren unbekannter Räume verbunden. Deren Fremdheit wird im Text anfänglich narrativ inszeniert durch Figurenberichte und *descriptiones* des Erzählers, welche die Räume vor ihrem Auftreten als Handlungsorte konturieren. In diesen Berichten findet sich auch die besonders gehäufte Beschreibung von *mirabilia*, die Werner Röcke als Charakteristikum der Fremdedarstellung im späthöfischen Roman

---

69 Röcke: Aneignung, S. 351f.
70 Ebda., S. 364.

beschreibt.[71] Tatsächlich werden viele dieser *mirabilia*, wie z.B. der Vogel Galadrius in der Galacides-Episode, zwar zuvor beschrieben, treten aber am Handlungsort Galacides selbst nicht in Erscheinung. Die wesentliche Ausnahme bildet das Goldene Tal, in dessen Raumentwurf *mirabilia* durchgängig eine prominente Rolle spielen. Diese narrativen Technik der vorausgehenden Beschreibung der noch unbekannten Räume dient einerseits dem Erwartungsaufbau, andererseits der Reduktion von Fremdheit, denn als Apollonius beispielsweise das Reich Galacides erstmalig betritt, weiß er genau, was ihn erwartet, und kann anhand der Beschreibungen und Handlungsanweisungen von Paldin und der Sirenenkönigin gezielt handeln. Er vermag sich also in diesem Raum zu bewegen, als ob er ihm gar nicht fremd wäre. Dass ein Mangel an solchen Informationen sinnvolles Handeln erschwert und damit die Gefahren des Reisens erhöht, wird gleich zu Beginn der Binnenerzählung inszeniert, in der auf Missverständnissen beruhenden Schlacht zwischen Apollonius' und Absolons Schiffen. Die vorausgehenden Erzählungen über unbekannte Räume und Figuren ermöglichen also eine differenzierte und zutreffendere Einschätzung derselben und damit auch gezielteres Raumhandeln.

Diese Strategie steht Apollonius im Falle der anderweltlichen Räume der Erzählung nicht zur Verfügung. Über Wabilonia ist bis auf Lagebeziehungen nichts bekannt, auch die Insel des Lachens und die Insel Henochs und Elias' tauchen ohne narrative Vorbereitung im Raum der Erzählung auf. Diese Räume sind so von Beginn an als nur bedingt für menschliche Figuren verfügbar markiert. Im Falle Wabilonias kann Apollonius den Raum zwar durchqueren und Informationen sammeln; bei Henoch und Elias verbleibt er dagegen außerhalb und kommuniziert mit ihnen über die Grenze hinweg. Die Insel des Lachens ist ihm gänzlich verschlossen und bleibt so völlig unbekannt und absolut fremd.

Werden dagegen die nicht-anderweltlichen unbekannten Räume der Binnenerzählung tatsächlich betreten und so zu Handlungsorten, dann erweisen sie sich schnell als alles andere als fremd. Sitten, Gebräuche und Sachkultur stimmen weitgehend mit denen von Apollonius' Herkunftsraum überein; auch Kommunikation ist unproblematisch möglich. Es scheint in der gesamten durchreisten Welt der Erzählung nur eine Sprache gesprochen zu werden.[72] Die Schnittmenge zwischen diesen neu erreisten Räumen und Apollonius' Herrschaftsraum ist also sehr hoch; Verständigung und Interaktion können ungestört stattfinden und gestalten sich durchgehend positiv. Dies liegt darin begründet, dass sie wie Apollonius' Herkunftsraum

---

71 Röcke: Wahrheit, S. 87ff.
72 Selbst mit Milgot und seinen Tieren kann Apollonius erfolgreich gestisch kommunizieren; dies gilt auch für den Panther, der Apollonius durch die *wuste* Romania trägt. In der Wildnis steht ihm der wilde Mann Pilagrus zur Seite und erklärt ihm die Regeln dieses fremd bleibenden Raumes.

nach einer feudalhöfischen Raumordnung organisiert sind, also gar nicht andere semantische Felder darstellen. Die klassifikatorischen Grenzen, die Apollonius überschreitet, haben sich in der Analyse als Teil der monströsen Raumordnung erwiesen, die auf der feudalhöfischen Raumordnung aufsattelt und diese pervertiert. Mit der Auflösung dieser klassifikatorischen Grenze fällt die Trennung der semantischen Felder weg; die Opposition eigen/fremd verschwindet und der neue Raum, der zunächst durch die störende monströse Raumordnung heterogen erschien, erweist sich als Teil der bekannten Raumordnung, der unproblematisch angeeignet werden kann.

Einen Mischfall zwischen anderweltlicher und feudalhöfischer Raumordnung stellt wie bereits beschrieben das Goldene Tal dar. Zwar konzentrieren sich in diesem Raum die meisten *mirabilia* des Textes; ihre Fremdartigkeit wird auch nicht endgültig aufgehoben. Diese fremden Elemente werden aber durch die dem Raum des Goldenen Tales zugehörige Figuren erläutert und gemäß eines der feudalhöfischen Raumordnung entsprechenden Wertesystems ausgedeutet. Tatsächlich fremd, d.h. einer anderen Raumordnung folgend, sind somit nur die anderweltlichen Räume und die monströsen Figuren zu klassifizieren. Letztere sollen nun genauer betrachtet werden.

Als anders und fremd gekennzeichnet werden neben den monströsen Figuren auch die schwarzen Figuren in der Montiplain-Episode, deren Darstellung und Funktion Monika Schausten differenziert aufgearbeitet hat.[73] Sie folgen ebenfalls den Regeln der feudalhöfischen Raumordnung und sind demnach nicht eigentlich fremd; ihre Hautfarbe wird im Text aber als ontologisches Differenzkriterium behandelt, das von Apollonius' Herrschaftshandeln nicht aufgehoben werden kann. So findet sich auch unter den Gästen des Hoftags in Antiochia kein Vertreter von Montiplain; stattdessen fordert der König Glorant von *Morlant* die Tafelrunderitter heraus und dupliziert damit den eigentlich schon gewonnenen Konflikt um diesen Raum. Auch wenn der Raum der schwarzen Figuren erfolgreich in Apollonius' Herrschaftsraum integriert werden kann; sie selbst bleiben als gleichwertige Vertreter dieses Raumes ausgeschlossen.

Vor allem die monströsen Figuren der Erzählung können als Vertreter einer zunächst absolut erscheinenden Fremdheit ausgemacht werden.[74] Die Gruppe der *monstra*[75] setzt sich erstens zusammen aus Figuren, deren

---

73 Vgl. Schausten: Suche, S. 64ff.
74 Vgl. zum Folgenden Egidi: Gegenweltliche.
75 Vgl. zur Darstellung und Funktion monströser Figuren im Mittelalter Bettina Bildhauer und Robert Mills (Hg.): The Monstrous Middle Ages. Cardiff 2003; Achim Geisenhanslüke und Georg Mein (Hg.): Monströse Ordnungen. Zur Typologie und Ästhetik des Anormalen. Bielefeld 2009; darin insbesondere Rasmus Overthun: Das Monströse und das Normale. Konstellationen einer Ästhetik des Monströsen. S. 43-81; Björn Reich, Gabriela Atunes und Carmen Stange (Hg.): Deformierte Körper. Die Wahrnehmung und das Andere im Mittelalter. Bd. 1. Göttingen 2012; Bd.

Beschreibung den Traditionen der Groteske folgt und damit typisch für die Darstellungstraditon fremder Wesen ist.[76] Hierzu zählen Achiron, Kolkan, Flata, Flegedin, Serpanta und Ydrogant. Zweitens werden im Erzählerbericht über das Umland des Goldenen Tales Völker erwähnt, die zur Gruppe der Erdrandbewohner in der mittelalterlichen kartographischen und enzyklopädischen Tradition zählen. Drittens treten in den als Wildnis entworfenen Räumen der Nemrott-Episode riesenhaft große Tiere auf, die wegen ihrer Größe als grotesk charakterisiert werden können, jedoch anders als die sonstigen *monstra* der Erzählung weder über Sprachfähigkeit noch Intelligenz zu verfügen scheinen. Auch ein wilder Mann und wilde Frauen finden sich in dieser Episode; während die Frauen Apollonius' feindlich gesinnt erscheinen, tritt der wilde Mann Pilagrus als Verbündeter von Apollonius in Erscheinung. Die Gruppe der wilden Menschen wird von Apollonius nicht bekämpft; sie ist Teil der Wildnis und verbleibt dort.

Viertens treten mit den Völkern Gog und Magog biblische Figuren auf, denen der Erzähler ein monströses Äußeres verleiht. Da dieser Gruppe und ihrer Beschreibung im Text heilsgeschichtliche Implikationen eignen, sollen sie im folgenden Kapitel genauer disktutiert werden.

Fünftens gehören Zentauren[77] und Sirenen[78] zum monströsen Personal des Romans. Die Traditionen ihrer Darstellung sind teilweise aus antiken Quellen übernommen, werden vom Erzähler aber deutlich umakzentuiert. Im Kontrast zu mittelalterlichen Wissensdiskursen und Erzähltraditionen wird die Sirene positiv inszeniert. Sie steht in dieser Episode für die höfische *minne*, nicht schrankenlose Lust, die ins Verderben führt. Ihr Volk ruft sogar den Gott Sabaoth an und wird damit in einen protochristlichen Kontext gestellt. Sie ist Herrscherin über das Meer. Ihr Handeln folgt der feudalhöfischen Raumordnung. Sie erscheint zwar äußerlich fremd, wird aber zur Verbündeten des Apollonius und stellt ihm wichtige Hinweise und Hilfsmittel zur Verfügung. Indem Apollonius sich in dieser Konfrontation auf die Seite der Sirenenkönigin stellt, bestätigt er noch einmal seine Rolle als Beschützer der Frauen und erhält ihre Erlaubnis, die Sirene als heraldisches Wappen zu tragen. Er kämpft somit im Zeichen der Sirene, die als Symbol für die weiblichen Figuren im Allgemeinen und die Minne im Besonderen refunktionalisiert wird.

---

2. Göttingen 2014; Verner: Epistemology; David Williams: Deformed Discourse. The Function of the Monster in Mediaeval Thought and Literature. Montreal et al. 1996.

76 Vgl. Röcke: Aneignung, S. 350.
77 Vgl. Andreas Kraß: Die Spur der Zentauren. Pferde- und Eselsmänner in der deutschen Literatur des Mittelalters. In: Tier im Text. Exemplarität und Allegorizität literarischer Lebewesen. Hg. v. Hans Jürgen Scheuer und Ulrike Vedder. Bern 2015. S. 81-96.
78 Vgl. Andreas Kraß: Meerjungfrauen. Geschichten einer unmöglichen Liebe. Frankfurt am Main 2010 (Fischer Wissenschaft); speziell zum *Apollonius* vgl. Ebenbauer: Sirene; Achnitz: Babylon, S. 283f.

Der Zentaur Achiron dagegen wird aufgrund des Versuchs, die Sirene zu vergewaltigen und ihre Töchter mit seinen Söhnen zwangszuverheiraten, in die Reihe derjenigen Gewaltherrscher eingeordnet, die sich durch transgressives Verhalten und Missbrauch weiblicher Figuren auszeichnen. Er wird klar negativ bewertet und folgerichtig von Apollonius vernichtet. Bei Piramort und Pliades wiederum, gegen die Apollonius in der Wabilonia-Episode kämpft, handelt es sich zwar ebenfalls um Zentauren, sie werden im Unterschied zu Achiron aber als schön, *myniklich* und höfisch in Ausstattung und Verhalten dargestellt. Als Herrscher im verfluchten Wabilonia stehen aber auch sie unter teuflischen Vorzeichen, und Apollonius zögert nicht, ihnen Gewalt anzutun, tötet sie allerdings nicht.

Neben einer solchen Einteilung nach Phänotyp respektive erzählerischen Traditionen können die monströsen Figuren des *Apollonius* auch anhand ihrer Familienzugehörigkeit gruppiert werden, denn abgesehen von den Völkern Gog, Magog und Kolk und den Wesen der Wildnis gehören alle *monstra*, gegen die Apollonius kämpft, einer einzigen Familie an, die sich in folgendem Stammbaum darstellen lässt:

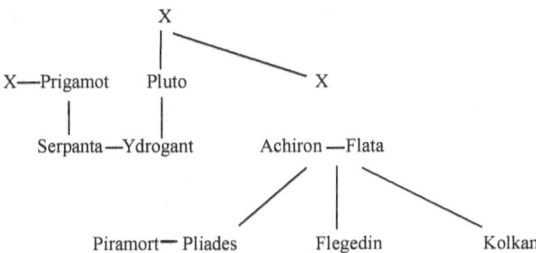

Diese Familienzugehörigkeit wird teilweise von über sie berichtenden Personen, immer aber auch von den *monstra* selbst betont, und so ergibt sich nach und nach eine kohärente Genealogie, die in mehrerlei Hinsicht bemerkenswert ist. Erstens bindet sie über Pluto, der im *Apollonius* ein Wassergott, nicht der Gott der Unterwelt ist, die *monstra* an das göttliche Pantheon an. Dies erklärt die besonderen Fähigkeiten von Flegedin, der übers Wasser laufen kann, und Ydrogant, dessen magische Krüge Regenstürme heraufbeschwören. Die Verbindung schlägt sich auch in der Namensgebung nieder: Achiron erinnert an den Unterweltsfluss Acheron, Flegedin an den Phlegeton; Ydrogant trägt das Wasser im Namen.

Zweitens stellt diese familiäre Zusammengehörigkeit die scheinbare Kontingenz der Angriffe und Eroberungen durch monströse Figuren in Frage. Apollonius kämpft im Verlauf des Romans nicht gegen eine Abfolge von zufälligen Gegnern, sondern gegen eine einzelne Familie, deren

Oberhaupt unbekannt bleibt, die aber durchgängig als teuflisch beschrieben wird.[79] Dieser Eindruck einer die *monstra* steuernden Teleologie wird verstärkt durch die vielfältigen Prophezeiungen, die an unterschiedlichen Stellen der Erzählung Apollonius' Sieg voraussagen. Sie werden nicht nur von Albedacus in der Warcilone-Episode, sondern auch wiederholt von den *monstra* selbst ausgesprochen. Apollonius' Kämpfe gegen die *monstra* werden als in Ablauf und Ausgang prädestiniert dargestellt, als sei es die Aufgabe der monströsen Figuren, gegen Apollonius zu kämpfen und dabei zu versagen.

Drittens bleibt das Auftauchen von *monstra* in den Einzelepisoden fast immer unerklärt; die anderen Figuren wissen nicht, woher Kolkan und Flata, Achiron, Flegedin, Ydrogant und Serpanta ursprünglich kommen und warum sie menschliche Reiche angreifen. Dies ist nicht ungewöhnlich in der höfischen Literatur und gilt beispielsweise auch für die Binnenâventiuren des *Daniel von dem blühenden Tal*.[80] Es ist geradezu ein Teil der dämonischen Schreckensnatur dieser Figuren, dass ihr Ursprungsort unbekannt bleibt. Durch die Rückführbarkeit aller monströsen Figuren auf ein Familienoberhaupt kann aber davon ausgegangen werden, dass sie einen Herkunftsraum teilen. In der Erzählung wird dieser Punkt nicht endgültig geklärt; der Auftritt von Pliades und Piramort im *palaß* von Wabilonia macht diesen Ort aber zu ihrem wahrscheinlichen Herkunftsraum, insofern er als von *monstra* beherrscht und für Menschen unbewohnbar dargestellt wird. Piramort und Pliades, die in ihrem *palaß* Schach spielen, könnten in diesem Fall interpretiert werden als die Vertreter einer weltumspannenden Familie, die in Konkurrenz zum universalen Herrschaftsanspruch von Apollonius' Geschlecht steht. Dieser wird ebenfalls durch ein Paar vertreten, nämlich Athanagoras und Tarsia, die in ihrer Hochzeitsnacht „Schach" spielen.[81] Die mit dem nichtchristlichen, monströsen Wabilonia verknüpften Figuren stehen dergestalt gegen die protochristlichen, menschlichen Figuren, die zunächst mit dem Herrschaftsraum Antiochia, in Folge aber mit Jerusalem und Rom verbunden werden. Diese Konstellation von Babylon und Jerusalem hat eine lange theologische Tradition und soll im folgenden Kapitel genauer diskutiert werden.

Neben der Möglichkeit der Gruppenzuordnung gemäß der körperlichen Beschreibungen oder der Familienzugehörigkeit gibt es noch eine weitere Option, die monströsen Figuren zu kategorisieren: Sie zeigen fast durchgängig ein spezifisches Herrschaftsverhalten, das sich durch räumliche Transgression, die Isolation von Reichen, die Unterdrückung von

---

79 Vgl. auch Herweg: Wege, der die *monstra* als „aktive Agenten der (Un-)Heilsgeschichte" beschreibt (ebda., S. 162).
80 Stricker: Daniel; vgl. hierzu auch Braun: Monstra.
81 Vgl. Egidi: Gegenweltliche, S. 186ff.

Öffentlichkeit und die Pervertierung feudalhöfischen Verhaltens auszeichnet und somit den Regeln der monströsen Raumordnung folgt. Bei fast allen männlichen *monstra* geht dieses Verhalten einher mit sexueller Gewalt gegen Frauen.[82] Diesen Verhaltenskatalog teilen die *monstra* mit den im Text auftretenden menschlichen Gewaltherrschern, angefangen bei Antiochus.[83] Es lässt sich gemäß dieser Kategorisierung folglich keine klare Dichotomie zwischen menschlichen und monströsen Figuren aufbauen; sie tut sich vielmehr zwischen rechtem und unrechtem Herrscherverhalten auf. Diese Kontinuität des Verhaltens zwischen *monstra* und Menschen folgt in der Erzählung einer eskalativen Struktur: Antiochus begehrt und vergewaltigt seine eigene Tochter und dringt dafür in den Raum ihres *cubiculum* ein; Kaiser Ejectas begehrt Clara und dringt, um sie zu erobern, in den Raum des Reiches Warcilone ein; Kolkan erobert ebenfalls Galacides, vergewaltigt nun aber bereits 600 Jungfrauen und hält sie auf seiner Burg gefangen; Glorant, der am Schluss des Romans in der Antiochia-Episode auftritt, vergewaltigt alle erreichbaren Jungfrauen und zwingt sie anschließend zu niederer Lohnarbeit.

Die *monstra* stehen also keinesfalls allein in ihrem monströsen Verhalten; anders als bei den menschlichen Figuren werden aber ihr körperliches Aussehen und ihr verwerfliches Verhalten als kongruent hässlich beschrieben. Insofern folgt ihre Darstellung dem, was Overthun als die „interpellatorische Semiotik des monströsen Körpers, der auf etwas Anderes verweist",[84] beschreibt. Die abstoßende Hässlichkeit macht die Monströsität jener menschlichen Herrscher sichtbar, die ihr Verhalten teilen.[85] Die *monstra* dienen also auch dazu, eine Verweisstruktur in den Text einzuziehen, die Apollonius' Verhalten legitimiert und die Gewaltherrscher des Romans noch deutlicher ins Unrecht setzt.

Auf diese Weise werden Fremdheitseffekte, falsches Herrschaftsverhalten und die monströse Raumordnung, die Binnengrenzen in den Raum einzieht und freie Interaktion gemäß der feudalhöfischen Raumordnung unterbindet, im Text verknüpft. Monströse und menschliche Gewaltherrscher erhalten die räumliche Funktion illegitimer klassifikatorischer Grenzen. Legitime, also der feudalhöfischen Raumordnung folgende Herrschaft, drückt sich in der Beseitigung dieser Grenzen und der Erzeugung eines homogenen, universalen Herrschaftsraumes aus. Anders als Werner Röcke und

---

82 Dies ist der einzige erkennbare Unterschied zwischen den männlichen und weiblichen *monstra*, die ansonsten in Kampfkraft und Verhalten äquivalent geschildert werden.
83 Vgl. hierzu Albrecht Classen: Die Freude am Exotischen als literarisches Phänomen des Spätmittelalters. Heinrichs von Neustadt *Apollonius von Tyrland*. In: Wirkendes Wort 54 (2004). S. 23–46; Egidi: Gegenweltliche; Kiening: Apollonius.
84 Overthun: Monströse, S. 44.
85 Dies gleicht der Funktion der *monstra* in den Binnen*âventiuren* des *Daniel von dem blühenden Tal*, vgl. Braun: Monstra.

andere dies für den späthöfischen Roman beobachtet haben, kann im *Apollonius* also von einer Positivierung der Fremde nur in Einzelfällen die Rede sein. Selbst das Goldene Tal mit seinen *mirabilia* wird nachträglich in Frage gestellt und entwertet. Fremdeeffekte haben stattdessen primär die Funktion, semiotisch auf Störungen der Herrschaft zu verweisen und diese als konkurrierende Raumordnung im Raumentwurf des Textes narrativ zu inszenieren. Somit zielt der Text nicht eigentlich auf die Ausstellung und Akkumulation dieser fremden Elemente, sondern auf ihre systematische Beseitigung oder wenigstens ihren Ausschluss aus dem feudalhöfischen Raum.

Diese Verhandlungen zwischen Fremdem und Eigenem sind nicht zuletzt auch auf der Ebene der impliziten Rezipienten auszumachen. Die Analyse des ersten Teils der Rahmenerzählung hat vielfältige Beispiele dafür ergeben, wie der Erzähler die fremden Räume und Sitten der Erzählvorlage nicht nur dem soziokulturellen Produktionskontext angleicht, sondern auch immer wieder seinen Rezipienten erläutert – dies gilt für die ‚heidnische' Gewohnheit des Rätsellösens ebenso wie für die Tempel Dianas und Machmetts in Tarsis. In der Binnenerzählung wird auch Apollonius mit ihm unbekannten Räumen und Orten konfrontiert und erhält ebensolche Erläuterungen auf der Figurenebene. Im zweiten Teil der Rahmenerzählung dagegen greift der Erzähler weit stärker transformierend in seine Vorlage ein und assimiliert diese gemäß dem Erwartungshorizont seiner Rezipienten. Tarsis wird nun nicht länger als Stadt mit fremden Orten und Gewohnheiten beschrieben, sondern erhält selbstverständlich einen Bürgerrat und einen Burgvogt, der mit dem christlichen Namen Lucas versehen ist. So verringert sich auch auf Rezipientenebene die Konfrontation mit Fremdheit; der Raum der Erzählwelt wird dem eigenen Weltwissen stärker angenähert. Mit den Leerstellen[86] Rom und Jerusalem ist es den Rezipienten schließlich möglich, den Raum der Erzählung an den eigenen Erfahrungsraum anzuschließen und selbständig zu imaginieren. Wie Apollonius' Herrschaftshandeln klassifikatorische Grenzen beseitigt und damit die Dichotomie zwischen Innen und Außen aufhebt, so fungieren diese Toponyme als Scharniere, die die Grenze zwischen Erzählwelt und textexterner Welt durchlässig und damit den Raum der Erzählung anschlussfähig machen an das Eigene der Rezipierenden.

4.4 Raum und Heil

Wolfgang Achnitz hat in seiner Studie *Babylon und Jerusalem* den Weg der Apolloniusfigur zum christlichen Heil als wesentliches Thema des

---

86 Ich verwende den Begriff hier im Sinne Isers (vgl. Iser: Wirklichkeit).

Apollonius ausgemacht. Dieser Weg drücke sich räumlich als Reise zunächst in den äußersten Westen (Galacides) und dann Osten (Goldenes Tal bei Indien) aus, um nach der Absage an die falschen *mirabilia* des Goldenen Tales in der Mitte der Welt (Jerusalem) und der Konversion zum christlichen Glauben anzukommen. Damit bewegt sich Apollonius ihm zufolge in zwei dichotomischen religiösen Systemen, von denen das eine im Text als falsch und teuflisch entlarvt werde, das andere dagegen am Ende als das des wahren Gottes zum tatsächlichen Heil führe. Dieser Interpretationsansatz führt bei Achnitz zu einer durchgehend negativen Bewertung der nichtmenschlichen Figuren und *mirabilia*, denen Apollonius auf seinen Reisen begegnet.[87] Er sieht ebenfalls eine Verknüpfung zwischen diesem teuflischen religiösen System und den negativ gezeichneten Herrscherfiguren im Text, was sich u.a. in heraldischen Zeichen ausdrücke.

Achnitz' Beobachtung konkurrierender religiöser Systeme in der Erzählung bietet einen wesentlichen Schlüssel zur Interpretation des *Apollonius*. Die Ergebnisse der vorangehenden Analyse haben jedoch erbracht, dass im Roman statt einer dichotomischen Struktur eher eine triadische auszumachen ist, also der von Achnitz herausgearbeitete „Antagonismus zwischen heidnisch-antiker Teufelswelt und christlicher Heilsgeschichte"[88] weiter zu differenzieren ist.

Neben der christlichen Heilsgeschichte, innerhalb derer Apollonius am Ende des Romans einen festen Platz als Diener Gottes und damit die Kaiserwürde in Rom erhält, und der als teuflisch charakterisierten Gruppe, der die beschriebene monströse Geschlechterfolge und die Völker Gog und Magog angehören, und die über eine komplexe Verweisstruktur mit der Gruppe menschlicher Gewaltherrscher verknüpft wird, existiert eine weitere Gruppe im Text, die zwar nichtchristlich ist, keinesfalls aber als dämonisch oder teuflisch dargestellt wird. Diese dritte Gruppe ist zahlenmäßig die bei weitem größte im Text; ihr gehören neben Apollonius und seiner Familie auch alle anderen positiv gezeichneten Figuren der Erzählung bis zur finalen Konversion an. Sie verhalten sich gemäß der feudalhöfischen Raumordnung und exemplifizieren ritterliche und höfische Ideale auf eine Weise, die den zeitgenössischen Rezipienten Heinrichs stark angenähert ist. Zugleich aber werden diese Figuren als gläubige Diener eines polytheistischen Pantheons dargestellt. Bevor das komplexe Verhältnis der ‚heidnischen' und christlichen religiösen Systeme genauer in den Blick genommen wird, soll zunächst die eschatologische Verweisstruktur des Textes noch

---

[87] So bezeichnet er Apollonius' Unterstützung der Sirene gegen Achiron als eine Zuwendung zu „dem kleineren von zwei Übeln" (vgl. Achnitz: Babylon, S. 284).
[88] Ebda., S. 283.

einmal herausgearbeitet und diskutiert werden, wie sich das heilsgeschichtliche Narrativ des Romans in seinen Raumentwürfen ausprägt.

Die Analyse der Räume und Orte des *Apollonius* hat ergeben, dass vom Auftreten der Völker Gog und Magog zum Beginn der Binnenerzählung an, über Apollonius' Reise nach Wabilonia bis schließlich zu seinem Zusammentreffen mit Elias und Henoch die Binnenerzählung angereichert ist mit einer Bedeutungsebene, die auf eschatologische Erzählzusammenhänge Bezug nimmt. Seine genaue Kenntnis dieser *eschata* zeigt Heinrich von Neustadt auch in seiner Bearbeitung des *Anticlaudianus, Von Gottes Zukunft*, einer allegorisch-eschatologischen Schrift.[89] Anders als in dieser streng geordneten Erzählung, die linear die Ereignisse von der Geburt Christi bis zum Jüngsten Tag erzählt, refunktionalisiert er im *Apollonius* diesen eschatologischen Diskurs aber im Dienste eines anderen Erzählinteresses; er verknüpft ihn mit dem Alexanderstoff, den politischen Diskursen seiner Zeit und enzyklopädischen Traditionen. Diese narrative Strategie soll zunächst am Beispiel der Völker Gog und Magog noch einmal dargestellt werden, bevor die Zusammenhänge von *eschata* und narrativen Raumentwürfen genauer diskutiert wird.

Gog und Magog spielen in der mittelalterlichen Imagination eine bedeutsame Rolle und sind fest in historischen, theologischen und vor allem eschatologisch-apokalyptischen Diskursen verankert.[90] Die Kenntnis dieser

---

89 Hg. v. Samuel Singer in einer Ausgabe mit dem *Apollonius*. Die wichtigste Quelle für die Schrift ist Alanus' ab Insulis *Anticlaudianus*, auf den er sich als Quelle explizit beruft; vgl. auch Kap. 3.0 dieser Arbeit sowie Meinolf Schumacher: Gemalte Himmelsfreuden im Weltgericht. Zur Intermedialität der letzten Dinge bei Heinrich von Neustadt. In: Ästhetische Transgressionen. Festschrift für Ulrich Ernst zum 60. Geburtstag. Hg. v. Michael Scheffel, Silke Grothues und Ruth Sassenhausen. Trier 2006. S. 55-80; Peter Dinzelbacher: Eschatologie bei Heinrich von Neustadt. In: Wirtschaft – Gesellschaft – Mentalitäten im Mittelalter. Festschrift zum 75. Geburtstag von Rolf Sprandel. Hg. v. Hans-Peter Baum. Stuttgart 2006 (Beiträge zur Wirtschafts- und Sozialgeschichte, Bd. 107). S. 643-658; Huber: Aufnahme.

90 Grundsätzlich zu Gog und Magog vgl. Andres Runni Anderson: Alexander's Gate, Gog and Magog, and the Inclosed Nations. Cambridge 1932; Helmut J. Brall-Tuchel: Die Heerscharen des Antichrist. Gog und Magog in der deutschen Literatur des Mittelalters. In: Endzeitvorstellungen. Hg. v. Barbara Haupt. Düsseldorf 2001 (Studia humaniora, Bd. 33). S. 197-228; W. P. Gerritsen: Gog und Magog in Medieval and Early Modern Western Tradition. In: Gog and Magog. The Clans of Chaos in World Literature. Hg. v. A. A. Seyed-Gohrab et al. Amsterdam/West Lafayette, IN 2007. S. 9-22; Andrew C. Gow: Kartenrand, Gesellschaftsrand, Geschichtsrand. Die legendären *iudei clausi/inclusi* auf mittelalterlichen und frühneuzeitlichen Weltkarten. In: Fördern und Bewahren. Studien zur europäischen Kulturgeschichte der Frühen Neuzeit. Hg. v. Helwig Schmidt-Glinzer. Wiesbaden 1996. S. 137-155; Wolfgang Kottinger: Art.: „Gog und Magog". In: Enzyklopädie des Märchens. Handwörterbuch zur historischen und vergleichenden Erzählforschung. Bd. 5. Hg. v. Kurt Ranke et al. Berlin et al. 1987. Sp. 1348-1353; Hartmut Zapp: Art.: „Gog und Magog". In: Lexikon für Theologie und Kirche. Bd. 4. Hg. v. Walter Kapser mit Konrad Baumgartner et al. Freiburg et al. 1995. Sp. 818f.

Völker hat biblischen Ursprung,[91] wird aber von den Kirchenvätern und auch Chronisten weiter entwickelt und in Folge immer wieder mit historischen Volksgruppen in Verbindung gebracht.[92] Der chronikalen Überlieferung nach wurden sie von Alexander dem Großen besiegt und hinter den kaspischen Pforten eingeschlossen.[93] Heilsgeschichtlich spielen die Völker eine Rolle in der Antichrist-Tradition, denn sie werden von diesem Endzeitgegner befreit und kämpfen gegen die Christenheit:

> Dem Ansturm der widerchristlichen Völkerscharen geht in der Apokalypse des Neuen Testaments die Entfesselung Satans voraus. Der befreite Gegenspieler Gottes bedient sich Gogs und Magogs und führt sie dem gemeinschaftlichen Untergang entgegen.[94]

Die Erzählungen von den Völkern Gog und Magog gelten dem Mittelalter also als biblische und damit heilsgeschichtliche Wahrheit. Zugleich bedürfen die Versatzstücke dieser Legende der Deutung und damit narrativer Ausgestaltung. Diese speist sich aus dem jeweiligen soziokulturellen Deutungskontext.[95] In *Von Gottes Zukunft* entfaltet auch Heinrich von Neustadt die Erzählung vom Antichrist, dem Endkaiser und den Völkern Gog und Magog narrativ. Der *ende crist* (Gottes Zukunft, V. 5023) wird als Antitypus zu Christus entworfen, der in Babylon geboren wird, sich als wiedergekehrter Messias ausgibt und den Tempel von Jerusalem wieder aufbaut. Helyas und Enoch treten als Prediger gegen seine Lügen auf (Gottes Zukunft, V. 5502), woraufhin der *ende crist* nach den Völkern Gog und Magog, den Amazonen und nach den roten Juden sendet (Gottes Zukunft, V. 5540), die für ihn kämpfen sollen.[96] Helyas und Enoch führen das Christenheer gegen die feindlichen Völker an; sie werden erschlagen und gen Himmel geführt

---

91 In Ezechiel 38-39 ist Gog der Fürst von Mesech und Tubal und wohnt im Lande Magog. Magog wird in der Völkertafel der Genesis unter den Söhnen Japheths angeführt (1. Mos 10.2). In Offb. 20.8 sind Gog und Magog zwei Völker, die am Jüngsten Tag von Satan befreit werden und Verheerung anrichten. Diese eschatologische Tradition ist überaus wirkmächtig für das mittelalterliche Denken geworden.

92 So werden sie mit den Skythen und Hunnen identifiziert (vgl. Gow: Kartenrand). Besonders interessant ist ihre Verknüpfung mit der Legende der roten Juden im Verlauf des 14. Jahrhunderts (vgl. ebda.). In *Von Gottes Zukunft* bezeichnet Heinrich die Völker als Juden, nicht jedoch im *Apollonius*. Hier ist die häufige Identifikation mit den Mongolen von besonderer Bedeutung (vgl. Anja Augustin: „Norden, Suden, Osten, Wester". Länder und Bewohner der Heidenwelt in deutschen Romanen und Epen des 12. bis 14. Jahrhunderts. *Rolandslied, Herzog Ernst, Parzival, Willehalm, Reinfried von Braunschweig, Wilhelm von Österreich*. 2 Bde. Dissertationsschrift, elektronisch veröffentlicht 2014: https://opus.bibliothek.uni-wuerzburg.de/frontdoor/index/index/docId/10914; letzter Zugriff: 16.07.2018. S. 688ff.); er nennt sie an einer Stelle außerdem *sarazenen* (A V. 3799).

93 Vgl. Gow: Kartenrand.

94 Brall-Tuchel: Heerscharen, S. 204.

95 Brall-Tuchel zeigt in seinem Aufsatz zu den Völkern, dass die „Arbeit an dieser Legende in ihren jeweiligen historischen Kontexten in engem Zusammenhang mit der Funktionalität apokalyptischer Vorstellungen für die Konstruktion der kulturellen und sozialen Wirklichkeit" stand (ebda., S. 202).

96 Vgl. auch Gottes Zukunft, V. 5806-5898 für eine ausführlichere Beschreibung.

(Gottes Zukunft, V. 5898). Heinrich von Neustadt ist sich also der eschatologischen Dimension der Völker Gog und Magog und ihrer thematische Verknüpfung mit Henoch und Elias sehr bewusst. Daraus kann geschlussfolgert werden, dass es sich bei der Warcilone-Episode um eine bewusste Gestaltung der Stofftradition handelt, die aus kompositorischen Gründen von den die Völker Gog und Magog betreffenden Traditionen abweicht. In Bezug auf die Warcilone-Episode im *Apollonius* hat Achnitz festgestellt, mit dem Auftreten von Gog und Magog trete

> Apollonius in die christliche Heilsgeschichte ein, wobei für den Rezipienten offenbleibt, ob dies an deren Anfang oder an deren Ende geschieht, und ob der Held damit den Platz Alexanders einnimmt, der Gog und Magog einst im Kaukasus einsperrte, oder ob er die Wiederkehr dieser Völker und damit das drohende Weltende abwendet.[97]

Folgt man den Textsignalen, so ergibt sich für die Frage des Bezugs auf Anfang oder Ende der Heilsgeschichte ein klarer Befund des ‚weder noch', der aber dennoch den heilsgeschichtlichen Kontext als Interpretationsrahmen aufruft. Direkt vor der Warcilone-Episode, in der er gegen die Völker antritt, wird Apollonius explizit mit Alexander verglichen.[98] Dieser Vergleich spielt den König als Referenzfigur ein und damit seine Kämpfe gegen die Völker Gog und Magog.[99] Er macht aber auch deutlich, dass Apollonius hier nicht als Substitution des Alexander dienen kann, da dieser in der textinternen Chronologie ja als Verweisfigur bereits existiert.

Umgekehrt vernichtet Apollonius die Völker Gog, Magog und Kolk zwar vollständig bis auf ihren Kaiser, dies geschieht jedoch, wie die erst gegen Ende des Romans explizit gemachten heilsgeschichtlichen Bezüge verdeutlichen, um Christi Tod herum, also innerhalb der heilsgeschichtlichen Chronologie zum falschen Zeitpunkt. Darüber hinaus trifft Apollonius selbst gegen Ende der Binnenhandlung auf die Propheten Henoch und Elias, die ihn um Neuigkeiten über Jesus Christus bitten, dessen Geburt prophezeit ist (A V. 14835-14851). Sie beschreiben selbst ihre Rolle: *An dem jungisten tage | Sull wir Gotes kempfer sein* (A V. 14833f.). Damit ist deutlich, dass die Endzeit noch nicht angebrochen sein kann, als Apollonius 10.000 Verse zuvor gegen die Völker Gog und Magog kämpft.

Neben dem historischen Verweis auf Alexander und dem Bezug auf die kommende Endzeit bestimmen auch literarische Traditionen[100] und politisch-militärische Ereignisse aus Heinrichs Gegenwart die Inszenierung von

---

97 Achnitz: Babylon, S. 279.
98 Der kunig Alexander | Gestreyt nie so herten streyt | Als sy stritten pey der zeyt. (A V. 3239ff.)
99 Vgl. Gow: Kartenrand; Brall-Tuchel: Heerscharen.
100 Allen voran Wolframs von Eschenbach *Willehalm*, in welchem die eindeutig als ‚heidnisch' gekennzeichneten Feinde ebenfalls als mit hörnerner Haut versehen und so unverletzlich geschildert werden und durch Tiervergleiche entmenschlicht werden (vgl. Wolfram von Eschenbach: Willehalm V. 351,15ff.).

Gog und Magog. Die in den Beschreibungen des Aussehens und der Sitten gegebenen Informationen über Gog und Magog erinnern deutlich an historische Mongolendarstellungen.[101] In dieser Tradition stehen auch die Beschreibung ihrer Köpfe als hundsartig,[102] ihre unschönen Stimmen[103] sowie ihre Diät, die aus Menschen-, Hunds- und Wolfsfleisch sowie Pferdemilch besteht.[104] In diesem Kontext lässt sich auch die Unfähigkeit der Völker, im Weinkonsum die nötige *mâze* zu halten, erklären, denn die Mongolen produzieren nach Plano Carpini und Simon von St. Quentin keinen Wein, trinken ihn aber bevorzugt und ohne Mäßigung.[105] Die Darstellung der Völker Gog und Magog im *Apollonius* scheint also an die Traditionen des westlichen Mongolenbildes angelehnt zu sein. 1242 waren die Mongolen bis zur Wiener Neustadt, Heinrichs Herkunftsort, vorgestoßen; die Bedrohung durch mongolische Völker gehört also zur jüngeren Geschichte des Produktionsortes des *Apollonius*. Allerdings wird die Assoziation von Gog und Magog mit den Mongolen im *Apollonius* an keiner Stelle ganz explizit gemacht, namentlich identifiziert werden sie stattdessen mit den Sarazenen (A V. 3799), die im geopolitischen Kontext von Barcelona, den Königreichen Aragón und Katalonien eine bedeutende historische Rolle spielten.

Der Auftritt der Völker Gog und Magog sendet also einerseits ein eschatologisches Signal, das den Roman vom Beginn der Binnenerzählung an in den Kontext christlicher Heilsgeschichte stellt, verknüpft ihn aber gleichzeitig mit der antiken Geschichte Alexanders des Großen sowie der jüngeren europäischen Geschichte, ohne diese Verknüpfungen engzuzurren. Der *Apollonius* wird so eingebunden in ein Netz aus Verweisstrukturen, die Signalwirkungen haben, sich aber nicht präzise zuordnen lassen.[106] Der narrative Effekt dieser Strategie ist ein Bedeutungs-*surplus* des *Apollonius*, das sich aus vielen Diskursen speist, diese aber zugleich nicht recht eigentlich bedient. Gegenwart, Vergangenheit und eschatologische Zukunft werden zusammengebunden; die Apolloniusfigur wird in Analogie zur (Heils-)Geschichte und literarischen Traditionen mit historischer, militärisch-politischer und eschatologischer Relevanz aufgeladen, ohne dass einer spezifischen Tradition oder Stoffvorlage gefolgt wird.

Räumlich werden die Völker Gog und Magog hier zunächst mit dem äußersten Westen des Erzählraumes verknüpft; sie werden ein zweites Mal im Kontext des Goldenen Tales erwähnt, in dessen umliegenden Bergen sie

---

101 Vgl. Augustin: Norden, S. 690; vgl. auch Felicitas Schmieder: Europa und die Fremden. Die Mongolen im Urteil des Abendlandes vom 13. bis in das 15. Jahrhundert. Sigmaringen 1994.
102 Die u.a. mit einer falschen Etymologie des Großchans oder Cans als großem Hund zusammenhängt (Augustin: Norden, S. 690).
103 Ebda.
104 Ebda., S. 691; vgl. auch Tomasek/Walther: Gens, S. 266; Schmieder: Europa, S. 225f.
105 Vgl. Augustin: Norden, S. 692; Schmieder: Europa, S. 226.
106 Vgl. hierzu auch Herweg: Wege, S. 160ff.

verschlossen seien. Implizit werden sie ebenfalls mit dem Auftritt der Propheten Henoch und Elias am Ende der Binnenerzählung noch einmal aufgerufen. Der Bezug auf den endzeitlichen Kampf gegen die Völker rahmt die Binnenerzählung also nicht nur aufgrund ihrer *ordo narrandi*, sondern auch räumlich – Gog und Magog treten im äußersten Westen und im äußersten Osten des erzählten Raumes auf.

Als zweiter Ort mit zentralen eschatologischen Bezügen ist Wabilonia zu nennen; die biblischen Kontexte dieses Ortes sind in Kap. 3.3.4.6 aufgearbeitet worden. Die Stadt Babylon gilt in *Gottes Zukunft* und in der eschatologischen Tradition des mittelalterlichen Denkens generell als Geburtsort des Antichristen, der von dort aus nach Jerusalem zieht.[107] Ein Antichrist tritt im *Apollonius* nicht direkt in Erscheinung, wohl aber eine Familie von *monstra*, deren Oberhaupt unbekannt bleibt und die sich durch wiederholtes invasorisches Eindringen in die Reiche der Menschen auszeichnet. Babylon wird in den theologischen Diskursen des Mittelalters vielfach symbolisch aufgeladen als Hauptstadt der *civitas terrena*,[108] die gegen die Hauptstadt der *civitas Dei*, Jerusalem, im Widerstreit steht.[109] Zum Zeitpunkt seiner Reise nach Wabilonia ist Apollonius weder Christ noch König von Jerusalem; beides wird er erst am Ende der Erzählung. Dennoch tritt er mit den Herrschern des verfluchten Wabilonias in Widerstreit[110] und entreißt ihnen ein Schachspiel, das symbolisch für den Herrschaftsanspruch steht, den sowohl die monströse Familie als auch Apollonius und sein Geschlecht auf die Welt der Menschen erheben.

Diese Szene lädt dazu ein, auch die in anderen Episoden auftretenden monströsen Figuren als Verweise auf eine mögliche eschatologische Deutungsebene hin zu lesen, wie Achnitz es unternimmt. An einer solchen Lesart sind drei Aspekte von besonderem Interesse: Erstens wird Apollonius' Sieg über die *monstra* im Text wiederholt durch Weissagungen vorweggenommen. Die monströsen Figuren stehen somit nicht für die Gefahr eines

---

107 Vgl. Horst-Dieter Rauh: Das Bild des Antichrist im Mittelalter. Von Tyconius zum Deutschen Symbolismus. Münster 1979; Brall: Heerscharen; Max Kerner (Hg.): Ideologie und Herrschaft im Mittelalter. Darmstadt 1982; Hans-Peter Kursawa: Antichristsage, Weltende und Jüngstes Gericht in mittelalterlicher deutscher Dichtung. Analyse der Endzeiterwartung bei Frau Ava bis zum Parusiegedicht Heinrichs von Neustadt vor dem Horizont mittelalterlicher Apokalyptik. Diss. (masch.) Köln 1976; Michael Tilly et al. (Hg.): L'adversaire de Dieu. 6. Symposium Strasbourg, Tübingen, Uppsala, 27.-29. Juni 2013 in Tübingen. Tübingen 2016.
108 Vgl. Haas: Rezeption; Achnitz: Babylon, S. 5.
109 Vgl. hierzu: Aurelius Augustinus: *De civitate Dei*. Hg., übers. und kommentiert v. P. G. Walsh. Oxford 2013; Wolf-Dieter Hauschild: Lehrbuch der Kirchen- und Dogmengeschichte. Bd. 1. Alte Kirche und Mittelalter. Zweite, durchgesehene und erweiterte Auflage. Gütersloh 2000. S. 252ff.; Michael Alban Grimm: Lebensraum in Gottes Stadt. Jerusalem als Symbolsystem der Eschatologie. Münster 2007.
110 Vgl. Herweg: Wege, der diesen „Kampf der zwei Staaten, aus denen am Ende des Romans eine *civitas permixta* hervorgeht", als roten Faden des Romans ausmacht (ebda., S. 162 u. ff.).

4.4 Raum und Heil

Siegs der *civitas terrena*, sondern sie verweisen auf einen im Hintergrund ablaufenden Kampf um das Heil, der letztlich immer zugunsten Gottes entschieden wird.

Zweitens verliert Apollonius auf der Flucht aus Wabilonia einen Turm seines Schachspiels. Dieser ist nach den mittelalterlichen Schachregeln die beweglichste Figur des Spieles. Seine Hauptaufgabe besteht darin, den König ins Matt zu setzen. Zugleich lässt er Piramort und Pliades lebendig in Wabilonia zurück, wo sie weiterhin über eine Heerschar von Zentauren und Drachen befehligen. Auch wenn in der Erzählung die monströsen Figuren scheinbar gänzlich aus der Welt der menschlichen Figuren herausgedrängt werden, verweist die Passage darauf, dass diese räumliche Ausgrenzung nicht dauerhaft sein wird. Dies kann evtl. auch als Hinweis auf das Kommen des Antichristen verstanden werden.

Drittens ist hervorzuheben, dass es sich bei der Gruppe der gegen die Vertreter der *civitas terrena* kämpfenden Figuren keinesfalls um Christen, sondern um das noch nicht zum Christentum konvertierte Personal des Romans handelt. Dieser Aspekt soll im Folgenden genauer diskutiert werden.

Wie im Antikenroman üblich ist das Personal des *Apollonius* bis zu den letzten Versen der Erzählung ein nichtchristliches. Die Analyse des ersten Teils der Rahmenerzählung hat ergeben, dass sich der Erzähler wiederholt auf diesen Sachverhalt bezieht, ihn kommentiert und sich teilweise auch distanziert. Anders als dies bei den meisten Antikenromanen der Fall ist,[111] reagiert Heinrich auf den ‚heidnischen' Stoff aber nicht, indem er die polytheistischen Bezüge so weit wie möglich tilgt, was im Falle der *Historia* unproblematisch möglich wäre,[112] sondern er fügt vielfältige Verweise auf das nichtchristliche Pantheon des Romans hinzu und lässt in der Binnenerzählung göttliche Figuren wiederholt handelnd auftreten, wie Venus im Goldenen Tal[113] oder das Götterheer in der Klebmeer-Episode.[114]

Besonders wichtig ist in diesem Zusammenhang der Wahrsager Albedacus mit seiner umfassenden Prophezeiung. Apollonius reagiert komplex

---

111 Vgl. z.B. für den *Eneasroman* Marie-Luise Dittrich: *Gote* und *got* in Heinrichs von Veldeke *Eneide*. In: Zeitschrift für deutsches Altertum und deutsche Literatur 90.4 (1961). S. 274-302; Anette Gerok-Reiter: Die Figur denkt – der Erzähler lenkt? Sedimente von Kontingenz in Veldekes *Eneasroman*. In: Kein Zufall. Konzeptionen von Kontingenz in der mittelalterlichen Literatur. Hg. v. Cornelia Herberichs und Susanne Reichlin. Göttingen 2010. S. 131-153; Carsten Kottmann: Gott und die Götter. Antike Tradition und mittelalterliche Gegenwart im „Eneasroman" Heinrichs von Veldeke. In: Studia Neophilologica 73 (2001). S. 71-85.
112 Nicht zuletzt, da in der Forschung zur *Historia* diskutiert wird, ob dieser Text wohl bereits eine christianisierende Bearbeitungsphase durchlaufen habe, vgl. kritisch dazu Panayotakis: Story, S. 7f.
113 Vgl. hierzu Braun: Kontingenz.
114 *Ains morgens da es dagte, | Da für Proserpina | Und mit ir fraw Alkmeina, | Deß windes göttynnen, | Und Venus di mynne. | Mit in her fur Jupiter | Und pey im ain grosses her* (A V. 6840-6848).

auf sie – er erschrickt und freut sich zugleich. In einem kurzen inneren Monolog spricht er sich unter Verweis auf die Handlungsmacht eines einzelnen namenlosen Gottes Mut zu (*Alle ding sind mugleich | Pey dem werden Gote reich*, A V. 4248f.). In der folgenden Figurenrede dagegen präsentiert er sich als Diener von Macheten, Jupiter, Diana Venus, Juno, Saturnus, Pallas und Trevigant (A V. 4253-4258), stellt sich also klar unter die Herrschaft eines Pantheons.

Beides – die Anrufung eines namenlos bleibenden Gottes im Singular und die häufigen Verweise auf einen nichtchristlichen Götterapparat – ziehen sich durch alle Teile der Handlung. Protochristliche Reflexe werden zusammengeführt mit einer polytheistischen Lebenswelt, in der sich Apollonius selbstverständlich bewegt. Er ist auch noch Diener dieses Pantheons, als er in Antiochia vom *hayden pabst von Ninive* (A V. 18166) gekrönt wird und seinen Eroberungszug nach Jerusalem unternimmt. Zugleich werden, das hat die Analyse gezeigt, die Fremdheitssignale im zweiten Teil der Rahmenerzählung deutlich reduziert; dazu gehört auch die Tilgung von Götternamen und die gehäufte Anrufung des einen, namenlosen Gottes. So wird z.B. in der zweiten Ephesus-Episode nicht erwähnt, in wessen Tempel Lucina sich so lange aufgehalten hat; auch ihre Funktion als Hohepriesterin bleibt unerwähnt. Indem in dieser Phase des Romans der Erzähler die nichtchristlichen religiösen Elemente weitestgehend ausschließt, nähert er die Figuren zunehmend der christlichen Erwartungshaltung der Rezipienten an, bereitet den Wechsel zum Christentum also erzählerisch vor.

Von einer scharfen Absage Apollonius' an alle Aspekte seines prächristlichen Lebens kann dennoch keine Rede sein. Lediglich den *gauckel* des Goldenen Tales und seines Jungbrunnens lehnt der große König explizit ab. Vielmehr werden die nichtchristlichen Figuren wiederholt als – wenn auch noch unwissende – Diener des wahren christlichen Gottes inszeniert.[115] Sie widerstehen den als teuflisch charakterisierten *monstra* und entreißen ihnen ihren Herrschaftsraum. Auch wenn das finale Ziel des Romans die Konversion dieser Gruppe ist, kann ihr Handeln nicht als falsch, da ‚heidnisch' abgetan werden. Es dient vielmehr der Vorbereitung einer im Text final inszenierten christlichen Universalmonarchie,[116] die nur durch das vorbildliche Handeln der nichtchristlichen Figuren zustande kommt.

Heinrich von Neustadt geht also mit der Herausforderung, die nichtchristlichen Elemente seiner antiken Vorlage im Erzählverlauf zu transformieren, so um, dass er sie narrativ ausstellt und die Handlung des Romans zunächst explizit als einer Zeit *ante gratiam* zugehörig präsentiert. Das

---

115 Vgl. zu dieser Strategie im Umgang mit antiken Quellen auch Weitbrecht: Bewegung.
116 Vgl. zu diesem Konzept im spätmittelalterlichen politischen Denken Franz Bosbach: *Monarchia Universalis*. Ein politischer Leitbegriff der Frühen Neuzeit. Göttingen 1988 (Schriftenreihe der historischen Kommission bei der Bayerischen Akademie der Wissenschaften, Bd. 32).

Herrschaftshandeln und ritterliche Verhalten seiner positiv gezeichneten Figuren entspricht aber schon in dieser Phase der Handlung den Idealen einer christlichen, feudalhöfischen Welt. Im *Apollonius* wird jener Umschlagpunkt der Konversion, der wie ein Scharnier die Zeit *ante gratiam* und *sub gratia* verbindet, tatsächlich auserzählt, während in vielen Antikenromanen dieser Punkt nur durch Prolepsen oder Voraussagen eingespielt wird. So gelingt es dem Erzähler einerseits, Apollonius als protochristlichen König zu zeichnen, der bereits *ante gratiam* ein dem Leben *sub gratia* angemessenes Herrschaftsverhalten zeigt, um dergestalt die Kontinuität zwischen prächristlicher und christlicher Phase zu betonen. Andererseits wird mit der finalen Erhebung zum christlichen Kaiser in Rom Apollonius noch einmal überhöht; als Diener Gottes stellt er sein eigenes prächristliches Selbst in den Schatten. Die Apolloniusfigur wird sich selbst zur Typologie.

Dieser Prozess ist eng verknüpft mit den bereisten und eroberten Räumen der Erzählung. Ist mit Wabilonia die teuflische Welt des Antichristen eingespielt, mit dem irdischen Paradies und den Propheten dagegen die Seite des Heils, so dringt Apollonius zum Ende des Textes in die Hauptstadt der *civitas Dei*, Jerusalem, vor und übernimmt die Kaiserwürde in Rom.

Die Analyse hat ergeben, dass der *Apollonius* vielfältige Bezüge zur Alexandertradition aufweist, auch wenn diese im Text selten explizit gemacht werden. Von den Völkern Gog und Magog über die Reisen nach Indien bis zum Jungbrunnen vollzieht Apollonius einen Eroberungsweg, der dem des großen Königs Alexander ähnelt. Wie Alexander erhält er im Goldenen Tal von Diamena einen Paradiesstein, den er aber im Folgenden schnell wieder verliert. Wie Alexander findet sich Apollonius am Ende seines Weges vor der Mauer zum Paradies, zu dem es keinen Eingang zu geben scheint.[117] Anders als bei Alexander ist dies jedoch nicht das Ergebnis einer von *curiositas* und *superbia* motivierten Eroberungsreise,[118] sondern einer sich im scheinbaren Zufall eines Sturmes ausdrückenden göttlichen Schicksalsmacht, denn Apollonius befindet sich bereits auf dem Nachhauseweg, als er an der „Insel des Lachens" ankommt.[119] Er unternimmt auch keinen Versuch, gewaltsam in diesen ihm verschlossenen Raum einzudringen.[120] Ebenfalls im Unterschied zum Alexanderstoff wird dieser Episode die Begegnung mit den Propheten Henoch und Elias nachgeschaltet, die durch ihre Erklärungen Apollonius' Reisen der Binnenerzählung in einen

---

117 Vgl. Unzeitig: Mauer; Weitbrecht: Bewegung.
118 Vgl. Weitbrecht: Bewegung, S. 114ff.
119 Somit ist der von Julia Weitbrecht beschriebene Zusammenhang zwischen Konversion und der Bewegung der Umkehr oder Rückkehr hier entkoppelt (vgl. Weitbrecht: Bewegung). Man könnte argumentieren, dass Apollonius anders als Alexander nicht umkehren muss, da er von Beginn an auf dem richtigen Wege war.
120 Vgl. Weitbrecht: Bewegung, S. 117ff.

christologischen Verweiskontext stellen. Die entgrenzenden Reisen, die verbunden sind mit der Akkumulation eines dem Alexanders vergleichbaren Herrschaftsraumes, enden nicht wie bei diesem in der Aporie, sondern erfahren eine christliche Verlängerung, die zugleich Vollendung ist.

Der Opposition Babylon/Jerusalem wird somit im Text eine weitere räumlich realisierte Opposition zur Seite gestellt, nämlich die zwischen dem weltlichen Jungbrunnen des Goldenen Tales und dem spirituellen *fons pietatis*[121] der finalen Konversion und Taufe. Lehnt Apollonius die körperliche Verschönerung und Verjüngung durch den Jungbrunnen bei Indien noch als Gaukelwerk ab und sagt sich los von diesem Reich und seiner Herrin Venus, so nimmt er am Schluss der Erzählung das Bad im *fons pietatis* an und stellt sich und sein Großreich in den Dienst Gottes. Dieser Prozess der Christianisierung eines nichtchristlichen Konzepts wird im *Apollonius* selbst vorgeführt, wenn es beim Turnier in Antiochia über die von ihm erfundene Tafelrunde heißt:

> Den hoff den Artus hett erdacht,
> Der was von disem hoff pracht,
> Auß der haidenschaft genommen
> Und zu dem prunnen komen. (A V. 18763-18780)

Wie die Tafelrunde unter Artus' Herrschaft zum Brunnen der Taufe, dem *fons pietatis* kommt, so machen auch Apollonius, seine *familia* und Lehnsmänner diesen Prozess durch. Sein ungeheures Reich „kommt zum Brunnen" und konvertiert zum Christentum.

4.5 Die Transformation der antiken Räume

Die Analysen und Interpretationen der *Historia* und des *Apollonius* haben ergeben, dass in beiden Texten die Darstellung von Herrschaft und Herrschaftshandeln im Raum eine wichtige Rolle spielt, oft auch im Zusammenhang mit Geschlechterrollen und heterosexuellen Beziehungskonstellationen. Zugleich weicht der *Apollonius* deutlich vom Stoff seiner Vorlage ab, indem er den Raum der Erzählung und zugleich dessen Herrschaftsmodell entgrenzt und auf vielfältige Weisen transformiert. In diesem Kapitel werden zunächst die dargestellten Formen und Typen der Herrschaft beider Texte, ihre Wechselwirkungen mit den narrativen Rauementwürfen und die im *Apollonius* damit einhergehenden Transformationen noch einmal zusammengefasst und abschließend diskutiert. Abschließend wird darauf eingegangen, welche Spezifika jener antike Raum aufweist, der durch die Transformationen der *Historia* im *Apollonius* erzeugt wird.

---

121 Vgl. Waddel: Fons.

Historia I / Rahmenerzählung I

Bis zu Apollonius' vierzehnjährigem Aufenthalt in Ägypten werden in der *Historia* neben dem Meer, Schiffen und dem Sarg von Apollonius' Ehefrau fünf Handlungsorte entworfen: Antiochia, Tyrus, Tarsus, Pentapolis und Ephesus.[122] Die Analyse und Interpretation haben ergeben, dass in der *Historia* verschieden nuancierte Herrschaftsentwürfe präsentiert werden, wobei der Herrschaftsraum von Pentapolis als der Positivste gezeichnet wird, da hier die aristokratische und die auf Öffentlichkeitserzeugung ausgerichtete Raumordnungen in Einklang stehen. Mit Tyrus und Tarsus liegen zwei Raumentwürfe vor, in denen das Verhältnis zwischen Stadtraum und Herrscher auf unterschiedliche Weise gestört ist.

Auch wenn die Gründe und Umstände seiner Ankunft in Antiochia und Pentapolis sehr unterschiedlich sind, tritt Apollonius in beiden Städten als ein sozial Unterlegener auf, der sich in Abhängigkeit des Herrschers befindet, weil er etwas von ihm zu erhalten hofft – in Antiochia handelt es sich um die Tochter des Königs, während es in Pentapolis zunächst um den teilweisen Wiedergewinn der verlorenen materiellen Güter und damit seines sozialen Status' geht. Verliert er in Antiochia die Königstochter, um die er geworben hatte, so gewinnt er in Pentapolis eine Gemahlin. In Tyrus und Tarsus dagegen wird Apollonius als herrschaftlich Handelnder dargestellt. Für den ersten Teil der *Historia* kann also, unter Berücksichtigung der engen Verknüpfung von Herrschern und Herrschaftsräumen, eine dichotomische Opposition zwischen Antiochus und Archistrates ausgemacht werden, die sich sowohl in ihrem Umgang mit den Töchtern und mit der städtischen Öffentlichkeit ausdrückt als auch mit dem hinzutretenden männlichen Fremden, einem potentiellen Werber um die Tochter und Rivalen um die Herrrschaft. Apollonius dagegen wechselt als bewegliche Figur zwischen diesen Herrschaftskonstellationen und zeigt von Episode zu Episode ein stärker seiner künftigen Herrscherrolle angemessenes Verhalten.

Im *Apollonius* werden die Stadtstaaten der antiken Vorlage zu Reichen umgestaltet, für den Raum der antiken *polis* typische Orte wie das *forum* werden getilgt. Stattdessen wird mit der Ortsabfolge *plan* – Stadt – Burg – *palaß* ein auf das Zentrum hin orientierter feudalhöfischer Raum entworfen. Die sehr vagen und auf Figurenrelationen ausgerichteten Raumentwürfe der *Historia* werden narrativ entfaltet; dies gilt insbesondere für die eingefügte umfangreiche Beschreibung von Apollonius' Reise nach und seine Ankunft in Antiochia sowie für die lange *descriptio* der Stadt Tarsis. Die Assimilation

---

122 Ephesus tritt nur im Hinblick auf die *uilla* des Arztes und eine knappe Erwähnung des Tempels auf; die Darstellung von Herrschaft oder Herrschaftshandeln fehlt, weshalb es im Folgenden außer Acht gelassen wird.

der antiken Räume an die feudalhöfische Raumordnung der mittelalterlichen Erzähltradition drückt sich einerseits in den beschriebenen architektonischen Elementen, andererseits im Raumhandeln der Figuren aus; Struktur und Praxis erzeugen wechselwirkend den Raum.

Auch die Opposition zwischen den Herrschern Antiochus und Altistrates wird im *Apollonius* ausgebaut; die eponyme Hauptfigur wird allerdings von Beginn an als vorbildlicher Ritter und Herrscher und als Rivale des Antiochus inszeniert. Die seiner Ankunft vor Antiochia wird Apollonius als Figur inszeniert, die nicht nur durch Geburt, sondern auch durch Ausbildung, Verhalten und Kampfkraft ihre Befähigung zur Herrschaft wiederholt demonstriert. Anders als im Falle von Antiochus und Altistrates, bei denen sich Herrschaftshandeln in Form von Befehlen, dem Verfügen über die Räume ihres Herrschaftsgebiets sowie der Erzeugung bzw. Manipulation von Öffentlichkeit äußert, wird Apollonius von dieser Anfangssequenz an auch als kämpfender, d.h. sich die Herrschaft erstreitender, König dargestellt. Aber auch sein konsolidierendes und stabilisierendes Herrschaftshandeln wird bereits in diesem ersten Teil der Rahmenerzählung betont. Das Verhältnis zwischen Tarsern und Apollonius wird präziser als herrschaftliches gefasst, so dass Apollonius nicht nur über die ererbten und erheirateten Reiche verfügt, sondern seinen Herrschaftsraum durch herrschaftliches Handeln eigenständig erweitert. Zum Modell der traditionalen Herrschaft tritt hier das Modell der charismatischen Herrschaft hinzu, die nicht an Erbfolge, sondern an die Person des Herrschers gebunden ist. Auch hier wird bereits die Tendenz zur Aggregation von Herrschaftsräumen erkennbar, die die Binnenhandlung prägen wird.

Mit dieser Transformation des Apollonius von einem jungen, unerfahrenen Fürsten zu einem souverän herrschaftlich Handelnden geht auch die Verringerung der von Antiochus ausgehenden Bedrohung einher. Seine Jagd nach Apollonius wird weniger detailliert beschrieben. Zwar flüchtet Apollonius wie in der *Historia* vor Antiochus, doch schon in Tarsis verpufft dieses Motiv der Verfolgung, denn die Stadt wird als so mächtig beschrieben, dass sie Antiochus problemlos widerstehen könne.

Indem der Erzähler, vor allem im Falle von Antiochia und Tarsis, den großen Reichtum und die Bedeutung der beschriebenen Reiche betont, wird der Raum der Erzählung bereits hier auf gewisse Weise entgrenzt, denn insbesondere Tarsis wird als weit mächtiger und einflussreicher dargestellt, als das in der *Historia* der Fall war. Dies kommt besonders in der letzten Tarsis-Episode der Rahmenerzählung I zum Ausdruck, die als Scharnier zwischen dieser Rahmen- und der Binnenerzählung dient. Die Tarser werden von König Paldin von Warcilone um Hilfe gebeten, verfügen also offensichtlich über ein weitgestrecktes Allianzsystem, das sich mit dem auf das östliche Mittelmeer konzentrierten Erzählraum der *Historia* nicht deckt.

Binnenerzählung

Die umfassende Entgrenzung des Erzählraumes, die in der Binnenerzählung zu Reisen in den äußersten Westen und Osten führt und verschiedene Erzähltraditionen amalgamiert, ist in Kapitel 3 detailliert aufgearbeitet worden. Sie umfasst nicht nur eine unerhörte Akkumulation von Reichen und Allianzen, die in Städte- und Reichskatalogen wiederholt zusammengefasst werden, sondern greift auch in Form wiederholter Heiraten, die zu Nachkommenschaft führen, in der Zeit aus. Mit seinen Reisen nach Wabilonia und zur Insel des Lachens stößt Apollonius an die Grenzen des den Menschen zugänglichen Raumes vor.

Zugleich werden die vorgeführten Spielarten insbesondere illegitimer Herrschaft extrem erweitert. Apollonius stellt das zentrale Beispiel eines positiv gezeichneten und legitimen Herrschers im Text; die Bandbreite illegitimer Herrscher reicht dagegen von *monstra* über den machtgierigen Nemrott bis zu der unsterblichen Herrscherfamilie des Goldenen Tales, die sich willentlich in ihrer statischen Idealität isoliert. Apollonius' Herrschaftssystem ist auch hier klar feudalhöfisch organisiert; dies allein ermöglicht die extreme Ausdehnung seines Herrschaftsraumes. Übernimmt er selbst die Herrschaft, so wählt er RegentInnen aus, bevor er für längere Zeit abreist; oftmals, so in Assyria, im Wulgar Lant und letztendlich auch in Warcilone, setzt er Herrscher ein, die zu ihm in einem Lehensverhältnis stehen, das am Schluss des Romans formell bestätigt wird. Dieses Vorgehen stabilisiert den eroberten Herrschaftsraum, indem es zwischen die charismatische Herrscherfigur Apollonius und das Reich eine stabile Lehnsherrschaft schaltet, die sich als traditionale Herrschaft weiter vererben kann.

Die Unterschiede zur Stoffvorlage der *Historia* sind offensichtlich. Welche Kontinuitäten aber lassen sich zwischen Rahmen- und Binnenerzählung ausmachen? Wichtigstes Bindeglied zwischen den verschiedenen Teilen der Erzählung ist die personale Beziehung zwischen Apollonius, seiner vermeintlich verstorbenen Frau Lucina und seiner Tochter Tarsia. Diese Beziehung wird in der Binnenerzählung sowohl rückwärtsgewandt, in Form von trauervoller Erinnerung inszeniert, als auch vorwärtsgewandt durch die Körperzeichen des ungeschorenen Haupt- und Barthaares, die das Verstreichen der Zeit markieren und auf die kommende Wiedervereinigung mit der Tochter vorausweisen. Die räumlich wie zeitlich divergenten Rahmen- und Binnenteile werden so zusammengebunden.

Auch in anderer Hinsicht werden in der Binnenerzählung die Figurenkonstellationen der Rahmenerzählung aufgenommen und weiterentwickelt. Die Konstellation Vater/Tochter/Werber wird um verschiedene Variationen erweitert, in denen Apollonius wechselnde Rollen einnimmt. Die Konstellation eines Herrschers, der Verfügungsgewalt über eine Frauenfigur hat und dieser entweder respektvoll-schützend oder transgressiv-gewaltsam gegenübertritt, ist ebenfalls aus der *Historia* übernommen, aber in der Binnerzählung erheblich ausgeweitet, denn hier ist der Aggressor zwar ein Herrscher, an keiner Stelle aber der Vater der Frauenfigur. Bei der schützend-respektvollen Figur, die der Frau einen Handlungsspielraum und eigene Autorität zugesteht, wie Archistrates in der *Historia* das seiner Tochter gegenüber tut, handelt es sich in der Binnenerzählung ebenfalls so gut wie nie um eine Vaterfigur,[123] sondern meist um Apollonius selbst. Dieser Aspekt, der sich als Erzählkern bereits in der *Historia* findet und dort die Trennung von rechter und unrechter Herrschaft markiert, wird im *Apollonius* transformiert zum zentralen Charakteristikum legitimer oder illegitimer Herrschaft. *In nuce* findet sich die Korrelation von Gewalt gegen eine Frauenfigur und anschließender Strafe durch Tötung und Übertrag der Herrschaft auf eine andere Figur bereits in der *Historia*: Hier ist es aber Gott, der den sündhaften Antiochus in seinem Bett erschlägt, also eine Art *translatio imperii* vornimmt, deren passiver Empfänger Apollonius ist. Der Apollonius der mittelalterlichen Bearbeitung geht weit aktiver vor und nimmt die Bestrafung und den Übertrag der Herrschaft selbst in die Hand. Hierdurch wird er zu Gottes Instrument in der Welt.

Der Erzähler des *Apollonius* nimmt die nichtchristlichen Elemente seiner Vorlage[124] auf und transformiert sie schon in der Rahmenerzählung zu einem unspezifisch nichtchristlichen Polytheismus. Die Praktiken dieser Religion werden aber wiederum stark an die der christlichen angenähert.

Auch wenn Apollonius in der Binnenerzählung ganz andere Räume durchreist als in den Rahmenerzählungsteilen, bestimmte Kontinuitäten der Raumentwürfe lassen sich dennoch ausmachen. Erstens dient Warcilone als Scharnierort zwischen Binnen- und Rahmenerzählung; die Boten reisen von dort nach Tarsis und bitten die Tarser um Hilfe. Warcilone ist neben Tarsis der am Häufigsten aufgesuchte Ort des *Apollonius*; indem diese beiden Orte, die Binnen- und Rahmenerzählung verbinden, besonders häufig frequentiert werden, wird auch die räumliche Verknüpfung dieser Erzählteile wachgehalten.

---

123 Eine Ausnahme stellt das Goldene Tal dar, wo Candor weitestgehend zur Vollstreckungsfigur des Willens seiner Tochter wird.

124 In der *Historia* handelt es sich hier um den Seesturm, bei dem die göttliche Sphäre beschrieben wird, um Apollonius' Klage vor Pentapolis an Neptun und den Dianatempel zu Ephesus, in den seine Frau eintritt.

Zweitens werden die Orte der Binnenhandlung in den Städte- und Reichskatalogen wiederholt aufgerufen und als Teil von Apollonius' Herrschaftsgebiet beschrieben. Auch die Prophezeiung des Albedacus bindet die Herrschaftsräume des Apollonius zusammen und sagt die zukünftige Wiedervereinigung mit seiner Frau schon am Beginn der Binnenerzählung voraus, so dass die Rückkehr in den Erzählraum der Vorlage von Anfang an perspektiviert wird. Drittens wird mit Kriechen Land wiederholt ein für die Binnenerzählung bedeutsames feudalhöfisches Reich aufgerufen, dass nicht nur topographisch mit einigen Orten der Rahmenerzählung überlappt, sondern auch im Zusammenhang mit Lucinas Ankunft in Ephesus als nahebei beschrieben wird; die Räume der Binnenerzählung werden so direkt miteinander verknüpft.

Viertens wird im *Apollonius* ein Charakteristikum der griechischen *oikumene* auch auf die sehr viel ferneren Räume der Binnenerzählung übertragen: Selbst wenn Antiochia, Tarsus, Mytilene und Pentapolis in der *Historia* klar als unterschiedliche Herrschaftsgebiete markiert werden, teilen sie doch eine gemeinsame Sprache, Religion und Kultur, die sich im Konzept der *paideia* ausdrückt. Dies führt zu einer hochgradigen Vertrautheit auch unbekannter Räume, zu unproblematischer sozialer Interaktion und Kommunikation. In der Binnenerzählung wird diese Form der vertrauten Fremde auf die ganze Erzählwelt übertragen, sogar auf das isolierte Goldene Tal, das bei Indien liegt. Grund für diese Homogenität der Räume ist aber nicht mehr die geteilte griechische Kultur und Gesellschaftsordnung, sondern die als nahezu universal inszenierte feudalhöfische Raumordnung.

Historia *II* / *Rahmenerzählung II und Schluss*

Im zweiten Teil der *Historia* stehen die Reisen und Abenteuer Tharsias im Mittelpunkt; die *anagnorisis* von Vater und Tochter wird als Klimax der Erzählung inszeniert. Mit Athenagoras tritt noch einmal eine Herrscherfigur in Erscheinung, die zwischen dem richtigen und falschen Umgang mit einer abhängigen Frauenfigur (Tharsia) entscheiden muss und sich schlussendlich richtig verhält. Die anfangs beschriebene Figurenkonstellation wird also auch auf die nächste Generation übertragen. Das nochmalige, nun gemeinsame Durchreisen der Handlungsräume der *Historia* bindet den Roman zusammen und perspektiviert ein finales glückliches Leben der Familie in Antiochia, das nicht mehr erzählerisch ausgestaltet wird.

Im *Apollonius* dagegen wird der Höhepunkt der Erzählung nach Antiochia verschoben und die Metelin-Episode verliert folglich an Bedeutung. Die Raumentwürfe sind weit weniger detailreich. Dies betrifft auch die semantische Codierung der Schiffsbauch-Szene. Stattdessen werden die antiken Räume der Erzählvorlage in diesem zweiten Teil weit stärker im Sinne einer feudalhöfischen Raumordnung transformiert. Auch die Herrschaftsverhältnisse werden gemäß eines feudalen Lehnssystems präzisiert.

Die Schlussepisoden des *Apollonius* sind in Kapitel 3 ausführlich analysiert worden; hier sei nur noch einmal festgehalten, dass im großen Hoftag und Turnier vor Antiochia die Reiche der Rahmen- und Binnenerzählung auch formell zu einem homogenen Herrschaftsraum zusammengefügt werden. Dies erfolgt erstens durch die Versammlung der Herrscher nahezu aller im Text aufgerufenen oder beschriebenen Reiche, die metonymisch für ihre Herrschaftsräume stehen. Zweitens werden diese Reiche durch die Lehensnahme ihrer Herrscher von Apollonius zu einem Herrschaftsraum verknüpft. Damit werden die feudalhöfischen Strukturen traditionaler Herrschaft und die von Apollonius ausgeübte charismatische Herrschaft in einem traditionalen Hierarchiesystem vereint, dass diese Strukturen verstetigt und auch für kommende Generationen stabilisiert. Drittens werden im Verband der Herrschergruppe unter dem Befehl des Apollonius die Vertreter dieses Herrschaftsraumes als gemeinsam zielgerichtet handelnd vorgeführt. Indem Antiochia, ein Ort aus der Rahmenerzählung, parallel zum Raumentwurf des Goldenen Tales, einem Ort der Binnenerzählung, gestaltet wird, werden auch in diesem Raumentwurf Rahmen- und Binnnerzählung noch einmal eng verknüpft.

Transformationen von Herrschaft

Die Existenz und Legitimität von Herrschaft wird in beiden Romanen nicht grundsätzlich in Frage gestellt. Insofern vertreten beide Texte ein traditionales Modell von Herrschaft, das durch das initiale massive Fehlverhalten des Königs Antiochus aber problematisiert wird. In der Figur des Antiochus treffen ethisches Fehlverhalten, Täuschung und damit falscher Umgang mit der städtischen Öffentlichkeit und machtvolles Herrscherhandeln auf verhängnisvolle Weise zusammen. König Altistrates dagegen demonstriert nicht nur das korrekte Verhalten seiner Tochter, ihren Werbern und der Öffentlichkeit gegenüber, sondern verhält sich auch darüber hinaus durchgehend ethisch richtig. Wie genau legitime Herrschaft positiv ausgeübt werden kann, was sie von illegitimer unterscheidet und wie auf letztere zu reagieren ist, das gehört also zu den zentralen Themen der *Historia* wie des *Apollonius*. Die Antwort beider Texte auf diese Frage besteht grundsätzlich in der Verknüpfung von Herrschaft mit ethisch richtigem Verhalten, das sich im angemessenen Umgang mit den Frauenfiguren manifestiert. Im Einzelnen weichen die Konzepte von Herrschaft jedoch deutlich voneinander ab.

Die *Historia* ist wesentlich mit Formen von Herrschaftshandeln befasst, die sich auf die Erzeugung und Steuerung von Öffentlichkeit beziehen. Störungen in diesem Herrschaftskonzept manifestieren sich als Differenz zwischen öffentlichem und nichtöffentlichem Handeln (Antiochus) oder im bewussten Ausschluss der Öffentlichkeit und Isolation der Herrscher (Apollonius im Schiffsbauch). Herrschaft bedeutet ein stets neues Aushandeln des Befehls-Gehorsams-Verhältnisses. Die Herrscherfigur interagiert hierbei mit Gruppen von Bürgern, die im Falle einer erfolgreichen Steuerung der Öffentlichkeit als Kollektivsingular dargestellt werden.

Im Herrschaftskonzept des *Apollonius* dagegen tritt der Herrscher in ein personal inszeniertes Verhältnis zum Reich, das als aus Bevölkerung, Dingen und Topographie zusammengesetzter Kollektivsingular dargestellt wird. Öffentlichkeit dient nicht zum Aushandeln von Herrschaftsverhältnissen, sondern nur zu ihrer Bestätigung. Diesem Befehl-Gehorsam-Verhältnis wird die zwar sozial abgestufte, tendenziell aber egalitäre Interaktion zwischen Herrschern in Allianzsystemen an die Seite gestellt. Der Schwerpunkt liegt hier also weniger auf einer Öffentlichkeit *innerhalb* des Reiches als auf einer Verknüpfung verschiedener Reiche in einem Herrschaftsraum, der somit als aristokratische Öffentlichkeit dient.

Die Entgrenzung des Erzähl- und Herrschaftsraumes geht mit einer Transformation der Apolloniusfigur einher. Apollonius wird zu einer charismatischen Herrscherfigur, die illegitime Herrschaft und Störungen der legitimen Herrschaft aktiv beseitigt und so Herrschaftsräume aggregiert. Diese charismatische Herrschaft folgt der Denkfigur der *translatio imperii*, ist also bereits vor Apollonius' Konversion mit der Heilsgeschichte verknüpft und wird durch wiederholte Voraussagen und Prophezeiungen als prädestiniert dargestellt. Darüber hinaus werden im *Apollonius* eine Reihe von Herrschaftsmodellen aufgerufen, die wesentlich für die Erzähltraditionen des höfischen Romans sind. Dazu gehört neben der Figur Alexanders des Großen auch das *Rolandslied* und vor allem König Artus und seine Tafelrunde, deren Modell des Königs als *primus inter pares* und als *rex iustus et pacificus* für die abschließende Antiochia-Episode fruchtbar gemacht wird.

Eine weitere Modifikation des Herrschaftskonzepts stellen die häufigen Kämpfe des Apollonius dar – entweder in Form ritterlicher Zweikämpfe oder kriegerischer Heerfahrten. Apollonius wird von einem hervorragend ausgebildeten griechischen Fürsten, an dem besonders seine Klugheit betont wird, transformiert zu einem vorbildlichen und aggressiven Kämpfer. Finden die personalen Konfrontationen zwischen Herrscherfiguren in der *Historia* wesentlich auf der verbalen Ebene statt – nur die negativ gezeichneten Figuren des antiken Romans streben danach, anderen Figuren auch körperlich zu schaden –, so wird die Konfrontation im mittelalterlichen Roman vorwiegend auf die körperliche Ebene des Kampfes verlagert.

Kämpferische und kriegerische Konflikte überlagern so den anfänglichen Rätselstreit zwischen Apollonius und Antiochus.

Apollonius ist die einzige Herrscherfigur in der *Historia*, die ihren Herrschaftsraum expandiert, und dies auf zwei unterschiedliche Weisen: Die Mitherrschaft über Pentapolis erheiratet er sich, während ihm die in Antiochia aufgrund seines richtigen Handelns zufällt. Zwar lässt sich argumentieren, dass ihm Antiochia zugesprochen wird, weil er das Rätsel des Antiochus gelöst und dadurch einen Anspruch auf die Ehe mit seiner Tochter erworben hat; diese Tochter stirbt aber zusammen mit Antiochus und Apollonius hat zu diesem Zeitpunkt eine andere Frau geehelicht. Er wird also nicht König über Antiochia qua Heirat, sondern durch die richtige Lösung des Rätsels, eine Leistung, die ihm einen Anspruch auf die Herrschaft zuweist. Dieser wird dann durch das Volk bestätigt.

Auch der Apollonius der mittelalterlichen Bearbeitung heiratet Herrscherinnen oder Töchter von Königen und erwirbt hierdurch die Herrschaft im Reich; in allen diesen Fällen (Galacides, Goldenes Tal, Montiplain) hat er aber zuvor durch sein Handeln das Anrecht auf die Herrschaft bereits erworben. Die Ehe dient also nur noch als Bestätigung. Die zwei Modi des Herrschaftserwerbs in der *Historia* – Heirat und richtiges Handeln, werden also aufgegriffen, der Fokus verschiebt sich aber auf Herrschaftserwerb durch nun ritterlich-kämpferisches Handeln im Raum.

Transformationen des Raumes

Der Raum der *Historia* entspricht weitestgehend dem der antiken griechischen *polis*. Die verschiedenen Städte sind zwar Teil der kulturellen *oikumene*, werden aber weitgehend unabhängig voneinander regiert. Die Partikularherrscher interagieren wenig miteinander und zeigen kein Interesse an der Expansion ihrer Herrschaft. Lediglich die Befestigung und somit Stabilisierung der eigenen Grenzen wird erwähnt. Nur Antiochus greift über das eigene Herrschaftsgebiet hinaus, wenn er Apollonius von seiner Flotte verfolgen lässt. Die Expansion des Herrschaftsraumes im *Apollonius* scheint zunächst das Gegenteil dieses Raumentwurfs darzustellen. Er greift aber nur, das wurde in den vorausgehenden Kapiteln gezeigt, die an der Apolloniusfigur auch in der *Historia* deutlich werdende Tendenz zur Akkumulation von Herrschaft auf und führt diese Bewegung weiter bis zu den Grenzen ihrer Möglichkeit.

Die Differenzen zwischen öffentlichem und nichtöffentlichem Handeln und die freiwillige Isolation der Herrscherfiguren, die in der *Historia* als Beispiele negativer Herrschaft dienen, finden im *Apollonius* insofern einen Reflex, als nun diese Störungen der öffentlichen Interaktion übertragen werden von Herrscherfiguren und ihrem Verhältnis zu ihren Untertanen hin auf das Verhältnis der Reiche untereinander. Wie Antiochus eine Opposition zwischen der öffentlichen Sphäre und seinem nichtöffentlichen Handeln etabliert, so ziehen Figuren wie Kolkan klassifikatorische Grenzen in den feudalhöfischen Raum ein, die Einzelreiche isolieren. Die Ebene des Konflikts zwischen dem Herrscher und den Bürgern seiner Stadt, denen er Rechenschaft schuldig ist, wird ergänzt durch eine Konfliktebene zwischen Reichen respektive zwischen Herrschern. Antiochus' Gewalttaten gegen seine Tochter werden zum Modell von illegitimer Herrschaft, die wie im Falle Kolkans das Volk eines Reiches mit Gewalt bedroht. Aus dieser Perspektive lässt sich die Episode vom Goldenen Tal auch lesen als Kommentar auf die negativen Effekte einer solchen partikularen Isolation. Selbst wenn das Reich in jeglicher anderen Hinsicht als ideal dargestellt wird; die Binnengrenzen der Tugendproben führen zum willkürlichen Ausschluss anderer Figuren und zur Isolation von anderen Reichen. Sie machen es unmöglich, dieses Reich als Teil eines umfassenden Herrschaftsraumes zu stabilisieren.

Der Fokus des *Apollonius* verschiebt sich von einer Orientierung des Herrschaftshandelns auf die Öffentlichkeit, damit von den wesentlich über Figurenrelationen erzeugten sehr beweglichen Räumen der *Historia* auf ein stärker unidirektionales Verhältnis von Befehl und Gehorsam und folglich auf stabiler entworfene Räumen, die dieses Herrschaftsverhältnis festschreiben. Dies wird daran deutlich, dass im *Apollonius* der grundsätzlich hierarchiefreie Raum des *forum* ersetzt wird durch den *plan* vor dem *palaß*. Zwar kann auch das *forum* durch beispielsweise errichtete Tribunale eine soziale Hierarchie widerspiegeln; diese räumlichen Arrangements sind aber nur im Moment der Figurenversammlung vorhanden. Der *plan* vor dem *palaß* dagegen ist funktional immer auf diesen Wohnort der Herrschenden ausgerichtet und somit grundsätzlich hierarchisch codiert. Auch die Situierung von Burgen entweder räumlich erhöht innerhalb der Stadt oder abseits der Stadt schreiben diese ständischen Hierarchien durch architektonische Elemente in die Raumentwürfe ein.

Innerhalb eines Reiches wird der Raumentwurf der *Historia* also transformiert zugunsten einer klareren feudalhierarchischen Codierung. Zwischen den Reichen werden dagegen vielfältige Verbindungen und Verknüpfungen geschaffen, die schließlich zum homogenen Herrschaftsraum des Apollonius geformt werden, welcher die ganze bekannte Welt umspannt. Damit aber wird der Raum der antiken *polis* transformiert zu einem imperialen Raumentwurf.

Abschließend wird dieser nun universale Herrschaftsraum noch einmal transformiert, indem er geschlossen konvertiert und unter die Herrschaft Gottes gestellt wird. Der feudalhöfisch geordnete Herrschaftsraum, den

Apollonius durch sein bereits implizit als heilsgeschichtlich gekennzeichnetes Herrschaftshandeln im Text formt, wird so in einem letzten Schritt explizit überführt in die Zeit *sub gratia* und erhält so mit Gott einen neuen obersten Herrscher.

Transformation der Antike

Wenn, wie die Transformationstheorie des SFB 644 dies entwickelt hat, durch die Transformationsleistung auch der Referenzbereich allelopoietisch neu geformt wird, dann ist abschließend nach den Spezifika des antiken Raumes zu fragen, der durch die oben dargestellten Transformationen erschaffen wird. Der antike Raum der *Historia* wird erstens entgrenzt und weit über den östlichen Mittelmeerraum hin ausgedehnt. Er wird mit anderen v.a. mittelalterlichen Erzähltraditionen über Raum und Reise verknüpft und dadurch einerseits mit *mirabilia* und Fremdephänomenen angereichert, andererseits in die christliche Heilsgeschichte eingeschrieben. Damit einher geht zweitens die Umformung dieses Raumes zu einem protochristlichen, der neben dem künstlichen Paradies des Goldenen Tales auch genuin transzendentale Räume umfasst und dessen Formung durch Apollonius' Herrschaftshandeln dem Willen des christlichen Gottes entspricht. In dieser Hinsicht wird der Umschlag von der Zeit *ante gratiam* zur Zeit *sub gratia*, der im Hintergrund nahezu jeden Antikenromans eine Rolle spielt, im *Apollonius* explizit gemacht und aufwändig inszeniert.

Drittens wird das Partikularsystem der nurmehr lose über eine kulturelle Gemeinschaft verknüpften Städte umgewandelt in einen imperialen Raum, der durch Zentrum-Peripherie-Verhältnisse organisiert ist. Dies gilt sowohl für die einzelnen Orte und Reiche als auch für Apollonius' Herrschaftsraum im Ganzen, für den nacheinander gleich drei Zentren entworfen werden: das weltliche Zentrum Antiochia, an dem im Rahmen seines Hoftages die umfassende Herrschaft des Apollonius noch einmal inszeniert wird, Jerusalem, die Hauptstadt der *civitas Dei*, und schließlich Rom und die damit verbundene imperiale Raumstruktur eines Kaiserreiches. Die bewusste Absage des antiken Liebes- und Reiseromans an die imperiale Verfasstheit und politische Orientierung auf Rom, die den gesellschaftlichen Raum der Produktionszeit dieser Gattung prägt, wird hier rückwirkend umgeschrieben in einen ebendiese imperiale Raumordnung propagierenden Entwurf.

Dies wird noch verstärkt durch die Fokussierung allen Herrschaftshandelns auf eine einzelne, als charismatischer Herrscher entworfene Figur. Apollonius ist das lebendige, bewegliche Zentrum seines stetig wachsenden Herrschaftsraumes und durch ihn allein ist die Stabilität dieses Raumes gewährleistet. Auch wenn Apollonius immer wieder eigenständig handelnde Herrscherfiguren einsetzt und so von direkten Herrscherpflichten entbunden ist, steht er doch an der Spitze der feudalhöfischen Hierarchiepyramide und verkörpert so das Reich, bis am Ende diese höchste Position auf Gott übertragen wird.

Viertens wird dieser antike Raum von einem primär zivilen in einen stark militärisch dominierten umgewandelt. Zwar werden im Rahmen der knappen Städtebeschreibungen der *Historia* wiederholt Mauern und Wehranlagen erwähnt, jedoch nie in Aktion gezeigt. Schon die Drohung, Apollonius bringe ein Heer nach Mytilene, reicht im zweiten Teil der *Historia* aus, um die Stadtbevölkerung ganz Apollonius' Willen zu unterwerfen. Der im *Apollonius* entworfene antike Raum ist dagegen stark auf Verteidigung ausgerichtet, wie an Tarsis deutlich wird, das nicht nur ausgezeichnete Verteidigungsanlagen aufweist, sondern auch ein großes Heer aufbringen kann, um dem Bündnispartner Warcilone zu Hilfe zu kommen. In der Binnenerzählung und dem Schluss der Erzählung werden diese defensiven militärischen Maßnahmen durch vielfältige offensive Kampfhandlungen erweitert.

Damit wird der antike Raum, der in der *Historia* als Kulturgemeinschaft der *oikumene* entworfen ist, zu einer Militärgemeinschaft mit unerhörter Schlagkraft. Die feudalhöfische Raumordnung garantiert zwar auch eine Homogenität der Bildung, Sitten und Gebräuche innerhalb dieses Herrschaftsraumes, akzentuiert wird aber Apollonius' Handeln als Eroberer, der jede Form der Störung aktiv beseitigt. Er wird insofern der Alexanderfigur des Antikenromans angenähert, die sich ebenfalls durch extreme militärische Expansion auszeichnet. Apollonius unterscheidet sich von Alexander aber sowohl durch seine gleichbleibende Idealität, die keine Hybris zulässt, als auch durch die Legitimierung seines Handelns durch Gott, die in den eschatologischen Signalen des Textes, der vielfach betonten Prädestination seines Handelns und dem Konzept der *translatio imperii* zum Ausdruck kommt.

Schlussendlich werden damit in den antiken Raum vielfältige mittelalterliche Konzepte von legitimer Herrschaft und der universale Herrschaftsanspruch der christlich-feudalhöfischen Raumordnung eingeschrieben. Durch die Rückprojektion dieser Raumordnung in die Antike werden wiederum die mittelalterlichen Herrschaftsansprüche auf den östlichen Mittelmeerraum legitimiert und gestärkt. Indem Antiochia, Tyrus, Tarsis, Pentapolis, Akkon, Bethlehem und Jerusalem als bereits kurz nach Christi Auferstehung christianisierte Stätten entworfen werden, wird der textextern gescheiterte Herrschaftsanspruch auf diese Kreuzfahrerländer textintern festgeschrieben. Der von Apollonius akkumulierte homogene Herrschaftsraum, der eine antike, christliche, feudalhöfische Universalherrschaft etabliert, erscheint so nicht lediglich als literarische Alternative zu anderen

Weltentwürfen. Er schreibt vielmehr die Vorherrschaft seiner christlich-feudalhöfischen Weltordnung in Raum und Zeit fest und macht sie damit alternativlos.

Literaturverzeichnis

Primärliteratur

Archibald, Elizabeth: Apollonius of Tyre. Medieval and Renaissance Themes and Variations. Including the Text of the *Historia Apolloii Regis Tyri* with an English Translation. Cambridge 1991.
Aurelius Augustinus: *De civitate Dei*. Hg., übers. und kommentiert v. P. G. Walsh. Oxford 2013.
Cicero, Marcus Tullius: De oratore – Über den Redner. Lat./dt. Hg. v. Theodor Nüßlein. Düsseldorf 2007 (Sammlung Tusculum).
Das Rolandslied des Pfaffen Konrad. Hg., übers. und kommentiert von Dieter Kartschoke. Stuttgart 1993.
Der Stricker: Daniel von dem Blühenden Tal. Hg. v. Michael Resler. Tübingen 1983.
Garbugino, Giovanni: La storia di Apollonio re di Tiro. Introduzione, testo critico, traduzione e note a cura. Alessandria 2010.
Gottfried von Straßburg: Tristan. Nach dem Text von Friedrich Ranke neu hg., ins Neuhochdeutsche übers., mit einem Stellenkommentar und einem Nachwort v. Rüdiger Krohn. 2 Bde. und Kommentarband. Erster Band: Stuttgart 2001.
Hartmann von Aue: Gregorius. Der Arme Heinrich. Iwein. Hg. u. übers. v. Volker Mertens. Frankfurt am Main 2008 (DKV im Taschenbuch, Bd. 29).
Heinrich von Neustadt: „Apollonius von Tyrland" nach der Gothaer Handschrift. „Gottes Zukunft" und „Visio Philiberti" nach der Heidelberger Handschrift. Hg. v. Samuel Singer. Berlin 1906 (DTM 7).
Heinrich von Neustadt: Apollonius von Tyrland. Farbmikrofiche-Edition der Handschrift Chart. A 689 der Forschungs- und Landesbibliothek Gotha. Hg. v. Wolfgang Achnitz. München 1998.
Heinrich von Neustadt: Leben und Abenteuer des großen Königs Apollonius von Tyrus zu Land und zur See. Übertragen mit allen Miniaturen der Wiener Handschrift C, mit Anmerkungen und einem Nachwort v. Helmut Birkhan. Bern/Berlin 2005.
Heinrich von Veldeke: Eneasroman. Nach dem Text von Ludwig Ettmüller ins Neuhochdeutsche übers., mit einem Stellenkommentar und einem Nachwort v. Dieter Kartschoke. Stuttgart, durchgesehene und bibliographisch ergänzte Ausgabe 1997.
Historia Apollonii regis Tyri. Die Geschichte vom König Apollonius. Übers. und eingeleitet v. Franz Peter Waiblinger. München 1978.
Historia Apollonii regis Tyri. Hg. v. Alexander Riese. Stuttgart 1973 (Reprint der Ausgabe 1893).
Historia Apollonii regis Tyri. Hg. v. Gareth Schmeling. Leipzig 1988.
Historia Apollonii Regis Tyri. Prolegomena, Text Edition of the Two Principal Latin Recensions, Bibliography, Indices and Appendices. Hg. v. George A. A. Kortekaas: Groningen 1984.

Konrad von Würzburg: Der trojanische Krieg. Nach den Vorarbeiten Karl Frommanns und F. Roths. Hg. v. Adelbert von Keller. Stuttgart 1858 (BLV 44).
Kortekaas, George A. A.: The Story of Apollonius King of Tyre. A Study of Its Greek Origin and an Edition of the Two Oldest Latin Recensions. Leiden/Boston 2004.
Mauritius von Craûn. Hg. v. Heimo Reinitzer. Tübingen 2000 (ATB, Bd. 113).
Navigatio Sancti Brendani Abbatis from Early Latin Manuscripts. Hg. v. Carl Selmer. Notre Dame, IN 1959.
Brandan. Die mitteldeutsche „Reise"-Fassung. Hg. v. Reinhard Hahn und Christoph Fasbender. Heidelberg 2002 (Jenaer Germanistische Forschung, N. F. 14).
Rhetorica ad Herennium. Hg. v. Theodor Nüßlein. München 1994.
Strobl, Joseph (Hg.): Apollonius. Von Gottes Zuokunft. Im Auszuge mit Einleitung, Anmerkungen und Glossar. Wien 1875.
Terrahe, Tina: Heinrich Steinhöwels ‚Apollonius'. Edition und Studien. Berlin/Boston 2013 (Frühe Neuzeit, Bd. 179).
Wolfram von Eschenbach: Parzival. 2. Bde. Nach der Ausgabe Karl Lachmanns revidiert und kommentiert v. Eberhard Nellman. Übertragen v. Dieter Kühn. Frankfurt am Main 2006 (DKV im Taschenbuch, Bd. 7f.).

Sekundärliteratur

Achnitz, Wolfgang: Babylon und Jerusalem. Sinnkonstituierung im „Reinfried von Braunschweig" und im „Apollonius von Tyrland" Heinrichs von Neustadt. Tübingen 2002.
Achnitz, Wolfgang: Ein neuer Textzeuge zu Heinrichs von Neustadt „Apollonius von Tyrland". In: Zeitschrift für deutsches Altertum und deutsche Literatur 132.4 (2003). S. 453-459.
Achnitz, Wolfgang: Einführung in das Werk und Beschreibung der Handschrift. In: Heinrich von Neustadt, *Apollonius von Tyrland*. Farbmikrofiche-Edition der Handschrift Chart. A 689 der Forschungs- und Landesbibliothek Gotha. München 1998.
Adams, Colin und Jim Roy (Hg.): Travel, Geography and Culture in Ancient Greece, Egypt and the Near East. Oxford 2007.
Adams, Colin und Ray Laurence (Hg.): Travel and Geography in the Roman Empire. London/New York 2001.
Albrecht, Stephan (Hg.): Stadtgestalt und Öffentlichkeit. Die Entstehung politischer Räume in der Stadt der Vormoderne. Köln/Weimar/Wien 2010.
Alexopoulou, Marigo: Nostos and the Impossibility of „a Return to the Same": from Homer to Seferis. In: New Voices in classical Reception Studies 1.1 (2006). S. 1-9.
Algra, Keimpe A.: Concepts of Space in Greek Thought. Leiden 1995.
Anderson, Andres Runni: Alexander's Gate, Gog and Magog, and the Inclosed Nations. Cambridge 1932.
Anderson, Graham: Ancient Fiction. The Novel in the Graeco-Roman World. London 1984.
Anderson, Graham: The Management of Dialogue in Ancient Fiction. In: A Companion to the Ancient Novel. Hg. v. Edmund P. Cueva und Shannon N. Byrne. Chichester et al. 2014. S. 217-230.
Anderson, Graham: The Second Sophistic. A Cultural Phenomenon in the Roman Empire. London 1993.
Andorfer, Helga: Die Reimverhältnisse in Heinrichs von Neustadt „Apollonius von Tyrland", Vv. 1-4125. Diss. (masch.) Wien 1952.

Andrews, Edna: Conversations with Lotman. Cultural Semiotics in Language, Literature, and Cognition. Toronto/Buffalo/London 2003.
Arbusow, Leonid: *Colores rhetorici*. Eine Auswahl rhetorischer Figuren und Gemeinplätze als Hilfsmittel für akademische Übungen an mittelalterlichen Texten. Göttingen 1963.
Archibald, Elizabeth: „Deep clerks she dumbs": The Learned heroine in „Apollonius of Tyre" and „Pericles". In: Comparative Drama 22.4 (1988-89). S. 289-303.
Archibald, Elizabeth: *Apollonius of Tyre* in the Middle Ages and the Renaissance. In: Latin Fiction. The Latin Novel in Context. Hg. v. Heinz Hofmann. London/New York 1999. S. 229-238.
Archibald, Elizabeth: Apollonius of Tyre. Medieval and Renaissance Themes and Variations. Including the Text of the *Historia Apollonii Regis Tyri* with an English Translation. Cambridge 1991.
Archibald, Elizabeth: Fathers and Kings in *Apollonius of Tyre*. In: Images of Authority. Papers presented to Joyce Reynolds. Hg. v. Mary M. Mackenzie und Charlotte Roueché. Cambridge 1989 (Cambridge Philological Society, Supplementary Volume 16). S. 24-40.
Archibald, Elizabeth: Incest and the Medieval Imagination. Oxford 2001.
Archibald, Elizabeth: Incest in Medieval Literature and Society. In: Forum for Modern Language Studies 25 (1989). S. 1-15.
Archibald, Elizabeth: The Flight from Incest. Two Late Classical Precursors of the Constance Theme. In: Chaucer Review 20.4 (1986). S. 259-272.
Arendt, Dieter: Das Symbol des Brunnens zwischen Antike und Moderne. In: Welt und Wort 26 (1971). S. 286-297.
Augustin, Anja: „Norden, Suden, Osten, Wester". Länder und Bewohner der Heidenwelt in deutschen Romanen und Epen des 12. bis 14. Jahrhunderts. *Rolandslied, Herzog Ernst, Parzival, Willehalm, Reinfried von Braunschweig, Wilhelm von Österreich*. 2 Bde. Dissertationsschrift, elektronisch veröffentlicht 2014. https://opus.bibliothek.uni-wuerzburg.de/frontdoor/index/index/docId/10914; letzter Zugriff: 16.07.2018.
Baak, Jan J. van: The Place of Space in Narration. A Semiotic Approach to the Problem of Literary Space. Amsterdam 1983.
Baar, Piet van den: Die kirchliche Lehre von der „translatio imperii" bis zur Mitte des 13. Jahrhunderts. Rom 1958.
Bachmann-Medick, Doris: *Cultural Turns*. Neuorientierungen in den Kulturwissenschaften. Hamburg 2006.
Bachorski, Hans-Jürgen: *grosse ungelücke und unsälige widerwertigkeit und doch ein guotes seliges ende*. Narrative Strukturen und ideologische Probleme des Liebes- und Reiseromans in Spätmittelalter und früher Neuzeit. In: Fremderfahrung in Texten des Spätmittelalters und der frühen Neuzeit. Hg. v. Günter Berger und Stephan Kohl. Trier 1993. S. 59-86.
Bachtin, Michail M.: Chronotopos. Frankfurt am Main 2008.
Bachtin, Michail M.: Zeit und Raum im Roman. In: Kunst und Literatur 22 (1974). S. 1161-1191.
Baeumer, Max L. (Hg.): Toposforschung. Darmstadt 1973.
Baisch, Martin und Jutta Eming (Hg.): Hybridität und Spiel. Der europäische Liebes- und Abenteuerroman von der Antike zur Frühen Neuzeit. Berlin 2013.
Ballengee, Jennifer R.: Below the Belt. Looking into the Matter of Adventure Time. In: The Bakhtin Circle and Ancient Narrative. Hg. v. R. Bracht Branham. Groningen 2005 (Ancient Narrative Suppl., 3). S. 130-163.
Bannasch, Bettina und Günter Butzer (Hg.): Übung und Affekt. Formen des Körpergedächtnisses. Berlin 2007.

Bauer, Dieter et al. (Hg.): Jerusalem im Hoch- und Spätmittelalter. Konflikte und Konfliktbewältigungen – Vorstellungen und Vergegenwärtigungen. Frankfurt am Main/New York 2001.

Baum, Wilhelm: Die Verwandlungen des Mythos vom Reich des Priesterkönigs Johannes. Rom, Byzanz und die Christen des Orients im Mittelalter. Klagenfurt 1999.

Baumgärtner, Ingrid: Erzählungen kartieren. Jerusalem in mittelalterlichen Kartenräumen. In: Jerusalem as Narrative Space. Erzählraum Jerusalem. Hg. v. Annette Hoffmann und Gerhard Wolf. Leiden 2010. S. 231-262.

Baumgärtner, Ingrid: Jerusalem, Nabel der Welt. In: Saladin und die Kreuzfahrer. Hg. v. Alfried Wieczorek. Mainz 2005. S. 288-293.

Beck, Hartmut: Raum und Bewegung. Untersuchungen zu Richtungskonstruktion und vorgestellter Bewegung in der Sprache Wolframs von Eschenbach. Erlangen/Jena 1994 (Erlanger Studien, Bd. 103).

Beise, Arnd: „Körpergedächtnis" als kulturwissenschaftliche Kategorie. In: Übung und Affekt. Formen des Körpergedächtnisses. Hg. v. Bettina Bannasch und Günter Butzer. Berlin 2007. S. 9-25.

Bemong, Nele et al. (Hg.): Bakhtin's Theory of the Literary Chronotope. Reflections, Applications, Perspectives. Gent 2010.

Bennewitz, Ingrid et al. (Hg.): *manlîchiu wîp, wîplîch man*. Zur Konstruktion der Kategorien „Körper" und „Geschlecht" in der deutschen Literatur des Mittelalters. Berlin 1999 (Beihefte zur Zeitschrift für deutsche Philologie, Bd. 9).

Bennewitz, Ingrid: Mädchen ohne Hände. Der Vater-Tochter-Inzest in der mittelhochdeutschen und frühneuhochdeutschen Erzählliteratur. In: Spannungen und Konflikte menschlichen Zusammenlebens in der deutschen Literatur des Mittelalters. Bristoler Colloquium 1993. Hg. v. Kurt Gärtner. Tübingen 1996. S. 157-172.

Benthien, Claudia (Hg.): Über Grenzen. Limitation und Transgression in Literatur und Ästhetik. Stuttgart 1999.

Benz, Maximilian und Carmen Marcks-Jacobs: Plenary Agenda Report for Research Group E-I. Ancient Spaces as Spaces of Movement in the Postclassical Era. Factography, Imagination, Construction. In: E-Topoi. Journal for Ancient Studies, Special Volume 1 (2011).

Benz, Maximilian und Katrin Dennerlein (Hg.): Literarische Räume der Herkunft. Fallstudien zu einer historischen Narratologie. Berlin/Boston 2016 (Narratologia, Bd. 51).

Benz, Maximilian und Katrin Dennerlein: Zur Einführung. In: Literarische Räume der Herkunft. Fallstudien zu einer historischen Narratologie. Hg. v. dens. Berlin/Boston 2016 (Narratologia, Bd. 51). S. 1-17.

Benz, Maximilian: Gesicht und Schrift. Die Erzählung von Jenseitsreisen in Antike und Mittelalter. Berlin/Boston 2013 (Quellen und Forschungen zur Literatur- und Kulturgeschichte, Bd. 78).

Bergemann, Lutz et al.: Transformation. Ein Konzept zur Erforschung kulturellen Wandels. In: Transformation. Ein Konzept zur Erforschung kulturellen Wandels. Hg. v. Hartmut Böhme et al. München 2011. S. 39-56.

Berneder, Helmut: Väter und Töchter in der *Historia Apollonii Regis Tyri*. In: Frauen und Geschlechter. Bilder – Rollen – Realitäten in den Texten antiker Autoren zwischen Antike und Mittelalter. Hg. v. Robert Rollinger und Christoph Ulf, unter Mitarbeit von Kordula Schnegg. Wien/Köln/Weimar 2006. S. 211-225.

Berns, Jörg Jochen und Wolfgang Neuber (Hg.): Seelenmaschinen. Gattungstraditionen, Funktionen und Leistungsgrenzen der Mnemotechniken vom späten Mittelalter bis zum Beginn der Moderne. Wien 2000 (Frühneuzeitstudien, Bd. 5).

Berquist, Jon L. und Claudia V. Camp (Hg.): Constructions of Space I. Theory, Geography, and Narrative. New York/London 2007 (Library of Hebrew Bible/Old Testament Studies 481).
Bewernick, Hanne: The Storyteller's Memory Palace. A Method of Interpretation Based on the Function of Memory Systems in Literature. Frankfurt am Main 2010 (European University Studies, Series XIV, Bd. 458).
Bhabha, Homi: The Location of Culture. London 1994.
Bierl, Anton: Räume im Anderen und der griechische Liebesroman des Xenophon von Ephesos. Träume? In: Mensch und Raum von der Antike bis zur Gegenwart. Hg. v. Antonio Loprieno. München/Leipzig 2006. S. 71-103.
Bierschwale, Heike und Oliver Plessow: Schachbrett, Körper, Räderwerk. Verräumlichte Gesellschaftsmetaphorik im Spätmittelalter. In: Raum und Konflikt. Zur symbolischen Konstituierung gesellschaftlicher Ordnung in Mittelalter und früher Neuzeit. Hg. v. Christoph Dartmann, Marian Füssel und Stefanie Rüther. Münster 2004. S. 59-81.
Bildhauer, Bettina und Robert Mills (Hg.): The Monstrous Middle Ages. Cardiff 2003.
Birchall, John: The Lament as a Rhetorical Feature in the Greek Novel. In: Groningen Colloquia on the Ancient Novel, Bd. 7. Hg. v. Heinz Hofmann und M. Zimmermann. Groningen 1996. S. 1-17.
Birkhan, Helmut: „Ditz sind abenteure" – Zur Herkunft einiger Motive im Apolloniusroman des Heinrich von Neustadt. In: „swer sînen vriunt behaltet, daz ist lobelîch". Festschrift für András Vizkelety zum 70. Geburtstag. Hg. v. Márta Nagy und László Jónácsik. Budapest 2001. S. 117-132.
Bischoff, Friedrich H. Th.: Vergleichendes Wörterbuch der alten, mittleren und neuen Geographie. Gotha 1829.
Blaschitz, Gertrud: Das Freudenhaus im Mittelalter. *In der stat was gesessen / ain unrainer pulian.* In: Sexuality in the Middle Ages and Early Modern Times. New Approaches to a Fundamental Cultural-Historical and Literary-Anthropological Theme. Hg. v. Albrecht Classen. Berlin/New York 2008 (Fundamentals of Medieval an Early Modern Culture, Bd. 3). S. 715-750.
Bock, Nils, Georg Jostkleigrewe und Bastian Walter (Hg.): Faktum und Konstrukt. Politische Grenzziehungen im Mittelalter. Verdichtung – Symbolisierung – Reflexion. Münster 2011.
Bock, Nils, Georg Jostkleigrewe und Bastian Walter: Politische Grenzen als Faktum und Konstrukt. Einführung. In: Faktum und Konstrukt. Politische Grenzziehungen im Mittelalter. Verdichtung – Symbolisierung – Reflexion. Hg. v. Nils Bock, Georg Jostkleigrewe und Bastian Walter. Münster 2011. S. 9-26.
Bockhoff, Albrecht und Samuel Singer: Heinrichs von Neustadt „Apollonius von Tyrlant" und seine Quellen. Ein Beitrag zur mittelhochdeutschen und byzantinischen Literaturgeschichte. Tübingen 1911.
Böhme, Hartmut et al. (Hg.): Transformation. Ein Konzept zur Erforschung kulturellen Wandels. München 2011.
Böhme, Hartmut: Einladung zur Transformation. Was ist Transformation? In: Transformation. Ein Konzept zur Erforschung kulturellen Wandels. Hg. v. Hartmut Böhme et al. München 2011. S. 7-34.
Böhme, Hartmut: Einleitung. Raum – Bewegung – Topographie. In: Topographien der Literatur. Deutsche Literatur im transnationalen Kontext. Hg. v. Hartmut Böhme. Stuttgart/Weimar 2005. S. IX-XXIII.
Bok, Václav: Herr *Dobisch von Pehaymen* im spätmittelhochdeutschen „Apollonius"-Roman Heinrichs von Neustadt. In: Philologica Pragensia 27 (1984). S. 218-224.
Bonifazi, Anna: Inquiring into Nostos and its Cognates. In: American Journal of Philology 130.4 (2009). S. 481-510.
Borg, Barbara: *Paideia.* The world of the Second Sophistic. Berlin 2004.

Borsò, Vittoria: Grenzen, Schwellen und andere Orte – „...la géographie doit bien être au coeur de ce dont je m'occupe." In: Kulturelle Topographien. Hg. v. Vittoria Borsò und Reinhold Görling. Stuttgart/Weimar 2004. S. 13-42.

Bosbach, Franz: *Monarchia Universalis*. Ein politischer Leitbegriff der Frühen Neuzeit. Göttingen 1988 (Schriftenreihe der historischen Kommission bei der Bayerischen Akademie der Wissenschaften, Bd. 32).

Bossard, Robert: Die „Innere Burg" der Theresa von Avila. In: Symbolik von Ort und Raum. Hg. v. Paul Michel. Bern et al. 1997 (Schriften zur Symbolforschung, Bd. 11). S. 93-106.

Bourdieu, Pierre: Physischer, sozialer und angeeigneter physischer Raum. In: Stadt-Räume. Die Zukunft des Städtischen. Hg. v. Martin Wentz. Frankfurt am Main 1991. S. 25-34.

Bourdieu, Pierre: Sozialer Raum und „Klassen". Zwei Vorlesungen. Frankfurt am Main 1985.

Bowersock, Glenn Warren: Late Antiquity. A Guide to the Postclassical World. Cambridge, MA/London 1999.

Bowie, Ewen L.: Greeks and their Past in the Second Sophistic. In: Past and Present 46 (1970). S. 1-41.

Bowie, Ewen L.: The Greek Novel. In: Oxford Readings in the Greek Novel. Hg. v. Simon Swain. Oxford 1999. S. 39-59.

Braidotti, Cecilia: Il canto di Tarsia. In: Schol(i)a 7.3 (2005). S. 81-99.

Brall-Tuchel, Helmut J.: Die Heerscharen des Antichrist. Gog und Magog in der deutschen Literatur des Mittelalters. In: Endzeitvorstellungen. Hg. v. Barbara Haupt. Düsseldorf 2001 (Studia humaniora, Bd. 33). S. 197-228.

Brandt, Rüdiger: Enklaven – Exklaven. Zur literarischen Darstellung von Öffentlichkeit und Nichtöffentlichkeit im Mittelalter. Interpretationen, Motiv- und Terminologiestudien. München 1993.

Branham, R. Bracht (Hg.): The Bakhtin Circle and Ancient Narrative. Groningen 2005 (Ancient Narrative, Suppl. 3).

Branham, R. Bracht: A Truer Story of the Novel? In: Bakhtin and the Classics. Hg. v. dems. Evanston, IL 2002. S. 161-186.

Branham, R. Bracht (Hg.): Bakhtin and the Classics. Evanston, IL 2002.

Branham, R. Bracht: The Poetics of Genre: Bakhtin, Menippus, Petronius. In: The Bakhtin Circle and Ancient Narrative. Hg. v. dems. Groningen 2005 (Ancient Narrative, Suppl. 3). S. 3-31.

Braun, Lea: Die Kontingenz aus der Maschine. Zur Transformation und Refunktionalisierung antiker Götter in Heinrichs von Veldeke „Eneasroman" und Heinrichs von Neustadt „Apollonius von Tyrland". In: *Contingentia*. Transformationen des Zufalls. Hg. v. Hartmut Böhme, Werner Röcke und Ulrike C. A. Stephan. Berlin/Boston 2016 (Transformationen der Antike, Bd. 38). S. 189-210.

Braun, Lea: *Monstra*, Macht und die Ordnung des Raums. Zur Funktion der phantastischen Figuren im *Daniel von dem blühenden Tal*. In: (De)Formierte Körper 2. Die Wahrnehmung und das Andere im Mittelalter. Hg. v. Björn Reich und Gabriela Antunes. Göttingen 2014. S. 109-130.

Braun, Lea: *Translatio imperii*. Herrschaftsraum, politische Theologie und die *matière de Rome* im höfischen Roman des 12. und 13. Jahrhunderts. In: Atlanten, Netzwerke, Topographien. Literaturgeschichtsschreibung und Raum in Italien und Deutschland. Hg. v. Fabian Lampart und Maurizio Pirro. Cultura Tedesca 49 (giugno 2015). S. 155-179.

Bremen, Riet van: The Limits of Participation. Women and Civic Life in the Greek East in the Hellenistic and Roman Periods. Gieben 1996.

Brenner, Neil: Henri Lefebvre in Contexts: An Introduction. In: Antipode 33.5 (2001). S. 763-768.
Breuer, Stefan: ‚Herrschaft' in der Soziologie Max Webers. Wiesbaden 2011.
Brincken, Anna-Dorothee von den: *Fines Terrae*. Die Enden der Erde und der vierte Kontinent auf mittelalterlichen Weltkarten. Hannover 1992.
Brinker-von der Heyde, Claudia: Zwischenräume. Zur Konstruktion und Funktion des handlungslosen Raums. In: Virtuelle Räume. Raumwahrnehmung und Raumvorstellung im Mittelalter. Akten des 10. Symposiums des Mediävistenverbandes, Krems, 24.-26. März 2003. Hg. v. Elisabeth Vavra. Berlin 2005. S. 203-214.
Brummack, Jürgen: Die Darstellung des Orients in den deutschen Alexandergeschichten des Mittelalters. Berlin 1966.
Brunner, Otto: Zwei Studien zum Verhältnis von Bürgertum und Adel. 1. Das Wiener Bürgertum in Jans Enikels *Fürstenbuch*. 2. Bürgertum und Adel in Nieder- und Oberösterreich. In: Neue Wege der Verfassungs- und Sozialgeschichte. Hg. v. dems. Göttingen 1980. S. 242-280.
Bulang, Tobias: Aporien und Grenzen höfischer Interaktion im „Mauritius von Craûn". In: Literarische Kommunikation und soziale Interaktion. Studien zur Institutionalität mittelalterlicher Literatur. Hg. v. Beate Kellner und Ludger Lieb. Frankfurt am Main 2001 (Mikrokosmos, Bd. 64). S. 207-230.
Bulang, Tobias: Enzyklopädische Dichtungen. Fallstudien zu Wissen und Literatur in Spätmittelalter und früher Neuzeit. Berlin 2011 (Deutsche Literatur. Studien und Quellen, Bd. 2).
Buschinger, Danielle: Alexander im Orient. In: Raumerfahrung – Raumerfindung. Erzählte Welten des Mittelalters zwischen Orient und Okzident. Hg. v. Laetitia Rimpau und Peter Ihring. Berlin 2005. S. 57-71.
Buschinger, Danielle: Das Inzestmotiv in der mittelalterlichen Literatur. In: Psychologie in der Mediävistik. Gesammelte Beiträge des Steinheimer Symposiums. Hg. v. Jürgen Kühnel. Göppingen 1985. S. 107-140.
Buschinger, Danielle: Die Tyrus-Episode in den französischen und deutschen Alexanderromanen des 12. Jahrhunderts. In: Herrschaft, Ideologie und Geschichtskonzeption in Alexanderdichtungen des Mittelalters. Hg. v. Ulrich Mölk et al. Göttingen 2002. S. 162-178.
Campanelli, Maurizio: Ritual and Space in the Mirror of Texts: the Case of Late Medieval and Humanist Rome. In: Ritual and Space in the Middle Ages. Proceedings of the 2009 Harlaxton Symposium. Hg. v. Frances Andrews. Shaun Tyas/Donington 2011. S. 308-338.
Carruthers, Mary: The Book of Memory. A Study of Memory in Medieval Culture. Cambridge 1990.
Carruthers, Mary: The Craft of Thought. Meditation, Rhetoric, and the Making of Images 400-1200. Cambridge 1998.
Carruthers, Mary: The Poet as Master Builder. Composition and Locational Memory in the Middle Ages. In: New Literary History 23 (1993). S. 881-904.
Casson, Lionel: Ancient Trade and Society. Detroit 1984.
Casson, Lionel: Ships and Seafaring in Ancient Times. London 1994.
Certeau, Michel de: Kunst des Handelns. Berlin 1988.
Chew, Cathryn: The Representation of Violence in the Greek Novels and Martyr Accounts. In: The Ancient Novel and Beyond. Hg. v. Stelios Panayotakis. Leiden/Boston 2003. S. 129-142.
Cieslik, Karin und Rolf Bräuer: Antikisierende Epik. Apolloniusromane. In: Dichtung des europäischen Mittelalters. Ein Führer durch die erzählende Literatur. Hg. v. Rolf Bräuer. München 1990. S. 257-285.

Cieslik, Karin: Fremdheitserfahrung in deutschen Romanen des Spätmittelalters. In: Fremdheit und Reisen im Mittelalter. Hg. v. Irene Erfen und Karl-Heinz Spieß. Stuttgart 1997. S. 277-288.
Cieslik, Karin: Wertnormen und Ideologie im *Apollonius von Tyrland* des Heinrich von Neustadt. In: Le Roman Antique au Moyen Âge. Actes du Colloque du Centre d'Études Médiévales de l'Université de Picardie. Amiens 14-15 janvier 1989. Hg. v. Danielle Buschinger. Göppingen 1992. S. 43-52.
Clarke, Katherine: Between Geography and History. Hellenistic Constructions of the Roman World. Oxford 1999.
Classen, Albrecht (Hg.): Meeting the Foreign in the Middle Ages. New York/London 2002.
Classen, Albrecht: Die Freude am Exotischen als literarisches Phänomen des Spätmittelalters. Heinrichs von Neustadt *Apollonius von Tyrland*. In: Wirkendes Wort 54 (2004). S. 23-46.
Contzen, Eva von: Why We Need a Medieval Narratology. A Manifesto. In: Diegesis 3.2 (2014). S. 1-21.
Cordes, Albrecht: Art.: „Seerecht". In: Das Lexikon des Mittelalters. Bd. 7. Hg. v. Robert-Henri Bautier et al. München/Stuttgart/Weimar 1999. Sp. 1687-1689.
Cueva, Edmund P. und Shannon N. Byrne (Hg.): A Companion to the Ancient Novel. Chichester et al. 2014.
Curtius, Ernst Robert: Europäische Literatur und lateinisches Mittelalter. Tübingen/Basel 1993.
Curtius, Ernst Robert: Rhetorische Naturschilderung im Mittelalter. In: Romanische Forschungen 56 (1942). S. 219-256.
De Jong, Irene J. F. (Hg.): Space in Ancient Greek Literature. Studies in Ancient Greek Narrative. Leiden/Boston 2012 (Mnemosyne Supplements, Bd. 339).
Deacy, Susan und Karen F. Pierce (Hg.): Rape in Antiquity. London 1997.
Denecke, Dietrich: Strassen, Reiserouten und Routenbücher (Itinerare) im späten Mittelalter und in der frühen Neuzeit. In: Reisen und Reiseliteratur im Mittelalter und in der Frühen Neuzeit. Hg. v. Xenja von Ertzdorff und Dieter Neukirch. Amsterdam/Atlanta 1992. S. 227-253.
Dennerlein, Katrin: Narratologie des Raumes. Berlin/New York 2009 (Narratologica, Bd. 22).
Dennerlein, Katrin: Über den Nutzen kognitionswissenschaftlicher Forschungsergebnisse für eine Narratologie des Raumes. In: Literatur und Kognition. Bestandsaufnahmen und Perspektiven eines Arbeitsfeldes. Hg. v. Martin Huber und Simone Winko. Paderborn 2009 (Poetogenesis, Bd. 6). S. 185-202.
Dinzelbacher, Peter: Eschatologie bei Heinrich von Neustadt. In: Wirtschaft – Gesellschaft – Mentalitäten im Mittelalter. Festschrift zum 75. Geburtstag von Rolf Sprandel. Hg. v. Hans-Peter Baum. Stuttgart 2006 (Beiträge zur Wirtschafts- und Sozialgeschichte 107). S. 643-658.
Dittrich, Marie-Luise: *Gote* und *got* in Heinrichs von Veldeke *Eneide*. In: Zeitschrift für deutsches Altertum und deutsche Literatur 90.4 (1961). S. 274-302.
Doetsch, Hermann: Intervall. Überlegungen zu einer Theorie von Räumlichkeit und Medialität. In: Von Pilgerwegen, Schriftspuren und Blickpunkten. Raumpraktiken in medienhistorischer Perspektive. Hg. v. Jörg Dünne, Herrmann Doetsch und Roger Lüdeke. Würzburg 2004. S. 23-56.
Döring-Mohr, Karin: Die ikonographische Entwicklung des Jungbrunnens und sein inhaltlicher Wandel. Diss. (masch.) Aachen 1999.
Döring, Jörg: *Spatial Turn*. Das Raumparadigma in den Kultur- und Sozialwissenschaften. Bielefeld 2008.

Dougherty, Carol: Sowing the Seeds of Violence: Rape, Women, and the Land. In: Parchments of Gender. Deciphering the Body in Antiquity. Hg. v. Maria Wyke. London 1998. S. 267-284.
Doulamis, Konstantin (Hg.): Echoing Narratives. Studies of Intertextuality in Greek and Roman Prose Fiction. Groningen 2011.
Dünne, Jörg und Andreas Mahler (Hg.): Handbuch Literatur und Raum. Berlin 2015.
Dünne, Jörg und Stephan Günzel (Hg.): Raumtheorie. Grundlagentexte aus Philosophie und Kulturwissenschaften. Frankfurt am Main 2006.
Dünne, Jörg: Die Karte als imaginierter Ursprung. Zur frühneuzeitlichen Konkurrenz von textueller und kartographischer Raumkonstitution in den America-Reisen Theodor de Brys. In: Topographien der Literatur. Deutsche Literatur im transnationalen Kontext. Hg. v. Hartmut Böhme. Stuttgart/Weimar 2005. S. 73-99.
Ebenbauer, Alfred: Apollonius und die Sirene. Zum Sirenenmotiv im „Apollonius von Tyrlant" des Heinrich von Neustadt – und anderswo. In: *Classica et mediaevalia*. Studies in Honour of Josef Szövérffy. Hg. v. Irene Vaslef und Helmut Buschhausen. Leiden 1986 (Medieval Classics, Bd. 20). S. 31-56.
Ebenbauer, Alfred: Der ‚Apollonius von Tyrlant' des Heinrich von Neustadt und die bürgerliche Literatur im spätmittelalterlichen Wien. In: Die österreichische Literatur. Ihr Profil von den Anfängen im Mittelalter bis zum 18. Jh. (1070-1750). Hg. v. Herbert Zeman unter Mitwirkung von Fritz Peter Knapp. Teil 1. Graz 1986. S. 311-347.
Ebenbauer, Alfred: *Es gibt ain mörynne vil dick susse mynne*. Belakanes Landsleute in der deutschen Literatur des Mittelalters. Zeitschrift für deutsches Altertum und deutsche Literatur 113 (1984). S. 16-42.
Ebenbauer, Alfred: Spekulieren über Geschichte im höfischen Roman um 1300. In: Philologische Untersuchungen. Festschrift für Elfriede Stutz. Hg. v. dems. Wien 1984. S. 151-166.
Egger, Brigitte: The Role of Women in the Greek Novel. Women as Heroine and Reader. In: Oxford Readings in the Greek Novel. Hg. v. Simon Swain. Oxford 1999. S. 108-136.
Egger, Brigitte: Women and Marriage in the Greek Novels. The Boundaries of Romance. In: The Search for the Ancient Novel. Hg. v. James Tatum. Baltimore/London 1994. S. 260-282.
Egger, Brigitte: Zu den Frauenrollen im griechischen Roman. Die Frau als Heldin und Leserin. In: Groningen Colloquia on the Novel I. Hg. v. Heinz Hofmann. Groningen 1988. S. 33-66.
Egidi, Margreth: Die höfischen Künste in „Flore und Blanscheflur" und „Apollonius von Tyrland". In: Zeitschrift für deutsche Philologie 128, Sonderheft (2009). S. 37-47.
Egidi, Margreth: Gegenweltliche Dingobjekte im *Apollonius von Tyrland* – das Schachspiel. In: Hybridität und Spiel. Der europäische Liebes- und Abenteuerroman von der Antike zur Frühen Neuzeit. Hg. v. Martin Baisch und Jutta Eming. Berlin 2013. S. 177-192.
Egidi, Margreth: Inzest und Aufschub. Zur Erzähllogik im *Apollonius von Tyrland* Heinrichs von Neustadt. In: Liebesgaben. Kommunikative, performative und poetologische Dimensionen in der Literatur des Mittelalters und der Frühen Neuzeit. Hg. v. Margreth Egidi et al. Berlin 2012 (Philologische Studien und Quellen 240). S. 281-290.
Egidi, Margreth: Schrift und „ökonomische Logik" im höfischen Liebesdiskurs: *Flore und Blanscheflur und Apollonius von Tyrland*. In: Schrift und Liebe in der Kultur des Mittelalters. Hg. v. Mireille Schnyder. Berlin/New York 2008 (Trends in Medieval Philology, Bd. 13). S. 147-163.

Egyptien, Jürgen: Höfisierter Text und Verstädterung der Sprache. Städtische Wahrnehmung als Palimpsest spätmittelalterlicher Versromane. Würzburg 1987.

Ehlert, Trude: Alexanders Kuriositäten-Kabinett, oder: Reisen als Aneignung von Welt in Ulrichs von Etzenbach „Alexander". In: Reisen und Reiseliteratur im Mittelalter und in der Frühen Neuzeit. Hg. v. Xenja von Ertzdorff und Dieter Neukirch. Amsterdam/Atlanta 1992. S. 313-328.

Elden, Stuart: Understanding Lefebvre. Theory and the Possible. London/New York 2004.

Eming, Jutta: Emotion und Expression. Untersuchungen zu deutschen und französischen Liebes- und Abenteuerromanen des 12.-16. Jahrhunderts. Berlin/New York 2006.

Eming, Jutta: Inzestneigung und Inzestvollzug im mittelalterlichen Liebes- und Abenteuerroman (*Mai und Beaflor* und *Apollonius von Tyrus*). In: Historische Inzestdiskurse. Interdisziplinäre Zugänge. Hg. v. ders. et al. Königstein/Taunus 2003. S. 21-45.

Eming, Jutta: Geschlechterkonstruktionen im Liebes- und Reiseroman. In: *Manlîchiu wîp, wîplîch man*. Zur Konstruktion der Kategorien „Körper" und „Geschlecht". Berlin 1999. S. 159-181.

Emmelius, Caroline et al. (Hg.): Offen und Verborgen. Vorstellungen und Praktiken des Öffentlichen und Privaten in Mittelalter und Früher Neuzeit. Göttingen 2004.

Engelke, Jan: Die Räumlichkeit von Texten und die Textualität von Räumen. In: Einschnitte. Identität in der Moderne. Hg. v. Oliver Kohns und Martin Roussel. Würzburg 2007. S. 117-135.

Ernst, Ulrich: *Memoria* und *ars memorativ*a in der Tradition der Enzyklopädie. Von Plinius zur *Encyclopédie française*. In: Seelenmaschinen. Gattungstradition, Funktion und Leistungsgrenzen der Mnemotechnik vom späten Mittelalter bis zum Beginn der Moderne. Hg. v. Jörg Jochen Berns und Wolfgang Neuber. Wien 2000. S. 109-168.

Ernst, Ulrich: Virtuelle Gärten in der mittelalterlichen Literatur. Anschauungsmodelle und symbolische Projektionen. In: Imaginäre Räume. Sektion B des internationalen Kongresses „Virtuelle Räume. Raumwahrnehmung und Raumvorstellung im Mittelalter". Krems an der Donau, 24. bis 26. März 2003. Wien 2007 (Veröffentlichungen des Instituts für Realienkunde des Mittelalters und der frühen Neuzeit). S. 155-190.

Ernst, Ulrich: Zauber – Technik – Imagination. Zur Darstellung von Automaten in der Erzählliteratur des Mittelalters. In: Automaten in Kunst und Literatur des Mittelalters und der frühen Neuzeit. Hg. v. Klaus Grubmüller und Markus Stock. Wiesbaden 2003. S. 45-77.

Ernst, Wolfgang und Cornelia Vismann (Hg.): Geschichtskörper. Zur Aktualität von Ernst H. Kantorowicz. München 1998.

Estelmann, Frank: Weg ohne Rückkehr, *bone jornee*: Reise und Neugier im altfranzösischen Alexanderroman (*Alexandre de Paris*). In: Raumerfahrung – Raumerfindung. Erzählte Welten des Mittelalters zwischen Orient und Okzident. Hg. v. Laetitia Rimpau und Peter Ihring. Berlin 2005. S. 71-86.

Faraone, Christopher A. und Laura K. McClure (Hg.): Prostitutes and Courtesans in the Ancient World. Wisconsin 2006.

Fasbender, Christoph: *reht alsam er lebte*. Nachbildung als Überbietung der Natur in der Epik des Mittelalters. Anmerkungen zu Texten und interpretatorischen Konsequenzen. In: Natur und Kultur in der deutschen Literatur des Mittelalters. Colloquium Exeter 1997. Hg. v. Alan Robertshaw und Gerhard Wolf. Tübingen 1999. S. 53-64.

Fern, Carola Susanne: Seesturm im Mittelalter. Ein literarisches Motiv im Spannungsfeld zwischen Topik, Erfahrungswissen und Naturkunde. Frankfurt am Main 2012.

Fiebig, Annegret: *vier tier wilde*. Weltdeutung nach Daniel in der „Kaiserchronik". In: Deutsche Literatur und Sprache von 1050-1200. Festschrift für Ursula Hennig. Hg. v. Annegret Fiebig und Hans-Jochen Schiewer. Berlin 1995. S. 27-49.
Finkelpearl, Ellen D.: Gender in the Ancient Novel. In: A Companion to the Ancient Novel. Hg. v. Edmund P. Cueva und Shannon N. Byrne. Chichester et al. 2014. S. 456-472.
Fludernik, Monika und Hans-Joachim Gehrke (Hg.): Grenzgänger zwischen Kulturen. Würzburg 1999.
Foucault, Michel: Die Heterotopien. Der utopische Körper. Zwei Radiovorträge. Frankfurt am Main 2005.
Foucault, Michel: Von anderen Räumen. In: Ders.: Schriften in vier Bänden. Dits et Écrits. Band IV. Hg. v. Daniel Defert und Francois Ewald. Frankfurt am Main 2005. S. 931-942.
Frank, Michael C. und Kirsten Mahlke: Nachwort. In: Michail M. Bachtin: Chronotopos. Frankfurt am Main 2008. S. 201-242.
Frank, Michael C.: Die Literaturwissenschaften und der *spatial turn*. Ansätze bei Jurij Lotman und Michail Bachtin. In: Raum und Bewegung in der Literatur. Die Literaturwissenschaften und der Spatial Turn. Hg. v. Wolfgang Hallet und Birgit Neumann. Bielefeld 2009. S. 53-80.
Frank, Michael C.: Sphären, Grenzen und Kontaktzonen. Jurij Lotmans räumliche Kultursemiotik am Beispiel von Rudyard Kiplings *Plain Tales from the Hills*. In: Explosion und Peripherie. Jurij Lotmans Semiotik der kulturellen Dynamik revisited. Hg. v. Susi K. Frank et al. Bielefeld 2012. S. 217-246.
Friedrich, Udo und Bruno Quast (Hg.): Präsenz des Mythos. Konfigurationen einer Denkform in Mittelalter und Früher Neuzeit. Berlin/New York 2004.
Friedrich, Udo: Menschentier und Tiermensch. Diskurse der Grenzziehung und Grenzüberschreitung im Mittelalter. Göttingen 2009.
Fromm, Hans: Ungarisches Wortgut bei Heinrich von Neustadt. In: UralAltaische Jahrbücher 31 (1959). S. 89-94.
Fusillo, Massimo: Art.: „Roman". Übers. von Theodor Heinze. In: Der Neue Pauly. Enzyklopädie der Antike. Bd. 10. Hg. v. Hubert Cancik und Helmut Schneider. Stuttgart/Weimar 2001. Sp. 1108-1122.
Gamsjäger, Hildegard: Heinrichs von Neustadt ‚Apollonius von Tyrland'. V. 17029-20644. Eine Reimuntersuchung. Diss. (masch.) Wien 1952.
Garbugino, Giovanni: *Historia Apollonii Regis Tyri*. In: A Companion to the Ancient Novel. Hg. v. Edmund P. Cueva und Shannon N. Byrne. Chichester et al. 2014. S. 133-145.
Gaunt, Simon: Gender and Genre in Medieval French Literature. Cambridge 1995.
Geisenhanslüke, Achim und Georg Mein (Hg.): Monströse Ordnungen. Zur Typologie und Ästhetik des Anormalen. Bielefeld 2009.
Gennep, Arnold van: Übergangsriten (*Les rites de passage*). Übers. v. Klaus Schomburg und Sylvia M. Schomburg-Scherff, mit einem Nachwort v. dems. Frankfurt am Main/New York 1986.
Gentry, Francis G.: „Ex Oriente Lux". „Translatio" Theory in Early Middle High German Literature. In: *Spectrum Medii Aevi*. Essays in Early German Literature in Honor of George Fenwick Jones. Hg. v. William C. McDonald. Göppingen 1983 (GAG 362). S.119-137.
Gerok-Reiter, Anette: Die Figur denkt – der Erzähler lenkt? Sedimente von Kontingenz in Veldekes Eneasroman. In: Kein Zufall. Konzeptionen von Kontingenz in der mittelalterlichen Literatur. Hg. v. Cornelia Herberichs und Susanne Reichlin. Göttingen 2010. S. 131-153.

Gerritsen, W. P.: Gog und Magog in Medieval and Early Modern Western Tradition. In: Gog and Magog. The Clans of Chaos in World Literature. Hg. v. A. A. Seyed-Gohrab et al. Amsterdam/West Lafayette, IN 2007. S. 9-22.
Geus, Klaus: Die Vermessung der Oikumene. Berlin 2012.
Giangrande, Graham: On the Origins of the Greek Romance: the Birth of a Literary Form. In: Beiträge zum griechischen Liebesroman. Hg. v. Hans Gärtner. Hildesheim et al. 1984 [zuerst 1962]. S. 125-153.
Giddens, Anthony: Die Konstitution der Gesellschaft. Grundzüge einer Theorie der Strukturierung. Frankfurt 1988.
Glaser, Andrea: Der Held und sein Raum. Die Konstruktion der erzählten Welt im mittelhochdeutschen Artusroman des 12. und 13. Jahrhunderts. Frankfurt am Main 2004.
Glauch, Sonja, Susanne Köbele und Uta Störmer-Caysa (Hg.): Projektion, Reflexion, Ferne. Räumliche Vorstellungen und Denkfiguren im Mittelalter. Berlin/Boston 2011.
Glauser, Jürg und Christian Kiening: Text – Bild – Karte. Kartographien der Vormoderne. Freiburg im Breisgau/Berlin/Wien 2007.
Gleba, Gudrun: Repräsentation, Kommunikation und öffentlicher Raum. Innerstädtische Herrschaftsbildung und Selbstdarstellung im Hoch- und Spätmittelalter. In: Bremisches Jahrbuch 77 (1998). S. 125-152.
Goepp, Philip H.: The Narrative Material of ‚Apollonius of Tyre'. In: A Journal of English Literary History 5.2 (1938). S. 150-172.
Goez, Hans-Werner: Art.: „Orosius". In: Das Lexikon des Mittelalters. Bd. 6. Hg. v. Robert Bautier et al. Stuttgart/Weimar 1999. Sp. 1474-1475.
Goez, Werner: *Translatio Imperii*. Ein Beitrag zur Geschichte des Geschichtsdenkens und der politischen Theorien im Mittelalter und in der frühen Neuzeit. Tübingen 1958.
Goldhill, Simon: Foucault's Virginity. Ancient Erotic Fiction and the History of Sexuality. Cambridge 1995.
Goldhill, Simon: Introduction. Setting an agenda. „Everything is Greece to the wise". In: Being Greek under Rome. Cultural Identity, the Second Sophistic and the Development of Empire. Hg. v. dems. Cambridge 2001. S. 1-25.
Gow, Andrew C.: Kartenrand, Gesellschaftsrand, Geschichtsrand. Die legendären *iudei clausi/inclusi* auf mittelalterlichen und frühneuzeitlichen Weltkarten. In: Fördern und Bewahren. Studien zur europäischen Kulturgeschichte der Frühen Neuzeit. Hg. v. Helwig Schmidt-Glinzer. Wiesbaden 1996. S. 137-155.
Gramaccini, Norberto: Antike Statuen auf mittelalterlichen Plätzen. In: Stadtgestalt und Öffentlichkeit. Die Entstehung politischer Räume in der Stadt der Vormoderne. Hg. v. Stephan Albrecht. Köln/Weimar/Wien 2010. S. 275-286.
Gregory, Derek: Geographical Imaginations. Cambridge, MA/Oxford 1994.
Grimm, Michael Alban: Lebensraum in Gottes Stadt. Jerusalem als Symbolsystem der Eschatologie. Münster 2007.
Grimm, Reinhold R.: Paradisus coelestis Paradisus terrestris. München 1977.
Grisard, Dominique et al. (Hg.): Gender in Motion. Die Konstruktion von Geschlecht in Raum und Erzählung. Basel 2005.
Grübel, Isabel und Dietz-Rüdiger Moser: Art.: „Hölle". In: Enzyklopädie des Märchens. Handwörterbuch zur historischen und vergleichenden Erzählforschung. Bd. 6. Hg. v. Kurt Ranke et al. Berlin et al. 1990. Sp. 1178-1191.
Guelf, Fernand Mathias: Die urbane Revolution. Henri Lefèbvres Philosophie der globalen Verstädterung. Bielefeld 2010.
Güngerich, Rudolf: Die Küstenbeschreibung in der griechischen Literatur. *Orbis Antiquus* 4. Münster 1950.

Günzel, Stephan (Hg.): Raum. Ein interdisziplinäres Handbuch. Unter Mitarbeit von Franziska Kümmerling. Stuttgart/Weimar 2011.
Günzel, Stephan (Hg.): Raumwissenschaften. Frankfurt am Main 2009.
Günzel, Stephan (Hg.): Topologie. Zur Raumbeschreibung in den Kultur- und Medienwissenschaften. Bielefeld 2007.
Günzel, Stephan: Raumteilungen. Logik und Phänomen der Grenze. In: Grenzen der Antike. Die Produktivität von Grenzen in Transformationsprozessen. Hg. v. Anna Heinze, Sebastian Möckel und Werner Röcke. Berlin 2014 (Transformationen der Antike, Bd. 28). S. 15-26.
Günzel, Stephan: *Spatial Turn – Topographical Turn – Topological Turn*. Über die Unterschiede zwischen Raumparadigmen. In: *Spatial Turn*. Das Raumparadigma in den Kultur- und Sozialwissenschaften. Hg. v. Jörg Döring und Tristan Thielmann. Bielefeld 2008. S. 219-237.
Haas, Volkert: Die literarische Rezeption Babylons von der Antike bis zur Gegenwart. In: Babylon. Focus mesopotamischer Geschichte, Wiege früher Gelehrsamkeit, Mythos in der Moderne. Hg. v. Johannes Renger. Saarbrücken 1999 (Colloquium der Deutschen Orient-Gesellschaft, Bd. 2). S. 523-552.
Haferland, Harald et al. (Hg.): Historische Narratologie – mediävistische Perspektiven. Berlin/New York 2010.
Haferland, Harald: Apollonius im Jungbrunnen. In: Landschaft – Gärten – Literaturen. Festschrift für Hubertus Fischer. Hg. v. Irmela von der Lühe und Joachim Wolschke-Bulmahn. München 2013 (CGL Studies, Bd. 19). S. 129-146.
Hagemann, Nora: Vorgeschichten. Inzestthematik im Liebes- und Abenteuerroman. In: Hybridität und Spiel. Der europäische Liebes-und Abenteuerroman von der Antike zur Frühen Neuzeit. Hg. v. Martin Baisch und Jutta Eming. Berlin 2013. S. 135-161.
Hägg, Thomas: The Ideal Greek Novel from a Biographical Perspective. In: Fiction on the Fringe. Novelistic Writing in the Post-Classical Age. Hg. v. Grammatiki A. Karla. Leiden/Boston 2009. S. 81-94.
Hägg, Tomas: Eros und Tyche. Der Roman in der antiken Welt. Mainz 1987 (Kulturgeschichte der antiken Welt, Bd. 36).
Hägg, Tomas: The Novel in Antiquity. London 1983.
Hallet, Wolfgang und Birgit Neumann (Hg.): Raum und Bewegung in der Literatur. Die Literaturwissenschaften und der *Spatial Turn*. Bielefeld 2009.
Hamann, Christof: Räume der Hybridität. Postkoloniale Konzepte in Theorie und Literatur. Hildesheim 2002.
Hamedinger, Alexander: Raum, Struktur und Handlung als Kategorien der Entwicklungstheorie. Eine Auseinandersetzung mit Giddens, Foucault und Lefebvre. Frankfurt/New York 1998 (Campus Forschung, Bd. 772).
Hammerstein, Reinhold: Macht und Klang. Tönende Automaten als Realität und Fiktion in der alten und mittelalterlichen Welt. Bern 1986.
Harich-Schwarzbauer, Henriette: An der Schwelle neuer Räume. Zur Dialektik von Vermessung und Vermessenheit in der lateinischen Alexanderliteratur am Beispiel der *Alexandreis* des Walter von Châtillon. In: Mensch und Raum von der Antike bis zur Gegenwart. Hg. v. Antonio Loprieno. München/Leipzig 2006. S. 104-126.
Harms, Wolfgang und C. Stephen Jaeger (Hg.): Fremdes wahrnehmen – fremdes Wahrnehmen. Stuttgart 1997.
Harms, Wolfgang: *Homo viator in bivio*. Studien zur Bildlichkeit des Weges. München 1970.
Harris, Nigel: *Gar süezen smac daz pantir hât*. Der Panther und sein Atem in der deutschsprachigen Literatur des Mittelalters. In: Natur und Kultur in der deutschen Literatur des Mittelalters. Hg. v. Alan Robertshaw. Tübingen 1999. S. 27-38.

Hasebrink, Burkhard et al. (Hg.): Innenräume in der Literatur des deutschen Mittelalter. XIX. Anglo-German Colloquium Oxford 2005. Tübingen 2008.
Hassel, Holly und Christie Launius: Threshold Concepts in Women's and Gender Studies. London 2015.
Haug, Walter: Gebet und Hieroglyphe. Zur Bild- und Architekturbeschreibung in der mittelalterlichen Dichtung. In: Zeitschrift für deutsches Altertum und deutsche Literatur 196 (1977). S. 163-183.
Haupt, Barbara: Die Kemenate der hochmittelalterlichen Burg im Spiegel der zeitgenössischen (volkssprachigen) Literatur. In: Burg und Schloß als Lebensorte in Mittelalter und Renaissance. Hg. v. Wilhelm G. Busse. Düsseldorf 1995. S. 129-147.
Hauschild, Wolf-Dieter: Lehrbuch der Kirchen- und Dogmengeschichte. Bd. 1. Alte Kirche und Mittelalter. Zweite, durchgesehene und erweiterte Auflage. Gütersloh 2000. S. 252ff.
Haverkamp, Anselm und Renate Lachmann (Hg.): Gedächtniskunst. Raum – Bild – Schrift. Studien zur Mnemotechnik. Frankfurt am Main 1991.
Helms, Lorraine: The Saint in the Brothel: Or, Eloquence Rewarded. In: Shakespeare Quarterly 41 (1990). S. 319-332.
Hemelrijk, Emily A.: Public Roles for Women in the Cities of the Latin West. In: A Companion to Women in the Ancient World. Hg. v. Sharon L. James und Sheila Dillon. Malden, MA/Oxford 2012. S. 478-490.
Herweg, Mathias: Wege zur Verbindlichkeit. Studien zum deutschen Roman um 1300. Wiesbaden 2010.
Herwig, Wolfram: *Splendor imperii*. Die Epiphanie von Tugend und Heil in Herrschaft und Reich. Graz/Köln 1963 (Mitteilungen des Instituts für österreichische Geschichtsforschung 20,3).
Hirschbiegel, Jan und Werner Paravicini (Hg.): Das Frauenzimmer. Die Frau bei Hof in Spätmittelalter und früher Neuzeit. Stuttgart 2000.
Hirschkop, Ken und David Shepherd (Hg.): Bakthin and Cultural Theory. Revised and expanded 2nd edition. Manchester/New York 2001.
Hock, Ronald, Bradley J. Chance und Judith Perkins (Hg.): Ancient Fiction and Early Christian Narrative. Atlanta 1998 (Society of Biblical Literature Symposium Series, Bd. 6).
Hofmann, Heinz (Hg.): Latin Fiction. The Latin Novel in Context. London/New York 1999.
Hofmann, Konrad: Über das Lebermeer. In: Sitzungsberichte der königl. Bayr. Akademie der Wissenschaften 1865. Bd. 2. S. 1-19.
Hohnsträter, Dirk: Im Zwischenraum. Ein Lob des Grenzgängers. In: Über Grenzen. Limitation und Transgression in Literatur und Ästhetik. Hg. v. Claudia Benthien et al. Stuttgart 1999. S. 231-244.
Holzberg, Niklas: Der antike Roman. Eine Einführung. 3. überarbeitete Auflage, Darmstadt 2006.
Holzberg, Niklas: Die ‚Historia Apollonii regis Tyri' und die ‚Odyssee'. Hinweise auf einen möglichen Schulautor. In: Anregung 35 (1989). S. 363-375.
Holzberg, Niklas: The Genre. Novels Proper and the Fringe. In: The Novel in the Ancient World. Hg.v. Gareth Schmeling. Leiden et al. 1996. S. 11-28.
Huber, Christoph: Die Aufnahme und Verarbeitung des *Alanus ab Insulis* in mittelhochdeutschen Dichtungen. Untersuchungen zu Thomasin von Zerklaere, Gottfried von Strassburg, Frauenlob, Heinrich von Neustadt, Heinrich von St. Gallen, Heinrich von Mügeln und Johannes von Tepl. Zürich 1988 (Münchener Texte und Untersuchungen zur deutschen Literatur des Mittelalters, Bd. 89).
Hübner, Gert: Der künstliche Baum. Höfischer Roman und poetisches Erzählen. In: Beiträge zur Geschichte der deutschen Sprache und Literatur 136.3 (2014). S. 415-471.

Hubrath, Margarete (Hg.): Geschlechterräume. Konstruktionen von „gender" in Geschichte, Literatur und Alltag. Köln 2001.
Hühn, Peter: Event and Eventfulness. In: Handbook of Narratology. Hg. v. dems. et al. Hamburg 2009. S. 80-97.
Hünemörder, Christian: Art. „Pelikan". In: Das Lexikon des Mittelalters. Bd. 6. Hg. v. Robert-Henri Bautier et al. München/Stuttgart/Weimar 1999. Sp. 1864f.
Hutchinson, Gregory O.: Greek to Latin. Frameworks and Contexts for Intertextuality. Oxford 2013.
Iser, Wolfgang: Die Wirklichkeit der Fiktion. Elemente eines funktionsgeschichtlichen Textmodells der Literatur. In: Rezeptionsästhetik. Hg. v. Rainer Warning. München 1975. S. 277-321.
Jackson, Timothy R.: Zwischen Innenraum und Außenraum. Das Motiv des Fensters in der Literatur des deutschen Mittelalters. In: Innenräume in der Literatur des deutschen Mittelalter. XIX. Anglo-German Colloquium Oxford 2005. Hg. v. Burkhard Hasebrink et al. Tübingen 2008. S. 45-66.
Jacobsen, Peter Christian: Die Eroberung von Jerusalem in der mittellateinischen Dichtung. In: Jerusalem im Hoch- und Spätmittelalter. Konflikte und Konfliktbewältigungen – Vorstellungen und Vergegenwärtigungen. Hg. v. Dieter Bauer et al. Frankfurt/New York 2001. S. 335-366.
Janka, Markus: Die Fassungen RA und RB der *Historia Apollonii* im Vergleich. In: Rheinisches Museum für Philologie 140 (1997). S. 168-187.
Jannidis, Fotis: Figur und Person. Beitrag zu einer historischen Narratologie. Berlin/New York 2004.
Jaritz, Gerhard (Hg.): Die Strasse. Zur Funktion und Perzeption öffentlichen Raums im späten Mittelalter. Internationales *Round Table* Gespräch Krems an der Donau, 2. und 3. Oktober 2000. Wien 2001.
Jauß, Hans Robert: Allegorese, Remythisierung und neuer Mythos. Bemerkungen zur christlichen Gefangenschaft der Mythologie im Mittelalter. In: Terror und Spiel. Hg. v. Manfred Fuhrmann. München 1971 (Poetik und Hermeneutik, Bd. 4). S. 187-209.
Jauß, Hans Robert: Entstehung und Strukturwandel der allegorischen Dichtung. In: Grundriß der romanischen Literaturen des Mittelalters 6.1. Heidelberg 1968. S. 146-244.
Johanek, Peter: Adel und Stadt im Mittelalter. In: Adel und Stadt. Vorträge auf dem Kolloquium der Vereinigten Westfälischen Adelsarchive e. V. vom 28. bis 29. Oktober 1993 in Münster. Hg. v. Norbert Reimann. Münster 1998 (Vereinigte Westfälische Adelsarchive e. V., Veröffentlichungen Nr. 10). S. 9–35.
Johne, Renate: Women in the Ancient Novel. In: The Novel in the Ancient World. Hg. v. Gareth Schmeling. Leiden/New York/Köln 1996. S. 151-208.
Johne, Renate: Zur Figurencharakteristik im antiken Roman. In: Der antike Roman. Untersuchungen zur literarischen Kommunikation und Gattungsgeschichte. Hg. v. Heinrich Kuch. Berlin 1989. S. 150-177.
Jones, Meriel: Playing the Man. Performing Masculinities in the Ancient Greek Novel. Oxford 2012 (Oxford Studies in Classical Literature and Gender Theory).
Junk, Ulrike: Transformationen der Textstruktur. *Historia Apollonii* und *Apollonius von Tyrland*. Trier 2003 (LIR, Bd. 31).
Kantorowicz, Ernst: Die zwei Körper des Königs. Eine Studie zur politischen Theologie des Mittelalters. München 1994.
Kaufmann, Jean-Claude: Frauenkörper – Männerblicke. Konstanz 1996.
Keller, Hildegard Elisabeth: *înluogen*. Blicke in symbolische Räume an Beispielen aus der mystischen Literatur des 13. und 14. Jahrhunderts. In: Symbolik von Ort und Raum. Hg. v. Paul Michel. Bern et al. 1997 (Schriften zur Symbolforschung, Bd. 11). S. 353-376.

Keller, Hildegard Elisabeth: Wüste. Kleiner Rundgang durch einen Topos der Askese. In: Askese und Identität in Spätantike, Mittelalter und Früher Neuzeit. Hg. v. Werner Röcke und Julia Weitbrecht. Berlin/New York 2010 (Transformationen der Antike, Bd. 14). S. 191-206.
Kellermann, Karina: Entblößungen. Die poetologische Funktion des Körpers in den Tugendproben der Artusepik. In: Das Mittelalter 8 (2003). S. 102-117.
Kern, Manfred: Art.: „Apollonius". In: Lexikon der antiken Gestalten in den deutschen Texten des Mittelalters. Hg. v. Manfred Kern und Alfred Ebenbauer. Berlin/New York 2003. S. 100-102.
Kern, Manfred: Edle Tropfen vom Helikon. Zur Anspielungsrezeption der antiken Mythologie in der deutschen höfischen Lyrik und Epik von 1180-1300. Amsterdam/Atlanta 1998.
Kern, Peter: Die Auslegung von Nabuchodonosors Traumgesicht (Dan. 2,31-35) auf die Lebensalter des Menschen. In: Les Âges de la Vie au Moyen Âge. Hg. v. Henri Dubois und Michel Zink. Paris 1992. S. 37-55.
Kerner, Max (Hg.): Ideologie und Herrschaft im Mittelalter. Darmstadt 1982.
Kessl, Fabian et al. (Hg.): Handbuch Sozialraum. Wiesbaden 2005.
Kiening, Christian: Apollonius unter den Tieren. In: Literarische Leben. Rollenentwürfe in der Literatur des Hoch- und Spätmittelalters. Festschrift für Volker Mertens zum 65. Geburtstag. Hg. v. Matthias Meyer und Hans-Jochen Schiewer. Tübingen 2002. S. 415-432.
Kiening, Christian: Personifikation. Begegnungen mit dem Fremd-Vertrauten in mittelalterlicher Literatur. In: Personenbeziehungen in der mittelalterlichen Literatur. Hg. v. Helmut Brall, Barbara Haupt und Urban Küsters. Düsseldorf 1994. S. 347-387.
Kiening, Christian: *Wer aigen mein die welt...* Weltentwürfe und Sinnprobleme deutscher Minne- und Abenteuerromane des 14. Jahrhunderts. In: Literarische Interessenbildung im Mittelalter. DFG-Symposion 1991. Hg. v. Joachim Heinzle. Stuttgart/Weimar 1993. S. 474-494.
Klausnitzer, Ralf: Literatur und Wissen. Zugänge – Modelle – Analysen. Berlin/New York 2008.
Klebs, Elimar: Die Erzählung von Apollonius aus Tyrus. Eine geschichtliche Untersuchung über ihre lateinische Urform und ihre späteren Bearbeitungen. Berlin 1899.
Klein, Dorothea: Amoene Orte. Zum produktiven Umgang mit einem Topos in mittelhochdeutscher Dichtung. In: Projektion – Reflexion – Ferne. Räumliche Vorstellungen und Denkfiguren im Mittelalter. Hg. v. Sonja Glauch, Susanne Köbele und Uta Störmer-Caysa. Berlin/New York 2011. S. 61-84.
Knapp, Fritz Peter: Gawein in Jerusalem. Pseudohistoriographische Itinerare mittelalterlicher Romanhelden. In: Raumerfahrung – Raumerfindung. Erzählte Welten des Mittelalters zwischen Orient und Okzident. Hg. v. Laetitia Rimpau und Peter Ihring. Berlin 2005. S. 109-117.
Knapp, Fritz Peter: Heinrich von Neustadt. In: Ders.: Die Literatur des Spätmittelalters in den Ländern Österreich, Steiermark etc. Geschichte der Literatur. In: Österreich von den Anfängen bis zur Gegenwart. Bd. 2, I. Halbband: Die Literatur in der Zeit der frühen Habsburger bis zum Tod Albrechts II. 1358. Hg. v. Herbert Zeman. Graz 1999. S. 280-297.
Knefelkamp, Ulrich: Der Priesterkönig Johannes und sein Reich – Legende oder Realität. In: Journal of Medieval History 14 (1988). S. 337-355.
Knefelkamp, Ulrich: Die Suche nach dem Reich des Priesterkönigs Johannes. Gelsenkirchen 1986.
Knoch, Wendelin: Geschichte als Heilsgeschichte. In: Hochmittelalterliches Geschichtsbewußtsein im Spiegel nichthistoriographischer Quellen. Hg. v. Hans-Werner Goez. Berlin 1998. S. 19-29.

Konrad, Robert: Das himmlische und das irdische Jerusalem im mittelalterlichen Denken. Mystische Vorstellung und geschichtliche Wirkung. In: *Speculum historiale*. Geschichte im Spiegel von Geschichtsschreibung und Geschichtsdeutung. Hg. v. Clemens Bauer, Laetitia Bohem und Max Müller. Freiburg/München 1965. S. 523-540.
Konstan, David: Narrative Spaces. In: Space in the Ancient Novel. Hg. v. Michael Paschalis und Stavros Frangoulidis. Groningen 2002 (Ancient Narrative, Suppl. 1). S. 1-11.
Konstan, David: Sexual Symmetry: Love in the Ancient Novel and Related Genres. Princeton 1994.
Konstan, David: The Alexander Romance: The Cunning of the Open Text. In: Lexis 16 (1998). S. 123-138.
Konstan, David: The Invention of Fiction. In: Ancient Fiction and Early Christian Narrative. Hg. v. Ronald Hock, Bradley J. Chance und Judith Perkins. Atlanta 1998 (Society of Biblical Literature Symposium Series, Bd. 6). S. 3-17.
Kortekaas, George A. A.: Commentary on the *Historia Apollonii regis Tyri*. Leiden et al. 2007.
Kortekaas, George A. A.: Enigmas in and around the *Historia Apollonii regis Tyri*. In: Mnemosyne 51 (1998). S. 176-191.
Kortekaas, George A. A.: *Historia Apollonii Regis Tyri*. Eine Kurznotiz. In: Zeitschrift für Papyrologie und Epigraphik 122 (1998). S. 60.
Kortekaas, George A. A.: The *Historia Apollonii Regis Tyri* and Ancient Astrology. In: Zeitschrift für Papyrologie und Epigraphik 85 (1991). S. 71-85.
Kortekaas, George A. A.: The Latin Adaptions of the „Historia Apollonii Regis Tyri" in the Middle Ages and the Renaissance. In: Groningen Colloquia on the Novel 3 (1990). S. 103-122.
Kortekaas, George A. A.: The Story of Apollonius King of Tyre. A Study of Its Greek Origin and an Edition of the Two Oldest Latin Recensions. Leiden/Boston 2004.
Koschorke, Albrecht et al. (Hg.): Der fiktive Staat. Konstruktionen des politischen Körpers in der Geschichte Europas. Frankfurt am Main 2007.
Kottinger, Wolfgang: Art.: „Gog und Magog". In: Enzyklopädie des Märchens. Handwörterbuch zur historischen und vergleichenden Erzählforschung. Bd. 5. Hg. v. Kurt Ranke et al. Berlin et al. 1987. Sp. 1348-1353.
Kottmann, Carsten: Gott und die Götter. Antike Tradition und mittelalterliche Gegenwart im „Eneasroman" Heinrichs von Veldeke. In: Studia Neophilologica 73 (2001). S. 71-85.
Koulakiotis, Elias: The Rhetoric of Otherness. Geography, Historiography and Zoology in *Alexander's Letter about India* and the *Alexander Romance*. In: Echoing Narratives. Studies of Intertextuality in Greek and Roman Prose Fiction. Hg. v. Konstantin Doulamis. Groningen 2011. S. 161-184.
Kragl, Florian: Die Weisheit des Fremden. Studien zur mittelalterlichen Alexandertradition, mit einem allgemeinen Teil zur Fremdheitswahrnehmung. Bern 2005.
Krah, Hans: Räume, Grenzen, Grenzüberschreitungen. Einführende Überlegungen. In: Räume, Grenzen, Grenzüberschreitungen. Bedeutungs-Welten in Literatur, Film und Fernsehen. Hg. v. dems. Tübingen 1999 (Kodikas/Code Ars Semeiotica 22, 1-2). S. 3-12.
Kraß, Andreas: Das erotische Dreieck. Homosoziales Begehren in einer mittelalterlichen Novelle. In: *Queer* denken. Gegen die Ordnung der Sexualität. Hg. v. dems. Frankfurt am Main. 2003. S. 277-297.
Kraß, Andreas: Die Farben der Trauer. Freundschaft als Passion im "Trojanerkrieg" Konrads von Würzburg. In: Die Farben imaginierter Welten. Zur Kulturgeschichte ihrer Codierung in Literatur und Kunst vom Mittelalter bis zur Gegenwart. Hg. v. Monika Schausten. Berlin 2012. S. 227-240.

Kraß, Andreas: Die Spur der Zentauren. Pferde- und Eselsmänner in der deutschen Literatur des Mittelalters. In: Tier im Text. Exemplarität und Allegorizität literarischer Lebewesen. Hg. v. Hans Jürgen Scheuer und Ulrike Vedder. Bern 2015. S. 81-96.

Kraß, Andreas: Im Namen der Mutter. Symbolische Geschlechterordnung in der *Melusine* Thürings von Ringoltingen (1456). In: Konkurrierende Zugehörigkeit(en). Praktiken der Namengebung im europäischen Vergleich. Hg. v. Christof Rolker und Gabriela Signori. Konstanz 2011. S. 39-52.

Kraß, Andreas: Kritische Heteronormativitätsforschung. Der *queer turn* in der germanistischen Mediävistik. In: Zeitschrift für deutsche Philologie 128 (2009). S. 95-106.

Kraß, Andreas: Meerjungfrauen. Geschichten einer unmöglichen Liebe. Frankfurt am Main 2010 (Fischer Wissenschaft).

Kratz, Reinhard Gregor: *Translatio imperii*. Untersuchungen zu den aramäischen Danielerzählungen und ihrem theologiegeschichtlichen Umfeld. Neukirchen-Vluyn 1991 (Wissenschaftliche Monographien zum Alten und Neuen Testament, Bd. 63).

Krause, Burkhardt: „er enpfienc diu lant und ouch die magt": Die Frau, der Leib, das Land. Herrschaft und *body politic* im Mittelalter. In: Verleiblichungen. Literatur- und Kulturgeschichtliche Studien über Strategien, Formen und Funktionen der Verleiblichung in Texten von der Frühzeit bis zum Cyberspace. Hg. v. dems. und Ulrich Scheck. St. Ingbert 1997 (Mannheimer Studien zur Literatur- und Kulturwissenschaft, Bd. 7). S. 31-63.

Kreiker, Sebastian: Art.: „Marschall". In: Das Lexikon des Mittelalters. Bd. 6. Hg. v. Robert Bautier et al. München/Stuttgart/Weimar 1999. Sp. 324f.

Krenn, Margit: *Minne, Aventiure* und Heldenmut. Das spätmittelalterliche Bildprogramm zu Heinrichs von Neustadt „Apollonius von Tyrland". Marburg 2013.

Krieg, Heinz: Ritterliche Vergangenheitskonstruktion. Zu den Turnierbüchern des spätmittelalterlichen Adels. In: Geschichtsbilder und Gründungsmythen. Hg. v. Hans Joachim Gehrke. Würzburg 2001 (Identitäten und Alteritäten, Bd. 7). S. 89-118.

Kroll, Renate: Weibliche Weltaneignung im Mittelalter. Zur Raumerfahrung innerhalb und außerhalb des „Frauenzimmers". In: Raumerfahrung – Raumerfindung. Erzählte Welten des Mittelalters zwischen Orient und Okzident. Hg. v. Laetitia Rimpau und Peter Ihring. Berlin 2005. S. 149-162.

Kuch, Heinrich (Hg.): Der antike Roman. Untersuchungen zur literarischen Kommunikation und Gattungsgeschichte. Berlin 1989.

Kuch, Heinrich: Die Herausbildung des antiken Romans als Literaturgattung. Theoretische Positionen, historische Voraussetzungen und literarische Prozesse. In: Der antike Roman. Untersuchungen zur literarischen Kommunikation und Gattungsgeschichte. Hg. v. dems. Berlin 1989. S. 11-51.

Kuch, Heinrich: Funktionswandlungen des antiken Romans. In: Der antike Roman. Untersuchungen zur literarischen Kommunikation und Gattungsgeschichte. Hg. v. dems. Berlin 1989. S. 52-81.

Kuch, Heinrich: Gattungstheoretische Überlegungen zum antiken Roman. In: Philologus 129 (1985). S. 3-19.

Kugler, Hartmut: Alexander und die Macht des Entdeckens. Das 10. Buch im Alexanderroman Ulrichs von Etzenbach. In: The Problematics of Power. Eastern and Western Representations of Alexander the Great. Hg. v. Margaret Bridges und Johann Christoph Bürgel. Bern 1996. S. 27-44.

Kugler, Hartmut: Der Alexanderroman und die literarische Universalgeographie. In: Internationalität nationaler Literaturen. Beiträge zum ersten Symposion des Göttinger Sonderforschungsbereichs 529. Hg. v. Udo Schöning. Göttingen 2000. S. 102-120.

Kugler, Hartmut: *Imago Mundi*. Kartographische Skizze und literarische Beschreibung. In: Mediävistische Komparatistik. Festschrift für Franz Josef Worstbrock zum 60. Geburtstag. Hg. v. Wolfgang Harms und Jan-Dirk Müller. Stuttgart/Leipzig 1997. S. 77-93.
Kugler, Hartmut: Nicht nach Jerusalem. Das Heilige Land als Leerstelle in der mittelhochdeutschen Epik der Kreuzfahrerzeit. In: Jerusalem im Hoch- und Spätmittelalter. Konflikte und Konfliktbewältigungen – Vorstellungen und Vergegenwärtigungen. Hg. v. Dieter Bauer et al. Frankfurt am Main/New York 2001. S. 407-422.
Kugler, Hartmut: Zur kognitiven Kartierung mittelalterlicher Epik. Jean Bodels „drei Materien" und die „Matière de la Germanie". In: Topographien der Literatur. Deutsche Literatur im transnationalen Kontext. Hg. v. Hartmut Böhme. Stuttgart/Weimar 2005. S. 244-263.
Kugler, Hartmut: Zur literarischen Geographie des fernen Ostens. In: *Ja muz ich sunder riuwe sin*. Festschrift für Karl Stackmann. Hg. v. Wolfgang Dinkelacker, Ludger Grenzmann und Werner Höver. Göttingen 1990. S. 107-147.
Kursawa, Hans-Peter: Antichristsage, Weltende und Jüngstes Gericht in mittelalterlicher deutscher Dichtung. Analyse der Endzeiterwartung bei Frau Ava bis zum Parusiegedicht Heinrichs von Neustadt vor dem Horizont mittelalterlicher Apokalyptik. Diss. (masch.) Köln 1976.
Laird, Andrew: Metaphor and the Riddle of Representation in the *Historia Apollonii Regis Tyri*. In: Metaphor and the Ancient Novel. Hg. v. Stephen Harrison und Michael Pachalis. Groningen 2005 (Ancient Narrative, Suppl. 4). S. 225-244.
Lalanne, Sophie: Education as Construction of Gender Roles in the Greek Novel. In: A Companion to the Ancient Novel. Hg. v. Edmund P. Cueva und Shannon N. Byrne. Chichester et al. 2014. S. 473-489.
Lambdin, Robert Thomas: Art.: „Ubi sunt". In: Encyclopedia of Medieval Literature. Hg. v. dems. und Laura Cooner Lambdin. Westport, CT 2000. S. 493.
Landfester, Manfred: Reise und Roman in der Antike. Über die Bedeutung des Reisens für die Entstehung und Verbreitung des antiken Romans. In: Reisen und Reiseliteratur im Mittelalter und in der Frühen Neuzeit. Hg. v. Xenja von Ertzdorff und Dieter Neukirch. Amsterdam/Atlanta 1992. S. 29-41.
Lateiner, Donald: Gendered Places in Two Later Ancient Novels (*Aithiopika, Historia Apollonii*). In: Narrating Desire. Eros, Sex, and Gender in the Ancient Novel. Hg. v. Marília P. Futre Pinheiro, Marilin B. Skinner und Froma I. Zeitlin. Berlin/Boston 2012 (Trends in Classics – Supplementary Volumes, Bd. 14). S. 49-76.
Lechtermann, Christina und Carsten Morsch: Einführung. In: Kunst der Bewegung. Kinästhetische Wahrnehmung und Probehandeln in virtuellen Welten. Hg. v. Christina Lechtermann und Carsten Morsch. Frankfurt am Main et al. 2004 (Publikationen zur Zeitschrift für Germanistik, Bd. 8). S. I-XIV.
Lechtermann, Christina: Nebenwirkungen. Blick-Bewegungen vor der Perspektive. In: Wissen und neue Medien. Bilder und Zeichen von 800 bis 2000. Hg. v. Ulrich Schmitz und Horst Wenzel. Berlin 2003. S. 93-111.
Lecouteux, Claude: Der Menschenmagnet. Eine orientalische Sage in Heinrichs von Neustadt „Apollonius von Tyrland". In: Fabula 24 (1983). S. 195-214.
Lefèbvre, Henri: Das Alltagsleben in der modernen Welt. Übers. v. Annegret Dumasy. Frankfurt am Main 1972.
Lefèbvre, Henri: Die Produktion des Raums. In: Raumtheorie. Grundlagentexte aus Philosophie und Kulturwissenschaften. Hg. v. Jörg Dünne und Stephan Günzel. Frankfurt am Main 2006. S. 330-342.
Lefèbvre, Henri: La Production de l'Espace. Paris 2000.
Lefèbvre, Henri: The Production of Space. Hg. und übers. v. Donald Nicholson-Smith. Malden, MA/Oxford 2009.

Lehnert, Gertrud: Einleitung. In: Raum und Gefühl. Der *Spatial Turn* und die neue Emotionsforschung. Hg. v. ders.. Bielefeld 2011 (Metabasis, Bd. 5). S. 9-25.
Leppin, Hartmut: Art.: „Orosius". In: Religion in Geschichte und Gegenwart; Bd. 6. Hg. v. Hans Dieter Betz et al. Vierte, völlig neu bearbeitete Auflage. Tübingen 2003. Sp. 668.
Lessing, Gotthold Ephraim: Laokoon oder Über die Grenzen der Malerei und Poesie [1766]. In: Werke, Bd. 6. Hg. v. Herbert G. Göpfert. München 1974. S. 7-187.
Létoublon, Françoise: Les Lieux communs du roman, Stéréotypes grecs d'aventure et d'amour. Leiden/New York/Köln 1993.
Lienert, Elisabeth: Ritterschaft und Minne, Ursprungsmythos und Bildungszitat – Troja-Anspielungen in nichttrojanischen Dichtungen des 12. bis 14. Jahrhunderts. In: Die deutsche Trojaliteratur des Mittelalters und der Frühen Neuzeit. Materialien und Untersuchungen. Hg. v. Horst Brunner. Wiesbaden 1990. S. 199-243.
Lienert, Elisabeth: Deutsche Antikenromane des Mittelalters. Berlin 2001.
Light, Andrew und Jonathan M. Smith (Hg.): Philosophy and Geography II. The Production of Public Space. Lanham et al. 1998.
Linden, Sandra: Tugendproben im arthurischen Roman. Höfische Wertevermittlung mit mythischer Autorität. In: Höfische Wissensordnungen. Hg. v. Hans-Jochen Schiewer und Stefan Seeber. Göttingen 2012 (Encomia Deutsch, Bd. 2). S. 15-38.
Lotman, Jurij M.: Das Problem des künstlerischen Raumes in Gogol's Prosa. In: Ders.: Aufsätze zur Theorie und Methodologie der Literatur und Kultur. Hg. v. Karl Eimermacher. Kronberg 1974. S. 200-271.
Lotman, Jurij M.: Die Struktur literarischer Texte. München 1993.
Lotman, Jurij M.: Über die Semiosphäre. In: Zeitschrift für Semiotik 12.4 (1990). S. 287-305.
Lotman, Jurij M.: Universe of the Mind. A Semiotic Theory of Culture. London/New York 1990.
Lotman, Jurij M.: Zur Metasprache typologischer Kultur-Beschreibungen. In: Ders.: Aufsätze zur Theorie und Methodologie der Literatur und Kultur. Hg. v. Karl Eimermacher. Kronberg 1974. S. 338-377.
Löw, Martina: Raumsoziologie. Frankfurt am Main 2001.
Mahler, Andreas: Semiosphäre und kognitive Matrix. Anthropologische Thesen. In: Von Pilgerwegen, Schriftspuren und Blickpunkten. Raumpraktiken in medienhistorischer Perspektive. Hg. v. Jörg Dünne, Herrmann Doetsch und Roger Lüdeke. Würzburg 2004. S. 57-69.
Mandelker, Amy: Semiotizing the Sphere. Organicist Theory in Lotman, Bakhtin, and Vernadsky. In: Publications of the Modern Language Association 109.3 (1994). S. 385-396.
Mann, Jill: Allegorical Buildings in Mediaeval Literature. In: Medium Aevum 63 (1994). S. 191-210.
Martinez, Matias und Michael Scheffel: Einführung in die Erzähltheorie. München 2003.
Martus, Steffen: Werkpolitik. Zur Literaturgeschichte kritischer Kommunikation vom 17. bis ins 20. Jahrhundert mit Studien zu Klopstock, Tieck, Goethe und George. Berlin/New York 2007.
Mason, Hugh: The ‚Aura of Lesbos' and the Opening of *Daphnis and Chloe*. In: Authors, Authority and Interpreters in the Ancient Novel: Essays in Honor of Gareth L. Schmeling. Hg. v. Shannon Byrne et al. Groningen 2006. S. 186-195.
Matthews, Alastair: From Seeing to Feeling: Constructions of Simultaneity in Medieval German Narrative. In: From Magic Columns to Cyberspace. Time and Space in German Literature, Art and Theory. Hg. v. Daniel Lambauer, Marie Isabel Schlinzig und Abigail Dunn. München 2008. S. 17-30.

McGing, Brian C.: Bandits, Real and Imgained in Greco-Roman Egypt. In: Bulletin of the American Papyrological Society 35 (1998). S. 159-183.
McGinn, Thomas A. J.: Prostitution, Sexuality and the Law in Ancient Rome. Oxford 1998.
McGinn, Thomas A. J.: The Economy of Prostitution in the Roman World. A Study of Social History and the Brothel. Ann Arbor 2014.
McGinn, Thomas A. J.: Zoning Shame in the Roman City. In: Prostitutes and Courtesans in the Ancient World. Hg. v. Christopher A. Faraone und Laura K. McClure. Wisconsin 2006. S. 161-176.
Medick, Hans: Grenzziehungen und die Herstellung des politisch-sozialen Raumes. Zur Begriffsgeschichte und politischen Sozialgeschichte der Grenzen in der Frühen Neuzeit. In: Literatur der Grenze – Theorie der Grenze. Hg. v. Richard Faber und Barbara Naumann. Würzburg 1995. S. 211-224.
Melville, Gert und Peter von Moos (Hg.): Das Öffentliche und Private in der Vormoderne. Köln 1998.
Melville, Gert: Herrschertum und Residenzen in Grenzräumen mittelalterlicher Wirklichkeit. In: Fürstliche Residenzen im spätmittelalterlichen Europa. Hg. v. Hans Patze und Werner Paravicini. Sigmaringen 1991. S. 9-73.
Merkelbach, Reinard: Der Überlieferungstyp „Epitome aucta" und die *Historia Apollonii*. In: Zeitschrift für Papyrologie und Epigraphik 108 (1995). S. 7-14.
Merrifield, Andy: Henri Lefebvre. A Critical Introduction. New York/London 2006.
Möckel, Sebastian: Zwischen Muster und Anverwandlung. Übersetzungen des antiken Liebesromans in der Frühen Neuzeit. In: Übersetzung und Transformation. Hg. v. Hartmut Böhme, Christoph Rapp und Wolfgang Rösler. Berlin/New York 2007 (Transformationen der Antike, Bd. 1). S. 137-155.
Moos, Peter von: „Öffentlich" und „privat" im Mittelalter. Zu einem Problem der historischen Begriffsbildung. Heidelberg 2004.
Morales, Helen: Challenging Some Orthodoxies. The Politics of Genre and the Ancient Greek Novel. In: Fiction on the Fringe. Novelistic Writing in the Post-Classical Age. Hg. v. Grammatiki A. Karla. Leiden/Boston 2009. S. 1-12.
Morales, Helen: Metaphor, Gender and the Ancient Greek Novel. In: Metaphor and the Ancient Novel. Hg. v. Stephen Harrison und Michael Pachalis. Groningen 2005 (Ancient Narrative, Suppl. 4). S. 1-22.
Morales, M. Sanz: The Copyist as Novelist. Multiple Versions in the Ancient Greek Novel. In: Variants. The Journal of the European Society for Textual Scholarship 5 (2006). S. 129-148.
Moretti, Franco: Atlas des europäischen Romans. Wo die Literatur spielte. Köln 1999.
Morgan, John: Travel in the Greek Novels. Function and Interpretation. In: Travel, Geography and Culture in Ancient Greece, Egypt and the Near East. Hg. v. Colin Adams und Jim Roy. Oxford 2007. S. 139-160.
Morsch, Carsten: Blickwendungen. Virtuelle Räume und Wahrnehmungserfahrungen in höfischen Erzählungen um 1200. Berlin 2011 (Philologische Studien und Quellen, H. 230).
Morsch, Carsten: Rahmen zeigen. Metaleptische Figuren und anschauliches Fingieren mittelalterlichen Erzählens. In: Deixis und Evidenz. Hg. v. Horst Wenzel und Ludwig Jäger. Freiburg im Breisgau/Berlin/Wien 2008 (Rombach Wissenschaften – Reihe Scenae, Bd. 8). S. 85-118.
Morson, G. S. and C. Emerson: Mikahil Bakhtin: Creation of a Prosaics. Stanford 1990.
Moyano, Elena Redondo: Space and Gender in the Ancient Greek Novel. In: Narrating Desire. Eros, Sex, and Gender in the Ancient Novel. Hg. v. Marília P. Futre Pinheiro, Marilin B. Skinner und Froma I. Zeitlin. Berlin/Boston 2012 (Trends in Classics – Supplementary Volumes, Bd. 14)..

Mülke, Markus: Die Epitome – das bessere Original? In: Condensing Texts – Condensed Texts. Hg. v. Marietta Horster und Christiane Reitz. Stuttgart 2010. S. 69-90.
Müller, Carl Werner: Der Romanheld als Rätsellöser in der *Historia Apollonii Regis Tyri*. In: Würzburger Jahrbücher für die Altertumswissenschaft 17 (1991). S. 267-279.
Müller, Carl Werner: Legende – Novelle – Roman. Dreizehn Kapitel zur erzählenden Prosaliteratur der Antike. Göttingen 2006.
Munby, Julian Richard Barber und Richard Brown: Edward III's Round Table at Windsor. The House of the Round Table and the Windsor Festival of 1344. Woodbridge 2007 (Arthurian Studies, Bd. 68).
Mundt, Felix: Jüngling trifft Mädchen – Leser trifft Welt. Herkunftsräume im griechischen Liebesroman. In: Literarische Räume der Herkunft. Fallstudien zu einer historischen Narratologie. Hg. v. Maximilian Benz und Katrin Dennerlein. Berlin/Boston 2016 (Narratologia, Bd. 51). S. 41-66.
Münkler, Marina und Werner Röcke: Der *ordo*-Gedanke und die Hermeneutik der Fremde im Mittelalter. Die Auseinandersetzung mit den monströsen Völkern des Erdrandes. In: Die Herausforderung durch das Fremde. Hg. v. Herfried Münkler. Berlin 1998. S. 701-766.
Münkler, Marina: Die *monstra* in Konrads von Megenberg *Buch der Natur*. In: Konrad von Megenberg und sein Werk. Das Wissen der Zeit. Hg. v. Claudia Märtl, Gisela Drossbach und Martin Kintzinger. München 2006 (Zeitschrift für bayerische Landesgeschichte, Beiheft 31). S. 229-252.
Münkler, Marina: Erfahrung des Fremden. Die Beschreibung Ostasiens in den Augenzeugenberichten des 13. und 14. Jahrhunderts. Berlin 2000.
Murray, Oswyn: The Greek City from Homer to Alexander. Oxford 1990.
Nederman, Cary J.: Lineages of European Political Thought. Explorations along the Medieval/Modern Divide from John of Salisbury to Hegel. Washington D.C. 2009. S. 177-189.
Neukirch, Dieter: Das Bild der Welt auf Karten des Mittelalters und der frühen Neuzeit. In: Reisen und Reiseliteratur im Mittelalter und in der Frühen Neuzeit. Hg. v. Xenja von Ertzdorff und Dieter Neukirch. Amsterdam/Atlanta 1992. S. 191-225.
Neumeister, Sebastian: Das Bild der Geliebten im Herzen. In: Literarische Wegzeichen. Vom Minnesang zur Generation X. Hg. v. Roger Friedlein. Heidelberg 2004 [Zuerst 1988]. S. 11-42.
Neumeyer, Martina: Vom Kriegshandwerk zum ritterlichen Theater. Das Turnier im mittelalterlichen Frankreich. Bonn 1998 (Abhandlungen zur Sprache und Literatur, Bd. 89).
Ochsenbein, Peter: Art.: „Von Gottes Zukunft". In: Die deutsche Literatur des Mittelalters. Verfasserlexikon. Bd. 11. Hg. v. Kurt Ruh et al. Berlin/New York 2004. Sp. 633f.
Ochsenbein, Peter: Art.: *Visio Philiberti*. In: Die deutsche Literatur des Mittelalters. Verfasserlexikon. Bd. 11. Hg. v. Kurt Ruh et al. Berlin/New York 2004. Sp. 633f.
Ochsenbein, Peter: Art.: „Heinrich von Neustadt". In: Die deutsche Literatur des Mittelalters. Verfasserlexikon. Bd. 3. Hg. v. Kurt Ruh et al. Berlin/New York 2004. Sp. 838-846.
Ohly, Ernst Friedrich: Ausgewählte und neue Schriften zur Literaturgeschichte und zur Bedeutungsforschung. Hg. v. Dietmar Peil und Uwe Ruberg. Stuttgart et al. 1995.
Ohly, Ernst Friedrich: Schriften zur mittelalterlichen Bedeutungsforschung. Darmstadt 1983.
Ohly, Friedrich: *Cor amantis non angustum*. Vom Wohnen im Herzen. In: Schriften zur mittelalterlichen Bedeutungsforschung. Hg. v. dems. Darmstadt 1983 [zuerst 1970]. S. 128-155.

Öhmann, Emil: Italienisches bei Heinrich von Neustadt. In: Neuphilologische Mitteilungen 55 (1954). S. 134-143.
Okken, Lambertus: Das goldene Haus und die goldene Laube. Wie die Poesie ihren Herren das Paradies einrichtete. Amsterdam 1987.
Oswald, Marion: Aussatz und Erwählung. Beobachtungen zu Konstitution und Kodierung sozialer Räume in mittelalterlichen Aussatzgeschichten. In: Innenräume in der Literatur des deutschen Mittelalter. XIX. Anglo-German Colloquium Oxford 2005. Hg. v. Burkhard Hasebrink et al. Tübingen 2008. S. 23-44.
Overthun, Rasmus: Das Monströse und das Normale. Konstellationen einer Ästhetik des Monströsen. In: Monströse Ordnungen. Zur Typologie und Ästhetik des Anormalen. Hg. v. Achim Geisenhanslüke und Georg Mein. Bielefeld 2009. S. 43-81.
Panayotakis, Stelios: A Fisherman's Cloak and the Literary Texture of the Story of Apollonius, King of Tyre. In: Il Romanzo Latino. Modelli e tradizione letteraria. Atti della VII Giornata ghiserliana di Filologia classica (Pacia, 11-12 ottobre 2007) Hg. v. Fabio Gasti. Pavia 2009. S. 125-138.
Panayotakis, Stelios: Fixity and Fluidity in Apollonius of Tyre. In: Seeing Tongues, Hearing Scripts. Orality and Representation in the Ancient Novel. Hg. v. Victoria Rimell. Groningen 2007. S. 299-320.
Panayotakis, Stelios: The Divided Cloak in the *Historia Apollonii Regis Tyri*: Further Thoughts. In: Echoing Narratives. Studies of Intertextuality in Greek and Roman Prose Fiction. Hg. v. Konstantin Doulamis. Groningen 2011. S. 185-204.
Panayotakis, Stelios: The Knot and the Hymen. A Reconsideration of *Nodus Virginitatis* (*His. Apoll.* 1). In: Mnemosyne LIII (2001). S. 599-605.
Panayotakis, Stelios: The Logic of Inconsistency. Apollonius of Tyre and the Thirty-Days' Period of Grace. In: Authors, Authority and Interpreters in the Ancient Novel. Essays in Honor of Gareth. L. Schmeling. Hg. v. Shannon Byrne et al. Groningen 2006. S. 211-226.
Panayotakis, Stelios: The Story of Apollonius, King of Tyre. A Commentary. Berlin et al. 2012.
Panayotakis, Stelios: The Temple and the Brothel: Mothers and Daughters in *Apollonius of Tyre*. In: Space in the Ancient Novel. Hg. v. Michael Paschalis und Stavros Frangoulidis. Groningen 2002 (Ancient Narratives, Suppl. 1). S. 99-116.
Panayotakis, Stelios: Three Death Scenes in *Apollonius of Tyre*. In: The Ancient Novel and Beyond. Hg. v. dems. Leiden/Boston 2003. S. 143-157.
Panofsky, Erwin: Die Perspektive als „Symbolische Form". In: Ders.: Deutschsprachige Aufsätze. Hg. v. Karen Michels und Martin Warnke. Berlin 1998. S. 664-757.
Paschalis, Michael und Stavros Frangoulidis (Hg.): Space in the Ancient Novel. Groningen 2002 (Ancient Narratives, Suppl. 1).
Paul, Helene: Die Reimverhältnisse in Heinrichs von Neustadt „Apollonius von Tyrland", Vv. 4126-8386. Diss. (masch.) Wien 1953.
Perry, Ben E.: The Ancient Romances. A Literary-Historical Account of their Origins. Berkeley/Los Angeles 1967.
Peters, Ursula: Literatur in der Stadt. Studien zu den sozialen Voraussetzungen und kulturellen Organisationsformen städtischer Literatur im 13. und 14. Jahrhundert. Tübingen 1983.
Pettengill, Ray W.: The *Apollonius von Tyrland* of Heinrich von Neustadt. A Study of the Sources. Cambridge 1910.
Pettengill, Ray W.: Zu den Rätseln im Apollonius des Heinrich von Neustadt. In: JEGP 12 (1913). S. 248-251.

Pettengill, Ray W.: The Source of an Episode in Heinrich von Neustadt *Apollonius*. In: Journal of English and Germanic Philology 13 (1914). S. 45-50.
Pezzoli-Olgiati, Daria: Cartografia religiosa – Religiöse Kartographie. Bern 2000.
Piatti, Barbara: Die Geographie der Literatur. Schauplätze, Handlungsräume, Raumphantasien. Göttingen 2008.
Pinheiro, Marília P. Futre, Marilin B. Skinner und Froma I. Zeitlin (Hg.): Narrating Desire. Eros, Sex, and Gender in the Ancient Novel. Berlin/Boston 2012 (Trends in Classics – Supplementary Volumes, Bd. 14).
Pinheiro, Marília P. Futre: The Genre of the Novel: A Theoretical Approach. In: A Companion to the Ancient Novel. Hg. v. Edmund P. Cueva und Shannon N. Byrne. Chichester et al. 2014. S. 201-216.
Pinheiro, Marília P. Futre: Utopia and Utopias. A Study on a Literary Genre in Antiquity. In: Authors, Authority and Interpreters in the Ancient Novel. Essays in Honor of Gareth. L. Schmeling. Hg. v. Shannon Byrne et al. Groningen 2006. S. 147-171.
Pochat, Götz: Das Fremde im Mittelalter. Darstellung in Kunst und Literatur. Würzburg 1997.
Pouderon, Bernard (Hg.): Lieux, décor et paysages de l'ancien roman des origines à Byzance. Actes du 2ᵉ Colloque de Tours, 24-26 octobre 2002. Lyon 2005.
Praet, Danny: Horus and Osiris as Hermeneutical Keys to the King's Riddle in the „Historia Apollonii Regis Tyri". In: Studies in Latin Literature and Roman History 14. Hg v. Carl Deroux. Brüssel 2008. S. 505-517.
Pratt, Mary Louise: Arts of the Contact Zone. In: Profession 91 (1991). S. 33-40.
Pratt, Mary Louise: Imperial Eyes. Travel Writing and Transculturation. London 1992.
Przybilski, Martin: Kulturtransfer zwischen Juden und Christen in der deutschen Literatur des Mittelalters. Berlin 2010.
Puche López, Mariá Carmen: El „cursus" en la „Historia Apollonii regis Tyri". In: Latomus 63.3 (2004). S. 693-710.
Puche López, Mariá Carmen: Historia de Apolonio rey de Tiro. Madrid 1997.
Purves, Alex: Space and Time in Ancient Greek Narrative. Cambridge/New York 2010.
Putzo, Christine: Eine Verlegenheitslösung. Der „Minne- und Aventiureroman" in der germanistischen Mediävistik. In: Hybridität und Spiel. Der europäische Liebes- und Abenteuerroman von der Antike zur Frühen Neuzeit. Hg. v. Martin Baisch und Jutta Eming. Berlin 2013. S. 41-70.
Radojewsky, Anja Kristina: *Owe, wie sol ich leben?* Eine Studie zur Individuation des Menschen im späthöfischen Roman von Rudolf von Ems bis Heinrich von Neustadt. Diss. (masch.) Köln 1998.
Ranft, Andreas: Adelsgesellschaften. Gruppenbildungen und Genossenschaft im spätmittelalterlichen Reich. Sigmaringen 1994 (Kieler Historische Studien, Bd. 38).
Ranocchia, Graziano: Space in Hellenistic Philosophy. Critical Studies in Ancient Physics. Berlin 2014.
Rapp, Anna: Der Jungbrunnen in Literatur und bildender Kunst des Mittelalters. Diss. (masch.) 1976.
Rathmann, Michael (Hg.): Wahrnehmung und Erfassung geographischer Räume in der Antike. Mainz 2007.
Rau, Susanne und Gerd Schwerhof (Hg.): Zwischen Gotteshaus und Taverne. Öffentliche Räume in Spätmittelalter und Früher Neuzeit. Köln 2004.
Rauch, Johanna: Reimwörterbuch zu Heinrichs von Neustadt „Apollonius von Tyrland" 8387-13510. Diss. (masch.) Wien 1952.
Rauh, Horst-Dieter: Das Bild des Antichrist im Mittelalter. Von Tyconius zum Deutschen Symbolismus. Münster 1979.
Reich, Björn, Gabriela Atunes und Carmen Stange (Hg.): Deformierte Körper. Die Wahrnehmung und das Andere im Mittelalter. Bd. 1. Göttingen 2012.

Reich, Björn, Gabriela Atunes und Carmen Stange (Hg.): Deformierte Körper. Die Wahrnehmung und das Andere im Mittelalter. Bd. 2. Göttingen 2014.

Reichelt, Hansgünter: *Angelus interpres* – Texte in der Johannes-Apokalypse. Strukturen, Aussagen und Hintergründe. Frankfurt am Main et al. 1994.

Reudenbach, Bruno: Heilsräume. Die künstlerische Vergegenwärtigung des Jenseits im Mittelalter. In: Raum und Raumvorstellungen im Mittelalter. Hg. v. Jan A. Aertsen und Andreas Speer. Berlin/New York 1998. S. 628-640.

Richter, Dieter: Schlaraffenland. Geschichte einer populären Phantasie. Köln 1984.

Ridder, Klaus: Minne, Intrige und Herrschaft. Konfliktverarbeitung in Minne- und Aventiureromanen des 14. Jahrhunderts. In: Spannungen und Konflikte menschlichen Zusammenlebens in der deutschen Literatur des Mittelalters. Bristoler Colloquium 1993. Hg. v. Kurt Gärtner. Tübingen 1996. S. 173-188.

Ridder, Klaus: Mittelhochdeutsche Minne- und Aventiureromane. Fiktion, Geschichte und literarische Tradition im späthöfischen Roman. „Reinfried von Braunschweig", „Wilhelm von Österreich", „Friedrich von Schwaben". Berlin/New York 1998.

Riese, Alexander: Zur *Historia Apollonii regis Tyri*. In: Rheinisches Museum für Philologie 27 (1872). S. 624-633.

Robins, William: Romance and Renunciation at the Turn of the Fifth Century. In: Journal of Early Christian Studies 8 (2000). S. 53-57.

Röcke, Werner: Antike Poesie und *newe Zeit*. Die Ästhetisierung des Interesses im griechisch-deutschen Roman der frühen Neuzeit. In: Literarische Interessenbildung im Mittelalter. DFG-Symposion 1991. Hg. v. Joachim Heinzle. Stuttgart/Weimar 1993. S. 337-354.

Röcke, Werner: Die Faszination der Traurigkeit. Inszenierung und Reglementierung von Trauer und Melancholie in der Literatur des Spätmittelalters. In: Emotionalität. Zur Geschichte der Gefühle. Hg. v. Claudia Benthien, Anne Fleig und Ingrid Kasten. Köln/Weimar/Wien 2000 (Literatur – Kultur – Geschlecht, Bd. 16). S. 100-118.

Röcke, Werner: Die narrative Aneignung des Fremden. Zur Literarisierung exotischer Welten im Roman des späten Mittelalters. In: Furcht und Faszination. Facetten der Fremdheit. Hg. v. Herfried Münkler und Bernd Ladwig. Berlin 1997. S. 347-378.

Röcke, Werner: Die Wahrheit der Wunder. Abenteuer der Erfahrung und des Erzählens im „Brandan"- und „Apollonius"-Roman. In: Wege in die Neuzeit. Hg. v. Thomas Cramer. München 1988. S. 252-269.

Röcke, Werner: Erdrandbewohner und Wunderzeichen. Deutungsmuster von Alterität in der Literatur des Mittelalters. In: Der fremdgewordene Text. Hg. v. Silvia Bovenschen. New York/Berlin 1997. S. 265-284.

Röcke, Werner: Höfische und unhöfische Minne- und Abenteuerromane. In: Epische Stoffe des Mittelalters. Hg. v. Volker Mertens und Ulrich Müller. Stuttgart 1984. S. 395-423.

Röcke, Werner: Identität und kulturelle Selbstdeutung. Transformationen des antiken Liebesromans in Mittelalter und Früher Neuzeit. In: Mythos – Sage – Erzählung. Gedenkschrift für Alfred Ebenbauer. Hg. v. Johannes Keller und Florian Kragl. Göttingen 2009. S. 403-418.

Röcke, Werner: Lektüren des Wunderbaren. Die Verschriftlichung fremder Welten und „Abenthewer" im „Reinfried von Braunschweig". In: Erzählungen in Erzählungen. Phänomene der Narration in Mittelalter und Früher Neuzeit. Hg. v. Harald Haferland und Michael Mecklenburg. München 1996. S. 285-305.

Röcke, Werner: Mentalitätsgeschichte und Literarisierung historischer Erfahrung im antiken und mittelalterlichen Apollonius-Roman. In: Geschichte als Literatur. Formen und Grenzen der Repräsentation von Vergangenheit. Hg. v. Hartmut Eggert, Ulrich Profittlich und Klaus R. Scherpe. Stuttgart 1990. S. 91-103.

Röcke, Werner: Schreckensorte und Wunschwelt. Bilder von fremden Welten in der Erzählliteratur des Spätmittelalters. In: Der Deutschunterricht 44 (1992). S. 32-48.
Rollinger, Robert und Christoph Ulf (Hg.): Frauen und Geschlechter. Bilder – Rollen – Realitäten in den Texten antiker Autoren zwischen Antike und Mittelalter. Wien/Köln/Weimar 2006.
Romm, James S.: The Edges of the Earth in Ancient Thought. Geography, Exploration, and Fiction. Princeton 1992.
Ruh, Kurt: Versuch einer Begriffsbestimmung von „Städtischer Literatur" im deutschen Spätmittelalter. In: Über Bürger, Stadt und städtische Literatur im Spätmittelalter. Bericht über Kolloquien der Kommission zur Erforschung der Kultur des Spätmittelalters 1975-1977. Hg. v. Joseph Fleckenstein und Karl Stackmann. Göttingen 1980. S. 311-328.
Ruiz-Montero, Consuelo: La estructura de la *Historia Apollonii regis Tyri*. In: Cuadernos de filología clásica 18 (1983-84). S. 291-334.
Rüth, Jutta: Jerusalem und das Heilige Land in der deutschen Versepik des Mittelalters (1150-1453). Göppingen 1992.
Rüther, Andreas: Flüsse als Grenzen und Bindeglieder. Zur Wiederentdeckung des Raumes in der Geschichtswissenschaft. In: Jahrbuch für Regionalgeschichte 25 (2007). S. 29-44.
Rutz, Andreas: Grenzen im Raum – Grenzen in der Geschichte. Probleme und Perspektiven. In: Zeitschrift für deutsche Philologie 129 (2012). S. 7-32.
Ryan, Marie-Laure: Narrative Cartography. Towards a Visual Narratology. In: What Is Narratology? Questions and Answers Regarding the Status of a Theory. Hg. v. Tom Kindt. Berlin/New York 2003. S. 333-364.
Sablotny, Antje: Frau Minne im Dialog. Zum poetologischen Potenzial einer sprechenden Allegorie. In: Aspekte einer Sprache der Liebe. Formen des Dialogischen im Minnesang. Hg. v. Marina Münkler. Berlin et al. 2011 (Publikationen zur Zeitschrift für Germanistik, Bd. 21). S. 157-183.
Sandl, Marcus: Geschichtswissenschaft. In: Raumwissenschaften. Hg. v. Stephan Günzel. Frankfurt am Main 2009. S. 159-174.
Sasse, Sylvia: Michail Bachtin zur Einführung. Hamburg 2010.
Saul, Nicholas et al. (Hg.): Schwellen. Germanistische Erkundungen einer Metapher. Würzburg 1999.
Scafi, Alessandro: Mapping Paradise. A History of Heaven on Earth. London 2006.
Schausten, Monika: Suche nach Identität. Das ‚Eigene' und das ‚Andere' in Romanen des Spätmittelalters und der Frühen Neuzeit. Köln/Weimar/Wien 2006 (Kölner Germanistische Studien, Bd. 7).
Schenk, Gerrit Jasper: Zeremoniell und Politik. Herrschereinzüge im spätmittelalterlichen Reich. Köln et al. 2003.
Scheremeta, Renée: Hybridization as a Compositional Technique in the Middle High German Narrative of the Late Middle Ages. Diss. (masch.) Toronto 1982.
Scheuer, Hans Jürgen und Björn Reich: Die Realität der inneren Bilder. Candacias Palast und das Bildprogramm auf Burg Runkelstein als Modelle mittelalterlicher Imagination. In: Innenräume in der Literatur des deutschen Mittelalter. XIX. Anglo-German Colloquium Oxford 2005. Hg. v. Burkhard Hasebrink et al. Tübingen 2008. S. 101-124.
Scheuer, Hans Jürgen: Cerebrale Räume – Internalisierte Topographie in Literatur und Kartographie des 12./13. Jahrhunderts. In: Topographien der Literatur. Deutsche Literatur im transnationalen Kontext. Hg. v. Hartmut Böhme. Stuttgart/Weimar 2005. S. 12-36.
Schlechtweg-Jahn, Ralf: Hybride Machtgrenzen in deutschsprachigen Alexanderromanen. In: Herrschaft, Ideologie und Geschichtskonzeption in

Alexanderdichtungen des Mittelalters. Hg. v. Ulrich Mölk et al. Göttingen 2002. S. 267-290.
Schlögel, Karl: Kartenlesen, Augenarbeit. Über die Fälligkeit des *spatial turn* in den Geschichts- und Kulturwissenschaften. In: Was sind Kulturwissenschaften? 13 Antworten. Hg. v. Heinz Dieter Kittsteiner. München 2004. S. 261-283.
Schlögel, Karl: Kartenlesen, Raumdenken. Von einer Erneuerung der Geschichtsschreibung. In: Merkur. Deutsche Zeitschrift für europäisches Denken 636 (2002). S. 308-318.
Schmid, Christian: Stadt, Raum und Gesellschaft. Henri Lefèbvre und die Theorie der Produktion des Raumes. München 2005 (Sozialgeographische Bibliothek, Bd. 1).
Schmid, Elisabeth: Lechts und rinks... Kulturelle Semantik von Naturtatsachen im höfischen Roman. In: Projektion, Reflexion, Ferne. Räumliche Vorstellungen und Denkfiguren im Mittelalter. Hg. v. Sonja Glauch, Susanne Köbele und Uta Störmer-Caysa. Berlin/Boston 2011. S. 121-136.
Schmieder, Felicitas: Europa und die Fremden. Die Mongolen im Urteil des Abendlandes vom 13. bis in das 15. Jahrhundert. Sigmaringen 1994.
Schmitt, Kerstin: Minne, Monster, Mutationen. Geschlechterkonstruktionen im „Alexanderroman" Ulrichs von Etzenbach. In: Natur und Kultur in der deutschen Literatur des Mittelalters. Colloquium Exeter 1997. Hg. v. Alan Robertshaw und Gerhard Wolf. Tübingen 1999. S. 151-162.
Schmitz, Thomas: Bildung und Macht. Zur sozialen und politischen Funktion der zweiten Sophistik in der griechischen Welt der Kaiserzeit. München 1997.
Schmitz, Ulrich und Horst Wenzel (Hg.): Wissen und neue Medien. Bilder und Zeichen von 800 bis 2000. Berlin 2003.
Schneider, Almut: Chiffren des Selbst. Narrative Spiegelungen der Identitätsproblematik in Johanns von Würzburg „Wilhelm von Österreich" und in Heinrichs von Neustadt „Apollonius von Tyrland". Göttingen 2004 (Palaestra Bd. 321).
Schnyder, Mireille: „Daz ander paradîse". Künstliche Paradiese in der Literatur des Mittelalters. In: Paradies. Topografien der Sehnsucht. Hg. v. Claudia Benthien und Manuela Gerlof. Köln/Weimar/Wien 2010. S. 63-75.
Schnyder, Mirelle: Räume der Kontingenz. In: Kein Zufall. Konzeptionen von Kontingenz in der mittelalterlichen Literatur. Hg. v. Cornelia Herberichs und Susanne Reichlin. Göttingen 2010. S. 174-185.
Schoenebeck, Walter: Der höfische Roman des Spätmittelalters in der Hand bürgerlicher Dichter. Studien zur „Crone', zum „Apollonius von Tyrland", zum „Reinfried von Braunschweig" und „Wilhelm von Österreich". Diss. (masch.) Berlin 1956.
Scholz, Bernhard F.: Bakhtin's Concept of „Chronotope". The Kantian Connection. In: The Contexts of Bakhtin. Philosophy, Authorship, Aesthetics. Hg. v. David Shepherd. Amsterdam 1998. S. 141-172.
Schreiner, Klaus und Norbert Schnitzler (Hg.): Gepeinigt, begehrt, vergessen. Symbolik und Sozialbezug des Körpers im späten Mittelalter und in der frühen Neuzeit. München 1992.
Schroer, Markus: Raum oder: Das Ordnen der Dinge. In: Poststrukturalistische Sozialwissenschaften. Hg. v. Stefan Moebius und Andreas Reckwitz. Frankfurt 2008. S. 141-157.
Schroer, Markus: Räume, Orte, Grenzen. Auf dem Weg zu einer Soziologie des Raums. Frankfurt am Main 2006.
Schroer, Markus: Soziologie. In: Raumwissenschaften. Hg. v. Stephan Günzel. Frankfurt am Main 2009. S. 354-369.
Schubert, Ernst: Die deutsche Stadt um 1300. In: Jahrbuch der Oswald-von-Wolkenstein-Gesellschaft 5 (1988/89). S. 37-56.

Schultz-Balluff, Simone: *Dispositio picta – dispositio imaginum.* Zum Zusammenhang von Bild, Text, Struktur und „Sinn" in den Überlieferungsträgern von Heinrichs von Neustadt „Apollonius von Tyrland". Bern 2006.

Schultz-Balluff, Simone: Gliederungsprinzipien und Rezeptionslenkung in spätmittelalterlichen Handschriften. Am Beispiel des „Apollonius von Tyrland" Heinrichs von Neustadt. In: Materialität der Editionswissenschaft. Hg. v. Martin Schubert. Berlin/New York 2010. S. 333-345.

Schulz, Armin: Erzähltheorie in mediävistischer Perspektive. Hg. v. Manuel Braun, Alexandra Dunkel und Jan-Dirk Müller. Berlin/Boston 2012.

Schulz, Armin: Kontingenz im mittelhochdeutschen Liebes- und Abenteuerroman. In: Kein Zufall. Konzeptionen von Kontingenz in der mittelalterlichen Literatur. Hg. v. Cornelia Herberichs und Susanne Reichlin. Göttingen 2010. S. 206-225.

Schulz, Armin: Poetik des Hybriden. Schema, Variation und intertextuelle Kombinatorik in der Minne- und Aventiureepik. *Willehalm von Orlens – Partonopier und Meliur – Die schöne Magelone.* Berlin 2000.

Schumacher, Meinolf: Gemalte Himmelsfreuden im Weltgericht. Zur Intermedialität der letzten Dinge bei Heinrich von Neustadt. In: Ästhetische Transgressionen. Festschrift für Ulrich Ernst zum 60. Geburtstag. Hg. v. Michael Scheffel, Silke Grothues und Ruth Sassenhausen. Trier 2006. S. 55-80.

Schürenberg, Walter: *Apollonius von Tyrlant.* Fabulistik und Stilwille bei Heinrich von Neustadt. Göttingen 1934.

Selden, Daniel L.: Genre of Genre. In: The Search for the Ancient Novel. Hg. v. James Tatum. Baltimore/London 1994. S. 39-64.

Semenenko, Aleksei: The Texture of Culture. An Introduction to Yuri Lotman's Semiotic Theory. New York 2012 (Semiotics and Popular Culture).

Shepherd, David (Hg.): The Contexts of Bakhtin. Philosophy, Authorship, Aesthetics. Amsterdam 1998.

Simon, Ralf: Einführung in die strukturalistische Poetik des mittelalterlichen Romans. Analysen zu deutschen Romanen der *matière de Bretagne.* Würzburg 1990.

Singer, Samuel: *Apollonius von Tyrus.* Untersuchungen über das Fortleben des antiken Romans in späteren Zeiten. Halle 1895. Nachdruck Hildesheim/New York 1974.

Sironen, Erkki: The Role of Inscriptions in Greco-Roman Novels. In: The Ancient Novel and Beyond. Hg. v. Stelios Panayotakis. Leiden/Boston 2003. S. 289-300.

Sonntag, Elfriede: Die Reimverhältnisse in Heinrichs von Neustadt „Apollonius von Tyrland", Vv. 13513-17028. Diss. (masch.) Wien 1952.

Stanek, Lukasz: Henry Lefebvre on Space. Architecture, Urban Research, and the Production of Theory. Minneapolis/London 2011.

Stark, Isolde: Strukturen des griechischen Abenteuer- und Liebesromans. In: Der antike Roman. Untersuchungen zur literarischen Kommunikation und Gattungsgeschichte. Hg. v. Heinrich Kuch. Berlin 1989. S. 82-106.

Steinby, Lisa und Tintti Klapuri (Hg.): Bakhtin and his Others. (Inter)subjectivity, Chronotope, Dialogism. London/New York/Delhi 2013.

Sterling-Hellenbrand, Alexandra: Topographies of Gender in Middle High German Arthurian Romance. New York/London 2001.

Stierle, Karlheinz: Die Verwilderung des Romans als Ursprung seiner Möglichkeiten. In: Literatur in der Gesellschaft des Spätmittelalters.. Hg. v. Hans Ulrich Gumbrecht. Heidelberg 1980 (Begleitreihe zum GRLMA, Bd. 1). S. 253-314.

Stierle, Karlheinz: Petrarcas Landschaften. Zur Geschichte ästhetischer Landschaftserfahrung. Krefeld 1979.

Stock, Markus: Das Zelt als Zeichen und Handlungsraum in der hochhöfischen deutschen Epik. Mit einer Studie zu Isenharts Zelt in Wolframs „Parzival". In: Innenräume in der Literatur des deutschen Mittelalter. XIX. Anglo-German

Colloquium Oxford 2005. Hg.v. Burkhard Hasebrink et al. Tübingen 2008. S. 65-85.

Stock, Markus: Kombinationssinn. Narrative Strukturexperimente im „Straßburger Alexander", im „Herzog Ernst B" und im „König Rother". Tübingen 2002 (Münchener Texte und Untersuchungen zur deutschen Literatur des Mittelalters, Bd. 123).

Störmer-Caysa, Uta: Grundstrukturen mittelalterlicher Erzählungen. Raum und Zeit im höfischen Roman. Berlin/New York 2007.

Störmer, Wilhelm: König Artus als aristokratisches Leitbild während des späteren Mittelalters, gezeigt an Beispielen der Ministerialität und des Patriziats: In: Zeitschrift für bayerische Landesgeschichte 35 (1972). S. 946-971.

Strohschneider, Peter und Herfried Vögel: Flußübergänge. Zur Konzeption des Straßburger Alexander. In: Zeitschrift für deutsches Altertum und deutsche Literatur 118 (1989). S. 85-108.

Strohschneider, Peter: Kemenate. Geheimnisse höfischer Frauenräume bei Ulrich von dem Türlin und Konrad von Würzburg. In: Das Frauenzimmer. Die Frau bei Hof in Spätmittelalter und früher Neuzeit. Hg v. Jan Hirschbiegel und Werner Paravicini. Stuttgart 2000. S. 29-45.

Strümpel, Jan: *Der walt ist aller würme vol.* Zur Funktionalität der Darstellung von Natur- und Landschaftselementen in *Partonopier und Meliur* von Konrad von Würzburg. In: Wirkendes Wort 42 (1992). S. 377-388.

Svoboda, Karel: Über die *Geschichte des Apollonius von Tyrus.* In: Charisteria Francisco Novotný octogenario oblata. Hg. v. Ferdinand Stiebitz und Radislav Hošek. Prag 1962. S. 213-224.

Swain, Simon: A Century and More of the Greek Novel. In: Oxford Readings in the Greek Novel. Hg. v. dems. Oxford 1999. S. 3-35.

Swain, Simon: Hellenism and Empire. Language, Classicism, and Power in the Greek world AD 50-250. Oxford 1996.

Talbert, Richard und Kai Brodersen (Hg.): Space in the Roman World. Its Perception and Presentation. Münster 2004.

Tatum, James: Introduction. The Search for the Ancient Novel. In: The Search for the Ancient Novel. Hg. v. dems. Baltimore/London 1994. S. 1-19.

Temmerman, Koen de: Characterization in the Ancient Novel. In: A Companion to the Ancient Novel. Hg. v. Edmund P. Cueva und Shannon N. Byrne. Chichester et al. 2014. S. 231-243.

Thomas, Christine M.: At Home in the City of Artemis. Religion in Ephesos in the Literary Imagination of the Roman Period. In: Ephesos, Metropolis of Asia. An Interdisciplinary Approach to Its Archeology, Religion, and Culture. Valley Forge, PA 1995. S. 81-117.

Thomas, Christine M.: Stories Without Texts and Without Authors: The Problem of Fluidity in Ancient Novelistic Texts and Early Christian Literature. In: Ancient Fiction and Early Christian Narrative. Hg. v. Ronald Hock, Bradley J. Chance und Judith Perkins. Atlanta 1998 (Society of Biblical Literature Symposium Series, Bd. 6). S. 273-291.

Tilly, Michael et al. (Hg.): L'adversaire de Dieu. 6. Symposium Strasbourg, Tübingen, Uppsala, 27.-29. Juni 2013 in Tübingen. Tübingen 2016.

Tomasek, Tomas und Helmut G. Walther: *Gens consilio et sciencia caret ita, ut non eos racionabiles extimem.* Überlegenheitsgefühl als Grundlage politischer Konzepte und literarischer Strategien der Abendländer bei der Auseinandersetzung mit der Welt des Orients. In: Die Begegnung des Westens mit dem Osten. Kongreßakten des 4. Symposions des Mediävistenverbandes in Köln 1991 aus Anlaß des 1000. Todesjahres der Kaiserin Theophanu. Hg. v. Odilo Engels und Peter Schreiner. Sigmaringen 1993. S. 243-272.

Tomasek, Tomas: Das deutsche Rätsel im Mittelalter. Tübingen 1994.
Tomasek, Tomas: Über den Einfluß des Apolloniusromans auf die volkssprachliche Erzählliteratur des 12. und 13. Jahrhundert. In: Mediävistische Komparatistik. Festschrift für Franz Josef Worstbrock zum 60. Geburtstag. Hg. v. Wolfgang Harms und Jan-Dirk Müller. Stuttgart/Leipzig 1997. S. 221-239.
Trümper, Monika: Gender and Space, „Public" and „Private". In: A Companion to Women in the Ancient World. Hg. v. Sharon L. James und Sheila Dillon. Malden, MA/Oxford 2012. S. 288-303.
Turner, Victor: Das Ritual. Struktur und Anti-Struktur. Frankfurt/New York 1989.
Uebel, Michael: On Becoming-Male. In: Becoming Male in the Middle Ages. Hg. v. Jeffrey Jerome Cohen und Bonnie Wheeler. New York 2000. S. 368.
Untermann, Matthias: Plätze und Straßen. Beobachtungen zur Organisation und Repräsentation von Öffentlichkeit in der mittelalterlichen Stadt. In: Stadtgestalt und Öffentlichkeit. Die Entstehung politischer Räume in der Stadt der Vormoderne. Hg. v. Stephan Albrecht. Köln/Weimar/Wien 2010. S. 59-72.
Unzeitig, Monika: Mauer und Pforte. Wege ins Paradies in mittelalterlicher Literatur und Kartographie. In: Literaturwissenschaftliches Jahrbuch 52 (2011). S. 9-29.
Vater, Heinz: Einführung in die Raum-Linguistik. Hürth-Efferen 1991.
Vavra, Elisabeth (Hg.): Virtuelle Räume. Raumwahrnehmung und Raumvorstellung im Mittelalter. Akten des 10. Symposiums des Mediävistenverbandes, Krems, 24.-26. März 2003. Berlin 2005.
Verner, Lisa: The Epistemology of the Monstrous in the Middle Ages. New York/London 2005.
Vice, Susan: Introducing Bakhtin. Manchester/New York 1997.
Wachinger, Burghart: Heinrich von Neustadt, ‚Apollonius von Tyrland'. In: Positionen des Romans im späten Mittelalter. Hg. v. Walter Haug und Burghart Wachinger. Tübingen 1991. S. 97-115.
Waddel, Maj-Brit: *Fons Pietatis*. Eine ikonographische Studie. Göteborg 1969.
Wagenvoort, Hendrik: *Pietas*. In: Ders.: *Pietas*. Selected Studies in Roman Religion. Leiden 1980. S. 1-21.
Wagner, Silvan: Erzählen im Raum. Die Erzeugung virtueller Räume im Erzählakt höfischer Epik. Berlin/Boston 2015.
Wandhoff, Haiko: Ekphrasis. Kunstbeschreibungen und virtuelle Räume in der Literatur des Mittelalters. Berlin/New York 2003 (Trends in Medieval Philology, Bd. 3).
Wandhoff, Haiko: Von der antiken Gedächtniskunst zum mittelalterlichen Seelentempel. Literarische Expeditionen durch die Bauwerke des Geistes. In: Sprache und Literatur 94 (2004). S. 9-28.
Weber, Max: Gesammelte Aufsätze zur Wissenschaftslehre. Bd. 1. Hg. v. Johannes Winckelmann. Tübingen 1972.
Weber, Max: Wirtschaft und Gesellschaft. Herrschaft. Hg. v. Edith Hanke und Thomas Kroll. Tübingen 2005.
Weber, Max: Wirtschaft und Gesellschaft. Studienausgabe. Hg. v. Johannes Winckelmann. Tübingen 1976.
Wegner, Michael: Die Zeit im Raum. Zur Chronotopostheorie Michail Bachtins. In: Weimarer Beiträge 35.8 (1989). S. 1357-1367.
Wehrli, Fritz: Einheit und Vorgeschichte der griechisch-römischen Romanliteratur. In: Beiträge zum griechischen Liebesroman. Hg. v. Hans Gärtner. Hildesheim et al. 1984 [zuerst 1968]. S. 161-182.
Weigel, Sigrid: Topographien der Geschlechter. Kulturgeschichtliche Studien zur Literatur. Reinbeck bei Hamburg 1990.

Weigel, Sigrid: Zum „topographical turn". Kartogaphie, Topographie und Raumkonzepte in den Kulturwissenschaften. In: KulturPoetik 2.2 (2002). S. 151-165.
Weitbrecht, Julia: Aus der Welt. Reise und Heiligung in Legenden und Jenseitsreisen der Spätantike und des Mittelalters. Heidelberg 2011.
Weitbrecht, Julia: Verwandlung zur Konversion. Die Lektüre des *Goldenen Esels* als Autobiographie einer Umkehr in Spätantike, Mittelalter und Früher Neuzeit. In: Transformation. Ein Konzept zur Erforschung kulturellen Wandels. Hg. v. Hartmut Böhme et al. München 2011. S. 79-104.
Weitbrecht, Julia: Bewegung – Belehrung – Bekehrung. Die räumliche und emotionale Kodierung religiöser Erkenntnis im *Straßburger Alexander*. In: Zwischen Ereignis und Erzählung. Konversion als Medium der Selbstbeschreibung in Mittelalter und Früher Neuzeit. Hg. v. ders., Werner Röcke und Ruth von Bernuth. Berlin/Boston 2016 (Transformationen der Antike, Bd. 39). S. 109-123.
Wenz, Karin: Raum, Raumsprache, Sprachräume. Zur Textsemiotik der Raumbeschreibung. Tübingen 1997.
Wenzel, Franziska: *hof, burc* und *stat*. Identitätskonstruktionen und literarische Stadtentwürfe als Repräsentationen des Anderen. In: Repräsentation der mittelalterlichen Stadt. Hg. v. Jörg Oberste. Regensburg 2008. S. 25-43.
Wenzel, Horst und Christina Lechtermann: Repräsentation und Kinästhetik. Teilhabe am Text oder die Verlebendigung der Worte. In: Paragrana 10 (2001). S. 191-213.
Wenzel, Horst: Antizipation unbekannter Räume. Phantastische Explorationen vor dem Zeitalter der Messung. In: Auslassungen: Leerstellen als Movens der Kulturwissenschaft. Hg. v. Natascha Adamowsky. Würzburg 2004. S. 123-133.
Wenzel, Horst: Gespräche – Boten – Briefe. Körpergedächtnis und Schriftgedächtnis im Mittelalter. Hg. v. dems. et al. Berlin 1997. S. 86-105.
Wenzel, Horst: Partizipation und Mimesis. Die Lesbarkeit der Körper am Hof und in der höfischen Literatur. In: Materialität der Kommunikation. Hg. v. Hans Ulrich Gumbrecht und Karl Ludwig Pfeiffer. Frankfurt am Main 1988. S. 178-202.
Wenzel, Horst: Sagen und Zeigen. Zum Zusammenhang von Textdeixis und Bilddeixis. In: Mythos – Sage – Erzählung. Gedenkschrift für Alfred Ebenbauer. Hg. v. Johannes Keller. Göttingen 2009. S. 537-546.
Wenzel, Horst: Schrift und Bild. Zur Repräsentation der audiovisuellen Wahrnehmung im Mittelalter. In: Ders.: Höfische Repräsentation. Symbolische Kommunikation und Literatur im Mittelalter. Darmstadt 2005. S. 9-21.
Wenzel, Horst: Wilde Blicke. Zur unhöfischen Wahrnehmung von Körpern und Schriften. In: L'Homme. Zeitschrift für Feministische Geschichtswissenschaft 8 (1997). S. 257-271.
Whitmarsh, Tim (Hg.): Local Knowledge and Microidentities in the Imperial Greek World. Cambridge 2010.
Whitmarsh, Tim (Hg.): The Cambridge Companion to the Greek and Roman Novel. Cambridge 2008.
Whitmarsh, Tim: Ancient Greek Literature. Cambridge 2004.
Whitmarsh, Tim: Ancient History Through Ancient Literature. In: A Companion to Ancient History. Hg. v. Andrew Erskine. Chichester et al. 2009. S. 77-86.
Whitmarsh, Tim: Beyond the Second Sophistic. Adventures in Greek Postclassicism. Berkeley/Los Angeles/London 2013.
Whitmarsh, Tim: Dialogues in Love: Bakthin and His Critics on the Greek Novel. In: The Bakhtin Circle and Ancient Narrative. Hg. v. R. Bracht Branham. Groningen 2005 (Ancient Narrative, Suppl. 3). S. 107-129.
Whitmarsh, Tim: Epitomes of Greek Novels. In: Condensing Texts – Condensed Texts. Hg. v. Marietta Horster und Christiane Reitz. Stuttgart 2010. S. 307-320.

Whitmarsh, Tim: Hellenism, Nationalism, Hybridity. The Invention of the Novel. In: African Athena. New Agendas. Hg. v. Daniel Orrells, Gurmidner K. Bhambra und Tessa Roynon. Oxford 2011. S. 210-224.
Whitmarsh, Tim: Narrative and Identity in the Ancient Greek Novel. Cambridge 2011.
Whitmarsh, Tim: The Second Sophistic. Oxford 2005.
Whitmarsh, Tim: The Writes of Passage. Cultural Initiation in Heliodorus. In: Constructing Identities in Late Antiquity. Hg. v. R. Miles. London 1999. S. 16-40.
Wiersma, S.: The Ancient Greek Novel and Its Heroines. A Female Paradox. In: Mnemosyne 43 (1990). S. 109-123.
Williams, David: Deformed Discourse. The Function of the Monster in Mediaeval Thought and Literature. Montreal et al. 1996.
Winkler, Kathrin, Kim Seifert und Heinrich Detering: Die Literaturwissenschaft im *Spatial Turn*. Versuch einer Positionsbestimmung. In: Journal of Literary Theory 6.1 (2012). S. 253-269.
Witte, Maria Magdalena: Elias und Henoch als Exempel, tpyologische Figuren und apokalyptische Zeugen. Zu Verbindungen von Literatur und Theologie im Mittelalter. Franfkurt a.M. 1987
Wittstock, Antje: *Von eim kemergin – minem studorio*. Zur Darstellung von ‚Denkräumen' in humanistischer Literatur. In: Imaginäre Räume. Sektion B des internationalen Kongresses „Virtuelle Räume. Raumwahrnehmung und Raumvorstellung im Mittelalter". Krems an der Donau, 24. bis 26. März 2003. Wien 2007 (Veröffentlichungen des Instituts für Realienkunde des Mittelalters und der frühen Neuzeit). S. 133-154.
Wolf, Werner: Die Wundersäule in Wolframs *Schastel marveile*. Helsinki 1954.
Wolff, Étienne: Le rôle de l'énigme dans l'„Historia Apollonii regis Tyri". In: Revue de philologie 73.2 (1999). S. 279-288.
Wolff, Étienne: Dialogues et discours dans l'„Historia Apollonii Regis Tyri". In: Discours et Débats dans l'ancien Roman. Actes du Colloque de Tours, 21-23 octobre 2004. Hg. v. Bernard Pouderon und Jocelyne Peigney. Lyon 2006. S. 153-159.
Wolff, Étienne: Les Personnages du Roman grec et l'„Historia Apollonii regis Tyri". In: Les Personnages du Roman grec. Actes du colloque de Tours, 18-20 novembre 1999. Hg. v. Bernard Pouderon. Lyon 2001. S. 233-240.
Worstbrock, Franz Josef: Wiedererzählen und Übersetzen. In: Mittelalter und Frühe Neuzeit. Übergänge, Umbrüche und Neuansätze. Hg. v. Walter Haug. Tübingen 1999 (Fortuna Vitrea, Bd. 16). S. 128-142.
Woschitz, Karl Matthäus: *Fons Vitae* – Lebensquell. Sinn- und Symbolgeschichte des Wassers. Freiburg/Basel/Wien 2003.
Yates, Frances: Architecture and the Art of Memory. In: Architectural Association Quarterly 12. 4 (1980). S. 4-13.
Yates, Frances: The Art of Memory. Chicago 1966.
Yeager, Suzanne M.: Jerusalem in Medieval Narrative. Cambridge et al. 2008.
Zacher, Angelika: Grenzwissen – Wissensgrenzen. Raumstruktur und Wissensorganisation im *Alexanderroman* Ulrichs von Etzenbach. Stuttgart 2009 (Literaturen und Künste der Vormoderne, Bd.5).
Zapp, Hartmut: Art.: „Gog und Magog". In: Lexikon für Theologie und Kirche. Bd. 4. Hg. v. Walter Kapser mit Konrad Baumgartner et al. Freiburg et al. 1995. Sp. 818f.
Zarncke, Friedrich: Der Priester Johannes. Hildesheim/New York 1980. Nachdruck der Ausg. Leipzig 1879.
Zeddies, Nicole: Getrennte Räume – gemeinsames Leben? Von der räumlichen Trennung zwischen Klerikern und Frauen in der Spätantike und im frühen Mittelalter. In: Geschlechter-Räume. Konstruktionen von „gender" in Geschichte, Literatur und Alltag. Hg. v. Margarete Hubrath. Köln et al. 2001. S. 9-22.

Ziegler, Ruprecht: Die „Historia Apollonii Regis Tyri" und der Kaiserkult in Tarsos. In: Chiron 14 (1984). S. 219-234.
Ziegler, Ruprecht: Münzen Kilikiens als Zeugnis kaiserlicher Getreidespenden. In: Jahrbuch für Numismatik und Geldgeschichte 27 (1977). S. 29-67.
Zimmerman, Maaike: Latinising the Novel. Scholarship since Perry on Greek „Models" and Roman (Re-)Creations. In: Ancient Narrative 2 (2002). S. 123-142.
Zimmermann, Bernhard: Die Symphonie der Texte. Zur Intertextualität im griechischen Liebesroman. In: Der antike Roman und seine mittelalterliche Rezeption. Hg. v. Michelangelo Picone und Bernhard Zimmermann. Basel/Boston/Berlin 1997. S. 3-15.

Register

adventus 188, 191
   ingressus 188, 193
Aenigmata Symposia 66, 98, 138
Aesop 70
Alanus ab Insulis: *Anticlaudianus* 5, 182, 377
Alexander der Große 6f., 13, 36, 55, 67, 68, 70, 72, 80, 174, 175, 180, 220, 268, 283, 296, 320, 353, 378f, 380f., 385f., 393, 398
Alexanderroman 15, 72, 174, 266, 268, 361
Allegorese 34, 179-182, 278
Allegorie 181, 276
Ambrosius 283
anagnorisis 86, 90, 134, 142, 145, 147, 154, 300, 306f., 366, 391
ante gratiam 224, 385, 396
Antichrist, der 180, 254-262, 314, 378, 379, 382-385
Apotheose 146, 300
Apuleius 83, 85
Artus, König 44, 312, 315, 320, 353, 386, 394
Artusroman 11, 44, 187, 256, 312ff.
Arzt 6, 118, 119f., 210, 289, 387
asylia 122
Augustinus 162f., 382
Automaten 282-286
Beichte 276, 278
biga 106, 148
Bordell 4, 126-137, 146, 152, 156, 300, 302, 356, 359
Brandan 16, 295, 296
civitas Dei 382, 385, 397
civitas terrena 163, 257, 382f.
Diana 145f., 197, 198, 209, 210, 224, 346, 384
   Dianatempel 120, 345, 356, 390
Drachen 253, 258, 262, 268, 383

Elias und Henoch 297, 323, 377, 379
Endkaiser 379
Epitome 68f.
Exempel 181f., 241, 252, 274, 297, 342, 343
fons pietatis 283, 386
Friedrich von Schwaben 170ff.
Gesta Apollonii 74
Getreide 101, 105f., 168, 194, 198f., 340
Gog und Magog 7, 169, 217-226, 264, 268, 297, 329, 371, 377-385
Gott 7, 38, 116, 127, 191, 199, 202, 203, 224, 235, 243, 244, 257, 283, 291, 296, 297, 301, 317, 324, 337, 339, 350, 371, 373, 383, 390, 396, 397, 398
Götter 108, 223, 247ff., 337, 383
Gottfried von Straßburg: *Tristan* 220
Gottfried von Viterbo: *Pantheon* 6, 74, 233, 373, 383
gymnasium 109-117, 139, 156, 203-208, 342f., 356f.
Heinrich Steinhöwel 6
Heinrich von Neustadt
   Visio Philiberti 1, 5, 166
   Von Gottes Zukunft 5, 166, 182, 377, 378, 379
Heinrich von Veldeke: *Eneasroman* 171, 184, 276, 383
Heliodor 76, 81, 88
   Aithiopika 122, 155, 354
Hermann von Sachsenheim: *Die Mörin* 253
Hieronymus 351
Honorius Augustodunensis 213, 264
Iamblichus: *Babyloniaca* 76
Inzest 4, 94, 98, 116, 141, 161, 164, 183, 184, 186, 216
Isidor von Sevilla: *Etymologica* 246
Jesus Christus 253, 282f., 296f., 379, 380
Johann von Würzburg

Wilhelm von Österreich 7, 162, 163, 167, 170, 171, 173, 378
Julius Honorius 106
Jungbrunnen 282-290, 312, 330, 385f.
Klebmeer 203, 238-248, 268, 325, 337f.
Konrad von Würzburg: *Der trojanische Krieg* 12, 285, 361
Konversion 19, 175, 223f., 291, 296f., 313, 351, 376f., 384-393
Kreuzzüge 24, 170, 313, 323
künstliche Baum, der 286
Lucidarius, deutsch 246, 264
Marschall 188f.
Mauritius von Craûn 351
Minneschelte 184, 205
mirabilia 266, 274, 282-291, 312, 330, 369, 370, 375f., 396
Mongolen 378, 380f.
monstra 7, 43, 214, 226-, 236, 239, 250, 254, 255, 256, 258-271, 278, 289, 291, 314, 317, 319, 330, 333, 338-375, 382, 384, 389
Muskatplut 166
Nebukadnezar 178f., 181, 253, 262, 272
Neptun 109, 203, 390
Neptunalien 134f., 303
Niklas von Stadlaw 6
nostos 80
Odyssee 67, 108
oikumene 10, 174, 391, 394, 397
ordo 139, 261, 267, 311, 319, 381
Orosius 351
Otto von Freising 178, 283
paideia 81, 110, 130, 391
Panther 243, 250-253, 255, 369
Petronius 83ff.
Pfaffe Konrad: *Rolandslied* 187, 260f., 378, 393
pietas 129f., 143, 341
Piraten 4, 10, 90-93, 123-126, 134, 151, 157, 300, 344, 358
Plano Carpini 381
Platon 93
Plutarch 133
Pluto 233, 246, 269f., 372
Polis 56, 81f.
Priapus 127, 146
Priesterkönig Johannes 267, 283, 316
Prophezeiung 224, 248, 383, 391
Pseudo-Callisthenes 283
Rätsel 4, 73, 98-101, 115, 138-140, 145, 161, 185f., 191, 301, 304, 394
regalia maiora 199

Reinfried von Braunschweig 5, 161, 163, 167, 170, 173, 240, 253, 378
Riesen 196, 215, 275, 277
rite de passage 87, 175
Römische Imperium, das 81
Rudolf I. von Habsburg 5
Sarazenen 381
Schachspiel 252, 256, 260-264, 314, 382
Scheintod 4, 8, 10, 93, 117f., 151, 208, 210, 212, 253, 359
Schiffbruch 4, 79, 93, 102, 109, 115, 158, 203, 242, 326
Selbstmord 124, 184
Seleukiden 94
Simon von St. Quentin 381
Sirene 161, 214, 226, 233, 234f., 239, 241, 243-250, 261, 271, 288, 305, 328, 352, 363, 371f., 376
Sklave, -in, Sklaverei 93, 111, 124-128, 204, 340, 358
splendor imperii 260
Statue 106f., 122, 125, 133, 144-148, 154, 157, 178, 180f., 194, 200, 266, 300, 305, 343
Stricker, der: Daniel von dem blühenden Tal 196, 227, 373
Tafelrunde 7, 314-319, 320, 386, 394
Thomas von Cantimpré: *Liber de natura rerum* 166
Trauergesten 118, 132, 134, 208
Trauerriten 118, 122, 125, 133
Traum 4, 90, 145, 179ff., 194, 262
tribunal 105ff., 143, 154, 156, 304
Trojastoff 316-318, 320
Turnier 7, 186, 237, 240f., 267, 278, 298, 305-316, 334, 386, 392
Venantius Fortunatus 66
Venus 203, 205, 215, 223f., 247, 276-291, 310, 330ff., 339, 363, 383-386
Vergewaltigung 4, 94-98, 156, 184-186, 237
Vergil: *Aeneis* 108, 136, 146
Vier Reiche-Lehre 351
Wahrsager 223, 383
Wein 168, 217-221, 231, 266, 381
Wolfram von Eschenbach
    Parzival 12, 46, 281, 292, 378
    Willehalm 378, 380
Wunder 16, 48, 70, 291, 292, 312, 322, 368
    Wunderbare, das 161, 176, 368
    Wunderbrunnen 292
    Wundersäule 281-284

Xenophon: *Ephesiaka* 76, 80, 81, 94, 129
Zelt 12, 187-192, 217-223, 238, 241, 250, 252, 271, 310, 317, 329, 363

Zentaur 7, 214, 233f., 260-262, 314, 338, 371f., 383
Zweite Sophistik 80
Zwerg 187, 215, 268

www.ingramcontent.com/pod-product-compliance
Lightning Source LLC
Chambersburg PA
CBHW030516230426
43665CB00010B/632